전체주의 물결과 정치적 이해
한나 아렌트 에세이 모음집, 1930~1954
Essays in Understanding, 1930~1954

한나 아렌트 지음
Hannah Arendt

홍원표 옮김

옮긴이 홍원표(洪元杓; Hong, Won Pyo)

한국외국어대학교 정치외교학과를 졸업하고 동 대학원에서「고전적 합리주의의 현대적 해석: 레오 스트라우스, 에릭 보에글린, 한나 아렌트를 중심으로」라는 주제로 정치학 박사학위(1992)를 받았다. 이후 현재까지 한나 아렌트 정치철학 연구에 전념하고 있다. 한국외국어대학교 LD학부 교수로 재직 중에 교무처장과 미네르바교양대학 학장을 역임했고, 한국정치학회 총무이사와 부회장을 역임했으며, 한나아렌트학회 회장(2009~2012, 2015~2016)을 역임했다. 현재는 한국외국어대학교 명예교수로 있다.

저서로는『현대 정치철학의 지형: 언저리에서의 사유』,『아렌트: 정치의 존재이유는 자유다』,『한나 아렌트 정치철학: 행위, 전통, 인물』,『비극의 서사: 근현대 한국 지성의 삶과 사상』이 있고, 공저로는『정치의 대전환』,『한나 아렌트와 세계사랑』,『국가건설 사상』,『언어와 정치』등이 있다. 역서로는『혁명론』,『정신의 삶: 사유와 의지』,『어두운 시대의 사람들』,『한나 아렌트, 정치와 법』,『유대인 문제와 정치적 사유』,『한나 아렌트 철학 전기: 세계사랑의 여정』,『어두운 시대의 한나 아렌트: [열다섯 저작 속의] 소통윤리와 수사학』,『비상사태의 정치: 역설, 법, 민주주의』,『한나 아렌트·카를 야스퍼스 서간집 1926-1969년(1, 2)』등이 있다.

전체주의 물결과 정치적 이해 : 한나 아렌트 에세이 모음집, 1930~1954
Essays in Understanding, 1930~1954

2024년 12월 23일 초판 1쇄 인쇄
2024년 12월 30일 초판 1쇄 발행

지은이 ■ 한나 아렌트
옮긴이 ■ 홍원표
펴낸이 ■ 정용국
펴낸곳 ■ (주)신서원
주소 : 서울시 노원구 동일로 207길 23 4층 413호
전화 : (02)739-0222 팩스 : (02)739-0224
등록 : 제300-2011-123호(2011.7.4)
ISBN 978-89-7940-662-7 93340
값 38,000원

신서원은 부모의 서가에서 자녀의 책꽂이로
'대물림'할 수 있기를 바라며 책을 만들고 있습니다.
잘못된 책이 있으면 연락주세요.

홍원표의 한나 아렌트 시리즈

전체주의 물결과 정치적 이해

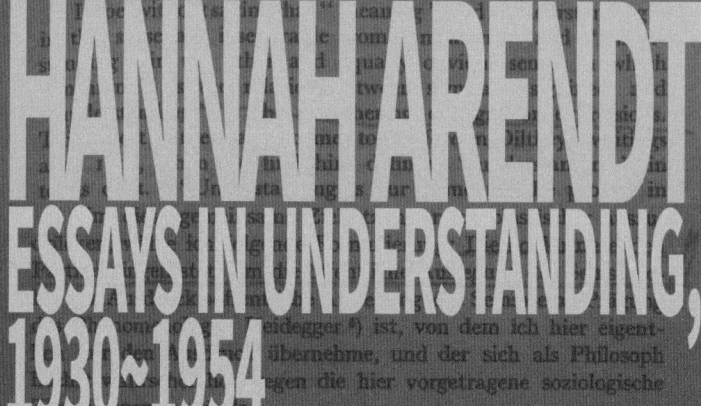

한나 아렌트 에세이 모음집 1930~1954

HANNAH ARENDT
ESSAYS IN UNDERSTANDING,
1930~1954

한나 아렌트 지음   홍원표 옮김

ESSAYS IN UNDERSTANDING : 1930-1954 by Hannah Arendt

Compilation, introduction, and editorial notes copyright©1994 by The Hannah Arendt

Bluecher Literary Trust

Copyright © 1994 by The Hannah Arendt Bluecher Literary Trust

All rights reserved.

This Korean edition was published by SINSEOWON in 2024 by arrangement with The Hannah Arendt Bluecher Literary Trust c/o Georges Borchardt, Inc. through KCC(Korea Copyright Center Inc.), Seoul.

이 책은 (주)한국저작권센터(KCC)를 통한
저작권자와의 독점계약으로 ㈜신서원에서 출간되었습니다.
저작권법에 의해 한국 내에서 보호를 받는 저작물이므로
무단전재와 복제를 금합니다.

감사의 글

이 번역서를 출간하면서 한나아렌트연구회 출범 초기의 활동을 회상했습니다. 연구회를 발족한 이후 연구자들은 매달 모임에서 아렌트 저작을 심도 있게 읽으며 아렌트의 정신세계를 이해하는 기회를 가졌기 때문입니다. 한국아렌트학회는 한나 아렌트 탄생 100주년에 해당하는 2006년 10월 14일 경희대학교 청운관에서 「한나 아렌트와 세계사랑Amor Mundi」이라는 주제로 개최된 학술회의로 탄생했습니다. 백승현 선생님은 연구회 회장을 맡아서 한국아렌트학회 출범에 중추적인 산파 역할을 하였습니다.

출범 초기에 회원은 소수였습니다. 창립을 기념하는 학술회의에서는 그동안 아렌트 연구에서 선도적 역할을 했던 분들이 발표자로 참여했습니다. 옮긴이인 저를 포함해 김선욱·서유경·김영일·최치원·김인순·고옥·이은선·김비환·인경서 선생님(주로 발표순)이 각 패널에서 발표를 맡았습니다. 당시 동양사상사학회 회장인 김홍우 선생님, 한국정치사상학회 회장인 강정인 선생님, 그리고 사회와철학연구회 회장인 홍윤기 선생님은 사회를 맡아 창립 학술회의를 빛내주셨고, 이양수·박호성·김연숙·오향미·김성호·허라금·허우성·장현근·곽준혁·윤화용 선생님이 토론자로 참여하여 학술행사를 풍성하게 해주셨습니다. 이분들의 도움은 아직도 기억에 생생합니다.

창립 학술회의 이후에 회원들은 아렌트 저작 '다시 읽기'를 시작했습니다. 다양한 시각과 관점에서 아렌트 저작을 이해하려는 공동 노력은 풍성한 논의를 가능케 하는 계기가 되었습니다. 저는 2009년 후반기부터 회장 직을 맡았으며, 동료 연구자들은 이때에도 아렌트 저작을 함께 읽으며 매년 정례 심포지엄을 개최하여 국내 학계와 독자들에게 아렌트의 저작에 담긴 정치적 통찰력을 부각하는 데 이바지했습니다. 이때를 전후하여 아렌트 저작 상당수가 국내 번역본으로 출간되기도 했습니다.

제롬 콘이 편집하여 1994년에 출간한 아렌트 에세이 모음집인 *Essays in Understanding, 1930~1954: Formation, Exile, and Totalitarianism*을 번역 출간한 모 출판사의 프로젝트에 참여하면서 이 책의 가치를 알게 되었습니다. 해당 한국어판은 현재는 여러 사정으로 볼 수 없어 아쉬움이 컸습니다.

이런 아쉬움을 신서원출판사 정용국 대표님에게 표시했는데, 연구자와 독자에게 유익하고 의미있는 작업이 될 것이라는 의견을 주셨습니다. 다행스럽게도, 저는 상당한 시간이 지난 2018년경 다시 정용국 대표님과 함께 아렌트 정치이론에 대해 이야기하는 기회를 가졌고, 이 대화는 아렌트 저작 및 관련 연구 저서 출간의 새로운 계기가 되었습니다. 작은 규모의 기획이지만, 신서원출판사의 「아렌트 총서」에 『전체주의 물결과 정치적 이해 *Essays in Understanding*』가 추가되었습니다. 아렌트 연구 저서인 『한나 아렌트: 정치와 법』, 『어두운 시대의 한나 아렌트』, 『한나 아렌트 철학 전기』, 『비상사태의 정치』, 그리고 서간집인 『한나 아렌트·카를 야스퍼스 서간집』을 이미 출간했습니다. 저작권자와의 계약 사항 등을 고려하지 않을 수 없었지만, 아쉽게도 **『전체주의 물결과 정치적 이해』**는 기대와 달리 늦게 출간되기에 이르렀습니다. 이 책이 출간되기까지 기다려준 정용국 대표님에게 감사함을 표시합니다.

독자 여러분은 엮은이인 제롬 콘이 붙인 원본의 제목과 달리 '**전체주의 물결과 정치적 이해**'로 제목을 바꾼 것에 의아해할 것입니다. 몇 분에게 제 의견을 타진했으나 흔쾌한 답변을 얻지 못했습니다. 해제에서 자세히 밝히겠지만, 우리말 제목을 선택하는 과정에서 에세이 모음집의 부제인 '지적 발전, 망명과 전체주의formation, exile and totalitarianism', 저술 시기(1930~1954)의 시대적 상황과 현실 세계에 대한 아렌트의 특별한 관심에 주목했습니다. 아렌트가 자신의 표현대로 "어두운 시대"와 그 여파를 경험하면서 정치 현상의 중대한 의미를 천착하고 있기에, 저는 엮은이인 제롬 콘의 의도를 반영하되 모음집의 내용을 다른 방식으로 드러내려고 했습니다. 특히 「전후 전향한 공산주의자들」에서 밝혔듯이, "전체주의는 완전히 새로운 형태의 정부를 가져왔으며, 앞으로도 항상 존재하는 잠재적인 위험으로 우리와 함께할 가능성이 너무나 크다"라는 지적에 주목했습니다. 역사 속에서 "전례 없는 사건"은 '새로운 시작'이지만 언젠가 재현될 수 있다는 것이 아렌트의 주장입니다.

이 모음집을 번역하며 당연히 상기 절판본을 참조했지만 몇 가지 추가 사항을 고려하며 이를 반영시키려고 했습니다. 우선, 일부 에세이의 독일어 원본을 찾아 영어 번역본과 대조하였습니다. 따라서 일부 문구나 문장은 영어 번역본의 경우와 약간 다를 수 있습니다. 에세이 독일어 원본의 일부는 찾지 못해 아쉽기는 했습니다. 둘째, 아렌트가 자신의 에세이에서 인용한 여러 원전의 우리말 번역본을 확인하고 이를 참조했습니다. 국내 번역본이 있는 경우에 내용을 대조하였고, 국내 연구자들의 연구 논문도 참조했습니다. 이분들의 연구 결실은 좀 더 정확한 번역에 많은 도움이 되었습니다. 셋째, 바드대학 도서관의 아렌트 서고에는 아렌트가 평생 연구하며 인용한 저작들이 소장되어 있는데, 인용한 내용을 드러낸 저작 일부를 pdf 파일로 공개한 점을 확인하고 이를 번역 과정에 반영했습니다.

모음집 원본에서는 아렌트의 에세이 40편을 시대 순으로 배치했지만, 본 번역본에서는 이 구도를 유지하되 4부로 재구성하여 목차에서도 전반적인 구도를 확인할 수 있도록 했습니다. 편집진은 편집 과정에서 옮긴이의 의견을 충분히 반영하고자 하였습니다. 정서주 편집장님은 그동안 아렌트 총서 5권을 맡아 편집 업무를 훌륭하게 진행했으며, 이번에도 많은 도움을 주었습니다. 이 기회를 통해 정서주 편집장님에게 감사함을 전합니다.

그동안 다양한 방식으로 배려하고 도움을 주었던 분들에게 감사한 마음을 표시합니다. 퇴임 이후에도 한국아렌트학회에 참여하여 동료들과 학문적인 대화를 나눌 기회를 갖는데, 격의 없이 대해주는 학회 동료들에게 감사함을 전합니다. 마지막으로 번역 작업과 글쓰기가 하루의 일과가 된 지금도 격려를 아끼지 않는 아내와 집안 식구들에게 감사함을 표시할 뿐입니다.

2024년 늦은 가을
인헌동 서재에서

목차

감사의 글 5
해제 에세이: 정치적 이해는 전체주의 물결에 맞서는 활동이다 13

엮은이 서론 67
「무엇이 남아있는가? 언어가 남는다」: 귄터 가우스와의 대담 99

제1부

어두워지는 시대를 마주하며

아우구스티누스와 개신교(1930) 135
철학과 사회학(1930) 141
쇠렌 키르케고르(1932) 161
프리드리히 폰 겐츠: 1932년 6월 9일 서거 100주년을 맞아(1932) 169
베를린 살롱(1932) 179
여성해방에 대하여(1933) 191

제2부

정치평론에서 정치이론으로의 전환

프란츠 카프카에 대한 재평가: 카프카 서거 20주년을 맞아(1944) 197
미국 내 외국어 신문과 대외 문제(1944) 213
'독일 문제'에 대한 접근법(1945) 245
조직화된 범죄와 보편적 책임(1945) 265
악몽과 도피(1945) 281
철학자이자 역사가인 딜타이(1945) 285
파시스트 인터내셔널의 발단(1945) 291
기독교와 혁명(1945) 305
권력정치의 승리(1945/1946) 313

HANNAH ARENDT

■ 제3부　　　　　　　　　『전체주의의 기원』 집필 시기
더는 아님과 아직은 아님(1946)　319
실존철학이란 무엇인가?(1946)　327
프랑스 실존주의(1946)　357
상식의 상아탑(1946)　365
지옥의 이미지(1946)　369
델로스의『민족』(1946)　381
카를 야스퍼스에게 헌정하며(1948)　389
랜드스쿨 강연(1948)　395
종교와 지식인들(1950)　409
사회과학 분석 기법과 강제수용소 연구(1950)　415
나치 지배의 여파: 독일 보고서(1950)　433
큰 소리로 떠드는 애송이들(1951)　461
히틀러의 식탁 대화(1951)　481

ESSAYS IN UNDERSTANDING, 1930~1954

■ 제4부   전체주의의 여파와 냉전의 서막

인간과 테러(1953)   499
이해와 정치(1954)   511
전체주의의 본성에 관하여: 이해의 에세이(1954)   535
여우 하이데거(1953)   575
공산주의의 이해(1953)   577
종교와 정치(1953-1954)   583
전후 전향한 공산주의자들(1953)   611
에릭 푀겔린의 서평에 대한 반론(1953)   625
꿈과 악몽(1954)   635
유럽과 핵무기(1954)   645
순응주의의 위협(1954)   651
최근 유럽의 철학사상과 정치에 대한 관심(1954)   657

찾아보기   681

[일러두기]

- 본문의 표기 방식에 따라 인용문장 또는 인용문구는 큰따옴표(" ")로, 강조하는 문구는 작은따옴표(' ')로 표기한다. 아울러, 문장이나 문구 다음의 ( ) 안의 내용은 작은 호수로, 원문에서 [ ] 안의 내용은 같은 글자의 크기로 표기한다.
- 굵게 표시한 것은 원문과 옮긴이의 강조 표기이다.
- 저자의 각주는 별도로 표기하지 않는다. 반면에 옮긴이와 엮은이 각주는 기존 각주의 보충일 경우 각주 내에 '옮긴이'와 '엮은이'로 표기하였다.
- 본문에서 외국인 인명은 우리말로 표기하고, 각주에서 외국어 원명을 병기하였다.
- 맨 처음 나타나는 특정한 문구 또는 용어의 의미를 명확하게 드러내기 위해서 외국어를 병기하였다.
- 원문에서 논문(에세이) 또는 강의 및 대담 주제는 낫표(「 」)로 표기하고, 저서는 겹낫표(『 』)로 표기한다. 처음 나타날 때 외국어를 병기한다. 각주에서는 원어 표기 방식을 따랐다.

해제 에세이

정치적 이해는 전체주의 물결에 맞서는 활동이다

홍원표

I. 전례 없는 사건의 재현과 현실 세계의 경험

이 모음집은 전체주의 운동이 유럽의 바다에서 잔물결을 일으키다 파도로 급변하여 마침내 세계를 소용돌이로 몰아넣었다가 차츰 퇴조하였던 1930~1954년까지의 기간에 아렌트가 집필했던 미출간 원고들로 구성되어 있다. 아렌트는 이 모음집에서 "전체주의의 물결"[1]이라는 표현을 한번 언급하고 있는데, '물결'은 "사유의 바람"과 같이 은유다.[2] 이 시기 역사적 사건, 즉 나치 및 볼셰비키 전체주의 운동과 국가의 등장, 제2차 세계대전, 일본

---

1 Hannah Arendt, *Essays in Understanding, 1930~1954*(New York, San Diego, London: Harcourt Brace & Company, 1994), p. 282; 이 책, 477쪽. 아렌트는 또한 이 모음집에서 나치즘의 '물결(tide)', 정치적 무관심의 물결이란 표현을 사용한다. 『전체주의의 기원』에서는 대학살 · 난민 · 전체주의 운동 · 선전 · 정치적 범죄의 '물결(wave)'이란 표현을 사용한다. 『난간 없이 사유하기』에서는 테러 · 미래의 물결이란 표현을 사용한다.

2 Hannah Arendt, *The Life of the Mind 1: Thinking*(San Diego, New York and London: A Harvest Book, 1978), pp. 174-175; 홍원표 옮김, 『정신의 삶: 사유와 의지』(서울: 푸른숲, 2019), 274-275쪽. 언어와 은유에 관해서는 168-208쪽을 참조할 것.

의 군국주의와 식민화된 조선의 해방, 그리고 남북한 정부 수립과 한국전쟁을 고려하면, '물결'이란 은유가 어떤 의미를 함축하고 있는지 한참 생각하게 된다.

전체주의의 물결에 어떻게 맞설까? 아렌트는 이 난관에 대응하는 행위로서 정치적 이해의 중요성을 지적하고 있다. 그렇다면 여기서 다시 의문을 제기하지 않을 수 없다. 20세기 전반의 세계와 우리 시대의 세계는 전혀 다른가? 다시 문제를 제기한다. 그러면 20세기 전반의 현실 세계에 대한 아렌트의 비판적 고찰은 현재의 우리를 이해하는 데 적실성이 있는가? 아렌트는 「전후 전향한 공산주의자들」에서 이렇게 말한다. "전체주의는 완전히 새로운 형태의 정부를 가져왔으며, 항상 존재하는 잠재적인 위험으로 앞으로도 우리와 함께할 가능성이 너무나 크다." 역사가 재현된다는 테제를 수용한다면, 하늘 아래 새로운 것은 없다. 아렌트는 전례 없는 사건인 새로운 시작이 이후 역사에서 언젠가 '반복'될 수 있다고 주장한다. 그러나 "인간은 새로운 시작이다"라는 아우구스티누스의 주장을 강조한다면, 역사 속에서 새로운 시작은 있고 끝은 없다. 아렌트의 두 주장은 역설적이다.

세계가 전체주의를 경험한지 한 세기가 지나지 않았는데 전체주의의 유령은 21세기 세계의 하늘을 배회하고 있지 않은가? 나치즘과 스탈린주의 역사적 잔재가 다른 옷을 입은 채 슬며시 정치 영역에 침투할 때, 우리는 이러한 유형의 정치를 어떻게 이해할 것인가? 신나치즘의 부활은 간헐적으로 유럽에서 중요한 정치적 쟁점이 되기도 한다. 우리 정치 현실에서도 '전체주의'는 가끔 언급되는 용어가 되고 있다. 이 문제를 어떻게 받아들이고 이해할 것인가? 답변하기 어려운 문제다. 전체주의와 싸우기 위해 어떻게 해야 하는가? 아렌트는 이 문제에 대면하기 위해 오래된 이야기, 즉 "우리는 용이 되지 않고는 용과 싸울 수 없다는 이야기"[3]를 들었다면서 용이 되어서

---

3 이 책, 615쪽.

는 안 된다고 주장한다.

아렌트는 비전체주의 국가에서 전체주의적 사유가 활개를 치는 것에 대응하여 전체주의라는 정치적 사건에 직접 대면할 것을 요구하고 있다. 아렌트는 전례 없는 사건을 전례에서 추론하는 인과론적 방식으로 전체주의적 사유와 정치의 부상을 막을 수 없다고 밝혔다. 따라서 전체주의에 맞서는 행위로서 이해의 중요성을 강조한다.

이 해제에서는 먼저 에세이 주제에 따라 에세이 유형을 5개 영역으로 나누고 핵심 내용을 간단히 언급한다. 둘째, 아렌트가 이 모음집에서 전체주의 물결에 맞서는 활동으로 이해의 필요성을 언급하고 있는데, '이해란 무엇인가?'를 살펴본다. 셋째, 전체주의의 물결과 그 여파를 개략적으로 밝히고 관련 에세이의 내용을 정리한다. 넷째, 이후 절에서도 관련 내용을 언급하고 있기에, (1) 이데올로기와 종교, (2) 정치에 대한 사회과학 및 철학의 오해, (3) 정치와 문학 사이의 교감, (4) 미국주의와 유럽주의 사이의 긴장이란 주제로 각 에세이의 주요 주제를 모음곡의 조바꿈으로 살펴본다.

II. 에세이 주제별 재구성과 주요 기조: '모음곡' 5악장

제롬 콘은 아렌트가 뉴스쿨 교수로 재직하던 시기(1967~1975) 엘리자베스 영-브륄과 더불어 마지막 제자로서 아렌트 생전에 게재하지 않았던 많은 에세이를 체계적으로 정리하여 몇 편의 모음집을 출간했다. 지금까지 출간된 5편의 모음집은 『전체주의 물결과 정치적 이해』(1994), 『책임과 판단』(2003), 『정치의 약속』(2005), 『유대인 문제와 정치적 사유』(2007), 그리고 『난간 없이 사유하기』(2018)다.[4] 이 모음집의 편집자인 제롬 콘의 서론 원고(우

---

[4] 『전체주의 물결과 정치적 이해』이외의 서지사항은 다음과 같다. *Responsibility and Judgment*(New York: Schocken Books, 2003); 서유경 옮김, 『책임과 판단』(서울: 필로소픽, 2019); *The Promise*

리말로 140쪽 분량)는 모으면 아렌트 연구의 소책자로 구성될 것이다. 이렇듯, 제롬 콘은 아렌트가 저작에서 밝혔던 빛을 현대 독자들에게 넘겨주는 데 중요한 역할을 했다.

1930~1954년 사이에 주로 집필했으나 미출간 상태의 에세이로 구성된 모음집은 『전체주의 물결과 정치적 이해』와 『유대인 문제와 정치적 사유』이다. 앞의 모음집은 목차에서도 나타나듯이 망명 이전 1930년대 초기와 1944년 사이에 공백이 있다. 이 공백 가운데 아렌트가 미국으로 이주한 1941년에서 1944년까지 저술 활동은 주로 '유대인 문제'와 '유대인 정치'에 관한 정치평론 기사를 수록한 『유대인 문제와 정치적 사유』에 드러난다.

앞에서 언급한 모음집 가운데 『전체주의의 물결과 정치적 이해』와 『난간 없이 사유하기』가 '이해의 에세이'라는 범주 아래 모음집을 구성하고 있다는 점을 확인할 수 있다. 모음집 제목에서 나타나듯이, 제롬 콘은 '이해'와 '사유'의 연계성을 강조하고 있다. 『난간 없이 사유하기』가 출간된 다음해인 2019년 12월 제롬 콘은 로저 버코비츠와 함께 브레멘 주정부와 하인리히 뵐 재단이 수여하는 '한나 아렌트상Hannah Arendt Preis für politisches Denken'을 받았다.[5]

이 두 저작은 아렌트가 생전에 출간한 저작들과 더불어 '이해'라는 범주에서 아렌트의 정치적 사유의 궤적을 탐구하는 데 도움이 될 것이다. 특히 초기 저작은 아렌트의 정신세계를 이해하는 데 중요하기에, 여기서는 모음집에 수록된 에세이들의 기본 구조와 기조를 제시하는 데 중점을 둔다. 모

---

of Politics(New York: Schocken Books, 2005); 김선욱 옮김, 『정치와 약속』(파주: 푸른숲, 2007); Jewish Writings(New York: Schocken Books, 2007); 홍원표 옮김, 『유대인 문제와 정치적 사유』(파주: 한길사, 2022); Thinking Without Bannisters: Essays in Understanding, 1953~1975(New York: Schocken Books, 2018); 신충식 옮김, 『난간 없이 사유하기: 한나 아렌트 정치 에세이』(서울: 문예출판사, 2023).

[5] 한나 아렌트상은 특별히 전체주의와 관련하여 정치이론가 한나 아렌트의 전통을 대변하는 사람들, 즉 "현재의 정치적 사건의 비판적이고 보이지 않는 측면을 파악하고 논란이 되는 정치적 토론에서 자신의 의견을 제시하여 공공영역에 참여함을 두려워하지 않은 개인을 기리고 있다."

음집의 구성은 비유하면 모음곡의 형태를 띠고 있다. 제롬 콘은 '이해'에 초점을 맞추어 'Essays in Understanding'이란 제목으로 총체성이 아닌 통일성을 드러낸다. 여기서는 40편의 에세이를 5악장의 모음곡으로 비유하고 모음집 제목을 '전체주의의 물결'로 한다.

제롬 콘이 언급하듯이, "글의 내용은 그녀(아렌트)의 것이지만 책의 구조는 그녀가 구상한 것은 아니다. 이 책은 대담 자료를 제외하고 연대기적으로 구성되어 있으며, 그 일차적 목적은 그녀의 생애 가운데 초기와 중기(24~48세) 사유의 궤적을 보여 주는 것이다."[6] 따라서 책의 제목으로 아렌트의 의도를 해석하거나 책의 구성을 일정한 범주로 분류하기는 어렵지만, 40편의 글을 몇 가지 범주로 나누어 개략적으로 소개한다.

이에 앞서 아렌트와 가우스의 텔레비전 대담(「무엇이 남아있는가?: 언어가 남는다」)에 관한 내용을 간략히 소개한다. 알려진 바와 같이, 아렌트는 자전적 성격을 띤 책과 에세이는 출간했으나 자서전을 남기지 않았다. 그녀는 개인적 삶을 공개적으로 드러내기를 꺼려했다. 아렌트는 『라헬 파른하겐』을 통해 자신의 유대인 정체성을 간접적으로 드러냈으며, 『어두운 시대의 사람들』에 수록된 「이자크 디네센: 1885~1963」과 「로자 룩셈부르크: 1871~1919」를 통해 자신을 간접적으로 드러냈다. 그녀는 비로소 1964년 귄터 가우스와의 텔레비전 대담에서 공개적으로 자신의 삶과 사상을 직접 언급했다. 현재는 영-브륄 등의 전기와 더불어 아렌트 서간집 출간으로 아렌트의 개인적 삶을 이해할 수 있게 되었다.[7] 이 대담 자료는 아렌트의 삶과 사상을

---

6   Jerome Kohn, "Introduction", in *Essays in Understanding*, p. xii; 이 책, 72쪽. 이하 인용 쪽은 번역서의 쪽으로 표기한다.

7   *Hannah Arendt/Karl Jaspers Briefwechsel 1926~1969*, Hrsg., Lotte Köhler und Hans Saner(München/Zürich: Piper, 1985); *Hannah Arendt/Karl Jaspers Correspondence 1926~1969*, trans., Robert and Rita Kimber(San Diego, New York, London: Harcourt Brace & Company, 1992); 홍원표 옮김, 『한나 아렌트·카를 야스퍼스 서간집 1926~1969』(서울: 신서원, 2024); Hannah Arendt and Martin Heidegger, *Letters 1925~1975*, ed. Ursual Lutz(Orlando Austin, New York, San Diego, Toronto, London: Harcourt, INC. 2004[1998]; Hannah Arendt and Mary MaCarthy,

개략적으로 살펴보며 모음집의 구성과 기조를 이해하는 데 밑바탕이 될 것이다.

첫째, '현실을 대면하자'라는 현상학적 명제를 반영하듯, 전체주의 물결에 맞서 그 본질을 이해하는 데 중점을 두고 있다. 전체주의의 잔물결, 거센 파도, 여파餘波를 살펴본다. 여기에 실린 12편의 에세이와 7편의 서평은 『전체주의의 기원』을 집필하던 시기 전후의 에세이로 『전체주의의 기원』에서 부각하지 않은 부분을 확인하는 데 중요한 자료다. 특히, 나치 및 볼셰비키 전체주의에 관한 에세이가 외형적으로 이 모음집의 절반을 차지한다.

에세이 12편의 주요 내용을 간략히 시대순으로 소개한다. 「미국 내 외국어 신문과 대외 문제」(1944)는 국제정치 문제에 관한 미국 내 유럽 이민자들의 다양한 정치적 견해를 드러내고 있다. 아렌트의 정치평론가다운 면모가 잘 드러난다. 「파시스트 인터내셔널의 발단」(1945)은 반유대주의와 『시온 장로 의정서』, 독일을 희생 제물로 만든 나치, 여전히 현존하는 우리 시대의 악을 밝힌다. 「'독일 문제'에 대한 접근법」(1945)에서는 현실을 모르는 독일 문제 전문가들을 비판하며 독일 문제를 '전통의 붕괴', '저항운동', '유럽의 연대'와 관련하여 조명한다. 「조직화된 범죄와 보편적 책임」(1945)은 전쟁 말 국민의 동일화, 행정적 대학살, 톱니바퀴 역할을 한 독일인을 언급하며, 정치적 사유의 전제 조건으로 인간과 인류의 의미를 밝힌다.

「랜드스쿨 강연」(1948)에서는 제2차 세계대전 이후 반볼셰비즘과 반스탈린주의에 대한 상반된 이해, 즉 유럽과 미국 지식인들의 인식 차이를 잘 드러낸다. 「나치 지배의 여파」(1950)는 전후 독일의 재건 사업과 세 가지 계

Between Friends, ed., Carol Brightman(San Diego, New York, London: Harcourt Brace & Company, 1992); Hannah Arendt and Heinrich Blücher, *Within Four Walls*, ed., Lotte Köhler(San Diego, New York, London: Harcourt Brace & Company, 1992); Hannah Arendt and Kurt Bulmenfeld, *Correspondence 1933~1963*, eds., Ingeborg Nordmann and Iris Pilling(Hamburg: Rotbuch, 1995); Hannah Arendt and Gershom Scholem, *The Correspondence of Hannah Arendt and Gershom Scholem*, ed., Marie Luise Knott(Chicago: The University of Chicago Press, 2017).

획, 즉 탈나치화·자유기업의 부활·연방화의 좌절을 밝힌다.「큰 소리로 떠드는 애송이들」(1951)은 "나치 독일의 패망 이후 '전체주의'라는 용어가 공산주의와 같은 의미로 사용되는" 의미 변화를 지적하고, 전도된 궤변으로 사회주의와 역사 제작을 제시하며 전체주의의 물결에 어떻게 맞설 것인가를 제시한다. 자유주의와 보수주의는 왜 전체주의의 물결을 막지 못했는가? 아렌트의 핵심적인 질문이다.

「사회과학 분석 기법과 강제수용소 연구」(1950)에서는 전체주의에 대한 아렌트의 독창성이 잘 드러난다. "모든 학문은 공리적 … 범주의 틀 내에서 이해하려고" 하지만, 사회과학은 강제수용소와 절멸수용소 제도가 이 범주를 벗어나고 있음에도 이에 주목하지 않음을 비판한다. "전례 없는 것은 살인 자체나 희생자의 숫자가 아니고, … 오히려 더 큰 문제는 범죄를 야기한 이데올로기적 허튼소리, 처형의 기계화, 어느 것도 더는 이해되지 않은 죽음의 세계를 신중하고 치밀하게 설치했다는 것이다."

「인간과 테러」(1953)는 미국 점령 당국이 베를린에서 운영한 라디오 방송국 강의를 위해 작성한 원고이다. 여기서는 전체주의 테러가 다른 유형의 테러와 어떻게 다른가를 밝히고 있다.「전후 전향한 공산주의자들」(1953)에서는 과거의 공산주의자들과 달리 전후 전향한 공산주의자들이 자유주의 세계에서 어떤 방식으로 행위하는가를 밝혔다.

「이해와 정치」(1954),「전체주의의 본성에 관하여: 이해의 에세이」(1954)는 원래 하나의 논문이지만, 앞의 글은 '이해'에 대한 아렌트의 현상학적 입장을 자세히 밝혔다. '이해'가 화해·사유·상상력·공통감·판단 등과 어떻게 연계되어 있는가를 밝히고 있다. 아렌트는 원래 제목을「이해의 난점」으로 붙이기도 했는데, '이해란 무엇인가'를 파악하는 데 많은 어려움이 따른다고 밝혔다. 달리 표현하면, 전체주의를 어떻게 이해할 것인가의 문제와도 연계된다. 이해 문제는『정신의 삶: 사유와 의지』,『칸트 정치철학』과 연계되어 있기 때문이다. 본론에 해당하는「전체주의의 본성에 관하여」에서는 다시 정체의 본성과 원리를 밝히고자 몽테스키외의 『법의 정신』 가운데 정부의 본성과 각 정체의 기본이 되는 행위 원리(미덕·차이·두려움)를 밝히고, 전체주의의 법과 운동, 즉 역사 법칙·자연 법칙·테러의 특성을 밝히며, 행위 원리의 대체물로서 이데올로기와 그 논리성을 조명한다.

관련 서평은 다음과 같다. 데니스 드 루즈몽의 『악마의 몫』 서평인 「악몽과 도피」(1945)에서는 전후 유럽 지식인들의 마음 상태를 엿볼 수 있다. 펠릭스 그로스의 『두 대륙의 교차로』 서평인 「권력정치의 승리」(1945)에서는 유럽연방의 정치적 중요성을 강조한 그로스의 입장을 부각했다. 『흑서』 서평인 「지옥의 이미지」(1946)에서 아렌트는 "유대 민족의 신체에 자행된 '인류에 반하는 범죄'를 구성한 인간 도살장"을 언급하며 "유대인들은 독일인들을 상대로 기소장을 작성할 자격이 있지만 … 지구상의 모든 민족을 대표한다는 점을 잊지 않아야 한다"고 강조했다. 「델로스의 『민족』」 서평(1946)에서는 민족에 관한 몇 가지 기본 개념과 민족주의가 파시즘이 되는 길에 관해 밝히고 있다.

뮌헨의 독일 국가사회주의 시대사 연구소가 헨리 피커에게 의뢰해 출판한 『히틀러의 식탁 대화』에는 히틀러가 1941년 7월~1942년 8월 사이 자신의 군사 고문들과 나눈 대화, 그리고 부록 「존트호펜의 투턴 기사단 성에서 미래의 정치 지도자들에게 한 연설」 등을 수록하고 있다. 서평 「히틀러의 식탁 대화」(1951)에서 아렌트는 판단 능력을 상실한 혼란 속에서 단지 표면적인 '카리스마'를 발휘했던 논리, 즉 히틀러의 성공과 몰락을 가져온 선물이 바로 순수한 논리였다는 점을 밝히고 있다. 즉 히틀러는 자연법칙에만 의존해 "외래종을 짓밟아 죽이고, 개체의 생명을 높이 평가하지 않았다"는 것이다.

구리안의 삶은 아렌트에게 20세기의 어둠을 밝혀준 삶의 하나였다. 아렌트는 『어두운 시대의 사람들』에 짧은 형식의 구리안 전기를 수록했다. 『볼셰비즘: 소련 공산주의 입문』 서평인 「공산주의의 이해」(1953)에서 아렌트는 구리안이 당시 소련 체제에 대한 정보가 많지 않았음에도 볼셰비키 선전에 희생되지 않고 볼셰비즘의 본성에 대해 정확히 밝혔다고 평가한다. 「에릭 푀겔린의 서평에 대한 반론」(1953)에서는 전체주의의 기원을 인간 본성과 연관시켜 "영적 질병"으로 규정하는 푀겔린을 비판하고 전체주의의 주요 요소를 역사적 관점에서 밝힌다. 아렌트는 "분노와 열광 없음의 전통"에서 벗어나 전체주의 현상을 분석해야 한다고 강조했다. "문체의 문제는 적절성과 반응의 문제다."[8] 이 문체는 아렌트의 '이해'와 밀접하게 연관된다.

둘째, 아렌트는 정치를 이해하는 데 기여하는 현대 철학의 흐름과 철학자의 입장을 소개했다. 이들 에세이 또한 현실 정치 및 전체주의 경험에 대한 아렌트의 실존주의적, 현상학적 해석을 이해할 수 있는 내용을 담고 있다. 아렌트는 어린 시절 "키르케고르를 읽었고 … 철학과 신학에 관심을 가졌다." 「쇠렌 키르케고르」(1932)에서 아렌트는 "헤겔의 정-반-합 교의에 반대해 기독교적 존재의 근본적 역설을 설정한다. 일반성은 단일한 인간 존재에 적용된다. 즉 "키르케고르가 관심을 가진 실존은 자기 자신의 삶이다." 「실존철학이란 무엇인가?」(1946)에서 100년의 역사를 가지고 있는 실존철학의 흐름을 조명했다. 즉 현상학적 재구성 시도, 칸트의 구세계 해체와 셸링의 신세계 요청, 자아의 탄생과 관련한 키르케고르, 존재와 무로서의 자아를 드러낸 하이데거, 인간 실존의 특징을 드러낸 야스퍼스의 실존철학을 조명했다. 「프랑스 실존주의」(1946)에서는 주로 프랑스 실존주의 작가인 사르트르와 카뮈를 조명하였다.

아렌트는 1948년 6편의 에세이를 독일어로 출판하며 이 책을 야스퍼스에게 헌정했다.[9] 여기에 수록된 서문 「카를 야스퍼스에게 헌정하며」(1948)

---

8 이 책, 629쪽.
9 서지사항은 다음과 같다. Hannah Arendt, *Sechs Essays*(Heidelberg, 1948). 아렌트가 독일에서 망명한 이후 처음으로 출간된 저서이며, 이와 관련하여 야스퍼스와 나눈 이야기는 다음 자료를 참조할 것. 『한나 아렌트·카를 야스퍼스 서간집 1926~1969』 「편지 46」, 「편지 50」, 「편지 53」, 「편지 54」.

마지막 부분에서 "당신의 삶과 철학은 대홍수라는 악조건에도 불구하고 인간이 어떻게 서로 대화할 수 있는지에 대한 본보기를 우리에게 제공합니다"로 마무리했다. 반면에, 「여우 하이데거」(1953)는 아렌트의 『사유 일기』에 수록된 내용이며, 자신이 만든 함정에 빠진 하이데거를 묘사하고 있다. 모음집에 수록된 마지막 에세이 「최근 유럽의 철학사상과 정치에 대한 관심」(1954)에서 "모든 정치철학과 마찬가지로 유럽에서 정치에 대한 관심은 불안한 정치 경험, 특히 두 차례 세계대전과 전체주의 정권의 경험, 그리고 핵전쟁에 대한 두려운 전망으로 거슬러 올라갈 수 있다"고 밝힌다. 아렌트는 행위의 충동을 진정한 인간사와 인간 행위 영역에서 포착할 것을 강조한다.

에세이 세 편도 주목할 필요가 있다. 카를 만하임의 『이데올로기와 유토피아』 서평인 「철학과 사회학」(1930)에서 기본 철학적 의도에만 초점을 맞추어 역사적 관점에서 "모든 현대적 사유의 의심스러운 본질을 지적한" 이 책의 중요성을 부각시켰다. 아렌트는 이 본질이 철학에 미치는 영향은 무엇인가?를 밝히고 있다. 호지스의 저서 『빌헬름 딜타이: 입문』 서평인 「철학자이자 역사가인 딜타이」(1945)에서는 정신과학의 토대와 자연과학의 방법과 다르며, "이해의 문제는 역사 자체와 마찬가지로 역사학의 핵심"임을 밝혔다. 즉 딜타이에게서 "이해·해석·해석학은 기호를 해독하는 기술이다." 아렌트는 호지스의 저작을 통해 '의미'와 '이해'가 분리될 수 없음을 강조한다. 『인간의 문제』 서평(1946)인 「상식의 상아탑」에서는 "과학을 인간화하고 과학적 결과를 인간 공동체에 사용할 수 있도록 노력하는" 인본주의적 방식을 강조한 듀이의 의도를 강조한다.

셋째, 아렌트는 종교 개념을 정치 개념으로 전환하는 데 관심을 가졌으며 정치와 종교 영역의 차이를 엄격히 구분했다. 세속 종교 또는 정치신학에 대한 아렌트의 비판적 이해가 잘 드러나고 있다. 그녀는 대학 시절 철학과 신학에 관심을 가졌으며 박사학위를 받은 이후 정치적 시온주의 운동에 잠시 참여했으나 종교적 시온주의와 일정한 거리를 두었다. 「아우구스티누스와 개신교」(1930)에서는 아우구스티누스 서거 1500주년을 기념하며 루터도 아우구스티누스의 위대한 주석서 없이는 생각할 수 없다고 밝혔다. 「기독교와 혁명」(1945)에서는 가톨릭 부흥 운동을 대표하는 페기와 베르나노스, 그리고 영국의 체스터턴의 저작, 자크 마리탱을 소개하였다. 「종교와 지식인들」(1950)에서는 종교에 대한 지성인들의 관심과 태도에 관한 아렌트의 입장을 밝히고 있다. 자유 세계와 공산주의 사이의 투쟁이 종교적인가?라는 주제의 학술회의에서 발표한 논문인 「종교와 정치」(1953)에서 아렌트는 종교와 이데올로기의 관계, 전체주의에 대한 접근 방법, 마르크스주의, 전체주의 운동과 세속 종교의 관계를 밝힌다.

넷째, 아렌트는 자신의 저작에서 수많은 문학작품을 인용하고 있다. 『전체주의의 기원』뿐만 아니라 후기 저작, 특히 『어두운 시대의 사람들』은 정치와 문학예술의 관계를 다루고 있다. 초기의 일부 에세이는 아렌트의 이 입장을 고찰할 단초가 될 것이다. 이 책에 6편이 수록되어 있다. 「프리드리히 폰 겐츠」는 1932년 『쾰른 신문』에 게재된 짧은 글이다. 「베를린 살롱」은 『1932년 독일 연보』에 실렸다. 「악몽과 도피」는 루즈몽의 『악마의 몫』 서평이며, 「프랑스 실존주의」(1946)에서는 프랑스 작가들의 정치적 사유를 조명했다. 「프란츠 카프카에 대한 재평가」(1944)에서는 "카프카의 테러는 관료제의 … 진정한 본성을 적절히 나타내고 있다"고 밝혔다. 카프카의 예언은 전체주의 시대에 현실이 되었다. 「더는 아님과 아직은 아님」(1946)은 『베르길리우스의 죽음』 서평이다. 아렌트에 따르면, "이 책은 더는 아님(과거)과 아직은 아님(미래) 사이의 심연을 건너려고 하는 일종의 다리다."

다섯째, 이 책의 후반부에는 미국주의와 유럽주의를 검토한다. 여기서는 1954년 프린스턴 대학교에서 미국의 대외 이미지라는 주제로 행한 세 차례의 강의, 「꿈과 악몽」, 「유럽과 핵무기」, 「순응주의의 위협」을 배치하였다. 이 글들은 미국주의, 유럽주의 그리고 반미주의에 대한 아렌트의 독특한 입장을 담고 있을 뿐만 아니라 미국 역사에 대한 기본 입장을 잘 드러내고 있다.

제롬 콘은 왜 아렌트가 1954년까지 집필한 에세이들을 이 책에 포함시켰는가? 그는 아렌트의 에세이와 강연 원고 가운데 출판되지 않았거나 책에 포함되지 않은 것들을 이 책에 포함시켰고, 20세기의 전례 없는 정치적 사건과 연관된 아렌트의 이해를 명료화한다는 원칙을 밝혔으나 일부의 원고만을 포함하고 있을 뿐이다. 제롬 콘은 "아렌트가 이때 인간사와 인간 행위의 영역을 직접 파악할 수 있게 되었다"[10]고 밝히고 있다.

아렌트는 『전체주의의 기원』을 출간한 이후 마르크스의 노동 개념을 이해하고자 관련 자료들을 검토하고 분석하면서 "마르크스를 이해하는 순간 우리가 정치철학의 전통 전체를 설명하지 않은 채 그를 연구할 수 없다는 것을 깨달았다."[11] 1953년 아렌트는 「마르크스와 서구 정치사상의 전통」을 집필하면서 "어떠한 상황에서도 두꺼운 책을 쓰지 않고" 에세이 형식으로 책의 형태를 구성하고자 하였다. 따라서 위대한 전통에 관한 에세이들은 『과거와 미래 사이』에 포함되었고, 마르크스의 개념적 분석은 『인간의 조건』에서 노동·작업·행위에 관한 연구로 변경되었다.

아울러, 마지막 에세이 「최근 유럽의 철학사상과 정치에 대한 관심」은 전체주의의 공포에 대한 다양한 철학적 반응을 조명한다. 즉 "현대 정치사상은 … 인간사가 진정한 철학 문제를 제기한다는 점, 그리고 정치가 단순히 전혀 다른 경험에 기원을 둔 교훈에 의해 지배되어야 하는 삶이 아니라 진정한 철학 문제가 발생하는 영역임을 인식한다."[12] 이렇듯, 제롬 콘은 이

10　이 책, 680쪽.
11　Elisabeth Young-Bruehl, *Hannah Arendt: For Love of the World*(New Haven & London: Yale University Press, 2004[1982]); 홍원표 옮김, 『한나 아렌트 철학 전기: 세계사랑의 여정』(서울: 신서원, 2022), 552쪽.
12　이 책, 659쪽.

에세이의 기본 틀과 더불어 그 내용의 중심을 제시하고 있다는 점을 고려했을 것이다.

III. 이해와 관련된 활동: 화해 · 사유 · 상상력 · 공통감 · 판단 · 이야기하기

제롬 콘이 왜 책의 제목을 "이해의 에세이"로 명명했는가를 파악하려면, 우선 아렌트가 '에세이'의 역할을 어떻게 규정했는가를 살펴볼 필요가 있다. 그녀는 문학 형식의 에세이 장르를 선호했다. 에세이의 대화 형식과 유연한 성격은 그의 변증론적 논쟁 방식과 어울리기 때문이다. 아렌트에 따르면, 에세이는 정치적 사건이란 현실에서 제기되는 정치적 사유의 연습에 기반을 두고 있다. "문학 형식으로서 에세이는 내가 염두에 두고 있는 (정치적 사유의) 연습과 자연적인 친화성을 갖고 있다."[13] 아렌트는 에세이 모음집의 형태로 『과거와 미래 사이』, 『어두운 시대의 사람들』 그리고 『공화국의 위기』를 출간했다. "아렌트는 한때 『과거와 미래 사이』가 자신의 책들 가운데 가장 훌륭하다고 언급한 바 있다. 그녀는 그 형식을 믿었다. 부제가 시사하듯이, 이 책은 '정치적 사유 또는 이해의 연습'을 포함하고 있지만, 체계적이지 않다."[14] 이렇듯 이 책은 철학 논문 형식의 글들로 짜임새 있게 구성되어 있지 않다. 아렌트의 주장대로 책에 포함된 에세이를 일부 삭제하거나 포함시킬 수 있을 것이다. 그런데도 제롬 콘은 책의 구성에 있어서 아렌트의 다음과 같은 의도를 담고 있다.

"에세이들의 통일성 ― 나에게는 에세이들을 책의 형태로 출판하는

---

13 Hannah Arendt, *Between Past and Future*(New York: Penguin Books, 1968), p. 15: 서유경 옮김, 『과거와 미래 사이』(서울: 푸른숲, 2005), 25쪽.
14 Young-Bruehl, *Hannah Arendt: For Love of the World*, p. 473; 『한나 아렌트 철학 전기』, 857쪽.

정당화이지만 — 은 전체의 통일성이 아니라 음악의 모음곡에서 보이듯이 동일하거나 연관되는 어조로 기술되는 악장 배열순서의 통일성이다. 순서 자체는 내용에 의해 결정된다."[15]

모음곡이란 각기 다른 성격을 가졌으나 보통 조가 같고 그 자체로 완결된 기악 악장들을 모은 형태이다. 비제의 「아를의 여인」(1872)과 같은 연주 부수음악이나 차이콥스키의 「호두까기 인형」(1892)과 같은 발레 음악 등이 여기에 포함된다. 예를 들면, 「아를의 여인」은 알퐁스 도데의 희극 『별』에 곡을 붙인 27개의 모음곡으로 제1 모음곡과 제2 모음곡으로 구성되었다. 아렌트는 정치적 사유의 연습을 위한 에세이를 모아 책으로 구성하는 방식을 선호했다. 저작에서 총체성이 아닌 통일성을 강조했다. 총체성은 획일성을 요구하지만, 통일성은 다른 것(차이)의 공존을 요구한다. 콘은 모음집 구성에서 아렌트의 저술 의도를 반영했다.

아렌트는 책을 구성하는 과정에서 에세이들을 매끄럽게 연결하기보다 무시하는 편이었지만, 에세이를 집필하는 과정에서 틀을 형성했고 이 틀을 활용했다. 그 틀은 3벌 구조의 형태로 나타난다. "예를 들면, 노동·작업·행위; 사적·사회적·정치적인 것; 사유·의지·판단; 과거·현재·미래라는 시간적 범주에 대한 모든 변형"[16]뿐만 아니라 주관적·객관적·상호주관적인 것이란 구분 등은 아렌트의 에세이 구성에서 기본 틀이다.

"아렌트 저작의 특징은 에세이 형식이거나 이해의 연습을 기본으로 하고 있다는 점이다. 에세이나 이해의 연습은 아렌트 해석학에 대한 간단한 기술로 간주될 수 있다."[17] 정치적 사유의 연습과 이해의 연습은 같은 의미를

---

15 Arendt, *Between Past and Future*, p. 15; 『과거와 미래 사이』, 25쪽.
16 Young-Bruehl, *Hannah Arendt: For Love of the World*, p. 280; 『한나 아렌트 철학 전기』, 552쪽.
17 Marieke Borren, "Amour Mundi: Hannah Arendt's Political Phenomenology of World," Ph. Dissertation(University of Amsterdam, 2010), p. 26.

지닌다. 아렌트의 경우 이해의 과정은 해체의 비판적 차원과 이야기하기의 실험적 차원을 지닌다. 두 과정은 상호 연계되어 있다.

"이러한 연습은 과거와 미래 사이에서 움직이기 때문에, 양자는 비판과 실험을 포함하지만, 실험은 일종의 유토피아적 미래를 설계하려고 시도하지 않으며, 과거, 전통적 개념에 대한 비판은 '폭로하려고' 의도하지 않는다."[18]

이렇듯, 비판과 실험은 정도는 다르나 이해 연습에서 중요한 요소다. 『과거와 미래 사이』에 수록된 에세이(「전통과 근대」, 「역사의 개념: 고대와 근대」, 「권위란 무엇인가?」)는 과거의 경험에 대한 고찰로 '비판적' 성격을 띠고 있다. 반면에, 에세이 다섯 편(「자유란 무엇인가?」, 「교육의 위기」, 「문화의 위기」, 「진리와 정치」, 「우주 정복과 인간의 위업에 관한 철학적 성찰」)은 미래와 더 연관되며 '실험적' 성격을 띤다.

아렌트는 「이해와 정치」 서두 둘째 단락에서 "화해가 이해에 내재해 있다"고 밝힌다. 아렌트는 이 논문을 집필하기 이전 『사유 일기』에서 다음과 같이 기록했다. "관조가 제작의 전제이듯이, 이해는 행위의 전제 조건이다. 이해는 애초에 모든 행위를 가능하게 하는 세계와의 사전적 화해이다. … 이해는 특별히 정치적인 사유 방식이다."[19] 아렌트는 있어야 할 것이 아닐지라도 있는 것과 화해하는 것이며, 세계를 새롭게 만들려고 노력하면서 행동해야 한다고 밝혔다. 이때 화해는 악을 포용하는 것이 아니라 악을 현실로 받아들이는 것을 의미한다.[20] 전체주의와 관련하면, 이해한다는 것은

---

18 Arendt, *Between Past and Future*, p. 14; 『과거와 미래 사이』, 25쪽.
19 Hannah Arendt, *Denktagebuch 1950~1970*(München und Zürich: Piper, 2002), pp. 331-332.
20 버코비츠는 『사유 일기』를 중심으로 화해와 관련하여 10가지 테제를 제시한다. 열거하면 다음과 같다. 몇 가지 테제를 들자면, 화해는 연대를 인정하는 정치적 판단 행위, 죄책감을 상호 해방으로 대체함, 붕괴된 공동 세계를 재건하는 용서의 정치적 측면, 정치를 가능케 하는 이해와 상

"우리의 사유 범주와 판단 기준"을 붕괴시킨 전체주의가 새로운 정부 형태라고 깨닫는 것을 의미한다.

「이해와 정치」에는 역사적 사건을 이해하는 아렌트의 입장이 뚜렷하게 드러나며 주목할 만하다. "올바른 정보 및 과학적 지식과 구별되는 이해는 결코 명료한 결과를 낳지 않는 복잡한 과정이다."[21] 인식 또는 지식knowing은 이해와 동일하지 않다. 지식이 진리와 연관되고 사유thinking가 의미meaning와 연관되듯이, 이해 역시 의미와 연관된다. 즉, 이해의 결과는 의미이기 때문이다. 세뇌 또는 교화敎化 역시 이해의 왜곡에서 일차적으로 발생하므로 이해 활동을 완전히 파괴할 수 있다. 아렌트는 과학과 이데올로기의 엄격한 논리성을 이해와 대립시켰다. 아렌트는 이해의 의미를 『전체주의의 기원』서문에서 다음과 같이 압축적으로 소개했다.

> "이해란 잔인무도한 것을 부정하고, 선례에서 전례 없는 것을 연역하고, 실재의 효과와 경험의 충격을 더 이상 느끼지 못하는 그러한 유추나 일반화를 통해 현상을 설명한다는 의미를 담고 있지 않다. 오히려 그것은 우리 세기가 우리에게 부과한 부담을 … 의식적으로 검토하고 받아들인다는 의미를 지닌다. 간단히 말하면, 이해란 실재 ― 그것이 어떠하든 ― 를 미리 계획하지 않은 채 주의 깊게 대면하고 그것에 저항한다는 의미를 갖는다."[22]

인용문에서도 밝혔듯이, 이해는 정신 활동의 '관여'와 '이탈'이란 역설을

상력 활동, 과거와 미래 사이의 전투로서 사유이다. Roger Berkowitz, "Reconciling Oneself to the Impossibility of Reconciliation: Judgment and Worldliness in Hannah Arendt's Politics," *Artifacts of Thinking*, eds. Roger Berkowitz and Ian Storey(New York: Fordam University Press, 2017), pp. 9-36.

21　이 책, 512쪽.
22　Hannah Arendt, *The Origins of Totalitarianism*(San Diego, New York and London: A Harvest Book, 1951), p. viii. 아렌트는 '이해'를 'understanding'과 'comprehension'으로 표기했다.

담고 있다. 아렌트는 단순히 객관적 입장에서 역사적 사건을 설명할 때 역사적 사건에 대한 진정한 이해가 어렵다고 생각했다. 세계에 대한 열정적 관심을 가진 연구자만이 역사적 사건의 악에 분노할 수 있기 때문이다. 그러나 연구자는 역사적 사건을 천착하려면 그것과 일정한 거리를 유지하고 다양한 관점에서 그 의미를 조명해야 한다.

이제, 이해·판단·공통감의 관계를 살펴보기로 한다. 공통감은 판단과 이해의 뿌리다. 판단과 공통감에 대한 아렌트의 입장은 『칸트 정치철학』에서 집중적으로 언급되지만, 여기서는 「이해와 정치」에 중점을 둔다. "이해는 판단과 매우 밀접하게 연관되어 있고 상호 연관되어 있지 않은가?"[23] 아렌트는 공통감을 예비적 이해로 기술한다. 사전적 이해Verstädnis로 불리는 예비적 이해는 의미의 무비판적이고 전성찰적 편견 있는 이해지만, 진정한 성찰적 이해를 가능케 하는 전제 조건이다.[24] 예비적 이해에서는 전체주의 지배를 폭정이나 일당 독재로 인식하지만, 진정한 이해는 이 단계를 초월한다. 전체주의 지배는 이데올로기와 테러를 본질로 하는 전례 없는 정치 체제로서 공통감(공동체 감각)과 자유의 상실을 특징으로 한다.

따라서 예비적 이해를 넘어 진정한 이해로 나가야 전체주의의 본질을 제대로 이해할 것이다. 진정한 이해는 상상력과 밀접하게 연계된다. 아렌트는 솔로몬의 이해하는 마음the understanding heart을 예로 들고 있다. 이 마음은 곧 상상력이다. 상상력은 '환상'과 달리 우리와 너무나 가까이 있어서 그 의미를 파악하기 어려운 다른 사람들과 우리 자신 사이의 거리를 유지케 할 뿐만 아니라 현상들 사이의 심연을 연결하는 데 이바지하기 때문이다. 아렌트는 「이해와 정치」에서 판단 개념을 드러내고 있다.

---

23   이 책, 520쪽.
24   Marieke Borren, "'A Sense of the World': Hannah Arendt's Hermeneustic Phenomenology of Common Sense," *International Journal of Philosophical Studies*, Vol. 21, no. 2(2013), p. 240.

"실제로 이런 상상력, 이해력이 없다면, 우리는 세상을 살아갈 수 없을 것이다. 상상력은 우리가 가진 내면의 나침반이다. 우리는 우리의 이해가 도달하는 한에서만 동시대인이다. 이 세기에 우리가 이 지구에 편히 있기를 원한다면, 그 대가를 치르더라도 전체주의의 본질과 끝없는 대화에 참여하도록 노력해야 한다."[25]

상상력은 열린 마음으로 역사적 경험이나 미래의 상황을 정신에 재현하는 능력으로 이해의 중요한 요소가 된다. 역사적 사건은 우리의 눈앞에 보이지 않지만, 우리는 그 시대로 돌아갈 때 비로소 그 사건의 진정한 의미를 새롭게 드러낼 수 있다. 여기서는 역사적 사건 자체를 이해하는 해석학적 방법을 두 가지 측면에서 고찰하기로 한다.

첫째, 이해 과정의 하나로서 비판은 해체와 연관된다. 아렌트는 『정신의 삶』에서 다음과 같이 주장했다. "나는 이제 그리스 시대의 철학 형성기부터 현재까지 상당히 오랜 기간 우리가 알고 있던 범주들을 유지하고 있는 형이상학과 철학을 해체하고자 시도해왔던 사람들의 반열에 분명히 참여하였다."[26] 이때 해체는 단순히 '파괴'를 의미하지 않고 근원으로 거슬러 올라간다는 의미를 지니고 있다. 아렌트의 경우 비판의 대상은 **활동적 삶**vita activa과 관련된 형이상학적 편견이고, 정신의 삶과 연관된 형이상학적 오류들이다.[27]

인간적 실존과 관련된 형이상학적 편견이란 형이상학자들의 삶의 방식을 정치적인 것에 적용하여 행위에 대한 관조의 우위를 강조하려는 입장이다. 아렌트의 경우 정치 행위는 다원적이고 우연적이며 개방적인 활동으로서 예측 불가능하고 반전시킬 수 없다는 특성을 지니고 있다. 형이상학자

---

25 이 책, 533쪽.
26 Arendt, *The Life of the Mind 1: Thinking*, p. 12; 『정신의 삶: 사유와 의지』, 323쪽.
27 Borren, "Amour Mundi: Hannah Arendt's Political Phenomenology of World,"

들은 행위의 이런 특성 때문에 정치를 목적-수단의 모델로 연계시켜 예측 가능한 결과를 생산하는 활동으로 대체하려는 욕구를 가졌다. 정치사상의 전통에서 정치행위는 목적-수단 모델에 기초한 작업이나 제작으로 간주되어 왔다. 또 다른 형이상학적 편견은 정치와 지배, 폭력과 권력을 동일시하려는 유혹에 기반을 두고 있다. 아렌트는 『인간의 조건』에서 이러한 편견에서 벗어나 활동적 삶, 특히 행위의 중요성을 밝히고 있다.

반면에, 아렌트는 정신의 삶과 관련한 네 가지 형이상학적 오류를 『정신의 삶: 사유』 제1장과 2장에서 밝히고 있다. 형이상학적 오류란 이원적 세계론two-world theory, 유아론唯我論, 진리와 의미의 동일시, 그리고 사유와 공통감의 골육상쟁이란 인식이다. 아렌트는 존재와 현상의 계서를 인정하는 전통적 입장을 비판하고 인간세계에서 현상과 존재의 일치를 강조하였다. 그리고 두 번째 형이상학적 오류인 유아론, 즉 데카르트의 근본적 주관주의는 사유하는 자아가 다른 어느 것보다도 더 실재적이고 확실하며 참이라는 환상적 신념과 연관된다. 아렌트에 따르면, 사유하는 자아는 그것이 사유하는 한 단지 존재할 뿐이며 자아라는 실재가 공적 세계의 우리 현상에 좌우된다. 세 번째 형이상적 오류는 진리와 의미의 동일시이다. 아렌트에 따르면, 형이상학자들은 사유가 진리를 지향한다고 한다. 그러나 사유는 진리 대신에 의미를 추구한다. 진리는 주어진 것이지만, 의미는 사유 과정에서 나타난다. 그리고 진리는 명료하고 교환 불가능하지만, 의미는 다양하며 유동적이다. 마지막으로 사유와 공통감의 골육상쟁이란 규정 역시 형이상학적 오류이다. 철학자들은 자신의 공통감 덕택에 공통성을 공유하면서도 양자 사이의 골육상쟁을 "다수에 대한 소수의 자연적 적대감이나 소수의 진리에 대한 다수 의견의 자연적 적대감으로 해석해 왔다."[28]

둘째, 이해의 실험적 측면은 분석적으로 비판적인 것과 구분되며, 주어

---

[28] Arendt, *The Life of the Mind 1: Thinking*, p. 81; 『정신의 삶: 사유와 의지』, 145쪽.

진 것을 거부하면서 새롭고 예기치 않은 것을 지향한다. 이야기하기는 주어진 것, 사실이나 증언을 필연적으로 초월하기 때문에 실험적이다. 아울러 이야기하기는 사실에 충실하면서도 사실들을 의미 있는 설명으로 전환한다. 아렌트는 정치 현상을 조명하는 데 있어서 이야기하기의 역할과 의미를 강조하였다. "어떤 철학이나 경구 또는 분석이 아무리 심오한 것이라 할지라도 그것은 의미의 강렬함과 풍부함에서 적절하게 서술된 이야기와 비교될 수 없습니다."[29] 이야기하기는 정치 현상의 특수성·특이성·우연성·예측 불가능성을 포착할 수 있기에 정치 현상의 의미를 드러내고 이해를 촉진하는 데 이바지할 수 있다. 대담에서 밝혔듯이, "글쓰기는 이해 과정의 일부다."[30]

아렌트는 『전체주의의 기원』에서 사회과학의 인과론적 모델에 기초해 전체주의의 원인을 설명하지 않고 18~19세기 유럽의 정치와 문화에서 형성된 반유대주의·제국주의·인종주의라는 요소가 20세기에 역사상 전례 없는 전체주의로 어떻게 우연히 결정화되었는가를 밝히고자 하였다. 그녀는 역사이론에 기초해 역사 과정의 연속성을 조명하지 않고 파국의 시대 세 가지 요소가 전체주의로 결정화되었는가를 밝히고 있다. 이야기하기는 역사적 사실에 기초하되 '진리'를 드러내지 않고 사건의 '의미'를 드러내고자 한다. 따라서 이야기하기는 객관적 타당성을 옹호하지 않고 "예증적 타당성"[31]을 밝히고자 한다.

---

29 Arendt, *Men in Dark Times*(San Diego, New York and London: Harcourt Brace Jovanovich, Publishers, 1968), p. 22: 홍원표 옮김, 『어두운 시대의 사람들』(파주: 한길사, 2019), 93쪽.
30 이 책, 102쪽.
31 예증적 타당성은 칸트의 미적 판단이론에서 공통감에 이르는 논의에서 중요한 범주다. "사람은 자기가 가능한 최고의 탁자라고 판단한 어떤 탁자를 만나서 그에 대해 생각하고, 이 탁자가 탁자라면 마땅히 어떠해야 하는지에 대한 예로 여길 수 있는데, 이것이 예증적 탁자('예[example]'라는 말은 '어떤 개별자를 선정한다'라는 의미의 'eximere'에서 나온 말)입니다." Hannah Arendt, *Lectures on Kant's Political Philosophy*(Chicago: The University of Chicago Press, 1982), p. 83; 김선욱 옮김, 『칸트의 정치철학』(파주: 한길사, 2023), 169쪽.

"가장 어두운 시대에도 인간은 무언가 밝은 빛을 기대할 권리가 있는데, 그러한 밝은 빛은 이론이나 개념에서보다 오히려 불확실하면서도 깜박이는 약한 불빛에서 나올 수 있다. 몇 명의 남녀는 자신들의 삶과 저작을 통해 거의 모든 상황에서 그 불빛을 밝히고 자신들의 시대를 넘어서 그 불빛을 발산할 것이다."[32]

아렌트는 어두운 시대의 빛을 밝혔던 레싱·야스퍼스·브레히트·베냐민 등의 개인적 삶을 전기로 집필하였다. 전기는 문학 영역에서 중심적이지 않은 장르에 속한다. 아렌트는 전기를 좋아했다. 전기는 개인의 구체적 삶을 조명하는 과정에서 삶의 보편적 의미를 드러낸다는 장점을 지닌다.

Ⅳ. 전체주의 물결의 시간적 지속과 공간적 확장

『전체주의의 기원』 제3부는 '계급 없는 사회', '전체주의 운동', '집권한 전체주의'로 구성된다. 이 모음집의 제1부는 전체주의의 서막, 잔물결이 일던 1930년에 집필한 에세이들로 구성된다. 아렌트는 언제 정치에 주목하게 됐는가?라는 가우스의 질문에 다음과 같이 답변했다. "1931년부터 나치가 집권할 것이라고 굳게 확신했습니다. 그리고 이 문제에 대해 다른 사람들과 끊임없이 대화를 나눴습니다."[33] 다른 글에서 밝혔듯이, 아렌트는 이러한 정치 상황에 대해 무감각한 지식인들에 대해 비판적 입장을 가졌다. 그녀는 1933년 제국의회 방화사건으로 "책임감을 느꼈고 … 이주하려고 했다."[34] 그렇다면, 프랑스로 망명하던 1933년 이전 아렌트의 에세이에 이러한 시대적 상황에 대한 인식이 나타나는가? 아렌트는 1930년 라헬 파른하

---

[32] Arendt, *Men in Dark Times*, p. ix:『어두운 시대의 사람들』, 63쪽.
[33] 이 책, 104쪽.
[34] 앞의 글.

겐을 연구했고, 야스퍼스는 아렌트의 강의록을 읽은 후 아렌트의 유대인성에 관한 질문을 제기했다.[35] 이런 점에서 「베를린 살롱」은 전체주의 서막에 대한 아렌트의 반응이 간접적으로 드러난다. 아렌트는 정치적인 입장에서 라헬 파른하겐에 대해 연구했다. "'라헬 파른하겐' 연구는 제가 독일을 떠날 때 끝났습니다."[36] 1933년 파리로 망명한 이후 아렌트는 시온주의 운동에 참여해 '청년알리야'에서 활동하였으나 지적 활동과 관련한 결실을 갖지 못했다.

1941년 미국으로 이주한 아렌트는 1943년 아우슈비츠 강제수용소에 관한 소식을 들은 후 "심연이 열린 것 같다"고 밝혔다. 즉 "절대로 일어나지 않았어야 할 일은 … 시체 제작이었다."[37] 아렌트는 1944년부터 『전체주의의 기원』을 집필하기 시작했다. 이 모음집 제2부와 제3부에 있는 에세이는 이때 기고한 글들이다. 「나치 지배의 여파: 독일 보고서」는 아렌트가 1949년 유대인문화재건위원회의 임무를 띠고 망명 후 처음 독일을 방문한 다음 작성한 에세이다.

이 책의 제4부 전체주의의 여파와 냉전의 서막에서는 1953년과 1954년 집필한 에세이로 구성되어 있다. 이 시기 나치 전체주의는 독일의 패망으로 종식되었지만, 볼셰비키 전체주의는 1953년 스탈린 사망으로 막을 내렸다. 자유 세계와 공산주의의 투쟁, 핵무기 경쟁이 시작되는 이 시기 전체주의의 '여파'가 비전체주의에 미친 영향을 고려하지 않을 수 없다. 따라서 『전체주의의 기원』 이후에도 출간한 관련 에세이는 이 절과 이후 절에서 살펴본다.

아렌트는 「악몽과 도피」에서 악행의 원인을 인간에 내재한 악마의 속성으로 규정하는 것은 잘못이라고 규정했고, 전체주의 악행의 원인을 망각하는 태도를 현실 도피라고 밝히고 있다. 그녀는 또한 전체주의의 원인을 '객

---

35 『한나 아렌트·카를 야스퍼스 서간집 1926~1969』에 수록된 「편지 14」, 「편지 15」를 참조할 것.
36 이 책, 116쪽.
37 이 책, 118쪽.

관적으로' 설명하려는 시도가 전체주의라는 전례 없는 현상을 조명하는 데 기여하지 못한다고 주장했다. "강제수용소를 지상의 지옥으로 묘사하는 것이 훨씬 더 '객관적'이며, 순수하게 사회학적 혹은 심리학적 성격을 띤 진술보다 수용소의 본질에 훨씬 더 적합하다."[38] 정치 현상에 대한 초연한 입장은 연구자의 관여 태도를 결여하고 있기 때문이다. 아렌트는 『전체주의의 기원』에서 전체주의의 정치적 악을 근본적 악으로 규정했지만, 『예루살렘의 아이히만』에서는 '평범한' 악을 강조하였다. 초기의 에세이 가운데 일부는 『예루살렘의 아이히만』의 핵심을 구성하는 내용을 담고 있다. 아울러, 이러한 주장은 아이히만의 '무사유'에서 비롯되는 악이 기존의 악이론과 무관하다는 정신적 충격의 이론적 결실인 『정신의 삶: 사유』에서 언급되었다.

아렌트는 「파시스트 인터내셔널의 발단」에서 파시즘이 반유대주의 음모에 기초를 두고 있다고 지적하며 이러한 음모가 전통적 거짓말과 구분되는 전체주의적 거짓말과 연관된다는 점을 밝힌다. 「독일 문제'에 대한 접근법」에서도 언급하듯이, "파시즘은 오래된 거짓말하기 기술에 새로운 변종 — 진실을 거짓말하는 기술 —을 어느 정도 추가했다." 그러나 이러한 거짓말은 진실 은폐를 넘어서 진실을 파괴하고 거짓말을 '실재'로 바꾸기에 정치를 파괴하는 기능을 한다. 아렌트는 『공화국의 위기』에서 거짓말을 정치 행위라고 규정하고 전체주의의 거짓말이 종국에 정치를 파괴하고 개인의 판단 능력을 마비시킨다고 밝힌다.

그러나 「독일 문제'에 대한 접근법」에서 지적한 내용 가운데 중요한 것은 나치즘이 서양의 정신적 전통과 어떠한 관계에 있는가의 문제, 즉 나치즘과 전통의 붕괴 문제를 밝힌 점이다. 아렌트는 『전체주의의 기원』뿐만 아니라 『과거와 미래 사이』, 『어두운 시대의 사람들』, 『정치의 약속』 등에서 20세기 전체주의 등장을 파국의 시대로 규정하고 있다. 파국의 시대는

---

[38] 이 책, 629쪽.

전통 상실의 시대이다. 「이해와 정치」에서도 밝히듯이, "전체주의의 행위는 분명히 우리의 정치적 사유 범주와 도덕적 판단 기준을 파열시켰다."[39] 이러한 주장 역시 아렌트의 시대의식을 잘 드러내고 있다. 아렌트는 이에 그치지 않고 전통에서 나치즘의 사상적 근거를 제시하려는 다양한 입장에 대해서도 비판한다. 이러한 입장은 역사적 선례에서 전례 없는 정치적 사건을 유추하는 설명과 다르지 않기 때문이다.

「조직화된 범죄와 보편적 책임」에서는 몇 가지 중요한 문제를 제기한다. 첫째, 독일 국민 다수가 왜 나치 범죄에 공모했는가? 아렌트는 "인간의 일상적 삶이 이루어지는 중립적 지역을 완전히 파괴한 전체주의 정책"을 그 예로 들고 있다. 전체주의는 사적 영역과 사회 영역을 파괴했으며 공공영역도 유린했다. 이때 누구든 전적으로 '공개된' 삶을 영위해야 하기에 생존하기 위해서는 정치적 악에 공모하려는 유혹을 벗어나기 어렵다. 『인간의 조건』에서 인간의 활동영역을 세 영역으로 구분한 점을 고려하자.

둘째, 아렌트는 범죄와 책임 문제에 관한 입장을 밝힌다. 개인적 범법행위와 비도덕적 행위는 개인적 책임과 연관되지만, 집단적 범죄는 정치적 책임과 연관된다. 그녀는 이 글에서 집단적 책임, 화해 그리고 용서에 대한 정치적 견해를 제시한다. 여기에서 그녀는 나치와 독일인을 구분하지 않고 모든 독일인에게 법적 책임을 부과하는 것이 전체주의 이데올로기를 다른 방식으로 정당화하는 것이라는 점을 명백히 밝혔다. 정치적 책임에 관한 입장은 이후 집필한 네 편의 논문에 기저가 되고 있다.[40] 정치 행위의 유형으로서 '용서' 개념은 『인간의 조건』에서 구체적으로 언급되지만, 「이해와 정치」에서 다음과 같이 언급되고 있다. "용서(확실히 가장 위대한 인간 능력 중 하나이고 아마도 행해진 것을 원상태로 돌리려는 것이 겉으로는 불가능한 한에서 인간 행위 중 가장

---

39 이 책, 526·531쪽.
40 『책임과 판단』에는 「독재에서의 개인적 책임」, 「도덕 철학의 몇 가지 문제」, 「집단적 책임」 그리고 「사유와 도덕적 고찰」이란 제목의 에세이가 수록되어 있다.

대담한)는 하나의 행위로 하나의 행위에서 정점에 이른다."⁴¹

셋째, 아렌트는 나치 관료들이 왜 인류에 반하는 범죄에 참여하게 되었는가를 밝히고 있다. 즉 전체주의의 잔재를 이해하는 중요한 내용을 담고 있다. 이 내용은 『전체주의의 기원』에서도 언급되지만 이후 『예루살렘의 아이히만』에서 아렌트가 왜 아이히만의 범죄를 인정하면서도 동정했는가를 이해하는 기본 입장을 제시하고 있다.

> "힘러는 괴벨스 같은 보헤미안도 아니고, 슈트라이허 같은 성범죄자도 아니며, 히틀러 같은 변태 광신자도 아니고 괴링 같은 모험가도 아니다. 힘러는 존경할 만한 모든 외적 면모를 갖추고 있으며, 아내에게 충실하고 자녀들의 괜찮은 미래를 걱정하는 좋은 가장의 모든 습관을 지닌 부르주아다. … 사회가 실업을 통해 평범한 소시민의 정상적인 기능과 자존감을 좌절시킬 때마다, 평범한 소시민은 사회에 의해 어떤 일이라도, 심지어 교수형을 집행하는 일이라도 기꺼이 맡을 마지막 단계를 위해 그를 훈련시켰다."⁴²

아렌트는 『예루살렘의 아이히만』에서 아이히만과 같은 부류의 사람이 중류 가정에서 태어나 정상적인 교육을 받았고 원래 악한 사람이 아니면서도 왜 정치적 악행에 참여했는가를 사회구조적이며 심리학적으로 조명했다. 아이히만은 사유하지 않고 판단하지 않았기에 악행을 하였다. 「조직화된 범죄와 보편적 책임」에서도 악의 평범성 개념을 제시한다. 이후 각 에세이는 『전체주의의 기원』을 집필하는 기초 자료가 되었으며, 이 책의 내용을 압축적으로 담고 있다. 「전체주의의 본성에 관하여」와 「이해와 정치」에서 '이해'에 관한 내용은 앞에서 언급했지만, 『전체주의의 기원』에서 언

---

41 이 책, 512쪽.
42 이 책, 274쪽.

급한 몇 가지 주요한 내용을 소개한다.

주목할 점은 아렌트가 단절된 시간에 충격으로 드러나는 정치적 사건을 포착한다는 것이다. 반유대주의·제국주의·인종주의라는 세 요소는 전체주의 이데올로기가 아니라 파국의 국면에서 전체주의 이데올로기로 결정화된다. '결정화crystalization'란 은유는 베냐민에서 빌려 온 것이다. 『전체주의의 기원』을 형성하는 세 요소는 상호 연계되어 있다. 「큰 소리로 떠드는 애송이들」에서 다른 방식으로 표현한다. 즉 "고향 상실과 뿌리 상실, 정치 조직과 사회계급의 해체는 전체주의를 직접 낳지 않더라도 적어도 전체주의의 형성으로 이어지는 거의 모든 요소를 낳게 한다."[43] 외로움은 뿌리를 상실하고 잉여적인 개개인으로 구성된 원자화된 대중사회와 연관된다. "고향 상실과 뿌리 상실의 부수물인 외로움은 우리 시대의 질병이다."[44]

「전체주의의 본성에 관하여」에서 언급하듯이, "전체주의적 지배가 필요로 하는 것은 정치 행위의 원리 대신 집행자의 역할과 희생자의 역할에 동등하게 적합한 개인을 준비하기 위한 수단이다. 이 이중적인 측면의 준비, 즉 행위의 원리에 대한 대체물은 이데올로기이다."[45] 이데올로기는 과거와 미래의 모든 것을 현실의 경험과 일치시켜 설명하려는 주장으로 테러와 연계된다. 아렌트는 테러 체제의 상이한 정치적 기능을 이해시키기 위해 테러의 유형을 분류했다. 「인간과 테러」에서 밝혔듯이, "진정한 전체주의적 테러는 정권에 체포되어 고문을 당해 죽을 수 있는 적이 없고, 심지어 다양한 부류의 용의자들조차 제거되어 더는 '보호 구금'을 할 수 없을 때만 시작된다."[46] 전체주의적 테러는 목적을 실현하는 수단인 수많은 테러와 달리

---

[43] 이 책, 463쪽.
[44] "아렌트는 '고립' 개념이 카프카의 소설에서 완전히 드러난다는 것을 알았다." Brian Danoff, "Arendt, Kafka, and the Nature of Totalitarianism," *Perspectives on Political Science*, Vol. 29, no. 49(2000), p. 214.
[45] 이 책, 559쪽.
[46] 이 책, 501쪽.

전체주의의 본질이다.

 전체주의 테러는 어떤 법칙에 따라 작동되며 정당화되는가? 전체주의 지배는 실정법을 부정하고 엄격한 논리에 복종하여 자연 법칙과 역사 법칙이란 운동 법칙에 따라 이루어진다. 자연 법칙은 인종 이데올로기와 연관되며, 역사 법칙은 역사 이데올로기와 연관된다. 이 법칙들은 지속해 유지돼야 하기에 운동의 대상을 끊임없이 생산하지 않을 수 없다. 운동 법칙은 '절대적' 성격을 띤다. 따라서 법칙 앞에서 어떤 윤리적 명분도 정당화될 수 없다. 이 운동 법칙이 작동되는 곳은 바로 강제수용소이다.「지옥의 이미지」에서 언급했듯이, 강제수용소는 '공리주의' 원칙이 적용되지 않고 수용자들을 쓸모없는 존재로 전락시킨 공간이다. 이 죽음의 공장은 난민수용소나 강제노동수용소와 달리 모든 것이 가능하다는 명제가 작동되는 곳이다. 이 죽음의 공장은 죽음의 신이 지배하는 지옥과 같다.

 좌익 전체주의와 관련한 내용은「큰 소리로 떠드는 애송이들」(1951)에서 소개되고 있다. 스탈린은 "달걀을 깨지 않으면 오믈렛을 만들 수 없다"는 격언을 "오믈렛을 만들지 않는다면 달걀을 깰 수 없다"는 교의로 바꾸었다. 스탈린은 더 강력한 사회주의 국가를 만들지 않고는 사람들을 죽일 수 없다고 주장했다. 이 주장은 당원들이 모든 사람을 잠재적인 대팻밥으로 간주해야 한다는 의미를 담고 있다. 아렌트는 전후 전향한 공산주의자들이 오믈렛인 사회주의란 없다는 주장만 하지 '달걀 깨기'(폭력을 통한 제작의 정당화)의 의미에 대해서는 망각하고 있다는 점을 강조했다. 그 이유는 이들이 행위를 전적으로 목적-수단 모델에 기반을 둔 제작 활동으로 여전히 이해하고 있기 때문이다.

「전후 전향한 공산주의자들」(1953)에서는 이들이 경력을 인정받아서 공산주의에 저항하는 수단을 제공하지만, 여전히 전체주의적 사유 방식을 현실에 적용하고 있는 위험성을 지적한다. 아렌트는 정치 영역에서 목적이 수단을 정당화하는, 즉 "전체주의에 맞서기 위해 전체주의 수단을 이용하라는 조언"이 무엇을 의미하는지 명백히 밝히며, "용과 싸우기 시작했을 때 용이 되지 않도록 경고한다." 아렌트는 전체주의 방법(정부의 방법이 아니라 당내에서 사용된 방법)을 실행에 옮기는 전후 전향한 공산주의자들의 역할에서 전체주의의 잔재를 확인했다.⁴⁷

V. 이데올로기와 '세속 종교'

아렌트는 루이제 고등학교를 중퇴한 이후 1923~1924년 겨울학기에 베를린대학교에서 가톨릭 종교철학자 로마노 과르디니의 신학 강좌에 참여했고, 스승의 권유로 키르케고르의 책에 심취하여 한때 신학을 전공하려고 했다. 아렌트는 1929년 야스퍼스의 지도로 「아우구스티누스의 사랑 개념」으로 박사학위를 받았다. 아우구스티누스가 박사학위 논문에서 만년의 저작 『정신의 삶: 의지』에 이르기까지 지속해 등장할 정도로, 아렌트는 그와 평생 지적 우정을 나누었다.

1930년 아렌트는 『프랑크푸르트 신문』에 게재한 「아우구스티누스와 개신교」라는 짤막한 기사에서 아우구스티누스 서거 1500주년을 기념하는 가톨릭계의 행사를 소개하며 루터가 아우구스티누스로부터 도움을 받았다는 점을 밝혔다. "아렌트의 경우 이 기사는 철학연구와 낭만주의 연구를 연결하는 가교였다."⁴⁸ 그녀는 또한 아우구스티누스의 『고백록』을 현대 자전적 소설의 선구라고 밝혔다. 그녀는 망명 직전 라헬 파른하겐 전기의 집필을 거의 마쳤을 때 "학위논문에 배경으로 깔았던 차원(고백적이고 인격적이며 개별적인 아우구스티누스)을 전기에 반영했다."⁴⁹

---

47 『한나 아렌트·카를 야스퍼스 서간집 1』, 「편지 142」, 419쪽.
48 영-브륄, 『한나 아렌트 철학 전기』, 253쪽.
49 영-브륄, 『한나 아렌트 철학 전기』, 254쪽.

「기독교와 혁명」에서는 악티옹 프랑세즈Action Française의 반민주적 '파시스트 애호가들'로부터 페기와 베르나노스에 이르기까지 프랑스 내 비기독교 사상을 조명했다. 아렌트는 이를 "신앙 없는 기독교"로 규정했다. 그녀에 따르면, 이 신가톨릭파는 조직 자체를 찬양하여 반민주적인 권위에 굴복한 메스트르의 타락한 문하생일 뿐이었다.

아렌트는 「종교와 지식인들」, 「공산주의의 이해」 그리고 「종교와 정치」를 통해 종교와 정치에 대한 자기 입장을 명백히 드러냈다. 이들 가운데 첫째는 지식인들의 신념 변화에 관한 질문에 대해 "종교적 부활이 시대정신의 자기표현"이라는 점을 밝히고 있다. 이어서 그녀는 종교와 문화의 관계에 관한 질문에서 "조직화된 종교가 전체주의에 대항하는 무기"이거나 문명화된 전통의 안전판이 될 수 있다는 생각에 대해 비판적 입장을 유지했다. 이러한 시도들은 모두 실패하였다는 것이다.

아렌트는 나치의 대학살에 대한 가톨릭교회의 상반된 사례를 두 에세이에서 밝히고 있다. 1941년 프란츠 폰 파펜 독일 대사가 론칼리 대주교에게 독일에 대한 교황의 공개적인 지지 발언을 요청하자, 론칼리는 다음과 같이 답변했다. "당신 나라 사람들이 독일이나 폴란드에서 학살하고 있는 수백만 명의 유대인에 관해서 내가 무엇을 말할 수 있겠습니까?"[50] 론칼리 대주교는 전체주의 대학살에 대해 항의의 발언을 했다. 론칼리는 교황(요한 23세)으로 선출된 이후 호흐후트의 희곡 『대리인The Deputy』을 읽으라고 권유받고 이에 대한 의견을 요구하자, 교황은 "당신은 진실에 대하여 어떻게 반대할 수 있습니까?"[51]라고 답변하였다.

앞의 내용은 책임과 정치적 판단에 관한 내용을 담고 있다. 아렌트는 『책임과 판단』에 수록된 「호흐후트의 『대리인』: 침묵에 의한 죄?」(1964)에

---

50 Arendt, *Men in Dark Times*, p. 62; 『어두운 시대의 사람들』, 147쪽.
51 Arendt, *Men in Dark Times*, p. 63; 『어두운 시대의 사람들』, 148쪽.

서 자기 입장을 다음과 같이 밝혔다. "독일이 로마를 점령하던 당시 가톨릭 신자인 유대인을 포함한 유대인들이 교황청 창문 바로 아래에서 유대인 절멸 계획인 '최종 해결책'에 따라 체포되고 있을 때, 교황이 항의의 목소리도 내지 않았다는 것을 누구도 부정하지 않았다."[52] 교황은 히틀러의 유럽 유대인 학살을 비난하지 않았다. 아렌트는 그리스도의 대리인인 특정한 사람이 행동하지 않은 실수를 판단할 책임을 왜 회피하고 있는가라는 문제를 제기했다.

「공산주의의 이해」는 구리안의 『볼셰비즘』에 대한 서평이다. 아렌트에 따르면, 구리안은 당시 소비에트 체제 자체의 자료에 의존함으로 인해 빠지기 쉬운 볼셰비키 선동의 덫에 걸리지 않은 채 이데올로기 분석을 통해 볼셰비즘의 본질을 파악했다. 즉 레닌은 마르크스의 이론을 실천적 차원에서 계승했고, 스탈린은 자신의 행위를 정당화하기 위해 마르크스와 레닌을 인용했다. 볼셰비즘이란 세속 종교는 참된 믿음의 대체물로서 전통적 종교의 포기에 대한 강력한 정치적 경고이다. 세속 종교는 초월적인 것을 내재화하여 무계급 사회를 신의 왕국처럼 왜곡한다. 전통 종교는 초월적 신의 존재를 인정하지만, 모든 종교에 대한 마르크스의 통렬한 비판에 기반을 두고 있는 세속 종교는 무계급 사회라는 초월적 이미지를 부여하기 때문이다. 아렌트는 여기서 이데올로기와 종교가 동일하다는 입장을 유지했지만, 정치와 종교의 관계에 대한 논쟁에서 자기 입장을 수정했다.

「종교와 정치」는 아렌트가 하버드대학교 학술회의에서 "자유 세계와 공산주의 사이의 투쟁은 기본적으로 종교적인가?"라는 질문에 답변한 내용을 담고 있다. 아렌트는 공산주의가 세속 종교라는 이론을 통해 종교와 정치의 관계를 정치학의 의제로 끌어들였다. 그녀는 역사적 접근법과 사회과학적 접근법으로 구분하여 세속 종교 또는 정치 종교 문제를 조명했다.

---

[52] Arendt, *Responsibility and Judgment*, p. 214; 『책임과 판단』, 373쪽.

우선 세속주의의 본성과 세속적 세계에 오해라는 결점을 지닌 역사적 접근법에 대한 아렌트의 해석을 살펴본다. 세속주의는 종교 교리나 제도가 공적으로 구속력 있는 권위를 갖지 않으며, 정치적 삶에 종교적 제재가 개입되지 않는다는 의미를 담고 있다. 이 정의에 비추어 볼 때, 자유 세계와 전체주의 사이의 투쟁은 종교적 기원을 갖지 않는다. "자유를 위한 투쟁이 종교적이라는 해석을 정당화하려면, 정치적 자유가 종교 제도와 양립할 뿐만 아니라 자유에 기반을 둔 제도가 종교적이라는 것을 증명해야 한다."[53] 여기서 아렌트는 '정치로부터의 자유'와 '정치적 자유'의 차이점을 들고 있다. 정치적 자유freedom와 개인적 자유liberty에 대한 아렌트의 독특한 이해는 『혁명론』과 『과거와 미래 사이』에서 뚜렷하게 나타난다.

둘째, 아렌트는 이데올로기와 종교를 동일시하는 사회과학 접근법에서 나타나는 '세속 종교'라는 개념의 위험을 검토했다. 이러한 부류의 사회과학은 자연과 사회의 상호보완적 특성을 강조하는 "실증적 역사학"을 발견하려는 욕구에서 형성되었고, 자연 법칙(적자생존)과 역사 법칙(계급투쟁, 도전과 응전, 이념형)에 따라 인간 현상을 이해했다. 아렌트는 이들의 주장에 나타나는 종교적 요소를 지적했다. 단적인 예를 들자면, 베버의 '카리스마적 지도자'라는 이념형의 모델은 나사렛 예수이다. 히틀러도 카리스마적 지도자의 범주에 포함시킬 경우 문제는 발생한다. "세속 종교라는 용어에 늘 내재해 있는 불경의 위험이 자유롭게 드러난다."[54]

아렌트는 공산주의를 종교 또는 거짓 종교로 취급하는 것에 이의를 제기했다. 달리 표현하면, 그녀는 전체주의 운동의 묵시론적 열정에 사로잡혀 있고 내재적 구원을 목표로 하고 있다는 점을 인정하면서도 "전체주의 운동을 종교 언어로 기술하거나 소위 세속 종교를 이데올로기와 혼농하는 것

---

53 이 책, 591쪽.
54 이 책, 599쪽.

에 대해 상당히 반대했다."⁵⁵ 그녀는 전체주의를 반대하는 지식인들이 정치에 대한 관심에서 종교를 자주 환기시켰음을 알고 정치와 종교에 대한 입장을 다음과 같이 밝혔다.

"완전한 이데올로기에 직면했을 때, 우리의 가장 큰 위험은 우리 자신의 이데올로기로 이것에 맞서는 것이다. 만일 우리가 '종교적 열정'으로 다시 한번 공적-정치적 삶을 고무하려 하거나 종교를 정치적 구별의 수단으로 사용하려 한다면, 그 결과는 종교가 이데올로기로 변형되고 왜곡되어 궁극적으로 자유의 본질과는 전혀 다른 광신적 행위로 인해 전체주의와의 싸움이 타락하는 것일 수도 있다."⁵⁶

인용문에도 나타나듯이, 아렌트는 종교적 신념이나 가치를 정치 영역의 그것으로 삼을 경우 정치 영역은 유린되고 붕괴될 수 있음을 강조한다. 따라서 정치 이데올로기, 특히 공산주의를 종교로 환원시키는 노력은 공산주의와의 대립에서 하나의 수단이 될 수 있겠지만 자신의 정치적 삶에 종교적 논리를 적용하는 것으로 이어질 수 있다. 아렌트는 정치와 종교의 원리·역할·기능에 대해 독특한 입장을 제시했다. 예컨대, 그녀는 정치윤리와 종교윤리 사이의 대립과 충돌을 언급했다. 이 입장은 『혁명론』 제3장 「사회문제」 가운데 멜빌의 『선원 빌리 버드』에 관한 언급과 로베스피에르의 '미덕의 테러'를 통해서 명백히 드러나고 있다.⁵⁷

「정치와 종교」에서 아렌트는 쥘 모네로의 비판에 반론을 제기했다. 즉 "모네로는 종교가 이데올로기라는 마르크스의 진술과 이데올로기가 종교

---

55 Peter Baehr, *Hannah Arendt, Totalitarianism, and the Social Sciences*(Stanford: Stanford University Press, 2010), p. 94.
56 이 책, 606쪽.
57 Hannah Arendt, *On Revolution*(New York: The Viking Press, 1963), pp. 53-110; 홍원표 옮김, 『혁명론』(파주: 한길사, 2004), 135-203쪽.

라는 자신의 이론 사이에 차이를 간과한다."[58] 왜 그럴까? 이데올로기와 종교가 같은 역할을 할 수 있는데, "모네로 씨는 공산주의 이데올로기가 '대중의 눈에 비친 과학의 명성을 빼앗는다'라고 말할 때 거의 그렇게 말했다."[59] 반면에, 아렌트는 정치의 이해에 있어서 기독교의 공헌을 무시하지 않았다. 약속과 용서라는 종교 개념에 기초해 새로운 시작을 가능케 하는 약속과 용서라는 정치적 개념을 정립했기 때문이다. 아렌트는 인간에 대한 이해에서 죽음이 아니라 탄생을 핵심 개념으로 삼고 있다. 즉 그녀는 종교적 의미의 '탄생'을 정치적 개념으로 전환했다.

아렌트는 정치 종교보다 이데올로기가 전체주의적 사고방식을 이해하는 데 적합하다고 생각했지만, 정치적 사유와 종교 사이의 관계를 부정하지 않았다. 아렌트는 「과거와 미래 사이」에서 로마 공화정에서 삼위일체(권위, 전통, 종교)를 주장하면서 종교가 정치 행위에 기여하는 측면을 조명했으며, 기독교 시대에도 이 원칙이 유지되었다는 점을 인정했기 때문이다. 그는 다음과 같이 질문을 제기한다.

"전통 종교에서 구체적으로 정치적 요소는 무엇이었는가? 이 질문의 정당화는 다음과 같은 사실에 놓여 있다. 즉 우리가 세속주의라고 부르는 삶의 공공영역과 종교 영역을 분리하는 것은 단순히 정치를 종교 일반에서 분리한 것이 아니라 매우 구체적으로 기독교 신조에서 분리했다는 사실에 있다. 그리고 현재 우리의 공적 삶이 겪는 정치적 요소를 담고 있었을 것이고, 그 요소의 상실로 인해 우리의 공적 삶의 성격 자체가 바뀌었다."[60]

---

58 이 책, 607쪽.
59 앞의 글.
60 이 책, 600쪽.

VI. 정치에 대한 사회과학과 철학의 입장

1. 사회과학 비판

아렌트는 만하임의 저작을 통해 사회학과 만났으며 자신의 정치이론을 발전시키기 이전 『이데올로기와 유토피아』 서평을 통해 사회과학 비판의 기본을 형성하고 있다. 이 서평은 마르크스주의적-사회학적 폭로 전략에 대한 반감과 그의 표현대로 "기능주의"에 대한 반감을 예상케 한다. 아렌트는 『이데올로기와 유토피아』를 지지하고 학문적이며 도전적인 저작이라는 점을 인정했으나 사유의 자율성을 부정했다고 비판했다.

「사회과학 분석 기법과 강제수용소 연구」는 외형적으로 사회과학 분석 기법을 언급할 것이라는 인상을 주지만 실질적으로 사회과학의 범주가 전체주의의 경험을 체계적으로 왜곡시켰다는 점을 강조하고 있다. 이 초기 에세이에서 표현된 '사회학'에 대한 그녀의 반감은 1940~1950년대 '사회과학'이란 범주에서도 드러났다. 그녀는 사회학이 사회적인 것the social에 기생하고 있다고 주장했다. 무엇보다도, 이 에세이는 사회과학 이론 및 방법의 오류를 지적하고 있으며, 후기 저작에서도 이 문제는 지속적으로 제기된다.

첫째, 「에릭 푀겔린의 서평에 대한 반론」에서 아렌트는 다음과 같이 밝히고 있다. "나는 **분노와 열광 없음**sine ira et studio의 전통과 매우 의식적으로 결별했다. 이것은 나에게 특정 주제와 긴밀하게 연결된 방법론적 필연성이었다."[61] 그녀는 이 전통에 따라 강제수용소를 기술하는 것이 객관적이지 않고 오히려 강제수용소를 '지옥'으로 묘사하는 것이 특정한 현상을 더 명료하게 이해할 수 있다고 밝혔다. 지옥은 한번 가면 다시 인간세계로 돌아올 수 없는 공간이듯이, 죽음의 캠프인 인간 도살장에 들어간 사람은 그 영역 밖에 있는 사람들에게는 존재하지 않는 존재이기 때문이다.

---

61 이 책, 627-628쪽.

둘째, '기능'이란 범주도 아렌트에게는 문제가 된다. 그는 종교와 공산주의가 기능적으로 또는 '등가적'으로 간주될 수 있다는 사회과학적 접근법을 비판했다. 이러한 접근은 종교가 실제로 무엇인가에 의문을 제기하지 않고 종교의 기능적 측면에만 초점을 두고 있기 때문이다. "종교가 아편"이라는 마르크스의 공식적인 표현은 종교에 대한 기능적 접근의 한 예이다. 그녀는 역사적 탐구에서 지속적으로 구별하려는 시도가 중요하다고 생각했다. 그녀는 사회학자들의 다음과 같은 입장을 거부하고 있다. "모든 문제에는 기능이 있으며, 그 본질은 우연히 수행하는 기능적 역할과 같다."[62]

셋째, 아렌트는 이념형 접근도 현상을 정상화하고 그것을 이미 알려진 어떤 것의 한 항목 또는 사례로 만드는 사회학적 장치라고 생각했다. 아렌트는 카리스마나 관료제와 같은 베버의 이념형을 전체주의 지배에 적용하려는 시도에 대해 대단히 비판적이다. 즉 이념형은 물론 특정한 현상을 이해하는 데 기여할 수 있지만, 국가사회주의의 특이성을 범속화할 수 있다. "베버의 관점에서 볼 때 전체주의는 사회학자들이 특이한 역사적 위기의 윤곽을 밝힐 수 있도록 해주는 모델, 연구 도구이겠지만, 아렌트의 경우 실제 역사적 위기, 테러와 이데올로기의 기본적 결합을 압축하고 있는 용어이다."[63]

2. 인간 실존과 '경험 자체로'

아렌트는 키르케고르와 같이 삶의 초기에 시간 속에서 실존(삶의 방식에서 실존)을 드라마로 느꼈다.[64] 이렇듯, 아렌트 역시 삶에서 느꼈던 부유浮遊 또는 소외 감정을 극복하는 탈출구로 시를 썼다. 그녀는 키르케고르에 대한 강렬한 존경심을 가지고 있었으며, 1932년 1월 29일자 『프랑크푸르트 신

---

62 이 책, 609쪽.
63 Baehr, *Hannah Arendt, Totalitarianism, and the Social Sciences*, p. 26.
64 Young-Bruehl, *Hannah Arendt: For Love of the World*, p. 162; 『한나 아렌트 전기』, 192쪽.

문』에 게재한 「쇠렌 키르케고르」에는 아렌트의 이러한 태도가 잘 드러난다. "키르케고르가 관심을 가진 실존은 그 자신의 삶이며, 기독교적 역설은 이러한 그의 삶에서 실현되어야 한다."[65]

인간의 존재 방식은 본질과 실존으로 집약된다. 아렌트의 경우 본질을 조명하는 전통 철학에서 실존 문제를 규명하는 현대 철학으로의 전환은 실존주의에 관한 두 편의 에세이에서 잘 드러나고 있다. 하나는 「실존철학이란 무엇인가?」이고, 다른 하나는 「프랑스 실존주의」다. 이들은 철학의 구체성과 실천성을 실현하는데 이바지하려는 의도를 담고 있다. 아렌트는 프랑스 실존주의에 나타나는 두 가지 공통점, 즉 기능적인 인간 정신인 '진지한 정신'에 대한 거부와 인간의 근본적 고향 상실에 대한 거부이다.

아렌트는 「실존철학이란 무엇인가?」에서 새롭게 등장한 현상학의 시도를 소개하고 키르케고르, 하이데거 그리고 야스퍼스의 실존철학을 소개한다. 즉 이 에세이는 독일의 현대 철학을 압축적으로 소개하고 있으며 이후 저작에서 '경험 자체로'라는 자신의 학문적 입장을 드러내는 중요한 자료이다. 따라서 이 에세이의 흐름을 이해할 필요가 있다.

아렌트는 가우스와의 텔레비전 대담에서 어린 나이에 칸트를 읽었다고 밝혔는데, 「실존철학이란 무엇인가?」는 수많은 초기의 글 가운데 칸트의 사유가 아렌트에게 미친 영향을 보이는 징표로서 주목할 만하다. 사유와 존재의 통일을 명쾌하게 체계적으로 대변한 헤겔 이후에 후설은 사유와 존재의 고대적 결합을 다시 확립하고자 했다. 후설의 현상학적 시도는 실존철학에 구체적인 내용을 제공하지 않았지만, 그는 젊은 시절의 하이데거와 셸러에게 커다란 영향을 미쳤다. 즉 후설은 "사물 자체로"라는 모토를 통해 인간 자신을 철학의 중심으로 끌어들임으로써 근대 철학을 해방시키는 데 중요한 역할을 했다. 여기서 아렌트는 칸트의 역할을 부각시켰다. 현대 철

---

65 이 책, 164-165쪽.

학은 본질 탐구의 한계를 깨닫고 '실존' 문제에 관심을 갖게 되었는데, 칸트는 이성의 구조에 내재한 이율배반을 통해 사유와 존재 또는 본질과 실존의 일치를 해체하는 데 기여했기 때문이다. '실존'이란 용어는 보편적인 것과 대립하는 개별적인 것으로 사용된다. 아렌트는 칸트가 미해결 상태로 남긴 문제의 해결책을 제시했다는 점에서 실존철학에서 '간과된' 그의 역할을 강조했다.

현대 실존철학의 출발점인 키르케고르는 "예외"라는 범주 속에서 예증한 것을 실존적으로 이해했다. 키르케고르는 내면의 활동을 철학적으로 기술하며 구체적인 내용을 채택했다.

> "**죽음**이 개체화 원리의 보증인인 이유는 죽음이 모든 보편자 중에서 가장 보편적임에도 불구하고 필연적으로 나에게만 닥치기 때문이다. 주어진 현실의 보증인으로서 **우연**은 … 나를 압도한다. … **죄책감**은 세계 때문이 아니라 그 자체로 인해 실패하는 모든 인간 활동의 범주이다. 그리하여 죄책감은 내가 현실이 되고, 현실에 나 자신을 얽매이게 하는 방식이 된다."[66]

키르케고르는 이 새로운 내용을 철학에 포함시켰고, 야스퍼스는 이를 "한계상황"이라고 부른다. 한계상황은 『인간의 조건』에서 인간의 다양한 활동과 밀접하게 연계된 인간조건을 지칭한다. '인간본성'은 보편성과 필연성을 전제하지만, '인간조건'은 특수성(개별성) 및 우연성을 전제한다. 야스퍼스의 실존철학은 아렌트의 정치이론에서 중요한 위치를 차지한다.

야스퍼스는 우리에게 철학을 하도록 유도하는 한계상황, 즉 죽음·죄책·운명·우연을 제시했다. 「실존철학이란 무엇인가?」에서 언급했듯이, 한계상황은 "이러한 모든 경험에서 현실을 회피할 수 없으며 사유를 통해

---

[66] 이 책, 342쪽.

해결할 수 없는 것으로 밝혀진다."⁶⁷ 인식의 영역에서 한계상황의 지평을 초월할 수 있는 것 같지만, 행위의 영역에서는 그렇지 못하다. 이렇듯, 한계상황은 야스퍼스의 경우 개인이 영향을 미치고 통제할 수 있는 상황과 그렇지 못한 상황 사이의 중재 지점이었다.⁶⁸

아렌트는 스위스로 이주한 야스퍼스를 13차례 방문하면서 야스퍼스의 저작을 영미권 연구자와 독자들에게 소개하는 데 관심을 가졌다. 아렌트는 야스퍼스에게 원고를 보내면서 자신의 논문에 대해 소녀다운 두려움을 표시했다.⁶⁹ 야스퍼스는 오히려 다음과 같이 기쁨을 표시하였다. "나는『파르티잔 리뷰』에 게재된 당신의 철학 논문을 고대하고 있다오. … 내가 당신의 논문을 가지고 있다는 것이 얼마나 다행인지."⁷⁰ 아렌트 연구방법의 현상학적 충동은 이해에 대한 정향, 즉 특수성·참신성·우연성의 관점에서 사건이나 현상의 의미에 대한 정향이다.『인간의 조건』서문에서 현상을 이해하려는 노력을 다음과 같이 밝힌다. "내가 다음에서 제시하려는 것은 가장 새로운 경험과 최근의 공포란 관점에서 인간조건의 재고찰이다. … 그러므로 내가 제안하는 것은 단순하다. 즉 그것은 우리가 행하고 있는 것을 사유하는 것 이상은 아니다."⁷¹ 야스퍼스의 서거 이후, 아렌트는 젊은 시절의 관심사였던 철학연구에 관심을 가졌다. 그 만년의 저작이 바로『정신의 삶』3부작이다. 아렌트는 이 책 제1권에서 야스퍼스의 한계상황을 언급하면서 이를 인간조건에 연계시켰다.

---

67 이 책, 333쪽.
68 Giunia Gatta, "Theorizing Among Ruins: Karl Jaspers and the Political Theory of Boundary Situations." Ph. D. Dissertation(The University of Minnesota, 2008), p. 8.
69 *Hannah Arendt Karl Jaspers Correspondence 1926-1969*, p. 37;『한나 아렌트·카를 야스퍼스 서간집, 1』, 141쪽. 이 내용은 아렌트가 야스퍼스에게 보낸 1946년 4월 22일 편지에 있다.
70 *Hannah Arendt Karl Jaspers Correspondence 1926-1969*, p. 40;『한나 아렌트·카를 야스퍼스 서간집, 1』, 145쪽.
71 Hannah Arendt, *The Human Condition*(Chicago: Chicago University Press, 1958), p. 5; 이진우·태정호 옮김,『인간의 조건』(파주: 한길사, 1996), 54쪽.

3. 철학과 정치의 관계

아렌트는 1964년 귄터 가우스와의 대담에서 "삶을 이해할" 필요성으로 14세 이후 칸트·야스퍼스·키르케고르의 저작을 읽었다고 언급했다. 어린 시절 철학적 자각은 이후 하이데거, 야스퍼스 등과의 만남으로 더욱 강렬해졌다. 아렌트는 망명 시절 철학연구를 포기하고 한동안 유대인 문제에 관심을 가졌는데, 이러한 관심의 변화는 정치적이었다.

> "그리고 저는 획일화가 지식인들 사이에서 말하자면 규칙이었음을 깨달을 수 있었습니다. … 저는 그 점을 잊은 적이 없습니다. 그런 이념이 — 물론 다소 과장됐지만 — 지배하는 독일을 떠났습니다. 다시는 되풀이하지 않습니다! 저는 다시 지성사에 손대지 않겠습니다."[72]

인용문에도 나타나듯이, 아렌트는 이념에 집착하기 때문에 현실을 직시하지 못하는 지식인들의 정치적 통찰력의 부족을 지적했다. 이때 그녀는 철학 이념과 정치 현실 사이에 심연이 있다는 것을 깨달았다. 이러한 자각은 정치이론으로 구체화되었다. 아렌트가 1954년 노트르담대학교에서 진행한 일련의 강의를 위해 집필한 원고 가운데 일부인「철학과 정치」(1954)는 이후 『사회조사』에 게재됐다. 아렌트는 여기에서 다음과 같이 밝히고 있다.

> "철학과 정치 사이의 틈은 소크라테스의 재판과 사형선고로 역사적으로 열렸다. 정치사상사에서 이 사건은 예수의 재판이 종교사에서 행한 전환점과 같은 역할을 담당한다."[73]

앞에서 활동적 삶에 대한 형이상학적 편견을 언급했지만, 정치철학의 서

---

[72] 이 책, 114쪽.
[73] Hannah Arendt, "Philosophy and Politics," *Social Research*, Vol. 57, no. 1(1990), p. 73.

양적 전통은 정치에 대한 적대감에 뿌리를 두고 있다. 아렌트는 서양의 전통에 기반을 둔 철학을 거부하고, 자신을 철학자로 규정하기보다 정치이론가로 불리는 것을 좋아했다. 따라서 "정치적 성찰의 맥락에서 철학에 대한 아렌트의 깊은 회의와 확신을 파악하지 않은 채 그녀의 사상을 이해하기 어렵다."[74] 철학과 정치의 관계는 그녀의 전체 저작에 기저를 이루고 있다. 『인간의 조건』,『과거와 미래 사이』,『어두운 시대의 사람들』뿐만 아니라 『정신의 삶』은 이 주제를 다양한 측면에서 다루고 있다. 물론 이 주제에 대한 아렌트의 첫 번째 실험은 「철학과 정치」에서 나타났다. 아렌트는 또한 미국정치학회에서 발표한 논문 「최근 유럽의 철학사상과 정치에 대한 관심」을 통해서도 정치에 대한 철학적 관심을 몇 가지 측면에서 조명하고 있다.

우선, 정치에 대한 관심을 반영한 프랑스 실존주의자들을 고찰할 필요가 있다. 아렌트에 따르면, 가톨릭 철학자들인 마리탱과 질송 등은 '고삐 풀린' 세계에 직면하여 새로운 질서를 다시 확립하고자 정치적 사유 문제에 관심을 가졌으나 전통에 복귀함으로써 자신들의 경험을 극소화하는 경향을 보였지만, "프랑스 실존주의자들은 철학적 난제를 해결하기 위해 정치를 주시했다."[75] 여기에서 아렌트는 사르트르·메를로퐁티·카뮈·말로와 같은 철학자나 작가들의 입장을 소개했다. 인간적 실존 자체가 부조리라는 카뮈는 아렌트의 실존주의 정치에서 중요한 위치를 차지한다.[76] 부조리한 실존에 대한 혐오감은 스스로 주어지는 것이 아니고 참여를 통해서 해소된다는 것이다. "인간의 자유는 인간이 혼란스러운 가능성의 바다에서 자신이 창조한 것을 의미한다."[77]

---

[74] Frederick M. Dolan, "Arendt on Philosophy and Politics," p. 261, Dana R. Villa, ed., *The Cambridge to Hannah Arendt*(Cambridge: Cambridge University Press, 2000).

[75] 이 책, 669쪽.

[76] 이에 관한 심도 있는 연구로 다음 저서를 참조할 것. Jeffrey C. Isaac, *Arendt, Camus, and Modern Rebelion*(New Haven & London: Yale University Press, 1992).

[77] 이 책, 671쪽.

둘째, 하이데거에 대한 아렌트의 이해를 고찰할 필요가 있다. 아렌트는 1949년 하이데거를 다시 만났으며 하이데거의 철학을 미국에 소개하는 데 관심을 가졌다. 그런데도 아렌트는 미국정치학회 발표 논문에서도 언급했듯이 하이데거 철학의 취약점이 그의 "역사성" 개념이라는 것을 밝혔다. 하이데거는 사유와 사건의 우연성을 강조했지만, 아렌트는 이것이 정치철학의 새로운 토대를 마련하지는 못했다고 밝혔다. "정치학의 훨씬 더 항구적인 질문, 즉 어떤 의미에서는 훨씬 더 구체적으로 철학적 질문 — 정치란 무엇인가? 정치적 존재로서 인간은 누구인가? 자유란 무엇인가? — 은 완전히 잊힌 것 같다."[78]

아렌트는 자신을 정치이론가로 생각하고 있는 동안 전후 하이데거의 후기 저작에 소개된 사유와 언어에 관한 성찰에 많은 도움을 받았다고 주장하면서도 그의 사상에 대해서는 자제하는 태도를 유지했다. 예컨대 아렌트는 사유란 하나 속의 둘이라는 소크라테스의 정의를 설명하면서 "동일성과 차이에 대한 하이데거의 난해한 표현을 포기하고 더 단순하고 직선적인 표현으로 대체하였다."[79]

셋째, 아렌트는 야스퍼스의 철학이 지니는 정치적 적실성과 그 한계를 지적한다. 칸트를 계승한 현대 철학자로서 야스퍼스는 규제적 이념인 '인류'를 정치적 현실로 끌어들였다. 그는 새로운 지구적 상황에서 철학적 인간의 태도로서 무제약적 소통의 태도를 강조했다. 이 태도는 진정한 인간적 공존을 가능케 하는 일차적 조건이다. 야스퍼스에 따르면, "실존은 이성을 통해서 조명되고, 이성은 실존을 통해서 오로지 내용을 획득하게 된다."[80] 야스퍼스는 인간들 사이의 결합에서 이성이 하나의 보편적 끈이라는 점을

---

78 이 책, 664쪽.
79 Young-Bruehl, *Hannah Arendt: For Love of the World*, p. 304;『한나 아렌트 철학 전기』, 589쪽. 이에 대한 아렌트의 명료한 입장은『정신의 삶: 사유와 의지』, 286-288쪽을 참조할 것.
80 Arendt, *Men in Dark Times*, p. 85;『어두운 시대의 사람들』, 178쪽.

인정한다. 그러나 아렌트는 나와 너의 인격적 만남에서 이루어지는 순수한 대화, 즉 의사소통이 정치적 측면에서는 한계를 지니고 있음을 지적했다. 하이데거의 세계 개념은 이 한계를 보완하는 데 도움이 될 것이다. 그러나 하이데거 역시 후기 철학에서 유한자를 언급하면서도 인간적 복수성에 대해서 명백히 밝히고 있지 않다. 야스퍼스는 소통 없는 실존은 존재할 수 없다고 주장함으로써 하이데거의 유아론에서 벗어났으나 전쟁 이전에는 정치가 가능한 실존을 은폐한다고 주장하였다. 이렇듯 야스퍼스의 '실존적 소통'은 절대적 자아론을 부분적으로 극복했지만, 이러한 유형의 소통은 여전히 두 사람 사이의 대화이지 다면적인 대화는 아니다.[81] 물론 야스퍼스는 전후 이러한 유형의 소통을 넘어서 "시민들 사이의 자유로운 공적 소통"에 관심을 갖게 되었다.[82]

아렌트는 이 지적을 통해서 무엇을 언급하고자 했는가? 진리를 다시 공식화한 야스퍼스, 일상적 삶을 분석한 하이데거, 행위를 옹호한 프랑스 실존주의자들은 사유의 정치적 의미에 대한 탐구가 예비조건이기는 하지만 새로운 정치철학에 중요함을 강조했다. " 다른 모든 철학 분야와 마찬가지로, 그것, 즉 진정한 정치철학은 오직 놀람 경험의 근원적 행위에서 생겨날 수 있으며, 이상한 듯하고 달라서 의문을 품는 행위 충동은 이제(고대인의 가르침과 반대로) 인간사와 인간 행위 영역을 직접 포착해야 한다."[83]

---

81 아렌트가 주장하듯이, "진리의 보장으로서 소통의 중요성을 주장하는 현대 철학자들 ─ 주로 야스퍼스 그리고 부버 ─ 사이에서 오히려 유행하는 오류는 대화인 '내면적 활동'의 친밀성이 정치 영역에 범례적이고 이 영역에 확장될 수 있다고 믿는 것이다." Arendt, *The Life of the Mind: Willing*, p. 200; 『정신의 삶: 사유와 의지』, 589쪽.
82 아렌트와 야스퍼스의 지적 교류에 관해서는 홍원표, "칼 야스퍼스와 한나 아렌트의 대화: 정치철학적 주요 논제를 중심으로", 『한국정치학회보』 제44집 3호(2010)를 참조할 것.
83 이 책, 680쪽.

Ⅶ. 정치와 문학 사이의 교감

 아렌트는 파국의 시대를 전통 붕괴 또는 상실의 시대로 규정하고 있다. 이런 시대의식은 서양의 전통에 대한 비판과 해체로 이어진다. 아렌트는 역사상 처음으로 등장한 "전례 없는" 정치체제를 이해하는 과정에서 서양의 정신적 전통에 의존할 수 없다고 생각했다. 따라서 그녀는 역사적 파국을 이해하고 정치 행위의 역사적 범례들을 찾는 과정에서 정치이론 연구에 필요한 '전통적' 자료를 참조하며 많은 문학작품에 주목했다.

 아렌트는 『전체주의의 기원』을 집필하기 이전 이미 문학 형식의 에세이로 글쓰기를 하였다. 그러나 더 중요한 사실은 아렌트가 『전체주의의 기원』을 집필하는 과정에서 전체주의의 기원이 아니라 전체주의의 요소들을 조명하며 작가인 베냐민의 이야기하기를 원용하고 있다는 점이다. 베냐민의 문학작품에 관한 분석은 『어두운 시대의 사람들』에 수록된 「발터 베냐민」에 잘 나타나지만, 아렌트는 「프란츠 카프카에 대한 재평가」에서 역사의 천사를 인용하고 있다. "역사의 천사는 … 그의 얼굴을 과거로 돌린다. 우리가 일련의 사건을 바라볼 때, 그는 폐허 위에 폐허를 끊임없이 쌓고 그것들을 그의 발밑에 내던지는 단 하나의 파국만을 본다."[84] 여기에서 진보에 대한 아렌트의 비판 정신이 깔려 있다. 파국의 시대 역사적 사건은 여러 가지 요소들이 결정화의 결과로 나타난다.

 아렌트는 전체주의라는 새로운 정치 현상을 이해하기 위해 종종 문학작품을 특정한 역사적 사건의 의미를 드러낼 수 있는 자료로 활용했다. 아렌트는 반유대주의를 설명하는 부분에서 프루스트의 『잃어버린 시간을 찾아서』를 소개한다. 여기에서 상제르맹 지역은 비유대 사회에서 유대인의 역할을 말해주는 사례이다. 아렌트는 또한 프랑스의 반유대주의를 단적으로

---

[84] 이 책, 204쪽.

드러내는 드레퓌스 사건에 대한 설명에서 유대인 작가인 베르나르 라자르의 역할을 소개하고 유대인 집단을 '버림받은 사람pariah'과 '졸부parvenu'로 구분하는 라자르의 틀을 정치적 개념으로 전환하였다. 아렌트는 제국주의와 인종주의의 연관성을 또한 콘래드의 『어둠의 심장 Heart of Darkness』을 통해서 묘사했다.

이렇듯, 아렌트는 시대적 상황이나 특정한 사건을 이해하기 위해 문학작품에 의존하고 있다. 아렌트는 정치적인 것을 조명하고자 정치학 영역의 자료에만 의존하지 않고 문학 영역을 '방문하고' 문학적 상상력을 정치적 상상력으로 바꾸었다. 정치와 문학 영역 사이의 끊임없는 왕래는 아렌트 저작 전반에서 나타나지만, 『어두운 시대의 사람들』은 그 대표적인 작품이다. 이 책의 제목은 바로 베어톨트 브레히트의 시 「후손들에게」에 소개된 문구와 연계된다.

문학작품에 대한 아렌트의 관심은 애호가 차원을 넘어 정치적 사유와 연관된다.[85] 『문학과 문화에 관한 성찰』에는 문학이나 문화에 관한 서평이나 에세이 34편이 수록되어 있지만, 『이해의 에세이』에는 6편의 글이 수록되어 있다. 여기에 수록된 에세이는 문학작품을 통해 정치적 상상력을 끌어내는 단초를 제공한다. 이제 당시 집필한 몇 편의 에세이를 살펴본다.

「프리드리히 폰 겐츠」라는 짤막한 글은 독자들에게 생소할 것이다. 겐츠는 아렌트의 전기 『라헬 파른하겐』의 주인공인 파른하겐과 편지를 주고받았으며 베를린 살롱에 참여한 정치인이다.[86] 따라서 아렌트는 '참여적 지식'을 강조한 겐츠의 정치적 통찰력을 강조했다. 겐츠는 현실에 열정적으로 관심을 가진 채 그것의 의미를 파악하기 위해 현실과 일정한 거리를 두는

---

[85] 이와 관련한 구체적인 연구로 홍원표, 「한나 아렌트의 '정신적 왕래'와 정치적인 것: 정치와 문학예술 사이에서」, 『세계지역연구논총』 제28집 3호(2010)를 참조할 것.
[86] 그는 보수주의 정치이론가로서 에드먼드 버크의 『프랑스혁명에 대한 성찰』을 번역했으며, 영국식 견제와 균형을 옹호한 사람으로서 빈회의에서 중요한 역할을 하였던 인물이다.

초연한 태도를 견지하였다. 따라서 아렌트는 임호프에게 보내는 겐츠의 변명서에서 "성공한 대의는 신을 기쁘게 하지만, 패배한 대의는 카토를 기쁘게 한다"라는 문장을 소개했다. 이는 아렌트 판단이론의 핵심 명제다.

제롬 콘은 이 책 서문에서 라헬과 겐츠에 대해 자세하게 언급했지만, 카프카에 대해서는 간단히 언급했다. "카프카는 일반적 시선에는 여전히 드러나지 않는 서양 역사 저변에 흐르는 '지하 흐름'의 구조를 파악하는 능력을 지녔다."[87] "카프카의 소설은 전체주의에 대한 아렌트의 이해에 상당한 영향을 미쳤다."[88] 아렌트는 1944년에 집필한 「프란츠 카프카에 대한 재평가」에서 『성』, 『소송』 그리고 『아메리카』를 소개했다.

카프카의 『소송』은 "인간들이 굴종할 수밖에 없었던 필연적이고 자동적인 과정에 대한 신념"의 위험성을 지적했다. "가장 최악의 범죄가 일종의 필연성이란 이름 아래 저질러지고", "관료 조직의 무분별한 자동 기능이 최종 결정의 특권을 가진 곳에서"[89] 아렌트는 역사적 필연성에 대한 신념 때문에 죄를 범하지 않았으면서도 죄를 고백한 후 기꺼이 죽음을 택할 수밖에 없는 볼셰비키를 지적했다. "아렌트에 따르면, 카프카는 모든 사람이 복종해야 하는 역사와 자연의 초인간적 법칙이 있다는 근대적 신념의 무시무시함을 예견했다."[90]

그러나 『성』의 등장인물인 'K'는 성의 관료들이 내리는 명령에 복종하는 마을 사람들과 달리 명령에 복종하기를 거부한다. 그런데 '유사' 필연성에 복종하려는 성향은 바로 근대성의 중요 요소이다. 다른 사람으로부터의 격리, 인간들이 공동으로 기거하는 인간 세계와의 격리뿐만 아니라 자아로부터 배제된 심리적 상태인 외로움loneliness도 전체주의 지배를 가능케 하는

---

[87] 아렌트는 『전체주의의 기원』 초판 서문에서 이 문구를 사용했다.
[88] Brian Danoff, "Arendt, Kafka, and the Nature of Totalitarianism," p. 212.
[89] 이 책, 200쪽.
[90] Brian Danoff, "Arendt, Kafka, and the Nature of Totalitarianism," p. 212.

요소이다. 외로움은 뿌리를 상실하고 잉여적 개개인으로 구성된 원자화된 대중사회의 등장과 연관된다. 아렌트는 카프카의 세 소설에서 우리 시대의 질병인 고립을 발견했다.

이렇듯, "전체주의에 대한 아렌트의 이해는 카프카가 소설에서 드러낸 근대적 고립, 관료제의 테러, '유사' 필연성에 복종하려는 근대적 성향, 전체적 지배 도구에 의해 촉진되었다."[91] 그러나 아렌트는 이후 『과거와 미래 사이』에서 역사적 단절 또는 파편화된 시간 개념을 이해하는데 있어서 카프카의 '현재의 우화'에도 많은 도움을 받았다. 따라서 아렌트의 비판적 이해로서 이야기하기는 베냐민뿐만 아니라 카프카와도 연계된다.

「더는 아님과 아직은 아님」은 브로흐의 소설 『베르길리우스의 죽음』에 관한 서평이다.[92] 여기서 아렌트는 카프카와 프루스트와 연계하여 브로흐의 문학적 위상을 간단히 밝힌다.[93] 더는 아님은 '과거'이고 '아직은 아님'은 미래이다. 아렌트의 시간 개념에서 과거와 미래 사이는 곧 현재이다. 아렌트는 파국 시대의 현재, 즉 심연을 다음과 같이 이야기한다. 즉 "이 심연은 1914년이라는 운명의 해부터 유럽 심장부에 세워진 죽음의 공장, 즉 학살수용소들이 우리가 2000년 이상의 역사적 실체와 여전히 연결되어 있던 이미 낡은 실을 끊었을 때까지 매년 더욱 깊어지고 더욱 끔찍했다."[94] 베르길리우스 삶의 마지막 24시간을 다루는 이 작품의 주제는 이렇다. "죽음이 최후의 불행이 아니라 최후의 임무라는 이 장엄한 개념은 브로흐의 사색이 현대 '죽음 철학'의 덫에 빠져드는 것을 저지한다."[95]

「프랑스 실존주의」에서 아렌트는 "새로운 문학 운동"과 "새로운 정치적

---

91 Brian Danoff, "Arendt, Kafka, and the Nature of Totalitarianism," p. 216.
92 브로흐의 문학작품에 대한 심도 있는 아렌트의 이야기는 『어두운 시대의 사람들』을 참조할 것.
93 이 책, 320-321쪽.
94 이 책, 321쪽.
95 이 책, 323쪽.

지향을 위한 가능한 지침"을 제공한 두 소설가의 저작을 이야기한다. 차이에도 불구하고 이들이 지니는 공통점은 "**진지한 정신**에 대한 강한 거부, 그리고 세계를 사실상 인간의 자연스럽고 예정된 환경으로 받아들이지 않으려는 분노에 찬 거부이다."[96]「최근 유럽의 철학사상과 정치에 대한 관심」에서 지적했듯이, "프랑스 실존주의자들은 정치에 대한 관심을 자신들의 저작에 중심으로 설정한 유일한 사람들이라는 점에서 현대 철학의 다른 경향과 구별된다."[97] 이들은 철학적 난제를 해결하려는 고뇌에서 정치를 주시한다. 사르트르·카뮈·말로 등은 인간 조건을 요구한다. "인간 조건 자체는 모든 상황에서 지상에서의 삶이 인간에게 전적으로 주어진 조건으로 남아있는 듯하다."[98]

VIII. 미국주의와 유럽주의 사이의 긴장

아렌트는 1954년 프린스턴대학교에서 「미국의 대외 이미지」라는 주제로 세 차례의 강의를 했다. 아렌트는 이미 1953년 크리스티안 가우스 세미나에서 「카를 마르크스와 정치사상의 전통」[99]이란 주제로 강의한 이후 두 번째로 「꿈(희망)과 악몽」·「유럽과 핵무기」·「순응주의의 위협」이란 주제로 강의를 했다.

유럽의 미국 이미지는 혁명을 통해서 실현되었다. "평등에 대한 새로운 이상과 자유에 대한 새로운 이념"이 그 핵심이다. 이는 토크빌의 『미국의 민주주의』에서도 공개적으로 지적되었다. 「꿈과 악몽」에서 밝혔듯이, "평

---

96 이 책, 358쪽.
97 이 책, 669쪽.
98 이 책, 673쪽.
99 아렌트는 이 강의와 관련하여 마르크스의 저작에 대한 야스퍼스의 평가를 수용하였다. 다음 자료를 참조할 것. 『한나 아렌트·카를 야스퍼스 서간집 1』「편지 142」, 427쪽.

등의 원리는 … 지난 700년 동안 일어난 모든 위대한 사건 중 가장 관련성이 높고 가장 눈에 띄는 결과물이다." 반면에 풍요의 땅인 미국과 유럽 사이의 현격한 차이는 미국 이미지에 대한 부정적 이해를 초래했다. 미국이 가진 나라라는 이미지는 미국주의적 태도로 강화되었다. "수 세기 동안 미국은 유럽의 하층계급과 자유를 사랑하는 사람들의 희망(꿈)이었다. 동시에 이 나라는 부유한 부르주아지, 귀족, 특정 유형의 지식인에게 악몽으로 남았다. 그들은 평등을 자유의 약속이라기보다는 문화에 대한 위협으로 여겼다."[100] 유럽인에게 미국은 부르주아 국가가 되었다.

아렌트는 제2차 세계대전 이후 '친미주의'와 '반미적 유럽주의'를 대비하고, 전통적인 고립주의나 '미국 제일주의 운동'보다 더 일반적인 분위기를 드러내는 미국 내 민족주의적인 친미주의를 언급했다. 친미주의가 유럽의 반미주의와 조응한다고 생각한 아렌트는 "낡은 국민국가 체제를 청산하고 통일된 유럽을 건설하겠다는 약속으로 전쟁을 시작한 사람이 히틀러였다"[101]고 지적했다. 이렇듯 아렌트는 유럽 내의 반미 감정이 유럽 운동의 일부, 범유럽 민족주의가 되는 것에 대해 우려를 표시했다. 그 우려는 '유대인 증오'가 '반유대주의'로 바뀌었듯이 반미 '감정'이 반미 '주의'로 바뀌게 될 가능성에서 비롯되었을 것이다. "대서양 한쪽에는 미국주의, 다른 한쪽에는 유럽주의가 … 대립하고 싸우며 무엇보다도 서로 닮아가고 있다. 이것이 바로 우리가 직면한 위험 중 하나일 수 있다."[102]

「유럽과 핵무기」와 「순응주의의 위협」에서 미국에 대한 유럽의 이미지를 비판적으로 검토하면서 몇 가지 쟁점을 제기했다. 대표적인 것들은 바로 매카시즘, 현대의 순응주의 그리고 원자폭탄과 같은 새로운 군사기술의 사용이다.

---

100 이 책, 642쪽.
101 이 책, 643-644쪽.
102 이 책, 644쪽.

"오늘날 유럽에서 미국의 핵무기 개발·보유·사용 위협은 정치적 삶의 주요 사실이다. 유럽인들은 물론 현대 기술이 지배하는 나라의 영혼 없는 삶, 기계의 단조로움, 대량 생산에 기반한 사회의 획일성 등에 대해 이제는 익숙한 논쟁을 오랜 세월 벌여왔다."[103]

"유럽에서 매카시즘에 대한 반대가 얼마나 적게 보도되는지 관찰하는 것은 흥미롭다. 매카시즘은 미국에서 완전히 자유롭게 표명되고 있다. 박식한 유럽인조차도 모든 미국인이 이 문제에 대해 같은 의견을 가질 것으로 기대하고 있으며, 그들이 이 입장을 개별 미국 시민의 의견이 아니라 일반 미국인의 의견으로 보는 방식은 매우 괴로운 일이다. 여기서 밝혀지는 것은 위협이나 폭력이 필요 없는 일종의 순응주의를 마주할 것이라는 유럽인들의 특정적인 기대다."[104]

인용문에서 핵기술에 관한 언급은 주목할 만하다. 혁명과 전쟁, 즉 폭력의 세기 한가운데서 삶을 영위했던 아렌트는 재래식 전쟁과 핵전쟁 문제를 함께 고려했다. 그녀는 한국전쟁이 발발하던 1950년 6월 25일과 이후 야스퍼스와 주고받은 편지에서 이 문제에 대한 의견을 나누었다.[105] 비유적으로 말하자면, 전체주의의 '여파'는 한반도에도 밀려왔다. 우리는 한국전쟁 당시 핵무기 사용 문제가 정치적으로 논의됐다는 점을 알고 있다. 현재 북핵 문제는 그 연장선에 있다. 그러나 핵전쟁은 지구라는 인간조건뿐만 아니라 인위적인 공간인 정치 영역을 근본적으로 파괴하기에 섬멸전과 같은 성격을 띤다. 당시 핵전쟁에 대한 아렌트의 기본 입장은 이러하다. "20세기 전쟁은 정치적 기운을 제거하는 강철의 폭풍도 아니고 다른 수단을 이용한

---

103 이 책, 645쪽.
104 이 책, 652쪽.
105 '한국전쟁, 그리고 핵무기 개발과 국제 정세'에 관한 간략한 입장을 위해서는 다음 자료를 참조할 것. 「두 거목의 '대화'에서 삶과 사상의 단면을 보다」(옮긴이 해제), 『한나 아렌트·카를 야스퍼스 서간집 1』, 40-43쪽.

정치의 연속도 아니라 세계를 사막으로 지구를 생명 없는 물질로 만드는 파국이다."[106]

「유럽과 핵무기」에서 아렌트는 핵무기 개발과 관련한 미국과 유럽의 인식 차이를 잘 드러내고 있다. 제2차 세계대전 당시 원자력의 발견을 주도한 과학자들은 고국에서 일어난 정치적 사건으로 인해 미국으로 이주했기에, "기술을 통한 세계의 변화와 그 결과를 미국에 돌리는 것은 분명히 터무니없다."[107] 그러나 토크빌이 신대륙의 민주주의를 목격했듯이, 핵무기 시대 유럽인들은 히로시만 원자폭탄 투하를 계기로 미국에 대한 태도를 바꾸었다. 현대 세계는 여전히 이와 관련한 난제를 안고 있다.[108]

아렌트는 「순응주의의 위협」에서 절멸의 근원인 현대 핵기술이 초강대국인 미국을 전후 새로운 전체주의로서 인식하려는 유럽인들의 성향과 연계되어 있다는 점을 암시하고 있다. 이 문제와 관련하여 인식의 차이가 명백히 드러났다. 미국인들의 경우 전체주의에 대한 경험은 이상하고 반미국적이다. 그러나 당시 "유럽인들에게 매카시즘은 그럴 수 있다는 결정적인 증거로 보인다."[109] 여기에서도 유럽인들과 미국인들 사이에 인식의 차이가 드러난다. 아렌트는 메카시의 정치적 순응주의가 미국 시민의 개인적 견해라고 생각했지만, 유럽인들은 이를 미국 여론 일반으로 생각했기 때문이다.

---

106 Arendt, *The Promise of Politics*, p. 191; 『정치의 약속』, 236-237쪽.
107 이 책, 645쪽.
108 이에 관한 문제를 아렌트의 관점에서 자연 과정과 연계시켜 고찰한 연구는 다음과 같다. 홍원표, 「자연 개념에 대한 아렌트의 역사적·현상학적 사유」, 김면회 외 공저, 『신사회계약: 유럽의 성찰과 구상』(서울: HU:iNe, 2024), 127-168쪽.
109 이 책, 652쪽.

Ⅸ. 마무리하기: 현실 세계를 직시하는 이해하기

 이 해제는 현실을 직접 대면하라는 아렌트의 현상학적 명제를 반영하고자 했다. 제롬 콘은 원본의 제목을 '이해의 에세이'로 명명했지만, 우리말 번역본에서는 '전체주의의 물결'로 바꾸었다. 영어 제목에서는 '무엇을' 이해할 것인가?를 드러내고 있지 않기 때문이다. 물론 바꾼 제목도 에세이 전체의 구조와 기조를 충분히 담고 있지는 않다.

 외형적으로 보면, 각 에세이들 사이에 어떤 연관성이 있는가를 파악하기 어렵다. 그러나 아렌트는 파국의 시대에 발생한 경험에서 중요한 정치적 의미를 밝히고자 했다. 독자들이 파국의 시대 경험한 아렌트의 독창적이고 독특한 입장을 단편적으로나마 이해할 수 있다면, 아렌트의 이 초기 저작은 정치적 사유의 궤적뿐만 아니라 후기 저작에 담긴 심오한 의미를 이해하는 데 중요한 밑거름이 될 것이다.

 정치 현상에 대한 진정한 이해는 '객관적' 설명의 차원을 넘어 사건에 대한 진지한 관심, 즉 관여의 태도와 관찰자의 위치를 유지하는 초연함이란 두 가지 태도 사이의 미묘한 긴장 속에서 이루어지는 활동이다. 이해란 또한 단순히 단일한 진리를 규명하기보다 사건의 다양한 의미를 밝히는 정신 활동으로서 우리가 죽을 때 비로소 중단한다. 물론 이해는 정치와 철학 사이의 긴장뿐만 아니라 상호 연관성을 전제한다.

 아렌트는 형이상학적 전통의 범주를 수용하는 전통 철학에서 벗어나 정치적 삶이 담긴 근본적 의미를 밝히는데 기여하는 정치이론을 정립했다. 물론 이때 이론은 경험 자체에 주목하는 '탈형이상적' 철학과 연관된다. 아렌트는 우리가 행하는 것을 직접 대면하고 그 의미를 이해하고 판단하라고 독자들에게 권고하였다.

 시대에 따라 양상은 다르게 나타나겠지만, 파국적 상황은 언제든지 반복해 재현될 수 있다. 여기에 수록된 에세이들은 20세기 전반 파국적 상황과 위험한 순간에 대한 정치적 이해의 결과이다. 아렌트의 독특한 정치적 이해는 비판과 실험 정신으로 촉진되었다. 현재 이곳에서 삶을 영위하고 있는 우리에게 정치적 삶의 의미를 진지하게 고민하는 활동인 사유하기·이해하기·판단하기에 주목할 필요가 있다. 전체주의 물결을 고찰하는 과정에서 역설적인 명제를 고려해야 할 것이다. 역사 속에 새로운 것은 없지만, 인간은 새로운 시작이다. 달리 표현하면, 전체주의는 이제 역사적 유물이 되었지만, 그 변형된 모습은 역사 속에서 재현될 수 있다.

ESSAYS IN UNDERSTANDING, 1930~1954

HANNAH ARENDT

엮은이 서론

제롬 콘

> 중요한 것은 이해하는 것입니다.
> 나에게 글쓰기란 이해를 추구하는 방법이며,
> 이해 과정의 일부분입니다.
>
> 「무엇이 남아있는가? 언어가 남는다」 중에서

"흥미로운 시대에 산다는 것은 저주이다."[1] 한나 아렌트가 짧은 생애 마지막 8년 동안 당시의 국내 재난이나 국제적 위기를 논의할 때면 덧붙여 인용했던 고대 중국 속담이 있다. 아렌트는 마치 그 역설적인 의미가 설명할

---

[1] 옮긴이_ 제롬 콘은 로서 버코위츠와의 대담에서 이 문구를 다음과 같이 언급했다. "… 그녀의 생애 마지막 8년 동안 그녀와 친분을 쌓고 친근하게 일했던 일을 기억하는 것을 의미합니다. 이 기억은 표면적으로 종종 재치 있고 역설적으로 보였지만 그 아래에는 더 어두운 면을 보여주었던 그녀가 말한 내용을 다시 불러옵니다. 한 가지 예를 들자면, 베트남전에서 우리나라의 군사적 대패로 인한 정치적 격변기 동안 아렌트는 '흥미로운 시대에 사는 것은 저주다'라는 고대 속담을 자주 중얼거렸습니다. 누구에게 이렇게 말했을지 모릅니다. …" HannahArendt.net, *Zeitschrift für politisches Denken*, Ausgabe 1, Band 10(Dezember 2020). 여기서 흥미로운 시대는 곧 어두

필요도, 설명받을 필요도 없이 투명하게 드러난다는 듯 우스꽝스럽게 또는 생각에 잠긴 듯 그렇게 말했다. 그런데도 인간사에 대한 그녀의 헌신이 단호하고 진지했기 때문에, 속담 자체뿐만 아니라 그녀에게서 직접 들은 말에서도 역설적인 무언가에 충격을 받지 않기란 어려웠다. 그녀는 오랜 세월 동안 학자·예술가·작가·지식인·공인들에게, 그리고 자신의 저작을 읽은 많은 사람에게 "가장 어두운 시대"에도 "이 아름답지 않은 세계"의 고통을 감상적이지도 모호하지도 않고 직시하도록 영감을 준 열정으로 "이 끔찍한 세기"의 사건을 이해하려고 노력했다. 인용된 말은 아렌트의 말이다. 오늘날 돌이켜보면 이상하게도 이 중국 속담이 강렬하고 사려 깊은 여성을 연상시키며 심지어 상징적으로 보이게 된 것도 그녀의 말 덕분이다.

한나 아렌트(1906~1975)는 정치이론가로 전 세계에 널리 알려져 있는데, 그녀는 보통 정치철학의 주장 및 기초와 함께 그 직함을 거부했다. 그녀가 어떤 사람이었는지 말하기는 어렵다. 일부 평론가들은 아렌트 저작의 사회학적·역사적인 측면을 강조했고, 다른 사람들은 저작의 문학적 특성, 실제로 시적 특성을 강조했지만, 더 많은 사람은 그녀를 정치학자(그녀가 수년 동안 자신에게 적용한 호칭)로 기술했다. 나중에 명성이 찾아왔고 한 일을 설명하라는 요청을 받았을 때, 그녀는 내키지 않지만 편하게 그 일을 정치'이론' 또는 정치'사상'이라고 불렀다. 타당하게도, 그녀는 변화를 원하는 자유주의자이며 안정을 원하는 보수주의자로 찬사를 받았고, 과거에 대한 비현실적인 열망을 품고 있다거나 유토피아적인 혁명가라는 이유로 비판받았다. 이 다양한 특성화(훨씬 미묘한 특성화도 제시될 수 있음)는 특성을 부여한 사람들의 다양

---

1 운 시대를 의미한다. 다음 내용을 참조할 것. "오히려 어두운 시대는 새로운 것도 아닐 뿐만 아니라 역사상 드문 것도 아니다. 다만 예나 지금이나 그만큼 범죄와 재앙을 나눠 갖지 않은 미국 역사에서는 알려져 있지 않을 뿐이다. 우리는 가장 어두운 시대에도 밝은 빛을 기대할 권리를 가지고 있다." Hannah Arendt, *Men in Dark Times*(San Diego, New York, London: Harcourt Brace & Company, 1968), p. ix; 홍원표 옮김, 『어두운 시대의 사람들』(파주: 한길사, 2019), 62-63쪽.

한 관심사를 반영하지만, 전통적인 학문 분야나 정치적 범주에 따라 아렌트를 판단하려는 공정한 독자가 마주치는 진정한 당혹감을 나타내기도 한다. 아렌트가 본래 정치 영역에 개인적으로 매력을 느끼지 않았다는 사실을 깨닫는 것은 당혹스러울 수 있다. 처음에는 그랬고, 아마도 영원히 그렇지 않았을 것이다. 그녀는 정치 행위에 대한 자신의 두드러지고 성숙한 이해조차도 이를 "외부에서 살펴보았기" 때문이라고 말했다.

그러나 의심할 여지 없이, 아렌트가 처음부터 끝까지 이해 활동에 저항할 수 없이 이끌렸다는 점이었다. 이해 활동은 끝없고 순환적인 정신 활동이었으며, 그녀에게 이해 활동의 주된 의미는 결과보다는 오히려 그 자체에 있었다. 그녀는 확실히 풍부한 생각과 의견을 가지고 있었고, 새로운 구분을 만들고 새로운 개념에 이바지했으며 전통적인 정치사상의 낡은 범주를 변화시켰다. 그것들은 결과이며, 유용한 것으로 입증됐다. 그러나 문제를 해결하는 데 주로 관심이 없는 정치사상가를 찾는 것은 예상하지 못한 일이지만, 이해에 대한 아렌트의 끊임없는 모험은 그녀에게 삶 자체와 마찬가지로 '도구적'이지 않았다. 이해 활동이 그녀가 살았던 세계와 어느 정도 화해할 수 있게 해주었다는 점은 이해하기 더 어렵다. 다른 사람들이 그녀가 생각한 이해의 의미에서 이해하게 된다면, 그녀는 기뻤고, '편안하다'는 느낌을 받았다. 이것은 그녀가 자신의 이해를 다른 사람에게 넘기고 싶어 했거나 가능하다고 생각했음을 의미하지 않는다. 그것은 아렌트에게 완전히 터무니없는 말이었을 것이다. 그녀에게 사유 ― 이해하기, 사건에 의미의 부여하기 ― 는 고독하고 사적인 자기 자신과의 약속이었다. 아렌트는 모범적인 삶을 살았고, 그 삶은 이야기되었고 다시 이야기될 것이지만, 궁극적으로 삶에 대한 아렌트의 이해도 세계에 비추어진 빛은 그녀가 **어떤 사람**이었는지 엿볼 수 유일한 방법이다.

20세기 초반에 안정적이고 비종교적인 독일계 유대인 가정에서 태어난 아렌트는 놀라울 정도로 지적이고, 풍부한 교육을 받았으며, 여러 면에서 자신이 구현한 오래되고 풍부한 문화의 계승자였다. 1920년대에 근본적으로 상반된 두 가지 사건이 그녀의 사상과 성격 발달에 결정적인 역할을 했다. 첫 번째 사건은 학생 시절 실존철학의 선봉에 선 두 명의 위대한 사상가, 즉 마르틴 하이데거와 카를 야스퍼스와의 첫 만남이 평생 인연으로 발전한 것이었다. 두 번째 사건은 독일국가사회주의 운동의 강화였다.

아렌트에게 철학 혁명은 내성적이고 심리적인 의미가 아니라 마치 그녀의 사유 능력이 이전 세기에서 물려받은 자연 세계와 역사적 세계의 체계적인 합리화에서 해방된 것처럼 내면으로의 전환이었다. 아렌트는 자신의 표현대로 "철학적 충격",[2] 즉 한낱 호기심과 뚜렷이 구별되는 실존에 대한 순수한 **경이**를 경험했다. 강렬한 자기성찰, 즉 사유는 그 충격에서 생겨났다. 이 사유는 그녀에게 모든 순수한 철학하기의 특징이었을 것이다. 그리하여 하이데거와 야스퍼스 사상의 내용 외에도 젊은 아렌트에게는 실제로 고독 속에 거주할 수 있는 비가시적이고 실체 없는 내면의 영적 영역이 열렸다.

반대 운동은 겉으로 드러난 세계에서 일어났으며, 그 근본적인 의도는 수 세기에 걸쳐 계승되어 온 시민 결사의 구조와 제도를 수정하는 것이 아니라 파괴하는 것이었다. 그녀는 이 정치적 혁명운동의 성장을 "현실의 충격"이라고 불렀다.

아렌트는 자기반성과 국가사회주의의 접근 방식에서 세계로부터 정신의 이탈을 따로 경험한 것 같지 않다. 그녀는 아직 젊었고 독일을 떠나 더 자유로운 나라에서 이전처럼 자신의 학문 분야에서 계속 일할 수 있는 '전문적인' 지식인 중의 한 명이 아니었다. 그러나 그녀는 지식인 공동체의 일부 구성원들이 나치의 거센 물결에 대항하지 않고 그 물결에 편승하거나, 아니면 그 물결에서 벗어나지 않기로 선택한 태평스러운 태도에 경악했다.

---

2   옮긴이_「실존철학이란 무엇인가?」, 이 책, 329쪽.

어떤 방향으로든 정치적 흐름에 휩쓸려가는 지식인들의 경향에 대한 불신은 일생을 통해 그녀와 함께했다.

아렌트는 한때 자신이 '타고난' 작가가 아니라고 말했다. 이는 그녀가 "인생 초기, 즉 젊은 시절부터 작가가 되거나 예술가가 되는 것을 자신이 하고 싶은 일이라고 아는 사람" 중 한 명이 아니라는 것을 의미한다. 그녀는 자신이 "우연히", 즉 "이 세기의 특별한 사건"인 우연한 사고로 작가가 되었다고 말했다.[3] 그녀의 뜻은 선택의 문제가 아니라 전체주의를 이해하고 판단하려고 하지 않을 수 없다는 것이었다. 다시 말해, 1920년대 후반과 1930년대 초반에 격변하는 세계는 정신, 즉 세계로부터 이탈함에 따라 이루어지는 활동에 영향을 미쳤다.

아렌트는 히틀러가 실제로 집권하기도 전에 자신이 "독일 유대교의 파멸", 그 "독특한 현상", 즉 자신의 역사와 문화의 종말을 인식했다고 나중에 말했다.[4] 따라서 그녀는 수 세기 동안 유대 민족을 괴롭혔지만 어떻게든 극복하고 살아남은 반유대주의 형태와는 구별되는 무엇인가를 인식하게 되었다. (이후에 아렌트는 나치 전체주의와 이전의 박해 형태를 구별해주는 것이 엄청난 규모의 유대인 파괴이며 또한 반유대주의가 모든 이데올로기의 한 측면에 불과하다는 사실도 깨달았다.)

아렌트 정치사상의 독창성은 다음과 같은 사실에서 비롯된다. 즉 그녀에게 새롭고 전례 없고 비범한 것으로 경이롭게 드러난 것은 이전에는 그녀의 성찰적 삶에서 그다지 중요하지 않았던 그 평범한 세계에서 실제로 지금 일어나고 있는 일이었다. 따라서 그녀에게 정치적인 것은 단지 정치인들이 통치하고, 권력을 활용하며, 목표를 결정하고, 목표를 달성하기 위한

---

[3] 아렌트는 1964년 5월 20일 국립문학예술연구소에 입회한 자리에서 이렇게 말했다.
옮긴이_ 아렌트는 1954년 『전체주의의 기원』으로 올해의 문학상을 받았다. 이에 관한 내용은 다음 자료를 참조할 것. *Hannah Arendt Karl Jaspers Briefwechsel, 1926~1969*(München/Zürich: Piper, 1985); 홍원표 옮김, 『한나 아렌트·카를 야스퍼스 서간집 1926~1969』(서울: 신서원, 2024), 「편지 155」, 464쪽.

[4] 다음 자료를 참조할 것. *Rahel Varnhagen*, p. xvii.

수단을 수립하고 실행하는 '정치'의 경연장일 뿐만 아니라, 좋든 나쁘든 참신함이 발생할 수 있는 영역이자 사상의 자유를 포함한 인간의 자유와 인간의 비자유라는 조건이 규정되는 영역이기도 한 현실이 되었다. 그녀는 이후 어떤 식으로든 자신의 모든 이해 시도를 정치 현실에 맞추도록 하고, 특히 생애 말기에 이르러서는 그 이해의 조건으로서 반성적인 정신 활동에 관심을 기울이게 되었다.

아렌트는 한때 "문학 형식의 에세이는 정치적 사건의 현실에서 발생하기 때문에 정치사상 연습과 … 자연스러운 친화력을 가지고 있다"고 말한 적이 있다. 그녀는 『과거와 미래 사이Between Past and Future』 서문에서 이런 에세이의 통일성은 "전체의 통일성이 아니라 음악의 모음곡에서처럼 같거나 관련된 음조로 작곡한 일련의 악장"이라고 말했다. 이 단어들은 아렌트의 다른 저서들도 부분적으로 묘사한다. 『전체주의의 기원The Origins of Totalitarianism』, 『어두운 시대의 사람들Men in Dark Times』, 『공화국의 위기Crises of the Republic』, 그리고 정도가 덜하기는 했지만 『인간의 조건The Human Condition』, 『혁명론On Revolution』, 『정신의 삶The Life of the Mind』은 초고의 경우 학술지에 게재되었거나 대중 앞에서 발표한 에세이와 강의록을 바탕으로 형성한 ― 엮어 만든 ― 저작들이다.

이 책에 수록한 내용은 출간되지 않고 수집되지 않은 에세이와 강의록에서 발췌한 것이다. 아렌트는 이 책의 출판에 관심을 표명한 적이 없다. '대본(臺本; words)'은 그녀의 것이지만 책의 구조는 아니다. 이후 저술, 특히 유대인 주제에 관한 저술에서 발췌하여 구성할 책들의 구성도 그렇겠지만, 이 책의 구성은 대부분 연대순으로 되어 있다.[5]

---

5   옮긴이_ 제롬 콘은 이 책을 출간한 이후 여러 편의 모음집을 출간하는 책임을 맡았지만, 유대인 문제와 관련한 모음집은 2007년에 출간되었다. Hannah Arendt, *The Jewish Writings*, eds. Jerome Kohn and Ron H. Feldmam(New York: Schocken Books, 2007); 홍원표 옮김, 『유대

한나 아렌트는 33.6 선형 피트(약 10미터)의 선반 공간을 차지하고, 90개 이상의 용기를 가득 채우며, 약 28,000개의 항목으로 구성된 자신의 유고 대부분을 의회도서관에 기증했다. 이 항목에는 가족 서류와 개인 문서, 개인·조직·대학·출판사 등과 광범위하게 주고받은 일반 서신, 아이히만 재판과 관련한 비망록·배경 정보·필사본·보고서·법원 판결, 아이히만 저서에 대한 서평, 이 책이 초래한 격렬하고 감정적인 논쟁과 관련한 신문 기사 및 편지, 그녀의 다른 저작에 대한 서평과 원고 초안, 그리고 40개 용기에 담긴 수기 비망록·타자화된 비망록·시·논문·서평·연설문·강의록·에세이 등이 있다. 이 글들 가운데 가장 이른 글은 아렌트가 19살이었던 1925년에 쓰였고, 가장 늦은 글은 그녀가 죽은 해인 1975년에 쓰였다. 이 글들 대부분은 그녀가 1941년 미국으로 이주한 이후 시기에 쓰였다.

오늘날 아렌트의 세계적 위상을 고려할 때, 실제로 그녀가 쓴 거의 모든 글은 일반 대중과 학자들에게 흥미로울 수 있다. 게다가 취합되지 않고 출판되지 않은 글들의 출판은 오늘날에도 그녀의 사상에 대한 수용과 평가에서 여전히 한 요소가 되는 논쟁에 빛을 밝힐 수 있다. 그 요소는 나치 관료 아돌프 아이히만의 재판에 대한 그녀의 설명을 놓고 벌어진 논쟁에서 가장 분명하게 드러났을 수 있다. 『예루살렘의 아이히만』을 읽은 많은 사람(그리고 전혀 읽지 않은 많은 사람)은 '악'이 아이히만과 같은 사람의 평범성 또는 무사유, 순전한 관습을 통해 세계에서 실제로 발생할 수 있었다는 생각을 자신들의 예의범절에 대한 공격으로 인식했다. 어떤 경우에는 30년 전의 상처가 여전히 쓰리다.

그러나 아렌트 사상의 문제가 되는 측면은 악의 평범성에 대한 그녀의 보고에서 시작되지 않았고 거기서 끝나지도 않았다. 그녀는 10년 이상 점점 더 학계의 주목을 받았으며, 그녀의 저작에 대한 비판적 논평은 이것이

인 문제와 정치적 사유』(파주: 한길사, 2022).

포함하는 명확한 의견 불일치 — (예상대로) 그녀의 구별과 판단에 있어서 정확성뿐만 아니라 그녀가 의미하는 바가 무엇인지, 그리고 가능하면 그것들이 어떻게 부합하는지 — 때문에 두드러진다. 하나뿐이지만 중요한 예를 들어보자. 그녀의 정치 행위는 정확히 무엇을 의미하는가? 오늘날 세계에서 정치 행위는 무엇을 가리키는가? 그녀가 말하듯이, 그것이 "경험의 장"이라면, 사회적·경제적 문제는 정치와 다르다는 결론이 나오는가? 우리가 사는 세계에서 그것이 실현될 수 있거나 심지어 의미가 있는가?

학자들이 그런 질문에 대해 내린 답변의 다양성과 양립 불가능에도 불구하고, 아렌트의 저작에 보이는 관심은 여전히 줄어들지 않았다. 아렌트의 저작을 해석하기 어려운 이유는 주로 사상가로서 그녀의 독창성 때문이고, 그보다 덜한 이유로는 그녀가 현대의 독자들에게는 생소한 고전과 유럽의 자료에서 영감을 받았다는 사실이다. 그런데도 그녀의 글쓰기가 지닌 열정적·독립적·시적 특성, 특히 우리 시대의 정치적 사건에는 역사적 선례가 없다는 그녀의 인식은 20세기의 가장 풍부하고 설득력 있는 사상가들 가운데 한 사람으로 그녀의 명성을 더했다.

영국의 정치이론가 마가렛 카노반은 『한나 아렌트: 정치사상의 재해석』[6]에서 예리하고 차별적이지만 전혀 논쟁적이지 않은 글을 썼다. 카노반은 기만적일 정도로 단순하게 자신의 목표를 "아렌트의 정치사상이 무엇인지 발견하고 설명하는 것이다"[7]라고 밝힌다. 카노반의 다음 논제는 특히 흥미롭다. 즉 아렌트가 의미한 "전체주의의 요소" — 그렇게 명시된 현상의 전

---

[6] 옮긴이_ 서지사항은 다음과 같다. Margaret Canovan, *Hannah Arendt: A Reinterpretation of Her Political Thought*(Cambridge: Cambridge University Press, 1992). 이전에 출간된 소책자는 다음과 같다. Margaret Canovan, *The Political Thought of Hannah Arendt*(London: Methuen & Co. Ltd, 1974). 카노반(1939~2018) 저서 가운데 『포퓰리즘(*Populism*)』(1981)은 이 분야의 선구적 연구이며, 『국가성과 정치이론*Nationhood and Political Theory*』(1996)은 '국가성' 문제가 정치이론의 핵심이어야 한다는 점을 주장했다.

[7] 옮긴이_ Canovan, *Hannah Arendt: A Reinterpretation of Her Political Thought*, p. 2.

체 배열 — 에 대한 완전한 이해가 그 근거로 간주될 때, 아렌트 정치사상은 전체적으로 뚜렷해진다. 카노반이 의도한 것은 이러하다. 즉 아렌트의 구별과 판단은 반드시 동의를 요구하지 않지만, 하나의 정부 형태로서 전체주의가 발생한 조건에 대한 그녀의 분석과 관련하여 볼 때 그런 구별과 판단은 일관성을 갖는다. 그러나 그러한 조건은 전체주의 체제의 **원인**이 아니었고 정권의 몰락과 함께 사라지지도 않았으며, 간단히 말해서 (아렌트가 제시하곤 했듯이) **그 원인**은 우리 시대의 위기이다. 그것은 **우리의** 곤경으로 구성된 **우리의** 위기이며, 아렌트의 생각에 적어도 외부적으로 우리를 위협했던 최근의 세계적인 냉전·열전 갈등 시기만큼 오늘날에도 관련성이 있다.

카노반의 절묘한 표현을 빌리자면, 아렌트의 주요 저작은 "부분적으로 잠긴 사유의 대륙에서 섬처럼 솟아올랐으며, 그 가운데 일부는 모호한 논문으로, 일부는 미발표 저술로만 기록되어 있다"고 할 수 있는데, 이는 어떤 경우에도 『전체주의의 기원』보다 더 큰 의미를 갖지는 못한다. 이 이상한 걸작은 역사적·정치적·철학적 암시뿐만 아니라 문학적 암시로 가득 차 있고, 삼중 구조와 제목의 의미도 종종 논쟁의 여지가 있으며, 나치즘과 볼셰비즘을 다루는 데 있어 균형을 분명히 유지하지 못하여 오해를 불러일으켰다. 카노반은 전체주의의 '잠긴' 맥락이 밝혀지면 책을 오해할 근거가 사라지고 아렌트의 이후 사상에 대한 새로운 관점이 열린다고 주장한다. 아마도 이 책에서 추적하는 여러 '궤적' 중 가장 중요한 것은 『전체주의의 기원』이라는 방대한 기획이 아렌트의 정신에서 형성되었던 1940년대 중반부터 1951년 출판 이후 몇 년 기간일 것이다. 이후의 기간에는 이 책에 대한 심도 있는 성찰이 있었다. 즉 이 시기는 부분적으로는 이 책을 설명하고, 스탈린과 소련에 대한 정보를 더 많이 활용할 수 있어서 불균형을 바로잡고, 이 책의 이론적 기초를 심화하고 확립하는 데 도움이 되었다.

아렌트 사상의 모호한 영역을 조명하는 것 이외에도, 아렌트의 취합되지 않고 출판되지 않은 글의 출판은 엘리자베스 영-브륄의 풍부하고 상세한 전기인『한나 아렌트 철학 전기: 세계사랑의 여정』과『한나 아렌트 · 카를 야스퍼스 서간집 1926~1969』을 통해서 자극받은 관심, 즉 아렌트의 삶과 성격을 주목하는 데 이바지할 것이다. 이러한 출판물과 마찬가지로, 여기에 수록된 글은 아렌트의 저작에 대한 전반적인 판단에 이바지할 것이다. 비트겐슈타인이 한때 썼듯이, "어떤 사람이 쓴 글의 위대함은 그가 쓰고 행하는 다른 모든 것에 달려 있기"[8] 때문이다.

이러한 보조적인 글들의 연대기적 순서는 독자들이 상상력 속에서 모범적인 인물, 즉 20세기의 결정적 사건들의 여행자를 구성하도록 격려하며, 이를 통해 그 사건들에 대한 관점과 사건 전개에 대한 감각을 얻을 수 있게 해준다. 아렌트는 「20세기의 정치 경험」이라는 강좌를 가르치곤 했으며, 항상 **경험**을 강조했다. 그 요점은 부분적으로 정치적 이상과 확신에 대한 환멸에 따르는 경향이 있는 정치적 무관심의 물결에 저항하는 것이었다.

이 책은 처음부터 아렌트의 취합되지 않거나 출판되지 않은 글의 완전한 편집본이 아니라 선집으로 계획되었다. 예를 들어, 서평은 아렌트가 가장 좋아하는 글쓰기 장르는 아니었고, 더 이상 소득이 필요하지 않게 되자 정기적으로 기고하는 것을 중단했다. 그러나 이 나라에서 보낸 초기 시절, 그녀는 제안받은 모든 게재 의뢰가 필요했고, 그때 그녀가 게재한 서평 중 일부는 때론 심오하고 때론 냉소적이어서 저자와 함께 또는 반대로 (따라서 저자와 함께) 생각하는 특별한 연습이었다. 아렌트가『어두운 시대의 사람들』에 수록한 에세이 중 세 편은 원래 서평이었고, 그가 쓴 더 많은 에세이가 여기에 포함되어 있다.

이 책에는 반복적이거나 덜 정확하거나 다른 곳에서 언급된 유사한 진술

---

[8] 옮긴이_ 출처는 다음과 같다. Ludwig Wittgenstein, *Culture and Value*, ed. Georg Henrik von Wrigth, trans. Peter Winch(Oxford: Blackwell Publishers Inc., 1998), MS 136 59a. p. 75.

인 강의 자료는 포함되어 있지 않다. 몇몇 경우에 에세이의 주제 ― 아담 뮐러, 아달베르트 슈티프터, 로버트 길버트 ― 는 포함하기에는 너무 알려지지 않은 것처럼 보였다. 아렌트에게는 매우 중요한 걸작, 즉 헤르만 브로흐의 『베르길리우스의 죽음The Death of Vergil』에 관한 에세이는 포함되지만, 그의 『몽유병자Sleepwalkers』에 대한 서평은 포함되지 않았다. 베르톨트 브레히트에 관한 두 편의 에세이는 『어두운 시대의 사람들』에 게재된 훌륭한 1966년 에세이 「베르톨트 브레히트, 1898~1956」에 대한 예비 연구인 것처럼 보이므로 제외되었다. 어려운 결정은 1930년 아렌트의 첫 남편인 귄터 스턴(안더스)과 공동으로 집필한, 릴케의 『두이노의 비가Duino Elegies』에 관한 긴 에세이를 출판하지 않기로 한 것이었다.⁹ 이 에세이의 역사적 중요성에도 불구하고(릴케가 죽은 지 꼭 4년 후인 당시 독일에서는 거의 알려지지 않았음), 『두이노의 비가』의 운율과 용어 선택에 대한 에세이의 밀도 있는 분석은 비독일계 독자들에게는 접근하기 어려웠을 것이다. 더욱이 아렌트가 실제로 이 글에서 얼마나 많은 부분을 썼는지도 분명하지 않다. 그러나 이 에세이는 내면의 삶과 '연인'이 덧없는 세계에서 소외되는 것에 중점을 두었고, 시를 "들리는 것에 대한 의식적인 포기"로 해석하여 "비가"를 "잃어버린 것에 대한 애도보다는 잃어버린 존재의 목소리"로 바꾸었다. 이것은 모두 같은 시기에 쓰인 아렌트의 에세이, 특히 키르케고르에 대한 에세이의 정신에 따른 것이다. 『두이노의 비가』의 "절망"은 실제로 "마지막 종교적 흔적"으로 보인다.

    이 책에서 다루는 시기에 해당하지만 출간되지 않은 글 가운데 가장 중요한 것은 1953년에 행한 일련의 강의 내용 「카를 마르크스와 서양 정치사상의 전통」이다. 아렌트는 이 강의를 계기로 정신의 삶에 대단히 유익한 민

---

9 옮긴이_ 이 에세이는 다음 모음집에 수록되어 있다. Hannah Arendt, *Reflections on Literature and Culture*, ed. Susannah Young-ah Gottlieb(Stanford: Stanford University Press, 2007).

년의 탐구 분야에 관한 연구를 시작했다. 1950년대 중반에는 너무나 다양한 생각이 싹트면서 엄격하게 연대순으로 정리하기 어려웠다. 이 책의 후반부에 실린 몇몇 에세이는 볼셰비키 전체주의에 대한 그녀의 태도에 근본적인 변화가 있었음을 분명히 보여주고 있다. 즉 나치즘의 기원에 비하면 볼셰비키 전체주의의 기원이 '고귀해' 보였음에도 불구하고, 볼셰비키 전체주의가 히틀러 독일의 전체주의보다 더 완벽하게 실현되었다는 인식은 점차 증대되었다. 소련이 마르크스주의 운동에서 등장했고, 마르크스의 사상이 '현재 이곳'의 정의와 자유를 실현함으로써 서양 정치철학 전체를 바로잡은 것으로 알려졌기 때문에, 그녀 앞에는 거대한 연구계획이 열렸다. 고대 그리스의 플라톤과 아리스토텔레스에서 시작하여 마르크스에서 정점에 이른 정치사상의 전통은 정확히 무엇이었을까? 그것은 폭정에 비유될 수 없을 만큼 끔찍한 정부 형태와 어떤 관련이 있었을까? 만약 그 전통이 파산한 것으로 드러났다면, 그것은 도덕성의 기초와 악의 의미에 대해 무엇을 의미했을까? 아니면 인간의 자유, 자발적 행위, 정치적 결사에 대해 무엇을 의미했을까? 그것은 철학 그 자체에 대해, 고독과 다원성의 관계에 대해, 따라서 정치철학의 가능성에 대해 무엇을 말했을까? 이것들은 1950년대 중반부터 죽을 때까지 아렌트의 주요 관심사 중 하나였으며, 이 기간은 이후 출간할 책에서 다룰 예정이다.[10]

나치의 희생자인 유대인에 대한 많은 언급은 이 책 가운데 전체주의에 대한 논의에서 불가피하게 등장하지만, 출판되지 않고 수집되지 않은 별도의 에세이 모음집에는 독일 교육 및 계몽주의와 관련한 유대인 문제, 근대 유대인 역사와 문화, 반유대주의, 시온주의, 제2차 세계대전 당시 유대인의 경험, 유대인 정치와 이스라엘 국가의 형성, 유대인-아랍인 관계 및 아이히

---

[10] 옮긴이_ 이와 관련한 모음집의 서지사항은 다음과 같다. Hannah Arendt, *Thinking Without a Banister: Essays in Understanding, 1953~1975*, ed. Jerome Kohn(New York: Schocken Books, 2018); 신충식 옮김,『난간 없이 사유하기』(서울: 문예출판사, 2023).

만 논쟁과 같은 주제에 대한 아렌트의 글이 포함된다.11 이것들은 아렌트에게 유대인의 존재, "이 아름답지 않은 세계"에서 유대인다움과 유대인임이 '주관적' 의미와 '객관적' 의미를 모두 가지고 있음을 보여준다.

이 글을 편집할 때 일정한 일반 원칙을 따랐다. 일부 잡지와 학술지가 아렌트의 원래 상당히 어색한 영어를 다른 잡지나 학술지보다 더 신중하게 편집했다는 점은 분명하다(뉴욕에 도착했을 때 그녀의 언어 지식은 "셰익스피어의 소네트 한 편"12 정도로 구성되었지만, 1년 후에 그녀는 영어로 된 논문을 출판했다). 명확성과 어느 정도의 통일성을 얻기 위한 노력이 있었다. 출판되지 않은 글은 다른 상황을 보여주었다. 아렌트는 가우스와 대담 중에 종종 타자기로 작성할 수 있을 만큼 빨리 글을 썼다고 말했으며, 원고는 그것을 증명한다. 대부분 강의를 위해 준비한 이 원고들은 반복과 생략이 많았고, 영어가 아닌 독일어 문법 구조, 한쪽 길이의 긴 문장, 적어도 5개의 언어로 된 어렵고 때로는 해독이 불가능한 필기 수정 및 추가 사항으로 준비되어 있다. 게다가 원고 상태는 종종 좋지 않았다. 아렌트는 '잘라내고 스카치테이프'를 붙이는 구성 방식을 사용했고, 오래된 테이프는 떨어져 나갔기 때문에, 주요 쪽에 남은 자국을 원고에서 멀리 떨어진 부분, 또는 다른 원고 자국과 맞춰야 했다. 편집이 필요할 경우, 가장 주요한 관심사는 아렌트의 '표현'과 의미를 그대로 유지하는 것이었다.

엮은이의 논평이나 본문 각주는 참고 사항이나 모호하지만 흥미로운 문제에 대한 명확한 설명이 필요할 때만 추가되었다. 아렌트는 정치가 단연코 매우 중대한 문제여서 전문가나 학자에게 맡길 수 없다고 생각했다. 그

---

11   옮긴이_ 이와 관련한 모음집의 서지사항은 다음과 같다. Hannah Arendt, *The Jewish Writings*, eds. Jerome Kohn and Ron H. Feldman(New York: Schocken Books, 2007); 홍원표 옮김, 『유대인 문제와 정치적 사유』(파주: 한길사, 2022).

12   옮긴이_ 셰익스피어식의 소네트(Sonnet)는 영국식 소네트로 불리는데 네 줄씩 세 번 나온 후에 두 줄이 추가되는 방식이다. 셰익스피어의 소네트는 13행부터 시상이 전환되면서 결론을 내린다.

녀는 일반 독자를 위해 빠르고 확실하게(항상 문법적으로는 아니다라도) 글을 썼고, 전문가를 위한 글은 아니었다. 따라서 지나치게 학문적인 부속물을 추가하는 것은 그녀의 정신에도 독자의 이익에도 맞지 않았다.

이 책에 수록된 많은 에세이는 독일어판과 영어판이 모두 있다. 예컨대, 카프카 에세이의 독일어 본문이 있는데 어떤 면에서는 영어본보다 더 완성되고 세련되었다. "이 나라에 왔을 때, 저는 매우 엉성한 영어로 카프카에 관한 논문을 썼습니다. … 제가 영어로 번역하기(그녀가 영어 사용을 교정하는 데 사용하는 방법)에 대하여 이야기하러 그들에게 갔을 때 이 논문을 읽었는데, 무엇보다도 여기에 '진보'라는 용어가 나타났지요! 저는 '이게 무슨 뜻이에요?'라고 물었습니다."[13] 따라서 우리는 역설적이게도 '진보'라는 단어를 사용한 아렌트가 영어판을 썼다는 것을 알게 되었다. 그것은 그녀가 『파르티잔 리뷰*Partisan Review*』에 게재한 많은 논문 중 첫 번째였다. 따라서 그녀의 표현을 유지한다는 원칙에 따라 독일어본을 참고하여 편집하면서 번역의 유혹을 참았다. 「조직적인 범죄와 보편적 책임」 그리고 「전후 전향한 공산주의자들」도 독일어본이 있으며, 같은 방식으로 처리되었다. 아렌트는 자신의 저작을 번역한 적이 없지만 때로는 — 그렇게 하는 것을 별로 좋아하지 않았지만 — 독일어로 작성한 것을 영어로 **다시 썼고**, 그 반대의 경우도 마찬가지였다.

『파르티잔 리뷰』에 게재된 깊이 있는 성찰적 에세이 「실존철학이란 무엇인가?」의 판본은 그녀의 원래 독일어 원고의 불완전한 판본이다. 일부는 잘못 번역된 것보다 다시 쓴 듯하다. 누가 영어판을 담당했는지는 알 수 없지만, 아렌트였을 가능성은 낮아 보이며, 그녀가 협업했을 가능성은 크다.[14] 이것은 아렌트가 사상가로 발전하는 데 중요한 역할을 한, 엄격하게

---

13   "Hannah Arendt on Hannah Arendt," in ed. M. Hill, *Hannah Arendt: The Recovery of the Public World*(New York: St. Martin's Press, 1979), p. 334.
14   나는 랜들 슬렛테네의 덕택으로 윌리엄 배릿이 번역자였다는 것을 최근에 알았다.

논증되고 복잡한 철학적 에세이이기 ― 그녀는 야스퍼스에게 이 에세이를 보여주는 것을 꺼렸고, 수줍음은 그녀와 자주 연관되는 특성이 아니다 ― 때문에, 이 책에서는 독일어에서 새롭게 번역하기로 했다. 따라서 위에서 설명한 과정은 역전되었고, 최종판을 준비하는 동안 아렌트의 '표현'에 대한 암시를 얻기 위해 이전의 『파르티잔 리뷰』 출판본을 참조했다. 수많은 글 가운데서도 이 에세이는 무엇보다도 칸트가 아렌트에게 미친 근본적인 영향을 일찍부터 보여주는 주목할 만한 작품이다.

「미국 내 외국어 신문과 대외 문제」는 다른 문제를 제기했다. 제목은 원고에 속하는데, 원고의 일부는 발췌되고 잘리고 추가되어 「우리 외국어 집단」이란 제목으로 출판되었다. 추가된 부분은 유대계 미국인을 다루었는데, 아렌트가 말했듯이 그들의 사례는 "다른 모든 것과 다르다." 삭제된 부분은 당시(전쟁 중 미국) '정치적으로' 논란이 되었던 개인에 대한 언급이 없다. 여기에 제시된 것은 그 일부에서 엮은 것이다. 이 에세이의 초점은 어떤 면에서 아렌트에게 이례적이지만, 그녀가 제2의 조국의 사회적-정치적 구성에 관심이 커지고 있음을 분명히 보여준다. 즉 이 관심은 이 모음집의 다른 여러 에세이에서 입증되며, 저널리즘에 대한 그의 소명과 적어도 일부 기자들에 대한 존경심도 나타난다. 그리고 기자들은 적어도 그녀에게는 일부 역사가 및 시인들과 함께 사실적 진리의 유일하고 신뢰할 수 있는 수호자였다. 외국어 신문(매우 많은 언어로!)의 뉴스는 아렌트가 글을 쓴 독일계 유대인 신문인 『재건Aufbau』에서 걸러져 그녀에게 제공되었다.

의회도서관에는 두 편의 원고가 함께 정리되어 있다. 하나는 「전체주의의 본성에 관하여: 이해의 에세이」라고 불리며, 다른 하나는 제목은 없으나 별도로 쪽수가 매겨져 있으며, 첫 번째에서 이어지지만, 약 3/4 지점에서 연결되지 않은 것은 아닌데, 그런데도 새로운 방향으로 틀었다. 궁극적으로 문장 중간에 끊어져서 결론에 도달하지 못한다(아렌트의 글에서 비교적 흔하지 않은 현상). 아렌트가 처음으로 판단 개념과 씨름하는 모습을 보여주는 「이해와 정치」의 대부분 문장과 문단이 이 두 편의 원고 중 첫 번째 원고에 포함되어 있으나 순서가 같지는 않다. 원고가 강의 자료였음은 분명하며, 아렌트가 『파르티잔 리뷰』에 게재한 「이해와 정치」를 쓸 때 첫 번째 원고를 발췌한 것이 아니라 참조한 것은 분명한 듯하다. 그런데 혼란은 가중된다. 의회도서관에는 「이해와 정치」의 원본인 「이해의 난점」이라는 또 다른 원고가 있다. 이 잡지가 복원된 그 제목을 변경하기로 택한 것은 합리적인 추측이다. 「이해의 난점」의 두 단락은 「이해와 정치」에 등장하지 않는데, 아마도 한 경우는 논란의 여지가 있고 다른 경우는 모호하다고 생각되었으며, 또한 다시 포함되었기 때문일 것이다. 이러한 추가 사항과 함께 「이해와 정치」는 출판 당시의 형태로 여기에 제시된다. 원래 포함된 원고의 단락은 에세이를 진정으로 보완하며, 이제 에세이의 끝에 미주로 있다.

「전체주의의 본성에 관하여」는 「이해와 정치」가 끝난 곳에서 다시 시작하여 두 번째 '잘라낸' 원고로 이어지며, 새로운 방향으로 나아가는 마지막 불완전한 쪽은 여기에 포함되지 않는다. 의회도서관의 이전 원고인 「이데올로기와 선전」(대부분이 이전에 출판된 저작에서 반복되거나 사용됨)의 몇 문단이 「전체주의의 본성에 관하여」의 본문에 통합되었다. 이 부분들은 이데올로기라는 주제에 대한 아렌트의 생각을 상세히 설명한다.

「전체주의의 본성에 관하여」 끝부분에서는 외로움과 고독을 구분한다. 이는 상상력이 매우 풍부한 형태로 하이데거에 대한 작은 우화 「여우 하이데거」의 주제이다. 두 번째 '잘라낸' 원고의 사용되지 않은 다른 면에서는 연결이 끊긴 부분의 한 문장에서 하이데거가 철학과 시의 "멀고도 가까움"에 관해서 한 성찰(아렌트가 크게 높이 평가한)을 역설적으로 논평한 것은 어렵다. 즉 "철학자와 폭군은 서로 멀리 떨어져 있고 고독과 외로움만큼 가깝다."

이 책에 제시된 아렌트 글은 연대순에서 예외가 있다(예외는 규칙을 증명하지는 않으나 실용적으로 만든다). 첫 번째 글인 「무엇이 남아있는가? 언어가 남는다」는 1964년 대담 내용으로 이 모음집의 날짜를 상당히 넘었다. 이 글에서 시작한 이유는 아렌트가 자신에 대해 개인적으로 말하는 경우가 거의 없었고, 출판을 위해 말하는 경우도 거의 없었기 때문이다. 여기서 아렌트는 자신의 삶, 특히 젊은 시절, 정치적 각성, 전체주의 악의 발견과 관련하여 이야기한다. 이 내용은 모두 이어지는 많은 글과 직접 관련이 있다. 아렌트는 또한 독일어에 관해, 그리고 어떤 문제에 대해 의견이 일치하든 일치하지 않든 항상 친구이자 조언자였던 카를 야스퍼스에 관해 통렬하게 이야기한다.

그다음 여섯 편의 에세이는 아렌트가 24세였던 1930년부터 조국을 떠난 1933년까지의 날짜가 적혀 있다. 앞의 세 편은 내면성과 영성, 즉 일부 독자가 아렌트에게서 놀랍게 여길 수 있는 주관적인 삶에 관한 강조를 특징으로 하며, 그다음 세 편은 사회적·정치적 인식이 싹트는 증거를 보여준다. 제1부의 두 편은 기독교 사상가인 아우구스티누스(박사 논문의 주제)와 키르케고르를 다룬다. 그들은 모두 아렌트에게 매우 중요한 인물이다. 여기에는 신학적인 문제가 없다. 아우구스티누스는 로마 가톨릭교회의 교부로 취급되지 않으며, 그의 사망 1500주년을 기념하는 글은 가톨릭 신자보다는 개신교 신자를 대상으로 하고 있다. 오히려 시간과 상황에 따라 크게 분리된 이 두 사람이 하느님과 깊고 내적인 관계를 생각하고 살았던 완전히 다른 두 가지 방식에 관한 문제를 밝히고 있다. 아우구스티누스는 개인적인 고백에서 '모범적'이었고, 키르케고르는 아렌트가 기독교적 실존의 '역설'이라고 설명한 것을 경험한 데에서 '예외적'이었다.

이 두 논문 사이에는 카를 만하임의 『이데올로기와 유토피아 Ideology and Utopia』에 대한 길고도 성찰적인 서평이 다소 다른 관계를 다룬다. 그 관계는 정신과 영혼이 세계와 시간에 미치는 관계이다. 이는 아렌트에게 근본적으로 중요한 주제였다. 그녀는 생애가 끝날 때까지 이 주제에 대해 많은 변화를 겪었다. 이 에세이는 철학적 또는 관조적 사유를 배제하지 않고 모든 사유의 "실존적 한계"에 대한 카를 만하임의 개념을 진지하게 받아들이며, 현대인의 "고향 상실"에서 그 기원을 밝히려고 한다. 아렌트는 그러한 고향 상실을 사회경제적 '현실'의 조건으로 보고, "인간적 삶의 진정한 가능성"인 성찰적 사유의 '고독'과 대조한다. 하이데거와 야스퍼스는 여기서(이 책에서 자주 그렇듯이) 현대 철학의 대표자로 등장하며, 특히 야스퍼스의 인간 존재의 초월성 개념(현실로부터 이데올로기적이거나 유토피아적 도피가 아님)은 아시시의 성 프란치스코의 사례에서 생생하게 드러난다. 이 에세이는 역시 아렌트가 정신분석을 실천과 이론으로서 거부한 이유에 대한 최초의 명확한 진술을 제공한다. 이때 아렌트는 전혀 흔들리지 않았다.

이 시기 출간한 다음 두 편의 에세이는 라헬 파른하겐의 전기에 관한 아렌트의 연구에서 발췌한 것이다. 이 놀라운 여성에 관심을 불러일으키고자 두 편의 에세이를 영어로 번역하고 재출간했다. 아렌트 비평가와 독자들은 모두 이 연구를 부당하게 무시했다(이런 면에서 예외적인 것은 다그마르 바르노우의 『가시적인 공간: 한나 아렌트와 독일계 유대인의 경험』,[15] 제2장 「사회, 파르브뉘[parvenu] 그리고 파리아[pariah]: 독일계 유대인 여성의 삶」이다. 저자는 여기에서 라헬의 삶에 대한 아렌트의 대단한 식견과 통찰력 있는 설명을 제공한다). 종합하면, 이 책들은 아렌트가 공공영역과 사적 영역에서 이루어지는 경험의 결정적 구별, 즉 그녀의 성숙한 정치사상을 결정하지는 않더라도 특징짓고 알려주는 구분을 처음이자 거의 실감 나게 접한 순간을 보여준다.

정치인이자 작가인 프리드리히 폰 겐츠의 서거 100주년에 발표된 에세이는 가장 세속적인 사람들 ― 허영심이 강하고 쾌락주의적이며 원칙이 없고 권력만을 인식하고 '현실'만을 추구하는 사람들 ― 을 전면에 내세운다. 반면에 전기에서는 겐츠를 라헬의 삶에서 중요한 인물이지만 단지 한 명의

---

15 옮긴이_ 서지사항은 다음과 같다. Dagmar Barnouw, *Visible Space: Hannah Arendt and the Germaan-Jewish Experience*(Baltimore and London: The Johns Hopkins University Press, 1990). 바르노우(1936~2008)는 독일의 문화사학자로 남캘리포니아대학교 교수로 재직했다. 독일 연구학자인 윌리엄 라쉬는 그녀의 저작 『가시적인 공간(*Visible Space*)』, 『1945년의 독일(*German 1945*)』, 그리고 『공허한 공기 속의 전쟁(*The War in the Empty Air*)』을 "아렌트 3부작"이라고 불렀다.

행위자로만 간주하는 경향이 있다. 아렌트가 이 글을 썼을 때, 겐츠는 그녀가 말했듯이 거의 "잊혔다"(폴 스위트와 골로 만의 전기는 1940년대까지 출판되지 않았다). 계몽주의와 낭만주의 시대(예컨대, 독일에서는 문학적으로 또는 역사적으로 프랑스만큼 뚜렷하지 않은 시대)를 잇는 인물인 겐츠에 대한 아렌트의 태도는, 겐츠의 경력이 "모호했던" 것처럼, 양면성을 띠고 있다. 겐츠는 어떤 면에서는 보수주의적이었고 다른 면에서는 자유주의적이었다. 그는 정통성 원리 자체가 역사적으로 상대적이라고 믿는 절대주의자였다. 그리고 그는 무엇보다도 세계가 변하지 않기를 바랐던 낭만주의자였다. 그러나 그는 세계가 변하고 **있으며** 게다가 자신이 보존하기 위해 개입한 모든 일이 사라지리라는 점을 알았고 받아들일 수 있었다. 그에게 자리를 제공한 것은 원리나 원인도 아니라 세계의 사건과 과정에 대한 지식이었다. 겐츠는 그러한 관찰자의 관점, 즉 자기 시대의 정신과 비밀에 대한 '참여적 지식' — 그는 훨씬 더 세속적인 방식으로 노년 시절 프리드리히 슐레겔의 '**비밀 공유**Mitwisserscaft'라는 이상을 공유했다 — 에 입각해 로마 시대의 시인 루카누스의 주장 — "성공한 대의는 신을 기쁘게 하지만 패배한 대의는 카토를 기쁘게 한다victrix causa deis placuit, sed victa Catoni" — 에서 자신의 정치적 신조를 발견했다. 아렌트는 이 주장으로 자신의 에세이를 마무리한다. 그러나 아렌트는 아마도 이때 겐츠의 모호한 정치적 입장을 공유하지 않았던 것처럼, 이 구절을 인용하면서 이 구절이 나중에 자신에게 어떤 의미를 지닐 것인지에 대한 암시를 제시하지 않았다.[16] 오히려 여기서는 겐츠가 패배한 대의를 선호한 것

---

[16] 물론 1933년 제국의회 방화 사건 이후 그녀는 사건의 '방관사'로 남을 수 있다고 생각하지 않았다. 그러나 훨씬 이후인 1972년 그녀는 진보주의자인지 보수주의자인지에 대한 질문에 다음과 같이 답변했다. 즉 "모르겠어요. … 좌파는 제가 보수주의자라고 생각하고, 보수주의자들은 제가 좌파라고 생각하거나 제가 반항아라고 생각하거나, 신만이 아는 일이라고 생각하죠. 그리고 저는 전혀 신경 쓰지 않는다고 말해야 했지요. 저는 이 세기의 진짜 문제가 이런 종류의 일로 어떤 종류의 계몽을 얻을 수 있을 것이라고 생각하지 않습니다." ("Hannah Arendt on Hannah Arendt," pp. 333-334).

은 패배했기 때문이라는 의미로 보인다. 그러나 아렌트는 1954년 7월 24일 야스퍼스에게 보낸 편지에서 그것을 "공화주의의 정신"[17]이라고 언급했고, 훨씬 나중에 그 구절을 정치적 판단의 본질로 압축했다.

이 초기의 에세이가 출판된 지 불과 10년 후, 아렌트가 스위트의 전기, 『프리드리히 폰 겐츠: 구질서의 수호자』[18]에 대한 간략하고 호의적인 서평[19](이 책에는 포함되지 않음)에서 각자 '국가'이익을 위해 봉사한 탈레랑·캐슬레이·캐닝을 "유럽 이익"의 수호자로 꼽았던 점은 주목할 만하다. 이 서평에서 아렌트는 그를 주로 계몽주의의 인물로 특징지으며, 그가 "계몽주의가 … 국수주의로 타락하는 것"에 저항했고 "독일이라는 국가가 존재하지 않는다는 사실에 기반하여 완전히 독립적이고 공평무사한 정책을 세웠다"고 말한다. 제2차 세계대전이 격화되던 1942년, 그녀는 스위트 책의 "이상하고 흥미로운 시의성"을 칭찬했고 "유럽 통합 문제"가 당시 "가장 중요한 정치적 과제" 가운데 하나라고 생각했다. 게다가 "19세기의 민족주의에 거의 잊힌" 겐츠, 즉 칸트의 제자로 거슬러 올라가는 "정치적 사유의 전통이 우리의 특별한 관심사"로 여겨졌다.[20]

겐츠와 라헬 파른하겐에 관한 한, 겐츠의 많은 연인 가운데 파른하겐만이 겐츠를 이해했고, 두 사람은 이것을 알고 있었다. 그녀가 이해한 것은 세계에 대한 겐츠의 태도가 다른 사람들에게는 위선적으로 보일 뿐이라는 것이었다. 사실 겐츠는 어린이처럼 순진하게 세상에 자신을 열었다. 아렌

---

17 옮긴이_ 홍원표 옮김, 『한나 아렌트·카를 야스퍼스 서간집 2』, 470-471쪽.
18 옮긴이_ 서지사항은 다음과 같다. Paul R. Sweet, *Friedrich von Gentz: Defender of the Old Order*(Madison, Wisconsin: The University of Wisconsin Press, 1941).
19 옮긴이_ 서지사항은 다음과 같다. Hannah Arendt, "A Believer in European Unity - Paul R. Sweet: *Friedrich von Gentz, Defender of the Old Order*," *The Review of Politics*, Vol. 4, no. 2(1942), pp. 245-247. 목차는 다음과 같다. 젊은 시절과 초기의 삶, 1764~1797/정론가, 1797~1802/음모자, 1802~1805/민족주의자, 1805~1809/유럽인, 1809~1817/보수주의자, 1817~1828/만년, 1828~1832.
20 50년 이상의 세월이 흐른 오늘날 이 '임무'와 '관심사'도 시기적으로 적절하지 않은 것 같다. 「유럽 통일을 믿는 사람(A Believer in European Unity)」은 그녀가 영어로 쓴 첫 번째 글이다. *Review of Politics*, 4(1942), pp. 245-247.

트는 그들의 사랑이 성취되었다면 ― 성취되지 않았지만 ― 또 다른 "세계"가 생겨날 가능성에 대해 언급한다. 물론 이 세계는 "현실 세계와 대조되는" 세계, 즉 겐츠를 자신이 갈망했던 현실에서 '고립시킬' 세계이다. 겐츠는 "자신의 사생활에서 그녀의 이해에 의존했지만," "자신의 순진함, 깨끗한 양심, 세상에서 자신의 위치, 간단히 말해 모든 것"을 희생하고 싶지 않았다.[21] 사적 이해와 공적 참여 사이의 구분은 이보다 더 명확하고 구체적으로 이루어질 수 없을 것이다.

파른하겐이 사망한 이후, 이교도 남편인 카를 아우구스트 파른하겐이 처음으로 라헬 파른하겐을 인습적으로 묘사했고 다른 사람들도 그랬지만, 라헬에 대한 아렌트의 기이하게도 독창적인 묘사는 아렌트의 상상력이란 힘에서 비롯된다.[22] 라헬에 대한 아렌트의 양면성은 겐츠에 대한 것보다 더 깊은 차원에 존재한다. 물론 이것은 아렌트가 라헬처럼 유대인이자 여성이었다는 사실과 관련이 있지만, 그녀는 100년 훨씬 이전의 '사교계'에서 라헬의 삶이나 경험의 관점에서 1930년대 자신의 **정치적** 상황을 이해하려고 하지 않았다. 오히려 그녀는 독일 역사와 문화에 내재해 있는 "유대인 문제"를 독특한 유대인 여성의 관점에서 보고 이해하려고 시도했다.

「베를린 살롱」은 독일 계몽주의 이상에서 자라나 라헬의 다락방에서 낭만주의의 꽃을 피운 이후 현실 세계의 사건에 의해 "사회적 중립성"[23]이 압도당하면서 갑자기 끝난, 특별하지만 단명한 사회현상을 다룬다. 라헬이

---

[21] 이 인용문은 완성된 전기, 『라헬 파른하겐: 어느 유대인 여성의 삶(*Rahel Varnhagen: the Life of a Jewish Woman*)』, 86-87쪽에서 가져온 것이다.
[22] Barnouw, *Visible Spaces*, p. 48.
[23] 옮긴이_ 이를 이해하기 위해 다음 문장을 인용한다. "따라서 유대인은 잠시 자신들의 재력을 능가하는 사교적 삶을 가능하게 해주었던 사회적 중립성을 경제적 안정을 위해 박탈당한다. 게다가 특히 독일에서 귀족들은 부르주아 사회를 위한 기준을 설정했다." Hannah Arendt, *Rahel Varnhagen: The Life of a Jewish Woman*(San Diego, New York, London: Harcourt Brace Jovanovich, Publishers, 1974). p. 181; 김희정 옮김, 『라헬 파른하겐: 어느 유대인 여성의 삶』(서울: 텍스트, 2013), 227쪽.

말했듯이, 그것은 마치 나폴레옹의 대포에 의해 폭발한 듯이 "배처럼 가라 앉았다." 앞서 존재한 미덕동맹(자비에 기반한 평등 개념과 함께)과 그것을 계승한 매우 차별적인 부르주아 식탁협회 사이에서, 라헬의 살롱은 낭만주의적 "무분별한 행위"의 전형이었다. 이런 무분별한 행위, 일종의 자유분방한 기질, 틀에 얽매이지 않고 부르주아적이지 않은 태도는 흥미로운 인간 그 자체 ― 여성·왕자·정치인·유대인 또는 누구든 ― 를 진지하게 여김으로써 공적인 것과 사적인 것의 구별을 무너뜨렸다. 관심사는 삶 자체(예를 들어 행복이나 불행)이지 사람 자체나 삶의 소유자가 아니었다. 따라서 라헬에게 그를 추천한 것은 세계에서 사람의 위치가 전혀 아니었지만, 대신 "내가 아는 누구보다도 더" 고통을 겪을 수 있는 능력과 같은 것이었다. 라헬 자신은 자기 삶이 유대인이라는 출생의 "불행"에서 벗어나려는 열정 ― 다른 모든 "교양 있는 인물"과 "비슷해지려는"(동화되려는) 열정 ― 에 의해 지배되었다는 점에서 분별력의 부족을 잘 보여주었다. 라헬의 살롱은 그녀에게 그러한 동화의 환상을 주었을지 모르지만, 그것은 평등에 대한 거짓된 꿈이었다. "우리가 모두 함께 있었던 시간"은 그녀가 1818년 파울린 비젤[24]에게 편지를 보냈을 때 신기루처럼 사라졌다. 라헬은 사랑의 친밀함 속에서 겐츠를 이해하고 현실을 차단하고, 심지어 대체할 수 있었지만, 유대인으로서 차별받는 세계와 전혀 화해할 수 없었다. 겐츠가 세계의 매력을 희생하기를 거부한 것은 바로 그 사랑의 사생활이었다. 이게 모든 상황에서도 그를 기쁘게 했다.

아렌트는 삶에 대한 라헬의 훌륭하고 차별 없는 개방성만큼 그녀의 뛰어난 지성, 위대한 사랑 능력, 그리고 그 능력에서 비롯된 타인에 대한 이해에 큰 감명을 받았다. 그러나 아렌트는 정치적 반유대주의에 대한 자신의 경

---

[24] 옮긴이_ 파울린 비젤(Pauline Wiesel, 1778~1848)은 라헬 파른하겐의 친구이며, 프로이센 출신인 루이스 페르디난트 왕자의 아내이다.

험에서 — 사회적 차별과는 달리 — 유대인임이 실제로 정치적·공적 **사실**이라는 것을 발견했다. 아렌트가 개인적으로 종교적 신념을 가지고 있거나 유대인의 '특징'을 가지고 있든, 다른 상황에서 그녀 자신의 뛰어난 지성과 다른 재능이 그녀를 사회의 눈에 "예외"로 만들었는지는 중요하지 않다. 정치적으로 그녀가 세계의 눈에 유대인으로 나타났다는 사실은 "개인적 정체성의 문제" 이상의 의미가 있었고, 그렇지 않다고 주장하는 것은 "현실에 대한 괴상하고 위험한 회피"였을 것이다. 그녀는 그러한 발견을 통해 유일하게 실제적이고 환상적이지 않은 평등은 정치적 자유라는 점을 깨달았다. 즉 정치적 자유의 조건은 살롱이 아니라 세계에서 자리를 갖는 것이다. 그리고 아렌트의 세계에서 자리를 얻은 유일한 방법은 "그래, 나는 보이는 그대로 유대인이야"라고 말함으로써 그것을 주장하는 것이었다. 아렌트는 비록 개인적으로 시온주의자가 아니었지만 1933년에 그 조직에서 일했다. 그녀는 그 일로 인해 체포되었다. 이것은 용기가 필요하고 힘들고 위험한 일이었다(그녀가 다른 많은 것 가운데서도 제2차 세계대전 동안 유대인 군대의 창설을 큰 소리로 외친 것도 바로 이 용기 덕분이었다).[25] 그리고 그러한 자유를 경험하지 않았다면, 그녀가 자신의 행위 개념을 결코 발전시킬 수 없었을 것이라고 해도 과언이 아닐 것이다.

「여성해방에 대하여」는 아렌트가 여성 문제에 전념한 유일한 글이다(아마도 이 책에 포함하기에 충분한 이유일 것이다). 그러나 아렌트는 라헬 파른하겐의 전기에서 독일 여성운동 내의 동시대 논쟁에 대해 언급했다. 아렌트는 사회적 목표와 정치적 목표를 혼동하는 것은 여성의 삶의 상황이 담고 있는 특정한 복잡성을 전혀 풀어낼 수 없다고 주장한다. 이는 나중에 마르크스

---

[25] 옮긴이_ 아렌트는 독일계 유대인 신문 『재건』에 이와 관련한 기사를 여러 차례 게재했다. 다음 자료를 참조할 것. Hannah Arendt, *The Jewish Writings*, eds. Jerome Kohn and Ron H. Feldman(New York: Schocken Books, 2007); 홍원표 옮김, 『유대인 문제와 정치적 사유』(파주: 한길사, 2022).

주의 사상에 대한 그녀의 접근 방식을 알려주는 일종의 비판에 대한 첫 번째 암시이다. 아렌트의 서평 주제인 책의 저자 엘리스 게르스텔과 그녀의 남편 릴레는 독일의 급진적인 정치운동에서 두드러진 인물이었다. 또 게르스텔은 카프카의 친구이자 서신 교환자인 밀레나 예젠스카와 가까운 사이였다. 이는 이어지는 에세이 「프란츠 카프카: 재평가」와 좋은 (그러나 우연한) 연결고리를 형성한다.

아렌트가 1933년에 독일에서 쓴 마지막 글과 1944년 카프카에 대한 에세이 사이에 11년의 공백이 있는데, 이는 놀랍게 보일 수 있다.[26] 가우스 대담에서도 알 수 있듯이, 아렌트는 독일을 떠난 이후 지식인과 지적 삶에 혐오감을 느꼈고, 무국적 난민으로서 절실하고 실질적인 고민이 있었음이 분명하다. 아렌트는 파리에서 '청년알리아'에서 일하며 유대인 어린이들을 팔레스타인으로 이주시키는 준비 작업을 추진했고, 1935년에 그들 중 한 무리와 동행했다. 그러나 그녀는 파리의 지적 삶에서 완전히 벗어나지 않았다. 그녀는 알렉상드르 코제브의 유명한 '헤겔 세미나'에 참석했고, 그곳에서 철학자 사르트르와 쿠아레를 처음 만났다(그녀는 쿠아레를 코제브보다 헤겔을 훨씬 더 미묘하게 해석한 사람으로 여겼다). 그녀는 레이몽 아롱이나 발터 베냐민과도 친했다.[27] 그녀가 인생의 다른 모든 시기에 다작한 작가였다는 사실을 고려하면, 파리 시절의 글 중 일부가 사라졌을 가능성은 확실히 있다.

카프카에 관한 에세이에 이어지는 대부분의 에세이는 제2차 세계대전과 전체주의의 여러 현상을 어떤 식으로든 다루고 있다. 딜타이·듀이·브로흐·야스퍼스·하이데거에 관한 글과 같은 명백한 예외도 있다. 철학 문제,

---

26 옮긴이_ 제롬 콘은 1993년 출간한 이 모음집에서 이후 출간한 『유대인 문제와 정치적 사유』(2007)에 대해서는 언급하지 않았기 때문에, 이렇게 언급했다.
27 이 시기 아렌트의 삶에 대한 완전한 설명을 살펴보기 위해서는 다음 자료를 참조할 것. Elisabeth Young-Bruehl, 제4장 「무국적자들」.
옮긴이_ 한국어판의 서지사항은 다음과 같다. 홍원표 옮김, 『한나 아렌트 철학 전기: 세계사랑의 여정』(서울: 신서원, 2023).

특히 독일과 프랑스의 실존 사상과 정치철학 전반, 그리고 종교와 관련된 다양한 문제에 관한 글들은 20세기 전례 없는 정치적 사건들에 대한 이해를 바탕으로 한 관점에서 쓰였다. 카프카에 대한 재평가는 바로 이러한 관점에서 이루어진다. 즉 카프카는 다가올 일들의 "예언자"로 여겨지지 않고, 오히려 당대의 "비자유의 근본적인 구조"에 대한 냉정한 분석가로 여겨지며, 사회화된 사람들, 관료사회, 그리고 '인정법人定法'이 아닌 초인간적인 법이 지배하는 사회에 대한 "청사진"을 제시한 분석가로 여겨진다. 아렌트에게 카프카의 천재성의 한 가지 특징은 "서양 역사의 지하 흐름"[28]의 구조를 파악할 수 있는 능력이었다. 게다가 그의 "선의의 모델로서 인간의 … 형상", 자유로워지고자 하는 "누구든지와 모든 사람"의 형상은 아렌트가 가우스와의 대담 끝에서 말하는 "인간에 관한 신뢰"를 떠올리게 한다. 즉 "모든 인간 안에 있는 인간적인 것에 대한 신뢰"이다.

아렌트는 20세기의 정치사상은 전체주의 정권에 의해 자행된 체계적인 대량 학살이 정치 행위의 전통을 거부한 것처럼 급진적인 의미에서 그 자체의 전통과 단절해야 한다고 믿었다. 아렌트 사유에서 초기의 명확한 사례는 "조직화된 범죄"와 "보편적 책임"을 구분한 것에서 볼 수 있다. 더욱이 전쟁 말기에 반시타르주의에 반대하는 목소리를 낸 사람은 유대인 아렌트였다. 그녀는 독일 국민에게 인종주의 이데올로기의 비인간적인 범죄에 대한 '범죄의 독점권'이 없다고 보았다. 그녀는 나치의 패배를 행복감으로 맞이해서는 안 된다고 생각했다. 그녀의 반응은 승리의 환희가 아니라 독일 문화의 파괴에 대한 깊은 애도였다. 전후 세계에서 직면하게 될 "근본적인 문제"로서 악에 대한 그녀의 예상은 새로운 시작, 즉 유럽 국가 연합을 위해 민족이 화해해야 할 필요성에 대한 그녀의 인식을 분명하게 한다. 악은 '살인하지 말라'는 서양 도덕의 오랜 토대를 뒤집는 것으로 드러났다. 덜 추

---

[28] 이 문구는 『전체주의의 기원』 초판 서문에 있는 것이다.

상적으로 표현하자면, 악은 세계의 자연 운동과 역사 운동을 증명하기 위해 '절대적으로 무고한' 희생자의 제조가 드러내는 '괴물성'과 '비인간성'으로 이해되었다. '괴물성'과 '비인간성'을 '무고함'과 연계시키는 시도는 정부 형태로서 전체주의가 완전히 새로운 것이란 사실을 이해하기 전까지는 실제로 이상하게 보인다. 그러한 이해는 어렵다. 그리고 칸트, 특히 몽테스키외를 인용하여 플라톤과 아리스토텔레스가 시작했고 고대 이래 거의 변경되지 않은 정부 형태 목록에 새로운 정부 형태의 추가를 정당화한 것은 아렌트에게는 상당한 이론적 업적이다.

전체주의는 결코 이론 문제가 아니다. 전체주의는 인류에 대한 위협이기 때문에, 아렌트는 전체주의가 발생하는 정치적 조건과 정신적 태도에 대해 끊임없이 우리에게 경고한다. 따라서 아렌트가 우리의 관심을 촉구한 것은 끔찍했던 스탈린의 '달걀' 깨기뿐만 아니라 그의 폭력 이면에 역사를 만든다는 의미에서 제작이란 행위 개념이다. "과거의 공산주의자former Communist"와 "전후 전향한 공산주의자ex-Communist"를 구분하는 것은 근본적으로 전체주의적인 사유 방식, 행위의 "근본적인 불확실성"에 대한 조급함, 그리고 역사의 '종말'에 대한 이데올로기적 신념이다. 그녀는 세속적인 부르주아 사회와 그 치명적인 관습에 대해 타협하지 않고 비판적이며 인간의 자발성을 빼앗아 "사회의 기능"으로 변화시키는 경향에 대해 경계한다. 일반적으로 체스터턴이나 샤를 페기 같은 사람들, 즉 부르주아 "도덕과 표준"에 대한 신가톨릭 비평가들에게 매력을 느낀 아렌트는 가톨릭 신자나 과거의 진리라는 '확실성' 속에 숨어 현실에서 도피하려는 모든 사람에게 참을성이 없었다.

"아직은 아님"이나 "더는 아님"에 탈출구가 없다면, 전통적인 서양 사상의 실마리가 확실히 끊어졌다면, 가장 위대한 역사철학도 정신과 세계 사이의 화해를 이룰 수 없다. 헤겔의 역사 개념, 인간사와 사건 과정을 "자유를 향한 변증법 운동"으로 설명하는 것은 비현실적이게 되었다. 철학적으로 비현실적이지는 않지만(그게 무슨 뜻이든) 20세기의 정치적 사건과 균형을 이루었을 때 "현실감"이 부족하다. 중요한 것은 파멸의 징후처럼 추상적으로 생각되는 사건들이 아니라 인간 경험에서 실제로 차지하는 비중과 중력이다. 이 책의 마지막 부분에서 아렌트는 역사철학과 완전히 대조적으로 정치철학을 이전에는 가능하지 않았던 방식으로 가능해진 것으로 간주한다. 수십 년 동안 사상가들은 작가들이 썼듯이 "서양 문명의 위기"가 임박했다고 생각했고, 마침내 그 위기는 전체주의 정권에서, 시체를 생산하는 거대한 공장에서, 즉 인간이 서로서로 공유하는 지구에서 모든 사람이 볼 수 있는 형태로 나타났다. 이를 설명하기에 필요한 것은 **또 다른** 정치철학이 아니라 정치 자체에 대한 새로운 이해였다. 하이데거와 야스퍼스 등의 사상에 대한 아렌트의 진지한 연구가 결론에 도달하지 못했음에도 불구하고, 그녀는 1954년 처음으로 "인간사와 인간 행위의 영역을 직접 파악하는 것"이 가능할지도 모른다고 확신한 듯하다. 비록 지금은 "인간이 무엇을 할 수 있고 세계가 어떻게 될 수 있는지에 대한 무엇의 공포"가 있더라도, 그런 연구를 진행하려면 "감사에 대한 무언의 경이"와 유사한 행위가 필요할 것이다. 이것은 전통 철학으로의 회귀를 예상하지 않는다. 오히려 그것은 그 철학에 완전히 적응하지 못했지만, 자신이 머무는 한 세계를 이해하고 판단하려고 감히 시도한 사람의 호소이다. 이 모음집의 마지막 에세이와 같은 해에 쓰인 시에서 나온 강렬하고 아름다운 4행에서 아렌트는 이렇게 표현했다.[29]

나는 여행할 때
낯선 곳을 사랑하는 만큼

---

[29] 옮긴이_ 출처는 다음과 같다. Hannah Arendt, *Denktagebuch 1950~1973*(München/Zürich: Piper, 2002), Erster Band, p. 466. 원문은 다음과 같다. Ich lieb die Erde/so wie auf der Reise/den fremden Ort/und anders nicht./So spinnt das Leben mich/an seinem Faden leise/ins nie gekannte Muster fort./Bis plötzlich,/wie der Abschied auf der Reise,/die grosse Stille in den Rahmen bricht. 『사유일기』에 나타나듯이, 이 시는 1954년 1월에 쓰였다.

지구를 사랑하고
다른 곳은 아니다.

한나 아렌트가 1975년 12월 갑자기 사망한 직후, 그녀의 절친한 친구이자 유산 공동집행자인 로테 쾰러는 래리 메이와 나(우리 모두 몇 년 동안 아렌트의 연구 및 교육 조교로 일했다)에게 아렌트의 리버사이드 드라이브 아파트에 있는 방대한 분량의 논문을 의회도서관에 전달하기 위해 준비할 수 있도록 도와달라고 부탁했다. 아렌트가 없는 집에 매일 머무는 것은 이상했고, 몇 주가 몇 달로 늘어났다(그 작업은 1977년 여름까지 완료되지 않았다). 그 당시의 슬픔에 더해 발견의 감정이 더해졌다. 우리는 거의 매일 종종 예상치 못한 문서를 발견했고 로테 쾰러가 준비한 훌륭한 독일식 점심을 먹으며 그것에 대해 논의했다.

아렌트의 유고 집행자인 메리 매카시는 시내에 있을 때면 언제나 우리와 합류했다. 그 놀라운 여성의 정신은 여러 면에서 아렌트의 정신과 달랐지만, 그들이 지닌 통찰력의 예리함은 마찬가지로 놀랍다. 그 당시 나는 미국 철학자 글렌 그레이와도 오랫동안 이야기하고 서신을 주고받았다. 그는 아렌트의 후기 사상을 깊이 이해했으며, 그 사상이 시대를 앞서 여러 세대, 아마도 한 세기 앞섰다고 생각했다. 시기적절하지 않게 세상을 떠난 1977년까지 그는 아렌트의 논문이라는 지적 미로를 인도하는 최고의 안내자였다.

이러한 논문의 상당수가 공개되어야 한다는 것은 우리 모두에게 분명했다. 여러 차례 지연 끝에 마침내 이 책이 출간되면서 공개될 예정이다. 이 책은 계획한 여러 권 가운데 첫 번째이다. 로테 쾰러와 메리 매카시(1989년 작고할 때까지)는 이 출판 계획을 격려해 주었고, 그 외에도 많은 부분에서 이들에게 감사의 빚을 지고 있다.

엘리자베스 영 브륄은 아렌트의 논문을 최초로 활용한 사람 중의 한 명이다. 그녀는 『한나 아렌트 철학 전기: 세계사랑의 여정 *Hannah Arendt: for World love*』, 즉 아렌트의 삶에 관한 이야기의 주요 자료들을 집필하면서 아렌트의 논문을 열심히 연구했다. 1982년 출간된 이후 아렌트의 전기는 학자들뿐 아니라 일반 대중에게도 널리 읽혔다. 엘리자베스와 나는 아렌트의 세미나에서 처음 만난 날부터 25년 동안 친구로 지내왔다. 우리는 아렌트에 관해 이야기하며 많은 시간을 보냈고, 그 지속적인 대화는 특히 이 글들을 선별하고 편집하는 작업과 관련하여 나에게 말할 수 없을 만큼 큰 의미가 있었다.

래리 메이와 나는 메리 매카시와 함께 계속 일했다. 매카시는 아렌트의 마지막 강의록인 『정신의 삶』의 출판을 맡고 있었다. 매카시의 편집 기준은 실제로 높았고, 특히 그녀의 많은 긴 편지에 답하면서 아렌트의 저작을 편집하는 것이 무엇을 수반하는지 깨닫게 되었다. 그 당시에도 나는 아렌트와 매카시의 주요 출판사인 하코트출판사의 사람들과 친분을 쌓았다. 윌리엄 요바노비치, 로테 쾰러, 메리 매카시와의 기억에 남는 회의에서 논문의 범위와 순서가 처음으로 결정되었다. 드렌카 윌렌과 줄리언 밀러는 아낌없이 조언을 해주었다. 로버타 레이튼 — 아렌트의 저작에 대한 오랜 경험을 바탕으로 — 과 나의 엮은이인 앨런 살리에르노 메이슨, 그리고 그녀의 조수인 셀리아 렌은 이 계획에 큰 헌신을 보여주었고, 최종 형태에 실질적으로 이바지했다.

또 오랜 세월에 걸쳐 많은 학생·친구·학자들이 아마도 모르게 여기에 포함된 작품의 선택에 도움을 주었다. 세 명의 학자를 거론해야 한다. 나는 리처드 번슈타인과 함께 아렌트의 저작을 가르치는 즐거움과 혜택을 누렸다. 나는 메리 매카시 덕분에 편지를 주고받으면서 카노반과 친해졌다. 카노반의 최근 연구는 아렌트 정치사상에 대한 이해를 이전에는 없었던 수준으로 높였다. 그리고 우르줄라 루츠는 자신의 철저한 (아직 출판되지 않았지만) 참고 문헌과 아렌트 저작의 훌륭한 독일어판, 그리고 친절함을 통해서 내내 나를 돕고 격려해 주었다. 에프릴 플라크네도 꼭 언급해야 한다. 그녀는 아직 대학원생이었을 때 두 편의 관련 에세이 「이해와 정치」와 「전체주의의 본성에 관하여」의 연이은 초안을 함께 준비했는데, 이 두 에세이는 이 모음집에서 가장 까다롭고 어떤 면에서는 가장 문제가 되는 편집 작업을 생기게 했다. 물론 그녀는 최종판에 남아있을 수 있는 미흡한 부분에 대해서는 책임이 없다. 나에게 많은 통찰력을 준 다른 학자들로는 제프리 앤드류 바라쉬, 세일라 벤하비브, 프랑수와즈 콜린, 멜빈 힐, 수잔 제이코비티, 조지 카텝, 쥬세피나 모네타, 한스-요하임 슈림프, 피터 스턴, 에른스트 볼라트, 장 야브로이다. 존 블랙, 키스 데이비드, 아이리스 필링, 패트리샤 로스, 프레드 롤리(캘리포니아에서 여름 서핑을 포기하고 뉴욕에서 나와 함께 일했다), 크리스토프 쉔베르거는 내 지식의 많은 틈을 메워 주었다.

여기에 포함된 아렌트의 독일어 저작을 번역한 분들, 주로 로버트와 리타 킴버, 그리고 조안 스탬보와 엘리자베스 영-브륄은 힘든 작업을 수행했다. 이분들에게 감사를 표한다. 로테 쾰러는 거의 모든 번역 단어를 꼼꼼히 검토했다. 나는 의회도서관 기록물관리부 직원들에게 변함없는 예의와 그들이 보관하고 있는 아렌트 소장품을 가능한 한 좋은 상태로 유지하려는 노력에 감사드리고 싶다.[30] 이 소장품은 지속적이고 증가하는 열람으로 인해 손상되기 쉬웠다. 제라드 홀라한과 메리, 그리고 로버트 라자루스에게도 여러 해에 걸친 실질적·도덕적인 지원을 해준 데에 감사드리며, 내가 강의에서 잠시 벗어나 이 책을 완성할 수 있도록 허락해 준 뉴스쿨의 정치사회학과 대학원 교수진에도 감사드린다.

한나 아렌트는 자신이 "천재"라는 말에 단호하게 거부감을 드러내며 자기 성취의 길은 오로지 노력의 결과라고 주장했지만, 그녀를 아는 사람이라면 그녀의 우정에 대한 천재성을 의심할 사람은 아무도 없다. 그녀는 제

---

[30] '앤드류 멜론 재단(Andrew W. Mellon Foundation)'으로부터의 관대한 보조금 덕택에, 완전한 선집이 디지털화되어 국회도서관과 뉴욕, 그리고 독일 올덴부르크의 한나 아렌트 센터에서 이용할 수 있게 되었다.

자나 추종자에게 격려하지 않았지만, 우정의 끈으로 다양한 사람들을 한데 모았다. 이 책은 그녀의 가장 친한 두 친구, 즉 로테 쾰러와 이제는 세상을 떠난 매카시에게 헌정한다.

제롬 콘
뉴욕시
1993년 12월

「무엇이 남아있는가? 언어가 남는다」*

귄터 가우스와의 대담

1964년 10월 28일 한나 아렌트와 당시 저명한 언론인으로 이후 빌리 브란트 정부의 고위 관료로 활동했던 귄터 가우스는 텔레비전 대담을 했다. 이 대담은 서부 독일 텔레비전을 통해 방영되었다. 이 대담은 그리메상[1]을 수상했으며 이듬해에 출간된 귄터 가우스의 『인물에 대하여 Zur Person』(뮌헨, 1965)에 「무엇이 남아있는가? 모국어가 남는다」라는 제목으로 수록되었다. 조안 스템보가 원본을 영어로 번역했다.[2]

---

* 옮긴이_ 이 대담 원고의 제목은 다음 자료를 참조할 것. 『한나 아렌트·카를 야스퍼스 서간집 1926~1969』(서울: 신서원, 2024). 야스퍼스는 편지에서 독일이 아렌트에게 어떤 의미를 지니는가를 질문하였다. 아렌트는 이에 화답하여 다음과 같이 답변한다. "저는 이 모든 질문에서 너 밀리 떨어져 있고, 자발적으로든 제 주장대로든 '독일인임'을 결코 느끼지 못했기 때문입니다. 남아있는 것은 언어이며, 누구든 좋아하기보다 더 싫어하더라도 다른 언어를 말하고 쓸 때만 그것이 얼마나 중요한가를 알 것입니다."(편지 50) 아렌트는 가우스와의 대담 중간에 이 문장을 다시 언급했다. "무엇이 남았는가? 언어가 남았죠."

1 옮긴이_ 서부 독일 방송사의 초대 회장이었던 아돌프 그리메(Adolf Grimme, 1889~1963)의 이름에서 유래한 이 상은 1964년 이래 독일의 유명한 텔레비전 방송물에 수여되고 있다.

가우스   한나 아렌트 부인, 당신은 이 일련의 대담에 소개되는 첫 번째 여성입니다. 일반적인 생각으로는 매우 남성적인 직업을 가진 첫 번째 여성인 당신은 철학자입니다. 첫 번째 질문은 이 예비 발언에서 나왔습니다. 당신은 철학자 집단에서 인정과 존경을 받고 있음에도 불구하고 자신의 역할을 특별한 것으로 보십니까? 아니면 우리가 당신에게 존재하지 않았던 해방의 문제를 다루고 있습니까?

아렌트   예, 죄송하지만 먼저 정정해야 할 것 같습니다. 저는 철학자 집단에 속하지 않습니다. 정확히 말한다면, 제 직업은 정치이론입니다. 저 자신을 철학자라고 전혀 생각하지 않습니다. 더욱이 당신이 친절하게 지적하신 것처럼, 저 자신은 철학자의 반열에 올랐다고 생각하지도 않습니다. 그러나 당신이 첫 발언에서 제기했던 또 다른 질문에 대해 말씀드리자면, 철학을 일반적인 남성의 직업이라고 말씀하셨습니다. 철학은 꼭 남성의 직업으로 남아있을 필요는 없습니다! 언젠가는 여성도 철학자가 될 수 있습니다. …

가우스   저는 당신을 철학자로 간주합니다만 …

아렌트   예, 그것에 대해 아무것도 할 수 없습니다. 하지만 저는 철학자가 아니라고 생각합니다. 드디어 철학에 작별을 고했습니다. 아시다시피, 저는 철학을 공부했습니다. 하지만 그렇다고 철학을 고수하고 있지 않습니다.

가우스   하지만 저는 정치철학과 정치이론 교수로서 연구의 차이점을 교수님께서 어떻게 보시는지 알고 싶습니다 — 우리가 이 지점에 도달한 것을 기쁘게 생각합니다. 꽤 많은 당신의 저작, 예를 들면 『인간의 조건 Vita activa oder Vom tätigen Leben』을 생각할 때, 그 차이점에

---

2   옮긴이_ 여기서는 독일어 원본(rbb Fernsehen Zur Person Interview-Archiv 참조)의 '첫 대화'를 수록한다. 따라서 영어 번역본의 관련 내용은 삭제한다.

대해 더 정확한 정의를 제공하지 않는 한, 저는 당신을 여전히 철학자로 분류할 가능성이 있습니다.

아렌트 아시다시피, 그 차이점은 사물 자체에 있습니다. 제가 회피하는 표현인 '정치철학'은 전통에 줄곧 극도로 결함을 지니고 있습니다. 학문적이든 아니든 이것들에 대해 말할 때, 저는 철학과 정치 사이에 긴장이 있음을 줄곧 언급합니다. 즉 사유하는 존재인 인간과 행위하는 존재인 인간 사이의 긴장은 자연철학에 존재하지 않습니다. 철학자도 다른 모든 사람과 마찬가지로 자연과 마주합니다. 그는 자연에 대해 언급할 때 인류의 이름으로 말합니다. 하지만 그는 정치에 대해 중립적이지 않습니다. 플라톤 이후로는 아닙니다!

가우스 무슨 말씀인지 알겠습니다.

아렌트 그래서 철학자 대부분은 극소수를 제외하고 정치에 대해 일종의 적대감을 가지고 있습니다. 칸트는 예외입니다. 적대감은 개인 문제가 아니므로 이러한 문제 전체에 대단히 중요합니다. 적대감은 문제 자체의 본질에 있습니다.

가우스 당신은 이러한 적대감이 자신의 연구를 방해한다고 믿기 때문에 정치에 대한 이러한 적대감을 공유하지 않을 것이지요?

아렌트 저는 이러한 적대감에 동의하지 않을 것입니다. 말하자면 철학에 침해받지 않은 눈으로 정치를 주시할 것입니다.

가우스 알겠습니다. 이제 여성해방 문제를 다시 한번 짚어보겠습니다. 이 문제가 당신에게도 존재했나요?

아렌트 예, 그런 문제는 물론 늘 존재합니다. 저는 사실 구시대적이었습니다. 늘 여성에게 적합하지 않은, 달리 표현하면 어울리지 않는 직업들이 있다고 생각했습니다. 여성이 명령을 내리는 것이 보기 좋지 않습니다. 저는 여성성을 유지하고 싶다면 그런 직책을 회피해야 한다고 생각했습니다. 제가 옳은지 아닌지 모르겠습니다. 저 자신도 다소간 무의식적으로, 아니면 다소간 의식적으로 어떻게든 그것에 적응했습니다. 그 문제 자체는 개인적으로 저에게 큰 역할을 하지는 않습니다. 아시다시피, 저는 그저 하고 싶은 일을 했을 뿐입니다.

가우스 자세한 내용은 나중에 알아보겠지만, 당신의 연구는 정치 행위와 행태가 일어나는 조건을 이해하는 데 중요한 부분을 차지하고 있습니다. 당신은 이 작업을 통해 광범위한 영향력을 발휘하고 싶으신가요, 아니면 오늘날의 세상에서 이제는 그러한 영향력이 불가능하다고 생각하시나요, 아니면 그러한 광범위한 영향력은 부차적으로 중요하다고 생각하시나요?

아렌트 아시다시피, 그것은 또 다른 문제입니다. 솔직하게 말해야 한다면 다음과 같습니다. 즉 저는 연구할 때 영향력에 관심이 없습니다.

가우스 그러면 연구가 끝날 때는?

아렌트 예, 그 경우에는 마칩니다. 아시다시피, 이해해야 하는 게 저에게 중요합니다. 글쓰기도 저에게 이런 이해에 포함됩니다. 글쓰기는 이해 과정의 일부입니다.

가우스 당신이 글을 쓴다면, 그것이 당신의 계속되는 인식에 도움이 됩니까?

아렌트 예, 이 순간에 몇 가지 사항을 수정하기 때문이지요. 누구든 기억력이 아주 좋아서 생각하는 것을 모두 정말로 기억한다고 가정해봅시다. 저는 게으름 때문에 무엇인가를 적어두었다는 사실을 매우 의심합니다. 저에게 중요한 것은 사유 과정 자체입니다. 그 과정만 있으면, 저는 개인적으로 꽤 만족스럽습니다. 그런 다음 그것을 글로 적절하게 표현하는 데 성공하면 다시 만족합니다. 지금 당신은 그 효과에 대해 질문하는군요. 이것은 역설적이게도 남자다운 질문입니다. 남자들은 항상 끔찍한 인상을 남기고 싶어 하지만, 저는 겉으로 보기에 어느 정도 그렇지 않습니다. 스스로 영향을 미치게 하려고요? 아니요, 이해하려고 합니다. 그리고 다른 사람들이 제가 이해한 것과 같은 의미로 이해해 주면, 마치 집에 온 것 같은 만족감을 느끼게 됩니다.

가우스 당신은 글을 쉽게 쓰시는지요? 간명하게 표현하시는지요?

아렌트 때로는 그렇고, 때로는 아닙니다. 그러나 일반적으로 말하자면 저는 정서할 때까지는 절대 글을 쓰지 않는다고 말할 수 있습니다.

가우스 당신은 미리 생각한 후에 그렇게 하는군요.

아렌트 그렇습니다. 저는 무엇을 쓰고 싶은지 정확히 알고 있습니다. 그렇게 되기 전까지는 글을 쓰지 않습니다. 저는 보통 '비망록Niederschrift'[3]을 씁니다. 그리고 글쓰기는 제가 얼마나 빨리 타자로 작성하느냐에 따라 다르지만 비교적 빠르게 이루어집니다.

가우스 정치이론·정치 행위·정치 행태에 관한 관심은 현재 당신의 연구에서 중심에 있습니다. 이러한 관점에서 볼 때, 제가 이스라엘 교수인 숄렘[4]과 주고받은 당신의 편지에서 발견한 내용은 특히 흥미로워 보입니다. 서신을 인용하자면, 당신은 "젊은 시절에는 정치나 역사에도 관심이 없었다"라고 적고 있습니다. 아렌트 부인, 당신은 유대인 여성으로서 1933년 독일에서 망명했습니다. 당시 26세였습니다. 정치에 대한 당신의 관심, 즉 정치와 역사에 대한 무

---

[3] 옮긴이_ 아렌트는 책을 읽으면서 중요한 부분을 공책에 기록해 두었다. 이 공책은 『사유 일기』로 출간되었다. 서지사항은 다음과 같다. Hannah Arendt, *Denktagebuch*, hrgs. Urzula Ludz und Ingeborg Nordmann(München/Zürich: Piper, 2002).

[4] 엮은이_ 게르숌 숄렘(Gershom Scholem, 1897~1982)은 독일 태생의 시온주의자·역사가이며 저명한 유대교 신비주의 학자로서 한나 아렌트의 오랜 지인이었다. 1963년 6월 23일 그는 아렌트의 저서 『예루살렘의 아이히만(*Eichmann in Jerusalem*)』과 관련해 그녀에게 매우 비판적인 편지를 보냈다. "*Eichmann in Jerusalem*: An Exchange of Letters", *Encounter*, 22(1964)를 참조할 것. 여기에서 제시된 인용문은 아렌트의 1963년 7월 24일 답신에 따른 것이다.

	관심의 중단은 이러한 사건들과 인과적인 연관이 있습니까?
아렌트	예, 물론입니다. 1933년에 정치에 무관심하기란 더는 불가능했지요. 물론 그 이전 해에도 마찬가지였습니다.
가우스	그리고 당신은 그 이전에도 정말 무관심했나요?
아렌트	예, 물론입니다. 저는 설레는 마음으로 신문을 읽었습니다. 저 나름의 견해도 가지고 있었지요. 저는 어떤 정당에도 속하지 않았고 그럴 생각도 없었습니다. 1931년부터 나치가 집권할 것이라고 굳게 확신했습니다. 그리고 이 문제에 대해 다른 사람들과 끊임없이 대화를 나눴습니다. 하지만 이민을 와서야 비로소 이런 문제들을 체계적으로 다루기 시작했습니다.
가우스	당신이 바로 지금 말씀하신 내용에 대한 보충 질문이 있습니다. 1931년 이후 나치의 집권을 막을 수 없다는 신념을 바탕으로 정당에 가입하는 등 적극적으로 무언가를 하고 싶은 충동을 느끼지 않았나요, 아니면 그렇게 하는 것이 합리적이라고 생각하지 않았나요?
아렌트	개인적으로는 말이 안 된다고 생각했습니다. 만약 제가 말이 된다고 생각했다면 — 사건 이후에는 말하기가 매우 어렵습니다 — 아마도 뭐라도 했을 것입니다. 그게 가망이 없다고 생각했습니다.
가우스	당신이 정치에 입문하게 된 날짜를 기억할 수 있는 확실한 사건이 있나요?
아렌트	1933년 2월 27일 독일 제국의회 방화와 같은 날 밤에 자행된 불법 체포를 언급할 수 있습니다. 이른바 보호 유치였습니다. 아시다시피, 사람들은 비밀경찰의 지하 감옥 혹은 강제수용소로 보내졌습니다. 그때 일어난 일은 터무니없는 일이었고 지금은 이후 발생한 사건으로 종종 가려지곤 합니다. 이 일은 저에게 직접적인 충격이었고 그 순간부터 책임감을 느꼈습니다. 즉 더는 가만히 지켜

보고만 있을 수 없다는 생각이 들었습니다. 저는 다양한 방법으로 도우려고 노력했습니다. 그러나 제가 실질적으로 독일을 떠나게 된 계기를 굳이 말해야 한다면 … 전혀 상관없는 일이었기에, 저는 그것에 대해 한 번도 말한 적이 없습니다.

가우스 말씀해 주시죠.

아렌트 어차피 이민 갈 생각이었습니다. 곧 유대인들이 더는 독일에 머무를 수 없다고 생각했습니다. 말하자면 어떤 형태로든 독일에서 이등 시민으로 돌아다닐 생각은 전혀 없었습니다. 저는 상황이 점점 더 나빠질 것이라는 생각도 했습니다. 그런데도 평안한 방식으로 떠날 수 없었습니다. 그리고 그것에 어떤 만족을 느꼈습니다. 저는 체포되어 독일을 불법적으로 떠나야만 했지만 — 잠시 후에 말씀드리겠습니다 — 곧바로 만족감을 느꼈습니다. 생각했습니다. 적어도 무언가를 행하리라! 적어도 '무지하지' 않으리라! 누구도 내게 그렇게 말하지 못하리라!

그런데 그 무렵에 시온주의 조직이 저에게 기회를 주었습니다. 저는 당시 시온주의 단체의 주요 인사들, 특히 쿠르트 블루멘펠트 회장과 매우 친했습니다. 하지만 저는 시온주의자가 아니었습니다. 그들도 저를 시온주의자로 만들려고 하지 않았습니다. 그런데도 저는 어떤 의미에서 시온주의자들이 유대인들 사이에서 발전시킨 비판, 즉 자기비판에 영향을 받았습니다. 저는 그것에 영향을 받았고 감명을 받았지만, 정치적으로는 그것과 아무 관련이 없었습니다. 1933년 블루멘펠트와 당신이 알지 못하는 다른 사람이 저에게 다가와 이렇게 말했습니다. "우리는 모든 반유대주의 성명서를 더 낮은 수준에서 수집하고 싶습니다. 즉 협회와 모든 종류의 전문 단체, 모든 종류의 전문학술지에 실린 성명서, 간단히 말해 해외에 알려지지 않은 내용을 수집하자는 것이었습니다." 이 자료집을 준비하는 것은 당시 사람들의 말로 "혐오스러운 선전"으로 간주되었습니다. 시온주의에 가담한 사람은 누구도 그렇게 할 수 없었습니다. 그가 적발되면 조직이 노출되기 때문입니다.

가우스   당연합니다.

아렌트   이해하시는군요. 그들은 저에게 물었습니다. "당신이 그 일을 할 수 있나요?" 저는 대답했죠. "물론이죠." 매우 행복했습니다. 우선 그 일은 저에게 매우 합리적인 것으로 보였고, 둘째 뭔가 해낼 수 있을 것 같은 느낌이 들었습니다.

가우스   당신은 그 일에 연관되어 체포되었군요?

아렌트   예. 저는 그때 발각되었습니다. 그런데 운이 매우 좋았습니다. 8일 뒤에 풀려났거든요. 저를 체포한 형사경찰과 친구가 되었기 때문입니다. 그는 참 매력적인 사람이었죠! 그는 원래 범죄수사 부서에서 정치 부서로 승진한 사람이었습니다. 그는 자기가 할 일이 뭔지를 몰랐어요. 그때 그는 무엇을 했을까요? 그는 항상 저에게 이렇게 말했습니다. "보통 나는 항상 내 앞에 누군가가 앉아 있기에 한 번만 보면 그게 뭔지 알 수 있습니다. 그런데 내가 당신과 무엇을 하고 있는가요?"

가우스   베를린에서 일어난 일인가요?

아렌트   예, 그 일은 베를린에서 있었습니다. 유감스럽게도 저는 그에게 거짓말을 해야만 했습니다. 당연히 조직을 노출할 수는 없었습니다. 저는 그에게 터무니없는 이야기를 늘어놨죠. 그러나 그는 계속해서 이렇게 말했어요. "내가 당신을 여기에 잡아 두었소. 그리고 당신은 다시 나갈 수 있도록 하겠소. 그러니 변호사를 선임하지 마시오! 유대인이 당장 무슨 돈이 있겠소. 절약하시오!" 그러는 동안 조직은 저에게 변호사를 선임했습니다. 물론 이 일은 조직의 구성원을 통해 이루어졌습니다. 하지만 저는 그 변호사를 돌려보냈습니다. 저를 체포한 사람이 개방적이고 점잖은 인상을 주었기 때문입니다. 저는 그 형사경찰에게 의존했고, 겁에 질려 있는 변호사와 함께하느니 이것이 훨씬 더 좋은 기회라고 생각했습니다.

가우스   그래서 당신은 석방됐고 독일을 떠날 수 있었나요?

아렌트   저는 석방되었지만, 소송 사건이 당연히 계속 진행 중이었기 때문에 녹색 국경을 불법으로 넘어야 했습니다.

가우스   아렌트 부인, 당신은 앞서 언급한 서신에서 자신이 유대 민족의 일원임을 항상 기억해야 한다는 숄렘의 훈계를 불필요하다고 분명히 거부하였습니다. 다시 한번 인용합니다. 당신은 "저에게 있어 유대인이라는 것은 제 인생의 명백한 사실 중 하나이며, 어렸을 때도 그런 사실을 바꾸고 싶지 않았습니다"라고 적었습니다. 이에 대해 몇 가지 질문을 드리고 싶었습니다. 당신은 1906년 하노버에서 기술자의 딸로 태어나 쾨니히스베르크에서 자랐습니다. 전쟁 이전 독일에서 유대인 가정에서 자란다는 것이 어떤 의미였는지 기억에 비추어 말씀해 주시겠습니까?

아렌트   그 질문에 대해서는 충실히 답변할 수가 없습니다. 개인적 기억과 관련된 내용은 이렇습니다. 즉 당시 저는 가족으로부터도 유대인이라는 사실을 깨닫지 못했습니다. 어머니는 완전히 비종교적인 분이었습니다.

가우스   부친은 젊어서 돌아가셨죠.

아렌트   아버지는 일찍 돌아가셨습니다. 모든 것이 매우 이상하게 들립니다. 할아버지는 쾨니히스베르크에서 자유주의 단체의 회장이자 시의원이었습니다. 저는 오랜 쾨니히스베르크 가문 내생이죠. 그런데도 저는 어렸을 적에 '유대인'이란 용어를 결코 들어 본 적이 없습니다. 그 용어를 처음 접한 것은 길에서 아이들이 반유대주의적인 발언 — 그것들은 반복할 가치가 없습니다 — 을 할 때였죠.

그때 저는 그 용어의 의미를 이른바 '깨닫게' 되었습니다.

가우스 그게 당신에게는 충격이었나요?

아렌트 아니요.

가우스 당신은 자신이 지금 특별하다는 감정을 가졌나요?

아렌트 예, 그것은 다른 문제입니다. 저에게 전혀 충격적이지 않았습니다. 저는 스스로 생각했습니다. 예, 그런 거죠. 제가 뭔가 특별한 사람이라는 느낌이 들었나요? 예! 하지만 오늘은 당신에게 '구체적으로 말씀드릴' 수 없습니다.

가우스 그것은 어떤 생각이었습니까?

아렌트 저는 그것이 객관적으로 유대인과 관련이 있다고 생각합니다. 예를 들자면, 어렸을 때 — 지금은 약간 나이가 들었지만 — 저는 제가 유대인처럼 보인다는 것을 알았습니다. 그것은 제가 다른 사람들과 다르게 생겼다는 뜻이죠. 저는 그것을 잘 알고 있었습니다. 하지만 열등감의 형태가 아니라 그냥 있는 그대로의 모습이었습니다. 그리고 제 어머니, 말하자면 제 생가는 평소와 조금 달랐습니다. 다른 유대인 어린이들이나 다른 집안 어린이들과 비교해도 특별한 점이 너무 많았기에, 어린이가 무엇이 특별한지 판단하기가 매우 어려웠습니다.

가우스 당신이 말씀하신 생가의 특별한 점에 대해 좀 더 자세히 설명해 주셨으면 합니다. 당신은 길거리에서 그런 일이 일어나기 전까지는 어머니가 유대교에의 귀속감에 대해 말할 필요가 없었다고 말씀하셨습니다. 어머니는 당신이 숄렘에게 보낸 편지에서 스스로 주장한 유대인임을 자각하지 못하셨나요? 유대인이라는 사실이 더는 어머니에게 중요한 역할을 하지 않았나요? 어머니는 동화에 성공했나요, 아니면 어떤 경우에도 어머니가 성공했다는 착각에 빠져 있었나요?

| 아렌트 | 어머니는 이론적인 분이 아니었습니다. 제 생각에 어머니는 이 점과 관련해 특별한 생각을 지닌 것 같지는 않았습니다. 어머니는 아버지처럼 사회민주주의 운동, 『사회주의 월간지』[5]에 속한 진영 출신입니다. 아버지도 그랬지만 무엇보다도 어머니가 그랬습니다. 그리고 그 질문은 어머니에게 중요하지 않았습니다. 어머니는 당연히 유대인이었기 때문입니다. 어머니는 저를 절대로 개종시키지 않았을 것입니다! 어머니는 제가 유대인임을 부인했다는 사실을 알았다면 아마 제 뺨을 좌우로 때렸을 것 같습니다. 저는 이에 동의합니다. 말하자면 상상할 수 없는 일이었습니다. 당연한 일이었죠!

그러나 그 질문 자체는 제가 어렸을 때인 20대에 자연스럽게 어머니보다 훨씬 더 큰 역할을 했습니다. 그리고 그 질문은 제가 성인이 되었을 때도 우리 어머니에게는 자신의 삶에서 이전보다 훨씬 더 큰 역할을 했습니다. 그러나 그것은 외부 환경 때문이었습니다. 예를 들자면, 저는 민족 귀속감의 의미에서 — 차이를 구별해야 한다면 국가 귀속감의 의미가 아니라 — 스스로 독일인으로 생각한 적이 없습니다. 예를 들어 1930년경에 야스퍼스와 이 문제를 두고 토론했던 기억이 납니다. 예를 들면, 저는 야스퍼스와 이 문제를 논의했죠. 그분은 이렇게 말씀하셨습니다. "당신은 당연히 독일인이죠!" 제가 말했습니다. "그건 알겠지만 저는 아닙니다!" 하지만 그건 중요하지 않았습니다. 저는 그것을 열등감으로 생각하지 않았습니다. 그건 사실이 아니었죠. 사실이죠. 생가의 특별한 점으로 돌아간다면 다음과 같습니다. 아시다시피, 모든 유대인 자녀는 반유대주의를 경험했습니다. 그리고 그것은 많은 아 |

---

[5] 엮은이_『사회주의 월간지(Sozialistische Monatshefte)』는 당시 저명한 독일 좌파의 학술지였다.

이의 영혼을 독살했습니다. 우리와의 차이점은 어머니가 항상 관점을 유지했다는 점이었습니다. 회피하지 말아야 한다! 맞서 싸워야 한다!

선생님들이 대략 반유대주의적 발언을 — 보통은 저에 대한 것이 아니라 다른 유대인 여학생들, 예컨대 동유럽 유대인 여학생들에 대해 — 했을 때, 저는 즉시 일어나서 교실을 나가 집으로 돌아오라는 지시를 받았고, 모든 것을 자세히 기록하라는 지시를 받았습니다. 그런 다음 어머니는 등기로 부치는 많은 편지 중 하나를 보냈습니다. 그리고 당연히 그 문제는 저에게 있어 완전히 끝났습니다. 학교를 쉬게 되어서 정말 좋았습니다. 그러나 그런 문제가 아이들에게서 생겼을 때, 저는 이 문제를 집까지 가지고 오지 않았습니다. 그것은 적용되지 않았습니다. 그래서 이런 일들은 저에게는 문제가 되지 않았습니다. 제가 지켜야 할 행동 규칙이 있었습니다. 말하자면 저는 존엄성을 지켰고 보호를 받았으며, 집에서 절대적으로 보호받았습니다.

가우스 당신은 마르부르크·하이델베르크·프라이부르크 대학교에서 하이데거·불트만·야스퍼스와 같은 교수님들 밑에서 연구했습니다. 전공은 철학이고 신학과 그리스어는 부전공이었죠. 이 전공 과정을 어떻게 선택하게 되었나요?

아렌트 저도 그 점에 대해 종종 생각합니다. 유일하게 말할 수 있는 것은 제가 늘 철학을 공부하고자 했다는 점입니다. 14세 이후로 쭉 그랬죠.

가우스 왜죠?

아렌트 예, 칸트를 읽었습니다. 왜 칸트를 읽었냐고 물어볼 수 있습니다. 말하자면 철학을 공부하든가 아니면 물속으로 들어가든가 하는 것이 저에게는 의문이었습니다. 그렇다고 제가 현실적 삶을 사랑하지 않아서 그런 것은 아니었지요! 그런 것은 전혀 아닙니다! 아니지요! 앞서 말했듯이 이해해야 할 필요가 있습니다.

가우스 예.

아렌트 이해의 필요성은 아주 일찍부터 있었습니다. 책들은 모두 집에 있었고 도서관에서 구해왔죠.

가우스 칸트 외에 특별히 기억에 남는 독서 경험이 있으신가요?

아렌트 예. 무엇보다 1920년 출간된 야스퍼스의 『세계관의 심리학Psychologie der Weltanschauungen』[6]이란 책입니다. 그때 저는 열네 살이었죠. 아울러 키르케고르도 읽었고 그의 사상에 잘 부합했지요…

가우스 신학이 여기서 들어왔나요?

아렌트 예. 철학과 신학이 저에게는 함께 속하는 방식으로 결합되었습니다. 그 뒤에 저는 유대인이었을 때 그것을 어떻게 다룰 수 있을지 그저 걱정했습니다. 그리고 그것이 어떻게 작동하는지, 전혀 몰랐습니다. 몰랐죠? 심각한 걱정이 있었는데 쉽게 해결됐습니다. 그리스어는 또 다른 문제입니다. 저는 늘 그리스 시를 사랑했어요. 그리고 시는 제 삶에 커다란 역할을 했습니다. 왜냐하면 저는 그리스어가 가장 편리했기 때문입니다. 어쨌든 읽었습니다.

가우스 존경스럽군요!

아렌트 아닙니다. 과찬이십니다.

가우스 아렌트 부인, 당신의 지적 재능은 어린 나이에 입증되었군요. 당신은 이따금 초등학교 학생Schulerin과 젊은 대학생Studentin 시절에 그 재능으로 인해 주변 사람들의 정상적인 행동으로부터 혹시 고통스럽게 분리된 적이 있나요?

아렌트 제가 알았다면 그랬을 것입니다. 모든 사람이 그런 줄 알았습니다.

---

6   엮은이_ 카를 야스퍼스의 저서. 1919년 베를린에서 처음 출간되었다.

가우스   언제 이러한 실수를 깨달았나요?

아렌트   꽤 지난 뒤입니다. 그것을 말하고 싶지 않군요. 부끄럽습니다. 저는 형언할 수 없을 정도로 순진했습니다. 그것은 부분적으로 제가 집에서 교육을 받은 탓입니다. 그것에 대해 전혀 이야기하지 않았습니다. 성적에 대해 결코 이야기한 적이 없었어요. 그것은 중요하지 않은 것으로 생각했습니다. 집에서는 어떤 야망도 열등한 것으로 여겨졌습니다. 어쨌든 저는 정말 잘 몰랐어요. 가끔은 그것을 사람들 사이에서 일종의 낯섦이라고 생각했죠.

가우스   당신이 믿는 낯섦은 자신에게서 나온 것입니까?

아렌트   예, 전적으로 그렇습니다. 그러나 그것은 재능과는 아무런 관계가 없습니다. 저는 재능과 낯섦을 결코 연결시킨 적이 없습니다.

가우스   이로 인해 당신은 어린 시절에 다른 사람들을 경멸했던 사례가 있었나요?

아렌트   예, 그런 일이 있었습니다. 아주 어릴 때 그랬습니다. 그리고 저는 때때로 그런 경멸에 시달렸습니다. 즉 사람들은 실제로 그렇게 해서는 안 된다는 것입니다. 그리고 실제로 그렇게 해서는 안 된다는 것 등등 …

가우스   당신은 1933년 독일을 떠나 파리로 갔습니다. 그곳에서 유대인 청소년들을 팔레스타인 지역에 거주시키려는 한 단체에서 봉사했습니다. 이에 대해 말씀해 주실 수 있는지요?

아렌트   이 단체는 13세~17세의 유대인 청소년들을 독일에서 팔레스타인으로 데려가 그곳의 키부츠에 거주토록 했습니다. 그래서 저는 실제로 이 정착지들을 아주 잘 알고 있습니다.

가우스   아주 초창기부터지요.

아렌트   그렇습니다. 그 당시에는 그들에게 관심이 많았습니다. 아이들은 직업훈련과 재교육 훈련을 받았습니다. 여기저기서 폴란드 출신의 아이들도 밀입국시켰습니다. 그것은 통상적인 사회사업이며 교육사업이었습니다. 지방에 대규모의 캠프가 있었습니다. 거기서 아이들은 준비하고 수업을 받으며 농장일을 배우고 노동하며 무엇보다도 체중을 늘려야 했습니다. 우리는 아이들을 머리끝부터 발끝까지 보살펴야 했습니다. 요리도 해주어야 했죠. 무엇보다도 우리는 그들을 위해 여권을 마련하고 부모님들과 의견 교환을 — 그리고 이 모든 것에 앞서 우리는 아이들을 위한 모금을 — 해야만 했습니다. 이런 것들도 대체로 저의 일이었습니다. 저는 프랑스 여성들과 함께 일했습니다. 그것이 대략 우리가 했던 일입니다. 제가 어떻게 이 일을 하려고 했는지 듣고 싶습니까?

가우스 말씀해 주시죠.

아렌트 아시다시피, 저는 순수하게 학문적인 배경에서 출발했습니다. 이런 면에서 1933년은 저에게 매우 지속적인 인상을 남겼습니다. 첫 번째는 긍정적이었고, 두 번째는 부정적이었습니다. 오늘날 사람들은 흔히 1933년 독일계 유대인에게 가한 충격이 히틀러의 집권이란 사실로 생각합니다. 글쎄요. 저와 우리 세대의 사람들은 이것이 흥미로운 오해라고 말할 수 있습니다. 물론 그것은 매우 나빴습니다. 하지만 그것은 정치적이었지 개인적인 일이 아닙니다. 나치가 우리의 적이라는 것 — 세상에, 우리는 그것을 이해하기 위해 히틀러가 권력을 잡을 필요가 없었습니다! 이것은 적어도 4년 동안 멍청하지 않은 사람이라면 누구에게나 완전히 명백했습니다. 우리는 또한 상당수의 독일 국민이 그 배후에 있었다는 것도 알고 있었지요. 1933년에 우리는 이 사실에 충격을 받지 않았을 것입니다.

가우스 당신 생각에 1933년의 충격은 사건이 일반적으로 정치적인 것에서 개인적인 것으로 바뀌었다는 데 있나요?

아렌트   아니오. 전혀 아닙니다. 또는 그것도 마찬가지입니다. 첫째, 일반적으로 정치적인 것은 누구든 이주하면 개인적 운명이 되었습니다. 둘째, 그러나 당신은 물론 획일화[7]가 무엇인지를 알지요. 그리고 그것은 친구들이 획일화되었다는 것을 의미했습니다. 그 문제, 즉 개인적인 문제는 우리의 적들이 한 일이 아니라 우리 친구들이 한 일이었습니다. 당시에 정말이지 상당히 자발적이었고 어쨌든 테러의 영향이 없었던 획일화의 물결 속에서 진전되었던 것은 마치 주위에 텅 비어 있는 공간이 형성되는 것 같았습니다. 저는 지성계에서 살았으며, 다른 사람들도 알았습니다. 그리고 저는 획일화가 지식인들 사이에서 말하자면 규칙이었다는 것을 깨달을 수 있었습니다. 그러나 다른 영역에서는 아니었습니다. 저는 그것을 결코 잊은 적이 없습니다. 저는 그런 이념이 지배하는 — 물론 다소 과장됐지만 — 독일을 떠났습니다. 다시는 되풀이하지 않습니다! 저는 다시 지성사에 손대지 않겠습니다. 이 사회와 더는 엮이려고 하지 않습니다. 물론 독일계 유대인과 독일계 유대인 지식인들이 지금과 다른 상황에 놓여 있다면, 제가 어떻게 행동했을까요? 훨씬 다르게 행동했을 것이라고 생각하지 않았습니다. 저는 그렇게 생각하지는 않습니다. 이것이 직업, 지성과 관련이 있다고 생각했습니다. 과거시제로 이야기하고 있습니다. 오늘날 그것에 대해 더 많이 알고 있습니다. …

가우스   당신이 여전히 그것을 믿고 있는지 꼭 묻고 싶군요.

아렌트   이러한 예리함은 예전만 못합니다. 그러나 말하자면 모든 상황에

---

[7] 엮은이_ 획일화(통제; gleichschaltung), 혹은 정치적 협력은 나치 시대 초기에 자신의 지위를 확보하거나 일자리를 얻기 위해 변화된 정치적 분위기에 복종하는 것을 의미한다. 덧붙이면, 이 획일화는 전통적인 조직들 — 청년 단체와 모든 종류의 클럽과 결사체 — 을 특히 나치 조직으로 전환하는 나치의 정책을 묘사한다.

맞는 무언가를 생각해낼 수 있다는 것은 이 모든 것의 본질에 속합니다. 저는 여전히 그렇게 생각합니다. 아시다시피, 누구든 아내와 자녀를 돌보아야만 했기에 협력했다고 하여 그것에 대해서는 비난하지 않습니다. 그러나 나쁜 일은 그들이 협력을 정말로 믿었다는 점이었죠! 짧은 시간 동안, 많은 사람이 아주 짧은 시간 동안 그랬습니다. 그러나 그것이 의미하는 바는 이렇습니다. 즉 그들은 히틀러에 대해 뭔가를 생각했고, 부분적으로 엄청나게 흥미로운 일이었지요! 매우 환상적이고 흥미롭고 복잡합니다! 그리고 평범한 수준을 훨씬 뛰어넘는 일입니다![8] 저는 그게 기괴하다고 생각했습니다. 오늘날 저는 그들이 자기 생각의 함정에 빠졌다고 말하고 싶습니다. 그렇게 된 것이지요. 당시 저는 그것을 몰랐습니다.

가우스 따라서 당신이 지성계에서 벗어나 실천적 성격의 작업을 착수하는 게 특별히 중요한 이유였나요?

아렌트 예. 긍정적인 측면은 이렇습니다. 저는 그때 제가 한 문장으로 반복해 표현했던 것을 깨달았습니다. 즉 "당신은 유대인으로서 공격을 받는다면 유대인으로서 자신을 방어해야 한다." 독일인으로서도 아니고 세계시민으로서나 인권 수호자나 그와 유사한 사람으로서도 아닙니다. 오히려 제가 유대인으로서 구체적으로 무엇을 할 수 있습니까? 둘째, 분명한 의도가 있었습니다. 즉 저는 이제 정말 조직적으로 단결할 것입니다. 처음으로. 물론 시온주의자들과도 조직적으로 단결하려고 했습니다. 준비된 사람들은 그들뿐이었습니다. 제 생각에 그것은 동화된 사람들의 경우 전혀 의

---

[8] 엮은이_ 많은 독일 지성인이 1933년 이후 나치즘을 "합리화"하려고 시도했다. 이 주제에 대한 충분한 논의를 위해 이 책에 수록된 아렌트의 「지옥의 이미지」를 볼 것.

미가 없었습니다. 그건 그렇고, 저는 정말로 그것과 아무 관련이 없었습니다. 이전에도 유대인 문제 자체를 다루었습니다. "라헬 파른하겐"에 관한 연구는 제가 독일을 떠날 때 끝났습니다.[9] 그리고 이 연구에서 유대인 문제가 중요한 역할을 했습니다. 그때도 저는 '이해하고 싶다'라는 의미로 집필했습니다. 논의한 것은 저 개인적인 유대인 문제가 아니었습니다. 그러나 이제 유대교에 속하는 것이 저 자신의 문제가 되었습니다. 그리고 제 문제는 정치적이었습니다. 순전히 정치적이었지요! 저는 실천적인 활동, 오로지 전적으로 유대인 활동을 시작하고 싶었습니다. 그리고 저는 이런 의미로 당시 프랑스에서 염두에 두었습니다.

가우스 1940년까지 활동했지요.

아렌트 예.

가우스 당신은 제2차 세계대전 동안 미국으로 이주했고, 거기서 이제 철학 교수가 아닌 정치이론의 교수로서 ….

아렌트 감사합니다.

가우스 … 시카고대학교에 재직하고 있습니다. 당신은 현재 뉴욕에 살고 계십니다. 1940년 결혼한 남편[10]도 미국에서 철학과 교수로 재직하고 있습니다. 1933년 실망 이후 이제 당신이 다시 속해 있는 학문 분야는 국제적입니다. 그런데도 저는 당신에게 묻고 싶습니다. 다시는 존재하지 않을 히틀러 이전의 유럽이 그리워지는지

9　엮은이_ 1933년과 1936년 사이에 프랑스에서 썼던 마지막 두 장은 제외된다. 다음 자료를 참조할 것. *Rahel Varnhagen: The Life of a Jewish Woman*, rev. ed.(New York: Harcourt Brace Jovanovich, 1974), p. xiii.

10　옮긴이_ 하인리히 블뤼허(Heinrich Blücher, 1899~1970)는 한나 아렌트의 두 번째 남편으로 1936년 파리에서 처음 만났다. 두 사람은 1940년 1월 16일 결혼했다. 블뤼허는 1928년 스탈린주의 때문에 탈퇴하기 전까지 독일 공산당에 가입한 사회주의 사상가이며 나치 정권을 피해 1941년 미국으로 이주한 후 뉴욕을 중심으로 강연에 전념했다. 1952년 미국 시민권 획득과 동시에 바드대학(Bard College)의 철학부 교수로 활동했다.

	요? 유럽에 오셨을 때, 당신의 인상 속에 무엇이 여전히 남아있고 무엇이 회복 불가능하게 손실되었다고 생각하시는지요?
아렌트	히틀러 이전 시대의 유럽이라고요? 그런 것은 고대하지 않는다고 말할 수 있어요. 무엇이 남았는가? 언어가 남았죠.
가우스	언어가 당신에게 상당한 의미인가요?
아렌트	상당하죠. 저는 항상 모국어를 잃어버리지 않으려고 의식적으로 노력했습니다. 당시 꽤 유창했던 프랑스어와 지금 사용하는 영어 사이에서 항상 어느 정도 거리를 두었습니다.
가우스	이것을 묻고 싶었습니다. 현재는 영어로 글을 쓰시나요?
아렌트	영어로 글을 쓰지만 한 번도 거리를 둔 적이 없습니다. 모국어와 다른 언어 사이에는 큰 차이가 있습니다. 저는 아주 간단하게 이렇게 말할 수 있습니다. 저는 독일에서 독일 시의 상당히 많은 부분을 외울 수 있었습니다. 그 시들은 언제나 제 마음 한구석에 있습니다. 물론 그것은 다시는 달성될 수 없습니다. 저는 영어로 허용할 수 없는 것을 독일어로 합니다. 그 말은 제가 이따금 뻔뻔스러워서 영어로 사용하는 것을 허용하지만, 일반적으로 거리를 유지했다는 것을 의미합니다. 어쨌든 독일어는 여전히 남아있는 본질적인 것이며, 제가 또한 항상 의식적으로 유지해 온 것입니다.
가우스	가장 괴로웠던 시기에도 그랬나요?
아렌트	늘 그랬죠. 저는 속으로 어떻게 해야 할까?를 생각했습니다. 미친 것은 독일어가 아니었습니다. 둘째, 누구도 모국어를 잊어버릴 수 있습니다. 이것은 사실입니다. 그런 경우를 많이 봤습니다. 이 사람들은 저보다 외국어를 더 잘합니다. 저는 아직도 매우 강한 억양으로 말하고, 관용적으로 말하지 않는 경우가 많습니다. 그들은 모두 그렇게 할 수 있습니다. 그러나 그것은 하나의 진부한 표현이 다른 진부한 표현을 따르는 언어가 됩니다. 자신의 고유한 언

어에서 갖는 생산성은 누구든 그 언어를 잊어버릴 때 끊어지기 때문입니다.

가우스   모국어를 망각한 사례들. 당신의 생각에 이것은 억압의 결과인가요?

아렌트   예. 매우 빈번하게요. 저는 사람들과 함께 그것을 충격적으로 경험했습니다. 아시다시피, 중요한 것은 1933년이 아닙니다. 결정적인 것은 아우슈비츠 강제수용소를 알게 된 날입니다.

가우스   그것이 언제였죠?

아렌트   1943년이었습니다. 그리고 처음에 우리는 그것을 믿지 않았습니다. 남편과 저는 항상 갱단이 무엇이든 할 수 있다고 믿었다고 말했습니다. 그러나 우리는 이것을 믿지 않았습니다. 그것은 모든 군사적 필요와 요구에 어긋났기 때문이기도 했습니다. 남편은 이전에 군사역사가이며 이런 일과 관련하여 무엇인가를 이해했습니다. 그는 친구에게 어떤 이야기도 하지 말라고 했습니다. 그들은 더는 그렇게 할 수 없지! 그리고 6개월 후 그것이 입증되었기 때문에, 우리는 그것을 믿었습니다. 그것은 정말 충격이었습니다. 이전에 사람들은 서로 이렇게 말했습니다. "아 그렇군요. 누구든 적을 갖게 마련입니다. 그건 전적으로 자연스러운 일입니다. 왜 민족에게 적이 있어서 안 됩니까?" 그러나 이것은 다른 문제였습니다. 정말 심연이 열린 것 같았습니다. 정치에서 모든 것이 다시 한번 개선될 수 있어야 하는 것처럼, 사람들은 다른 모든 것도 어떻게든 다시 개선될 수 있다고 생각했기 때문입니다. 그렇지 않습니다. 이런 일은 절대 일어나지 않아야 했습니다. 그리고 그것은 희생자의 수를 의미하는 것이 아닙니다. 제 말은 시체의 제작 등을 의미합니다 — 그것에 대해 더는 자세히 설명할 필요가 없습니다. 우리 가운데 누구도 감당할 수 없는 일이 일어났습니다. 그곳에서 일어난 다른 모든 일에 대해 말씀드리고 싶습니다. 때로는 조금 힘들었습니다. 사람들은 매우 가난했고, 박해를 받았으며, 도주해야만 했고, 무슨 짓을 해서라도 어떻게든 빠져나가야만 했습니다. 사연은 그랬습니다. 그러나 우리는 젊었습니다. 사실 저는 그와 관련해 약간의 즐거움도 느꼈었습니다. 다른 방법으로 말할 수 없습니다. 그러나 이것은 아닙니다. 완전히 다른 문제였습니다. 다른 모든 것은 개인적으로 처리될 수 있습니다.

가우스 아렌트 부인, 당신의 잦은 방문과 자신의 가장 중요한 저서들의 출판 전후 독일에 대한 견해가 1945년 이후 어떤 변화를 겪었는지 직접 듣고 싶습니다.

아렌트 저는 1949년에 처음으로 독일에 다시 왔습니다. 당시 유대인 문화유산, 즉 근본적으로 많은 저작을 보존하려는 유대인 단체의 임무를 띠고 독일에 돌아왔습니다. 아주 좋은 의도로 왔습니다. 1945년 이후 제 생각은 이랬습니다. 1933년에 무슨 일이 일어났든 나중에 일어난 일을 고려하면 실제로는 관련이 없습니다. 친구들의 불충실함을 심하게 표현하면 말입니다. …

가우스 … 당신이 개인적으로 경험한 것은 어떻습니까?

아렌트 물론이죠. 그러나 그 당시 누군가 정말 나치가 되어 이에 대한 기사를 썼다면, 그는 개인적으로 저에게 몰두할 필요는 없었을 것입니다. 어쨌든 저는 더 이상 그와 이야기하지 않았을 것입니다. 물론 퇴출된 그는 이제 저에게 연락할 필요가 없었습니다. 그것은 분명합니다. 그러나 그들 중 살인자는 없었습니다. 오늘 제가 말하고 싶은 것처럼, 그들은 자신의 함정에 빠진 사람들이었습니다.[11] 그들은 나중에 오는 것도 원하지 않았습니다. 결과적으로

---

11 옮긴이_ 이 책에 수록된 「여우 하이데거」를 참조할 것.

이 심연에 바로 정확히 근거가 있어야 할 것 같았습니다. 그것은 많은 개인적인 문제에서도 마찬가지였습니다. 저는 사람들을 상대했습니다. 별로 친절하지도 않고 예의 바르지도 않은 채 제 의견을 표현합니다. 그러나 어떻게든 많은 사람과 함께 일이 다시 잘 풀렸습니다. 제가 말했듯이, 이들은 모두 가끔 몇 달 또는 최악의 경우 몇 년 동안 어떤 일을 한 사람들일 뿐입니다. 즉 살인자도 아니고 정보원도 아닙니다. 또 말했듯이, 히틀러에 대해 "무엇인가를 생각했던" 사람들입니다. 그러나 독일로 돌아왔을 때 일반적으로 가장 큰 경험 — 그리스 비극에서 항상 행위의 중심이 되는 인식의 경험을 제외하고 — 은 큰 충격입니다. 그리고 거리에서 독일어를 듣는 체험, 이것은 저를 이루 말할 수 없이 행복하게 만들었습니다.

가우스 당신이 1949년 독일에 왔을 때 이런 생각을 했군요?

아렌트 제가 가진 생각은 거의 그렇습니다. 그리고 오늘날 상황이 다시 한번 탄탄한 궤도에 들어서고, 격차는 이전보다 더 커졌습니다. 그때 그들이 이런 충격에 빠졌을 때와 같습니다.

가우스 이 나라의 상황이 너무 빨리 탄탄한 궤도에 다시 들어선 것처럼 느껴지기 때문인가요?

아렌트 예. 때로는 제가 동의하지 않은 궤도로 나아가기도 합니다. 그러나 저는 그것에 책임감을 느끼지 않습니다. 그것을 밖에서 봅니다. 그렇죠? 그리고 그것은 제가 당시보다 오늘날 훨씬 덜 관여한다는 것을 의미합니다. 시간의 경과 때문일 수도 있습니다. 생각해 보세요. 15년은 결코 작은 시간이 아닙니다!

가우스 그래서 점점 무관심해지는 것을 느끼시나요?

아렌트 거리감. 무관심은 너무 강합니다. 그러나 거리감은 있습니다.

가우스 아렌트 부인, 올가을 예루살렘에서 열린 아이히만의 재판에 관한 당신의 저서가 독일연방공화국에서 출판되었습니다. 이 책은 출판된 이후 미국에서 매우 열띤 논쟁을 불러일으켰습니다. 당신의 책에 대해 특히 유대인 측에서 반대가 있었는데, 당신은 어느 정도는 오해로, 어느 정도는 통제된 정치 운동 때문이라고 말했습니다. 무엇보다도 충격을 불러일으킨 것은 당신이 독일의 대량 학살을 수동적으로 참아낸 유대인들이 어느 정도까지 비난받아야 하는지, 또는 적어도 특정 유대인 장로평의회의 협력이 어느 정도까지 일종의 범죄가 되었는지에 대해 언급한 질문이었습니다. 그런데도 아이히만에 관한 이 책은 한나 아렌트의 자화상에 대해 몇 가지 질문을 제기하는 것 같습니다. 우선 다음과 같이 질문하겠습니다. 당신의 이 책에는 유대 민족에 대한 사랑이 부족하다는 비난이 가끔 있어서 마음이 아프십니까?

아렌트 우선, 저는 당신이 이미 이 홍보 활동의 대상이 되었음을 미리 말씀드립니다. 저서의 어디에서도 유대 민족이 저항하지 않았다고 비난한 적이 없습니다. 또 다른 사람, 즉 아이히만 재판에서 이스라엘 검찰청의 하우스너 씨가 그렇게 주장했습니다. 저는 그가 예루살렘의 증인들에게 이 점에 대해 질문하는 것이 어리석고 잔인하다고 말했을 뿐입니다.

가우스 저는 그 책을 읽고 압니다. 당신에 대한 비난 중 일부는 특정 구절에 쓰인 어조에 근거한 것입니다.

아렌트 글쎄, 그것은 또 다른 문제입니다. 저는 그것에 대해 아무 말도 할 수 없습니다. 그리고 그것에 대해 아무 말도 하고 싶지 않습니다. 이런 일에 대해 한심한 방식으로만 글을 쓸 수 있다고 생각하신다면… 아시다시피 저에 대해 한 가지 불만을 품고 있는 사람들이 있으며, 저는 그 점을 어느 정도 이해할 수 있습니다. 즉 아직 웃을 수 있습니다. 하지만 저는 정말로 아이히만이 광대라고 생각했습니다. 그래서 이렇게 말씀드릴 수 있습니다. 3,600쪽에 달하는 그의 경찰 심문 기록을 매우 주의 깊게 읽었고, 몇 번이고 웃었는지 모릅니다. 그러나 "시끄러워! 사람들은 이런 반응에 분개합니다!" 저는 그것에 대해 아무것도 할 수 없습니다. 그러나 한 가지만은 압니다. 저는 죽기 3분 전까지도 확실히 웃을 수 있는 한 가지를 알고 있습니다. 그리고 당신은 그것을 어조라고 말합니다. 물론 그 어조는 대체로 반어적입니다. 그것은 완전히 사실입니다. 이 경우 그 어조는 정말로 '이 친구야Mensch'입니다. 제가 유대 민족을 비난했다는 비난을 받는다면, 그것은 악의적인 선전과 거짓말일 뿐이며 그 이상은 아닙니다. 그러나 그 어조는 한 인간으로서 저에게 이의를 제기합니다. 저는 그것에 대해 아무것도 할 수 없습니다.

가우스 그 점에 대해 인내할 준비가 되어 있나요?

아렌트 아, 다행입니다. 누구든 그때 무엇을 해야 할까요? 저는 사람들에게 다음과 같이 말할 수 없습니다. "당신이 저를 오해하고 있습니다. 사실은 제 마음속에 이런저런 일이 일어나고 있습니다! 말도 안 됩니다."

가우스 이러한 맥락에서 저는 당신의 개인적 진술로 다시 돌아가고 싶습니다. "저는 인생에서 어떤 민족이나 집단을 사랑한 적이 없으며, 독일인·프랑스인·미국인·노동계급 또는 그 밖의 어떤 사람이나 집단을 사랑한 적이 없습니다. 사실, 저는 친구만을 사랑하며 완전히 사랑합니다. 다른 어떤 종류의 사랑도 할 수 없습니다. 무엇보다도 저 자신이 유대인이기 때문에 유대인에 대한 이러한 사랑이 의심스럽습니다."[12] 제가 그것에 대해 뭔가 물어봐도 될까

---

[12] 엮은이_ 아렌트가 숄렘에게 보낸 편지(1963년 7월 24일).

요? 정치적으로 활동적인 존재로서 인간은 집단에 얽매일 필요가 없습니다. 어느 정도 사랑이라고도 할 수 있는 인연? 당신의 입장이 정치적으로 무익할 수도 있다는 것이 두렵지 않습니까?

아렌트   아니요. 저는 다른 하나가 정치적으로 삭막하다고 말하고 싶습니다. 집단에 속하는 것은 처음에는 자연스러운 일입니다. 당신은 출생으로 항상 어떤 집단에 속해 있습니다. 그러나 두 번째 의미에서 집단에 속한다는 것, 즉 자신을 조직한다는 것은 전혀 다른 것입니다. 이런 종류의 조직은 항상 세계와 관련하여 이루어집니다. 즉 이런 식으로 자신을 조직하는 사람들의 공통점은 흔히 관심사라고 불리는 것입니다. 사랑에 대해 말할 수 있는 직접적인 개인적 언급은 가능한 한 가장 큰 방식으로 진정한 사랑에 존재하며, 어떤 의미에서는 우정에도 존재합니다. 그때 그 사람은 세계와의 관계와는 별도로 직접 언급됩니다. 이는 다른 조직의 사람들이 여전히 개인적인 친구가 될 수 있음을 의미합니다. 하지만 이런 것들을 서로 혼동한다면, 즉 사랑을 협상 무대에 끌어들이게 된다면, 직설적으로 말하면 그것은 매우 큰 재앙이라고 생각합니다.

가우스   당신은 사랑을 '비정치적'이라고 생각합니까?

아렌트   저는 사랑이 비정치적이고 무세계적worldless이라고 생각합니다. 그리고 저는 사랑이 정말 큰 재앙이라고 생각합니다. 저는 유대 민족이 수천 년 동안 … 무세계적인 민족 연합의 모범적인 예라는 것을 인정합니다.

가우스   당신이 사용하는 용어의 의미에서 '세계'는 정치를 위한 공간으로 이해됩니다.

아렌트   정치를 위한 공간입니다.

가우스   그럼 유대인은 비정치적이었나요?

아렌트   전적으로 그렇게 말하지는 않겠습니다. 물론 공동체는 어느 정도 정치적이었기 때문입니다. 유대교는 민족종교입니다. 그러나 정치적인 것의 개념은 전적으로 엄청난 조건들과 더불어 타당합니다. 유대 민족이 이산 과정에서 겪었던 이러한 '세계 상실(Weltverlust; worldlessness)은 모든 '버림받은 민족Pariavölkern'과 마찬가지로 유대 민족에 속한 사람들 사이에 매우 특별한 온기를 형성했습니다. 이러한 상황은 이스라엘 국가가 건국되면서 바뀌었습니다.

가우스 당신이 애도하고 있는 무엇인가를 잃어버렸습니까?

아렌트 그렇습니다. 사람들은 자유를 위해 막대한 대가를 치르고 있습니다. 특히 세계 상실에 직면한 유대인의 인간성은 매우 아름다운 것이었습니다. 당신은 너무 어려서 전혀 몰랐을 것입니다. 그것은 매우 아름다운 것이었습니다. "모든 사회적 관계에서 벗어난" 이것, 이 완전한 편견의 결여입니다. 특히 저는 유대 사회에 대해서도 이것을 실천했던 어머니와 함께 매우 강하게 경험했습니다. 물론 이 모든 것은 대단히 큰 피해를 입었습니다. 누구든 자유를 위해 대가를 치렀습니다. 저는 「레싱상 수상 연설」[13]에서 … 이렇게 말한 적이 있습니다.

가우스 1959년 함부르크에서….[14]

아렌트 예, 그때 저는 이렇게 말했습니다. "이런 인간성은 … 해방과 자유의 시간을 5분도 못 넘기게 될 것이다." 아시다시피, 이러한 일이 우리에게도 일어났습니다.

가우스 그것을 원상태로 돌리고 싶지 않나요?

---

13 옮긴이_ 고트홀트 에프라임 레싱(Gotthold Ephraim Lessing, 1729~1781)은 독일의 극작가·평론가·계몽사상가이다. 레싱상은 그의 탄생 200주년을 기념해 1929년에 제정되었고 1930년 처음 수상을 시작했다. 1977년부터 4년마다 수상자를 결정하고 있다.
14 엮은이_ 함부르크 자유시에서 수여하는 레싱상 수상식에서 행한 아렌트의 연설은 『어두운 시대의 사람들(Men in Dark Times)』(New York: Harcourt, Brace & Company, 1968)에 「어두운 시대의 인간성: 레싱에 관한 사유」로 재수록되었다.

아렌트 아닙니다. 저는 자유를 위해 대가를 치러야 한다는 점을 알고 있습니다. 그러나 치르게 되어 기쁘다고는 말할 수는 없습니다.

가우스 아렌트 부인, 정치철학적 사변이나 사회학적 분석을 통해 얻은 통찰력에 너무 전념해서 이러한 통찰력을 출판하는 게 당신의 의무가 되었다고 생각하시나요? 아니면 인정된 진실을 은폐할 수 있는 이유를 알고 있습니까?

아렌트 예. 아시다시피, 그것은 매우 어려운 문제입니다. 그것은 기본적으로 '아이히만' 책에 대한 전반적인 논쟁에서 제가 관심을 가졌던 유일한 질문입니다. 그러나 제가 부각하지 않았다면, 그것은 전혀 제기되지 않았습니다. 그것은 유일하게 심각한 질문입니다. 그 밖의 모든 것은 순전한 선전용 공허한 잡담입니다. 그래서 세계가 망할지라도 정의를 행하라fiat veritas pereat mundus?[15] 글쎄요, 아이히만 책은 실제로 그런 것들을 다루지 않았습니다. 이 책은 근본적으로 누구의 정당한 이익에도 실제로 영향을 미치지 않습니다. 사람들은 그것을 믿습니다.

가우스 물론 당신은 정당한 것을 논쟁에 맡겨야 합니다.

아렌트 예, 맞습니다. 당신이 옳습니다. 무엇이 합법적인지는 다시 논쟁의 여지가 있습니다. 아마도 제가 말하는 '합법적'이라는 말은 유대 조직과는 다른 의미일 것입니다. 그러나 우리가 이제 실제적인 이해관계가 작용하고 있다고 가정해 봅시다. 저도 그것을 인식하고 있습니다.

가우스 그렇다면 인식된 진실을 숨길 수 있을까요?

아렌트 저도 침묵했을까요? 예! 그러나 저는 아마도 그것을 썼을 것입니

---

15 엮은이_ 아렌트는 오랜 라틴 금언 "세상이 망할지라도 정의를 행하라(Fiat iustitia, et periat mundus)"라는 말을 이용해 이같이 말하고 있다. 다음 자료를 참조할 것. 『과거와 미래 사이(*Between Past and Future*)』(New York: The Viking Press, 1968), p. 228.

다 … 누군가가 저에게 물었습니다. 만약 당신이 이것과 저것을 예견했다면 아이히만 책을 다르게 쓰지 않았을까요? 저는 '아니오'라고 대답했습니다. 저는 글을 쓸 것인지 아닌지의 선택에 직면했을 것입니다. 누구든 입을 다물고 있을 수 있습니다.

가우스 그렇군요.

아렌트 누구든 항상 이야기할 필요는 없습니다. 그러나 이제 다음과 같은 문제가 있습니다. 이제 우리는 18세기에 '사실적 진실'이라고 불린 것이 무엇인지에 대한 질문에 도달했습니다. 이것은 단지 사실적 진실일 뿐입니다. 이것은 의견이 아닙니다. 아마도, 대학의 역사학은 이러한 사실적 의견의 수호자입니다.

가우스 역사학 분야가 늘 최고였던 것은 아닙니다.

아렌트 그렇지요. 역사학의 입장도 바뀝니다. 역사학은 국가의 지시를 스스로 허용합니다. 한 역사가가 제1차 세계대전의 기원을 밝힌 어떤 책에 대해 다음과 같이 말했다는 소식이 저에게 전해졌습니다. 저는 이것이 이 고양된 시대에 대한 기억을 그르치게 놔두지 않을 것입니다! 이 사람도 자신이 누구인지 모르는 사람입니다. 그러나 그것은 흥미롭지 않습니다. 사실상 그는 역사적 진실, 사실적 진실의 수호자입니다. 그리고 우리는 예를 들어 역사가 5년마다 다시 써지고 트로츠키 씨가 있었다는 사실이 알려지지 않은 볼셰비키 역사를 통해 이러한 수호자가 얼마나 중요한지 알고 있습니다. 우리는 이것을 원하는가요? 정부는 이것에 관심이 있습니까?

가우스 관심이 있을 수도 있습니다. 그러나 정부가 그럴 권리가 있습니까?

아렌트 정부에게 그런 권리가 있을까요? 정부도 자신들이 그럴 권리가 있다고 믿지 않는 것 같습니다. 그렇지 않으면 대학을 전혀 용납하지 않을 것입니다. 그래서 국가도 진실에 관심이 있습니다. 저는 여기서 군사 비밀에 대해 말하는 것은 아닙니다. 그것은 다른 문제입니다. 물론, 이 이야기는 약 20년 전으로 거슬러 올라갑니다. 왜 진실을 말하면 안 되나요?

가우스 아마도 20년이란 세월이 아직은 너무 짧기 때문이 아닐까요?

아렌트 어떤 사람은 그렇게 말하고, 어떤 사람들은 20년이 지나면 더는 그 진실을 알 수 없다고 말합니다. 이는 어쨌든 자신을 정화하는 데 관심이 있음을 의미합니다. 그러나 그것은 정당한 관심이 아닙니다.

가우스 당신은 진실에 대해 의심스러울 때 선례를 남길 것입니까?

아렌트 저는 불편 부당성이 호메로스로부터 … 세상에 등장했다고 말하고 싶습니다.

가우스 패배자에게도 ….

아렌트 옳습니다! "정복당한 사람에 대한 노래의 목소리가 잠잠해진다면, 나는 헥토르의 편에 서겠다"[16] …, 그렇죠? 호메로스가 그랬습니다. 그런 다음 헤로도토스가 와서 이렇게 말했습니다. "그리스인과 야만인의 위대한 업적." 현대 학문이든 역사학이든 모든 학문은 이 정신에서 나옵니다. 누구든 자신의 국민을 너무 사랑하는 척하여 끊임없이 그들에게 아첨하는 방문을 하기에 이러한 불편 부당성을 가질 수 없다면, 누구도 할 수 있는 일은 아무것도 없습니다. 저는 그들이 애국자가 아니라고 생각합니다.

가우스 아렌트 부인, 당신은 자신의 가장 중요한 저서 가운데 하나인 『인간의 조건』에서 현대가 공동체 의식, 즉 정치적인 것의 우선성 의미를 무너뜨렸다는 결론에 도달했습니다. 당신은 대중의 뿌리 뽑

---

[16] 옮긴이_ 실러(Schiller)의 「승리의 축제(Das Siegesfest)」 중에서. (이 시는 1803년 5월 프리드리히 실러에 의해 쓰인 13행의 시구이다.)

힘과 외로움, 단순한 노동과 소비 과정에서 만족을 찾는 인간 유형의 승리를 현대사회 현상으로 묘사합니다. 이에 대해 두 가지 질문이 있습니다. 우선, 이 정도의 철학적 통찰력은 우선 사유를 진행하는 과정에서 개인적인 경험에 어느 정도 의존합니까?

아렌트 저는 개인적인 경험 없이는 어떤 사유 과정도 없다고 믿습니다. 모든 사유는 문제를 추적하는 '추후 사유Nachdenken'입니다. 아닌가요? 저는 현대사회에 살고 있으며, 물론 현대 세계에서의 경험도 있습니다. 덧붙이자면, 이것은 또한 많은 다른 사람에 의해 언급되었습니다. 아시다시피, 단지 노동하고 소비하는 것과 관련된 문제는 다시 한번 세계 상실을 드러내기 때문에 매우 중요합니다. 누구든 더는 세상이 어떻게 생겼는지 돌보지 않습니다

가우스 "세계"는 항상 정치가 발생할 수 있는 공간으로 이해됩니다.

아렌트 이제 세계는 사물이 공개되는 공간보다 훨씬 더 크고, 사람이 살아가고 품위 있어 보여야 하는 공간으로 생각됩니다. 물론 세계에 예술도 등장하며, 가능한 모든 것이 나타납니다. 당신은 케네디가 시인과 다른 무익한 사람들을 백악관에 초대하여 공적 공간을 크게 확장하려고 노력했다는 것을 기억합니다. 그래서 그 모든 것이 여전히 이 공간에 속할 수 있습니다. 그러나 사람들은 노동하고 소비하는 동안 완전히 자기 자신에게로 되돌아가게 됩니다.

가우스 생물학적인 것에 관해서죠.

아렌트 생물학적 측면과 자기 자신에 관한 것입니다. 그때 당신은 외로움과 관련이 있습니다. 노동 과정에서 특이한 외로움이 발생합니다. 지금은 여기까지 들어갈 수 없습니다. 그렇게 하면 너무 멀리 갈 것 같습니다. 그리고 이러한 외로움은 자신에게 다시 되돌아가는 것이며, 어느 정도 소비가 실제로 모든 관련 활동을 대신합니다.

가우스 이러한 맥락에서 두 번째 질문은 이렇습니다. 당신은 『인간의 조

건』에서 "실제 세계 지향적 경험" — 가장 높은 정치적 수준의 통찰력과 경험을 의미함 — 이 "평균적인 인간적 삶의 경험적 지평에서 점점 더 멀어지고 있다"는 결론에 도달합니다. 당신은 오늘날 "행위 능력이 소수에게 제한되어 있다"고 합니다. 이것이 실천적 정치에서 무엇을 의미합니까, 아렌트 부인. 이러한 상황에서 적어도 이론적으로 모든 시민의 공동 책임에 기초한 정부 형태는 어느 정도까지 허구가 될까요?

아렌트 예, 저는 그 범위를 좀 좁히고 싶습니다. 첫째, 올바른 방향을 잡지 못하는 이러한 무능력은 일반 대중에게만 존재하지 않습니다. 이러한 무능력은 다른 모든 층위에도 존재합니다. 저는 정치인에게도 말하고 싶습니다. 정치인은 전문가 집단에 둘러싸여 있습니다. 그래서 여기서 실제로 물어보아야 할 질문은 정치가와 전문가 사이의 문제입니다. 정치인은 결국 최종적으로 결정해야만 합니다. 그러나 그는 그런 일을 현실적으로 거의 수행할 수 없습니다. 그는 아마도 그 모든 것을 알 수 없습니다. 실제로 그는 원칙적으로 항상 서로 모순적인 전문가들로부터 조언을 받아들여야 합니다. 그렇지 않나요? 모든 현명한 정치인은 정반대의 전문 지식을 끌어들입니다. 그리고 그는 모든 측면에서 그 문제를 판단해야 합니다. 사실이 아닌가요? 그는 그 사이에서 판단해야 합니다. 그리고 이러한 판단은 가장 신비한 과정입니다. 바로 이 과정에서 공통감각[17]이 표현됩니다. 예를 들어 대중에 관한 한, 저는 다음과

---

17 엮은이_ 아렌트는 '공통감(Gemeinsinn)'이란 용어를 통해 모든 건전한 성인(건전한 인간 오성)이 지속해 수행하는 무반성적인 숙고를 의미하려 하지 않는다. 오히려 그녀는 칸트가 제시했던 것처럼 "만인에게 공통된 어떤 감각 … 다른 모든 사람의 표상 양식에 대해 주목하는 … 반성하는 판단의 능력"을 의미한다. Immanuel Kant, *Critique of Judgement*, §40. 아렌트가 다음 저작에서 인용하였다. 『칸트 정치철학 강의(*Lectures on Kant's Political Philosophy*)』, edited by R. Beiner(Chicago: The University of Chicago Press, 1982), pp. 70-72.

같이 말하고 싶습니다. 사람들이 함께 있는 곳이라면 어디서든 어떤 규모든 관계없이, 공공의 이익은 형성됩니다.

가우스 늘 그런가요.

아렌트 그리고 공공영역이 형성됩니다. 미국에서는 토크빌이 말한 이러한 자발적인 연합이 항상 다시 해체되는 곳이 있는데, 당신은 이것을 아주 분명하게 볼 수 있습니다. 일부 공적 관심은 이제 특정 집단의 사람들, 이웃 혹은 심지어 한 집안이나 도시 또는 기타 집단과 관련됩니다. 이때 이 사람들은 함께 모여 이런 문제들에 대해 공개적으로 행위할 능력을 갖게 됩니다. 그들은 이런 문제들을 간과하고 있기 때문입니다. 이는 당신의 질문에서 목표로 삼은 것이 가장 높은 수준의 가장 큰 결정에만 적용된다는 것을 의미합니다. 그리고 저를 믿으세요. 그런데 정치인과 일반인 사이의 차이는 원칙적으로 그다지 크지 않습니다.

가우스 아렌트 부인, 당신은 특히 지속적인 대화의 상대자로서 은사인 카를 야스퍼스와 연결되어 있습니다. 야스퍼스 교수가 당신에게 미친 가장 큰 영향은 무엇이라고 생각하는지요?

아렌트 야스퍼스가 나타나 말하는 곳이 빛이 되는 곳을 보십시오. 그는 제가 다른 사람에게서는 알지 못하는 말에 있어서 절제된 믿음과 절대성을 가지고 있습니다. 이것은 제가 아주 어렸을 때 저에게 깊은 인상을 남겼습니다. 그분은 또한 이성과 결부된 자유의 개념을 가지고 있었는데, 그것은 제가 하이델베르크대학교에 왔을 때 저에게 완전히 낯설었습니다. 저는 칸트의 저작을 읽었지만, 그것에 대해 아무것도 몰랐습니다. 저는 실제로 이러한 이유를 보았습니다. 그리고 제가 그렇게 말할 수 있다면 — 저는 아버지 없이 자랐습니다 — 저는 아버지로부터 교육을 받았습니다. 저는 이로 인해 그분에게 책임을 부과하고 싶지 않습니다. 그러나 누구든지 저를 정신 차리게 하는 데 성공했다면, 그분은 성공한 것입니다. 물론 이 대화는 오늘날 완전히 다릅니다. 그것은 실제로 전후 저의 가장 강력한 경험이었습니다. 이런 대화가 존재한다! 그분은 그렇게 말할 수 있어요!

가우스 마지막 질문을 드리겠습니다. 당신은 야스퍼스에게 헌정하는 글에서 다음과 같이 말했습니다. "인간성은 결코 혼자서 획득될 수 없으며, 자신의 활동을 공중에게 넘김으로써 결코 달성될 수 없다. 그것은 오로지 자신의 삶과 인격을 '공공영역에로의 모험'[18]에 내던진 사람에 의해서만 성취될 수 있다." 이러한 "공공영역에로의 모험" — 야스퍼스로부터의 인용 — 이 한나 아렌트에게 의미하는 바는 무엇인지요?

아렌트 공공영역에로의 모험은 저에게 명료한 것으로 보입니다. 누구든 한 인격체로서 공중의 눈에 자신을 드러냅니다. 비록 저는 자신을 반성하면서 대중 앞에 나타나서 행위해서는 안 된다고 생각하지만, 모든 행위에서 인격은 다른 어떤 활동에서도 표현되지 않는 방식으로 표현된다는 것을 알고 있습니다. 말하기도 행위의 한 양식입니다. 그것은 하나의 모험이죠. 또 다른 하나는 우리가 어떤 것을 시작한다는 것입니다. 우리는 우리의 실타래를 관계망에서 직조합니다. 우리는 그것이 어떻게 될지 결코 알지 못합니다. 우리는 모두 이렇게 말하도록 가르침을 받아 왔습니다. "주님, 그들이 하는 일을 용서해 주십시오. 그들은 자기가 하는 일을 모르기 때문입니다." 이는 모든 행위에 적용됩니다. 사람들이 알 수 없기 때문에 매우 구체적입니다. 이것은 위험합니다. 그리고 제가 말하고 싶은 것은 이렇습니다. 이러한 모험은 오로지 사람들 사이에

---

[18] 엮은이_ "Karl Jaspers: A Laudatio," in *Men in Dark Times*, pp. 73-74.

신뢰가 있을 때만 가능합니다. 정확히 정의하기 어렵지만, 근본적으로 모든 사람의 인간성에 대한 신뢰가 있습니다. 그렇지 않으면, 누구도 모험할 수 없습니다.

제1부

어두워지는 시대를 마주하며

ESSAYS IN UNDERSTANDING, 1930~1954
HANNAH ARENDT

아우구스티누스와 개신교*

1930

올해 가톨릭계에서는 아우구스티누스 서거 1500주년을 기념하고 있다. 이탈리아·프랑스·독일에서는 가톨릭 신문의 수많은 기사가 이 행사를 반영하고 있으며, 성직자와 학자들은 아우구스티누스를 추모하는 모임에서 그의 업적과 인품, 영향력의 중요성을 평가한다. 그러나 그는 개신교계에서 대체로 잊혀졌다. 가톨릭교도가 그를 **성인** 아우구스티누스라고 부르며 자신들의 위인으로서 그를 배타적으로 인정하기 때문에, 개신교도는 그들 자신을 위해 그에게 어떤 주장도 제기하는 것을 부끄러워하는 것 같다.

항상 그런 것은 아니었다. 중세 시대, 루터 이전에는 아우구스티누스라는 이름이 정통파와 이교도, 개혁가와 반개혁가들 모두에게 같은 비중을 지

---

* 서지사항은 다음과 같다. "Augustin und Protestantismus," *Frankfurter Zeitung*, no. 902(12 April 1930).
  엮은이_ 킴버 부부(Robert and Rita Kimber)가 독일어 원문을 영어로 번역했다.
  옮긴이_ 킴버 부부는 *Hannah Arendt Karl Jaspers Briefwechsel 1926~1969*를 영어로 번역한 공동 역자이다. 이 책은 옮긴이의 번역으로 『한나 아렌트·카를 야스퍼스 서간집 1926~1969』(서울: 신서원, 2024)로 출간되었다.

녔다. 루터 자신은 아우구스티누스의 권위에 호소했고, 토마스 아퀴나스와 아리스토텔레스의 전통을 거부한 만큼 강력하게 아우구스티누스의 발자취를 따르고 있다고 생각했다. 루터는 아리스토텔레스의 전통을 "어리석은 철학자"의 학파로 여겼다. 그리고 실제로 개신교도의 양심과 개성도, 갈라디아서와 로마서에 대한 청년 루터의 주석으로 시작된 성경 주석도 한편 아우구스티누스의 『고백록』 없이, 다른 한편 복음서·요한서·창세기·시편에 대한 아우구스티누스의 위대한 주석서 없이는 생각할 수 없다. 아우구스티누스는 로마제국의 시민이었으며, 젊은 시절의 문화 세계를 버리고 기독교인이 된 후기 고대 사람이었다. 젊은 시절에 그는 당대의 모든 문화적·지적 풍조에 빠졌다. 그는 마니교도였고 회의론자였으며 그런 다음 신플라톤주의자였다. 실제로 그는 마지막 그리스인 플로티노스[1]의 유산인 신플라톤주의를 절대 포기하지 않았다. 그는 철학과 우주론적 관점에서 세계를 이해하고 해석하려는 노력을 멈추지 않았고, 초기 가톨릭교회에 모든 요소 — 위계질서, 수사적 웅변, 보편성 주장 등 — 를 도입했다. 우리는 이러한 측면에서 오늘날에도 가톨릭교회를 로마제국의 후계자로 간주할 수 있다. 아우구스티누스는 『신의 도성』에서 세속적 제도로 자체의 역사를 교회에 제공함으로써 이러한 유산에 정통성을 부여했다. 그는 교회가 쇠퇴하는 로마제국의 보편성에 기초해 보편성을 가질 수 있다는 것을 알았고, 그렇게 할 권리를 교회에 부여했다. 우리가 오직 로마인이자 기독교인으로서 그의 존재의 모호함을 고려할 때, 그가 쇠퇴하는 고대와 부상하는 중세 사이의 바로 경계에 서 있었다는 것을 완전히 깨달을 때, 비로소 우리는 기독교인 아우구스티누스의 폭넓음과 풍부함을 이해할 수 있다.

『고백록』은 고대 말엽 아우구스티누스가 다가올 수많은 세기를 위해 열

---

[1] 옮긴이_ 플로티노스(Plotinos, 205~270)는 이집트 리코폴리스에서 출생했으며, 유럽 고대 말기를 대표하는 그리스의 철학자이자 신비 사상가·신플라톤주의자라 불렸지만, 아리스토텔레스나 스토아학파 등의 영향도 많이 받았다.

었던 또 다른 기독교 제국, 즉 내면의 삶이란 제국을 증언한다. 그리스인들에게 '영혼'은 결코 내면의 삶을 의미하지는 않았다. 영혼은 인간의 본질을 나타내지만, 외부 세계의 먼 영역과 마찬가지로 인간에게 숨겨져 있는 내면 세계의 신비롭고 알려지지 않은 영역은 아니었다. 그리스인들은 그러한 내면 영역을 자신들의 삶의 역사, 즉 전기로 간주하지 않았다. 물론 그리스 문학에는 삶bioi, 즉 다른 사람들이 쓴 위대한 사람들의 삶이 있다(헬레니즘 시대 이전에는 그것들조차 발견되지 않았다). 그들은 유명한 사람들을 찬양했다. 그러나 아우구스티누스는 자신이 아니라 하느님의 영광을 위해서 자신의 삶을 되돌아보았다. 자신의 삶은 세속적이기에 의미가 있을 뿐만 아니라 우리가 지구상에서 하느님과 가까워지거나 멀어질 것인지 결정하고, 죄지을 것인지 구원받을 것인지 결정하기에 의미가 있다. 아우구스티누스는 개종의 순간에 하느님으로부터 구원받았다. 전체 세계가 구원받지 못하고 하느님 앞에 선 아우구스티누스 개인만이 구원받았다. 그는 죄 많은 삶에서 구원받았다. 이 구원에 대한 그의 고백은 하느님의 영광에 이바지하는 것이며, 하느님의 능력에 대한 인간의 증언이다. 그는 이 고백에서 자신의 이전 삶, 실제로 이전 삶의 모든 순간을 상기시킬 수밖에 없었다. 그 삶의 모든 순간은 이미 죄악이었고, 따라서 구원의 능력과 기적을 확대하기 때문이다. 자신의 삶은 그러한 고백을 통해 통일되고 의미 있는 연속성을 획득하며 구원의 길이 된다. 기억은 우리에게 이 삶을 열어준다. 과거는 오직 기억 속에서만 영원한 의미를 지닌다. 즉 기억 속에서만 과거가 취소될 뿐만 아니라 영원히 보존된다.

 사람들은 『고백록』의 진실성에 대해 많은 의혹을 제기했다. 즉 아우구스티누스는 의도적이든 아니든 자신의 죄를 과장했고, 자신의 삶을 잘못 묘사하고 실제와 다르게 보이게 만들었으며, 좋은 일을 모두 잊었다고 한다. 간단히 말하면, 사람들은 그의 기억이 중요한 일을 왜곡했다고 말했다. 그러나 이 기억이 없었다면, 순진하게 경험한 현실 자체와는 항상 근본적으로 다른 이 '진술'이 없었다면, 이 과거는 우리에게 전혀 보존되지 않았을 것이며, 잃어버린 채로 남아있었을 것이다. 우리를 위해 실재를 보존한 것은 '위조된' 기억이었다. '진정한' 실재, 즉 『고백록』에서 우리를 위해 구출된 실재와는 다른 실재를 찾는 것은 무의미하다. 『고백록』은 논리적으로 충분히 기억에 대한 긴 철학적 담론으로 끝을 맺는다. 여기서 기억은 내면의 삶, 즉 기독교적 인간이 영위하는 삶의 본질로 나타난다. 아우구스티누스가 셀 수 없이 많고 눈에 띄는 심리학적 세부 사항을 드러냈음에도 불구하고, 자기 내면의 삶을 발견하고 이 삶을 광범위하고 철저하게 탐구하는 노력은 심리학이나 현대적 성찰과 전혀 관련되지 않는다. 이 맥락에서 내면의 삶은 자신의 삶이라서 흥미를 불러일으키기 때문에 가치 있는 것이 아니라 악했었는데 선하게 되었기에 가치 있는 것이다. 개인의 삶은 현대적 의미에서 개인적이고 독특하기에, 또는 개인적 잠재력을 독특하게 발전시키고 완전히 실현할 수 있기에 주목할 가치가 없다. 개인의 삶은 독특해서가 아니라 모범적이기 때문에 가치가 있다. 내 삶이 그랬듯이 모든 삶도 그럴 수 있다. 개인의 고백은 일반적으로 적용 가능한 의미를 담고 있다. 즉 하느님의 은혜는 이와 같은 방식으로 모든 개인의 삶에 들어올 수 있다. 삶에는 그 자체의 자율적인 역사가 없다. 변화의 기본 원리는 회심回心인데, 이는 삶을 두 부분으로 나눈다. 삶을 기억할 가치가 있게 만드는 것, 그리스도인에게 기념비로 만드는 것은 그 삶 자체에 내재한 어떤 원리가 아니라 완전히 다른 것, 즉 하느님의 은총이다.

유럽의 기독교 전통에서 이러한 종류의 기억은 이후 두 가지 경로를 통해 발전해 왔다. 하나는 가톨릭의 고해성사이고, 다른 하나는 개신교의 양심이다. 고해성사는 그 본질상 고해의 본래 의미가 변질되었다. 아우구스티누스에 따르면, 고해성사하는 사람은 자기 내면의 삶의 외로움 속으로 다시 던져져 하느님 앞에 드러난 내면의 삶과 함께 서게 된다. 그 하느님 앞에 드러난 이 외로운 존재는 다른 사람들에게 경고와 간증이 될 수 있지만, 그 근본적인 본질은 전혀 변하지 않는다. 아우구스티누스는 다른 인간을 위해 고백한다고 말할 수 있지만, 다른 인간을 위한 고백이 아니라 하느님만을 위해 고백한다. 그러나 이 고백은 교회의 권위를 영혼과 하느님 사이에 두는 것이며, 루터는 이를 본래 기독교의 왜곡으로 간주하여 반대했다. 루터는 수 세기를 거쳐 가톨릭 시대를 지나면서 양심이 하느님과 직접적인 관계에 있는 신자라는 개념을 아우구스티누스로부터 도출해 냈다.

『고백록』에는 심리적인 의도가 없지만, 그런데도 아우구스티누스는 현대 심리학 및 자전적 소설의 창시자이다. 독일에서는 이러한 발전이 경건주의를 통해 우회되었다. 세속화의 심화와 더불어 하느님 앞에서의 종교적 자기성찰은 그 의미를 잃어가고 있다. 더는 고백할 권위가 없었고, 따라서 종교적 자기성찰은 종교적 요소가 없는 단순히 자신의 삶에 대한 성찰이 되었다. 이를 명확하게 보여주는 독일 최초의 소설은 카를 필립 모리츠의 『안톤 라이저 Anton Reiser』[2]이다. 모리츠 자신의 뿌리는 경건주의적이었지만, 인생 이야기를 경건주의적 방식으로 '교화하는' 것에서 최종적으로 벗어나는 것은 그의 작품이었다. 은총 개념은 자율적인 자기발전이라는 개념에 완전히 자리를 내줬고, 우리는 개인의 역사를 "지속적이고 살아있는 변화에 주조된 모습"으로 생각한 괴테에게서 이러한 변화의 정점을 발견한다.

---

2 옮긴이_ 모리츠는 4권으로 구성하고 각기 제1장에서 관련된 내용을 간단히 밝힌다. 제1권에서는 "이 소설은 심리소설이지만 여기에 실린 대부분의 관찰이 실제의 삶에서 취한 내용이므로, 경우에 따라 일종의 전기로 읽혀도 무방하다." […] 제3권에서는 "3권이 끝남과 더불어 안톤 라이저는 '방랑'이 시작되고, 그와 더불어 비로소 '그의 삶을 다루는 소설'이 시작된다. 칼 필립 모리츠 지음, 장희권 옮김, 『안톤 라이저』(서울: 문학과지성사, 2003).

철학과 사회학*

1930

이 에세이에 드러난 사유는 카를 만하임의 『이데올로기와 유토피아』[1]에 기초를 두고 있다. 여기서는 만하임의 책에 제시된 이론적 기초에 대한 분석, 그 이론적 기초에서 유래하는 사회학에 어울리는 주장을 분석하려고 한다. 개별적인 역사적 사례에 대한 만하임의 분석을 중점적으로 다루지 않는다. 만하임은 이러한 분석에서 서평자인 나보다 훨씬 더 유능하다. 대신 나는 이 책의 기본 철학적 의도에만 국한할 것이다. 이 논문은 독자가 만하임의 책에 친숙하다는 점을 가정한다. 이 책의 중요성은 역사적 관점

---

* 서지사항은 다음과 같다. "Philosophie und Soziologie: Anlässlich Karl Mannheim, *Ideologie und Utopie*," *Die Gesellschaft*, VII/2(Berlin, 1930).
  엮은이_ 로버트와 리타 킴버 부부가 영어로 번역했다. 이 에세이 원본에는 미주로 되어 있지만, 여기서는 각주로 옮긴다.

[1] Karl Mannheim, *Ideologie und Utopie*(Bonn: Verlag Fr. Cohen, 1929), 이하 *Ideologie*로 인용한다.
  옮긴이_ 아렌트가 읽은 앞의 책은 바드대학 도서관에서 공개한 pdf 파일에서 확인할 수 있다. 우리말 번역본의 서지사항은 다음과 같다. 카를 만하임 저, 임석진 옮김, 송호근 해제, 『이데올로기와 유토피아』(파주: 김영사, 2022[2012]).

에서 모든 현대적 '사유Geistigkeit'[2]의 의심스러운 본질을 지적하는 데 있다. 이같이 인식된 의문스러운 본질이 철학에 미치는 영향은 무엇인가? 철학을 그토록 불안하게 만들 수 있을 만큼 이 책이 제기하는 문제의 본질은 무엇인가?

이 책이 철학을 불안하게 만드는 이유는 이러하다. 즉 만하임은 모든 사유가 "상황 구속적"이며, 즉 특정한 사회적 상황과 특정한 정치적 입장에도 묶여 있다는 것을 증명하려고 한다. 반면에, 우리가 "상황 비구속성non-situation-boundness"도 가능한 사회적 상황에 관한 만하임의 탐구를 일종의 입장 설정으로 간주하지 않는다면, 만하임 자신은 어떤 입장도 취하지 않는다. 이러한 맥락에서만 사회학은 철학 문제를 다루며 철학에 대해 할 말이 있다. 이러한 맥락에서만 실재에 대한 전반적인 분석적 해체[3]를 수반하는 사회학은 여전히 실재(Realität; reality)[4]를 추구한다. 여기서 실재 자체는 개별 이론의 기저가 된다고 이해될 수 있는 어떤 사회-경제적 이익이 아니라 "세상에 적응하는 데 우리에게 도움이 되는 어떤 것"[5]이다. 그러나 세계에 적응하려는 의지는 지적 영역을 의미 있는 것으로 인식함을 의미하며, 어느 한 입장의

---

[2] 영역본 옮긴이(킴버 부부)_ 이 에세이에서 'Geist', 'Geistigkeit', 'das Geistige'는 핵심 용어이다. 이 용어는 종교적 또는 초자연적 의미가 아니고 '인간의 정신적 삶의 총계'라는 의미로 '영혼' 또는 '영성'을 암시하며, 여기서는 이 용어를 맥락에 어울리게 '정신', '지성', '지적 활동' 또는 '사유'로 번역한다.

[3] 만하임의 용어 "Destruction"(여기서는 "destructuring")은 '파괴'를 의미하지 않으며, 구체적인 사회적 상황에서 그것들의 기원을 드러내려는 이데올로기적 또는 유토피아적 명제들의 해체를 의미한다.

[4] Mannheim, op. cit., p. 54.

[5] Verhandlungen des Sechsten Deuthschen Soziologentages in Zürich, 1928(Tübingen: Mohr, 1929), 80. 이하 Verhandlungen으로 인용한다.
옮긴이_ 이 자료(「정신 영역에서 경합의 의미(Die Bedeutung der Konkurrenz im Gebiete des Geistigen)」)는 1928년 9월 17일부터 19일까지 취리히에서 열린 제6차 독일 사회학자 회의 간행물이다. 아렌트가 인용한 내용의 문장은 다음과 같다. "Offenbar dasjenige, was für die lebendige Weltorientierung aller Parteien in einer Epoche das Unerläßliche, also das Brauchbarste ist (분명히 그것은 한 시대의 모든 당사자의 살아있는 세계 지향에 필수적인, 즉 가장 유용한 것이다)." 바드대학 도서관에서 공개한 pdf 파일을 참조하여 인용한다.

고수에 대한 거부는 중립성의 잠재적 풍요성에 대한 자각을 의미한다. 만하임의 입장과 루카치의 입장 사이 기본적인 차이점은 여기에 있다. 즉 루카치는 만하임과 마찬가지로 절대적 타당성을 주장하는 지적 영역에 도전하지만,[6] 특정한 입장, 즉 프롤레타리아트의 입장에서 그러하며, 프롤레타리아의 전적으로 정당화된 이익(구체적인 해석에 매우 유익한 것으로 밝혀진) 개념을 눈에 띄지 않게 아무런 조건 없이 채택하였다.

어떤 역사적 입장에서 이탈하는 것은 입장 표명에 대한 이러한 거부도 역사적으로 조건화되어 있다는 자각과 더불어 두 측면에서 철학과 관련이 있다. 우선 만하임은 실재의 본질, 즉 사유의 진정한 기원이 무엇인지를 탐구한다. 둘째, 그는 **모든** 입장을 고려하고 근본적으로 상대화함으로써 모든 "존재에 대한 해석"[7]이 결국 역사적으로 주어진 특정한 세계에서 방향을 제시하는 수단으로 작용하며, 따라서 세계의 의미를 인간 공동체 삶의 영역에 위치시킨다는 사실을 깨닫게 된다.

철학 용어로 표현하면, 만하임 사회학에 나타나는 근원적인 문제는 존재적인 것과 존재론적인 것(즉 존재와 존재자)의 관계를 불확실하게 규정한 점이다.[8] 철학이 "존재자의 존재"(Being of the What Is; 하이데거의 **Sein des Seienden**) 또는 일상의 삶에서 분리된 "실존"(야스퍼스의 Existenz)을 탐구하지만, 사회학은 정반대로 우리의 "존재에 대한 해석"의 근간이 되는 "존재자"를 탐구한다. 즉 사회학은 철학이 무관하다고 여기는 바로 그것에 초점을 맞춘다.

만하임의 주장에 따르면, 모든 인간의 사유는 "실존적으로 구속되어" 있

---

6   Georg Lukács, *Geschichte und Klassenbewusstsein*(Berlin: Malik, 1923).
7   *Verhandlungen*, p. 45.
    옮긴이_ 이 강의원고에 소개된 내용은 다음과 같다. "당사자들은 올바른(사회적) 견해를 소유하기 위해 또는 적어도 올바른(사회적) 자아를 갖기 위해 경쟁하는 것 같다. 이 공동의 목표를 더욱 생생하게 표현하기 위해 다음 공식을 선택한다. 대화하는 상대자는 항상 존재에 대한 공적 해석을 위해 투쟁한다. 여기서 '존재에 대한 공적 해석'이란 표현은 현상학자 하이데거가 만든 신조어이다." 바드대학 도서관에 소장된 아렌트의 자료, 즉 공개한 pdf 파일에서 인용한다.
8   Martin Heidegger, *Sein und Zeit*(Halle. Niemeyer, 1927), p. 6ff(이하 *Sein und Zeit*로 인용함).

으며, 우리는 특정 상황을 고려해야만 인간의 사유를 제대로 이해할 수 있다. 인간의 사유는 특정한 상황에서 발생한다. 이러한 주장은 철학적 사유에도 적용된다. 철학적 사유는 특정한 관점에 영향을 받지 않고 진리 자체를 구현한다고 주장하며, 이렇듯 스스로 **절대적** 타당성을 가정한다. 그러나 우리가 모든 사유는 상황 구속적이라고 지적하더라도, 이러한 '절대적 타당성' 주장은 반박될 수 없다. 이 주장은 특정 상황에서 특정 철학의 기원을 추적함으로써만 심각하게 훼손될 수 있다. 상황 구속성은 **필요 조건**이며 또한 **가능 조건**이다. 상황 구속성이 모든 사유의 **필요 조건**이었다면, 그것은 사유의 기원과 별개로 볼 수 있는 객관적인 사유의 내용에 대해서는 아무 말도 하지 않을 것이다. 현실 세계에서 기원은 단순히 의미의 기원으로 전환될 수 없다. 실존 구속성이 추상적으로나 구체적으로 사유 이면의 원동력으로 수용되어야만, 즉 사유가 그 자체로 실존적으로 구속되는 특별한 유형의 변형에 불과한 것으로 정의되어야만(철학은 특정 사회적 지위의 맥락에서만 가능하다는 주장에 드러나듯이), 그때야 존재론과 존재자의 절대적인 분리를 극복할 수 있고, 역사적 변형에서 다양한 존재론을 생성하고 파괴하는 존재자를 가정할 수 있다. 두 영역 — 하이데거의 용어로 말하자면, 존재 영역과 존재자 영역 — 의 필연적인 연계성에 대한 설명은 가장 급진적인 형태를 띤다. 여기에서 절대자에 대한 의식은 그 존재적 결정 요인으로 거슬러 올라갈 수 있으며, 그리하여 반박될 수 있다. 그래서 우리는 상당히 무해할 사회학적 해체하기가 **상대화할** 뿐 아니라 **반박할** 수도 있음을 알 수 있다. 반박은 **이데올로기**("총체적 이데올로기"[9]라는 의미), 즉 존재적 조건 때문에 존재자에 구속되어 있다는 것을 알지 못하며 절대성을 주장하는 의식으로서 절대자에 대한 의식의 가면을 벗기는 형식을 취한다. 여기서 결정적인 점은 이러하다. 즉 존재론은 존재자에 구속되어 있을 뿐만 아니라 이데올로기로

---

[9] *Ideologie*, p. 8.

서의 존재론을 드러내는 것은 존재론 자체가 오로지 **존재자 자체에 의해 부과된** 지각의 한계로 인해 발생할 수 있다는 것을 의미한다.

따라서 철학의 본질은 일상의 실재를 넘어서 초월적이지 않다. 오히려 철학의 중요한 동기는 바로 그 실재에서 비롯된다. 실재는 가능 조건이다. 사회학적 관점에서 철학은 더 이상 "존재자의 존재"에 대한 어떤 해답도 제시할 수 없고, 이제 무엇보다도 하나의 존재자로서 노출되며, 존재자의 세계와 그 동기에 구속되고 얽혀 있다. 철학의 절대적 실체에 대한 의문이 제기되고 있다. 여기서 우리는 철학의 근원을 "더 근원적인 실재", 즉 철학이 망각한 실재로 거슬러 올라감으로써 철학의 절대적 현실에 의문을 제기한다. 실제로 철학의 초월성은 단순한 망각의 사례로, 즉 역사적 뿌리를 망각한 결과 절대적인 답을 요구하는 것으로 해석된다. 이것은 절대적 타당성에 대한 철학의 주장 자체를 부정할 뿐 아니라 구체적인 표현에서도 그 주장을 거부한다. 따라서 사회학은 철학의 요점이 무엇인가라는 철학적 질문을 제기한다.

우리가 이 문제에 대한 만하임의 대답을 살펴보기 전에, 만하임의 책이 반대하는 것으로 보이는 두 가지 현대 철학의 접근방법을 간략히 고찰하는 것이 도움이 된다. 나는 이 논의에 적절한 측면으로만 신중히 제한할 것이다.

카를 야스퍼스는 인간 실존을 철학의 주요 주제로 삼았다. 그가 말하는 "실존"은 연속적인 평범한 일상이 아니라, 우리가 홀로 우리의 진정한 자아를 경험하고 인간 상황의 불확실성 자체를 인식하는 그 몇몇 계기를 의미한다. 이것이 바로 "한계상황"[10]이며, 일상의 삶 전체는 이것과 비교할 때 한낱 '사라짐'이다. 우리는 항상 다른 사람들에게 자신을 증명해야 하는 지금 이곳의 일상에서 벗어나 '한계상황'의 절대적인 고독을 경험할 때만 진정한 우리 자신이 된다. 야스퍼스가 일상의 삶, 일상의 삶으로 '사라짐'을

---

10 Karl Jaspers, *Psychologie der Weltanschauungen*(Berlin: Springer, 1925), p. 229ff.

인간 삶의 필요 부분으로 간주한다는 사실은 이러한 맥락에서 중요하지 않다. '사라짐'이란 용어는 일상성에 대한 부정적인 평가를 함의하며, 그리고 부정적인 특성은 일상적이지 않은 경험과 비교를 통해서 더욱 잘 드러난다. 사회학은 정반대를 시도한다. 즉 사회학은 일상의 삶에 내재하는 양태로서 비일상을 이해하려고 한다. 우리는 이러한 시도가 어느 정도 성공하는지 나중에 검토해보겠다. 여기서 중요한 것은 사회학이 구체적인 실재의 지위를 지금 여기에 부여하고 "절정의 순간"도 이 현실의 수준으로 끌어내리고, 아울러 그 순간을 역사적 연속성과 법칙의 적용을 받게 하는 것이다. 이러한 관점에서 고독은 어쨌든 인간 실존의 부정적인 방식(세계에 대한 두려움과 세계로의 도피, 또는 만하임의 설명처럼 "주변 세계와 일치하지 않는 의식"[11])으로만 이해될 수 있다.

일상의 삶에 대한 이러한 기본적 평가에서 사회학은 『존재와 시간』에 있는 하이데거의 견해에 접근하는 것 같다. 하이데거는 인간 실존의 일상성 — 공동체적인 인간 삶의 일상성(만하임) 또는 하이데거의 용어인 "그들das Man" — 을 자신의 출발점으로 삼는다. "실존(현존재; Dasein)은 일상성에서 가장 직접적이고 가장 일반적으로 분명히 나타난다."[12] 공동체적 인간 삶, 즉 역사적 세계는 그야말로 자기 존재의 조건이므로, "**본래적 자기 자신의 존재**는 주체의 예외적 상태에 기인하는 것이 아니라, 오히려 **본질적인 실존 범주의 하나로서 '그들'의 실존적인 변양태이다.**"[13] 인간임은 필연적으로 "세계-속의-존재Being-in-the world"를 의미한다.[14] 이 기본 철학적 전제에서 현존재는 특정 세계의 실존으로 이해된다. 하이데거와 야스퍼스를 연결하는 것은 그가 "일상성에서 존재의 기본 형태"를 "현존재로부터의 이탈"로 부른다

11　*Ideologie*, 169. Cf., too, p. 52.
12　*Sein und Zeit*, p. 117.
13　*Ibid.*, 130. Cf., too, pp. 43 · 175.
14　*Ibid.*, p. 52ff.

는 것이다. 본래성, 즉 "현존재의 존재 자체 가능성"은 자기가 "'그들'의 공공성 속에 길을 잃은" 불가피한 상태에서 벗어날 때만 가능해진다.[15] 만하임은 이러한 고려 사항에서 이중 논쟁을 전개한다. 한편, 만하임은 앞에서 야스퍼스와 관련해 언급했던 것처럼 '그들'로부터 자유로울 가능성, 더 나아가 하이데거가 "죽음을 향한 존재"[16]라는 문구로 규정하고 야스퍼스가 "한계상황"으로 규정한 본래적인 실존에 도달할 가능성을 의심한다. 따라서 만하임은 본래성과 비본래성이란 범주의 허용 가능성에 대해 암묵적으로 의문을 제기하고, 대신에 본래적/비본래적, 진짜/가짜라는 대안을 넘어서는 실존 개념을 선호한다. 이 모든 범주는 만하임에게 전적으로 임의적인 것으로 보인다. 그는 자기 자신이 되는 것이 "그들"이 되는 것보다 우선되어야 할 이유가 없다고 생각한다. 이런 종류의 범주가 모두 남긴 불확정성은 급진적인 상대화와 역사화에서 비롯된다. 사회학자의 관심을 끄는 것은 "그들"이라는 현상뿐만 아니라 "이 '그들'이 어떻게 존재하게 되었는가이다. … 철학자의 질문이 끝나는 곳에서 사회학적 문제가 시작된다."[17] 이는 동시에 '그들'과 같은 것이 항상 존재하지도 않았고 항상 존재하지 않을 수도 있음을 시사한다. "지배력이 얼마나 강력하고 명시적으로 되는지는 … 역사 과정에서 변할"[18] 수 있을 뿐만 아니라, '그들' — 즉 이런 의미에서 공적인 존재에 대한 해석 — 이 **발견되지** 않았고 실제로 **존재하지도** 않는 인간 존재도 있을 수 있다. 사회학자는 실존의 형식적 구조 자체로서 "세계 내 존재"를 탐구하지 않고 어느 특정한 인간이 사는 역사적으로 결정된 특

---

15 *Ibid.*, p. 175.
16 *Ibid.*, p. 260ff.
17 *Verhandlungen*, p. 46. 옮긴이_ 문장 전체는 다음과 같다. "Der Philosoph sichtet dieses 'Man', dieses geheimnisvolle Subjekt, es interessiert ihn aber nicht, wie dieses 'Man' zustande kommt. Aber gerade hier, wo der Philosoph aufhört zu fragen beginnt das soziogische Problem. (철학자는 이 '그들', 이 신비한 주체를 보지만, 이 '그들'이 어떻게 존재하게 되는지에는 관심이 없다. 그러나 철학자가 묻기를 멈추는 바로 여기에서 사회학적 문제가 시작된다.)"
18 *Sein und Zeit*, p. 129.

정한 세계를 탐구한다. 이렇게 사회학의 범위를 규정하는 것은 마치 사회학의 역량 분야를 정의하는 것뿐인 것처럼 무해해 보인다. 그것은 세계가 인간 존재의 형식적인 구조가 아니라 그 세부적인 부분에서만 조사될 수 있다고 주장하는 지점에서만 철학에 위협이 된다. 이는 존재자에 대한 **존재론적** 이해의 가능성에 의문을 제기한다. 세계에서 인간 존재의 존재론적 구조는, 의심의 여지 없이 일정하게 유지되는 ― 예를 들어 배고픔과 성욕 ― 경우에, 중요하지 않고 우리와 관련이 없는 바로 그것들이다. 우리는 우리 자신의 존재를 이해하려고 시도할 때마다 철학자들의 '이론'에 반대되는 진정한 실재를 나타내는, 끊임없이 변화하는 존재적 영역으로 되돌아가게 된다. 따라서 만하임은 명시적으로 그렇게 말하지는 않지만, 원칙의 문제로서 사유를 실재로 인정하지 않는다.[19]

정신 영역이나 지적 영역의 모든 것은 이데올로기나 유토피아로 여겨진다. 이데올로기와 유토피아는 모두 "존재 초월적"[20]이며, 주변 세계와 조화되지 않는 '의식'에서 발생한다.[21] 사회학과 사회학의 해체하기 방식에서 명백하게 드러나는 정신에 대한 이러한 **불신**은 '고향 상실homelessness'에서 비롯되며, 우리 사회에서 정신은 고향 상실로 비난받는다.[22] 이러한 고향 상실과 명백한 뿌리 상실("사회적으로 자유롭게 떠다니는 지식인층"[23])은 처음부터 지

---

19 다음 내용을 참조할 것. 막스 셸러는 「지식사회학의 문제」에서 "사유의 무기력"이란 표현을 사용하였다. 서지사항은 다음과 같다. *Die Wissensformen und die Gesellschaft*(Leipzig: Der neue Geist Verlag, 1926).
20 *Ideologie*, p. 169.
21 *Ibid.* 옮긴이_ 만하임은 제4장 「유토피아적 의식」 첫 문장에서 다음과 같이 정의한다. "유토피아적이라고 하는 것은 스스로를 에워싸고 있는 '존재'와 일치하지 않는 상태에 있는 의식을 뜻한다."
22 *Ibid.*, p. 128
23 *Ibid.*, p. 123. 옮긴이_ 관련 문구는 다음과 같다. "Jene nicht eindeutig festgelegte, relativ klassenlose Schicht ist ― in Alfred Webers Terminologie gesprochen ― die sozial freischwebende Intelligenz "명확하게 정의되지 않고 상대적으로 계급이 없는 계층은 (알프레드 베버의 용어를 사용하자면) 사회적으로 자유롭게 떠다니는 지식인층이다."

적인 것을 모두 의심스럽게 만든다. 사회학은 정신 자체보다 더 근원적인 실재를 추구하며, 모든 지적 산물은 사회학의 관점에서 해석되거나 해체되어야 한다. 해체하기는 파괴를 의미하지 않고, 오히려 어떤 주장의 타당성을 그것이 발생한 구체적 상황으로부터 추적하는 것을 의미한다.

만하임의 해체하기 시도는 정신분석의 시도와 다르다. 정신분석은 두 가지 측면에서 훨씬 근원적인 실재를 관통한다고 주장한다(정신분석이 단지 "특수적" 이데올로기일 뿐이며 결코 "총체적 이데올로기"[24]가 될 수 없다는 사실과 아주 별도로). 첫째, 사회학에서 정신세계의 상황 구속적 타당성은 어느 정도 유지된다. 그러나 정신 영역이나 지적 영역의 모든 것을 '억압'이나 '승화'로 간주하는 정신분석에서 그 영역은 이제 존재하지 않는다. 둘째, 이것이 핵심 요지이다. 정신분석이 해체하는 현실은 의미와 사유에는 완전히 맞지 않는다. 정신분석은 무의식을 향해 다시 주목하는 과정에서 인간이 통제하지 못하고 결코 통제하지 못한 바로 그 영역, 즉 비역사적인 영역에 침투한다. 반대로, 사회학은 정확하게 역사적 측면, 즉 인간 자유의 영역 내에 존재하거나 한때 존재했던 것의 측면에서 자신의 구조를 해체한다. 그러나 사회학과 정신분석은 모두 인문학의 방식과 근본적으로 다른 **이해** 방식을 장려한다. 즉 이해하는 것을 액면 그대로 받아들이는 **직접적인** 이해와 직접적인 대결이 아니라, **더 근원적이라고 생각하는** 실재를 우회하는 방식을 장려한다. 두 학문 분야는 모두 사유 개념이 실재에 부차적이고 이질적이라는 입장을 공유한다. 그러나 정신분석의 '실재'는 사회학의 그것보다 사유에 훨씬 더 이질적이다. 사회학은 "집단적 주체"에 대한 이해라고 하는 우회적 방법을 이용하고, 따라서 역사적·사회적 맥락에 기초한 이해를 요구한다.[25] 사회학은

---

[24] *Ibid.*, p. 9ff. 옮긴이_ 만하임은 두 개념을 다음과 같이 대비하고 있다. "A. 특수적 이데올로기 개념은 단지 상대방이 주장하는 것 중의 일부분만을 — 그것도 또한 단지 그 내용 면에만 국한해서 — 이데올로기라고 인정하는 데 반해 총체적 이데올로기 개념은 상대방이 안고 있는 세계관 전체(범주적 기능까지도 포함해서)를 문제로 삼음으로써 결국 이러한 범주조차 집단 주체의 관점으로 해석한다." *Ideologie und Utopie*, p. 9-10; 『이데올로기와 유토피아』, 163-164쪽.

주요 임무를 역사적인 것의 관점에서 구조를 해체하는 것으로 고려하는 과정에서 역사학 분야가 된다.

이것은 두 가지 문제를 발생시킨다. 첫째, 모든 사유가 파생되는 현실에 대한 철학적 질문과 사유가 현실과 관련해 어떤 방식으로 초월적인가의 문제이다. 그리고 둘째, 역사적 연구에 있어서 역량 문제이다.

사유에 가장 중요한 실재, 즉 사유 자체가 샘솟는 중요한 근거는 "구체적으로 작동하는 삶의 질서"이다. 그리고 이것은 결국 "그 기반이 되는 특정한 경제 및 정치 구조를 통해서 가장 잘 이해되고 특성화될 수 있다."[26] 언뜻 보기에 삶의 특정한 작동 질서를 추출할 수 있는 경제 및 정치 구조, 즉 우리에게 연관되는 실재는 경험적 원리에 지나지 않는다. 경제 및 정치 구조가 경험적 원리이며, 우리가 그것으로부터 추출하고, 그것이 어떤 지적 입장보다 실재에 대한 더 신뢰할 수 있는 지표라는 사실이 여기서 결정적으로 중요하다. 어떤 철학적 통찰의 실존적 구속성으로의 역추적은 철학에 대해 아무 말도 하지 않을 뿐만 아니라, 비록 이러한 역추적이 철학의 '절대적 타당성' 주장 ─ 즉 철학이 그 의미를 포기하지 않은 채 철회할 수 있는 주장 ─ 을 상대화하고 해체하더라도, 이런 역추적은 철학에 대해 어떤 말도 할 수 있을 것이다. 만하임 자신은 "지식을 위한 기회"[27]를 제공하는 것이 바로 현실적 구속성이며, 그러한 종류의 지식만이 보편적인 통찰의 공허함과 모호함을 벗어날 수 있다고 말한다.[28] 이 지식은 그 뿌리를 자신의 실존적 구속성, 그 특정한 구속성까지 추적함으로써 독창성을 입증할 수 있다. 지식과 그 특정한 상황의 대조對照에서 의미 문제가 나타날 수 있고 또 나타날 것이다. 진리의 기원 자체는 그 독창성과 '진정성'에 대해서는 아

---

25   *Ibid.*, p. 8. 옮긴이_ 아렌트는 여기서 '개별적 주체'라는 문구를 삭제하고 있다.
26   *Ibid.*, p. 171.
27   *Ibid.*, p. 35.
28   *Ibid.*, p. 41.

무엇도 말하지 않는다. (따라서 『이데올로기와 유토피아』, '149'[29]: "… 특정한 개인의 성향이나 특정한 집단의 이익에 대한 명확한 지향에만 접근할 수 있는 진리나 올바른 직관이 있다는 것은 틀림없이 가능하다.") 우리에게 역사적으로 알려진 '기원', 예를 들어 서양 역사의 기원을 기원 자체와 동일시하는 사람들만이 그것을 거부할 수 있다. 단순한 사례는 그것이 어떻게 불가능한지 보여준다. 즉 우리는 초기 그리스인들이 산문보다 운문으로 자신을 표현하는 것이 종종 더 자연스러웠다는 것을 알고 있지만, 오늘날 우리가 이것을 '더 독창적인' 실천으로 간주하고 산문보다 운문을 선호하는 것은 지극히 거드름 피는 행위이며 독창성과는 정반대되는 것이다. 이 예는 기원과 독창성이 서로 다른 것임을 보여준다. 모든 시대에는 고유한 독창성이 있다. 역사적 이해가 그 자체로 전통적으로 구속되어 있고 "실존적으로 구속적인 사유"가 아직 발견되지 않았던 시대로 거슬러 올라가는 진리 개념과 일치하는 한, 실존 구속성의 맥락에서 상대화는 **상대주의** — 그리고 만하임은 이것을 강조한다[30] — 와 동일한 것이다. 반면에 만하임의 용어 **"관계주의"**는 역사적 이해를 통해 발견된 새로운 인식론적 개념, 즉 실존 구속성에서만 나타나는 진리를 상상하는 개념을 제공한다. 그러나 모든 지적 지위에 묶여 있는 존재는 "경제 권력 구조"로부터 유추되는 인류공동체의 사회적 존재로 규정된다. 그러므로 사유와 엮여 있는 존재, 사유의 근원인 현실은 당연히 "공적 존재"로 여겨진다. 이 주장의 근거는 다음과 같다. 즉 이러한 존재만이 "출생과 죽음 같은 자연적 한계"[31]와 대조적으로 역사적 변화를 견딜 수 있다. 개인 자신의 존재는 실재와 이러한 공적 존재 — **그** 세계로 간주되는 — 의 대조를 통해서 결정된다. 개별적인 인간적 존재는 이러한 대조를 통해서만 **역사적** 존재가

---

29 옮긴이_ 『이데올로기와 유토피아』는 1929년에 출간되었다. 영어판은 1936년에 출간되었다. 여기에서 인용 쪽인 '149'는 영어판의 쪽이다.
30 Ibid., p. 33.
31 Ibid., p. 167.

된다.³² 그러나 역사적 세계가 경제 영역에서 가장 명료하게 나타나는 것은 그 세계가 의미와 사유로부터 가장 멀리 벗어나는 곳에서 가장 명백하게 그 자체라는 것을 나타낸다. 따라서 사유는 필연적으로 "실재를 초월한다." 사유 자체는 실재가 아니고, 오히려 기껏해야 부차적으로만 실재다. 사유가 현존하는 경제적·사회적 실재를 어떻게든 인식할 수 있어야만, 심지어 혁명에 대한 충동을 사유로부터 끌어내기만 한다면, 사유는 실재에 참여할 수 있다. 사회학의 임무인 해체하기는 사유가 거처도 없고, 즉 근본적으로 자신에게 생소한 세계에 거주하는 것을 당연하게 여긴다.³³ 사유는 이 낯선 세계를 초월하고, 그 초월적 성격에도 불구하고 현실 세계에 적용되면 **이데올로기** 또는 **유토피아**가 된다.

이러한 사유 경향을 더 추구하면, 모든 사유가 이데올로기적이거나 유토피아적이라는 인식은 다음과 같은 확신에 기반을 두고 있다는 결론에 이르게 될 것이다. 즉 의식이 자신이 놓여 있으며 이해하려고 하는 사회적 상황과 일치하지 않는 곳에서만, '사유'는 존재할 수 있다. 의식과 사유는 "결코 [스스로가] 그 요소에 자리잡고 있는 현실성 그 이상의 것, 또는 그 이하의 것을 포함하지 않아야 참되다."³⁴ 그러나 이러한 일치 영역에서는 초월적인 사유의 가능성은 아직 발견되지 않았다. 이런 의미에서 실재가 사유와 대립하는 특정한 의식에 의심스럽고 실재가 무엇인가라는 물음이 순전한 실재의 성격에 관한 탐구가 될 때만 사유는 발생한다. 따라서 "일정한 실천적 상황에서 심각하게 받아들여지면, 인간이 그 역사적 단계에 적응하는 것을 방해하는 개념과 범주를 사용하는" 그러한 의식은 "허위의식"이다.³⁵ 모든

---

32 *Ibid.*, p. 141.
33 *Ibid.*, p. 128. 만하임은 명백히 현대 세계에서 사유가 거처를 상실했다고만 말한다.
34 *Ibid.*, p. 54. 옮긴이_ 이와 관련한 다음 문장은 다음과 같다. "거기서 표현한 대상적 내용에 미흡해서도 안 되지만 동시에 사실 이상의 과정이 있어서도 안 되어야 참이다."
35 *Ibid.*. p. 51.

이데올로기는 '허위의식', 일반적으로 "시대에 뒤떨어진 범주들"로 생각하는 의식에서 발생한다.[36] 달리 말하면, 이데올로기는 문제의 개인이 여전히 묶여 있고 자신이 모순되는 새로운 세계 상황에 맞서 싸우기 위해 사용하는 과거의 사회적 상황에 절대적인 권위를 부여한다. 따라서 해체하기는 "우리가 더는 동일시하지 않는" 시대에 뒤떨어진 이념을 거부할 때만 적용될 수 있다.[37] 반면에 유토피아적 의식은 자신이 옹호하는, 다가오는 질서를 위해 "그 당시 널리 퍼져 있던 사물의 질서를 부분적으로나 전체적으로 파괴하는" 경향이 있는 의식이다.[38] 우리는 "현실과의 관련성"이라는 기준을 적용하여 유토피아를 이데올로기와 구별한다.[39] 유토피아로서 사유의 실재 초월은 자신을 실재로 전환하려고 시도하므로 사유가 항상 특정 실재를 넘어서더라도 실재에 대해 약간의 힘을 갖는다. 반면에 이데올로기의 경우 과거 세계는 초월적이다. 이데올로기는 근본적으로 그 자체를 실재로 변환하려고 시도하지 않거나(예컨대, 중세에 대한 낭만주의적 이상화), 아니면 처음부터 범주적으로 초월적이며 내세적인 세계(예컨대, 기독교)를 가정하고 현실 세계에 갖는 관심을 포기한다. 실재에 영향을 미치려는 유토피아의 의지는 자신을 이데올로기와 구별한다. 유토피아는 새로운 실재를 창조함으로써 힘의 원천이 된다. 사유는 유토피아로서만 자신이 묶여 있는 실재를 자신이 만들어 낸 다른 실재와 대립시킬 수 있다. 따라서 사회학은 실재 자체에 관심을 두는 것이 아니라 **사유에 힘을 행사하는 실재**에 관심을 둔다. 실재가 사유에 힘을 행사하는 이유는 이러하다. 즉 이데올로기의 예에서 알 수 있듯이, 사유는 그 기원에서 실재와 이질적이고, 자신을 결정하는 현실 세계를 **망각하기** 때문이다. 따라서 사유는 처음에 자신을 사유로 만든 것과

---

36 *Ibid.*, p. 53.
37 *Ibid.*, p. 43, fn. 1.
38 *Ibid.*, p. 169.
39 *Ibid.*, p. 29.

암묵적으로 묶여 있는 것을 잊어버린다. 사회학은 사유 자체가 관심을 두지 않는 사유의 결정 요인을 밝혀내고, 동시에 절대자에 대한 사유의 열정이 조건적인 것을 인정하지 않는 망각에 불과하다는 것을 시사한다. (이데올로기와 유토피아는 모두 절대자에 대한 열정을 특징으로 한다. 유토피아 역시 그것이 환기하는 세계의 절대성을 믿는다. 따라서 두 가지 형태의 사유는 모두 해체될 수 있다.) 사회학이 "기본 과학"[40]이라고 주장하는 이유는 이렇다. 즉 사회학은 단독으로 사유의 결정 요인을 밝힐 수 있기 때문입니다.

그러나 이제 이러한 급진적 결단의 시도는 "해결 불가능 영역"[41]에 직면하게 된다. 사유의 자유가 드러낸 잔재로 남는 것은 "형이상학적·존재론적 가치판단"이다. 어떤 이데올로기적 해체도 진정으로 가치판단을 해소할 수 없고, 경제체계의 현재 상태에 대한 어떠한 분석도 실제로 가치판단을 대체할 수 없다. '축적된 지식'은 그러한 판단의 형성을 연기할 뿐이다.[42] 또 남는 것은 이렇다. 즉 역사를 넘어서는 "황홀한 차원은 어떻게든 역사와 사회적 경험에서 의미를 창조하는데 끊임없는 자극으로 존재한다." 만하임은 "역사도 이러한 차원에서 끊임없이 소멸한다"고 인정한다. 만하임이 마침내 인정하게 된 "연기된 형이상학적 가치판단"과 황홀한 차원은 우리가 사회학을 통해 알 수 있는 것의 외곽에 존재한다. 이러한 한계적 지위가 그들만의 독특한 성격을 부여한다. 사회학이 기본 과학이라고 주장하기 때문에, 이런 거의 눈에 띄지 않는 경계 요소는 특별한 지위를 얻는다. 사회학은 역사를 통해 우리가 이용할 수 있는 실재에 대한 모든 해석을 해체한 후에야 경계 요소를 만날 수 있다고 주장한다. 사회학은 사유(이데올로기와 유토피아)가 본래 세계에 안주하지 않는다고 가정하기 때문에, 자유에 의해 생성되는 사유는 **역사적 공동체 삶의 외부**에만 존재할 수 있다. 그러나 이것은

---

40   Ibid., p. 233.
41   Ibid., p. 163.
42   Ibid., pp. 43·165.

표면적으로만 역설적인 이상한 결론에 이르게 된다. 즉 사유는 구체적인 실재와 완전히 분리된 비역사적 맥락("황홀한 차원")에서 진정으로 존재한다. 역사에 속하고 연구할 수 있는 것은 오직 사유의 영향뿐이다. 사유는 그 본질적인 비관련성 때문에 부정적이고 의도적으로 모호한 용어("어쨌든", "말하자면", "인간 존재는 그 이상")로만 특징지어질 수 있다.[43]

사유는 자체의 알 수 없는 근원 때문에 부정의 관점에서만 정의될 수 있다. 따라서 부정 신학의 신은 자신이 창조했고 자신을 그런 식으로 있지 **않은** 존재로 규정하는 부정적 진술을 통해서만 자신의 존재를 추론할 수 있는 구체적인 세계를 고수하듯이, 사유는 구체적으로 경험하고 탐구 가능한 인간 공동체와 같은 관계에 있다. 실제로, 우리가 또한 부정 신학이 현실 세계의 증거를 바탕으로 오직 하느님의 **존재**, 즉 인간이 바로 그 본질상 경험할 수 있는 것의 외적 한계에 놓여 있는 존재만을 추론할 수 있었다는 점을 고려하면, 우리는 부정 신학과 사유의 유사점을 훨씬 더 추구할 수 있다. 마찬가지로, 인간의 자유, 그리고 그에 따른 사유의 자유도 사회학에서는 인간 이해의 영역에서 신화적인 경계 현상이 된다. 따라서 인간의 사유는 인간 세계 자체를 초월하고 사회학이 원래 가정했던 것보다 훨씬 더 큰 범위로 초월한다. (만하임이 실천한 것처럼) 사회학 연구 초기에, 사유는 **자신을** 실재를 초월하는 것으로 **여겼다면**, 사회학자는 그것을 끊임없이 변화하는 실재에 뿌리를 두고 발생하는 것으로 보았기 때문이다. 따라서 사회학은 이 초월을 '존재'에 의해 조건지어진 것으로 해석함으로써 사유가 '절대성' 주장과 함께 자신의 것으로 전유한 초월 자체의 구조를 해체하려고 시도했다. 여기서 사회학은 인간 존재가 더 이상 실재를 견딜 수 없고 더는 그 속에서 방향을 잡을 수 없을 때만 사유를 통해 현실을 초월한다고 주장한다 (의식이 이제는 받아들일 수 없는 현실로부터의 도피로서 사유, 즉 허위의식). 사회학이 사유

---

43 *Ibid.*, p. 47.

의 초월성을 **도피**로 해석함으로써 인간 존재의 특정 가능성을 정의하는 데 실패하고 그 가면을 벗겨낼 수 있는 것처럼만 보이기 때문에, 구조 해체하기는 잔기를 남긴다. 사회학은 이 잔기를 예상하지 못했으며, 그로 인해 사유 자체가 주장했던 것보다 훨씬 더 급진적인 초월성을 잔재의 탓으로 돌렸다. 역사의 실재가 그 안에 사유의 여지가 없는 방식으로 이해되기 때문에, 사유가 결국에 최종적인 잔기로 남아있으나 초월적이고 탈역사적이게 된다는 이상한 결과는 사유의 가능한 우월성을 예측하지 못함으로써, 즉 처음부터 그 능력의 한계를 정의하지 않는 해체하기 자체(구조 해체하기 과정에서만 그것은 해체될 수 없었던 것을 만날 수 있었기 때문에, 그것은 의미 있게 할 수 없었다)에서 발생한다.

따라서 사회학은 철학의 경우 이러한 불확정성과 부정성 상태에 머물러 있다고 비난받을 수 없는 현상을 설명할 수 없고 조명하기 어렵다고 선언한다. "황홀한 차원"은 궁극적으로 철학이 할 말이 많은 인간 존재와 같다. 그것은 "존재"와 동일하다. 키르케고르는 이 용어를 사용했다. 초월성을 부정하고 보편적 구조 해체하기를 시도하는 데 최초에 필요한 용기와 미덕은 궁극적으로 파괴할 수 없는 잔여물이 남아있음을 인정하고, 파괴할 수 없는 것을 초월성과 동일시하며, 철학이 전혀 초월적인 것으로 간주하지 않는 현상을 환원 불가능한 영역에 할당하도록 사회학에 강제한다.

그러나 사유에 대한 사회학의 본질적인 **불신**은 다른 방식으로 사유를 제거한다. 한편 이러한 불신이 사유를 절대적인 초월성으로 몰아가듯이, 다른 한편 이러한 불신은 사유를 역사의 진정한 매개체로 간주되는 '집단적 주체'의 수준으로 축소시킨다. 내 생각에 이 "집단적 주체"는 생각보다 **역사에서 상대적으로 더 멀리 벗어나** 있다. 개인은 자신이 집단적 주체에 포섭되어 그것을 구성하는 데 도움을 주는 정도로 존재할 뿐만 아니라 자신이 속한 사회 세계와 조화를 이루지 못한다고 알게 될 때 명백해지는 **집단적 주체에서 벗어나** 존재하기도 한다. 그리고 이것은 아마도 삶이 역사에 미친 사람들에게 특별히 그렇다. 이러한 간격에서 그가 태어난 역사적 세계는 자신에게 불변하는 것으로 보이지만, 이러한 분리된 관점에서 볼 때 변화하고 변할 수 있는 것처럼 보인다. 만하임은 공적 존재로부터의 자유, 즉 세상을 변경할 수 있는 것으로 보는 자유를 "유토피아적 의식"이라고 부른다. 그는 이 의식에 대한 분석에서 다음과 같은 암묵적인 전제에 따라 인도된다. 즉 특정한 공적 존재가 의식과 조화되지 않기 때문에 그것을 바꾸려는 의지가 생기고, 그러한 의지를 통해 세계로부터 상대적인 자유가 생긴다. 초연함 자체도 주어진 세계에서 파생된 것으로 이해된다. **~로부터의 자유**의 바탕이 되는 경험은 **~에의 구속성**에서 발생한다. **고독**은 결코 인간 삶의 긍정적이고 진정한 가능성으로 간주되지 않는다. 철학에 반대하여 공동체 삶으로부터의 절대적인 분리가 진실성의 전제 조건이 아니라는 점을 강조하는 것은 옳지만, 그런데도 — 만하임은 이를 명시적으로 언급하지는 않았지만, 단지 이를 암시할 뿐입니다 — 삶의 진정성이 공동체 삶에 뿌리를 둔 것에서만 발생하고, 고독이 현실로부터의 도피(이데올로기)이거나 미래로의 도피(유토피아)일 뿐이며 어느 경우나 부정적이라고 말하는 것은 의심스럽다.

초월의 양식, 즉 이데올로기와 유토피아에 대한 만하임의 "실재와의 관련성" 기준도 항상 충분하지는 않다. 초월은 유토피아적이지 않으면서도 세계에 대해 아니라고 말하는 **긍정적인** 방법이 될 수 있다. 기독교의 형제애가 한 예이다. 만하임은 **종교적 인간**homo religiosus이 절대적 초월에서만 형제애를 실현할 수 있다고 생각한다면 형제애를 이데올로기로 해석하고, 아니면 **종교적 인간**이 지상에서 신의 왕국을 실현하고자 한다면 형제애를 유토피아로 해석할 것이다. 그러나 임의적인 특별한 경우는 아니지만, 초기 기독교의 형제애 개념에 절대적으로 중요한 세 번째 가능성이 있다. 이것은 세계에 살면서도 지상에서 실현 가능하다고 생각하지 않는 초월의 인도를 받을 가능성이다(종말론적 의식). 세계로부터의 이러한 벗어남은 세계를 변화시키려는 의지를 불러일으키지 않지만 동시에 세계, 즉 역사적으로 특정한 방식으로 구조화되고 역사성이 절대적인 것으로 여겨지는 세계로부터의 도피를 의미하지도 않는다. 예를 들어 아시시의 성 프란치스코는 **세상이 존재하지 않는 것처럼** 살았고, 자신의 구체적인 삶에서 이 "존재하지 않는 것처럼"을 **실현했다**.

여기서 사회학은 다음과 같은 내용을 항상 반박할 수 있다. 즉 어떤 것을 '이데올로기'로 해석하는 것은 사유가 그 존재의 이데올로기적 성격을 인식하지 못한다는 점을 정확히 보여준다. 따라서 사유 자체의 자기 개념은 사회학적 해석을 위한 **재료**에 불과하며 해석자에게 직접 제공할 수 있는 것이 아무것도 없다. 그러나 이런 식으로 사유의 **자기 개념**을 무시할 수 있는지는 분명히 의문이다. 지적인 내용에서 자기 해석 자체는 우리 자신을 이해함으로써 새로운 것을 창조하고 우리를 우리 자신이 이해하는 대로 만드는 그 과정의 일부일 가능성이 있다. 모든 사유에 내재한 초월은 초연함과 거리감 없이는 상상할 수 없다. 그러나 모든 정신 활동의 기저가 되는 **사실**인 초연함은 다양한 방식으로 해석될 수 있다. 이러한 해석은 — 적어도 항상 그런 것은 아니지만 — 단순히 사실에 추가되는 어떤 것(이데올로기 비판에서 말하는 이데올로기적 상부구조)이 아니다. 이는 사실을 이해할 수 있게 만들고 결과적으로 역사적 세계에 영향을 미칠 수 있게 하는 것이다. 요컨대 오직 특정한 '이데올로기'만이 '역사'에 들어간다.

막스 베버는 자신의 저작 『개신교 윤리와 자본주의 정신』[44]에서 특정 공공질서(자본주의)가 어떻게 특정 유형의 고독과 자체의 자기 이해(개신교)에서 발생했는가를 논증했다. 종교적 구속성은 일상적 삶의 세계를 만들었다. 이 경우 세계는 고향이 아니다. 이 세계에는 사실상 자신의 특이성을 지닌 개인이 설 자리가 없다. 이 종교적 구속성은 천년왕국 운동[45]과 달리 유토

---

[44] Max Weber, *Religionssoziologie*, vol. I(Tübingen: Mohr, 1921).

피아적 의식에서 비롯되는 것이 아니라 단지 세계에 존재하지 않지만 그것을 받아들여야 한다는 기본적인 **표현**일 뿐이다. 여기서 세계는 자신의 유일한 역할이 자신의 의무를 수행하는 본질적으로 부정적인 세계로 이해되며, 세계는 그렇지 않으면 인간에 대한 요구를 다시 주장할 것이기 때문에 현실에서도 이런 식이어야 한다. 종교적 유대가 사라진 후에야 공공질서가 전능해져서 세계에서의 도피 형태로만 고독이 가능해진다. 이 과정은 결국 스스로 창조한 이 세계를 경제와 사회라는 일차적인 정의, 즉 창조 당시에는 이런 형태로 존재하지 않았던 세계가 필요하다. 오늘날 우리는 어쩌면 이 공공질서의 자비에 너무 많이 휘둘러서 우리의 분리 가능성조차도 공공질서로부터의 자유로만 정의할 수 있을지도 모른다. 하지만 그렇다고 해서 공공질서가 항상 우선권을 가져야 한다는 뜻은 아니다. "경제 권력 구조"가 너무 압도적이어서 그것을 창조한 정신이 더 이상 그 안에 설 자리가 없을 때만[46] 이데올로기나 유토피아로서의 사유를 이해할 수 있다.

그렇다면 사회학 자체는 애초에 발생할 수 없었던 역사적 순간, 즉 정신에 대한 정당한 불신이 그 고향 상실을 통해 깨어난 순간에 묶여 있다. 사회학은 역사적 학문으로서 역사적 역량의 주어진 한계 내에서만 작동할 수 있다. 정신의 삶을 이데올로기나 유토피아로 환원하는 관점에서만 해석하는 것은 경제적 요소가 삶에서 우위를 차지하여 실제로 사유가 "이데올로기적 상부구조"가 될 수 있고 또 그렇게 되어야만 할 때만 정당화된다. 현실에서 "실제로 경제 권력 구조"의 우위성은 그 자체의 역사를 갖고 있으며 현대 사유 역사의 일부이다. 만하임에 따르면, "공동체 요소가 우세한 전자본주의적 기원의 집단은 전통이나 공통 감성을 통해서만 결속될 수 있다."

---

45 『이데올로기』, 191쪽. 만하임의 견해에 따르면, 의식적으로 그 자신을 어떤 사회 계급에 제휴시킨 사유의 첫 번째에는 천년왕국 운동에서 발생한다. 단지 이 순간으로부터 만하임이 의미하는 유토피아 같은 것이 존재할 수 있다.

46 사회적 사유에 최소한으로 묶인 듯한, 현대 사유의 고향 상실에 대하여는 *Ideologie*, 123쪽과 이후를 참조할 것.

"이러한 집단에서 이론적 성찰은 전적으로 부차적인 중요성을 갖는다. 반면에, 공동체 삶의 유기적 유대에 의해 주로 결합되지 않고 단순히 사회-경제체제에서 유사한 위치를 차지하는 집단에서는 엄격한 이론화가 결속의 전제 조건이다."[47] 사람들이 공동체 안에서 자신의 존재를 더는 주어진 것으로 보지 않을 때만, 개인이 경제적 진보를 갑자기 자신이 완전히 다른 집단에 속해 있음을 깨닫게 될 때만, 이데올로기 같은 것이 타인의 위치에 맞서는 자신의 위치에 대한 정당화로서 발생한다. 오직 이 지점에서만 **의미**에 대한 질문, 즉 자신의 상황에 대한 의심에서 태어난 질문이 발생한다. 세계에서 개인의 위치가 전통이 아닌 경제적 지위에 의해 결정될 때만, 인간은 거주지를 잃은 존재가 된다. 그리고 오직 이 고향 상실에서만 그의 지위의 정당성과 의미에 대한 질문이 나타날 수 있다. 그러나 이 의미 문제는 세계에서 인간의 불안에 대한 초기 경험, 즉 기독교로 거슬러 올라가기 때문에 자본주의보다 오래되었다. 이데올로기 개념, 실제로 이데올로기적 사유라는 사실은 긍정적 요소인 의미 문제를 가리킨다. 이러한 질문을 경제적 삶이라는 '더 근원적인' 실재로 축소하는 것은 세계와 인간 존재의 삶이 주로 경제적 요소에 의해 결정될 때만, 그리고 정신의 삶이 묶여 있는 현실이 근본적으로 사유와 의미에 외재적인 것이 될 때만 가능해진다. 처음에 정신분석적 실재 개념에서 그러했던 것처럼 본래 이것은 사회학의 문제가 아니다. 사회학적 질문의 사회적·역사적 위치에 대한 만하임의 질문을 제기하기 전에, 먼저 우리는 사회학적 분석이 역사적으로 정당한 실존적 상황을 탐구할 필요가 있다.

---

[47] *Ibid.*, pp. 93-94.

쇠렌 키르케고르*

1932

키르케고르는 43세였던 75년 전에 코펜하겐의 한 병원에서 홀로 세상을 떠났다. 평생 그는 악명만큼 명성을 누리지 못했다. 그의 인격과 삶의 방식에 드러난 기이한 특징은 공중의 눈에 추문의 원인이 되었고, 그가 죽은 지 한참 후에야 그의 영향력이 느껴지기 시작했다. 독일을 중심으로 그의 명성의 역사를 쓴다면, 우리는 마지막 15년만 관심을 두겠지만, 그 시기에 그의 명성은 놀랄 만큼 빠른 속도로 퍼졌다. 이 명성은 당대에 부당하게 무시되었던 위대한 인물을 발견하고 뒤늦게 인정한 것 이상이다. 우리는 단지 그를 더 일찍 공정하게 평가하지 못한 것에 대해 보상하고 있지는 않다. 키르케고르는 동시대의 목소리로 말한다. 즉 그는 역사적인 관심에서 자신을 읽는 것이 아니라 매우 개인적인 이유 — 그것은 내 일이다 mea res agitur — 로 자신을 읽는 전체 세대를 대변한다.

---

* 서지사항은 다음과 같다. Hannah Arendt, "Sören Kierkegaard," *Frankfurter Zeitung*, nos. 75-76, 29 January 1932. 엮은이_ 로버트와 리타 킴버가 영어로 번역했다.

키르케고르는 25년 전 — 사망하고 50년 후 — 이라는 짧은 기간에도 독일에서 거의 알려지지 않았다. 한 가지 이유는 이러하다. 즉 크리스토프 슈렘프가 1880년대 후반에 키르케고르의 중요성에 주의를 환기했음에도 불구하고, 그의 작품은 모두 독일어로 번역되지 않았기 때문이다. 훨씬 더 중요한 이유는 독일의 지적·문화적 분위기가 그에게 호의적이지 않았다는 것이다. 각각의 인문학 분야가 세상에 제시한 자기 확신의 끊임없는 외관에는 키르케고르의 불안한 호소가 미끄러져 들어와 그 안일함을 훼손할 수 있는 틈이 조금도 없었다. 낡은 지적 구조를 기꺼이 무너뜨리려는 의지를 가져온 전후가 되어서야 독일은 키르케고르 사상이 뿌리를 내릴 수 있는 토양을 제공할 수 있었다. 니체와 이른바 생철학Lebnisphilosophie, 그리고 베르그송·딜타이·짐멜이 독일에서 키르케고르를 위한 길을 마련했다. 체계적 철학은 니체에 이르러 처음으로 그 근본 교리가 위협받는 것을 알게 되었다. 니체가 낡은 심리학적 가정을 파괴함으로써 실제로 철학자들에게 철학을 하도록 동기를 부여한 철학 외적이고 영적이며 생생한 에너지가 드러났기 때문이다. 철학에 대한 철학자의 이러한 반란은 철학하기 자체의 상황을 해명하고 철학하기가 철학**이었다는** 것을 역설했다. 이 반란은 개인의 주관성이 회복하는 것을 의미했다. 체험철학Erlebnisphilosophie은 이와 더불어 발전했다. 체험철학은 일반화된 관점이 아닌 '체험'에 기초해 구체적인 대상을 이해하려는 시도였다. 이것은 대상을 일반적인 범주에 넣기보다는 대상 자체에 대한 개인적 이해를 요구했다. 여기서 중요한 점은 방법론적 혁신이 아니라 이전에는 철학에 보이지 않거나 파생적인 그림자 존재만을 지녔던 인간 삶과 세계의 차원을 드러낸 것이다.

그래서 독일은 준비된 것처럼 보였지만, 기독교를 통해 자신의 존재를 형성한 사람인 키르케고르의 경우는? 철학의 반란은 기독교와 어떤 관련이 있었을까? 우리가 그의 견고한 기독교적 위치를 생각하고 그런 시각에서 그를 이해하려고 하면 할수록 그의 명성이 뒤늦게 분출된 점은 더욱더 놀랍다. 철학과 기독교 사이의 이런 취약한 연결은 헤겔에 대한 키르케고르의 논쟁에서 구체화된다. 이 논쟁은 특정 철학자에 대한 비판이 아니라 철학 자체에 대한 거부이다. 키르케고르의 관점에서 볼 때, 철학은 자체의 분류학에 너무 매몰되어 있기에 철학하는 주체의 실제 자아를 망각하고 잃어버리며, 자신의 구체적인 '존재' 속에 있는 '개인'을 전혀 다루지 않는다. 헤겔은 실제로 키르케고르에게 가장 중요한 관심사, 즉 바로 이러한 개인과 삶을 평범화한다. 이러한 평범화는 헤겔의 변증법과 종합이 특정한 실존 속의 개인을 중심 주제로 다루지 않고 오히려 개체성과 특수성을 추상화로 다루기 때문에 발생한다.

키르케고르는 헤겔의 정-반-합 교의에 반대해 기독교적 존재의 근본적인 역설을 설정한다. 즉 이 역설은 하느님이나 죽음 앞에 홀로 서 있는 한에 있어서 개인이 되는 것, 그리고 자기 존재가 거부되면 개인으로서 이 자기가 신 앞에 무無인 한에 있어서 더는 자기를 갖지 않는 것이다. 키르케고르의 경우 이 역설은 인간 존재의 기본 구조이다. 헤겔의 경우 정과 반의 역설은 더 높은 수준에서 '조화된다.' 이렇듯 헤겔의 역설은 키르케고르가 "실존"이라고 부르는, 존재에 내재하는 해결 불가능한 역설, 즉 키르케고르의 관점에서 인간의 삶이 뿌리를 두고 있는 역설이 아니다. 키르케고르는 항상 스스로에 대해서만 말한다. 헤겔은 오로지 자신의 체계의 옹호자로서만 말한다. 어떤 의미에서 키르케고르도 일반적으로 말할 수 있지만, 그의 일반적 진술은 일반화가 아니다. 오히려 키르케고르는 "일반성이 단일한 인간 존재에 적용된다는 사실 덕택에 모두에게 적용되는 일반성에서" 말한다. 모든 사람은 개개인이기 때문이다. 키르케고르의 관점에서 볼 때, 헤겔이 역사를 논리적으로 이해 가능한 사건들의 연속 그리고 필연적 경로를 따르는 과정으로 해석할 때, 헤겔은 구체적인 현실과 우연성을 부정하고, 이에 따라 개인을 부정한다. 헤겔에 대한 이런 논박은 모든 철학 체계에 대한 논박이다.

오늘날의 상황은 이러하다. 즉 매우 다양하고 이질적인 사상학파들은 최고의 권위자로 키르케고르에 기대를 걸고 있다. 그들은 모두 급진적 회의주의라는 모호한 근거에서 만난다. 만약 실제로 우리가 자신의 존재와 자신의 과학 또는 학문 분야의 기본 원칙에 대한 절망의 태도를 설명하기 위해 그 창백하고 이제는 거의 의미가 없는 용어를 여전히 사용할 수 있다면 말이다.

그런데도 매우 다양한 진영의 가장 군건한 지지자들은 키르케고르의 기본 개념인 "선택"을 공유한다. 이 개념은 그동안 다소 추상적인 특징을 띠었다. 그러나 개신교와 가톨릭 진영이 모두 키르케고르의 권위를 요구하는 또 다른 이유가 있다. 그 이유는 키르케고르가 지닌 독특하고 주관적인 성격에 있는 것이 아니라 오히려 그가 종교적 존재로서 살았고 살아야 했던 환경에 있다. 키르케고르는 우리 세계와 매우 비슷하게 구성된 세계, 즉 계몽주의에서 시작된 완전히 세속화된 세계에서 산 첫 번째 사상가였다.

그 논쟁 속에서 무조건적인 종교적 삶(예를 들어 슐라이어마허[1]가 살지 않았던 바로 그 종류의 삶)은 오늘날 우리가 사는 세계와 거의 같은 세계를 다루어야 했다. 바울에서 루터에 이르기까지 그리스도인이 세속성과 존재의 세속화에 맞서 자신을 방어했다면, 그가 생각한 '악의' 세계는 우리가 실제로 사는 세계와 근본적으로 다른 세계였다. 현대사회에서 종교적 존재와 같은 그런 것이 전적으로 가능한 한, 우리는 키르케고르를 그 조상으로 삼아야 한다. 개신교와 가톨릭의 차이는 독립적인 무신론적 세계와 같은 세계의 종교적 존재 사이에 열렸던 거대한 심연에 비하면 미약하다. 그러한 세계에서 근본적으로 종교적이라는 것은 하느님 앞에 홀로 서 있다는 것뿐만 아니라 하느님 앞에 다른 누구도 서지 않는다는 의미에서도 혼자라는 것을 의미한다.

키르케고르가 관심을 가진 실존은 자기 자신의 삶이고, 기독교적 역설은

---

1 엮은이_ 프리드리히 슐라이어마허(Friedrich D. E. Schleiermacher, 1768~1834)는 개신교 신학자이며 종교철학자이다.

이러한 그의 삶에서 실현되어야 한다. '개인'은 자신의 자아, 개성, 세속적 가능성을 포기하며, 하느님이란 엄연한 실재는 이것들에 대하여 ─ 사실상 외부에서 ─ 반대한다. 그의 삶은 시작부터 자신의 욕구와 가능성에 의해 결정되지 않고, 하느님에 의해 결정됨의 결과일 뿐이다. 그러나 이러한 '하느님에 의해 결정됨'은 하느님과 가까이 있음과 하느님에게서 멀리 있음 사이 기묘하게 매달려 있다. 일기에서 키르케고르는 자신의 삶에서 결정 요소가 아버지가 저지른 죄였다고 말한다. 그의 아버지는 아직 어렸을 때 신을 한 번 저주했다. 이 저주는 아들의 인생에 결정적이었다. 사실 그는 그 저주를 물려받았다. 작가로서 그에게 유일하게 중요한 과제는 '하느님에 의해 결정됨'이라는 이 모호한 조건을 이해하는 것이었다. 저주인지 축복인지 결코 말할 수 없는 이 취약성은 키르케고르가 레기네 올센과의 약혼을 파기하고, 따라서 '정상적' 삶의 가능성, 즉 '예외'가 되지 않을 가능성을 포기한 이유를 설명한다.

따라서 키르케고르의 삶을 결정한 것은 그의 삶에 고유한 것이나 개인적 삶에만 내재하거나 다른 사람의 삶에 내재한 법칙이 아니라 전적으로 그의 삶에 외재한 것, 이후 경험할 것인 아버지의 저주였다. 그의 관점에서 보면 이 저주는 그 자신이 어린이의 아버지가 되지 않았다면 그가 알 수 없었던 사실에서 그에게 이전되었다. 테오도르 해커[2]가 말했듯이, "우리가 거의 추상적이라고 불러야 할 이러한 가능성이 그에게는 고통이었다." 이 추상적 가능성은 그의 취약성으로 인해 현실 중에서 가장 부담스러운 것이 되었다. 기회는 자기 자신의 외부에 존재하는 것이다. 자기 자신은 이 외부성을 통해서 초월적인 것에 대한 완전한 의무, 즉 하느님만이 의지하는 것에 대한 완전한 의무를 끌어들였다. 이 외부성을 통해 오직 하느님만이 뜻하는

---

[2] 엮은이_ 테오도르 해커(Theodor Häcker)는 1913년에 『키르케고르의 내면의 철학(Søren Kierkegaard und die Philosophie der Innerlichkeit)』을 출판했고, 1922년에 제2판 『키르케고르와 현대의 비판(Søren Kierkegaard, Kritik der Gegenwart)』을 출판했다.

초월적인 의무 전체를 자기 안으로 끌어들이는 자아는 궁극적인 논리와 동일한 심각성, 절대적인 심각성과 함께 수용되는 과정에서, 우연적인 것은 아무리 멀다고 하더라고 하느님 자신이 말하는 마지막 장소가 된다.

이 취약한 삶이 논리를 가장 맹렬하게 고수함으로써만 유지될 만큼, 키르케고르의 구체적인 자아도 같은 정도로 성찰에 대한 잔인한 심리적 중독에 압도된다. 자신의 가능성을 진지하게 받아들이는 것은 강박에 사로잡힌 이러한 성찰을 불러일으킨다. 따라서 그런 가능성을 근절하고 익명의 화신인 '논리'에 지나지 않는 것이 본질적인 과제이다. 그러나 글쓰기는 항상 특정한 사람, 즉 이름을 가진 사람의 산물이며, 작가가 원하는 익명성을 공개적으로, 말하자면 자신의 익명성을 보여주는 증인으로서 실현하려면 익명 뒤에 이름을 숨겨야 한다. 그러나 모든 익명은 저자의 실명을 대신하며 저작 작품을 소유하겠다고 위협한다. 그래서 하나의 익명이 다른 익명의 뒤를 따르고 키르케고르의 작품 중 두 작품이 같은 이름으로 등장한 경우는 거의 없다. 물론 이러한 익명의 변화는 키르케고르 자신이 "빅토르 에레미타"라는 이름으로 『이것이냐 저것이냐 Either/Or』에서 제시한 그 매혹적인 가능성을 미학적으로 보여준다.

물론 키르케고르와 니체는 각기 매우 다른 방식으로 낭만주의의 종말을 알린 인물이다. 그러나 그러한 차이에도 불구하고 차이를 넘어서는 데에는 공통 요소가 있다. 낭만주의자들이 미학적 기회와 가능성의 관점에서 바라본 삶과 세계의 풍요로움은 키르케고르와 니체에게는 미학적 맥락에서 벗어났다. 키르케고르에서는 낭만주의자들이 미학적 가능성으로 보았던 것이 본질적인 실존적 문제가 된다. 내면의 삶과 그것이 부과하는 불가피한 의무의 영역에서 가능성은 현실, 즉 죄의 현실이 된다. 니체에게 예술은 가장 본질적인 도덕과 도덕적으로 징후를 보이는 사실이 된다. 키르케고르는 어떤 의미에서 낭만주의에 대한 속죄이자 복수를 상징한다. 그에게 있어서 낭만주의가 세상의 눈에 자신을 변명하기 위한 구실로 역설적이게도 사용했던 미학적 가능성은 복수를 통해 피할 수 없는 내적 현실이 되고, 실제로 그 자체로 현실이 된다. 키르케고르는 낭만주의가 헌신적인 포기로 쌓인 빚을 자신의 삶으로 갚았다.

프리드리히 폰 겐츠[*]
1932년 6월 9일 서거 100주년을 맞아

1932

> "그는 진리에 대한 열정으로 허위를 잡았다."[1]
>
> 라헬 파른하겐

    위대한 작가가 이보다 더 철저하게 잊힌 경우는 거의 없다. 1830년대 중반 파른하겐 폰 엔제가 겐츠의 삶과 저작을 요약하는 초상화로 그의 기념비를 세웠다. 얼마 후에 구스타프 슐레지어가 겐츠의 저작과 편지 선집[2]을 처음 출판했을 때, 『할레 연보Hallisch Jahrbücher』[3]는 겐츠가 출간한 어떤 것

---

[*] 서지사항은 다음과 같다. Hannah Arendt, "Friedrich Gentz, Zu seinem 100 Todestag am 9 Juni," *Kölnishce Zeitung*, no. 308(8 June 1932). 엮은이_ 로버트와 리타 킴버가 영어로 번역했다.

[1] 옮긴이_ 한나 아렌트, 『라헬 파른하겐: 어느 유대인 여성의 삶』 제5장 「마법, 아름다움, 어리석음」 마지막 단락의 문장이다.

[2] 옮긴이_ 구스타프 빌헬름 슐레지어(Gustav Wilhelm Schlesier, 1810~1881)는 독일의 언론인이자 작가였으며 1838~1840년 프리드리히 겐츠 저서 5권을 편집하여 출간했다.

[3] 옮긴이_ 『독일 과학 및 예술을 위한 할레 연보』는 1838년에 아르놀트 루게와 에른스트 테오도르

도 자신이 마땅히 받아야 할 무관심으로부터 자신을 구출할 수 없었다고 밝혔다. 이 정기간행물에서 주장했듯이, 그가 한물가고 잊혔기 때문에, 그에 대해 반대하는 것은 가치가 없었다. 그리고 루돌프 하임의 훨씬 더 객관적이고 공정한 평가에서 밝혀졌듯이, 겐츠의 "문학적 재능과 정치적 재능의 결합" ― 독일에서는 거의 볼 수 없는 조합 ― 만이 그와 관련하여 후세에게 의미 있는 유일한 것이었다.

우리가 다음과 같은 입장을 고려할 때, 이러한 무시는 더욱 주목할 만하다. 즉 겐츠는 자기 세대의 유일한 구성원이었고, 더 중요하게는 유럽 정치에 적극적인 역할을 한 자기 동아리의 구성원이었다. 그는 1764년 브레슬라우에서 태어나 1780년대 칸트 밑에서 연구한 후 베를린으로 가서 프로이센 공무원으로 활동하기 시작했다. 베를린에서 겐츠는 우선 빌헬름 폰 훔볼트와 친구가 되었고, 헨리에테 헤르츠의 주위에, 그다음에는 라헬 파른하겐의 주위에 모인 동아리에 가입했다. 겐츠는 프랑스혁명을 역사에 대한 철학의 승리로 의식적으로 경험한 세대에 속했다. 그는 동아리의 다른 동료들보다 더 빠르게 혁명에 대한 초기 열정을 영국 헌법의 위상과 역사적 내구성에 대한 지속적인 존경으로 전환했다. 그는 에드먼드 버크의 저작을 최초로 번역했으며, 이를 통해 독일에서 보수주의적 입장의 첫 번째 토대를 마련했다. 겐츠는 1797년 프리드리히 빌헬름 3세가 즉위하자 언론의 자유와 시민이 자신이 선택한 모든 직업을 행사할 수 있는 권리를 요구하는 공개서한을 프리드리히에게 보낸 후 프로이센에서 인기가 급격히 떨어져 더는 승진이 불가능해졌다.

겐츠는 여생을 '전쟁고문관Kriegsrath'으로 보낼 생각이 없었다. 그래서 그

에히터메이어가 창간했으며, 청년 헤겔주의자들의 가장 중요한 잡지였다. 1841년 『독일 연보(Deutshce Jaharbücher)』로 이름이 변경되었고 1843년 출간이 중단되었다. 프로이센에서 출판이 금지되자, 루게는 파리로 이주하여 카를 마르크스와 함께 독일-프랑스판을 출판했으나, 『독일-프랑스 연보』도 1844년 출판이 중단됐다.

는 우선 1802년에 오스트리아 정부에 봉사하는 "자유기고" 작가 — 이후 기술하듯이, "자원봉사자" — 로서 빈으로 갔다. 그 이전에 그는 영국을 여행하여 이미 영국 정치인과 결속된 유대를 강화했다. 그는 작가로서 활동한 보답으로 영국 정부로부터 금전을 받았고, 이때부터 자신이 받아야 했던 비난을 결코 지울 수 없었다.

오스트리아로 돌아온 이후 그의 주요 목표는 나폴레옹에 대항해 유럽 내각을 통합하는 것이었다. 이 시기에 쓴 그의 모든 저작 — 특히 유명한 『유럽 세력균형의 최근 역사에 관한 단편Fragments from the Recent History of the European Balance of Power』[4] — 은 명목상으로는 유럽 국가들을 대상으로 한 주장이지만, 그가 실제로 말하고자 했던 독자는 자신이 아직 접근하지 못한 내각이었다. 1812년 이후 그는 메테르니히의 충성스럽고 헌신적인 추종자이자 오스트리아 회복 정책의 지지자였다. 그는 정부 정책을 정당화하는 글을 썼고, 빈회의 회의록을 작성했다. 그는 빈회의에서 지칠 줄 모르는 중재자이자 메테르니히의 비밀 조언자였다. 그는 칼스바트 회의, 그리고 이후 트라파우 회의와 라이바흐 회의에서 이 역할을 계속 수행했다. 그는 현상 유지 정책의 보수주의적인 대변인이 되었고, 언론의 자유에 대한 가장 신랄한 반대자였으며, 내각 정치 때문에 해방전쟁에 대한 국민의 공헌이 잊히는 것을 보고 싶은 사람들의 가장 지적인 옹호자가 되었다. 어떤 대가를 치르더라도 침착함을 추구하는 메테르니히의 정책은 단지 짧은 승리만을 거두었을 뿐이다. 스페인·이탈리아·그리스의 반란과 프랑스의 7월 혁명은 겐츠 일생의 업적을 환상으로 만드는 것처럼 보였다.

겐츠는 1832년 세상을 떠났다. 이때 그는 자신이 잃어버린 대의를 위해

---

[4] 옮긴이_ 책의 목차는 다음과 같다. 제1장 세력균형의 진정한 수용, 제2장 분할 체제의 도입에 따른 세력균형이 받은 충격에 대하여, 제3장 전쟁 과정에서 정치적 감정의 쇠퇴에 대하여, 제4장 내부 헌법에서 프랑스와 다른 국가들 사이의 관계에 대하여, 제5장 뤼네빌 평화조약과 현쟁 전쟁의 발발 사이 프랑스-오스트리아의 관계, 제6장 전쟁의 기원.

싸웠다는 것을 알았고, "시대정신이 자신과 자신이 봉사했던 사람들보다 더 강하다"는 사실, 그리고 "예술도 정치권력과 마찬가지로 세계의 수레바퀴가 돌아가는 속도를 늦출 수 없다"는 사실을 알았다. 겐츠가 그토록 미워했던 시대정신은 외교관의 기량과 정치가의 권력보다 강했다. 겐츠는 내각 정부를 옹호하면서 두 적과 싸웠다. 둘 중 어느 쪽도 그의 생애 동안 실제로 승리하지는 못했지만, 둘 다 비공식적으로 시대의 삶을 형성했다. 이것은 **자유주의**와 **보수주의**였다.

자유주의와 더불어 "모든 사람이 자신의 이성을 법의 원천으로 간주할 수 있다는 자유주의의 음험한 주장"은 겐츠에게 무정부 상태, 도덕적·정치적 세계 질서의 종말을 의미했다. 겐츠는 이러한 자유주의에 대항해 친구인 아담 뮐러[5]가 낭만주의적인 표현으로 제시한 "비록 평범한 질서일지라도 봉건주의"를 크게 펼쳤다. 그러나 보수주의도 그를 자기편이라고 주장할 수 없다. 겐츠는 보수주의를 단지 개혁의 냄새를 풍기는 모든 것을 은폐하는 포장지로만 사용했기 때문이다. 그는 보수주의를 위해 보수주의를 옹호하지 않고 단지 '균형'을 유지하는 수단으로만 사용했다. 그는 전통과 이성이 균형을 이루는 "안정된 체계"를 창출하기 위해 현상 유지를 영속화하고 역사의 과정을 중단시키려고 노력했다. 그가 특정 국가에 봉사하는 특정한 목표를 달성하기 위해 자유기고 작가로서 삶을 포기했을 때, 그는 현실에 운명을 걸었고 결과적으로 계몽운동과 가능한 "역사에 대한 철학의 승리"에 반대했다. 그러나 그는 자신에게 환상적으로 보였던 낭만주의 세

---

[5] 옮긴이_ 아담 뮐러(Adam Müller, 1779~1829)는 독일의 정치학자이자 경제학자로서 계몽주의의 영향을 받았으나 1805년 가톨릭으로 개종했다. 독일의 대표적인 낭만주의자인 겐츠와 버크의 영향을 받았으며, 전기 낭만주의운동의 중심인물인 슐레겔 형제와 가까웠다. 주요 저서인 『국가학 강요(Die Elemente der Staatskunst)』, 1810)에서 국가유기체설을 주장했다. 국가를 역사적으로 형성된 공동체로 보고 그 속에서 각 신분이 권리와 책임을 나누어 가지고 협력해야 한다고 주장했다. 정치적 낭만주의의 대표적 사상가로 꼽혔다. 오스트리아의 메테르니히가 1818~1827년 라이프치히 주재 영사로 임명했다. 만년에는 귀족의 반열에 올랐다.

계에 대해 단호하게 반대했다. 그는 어떠한 원리도 고취하지 않았지만, 전적으로 "웅장한 구세계"를 위해 모든 노력을 기울였다. 그는 이 세계의 쇠퇴를 목격하고 있었다. 이 "웅장한 구세계"는 유럽이었다. 그는 애국심, 새로운 민족 감정에 영향을 받지 않았다. 이 감정은 신흥 자유주의적 프로이센 애국자들과 죽어가는 봉건주의를 일시적으로 연합하게 하였다.

자유주의자 파른하겐이 겐츠와 처음으로 논쟁을 벌인 것은 우연의 일치가 아니었다. 겐츠는 계몽주의에서 논쟁 방식을 얻었다. 그의 삶의 방식은 초기 낭만주의적이었다. 이러한 두 요인은 겐츠가 현실을 선택했을 때 외면하는 것처럼 보였던 세대, 즉 빌헬름 폰 훔볼트와 프리드리히 슐레겔의 세대에 그를 위치시킨다. 그리고 실제로 겐츠는 오랜 친구들을 완전히 외면한 적이 없다. 즉 라헬 파른하겐이나 파울린 비젤을 외면하지 않았듯이 훔볼트에게도 마찬가지였다. 겐츠는 아담 뮐러와 우정을 유지했지만, 가톨릭으로 개종하지 않았고 그러한 조치에 상응하는 어떠한 내면의 변화도 경험하지 않았다. 겐츠는 빈의 외교계에서 살았을지 모르지만, 자신이 이해받고자 하는 만큼 자유주의적인 지성계에 눈을 돌려야 했다. 그는 이 지성계의 정치적 화신에 맞서 싸웠다. 루돌프 하임이 쓴 것처럼, "그는 계속 미라보처럼 살았으나 버크처럼 생각하기 시작했다." 겐츠의 미덕은 그가 옹호했던 대의가 요구하는 것과는 다른 사람이 될 수 있는 능력에 있었다. 계몽주의자였던 그는 계몽주의의 삶이 계몽주의 정치(당시에는 자유주의 정치)를 필요로 한다는 것을 이해하지 못했다. 그에게 정치는 그저 국가를 이끌고 주민을 통치하는 기술, 즉 자유주의자들이 애호가로서 손을 댔던 기술에 불과했다. 낭만주의자들은 자신의 환상에 사로잡힌 희생양에 불과했다.

겐츠에 대한 모든 비판은 정치가 개성과 원칙의 문제라는 것을 기본 가정으로 삼는다. 그는 정확히 이러한 가정을 받아들이지 않았다. 하인리히 폰 슈타인[6]은 그를 "타락한 마음과 고갈된 두뇌"를 가진 사람이라고 불렀다. 달리 말하면, 그는 겐츠의 정치 원칙 자체를 거부했다. 다른 한편, 슈타인의 친구인 아담 뮐러는 오스트리아의 정치 원칙에 전적으로 동의했지만, 그런데도 항상 "그에게 있는 더 나은 것"에 호소했다. 뮐러의 생각에 겐츠의 원칙은 그의 삶과 조화될 수 없었다. 겐츠는 가장 위대한 이기주의자, "쾌락주의의 살아있는 원칙"(『할레 연보』)으로 여겨졌고, 그의 저작은 대가를 치르는 사람이면 누구나 이용할 수 있는 것으로 여겨졌다. 훨씬 객관적인 묘사에서 그는 때론 18세기의 기사騎士로, 때론 "『루친데Lucinde』[7] 정신의 화신"으로 나타난다. 이러한 비판은 모두 겐츠 성격의 모호성을 가리키고 있지만, 핵심을 놓치고 있다. 이러한 비판은 그런 모호성의 이유를 이해하는 데 실패하고, 그가 '위선자'가 아님을 이해하지 못하기 때문이다. 라헬 파른하겐은 자신이 겐츠의 손에서 경험한 모든 개인적인 실망에도 불구하고 그의 곁에 있었으며, 자신이 겐츠의 놀라운 '순진함'에 대해 반복해서 말할 때 이를 인식했다.

겐츠는 생애 말년에 자신의 정치 활동에 대해 진심으로 사과하는 글을 썼다. 그는 젊은 시절 매우 깊이 사랑했던 여성인 아말리 임호프의 힐난에 "정치적 고백"으로 화답했다.

그는 다음과 같이 썼다. "세계 역사는 구세계에서 신세계로의 지속적인 전환이다. 이 끝없는 사물들의 순환에서 모든 것은 그 자신을 파괴하며, 무르익은 과일은 자신을 생산한 식물로부터 떨어진다. 그러나 이 순환이 존재하는 모든 것의 급속한 소멸, 더 나아가 정당하고 좋은 모든 것의 급속한

---

6 옮긴이_ 하인리히 폰 슈타인(Heinrich von Stein, 1757~1831)은 독일 정치가이다. 슈타인 개혁으로 알려진 개혁 정책을 단행했다. 10월칙령으로 농노제 폐지를 선언했다. 도시 조례를 공포하여 도시 자치를 보장했다. 또 내각제를 확립하려고 했지만 결국 파면당했다. 그 후 오스트리아와 러시아 황제의 고문이 되었다. 빈회의(1814~1815)에는 러시아 황제의 고문 자격으로 참가하였고, 민족주의에 기초해 유럽을 개조할 것을 제안했다. 독일이 민족 통일이 될 것을 기대했지만 그 실현을 보지는 못했다.

7 엮은이_ 프리드리히 슐레겔이 쓴 자유연애 소설. 옮긴이_ 비관습적이고 자유로운 연애관을 옹호한다는 이유로 비도덕적 소설로 비난받았으나 오늘날에는 낭만적 사랑을 보여주는 작품으로 평가받기도 한다. 우리말 번역본 서지사항은 다음과 같다. 프리드리히 슐레겔 지음, 이영기 옮김, 『루친데』(파주: 문학동네, 2020).

소멸로 이어지지 않는다면, 새로운 것을 도입하기 위해 노력하는 다수의 사람, 궁극적으로는 항상 더 많은 수의 사람과 함께, 고정된 둑 안에 이미 담겨있는 물을 유지하고 시대의 신선한 물을 담으려고 하지만, 이것들을 완전히 억제할 수 없거나 억제하고 싶지 않은 소수의 사람이 있을 것이다. 우리 시대와 같은 거대한 시민적 격변의 시대에 이 두 당사자 사이의 경쟁은 열정적이고 과도하며 종종 거칠고 파괴적인 성격을 띠게 된다. 그러나 이 원칙은 동일하며, 양측의 더 뛰어난 세력은 상대방의 어리석음과 오류를 방지하는 방법을 알고 있다. 나는 25세가 되었을 때 선택을 했다. 일찍이 나는 최근 독일철학에 영향을 받았고 의심할 바 없이 정치학 분야에서 아마도 새로운 발견에 영향을 받았지만 — 당시에는 여전히 나에게 매우 낯설었다 — 나는 프랑스혁명의 발발로 내 역할이 무엇인가를 완전히 명확하게 인식했다. 나는 처음에는 자연이 나에게 부여한 성향과 능력 덕분에 내가 낡은 것의 수호자이자 혁신의 반대자가 되라는 부름을 받았다고 나중에는 이해하고 알게 되었다."**8**

겐츠는 현실에서 자신에게 부여된 역할에 호소함으로써 자신을 정당화하지만, 동시에 이러한 자기 정당화에서 자신이 확실한 역할을 한 세계와 거리를 둔다. 그는 세계에 대한 순수한 관찰자로서 세계에 자신의 자리를 할당한다. 그는 어떤 대의명분이 아니라 오직 자신 또는 자신이 수행한 역할을 설명하려고 한다.

누구든 세계에서, 즉 현실에서 자리를 발견하는 데 성공할 수 있는지는 겐츠의 세대를 형성하는 데 영향을 미친 초기 낭만주의가 제기한 기본 문제들 가운데 하나이다.

현실에서 환상의 제거, 무한한 가능성에서 발휘하는 상상력의 농탕弄蕩은

---

8   옮긴이_ 이 편지의 출처는 다음과 같다. Paul R. Sweet, *Friedrich von Gentz: Defender of the Old Order*(Madison, Wisconsin: The University of Wisconsin Press, 1941), "22. Gentz the Man," pp. 293-294. 바드대학 도서관에서 공개한 pdf 파일에는 아렌트의 확인 부분이 있다.

프리드리히 슐레겔의 삶에서 파멸의 원인을 밝힌다. 반면에 비록 실험의 형태일지라도 세계와의 진정한 교류는 훔볼트[9]에게 성공의 기회를 제공했다. 훔볼트는 자신과 세계를 실험하면서 자신과 순수한 상상력의 충동으로부터 자유로워졌기 때문입니다. 훔볼트는 자신을 놀라게 할 기회를 세계에 제공했다. 겐츠는 즉시 직접 세계에 자신을 제공했으며, 세계는 그를 사로잡았다. 그의 쾌락주의는 세계가 그를 사로잡도록 그에게 열려 있던 가장 급진적인 방식일 뿐이었다. 실제로 그 자신과의 관계는 "자신을 즐기는" 관계였다. 그 자신의 자아조차도 통제할 수 없지만 굴복할 수 없는 현실이었다. 그의 "가장 큰 덕목"은 "자기 자신을 즐기는 것"이었다. 이런 완벽한 수동성이 그가 "『루친데』정신의 화신"이라고 불릴 수 있었던 이유이다.

겐츠 자신은 이러한 세계에 사로잡힘을 자신의 "무한한 수용성"이라고 불렀다. 그는 다음과 같은 내용으로 라헬 파른하겐에게 편지를 보냈다. 즉 "그대여, 우리가 왜 그토록 거대하고 완전한 관계를 발전시켰는지 아십니까? 당신은 무한히 생산적인 존재라오. 그리고 나는 무한히 수용적인 사람이오. 당신은 훌륭한 남성이오. 나는 지금까지 살았던 모든 여성 중에서 가장 여성적이오. 내가 육체적으로 여성이었다면 세상을 내 발밑에 두었으리라는 점을 안다오. …. 이 놀라운 사실을 생각하지요. 나는 나 자신의 존재로는 가장 애처로운 불꽃조차도 발화시킬 수 없다오. … 나의 수용성에는 전혀 한계가 없다오. 끊임없이 활동하고 끊임없이 열매를 맺는 당신의 영혼(당신의 정신만이 아니라 당신의 영혼, 모든 것)이 이 무한한 수용성에 부딪혔고, 그래서 우리는 이전에 들어본 적 없는 이념과 감정, 사랑과 언어를 탄생시켰다오. 사멸하는 존재는 우리 둘이 알고 있는 것을 전혀 알지 못하오." 양성을 가진 인간이 완벽한 인간이라는 생각, 『루친데』에서 우리에게 친숙한 이

---

9 옮긴이_ 훔볼트(Karl Wilhelm von Humboldt, 1767~1835)는 독일의 언어철학자 · 외교관 · 철학자이다.

념이 여기에 실제적이고 구체적인 형태로 나타난다. 이 "연애 사건"이 완성되었다면, 겐츠는 현실 세계에 대항하여 제2의 독립된 세계를 붙잡을 가능성을 발견하고 현실로부터 자신을 고립시키는 방법을 창조했을 수도 있다.

프리드리히 슐레겔이 가톨릭을 통해서 더 큰 세계로의 접근로를 발견했을 때, 그는 당대의 정치적 사건과 자신의 관계를 "관여적인 참여적 사유"의 관계라고 불렀다. 비슷한 맥락에서 겐츠는 자신의 **참여적 지식**을 자신의 최고 성취로 강조했다. "나는 **모든 것**을 알고 있다. 지구상에 있는 누구도 내가 현대사에 대해 아는 것을 전혀 모른다." 이러한 발언 그리고 이와 유사한 발언은 겐츠에게 반복해 나타난다. 그러나 그 자신은 이렇게 말했다. 즉 나는 "무엇으로도 즐겁지 않았으며, 대신 매우 차갑고 무뚝뚝했고, 나는 거의 모든 사람의 우매함을 경멸하고 나 자신의 (지혜는 아니고) 총명함, 통찰력, 예리하고 심오한 이해력을 조롱했으며, 이른바 위대한 역사적 사건이 결국 그토록 우스꽝스러운 결론에 이르렀다는 사실에 미친 듯이 기뻐했다. 그가 정치에 완전히 관여하는 한, 이러한 맹목적인 태도는 그를 떠나지 않았다." (그것은 그가 무용수인 파니 엘슬러에 대한 열정에 완전히 사로잡혔던 그의 생애 말년에야 사라졌다.)

그러나 여전히 그를 계속 '세상의 일'로 끌어들이는 것은 무슨 일이 일어나고 있는지 알 수 있을 가능성 때문이었다. 비록 지식의 형태로만 세계에 참여하고 세계의 증인이 되는 것은 낭만주의자들에게 가능한 가장 큰 기회인 것 같았다. 프리드리히 겐츠는 그것을 위해 자신의 철학적 견해, 지위, 작가로서의 명성을 희생했다. 실제로 알아야 할 모든 것을 아는 데 성공한 그의 성공은 그를 떠났다. 그는 정치적 삶에서 달성하고자 했던 모든 것을 파괴하는 데 궁극적으로 무관심했다. 확고한 신념이나 확고한 관점이 아닌 모든 구체적인 것으로부터 거리를 두는 것에서 그는 아말리 임호프에 대한 사과를 마무리하면서 다음과 같은 문장으로 끝을 맺는다. "성공한 대의는 신을 기쁘게 하지만, 실패한 대의는 카토를 기쁘게 한다Victrix causa deis placuit, sed victa Catoni."**10**

---

10 옮긴이_ 이 문장은 아렌트의 다음 저작에 제사로 인용되었다. Hannah Arendt, *Lectures on Kant's Political Philosophy*, ed. Ronald Beiner(Chicago: The University of Chicago Press, 1982); 김선욱 옮김, 『칸트 정치철학』(파주: 한길사, 2023). 책의 내지 제목 앞부분에 있다.

베를린 살롱*

1932

> "사랑스럽고 친절한 레비 양,
> 나는 오늘 저녁 6에서 7시 사이에 당신 집에 들러
> 두 시간 동안 당신과 함께 논의하고 이야기를 나누려고 하오.
> ─ 나는 겐츠에게 당신은 가장 고통스러운 생각에서도
> 부드러운 감정이 남아있을 만큼 사람들에게 아주 온화하고 고통 없는
> 감금을 제공한 도덕적 산파라고 말했소. ─
> 그때까지 잘 지내오."
>
> 루이스

레비 양은 라헬 레빈Rahel Lewin이다. 그녀는 당시 '사랑스러운 레비'로 알려졌고, 이후에 라헬 파른하겐 또는 간단히 라헬로 불렸다. 루이스는 프로

---

* 서지사항은 다음과 같다. Hannah Arendt, "Berlin Salon," *Deutscher Almanach für das Jahr 1932*(Leipzig). 엮은이_ 로버트와 리타 킴버가 영어로 번역했다.

이센 왕자 루이스 페르디난트이다. 이 은밀한 메모와 수많은 편지를 가능하게 한 사교계는 바로 '베를린 살롱'으로 알려졌다.

이 베를린 사교계의 삶은 그 유래가 짧고 지속 기간도 짧았다. 그것은 '사회적 중립성'을 설명하는 계몽주의 시대의 '학구적인 베를린'에서 생겨났다. 사교계의 삶은 그 효과적이고 대표적인 형태에서 프랑스혁명부터 1806년 불행한 전쟁이 발발할 때까지만 지속되었다. 대체로 프리드리히 시대[1] 계몽주의의 산물인 이 사교계가 다소 시대에 뒤떨어져 있었다는 사실은 그 독특한 고립과 결과적으로 그 사적인 성격의 이유를 밝힌다. 사교계는 일상의 삶에서 어느 정도 공적 측면을 갖는 두 계급, 즉 배우와 귀족을 포함한다. 배우와 귀족은 신분으로 양극단을 이루며, 부르주아 계급은 그 사이에 서 있고 보기에 따라 두 집단에서 배제된다. 그러나 이제 더욱 강력한 부르주아 계급은 두 계급을 자신에게 전용하기 시작할 것이다. 이러한 양상은 교육과 세계에서의 적응을 바로 이 두 집단에 빚지고 있는 빌헬름 마이스터의 묘사에서 분명하며, 부르주아 가정교사에게 자녀 교육을 맡기는 귀족의 관행에서도 분명하다. 여성인 헨리에테 헤르츠가 당연히 살롱이라고 불릴 수 있는 최초의 베를린 사교계를 이끌었으며, 베를린의 계몽주의 교육자인 요아힘 하인리히 캄페에게 교육받은 훔볼트 형제,[2] 그리고 프리드리히 슐라이어마허[3]가 가정교사로서 가르친 도나 백작이 이 사교계에 참여한 것은 우연이 아니었다.

---

1   옮긴이_ 프리드리히 2세(1712~1786)는 제3대 프로이센 국왕으로 재위 시기는 1740년 5월 31일부터 1786년 8월 17일까지이다. 뛰어난 군사적 재능 그리고 합리적인 국가 경영으로 프로이센을 당시 유럽 최강의 군사 대국으로 성장시켰고 예술적 재능까지 겸비하여 계몽전제군주의 전형으로 여겨진다.
2   옮긴이_ 빌헬름 훔볼트(Wilhelm von Humboldt, 1767~1835)와 알렉산더 훔볼트(Alexander von Humboldt, 1769~1859)는 베를린에서 태어나 성장했다.
3   옮긴이_ 슐라이어마허(Friedrich Ernst Daniel Schleiermacher, 1768~1834)는 독일의 프로테스탄트 신학자이자 철학자이며, '근대 신학의 아버지'라고 불린다. 그는 마르크스 헤르츠의 살롱에 출입하면서 알게 된 낭만주의자들의 영향을 받아 『종교론』(1799)을 썼다.

살롱은 사회적으로 중립적인 장소였기 때문에, 애매한 사회적 지위에도 불구하고 놀라운 속도로 당시 사회 상황에 적응하고 있던 베를린의 유대인들은 살롱에 접근하기 수월했다. 유대인들은 사회적 유대 관계의 모든 관습에서 벗어날 필요가 없었다. 그들은 처음에는 사회 밖에 존재하고 있었다. 그리고 유대인 남성은 직업 때문에 어느 정도는 제약을 받았지만, 유대인 여성은 해방된 후에는 오늘날 상상하기 어려울 정도로 모든 관습으로부터 자유로웠다. 이러한 유대인의 주택은 지성계의 만남 장소가 되었으며, 그 주인은 이런 사실로 인해 위험에 노출되거나 존경받는다고 느낄 필요가 없었다.

1780년대 헨리에테 헤르츠가 창립한 미덕동맹Tugendbund은 여전히 완벽하게 계몽주의의 산물이었다. 훔볼트 형제, 알렉산더 폰 도나, 카를 드 라 로슈, 브렌델 바이트, 그리고 프리드리히 슐레겔의 예비 아내인 도로테아 멘델스존 바이트가 이 미덕동맹에 참여했다. 헨리에테 헤르츠의 젊은 시절 친구였던 브렌델 바이트를 제외하고, 그들은 모두 마르쿠스 헤르츠의 제자였으며 강의를 들으러 그의 집을 정기적으로 방문했다. 두 여성이 연장자로서 상담자 역할을 했다. 미덕동맹은 미덕 추구와 모든 '선한' 인간의 평등을 전제로 설립되었다. 모든 선한 인간의 평등한 권리에 대한 이러한 생각이 먼저 우리가 전형적으로 낭만주의적이라고 간주하게 된 일종의 무분별한 행동을 초래했다는 점을 주목하는 것이 중요하다. 예컨대, 미덕동맹의 모든 구성원은 중요한 편지, 심지어 다른 구성원에게 알려지지 않은 개인의 편지라도 서로에게 보여줄 의무가 있었다. 우리가 카롤린 폰 다헤뢰덴를 통해 알듯이, 이 규칙이 필요한 이유는 다음과 같다. 즉 "우리에게 비밀을 맡긴 사람들이 우리를 아는 것만큼 자신을 안다면 단체의 다른 구성원들에게도 쉽게 그 비밀을 맡길 것이다." 빌헬름 폰 훔볼트의 약혼녀인 카롤린은 레싱에 대한 피상적 이해로 개인을 이같이 축소하는 것에 강하게 반대했고, 곧 빌헬름이 이 미덕 숭배 집단을 떠나도록 설득했다. 미덕동맹은 급속히 허물어졌다. 도로테아는 프리드리히 슐레겔과 예나로 갔다. 빌헬름 폰 훔볼트는 약혼으로 그 단체에서 멀어졌다. 도나는 헨리에테 헤르츠의 개인적 친구로 남았다. 도나는 헤르츠를 통해 슐라이어마허와 알게 되었다. 그러나 미덕동맹의 분위기가 어떠했을 것인지는 프리드리히 슐레겔이 몇 년 후 캐롤라인에게 다음과 같이 한 말에서 알 수 있다. "슐라이어마허와 헨리에테 헤르츠의 관계는 그 자신과 나 그리고 우리의 우정을 망치고 있다오. … 그들은 서로의 허영심을 부풀린다오. 거기에는 진정한 자부심은 없고 마치 야만적인 주먹에서 나오는 것같이 어리석은 도취만이 있을 뿐이오. 그들은 아무리 사소한 것이라도 미덕을 실천하는 데에 자신을 뽐냈소. 슐라이어마허의 마음은 오그라들고 있다오. 그는 무엇이 진실로 위대한지에 대한 감각을 잃고 있다오. 요컨대, 이 빌어먹을 사소한 감정에 뒹굴고 있는 것이 나를 미치게 만든다오!"

    미덕동맹이 결성되고 4~5년이 지난 이후, 라헬 레빈의 명성이 중대되기 시작했다. 그녀의 동아리는 처음으로 계몽주의에서 벗어나 괴테에 대한 존경심으로 자신만의 표현 방식을 찾는 새로운 세대의 의식을 드러냈다. 라헬은 베를린에서 낭만주의자들의 괴테 숭배와 근본적으로 다른 괴테 숭배를 시작했다. 슐레겔 형제와 카롤린 슐레겔이 중심 역할을 하는 예나 사교계에서 모든 회원이 자신과 다른 모든 사람을 천재로 생각하고 괴테가 천재의 원형이고 표준이라고 생각한 것이 예나 사교계의 특징이었다면, 베를린 사교계에서 괴테의 역할은 오직 그가 다른 사람들이 느끼는 것을 표현했다는 것뿐이었다. 즉 괴테는 그들의 대변인이었다. 괴테의 정신에 고취된 매우 다양한 계급과 개성을 지닌 사람들이 라헬의 집에 모였다. 그들은 "왕족, 외국 대사, 예술가, 학자, 각계각층의 사업가, 백작 부인, 여배우들이 모두 같은 열정으로 경쟁하는 가입을 위한 동아리를 결성했다. 그 동아리에서 그들은 각기 자신이 계발된 개성으로 확립할 수 있었던 것보다 더 많지도 적지도 않은 가치를 얻었다." 그런 까닭으로 베를린 주재 스웨덴 대사인 브링크만은 라헬 사망 이후 파른하겐[4]에게 편지를 보냈다. 그 당시 수용 조건은 "배양된 개성"이었다. 이 조건은 처음부터 살롱 회원 자격이 업적이나 사회적 지위에 따라 주어질 수 있다는 생각을 배제한다. 1790년대에 라헬의 '더그매(다락방; attic)'를 자주 방문했던 사람들을 검토해본다면, 우리는 가능성의 범위가 얼마나 넓었는지 알 것이고, 아울러 어느 정도까지 라헬의 감식안goût만으로 그들을 하나로 묶어낼 수 있는가를 알 것이다. 유대인 의사 다비드 바이트와 함께 브란덴부르크 귀족 폰 부르그스도르프가 있었다. 그는 옛날부터 귀족의 특권으로 여겨졌으나 지금은 자기계발의 일환으로 새로운 가치를 획득한 그런 세련된 애호 정신으로 시간을 보냈다. 궁정 사회에 속한 페터 폰 구알티에리는 글을 쓴 적이 없었고 자신의 개인적인 매력 — 환영받는 사교적 재능 — 이외에는 아무것도 제시하지 않았다. 라헬은 그를 "헛된 네 사람" 가운데 하나로 꼽았다. 구알티에리는 어떻게 그녀에게 접근하는 길을 찾았는가? "그는 내가 이전에 알았던 그 누구보다 더 높은 수준의 고통을 경험할 수 있었다. 그는 도저히 견딜 수 없었기 때문이다." 이 한 가지 우수성만으로도 충분했다. 그리고 수줍음과 풍자, 말로 표현하기 힘든 깔끔함, 그리고 가장 진지한 것도 가볍고 섬세하게 보이게 만드는 매력을 지닌 젊은 건축가 한스 게넬리가 있었다. 그리고 모두에게 사랑받는 유명한 여배우 운첼만, 슐레겔이 언급한 "그렇게 과장되고 배타적으로 아름답지 않다면 분명히 더 아름다웠을 영혼"인 헨리에테 멘델스존, 남편을 떠나 18년 동안 평민과 살았던 보헤미안 백작 부인 조세핀 파흐타, 사생아를 임신했기에 라헬과 가끔 남자 옷을 입고 파리로 여행한 카랄린 슐라브렌도르프 백작 부인이 있었다, 그리고 프리드리히 겐츠, 루이스 페르디난트 왕자의 연인 파울린 비젤, 겐츠의 연인이자 배우인 크리스텔 아

---

[4] 엮은이_ 카를 아우구스트 파른하겐(Karl August Varnhagen, 1758 출생)은 나폴레옹 이후 프로이센에서 자유주의 외교관이었다. 그는 아내인 라헬의 편지와 일기를 편집함으로써 세상에 알려졌다.

이겐자츠, 프리드리히 슐레겔, 슐라이어마허, 훔볼트, 장 폴, 그리고 기타 주요 인물들도 가끔 등장했지만, 이들은 동아리의 분위기와 성격을 대변하지 않았다.

사회적 전통이 흔들린 사람들에게 독학이 필수적이었다. 부르주아 개인교사들로부터 계몽되고 자신들이 속한 계급의 이상으로부터 소외되었고, 그래도 동시에 중간계급의 이상과 손잡을 수 없었던 젊은 귀족뿐만 아니라 근래에 해방됐지만 새로운 전통을 형성할 시간이 아직 없었던 유대인들도 이러한 이탈 과정에 빠져들었다. 결과적으로 그들은 모두 자신들만의 삶에 의존했다. 이 살롱에서 상세히 기록된 여성에 대한 존경과 존중은 사적 삶, 즉 본래 남성보다 여성에게 더 적합해 보이는 영역을 중대하게 여긴 결과이다. 그리고 이것은 슐레겔의 『루친데』에서 거의 부끄러움을 모르는 방식으로 공중에게 노출되었다.

처음에 이러한 무분별한 행동은 헨리에테 헤르츠의 미덕동맹에서 명백한 이상, 즉 미덕에 의해 인도되었다. 그러나 빌헬름 폰 훔볼트의 경우 이 이상은 "흥미로운 인간"에 대한 관심과 완전히 동떨어져 있다. 그런데 1790년대에 이러한 관심은 일반화되었다. 따라서 친밀한 모든 것은 공적인 성격을 갖게 되었다. 즉 공적인 것은 모두 친밀한 것이었다. (오늘날에도 우리는 공적인 방식과 사적인 방식을 동시에 사용하여 그 당시 유명해진 여성의 이름을 라헬·베티나·캐롤라인이라고 부른다.) 사적인 삶에는 친밀감이라는 요소가 부족하고, 사적 삶 자체가 공적이고 객관적인 특성을 획득했기 때문에, 누구든 무분별할 수 있다. 그러나 그렇게 해서 친밀감의 영역에서 강제로 제거되는 것은 개인의 인격이나 개체성이라기보다는 그의 삶이다. 라헬은 빌헬름 폰 훔볼트와 매우 흡사하게 "그러나 나에게는 삶 자체가 과제였다"라고 밝혔다. 훔볼트는 자서전에서 자신의 "진정한 영역은 삶 그 자체"라고 스스로 밝힌 바 있다. 자신의 삶, 즉 기록될 수 있는 자료를 일련의 객관적 사건 — 이것들이 무엇이든 — 으로 만드는 그런 개인적 역사성은 이러한 태도에서 생겨난다. 라헬과 함께 개인의 객관화를 '운명'이라고 부르면, 오늘날 우리가 당연하게 여기는 이 범주가 얼마나 상대적으로 현대적인지 알 수 있다. 운명은 자신의 삶이 역사화되는 곳, 즉 라헬이 말했듯이 "자신이 어떤 운명을 갖고 있는지를 알 때"이다. 그러한 역사화된 삶의 가장 고귀한 예는 「위대한 고백의 단편Fragments of a Great Confession」[5]인 괴테의 작품이다. "나에게 괴테와 삶은 항상 하나다. 나는 그 둘 모두를 위해 노력하고 있다."

개인적 삶에 대한 이러한 관심 속에서 그런 삶의 소유자는 잊혀진다. 그러므로 차별이 없는 사실이다. 예컨대, 우리는 그 결과로서 라헬이 레베카 프리드랜더[6]와 함께 주고받은 어떤 서신, 즉 셀 수 없이 많은 친밀하고 자질구레한 사항이 담긴 광범위한 서신을 갖게 되었다. 이 서신에서 라헬 자신은 프리드랜더를 "가식적이고 부자연스럽게 영혼이 가난한 사람"[7]으로 묘사했다. 그러나 가난한 영혼을 지닌 이 사람은 불행했고, 그녀의 불행과

---

[5] 옮긴이_ 괴테는 한때 지인인 외저(Oeser)에게 그리스 미술과 비란트(Wieland)의 소설을 소개받았을 때, 로코코 양식의 서정시와 노래 모음집을 여러 편 썼다. 괴테는 나중에 이를 "위대한 고백의 단편"이라고 불렀다.

[6] 남편인 파른하겐이 편집한 서간집 『라헬, 추억의 책(Rahel, ein Buch des Andenkens)』에서 레베카 프리드랜더에게 보내는 편지는 "Frau v. F."에게 보낸 편지로 확인된다. 유대인 여성에게 '폰(von)'이란 칭호를 가능한 한 빨리 붙이는 것은 파른하겐의 암호화된 서간집 편집에서 일반적인 관행이었다. 예를 들어 헨리에테 헤르츠는 "Frau von Bl"로 나타난다. 더 흔한 습관은 언제 또는 누구에게 쓴 편지인지를 밝히지 않고 편지에서 발췌한 것이다. 이로 인해 특정 상황에 대한 언급이 "일반적 생각"인 것처럼 보이게 된다. 이것은 명백히 원래 의도를 왜곡하고 해석을 더욱 어렵게 한다.

[7] 파울린 비젤에게 보낸 미공개 편지에서 인용했다. 라헬의 유일한 친구였던 파울린 비젤과 주고받은 편지는 베를린 국립도서관에 비공개로 보관되어 있으며, 파른하겐은 이를 출판하기 위해 준비하지 않았다. 그 이유 중 하나는 1830년대에 파른하겐이 이렇게 생각했기 때문이다. 그녀를 둘러싼 수많은 스캔들에도 불구하고 여전히 모든 사람의 사랑을 받았던 이 거부할 수 없는 "그리스 신들의 세계에서 온 유령"과 라헬의 우정은 파른하겐이 받침대를 놓으려고 했던 라헬의 기억에 곤혹스러워 보였다. 물론 그는 그녀의 이름도 암호화할 수 있었고 실제로 출판된 몇몇 편지에서 "Frau v. V."와 같이 그렇게 했다. 이 편지들을 억제한 이유는 라헬이 그 편지들, 특히 1820년대의 편지들에서 그가 세상에 보여주고 싶어 했던 것과는 아주 다른 인물이 등장한다는 것이었다. 이 편지는 또한 파른하겐의 결혼이 실제로 편지의 출판된 구절에 투영된 그림과 일치하지 않았음을 보여준다. 파른하겐은 여기에서 클레멘스 브렌타노의 편지와 마찬가지로 덜 엄격하게 진행했으며, 여기에서 자신에게 불리하게 반영될 수 있는 모든 것을 뭐든 삭제했다.

고통은 말하자면 그녀 자신보다 더 현실적이었다. 유일한 "위로"는 일어난 일이 전달될 때 보존된다는 것이다. "위로란 무서운 것이다!" 라헬은 프리드랜더에게 보낸 편지에서 이렇게 밝혔다. "그러나 가장 동정적인 마음에 당신의 고통을 전달하는 것이 당신의 임무다." 이런 식으로 우리는 자신에 대한 증인, 모든 공적 존경심이 사라졌을 때 자신의 현실을 입증할 수 있는 증인을 얻을 수 있다. "**이것이** 당신이 경험한 공포에 대한 위로가 되게 하오. 그것은 당신의 존재에 대한 사랑의 증인이 되는 생명체가 있다는 것이오. …" 증언하는 것은 다른 사람의 삶에 대한 진정한 공감의 형태를 취한다. 많은 삶과 사건의 증인이 됨은 이러한 무분별한 행동과 살롱 사교계 자체에 대한 유일한 정당화이자 진정한 기원이다.

1806년의 재앙은 이 사교계에도 재앙이었다.[8] 일반적인 불행의 양상인 공적 사건은 더 이상 사적 영역에 흡수될 수 없었다. 친밀한 것은 다시 한 번 공적인 것에서 분리되었고, 친밀한 것에서 '이미 알고 있는' 것은 세상 이야깃거리가 되었다. "진정한 감식안을 줄 수 있는 상상의 낭만주의자로서 사회적 지위 없이도 살아갈 가능성!"[9]은 상실되었다. 라헬은 자신이 아닌 다른 것을 대변하지 않고는 다시 대표적인 집단의 중심이 되는 데 성공하지 못했다. 1808년 초에 훔볼트는 베를린에서 아내에게 라헬이 완전히 고립되었다는 내용의 편지를 보냈다. 라헬은 1818년에 파울린 비젤에게 이렇게 썼다. "우리가 모두 함께 있었던 시대는 어떻게 되었소? 그것은 1806년에 침몰했고, 인생의 가장 아름다운 보물, 인생의 가장 큰 기쁨을 실은 배처럼 침몰했다오."

살롱은 단순히 존재하지 않았다. 즉 살롱은 단지 다양한 사람들, 지위와 이름을 가진 사람들을 중심으로 형성되었다. 이들 가운데 가장 잘 알려진

---

8 엮은이_ 이 해가 나폴레옹이 베를린에 입성한 해이다. 신성로마제국의 종말을 나타냈다.
9 파울린 비젤에게 보낸 출간되지 않은 편지에서 인용한다.

살롱은 슈테게만 추밀고문관, 보스 백작 부인, 그리고 라지월 왕자, 아담 뮐러,[10] 하인리히 폰 클라이스트, 빌헬름 폰 훔볼트, 아힘 폰 아르님, 페르디난트 폰 쉴의 살롱이었다. 모임은 비밀 애국주의 연맹의 성격을 띠었으며, 따라서 매우 배타적이었다. 토지 귀족과 더불어 고위 관료와 노년 세대가 다시 전면에 등장한 것은 이 회합의 전형적인 특징이었다. 그때까지 관료들은 베를린의 유대인 살롱과 사회적으로 경쟁할 수 없었다. 아담 뮐러는 이 구세대와 이들의 보수주의를 위한 지적 분위기를 조성했다. 아르님·뮐러·클레멘스 브렌타노 ― 1780년경에 태어나 라헬 동아리보다 10~15년 어린 낭만주의 젊은 세대 ― 는 1808년 이후 베를린 사교계 지형의 윤곽을 분명하게 했다. 그들은 새로운 살롱의 뚜렷한 정치적 성격을 유지하는 과정에서 단순한 살롱에 만족하지 않았다. 대신에 그들은 동아리 구성원들을 더 가깝게 만들 수 있는 형태를 모색했다. 이러한 방향의 첫 번째 시도는 젤터의 합창협회Singakademie였다. 이 단체에서는 "존경받는 베를린 사교계의 모든 계급의 남성들이 함께 모여 노래 예술과 국가적 이상을 발전시켰다."[11] 이것이 바로 독일에서만 볼 수 있는 애국심과 남성 합창단Liedertafel이라는 혼합체의 기원이다. 그러나 원래 이러한 결합은 사실상 정치 클럽이 검열을 회피하도록 하기 위한 변장에 불과했다. 빌헬름 폰 훔볼트는 1810년에 다음과 같이 썼다. "나는 오늘 젤터의 합창협회에 갔지만, 그곳의 상황은 너무 심각해서 어떤 노래도 부를 수 없었다."

기독교-독일식탁협회Christlich-deutsche Tischgesellschaft는 합창협회의 직계 후손이었으며 같은 인물 중 일부를 회원으로 받아들였다. 아르님이 이 모임을 설립했다. 브렌타노·클라이스트·아담 뮐러는 귀족, 군대와 관료 고위층과 함께 이 단체에 속했다. 이것은 이상한 과도기적 조직을 산출했는데

---

10 엮은이_ 아담 뮐러(Adam Müller, 1779~1829)는 아르님과 브렌타노의 낭만주의 세대에 속했다. 영향력 있는 정치적 보수주의자로서 그의 저술들은 초기 나치 옹호자들에 의해 부활되었다.
11 Reinhold Steig, *Kleists Berliner Kämpfe*, p. 14.

여기에서 낭만주의와 프로이센적인 요소가 짧은 기간 동안 밀접하게 함께 하는 이상한 과도기적 조직을 탄생시켰다. 식탁협회는 규칙을 제정했고 거의 클럽과도 같았다. 여기에서 낭만주의적 요소는 특이한 제도를 통해 표현되었다. 매번 회의마다 "애국적인 충성심과 용기를 보여주는 상대적으로 알려지지 않은 사건을 설명하는" 진지한 이야기를 읽는 것이 규칙이었다.[12] 이 이야기 바로 뒤에는 같은 이야기를 다시 말하면서도 풍자적이거나 기괴한 반전을 가한 익살스러운 이야기가 나왔다. 그 단체는 진지한 태도를 풍자적으로 다루려는 이러한 낭만주의적 충동을 여전히 묵인했다. 주요한 입회 요건은 후보자가 "유대인, 프랑스인, 그리고 속물"이 아니어야 한다는 것이었다. 유대인, 프랑스인, 또는 속물을 함께 배제하는 것은 언뜻 보기에 이상한 것 같다. 그러나 이러한 배제는 ― 귀족의 예측 가능한 반유대주의와 애국자들의 프랑스에 대한 예측 가능한 적대감과는 별개로 ― 세 집단이 계몽주의의 대표자라는 점을 나타낸다. 카를 아우구스트 폰 하르덴베르크는 그의 개혁 계획으로 인해 속물의 원형이었다. 속물이 아닌 사람의 원형은 괴테였다. 우리가 이 사교계의 속물 거부 이데올로기에 대해 알고 있는 것은 모두 브렌타노의 에세이 「역사 전후의 속물The Philistine Before, In, and After History」에서 찾을 수 있다. 이 에세이에서 우리는 속물들이 "오래된 민속 축제와 전설, 그리고 어떻게든 현대적인 방식의 뻔뻔함에서 보존되어 나이가 들면서 회색으로 변한 모든 것을 경멸하고, 조국에 독특하고 개성 있는 성격을 부여하는 모든 것을 파괴하는 데 끊임없이 바쁘다"는 것을 알게 된다. "그들은 자신들의 시각 범위, 오히려 시각 구획 내에 있는 모든 것을 **자연**이라고 부른다. 그들은 4면의 사물만 이해할 수 있기 때문이다. … 그들은 아름다운 풍경을 단지 통행로라고 말할 뿐이다! 그들은 셰익스피어보다 볼테르를, 괴테보다 비란트를, 클롭슈토크보다 람러를 좋아한다. 보

---

[12] Reinhold Steig, p. 21ff.

스Voss는 그들이 항상 좋아하는 사람이다." 프랑스는 계몽주의의 고전적 국가로 여겨졌으며, 유대인들이 사회적 해방을 주장하고 시민으로서 유대인의 평등을 요구할 수 있었던 것은 전적으로 계몽주의와 모든 인간의 평등권에 대한 믿음 덕분이었다. 그리고 여성들은 식탁협회에서 배제되었다. 이는 초기 살롱에 대한 직접적인 항의로 읽을 수 있다. 회합 양식의 전체적인 특징은 차 마시는 시간이나 저녁에 모이는 살롱과는 달리 정오 식사 시간에 열렸다는 것이다. 맥주를 마시느냐 차를 마시느냐가 결정적인 차이이다. 낭만주의와 프로이센 애국주의의 이상한 결합은 프로이센 귀족들의 경우 해방전쟁에서 자연스럽게 끝났고, 낭만주의자들의 경우 낭만주의의 가톨릭교로의 개종에서 끝났다.

1820년대의 파른하겐 살롱은 더 이상 지식인들의 대변자가 아니다. 라헬 레빈은 파른하겐 폰 엔제 부인으로서 사교계의 일원이 되었고, 따라서 그녀의 사회적 접촉은 원래 그녀에게 단호했다. 그녀는 그 사실을 잘 알았다. 그녀는 여전히 몇 사람과 중요한 우정 ― 하인리히 하이네가 그중 하나였다 ― 을 유지하고 있었고, 그 시대의 몇몇 주요 인물들은 여전히 그녀가 매력적이라고 생각했다. 하지만 그녀의 기본적으로 전통적인 초대는 더 이상 특별한 의미를 지니지 못했다. 라헬이 세상을 떠났을 때, 그녀의 첫 살롱은 25년 동안 흩어졌다. 일부 회원은 익명으로 활동했고, 일부는 식탁협회로 이동했으며, 일부는 개종했다. 그들 중 최고였던 사람들, 루이스 왕자나 알렉산더 폰 데어 마르비츠는 전쟁 중에 세상을 떠났다. 초기부터 그녀 곁에 남은 유일한 사람은 처음부터 주어진 지적·정치적·사회적 질서의 외부에 서 있던 사람, 즉 파울린 비젤이다. 오래된 살롱에서 라헬에게 남아있는 유일한 것은 사교계 외부에 항상 존재했던 것이었다.

여성해방에 대하여*

1933

여성해방은 어느 정도 사실이 되었다. 즉 거의 모든 직업이 오늘날의 여성에게 열려 있다. 여성은 사회적·정치적으로 투표권과 피선거권을 포함하여 남성과 같은 권리를 누린다. 이러한 엄청난 진전과는 대조적으로, 여성에게 부과된 제한 — 특히 생계를 유지하고 재산을 취득할 권리가 여전히 남편의 동의에 좌우되는 결혼 생활 — 은 개별 사례에서는 아무리 중요하더라도 이전 시대의 '하찮은' 잔재로 보인다. 그러나 자세히 살펴보면 원칙적으로 보장된 여성해방에는 형식적인 면이 있다. 오늘날 여성은 법적으로 남성과 동등한 권리를 갖고 있음에도 불구하고 사회에서 동등하게 평가받지 못하기 때문이다. 경제적으로, 여성의 불평등은 많은 경우 남성보다 상당히 낮은 임금을 받고 일한다는 사실에 반영된다. 만약 그들이 같은 급여 수준으로 일한다면, 그들은 사회적 가치에 따라 그저 일자리를 잃을 것

---

* 서지사항은 다음과 같다. Hannah Arendt, "A review of *Das Frauenproblem der Gegenwart: Eine Psychologische Bilanz* by Dr. Alice Rühle-Gerstel," *Die Gesellschaft*, p. 2(1933). 엮은이_ 엘리자베스 영-브륄이 영어로 번역했다.

이다. 여성의 독립은 적어도 당분간 남성으로부터의 경제적 독립이기 때문에, 이것은 분명히 반동적인 발전이 될 것이다. 의료계나 법조계와 같은 이른바 고급 직업만이 평등을 위해 평등을 부분적으로 포기해야 하는 이러한 역설적인 상황에서 면제된다. 엄밀히 말해 이런 직업이 여성운동 덕택에 특권을 갖는 직업이라고 하더라도, 이러한 직업은 숫자상으로 중요하지 않다. 일하는 여성은 경제적 사실이며, 이 이면에는 여성운동의 이데올로기가 자리잡고 있다.

전문직 여성의 평균적인 상황은 훨씬 더 복잡하다. 여성은 법적 평등에도 불구하고 자신의 업무에 비해 적은 보수를 받아야 할 뿐만 아니라 새로운 직위와 양립할 수 없는 사회적·생물학적으로 기반을 둔 업무를 계속 수행해야 한다. 여성은 자신의 직업과 별도로 집안을 돌보고 자녀를 양육해야 한다. 따라서 여성이 스스로 생활할 수 있는 자유는 자신의 집에서 일종의 예속 상태가 되거나 가족의 해체를 의미하는 것 같다.

이러한 '현대 여성 문제'는 륄레-게르스텔[1]의 책에서 출발점이 된다. 그녀는 여성이 일반적으로 자신의 상황을 처리하려고 시도하는 다양한 방법을 설명한다. 그녀는 모성의 생물학적 요인이 **적나라한 사실**factum brutum일 뿐만 아니라 사회변동으로 수정될 수도 있다는 올바른 통찰에서 출발한다. 그녀는 개인심리학에 기반을 둔 방법, 그리고 모든 업적이 긍정적이든 부정적이든 원래의 과잉 보상의 결과라는 세계적인 주장을 따른다. 특정 개인의 생활사뿐만 아니라 전체 계급에 적용되는 이 이론은 전형적인 과잉 보상을 인식하고 심지어 그 모델을 식별하는 것을 가능하게 한다. 이 모델 — 가정

---

[1] 옮긴이_ 륄레-게르스텔(Alice Rühle-Gerstel, 1894~1943)은 프라하와 뮌헨에서 문학과 철학을 공부했고, 드레스덴의 마르크스주의 개인심리학 연구협회를 설립했다. 그녀는 나치가 통치하기 시작했을 때 고향인 프라하로 돌아왔고 1936년 남편과 함께 멕시코로 갔다. 이곳에서 트로츠키, 프리다 칼로와 우정을 쌓았으나 남편이 사망하자 자살했다. 앞의 각주에서 언급한 책 이외에 『프로이트와 아들러: 심리분석 및 개인심리학 입문(*Freud und Adler, Elementare Einführung in Psychoanalyse und Individualpsychologie*)』(1924)이 있다.

주부, 공주, 악마 여성; 동정심 많은 사람, 유치한 사람, 유능한 사람, 영리한 사람, 심한 압박을 받는 사람 — 에 대한 설명은 이 책의 가장 강력하고 독창적인 공헌이다.

저자는 현대사회에서 여성의 지위를 이중적으로 복잡하다고 본다. 첫째, 그녀는 가정주부로서 자신을 사회 계급과 별개로 남성 고용주의 재산 없는 고용인으로 본다. 특히 부르주아 또는 프티부르주아 환경에서 살 때 더욱 그렇다. 여성은 프롤레타리아도 아니고 독립적인 봉급을 받는 노동자도 아니다. 둘째, 그녀는 일하는 여성으로서 거의 항상 급여를 받는 직원이다. 이런 조건의 양면성은 정치적 관점에서 고려할 때 특히 분명해진다. 이런 상황에 놓인 여성들은 여전히 남성의 전선인 정치 전선에 나서지 못하고 있다. 더욱이, 여성운동은 정치 전선을 넘을 때마다 통합되고 구별되지 않는 전체로서만 그렇게 하며, 구체적인 목표(인도주의적 목표 이외의)를 표현하는 데 결코 성공하지 못한다. 여성 정당을 창립하려는 헛된 시도는 운동의 문제를 매우 예리하게 드러낸다. 그 문제는 오로지 청년을 위한 운동인 청년운동과 비슷하다. 오직 여성을 위한 여성운동 역시 마찬가지로 추상적이다.

뢸레-게르스텔에 따르면, 여성들이 자신들의 상황을 분명히 보았다면, 그들은 그 영역에서 평등을 위한 지속적인 투쟁에도 불구하고 노동계급 대중과 연합하게 될 것이다. 이런 식으로 그들의 정치적 조정은 위에서 개략적으로 설명한 사회적 상황에 달려 있을 것이다. 그러나 이러한 정치적 권고와 사회상황에 대한 분석은 모두 문제가 있다. 전형적인 주부는 결혼 생활이 파탄되고 나서야 비로소 재산 없는 고용인이 된다. 이때 그녀는 처음으로 프롤레타리아적 상황에 들어갈 수 있다(저자는 처음으로 자신의 프롤레타리아적 상황이 자신에게 분명해진다고 말하고 있다). 그러나 이 분석은 이혼의 경우에도 대부분 여성은 자신이 속하는 사회적 단위에 묶여 있다는 현실을 고려하지 않는다. 남성에 대한 여성의 의존성과 고용주에 대한 피고용인의 의존성을 동일시하는 것은 개인에 너무 초점을 맞춘 정의, 즉 프롤레타리아에 대한 정의에서 비롯된다. 분석의 단위는 개인이 아니라 프롤레타리아 여성이 공주처럼 대우받고 부르주아 주부가 노예처럼 대우받는 것과 관계없이 프롤레타리아이거나 부르주아인 가족이어야 한다.

장황한 내용에도 불구하고 이 책은 유익하고 자극적이다. 이 책의 결론인 "여성성의 대차대조표"는 다소 무미건조한 파토스로 제시된다. 더욱이, 그녀의 연구에서 주요 기초인 155명의 피험자만을 포함하는 연구표본은 저자가 도출한 포괄적인 결론을 뒷받침할 만큼 크지 않았다. 통계에는 그녀의 일반화를 정당화할 수 있는 사회학적·지리학적 범주의 폭이 다소 협소하다.

제2부

정치평론에서 정치이론으로의 전환

프란츠 카프카에 대한 재평가*
카프카 서거 20주년을 맞아

1944

20년 전 1924년 여름, 프란츠 카프카는 40세의 나이에 세상을 떠났다. 그의 명성은 1920년대에는 오스트리아와 독일에서, 그리고 1930년대에는 프랑스·영국·미국에서 점차 드높아졌다. 이들 나라의 카프카 찬미자들은 그의 작품에 내재한 의미에 대해 강하게 동의하지 않지만, 이상하게도 기본적으로 한 부분에 대해서는 동의한다. 그들은 모두 그의 이야기하기 기법에 내재한 새로운 것, 즉 다른 어느 곳에서도 동일한 강도와 분명함으로 나타나지 않는 근대성의 특징에 충격을 받았다. 이 기법은 놀랍다. 카프카는 지식인 계급의 다른 우호적인 작가들과 현저하게 달리 어떠한 기법 실험에 관여하지 않았으며, 어쨌든 독일어를 변화시키지 않은 채 속어와 부

---

* 이 에세이는 『파르티잔 리뷰(Partisan Review)』(제11권, 4호, 1944)에 처음 게재됐다. 이 에세이는 다소 다른 독일어 판본으로 출간되었다. 첫 번째 판본은 『변화(Die Wandlung)』 제1권 12호(1945/1946)에 게재됐고, 두 번째 판본은 아렌트의 저서 『여섯 편의 에세이(Sechs Essay)』(1948)에 수록되어 있다. 이 저서는 『숨겨진 전통: 8편의 에세이(Die verborgene Tradition: Acht Essays)』(1976)로 재출간되었다.

주의를 순화시킨 일상 언어처럼 명백하고 간결해질 때까지 뒤얽힌 구문들을 독일어에서 제거했다. 카프카 언어의 단순함과 부드러운 자연스러움은 그의 근대성과 저작의 난해함이 새롭고 독특한 감정을 표현하는 새롭고 독특한 기술을 모색하는 내면의 삶의 현대적 복잡성과 거의 관련이 없음을 나타낼 수 있다. 카프카 독자들이 겪는 공통 경험은 어느 날 숨겨진 의미가 단순하고 논쟁의 여지가 없는 진실의 갑작스러운 증거로 드러나기 전까지는 일반적이고 모호한 매력의 경험이며, 심지어 그들이 이해하지 못하는 이야기 속에서도 이상하고 터무니없어 보이는 이미지와 설명에 대한 회상이다.

소설『소송』부터 시작한다.『소송』에 관한 해설 문고가 출판되었다.『소송』은 한 남자가 알 수 없는 법에 따라 재판을 받으며 그게 다 무슨 일인지 알아내지 못한 채 결국 사형당하는 사람과 관련한 이야기이다.

그는 자신이 당하는 시련의 진짜 이유를 찾으며 다음과 같은 사실을 알게 된다. 즉 그 배후에는 "부패한 교도소장, 어리석은 감시자들, 심문하는 치안 판사를 고용할 뿐 아니라 … 하인, 사무원, 경찰과 기타 조력자, 심지어 교수형 집행인까지 없어서는 안 될 수많은 수행원을 거느리고 있는 사법체계의 고위층, 실제로 최고위층을 마음대로 사용할 수 있는 … 거대한 조직이 작동한다." 그는 변호사를 고용한다. 변호사는 현명한 유일한 방법이 기존 조건에 적응하며 이를 비판하지 않는 것이라고 K에게 말한다. 그는 교도소 신부에게 조언을 구하지만, 교도소 신부는 그 체제의 감춰진 위대성에 대해 설교를 하고 진실을 알리고 하지 말라고 명령한다. "모든 것을 진실이라고 생각할 필요는 없어요. 그것을 다만 필연적인 것으로 생각하기만 하면 됩니다."[1] K가 말했다. "음울한 의견이로군요. 허위가 '세계 질서'

---

[1] 옮긴이_ 이 문장과 다음 문장은『소송』제8장「대성당에서」의 거의 끝부분에 신부와 요제프 K가 주고받은 말이다. 마지막 장「종말」은 채석장에서 K의 처형에 관한 이야기다. 이 저작의 한국어판은 '심판'으로 번역되기도 하지만, 여기서는 권혁준 옮김,『소송』(파주: 문학동네, 2014)을

가 되어 있으니까요."²

『소송』의 K가 휘말린 조직의 강제력은 한편 바로 이 필연적인 현상에, 다른 한편 필연성에 대한 사람들의 감탄에 있다. 필연성을 위해 거짓말을 하는 것은 숭고한 일처럼 보인다. 그리고 조직에 복종하지 않는 사람은, 비록 복종이 그의 죽음을 의미할지라도, 일종의 신성한 질서에 거스르는 죄인으로 여겨진다. K의 경우, 복종은 강제에 의한 것이 아니라 단순히 피고인의 근거 없는 비난의 원인이 된 죄책감의 증가를 통해 획득된다. 물론 이러한 죄책감은 궁극적으로 누구도 죄가 없다는 사실에 기초하고 있다. 그리고 바쁜 은행원인 K는 그러한 보편성에 대해 깊이 생각할 시간이 없었기 때문에, 자신의 자아인 낯선 영역을 탐구하도록 유도된다. 이것은 결국 그를 혼란에 빠지게 하고, 그를 둘러싼 세계의 조직적이고 사악한 악을 그 일반적인 죄책감의 필요한 표현으로 착각하게 만든다. 이러한 죄책감은 "거짓을 보편적 원리"로 전환하고 인간의 당연한 겸손함으로 선용하고 악용하는 나쁜 의지와 비교해 볼 때 무해하고 거의 결백하다.

그러므로 K를 사로잡고 자체의 내면적 성장을 시작하는 죄책감은 K가 재판을 받기에 적합할 때까지 그 희생자를 변화시키고 그 모형을 만든다. 그는 이러한 감정으로 인해 필연성·불의·거짓말이 편재한 세계로 들어가고, 규칙에 맞는 역할을 맡으며, 기존 조건에 적응할 수 있다. 주인공의 내면적 성장 — **감정 교육**education sentimentale — 은 관료 기구의 기능을 동반하는 이야기의 두 번째 차원을 구성한다. 외부 세계의 사건과 내면적 성장은 이유가 없는데도 K가 아무런 투쟁도 하지 않고 복종하는 사형, 즉 마지막 장면에서 마침내 만난다.

역사를 의식하는 우리 세기의 특징은 다음과 같다. 이 세기 최악의 범죄

참조한다.

2 옮긴이_ 아렌트가 언급한 'universal principle'은 다른 판본에서는 'the rule of the world'로 표현되어 있다.

는 어떤 종류의 필연성이나 "미래의 물결"이라는 이름으로 — 이 역시 마찬가지다 — 저질러졌다. 이에 복종하고 자신의 자유와 행위의 권리를 포기하는 사람들이 비록 망상으로 인해 죽음의 대가를 치르더라도, 카프카가 『소송』을 마무리하는 말보다 이들에게 더 자비로운 말은 없을 것이다. "그가 죽은 후에도 치욕은 살아남을 것 같았다."³

전쟁 이전 오스트리아-헝가리는 동질적인 관료집단이 서로 반목하는 많은 민족을 지배하는 관료주의 체제였다. 『소송』이 이 제국에 대한 비판을 암시한다는 점은 초판을 선보였을 때 이해되었다. 노동자 상해보험회사의 직원이자 그 나라에 체류하기 위해 허가를 받아야 했던 많은 동유럽 유대인들의 충실한 친구인 카프카는 자기 나라의 정치 상황에 대해 매우 잘 알고 있었다. 그는 관료 조직에 휘말린 사람은 이미 유죄판결을 받았다는 것을 알았으며, 그리고 법 해석이 불법의 집행과 결부되고, 법 해석자의 만성적인 비활동이 관료 조직에 의해 보상되는 사법 절차에서는 누구도 정의를 기대할 수 없으며, 관료 조직의 무분별한 자동 기능이 최종 결정의 특권을 갖고 있다는 것을 알았다. 그러나 관료제는 1920년대 대중에게 소설에 표현된 공포와 테러를 설명할 만큼 큰 악으로 보이지 않았다. 사람들은 실제 상황보다 이야기를 더 두려워했다. 그러므로 그들은 겉보기에 더 심오해 보이는 다른 해석을 찾았고, 당시의 유행에 따라 종교적 현실에 대한 신비한 묘사, 끔찍한 신학의 표현에서 그런 해석을 발견했다.

내 생각에 이러한 오해의 이유는 다음과 같다. 비록 조야하지는 않으나 근본적인 오해, 정신분석적 변형으로서의 오해는 물론 카프카의 작품 자체에서 발견된다. 사실, 카프카는 스스로 형성된 사회를 신의 대체물로 묘사

---

3 옮긴이_ 「종말」의 맨 마지막 단락은 이러하다. "그러나 K는 목에 한 남자의 양손이 놓이더니 동시에 다른 남자가 그의 심장에 칼을 찔러 넣고 두 번 돌렸다. K는 흐려지는 눈으로 두 남자가 바로 자기 눈앞에서 서로 뺨을 맞대고서 최종 판결을 지켜보는 것을 보았다. '개 같군!' 그가 말했다. 그가 죽은 후에도 치욕은 살아남을 것이다."

했고, 사회의 관례를 마치 신법 — 사람들의 의지로 변경할 수 없는 — 인 것처럼 여기는 사람들을 묘사했다. 달리 말하면, 카프카의 주인공이 사로잡혀 있는 세계의 문제점은 바로 그 신화, 즉 신적 필연성을 대변하는 척하는 것이다. 카프카는 이 세상의 추악하고 숨겨진 구조를 폭로하고, 현실과 가식을 대조함으로써 현실 세계를 파괴하고 싶어 한다. 그러나 현대 독자, 아니면 적어도 그러한 역설 자체에 매료되고 단순한 대조에 이끌린 1920년대의 독자는 이성에 전혀 귀를 기울이려 하지 않았다. 카프카에 대한 독자의 이해는 카프카보다 자신에 대해 더 많이 드러낸다. 독자의 이런 이해는 비록 '엘리트'의 적합성일지라도 이 사회에 대한 그의 적합성을 드러낸다. 그리고 독자는 근거 없는 필연성과 신법으로서 필연적 거짓말에 대한 카프카의 풍자에 관해서는 꽤 진지하다.

카프카의 다음 위대한 소설 『성』은 우리를 같은 세계로 다시 데려온다. 그러나 이 세계는 이번에는 마침내 필연성에 굴복하고 정부에 의해 고발당했기에 정부를 알게 된 누군가의 눈을 통해서가 아니라 완전히 다른 K의 눈을 통해서 알게 된 세계이다. 이 K는 낯선 사람으로서 자신의 자유의지로 그 세계에 왔고, 그 세계에서 명확한 목적을 깨닫고 싶어 한다. 그 목적은 자리를 잡고, 동료 시민이 되며, 삶을 꾸리고 결혼하고, 일자리를 찾고, 사회의 유용한 구성원이 되는 것이다.

『성』의 주인공 K의 중요한 특징은 그가 보편적인 것들, 모든 사람이 자연권을 가지고 있는 것들에만 관심이 있다는 점이다. 그러나 그가 이것 이상을 요구하지는 않지만, 그 이하로는 만족하지 않을 것이 분명하다. 그는 자신의 직업을 바꾸도록 쉽게 설득되었지만, '정규직' 직업을 자신의 권리로 요구한다. K의 고민은 성만이 그의 요구를 충족시킬 수 있기에 시작된다. 그리고 성은 "호의 행위"로 이 요구를 수용하거나 그가 비밀 요원 — "겉으로는 바르나바스를 통해 실제 직업이 밝혀진 마을 일꾼", 궁정의 사자

使者 — 이 되는 데 동의하는 경우 이를 수용할 것이다.

그의 요구 사항은 양도할 수 없는 인간의 권리뿐이기 때문에, 그는 이 권리를 "성의 호의 행위"로 받아들일 수 없다. 이 시점에서 마을 사람들이 개입한다. 그들은 K가 경험이 부족하다고 설득하려고 애쓰고, K가 삶 전체가 행운과 불운만큼 설명할 수 없고 위험하듯이 호의와 냉대, 은총과 불명예를 통해 구성되고 지배된다는 것을 모른다고 설득하려고 애쓴다. 그들은 옳고 그름이 누구도 바꿀 수 없고 오로지 성취할 수 있는 '운명'의 일부라고 그에게 설명하려고 애쓴다.

따라서 K의 기묘함은 또 다른 의미를 지닌다. 이상한 이유는 그가 "마을에 속하지 않고 성에 속하지도 않기" 때문일 뿐만 아니라 그가 유일하게 정상적이고 건강한 사람이기 때문이다. 이 세계에서 인간적이고 정상적인 모든 것, 사랑·작업·동료애는 인간의 손에서 빼앗겨 외부로부터, 즉 카프카가 말했듯이 위에서 부여받은 선물이 되었다. 이것은 운명으로서든 축복이나 저주로서든 신비로운 것, 인간이 받을 수도 있고 거부당할 수도 있지만, 결코 창조할 수 없는 것이다. 따라서 K의 열망은 평범하며 명백하지 않고 사실 예외적이고 추악하다. 그는 가능한 모든 요구의 총합을 포용하는 것처럼 최소한의 투쟁을 벌인다. 마을 사람들에게 K의 이상한 점은 삶의 필수품을 빼앗긴 것이 아니라 그것을 요구하는 데 있다.

그러나 K가 한 가지 목적을 고집함에 따라 일부 마을 사람들은 눈을 뜨게 된다. 즉 그의 행동은 그들에게 인권을 위해 싸울 가치가 있고, 성의 통치는 신성한 법이 아니며, 결과적으로 공격받을 수 있다고 가르친다. 그들이 말한 것처럼, 그는 그들에게 다음과 같은 사실을 깨닫게 한다. "우리 같은 경험을 겪은 사람들, 우리 같은 두려움에 사로잡힌 사람들 … 문을 두드릴 때마다 떠는 사람들은 사물을 똑바로 볼 수 없다." 그리고 그들은 다음과 같이 덧붙인다. "당신이 우리를 찾아와서 얼마나 행운인지 몰라요!" 그러나 이방인의 싸움은 그가 본보기가 된 것 외에는 다른 결과를 낳지 못했다. 그의 투쟁은 탈진으로 인한 죽음, 즉 지극히 자연스러운 죽음으로 끝난다. 그러나 그는 『소송』의 K와 달리 필연성으로 보이는 것에 복종하지 않았기 때문에, 그가 죽은 후에도 치욕은 살아남는다.

카프카의 소설을 읽는 독자는 카프카의 악몽 세계를 미래 세계에 대한 아마도 심리적으로 흥미롭기는 하지만 하찮은 예측으로 생각하는 경향이 있는 단계를 통과할 가능성이 매우 크다. 그러나 이 세계는 실제로 발생했다. 1940년대의 세대, 특히 역사상 가장 끔찍한 체제 아래에서 살았다는 의심스러운 이점을 가진 사람들은 카프카의 테러가 관료제 — 정부를 행정으로 대체하고 법을 자의적 법령으로 대체 — 의 진정한 본성을 적절히 나타내고 있다는 것을 안다. 우리는 카프카의 해석이 한낱 악몽이 아니었다는 것을 알고 있다.

이 조직에 대한 카프카의 묘사가 정말로 예언이라면, 그것은 20세기 초부터 우리를 괴롭혀 온 다른 수많은 예측처럼 저속한 예측일 것이다. 자주 예언가로 오해받았던 샤를 페기는 언젠가 다음과 같이 말했다. "결정론은 생각할 수 있는 한 … 아마도 다른 어떤 것도 아닌 잔기의 법칙일 것이다."[4] 이 문장은 심원한 진실을 암시한다. 삶이 궁극적으로 죽음에 이르는 쇠퇴인 한, 그것은 예언될 수 있다. 파멸의 자연적 과정을 맹목적으로 따르고 있어 해체되는 사회에서 재앙은 예견될 수 있다. 파멸이 아니라 구원만이 예기치 않게 다가온다. 파멸이 아니라 구원은 자유와 인간의 의지에 좌우되기 때문이다. 카프카의 이른바 예언은 오늘날 공개된 근본적인 구조에 대한 냉정한 분석에 불과했다. 이러한 파멸적인 구조는 카프카의 시대에, 즉 인간이 복종해야 하는 필연적이고 자동적인 과정에 거의 보편적인 믿음

---

[4] 옮긴이_ 이 인용문은 아렌트가 1912년에 출간된 페기의 저서 『데카르트와 데카르트 철학에 관한 공동 노트(*Note conjointe sur M. Descartes et la philosophie cartésienne*)』에서 가져온 것이다. 원문은 다음과 같다. "Le déterminisme, (dans la mesure où il est pensable), serait la loi de l'immense déchet."

에 의해 뒷받침되었고, 파멸 과정 자체는 이러한 믿음에 의해 가속화되었다. 『소송』에서 교도소 신부의 말은 관료의 신념을 필연성에 대한 신념으로 드러낸다. 그들 자신은 이 신념의 집행인으로 보인다. 그러나 인간은 필연성의 집행인으로서 파멸이란 자연 법칙의 행위자가 되고, 이로 인해 인간 능력의 왜곡된 이용을 통해서 가속화될 수 있는 자연적인 파멸 도구로 전락한다. 인간에 의해 자연의 운명에 맡겨진 집이 인간의 모든 작업에 내재한 파멸의 길을 서서히 따르게 되듯이, 인간이 만들고 자연 법칙이 아닌 인간의 법칙에 따라 구성된 세계도 역시 자연의 일부가 되고 파멸의 법칙을 따를 것이다. 이때 인간은 스스로 자연의 일부, 즉 맹목적이지만 정확한 자연 법칙의 도구가 되기를 결심하며, 스스로 법칙을 만들고 자연에 규정하는 최고 능력을 포기한다.

진보가 피할 수 없는 초인간적인 법칙 — 인류를 불가피하게 얽매이게 하는 그물망인 역사의 모든 시대를 똑같이 포괄하는 법칙 — 이라면, 진보는 발터 베냐민의 마지막 저작에서 인용한 다음 구절에 가장 잘 그려지고 가장 정확하게 묘사된다.

> 역사의 천사는 ⋯ 그의 얼굴을 과거로 돌린다. 우리가 일련의 사건을 바라볼 때, 그는 폐허 위에 폐허를 끊임없이 쌓고 그것들을 그의 발밑에 내던지는 단 하나의 파국만을 본다. 그는 죽은 자를 깨우고 파편들을 함께 맞추려고 머물 수 있기를 바란다. 그러나 천국에서 바람이 불어와 그의 날개를 사로잡으며, 바람이 너무 강하기 때문에, 천사는 날개를 접을 수가 없다. 자기 앞에 폐허 더미는 하늘까지 솟아오르지만, 이 바람은 저항할 수 없게 그를 미래로 몰아넣는다. 우리가 진보라고 부르는 것은 이 바람이다.[5]

---

5   엮은이_ *Theses on the Philosophy of History*, IX. 아렌트의 가까운 친구였던 베냐민은 1940년 나치를 피해 피신하던 중 프랑스와 스페인 국경에서 자살했다. 다음 자료를 참조할 것. Hannah Arendt, "Walter Benjamin 1892-1940," in *Men in Dark Times*(New York: Harcourt, Brace &

카프카가 묘사한 세계의 악몽이 그가 묘사한 잔혹함마저도 능가하는 실제 가능성이었다는 사실이 최근에 확인되었다고 하더라도, 우리는 여전히 그의 소설과 이야기를 읽으면서 매우 확실한 비현실감을 경험한다. 첫째, 이름조차 없고 단순히 머리글자만 소개되는 경우가 많은 그의 주인공들이 있다. 그들은 확실히 우리가 현실 세계에서 만날 수 있는 사람들이 아니다. 그들은 실제 개인을 구성하는 많은 불필요한 세부 특성이 모두 부족하기 때문이다. 주인공들은 모든 사람이 역할을 부여받고 직업을 갖는 사회에서 움직인다. 주인공들이 직업 보유자의 세계에서 규정된 위치가 없듯이, 그들은 자신들의 역할이 막연하다는 바로 그 사실에 의해서만 다른 사람들과 대조된다. 그리고 직업을 잃을까 두려워하는 『성』의 보통 사람들과 같은 하찮은 동료이든, 『성』과 『소송』의 관리들과 같은 귀중한 동료이든, 이 사회 전체는 일종의 초인적인 완벽함을 추구하고 자신들의 직업과 완벽한 일치로 살아가고 있다. 그들은 다름 아닌 직업 보유자들이기 때문에 심리적인 특성을 갖지 않는다. 예컨대, 소설 『아메리카 Amerika』에서 호텔의 수석 수위가 누군가의 신원을 착각할 때, 그는 다음과 같이 말한다. "사람을 알아보지 못한다면, 내가 어떻게 여기서 수석 수위로 일을 할 수 있단 말인가. … 내가 30년 동안 일하면서 지금까지 한 번도 사람을 착각한 적이 없었다." 실수한다는 것은 직업을 잃는다는 것을 의미한다. 따라서 그는 실수의 가능성조차 받아들일 수 없다. 사회로부터 인간적인 실수의 가능성을 허락하지 않도록 강요받는 직업 보유자들은 인간답게 존재할 수 없으며, 그들은 마치 초인인 것처럼 행동해야 한다. 카프카의 종업원·관료·기능인들은 모두 전혀 완벽하지 않지만, 그들은 전권을 가졌다는 같은 가정 아래 행동한다.

평범한 소설가는 누군가의 역할과 사생활 사이의 갈등을 묘사할 수도 있다. 즉 그는 이러한 기능이 어떻게 개인의 사생활을 집어삼키는지 보여주

Company, 1968).

거나, 아니면 그의 사생활 — 예를 들면, 가족을 이루고 있는지 — 이 어떻게 인간적 특성을 포기하게 만들고 마치 그가 비인간적인 것처럼 자신의 기능을 수행하게 하는지 보여줄 것이다. 카프카는 그러한 과정의 결과와 우리를 즉시 대면시킨다. 그 결과는 중요한 모든 것이기 때문이다. 전능함은 카프카의 주인공들을 사로잡는 조직의 동력이다. 이는 그 자체로는 무의미하고 파괴적이지만, 마찰 없이 기능한다.

카프카 이야기의 주요 주제 중 하나는 이러한 조직에 대한 해석이며, 그 기능에 대한 묘사이고 인간의 소박한 미덕을 위해 그 조직을 파괴하려는 주인공들의 시도에 대한 묘사이다. 이들 이름 없는 주인공은 누구나 거리에서 발견하고 만날 수 있는 보통 사람들이 아니라, 인류의 이상으로서 "보통 사람"의 모형이다. 따라서 그들은 사회에 규범을 처방하려고 한다. 채플린 영화의 "잊힌 남자"처럼, 카프카의 "보통 사람"은 평범한 사람과 중요한 사람으로 이루어진 사회에서 잊힌 사람이다. 그의 경우 활동의 원동력은 선의(善意; good will)이기 때문이다. 그런데 이것은 그와 부합하지 않는 사회의 원동력인 기능성과 대조된다. 주인공은 단지 이 선의의 모형인데, 이 의지는 역시 기능을 갖는다. 그것은 가장 평범한 필요를 명백하게 좌절시키고 인간의 가장 좋은 의도를 파괴하는 사회의 숨겨진 구조를 순진하게 폭로한다. 그것은 출세를 바라지 않는 선의를 가진 인간이 간단히 사라지는 세계에 대한 잘못된 해석을 폭로한다.

카프카의 이야기가 우리의 주의를 끄는 인상, 즉 비현실성과 근대성은 외형에 대한 철저한 무시와 현상으로서 세계에 대한 그의 관심 부족과 결합되어 기능에 대한 그의 지극한 관심에 주로 기인한다. 따라서 그를 초현실주의자로 분류하는 것은 오해이다. 초현실주의자는 현실의 가능한 한 많은 모순적인 측면을 제공하려고 노력하는 반면, 카프카는 기능과 관련하여 오로지 자유롭게 창조한다. 초현실주의자가 가장 좋아하는 방법은 항상 사진 합성법이지만, 카프카의 기법은 모형 구성으로 가장 잘 설명할 수 있다. 누군가가 집을 짓고 싶거나 집의 안정성에 대해 미리 알 수 있을 만큼 집에 관해 알고 싶다면, 그 건물의 청사진을 구하거나 스스로 설계할 것이다. 카프카의 이야기는 그러한 청사진이다. 카프카의 이야기는 단순히 감각 경험의 산물이 아니라 사유의 산물이다. 물론 실제의 집과 비교해 볼 때 청사진은 매우 비현실적인 것이다. 그러나 청사진이 없다면, 집은 존재할 수 없었을 것이고, 그것을 실제 집으로 만드는 기초와 구조를 인식할 수도 없을 것이다. 동일한 상상력 — 즉 칸트의 말처럼 "실제의 자연이 준 재료로 또 다른 자연"을 창조하는 상상력 — 은 집을 짓는 데에도, 집을 이해하는 데에도 사용된다. 청사진은 건축가의 의도와 건물의 미래 모습을 자신의 상상력으로 실현할 의지와 능력이 있는 사람이 아니면 이해할 수 없다.

이러한 상상의 노력은 카프카의 이야기를 읽는 독자들에게 요구된다. 따라서 등장인물 중 한 명과 동일시하는 것이 유일한 활동인 소설을 수용하는 단순한 독자는 카프카를 읽을 때 완전히 당황하게 된다. 삶의 어떤 좌절감 때문에 자신의 삶에서 일어나지 않는 일들이 일어나는 낭만적인 소설의 세계에서 대용물을 찾는 호기심 많은 독자는 자신의 삶보다 카프카에 의해 훨씬 더 기만당하고 좌절되는 것을 느낄 것이다. 카프카의 책에는 공상이나 희망적인 생각의 요소가 전혀 없기 때문이다. 삶과 세계와 인간이 너무 복잡하고 끔찍하게 흥미로워서 이것들에 대한 진실을 알고 싶어 하고, 그래서 우리 모두에게 공통된 경험에 대한 통찰을 얻기 위해 이야기꾼에 의지하는 독자만이 카프카에 눈을 돌릴 수 있다. 그리고 그 청사진은 때로는 한 쪽, 심지어는 한 문장으로도 사건의 구조를 적나라하게 드러낸다.

이러한 성찰의 관점에서 우리는 카프카의 이야기들 가운데 가장 간단한 것 중 하나, 즉 그가 다음과 같이 제목을 붙인 매우 특색 있는 이야기를 고려할 수 있다.

일상의 혼란[6]

평범한 경험이 낳는 평범한 혼란. A는 H에서 B와 중요한 사업 거래를 해야 한다. A는 사전 협의를 위해 H에 가서 10분 만에 그곳까지 여행을 마치고 돌아오는 길에 자신의 원정을 가족에게 자랑한다. 이튿날 그는 다시 H로 간다. 이번에는 사업을 최종적으로 마무리하려고 한다. A는 몇 시간은 걸릴 것으로 예상하여 아침 일찍 떠난다. 그러나 적어도 A의 판단으로 모든 부수적인 정황들이 전날과 조금도 다름없는 데도 이번에는 H에 도착하는 데 10시간이 걸린다. 그가 상당히 지친 상태로 저녁에 그곳에 도착했을 때, 사람들이 말하기를 B는 A가 오지 않은 데 화가 나서 30분 전에 A를 만나러 그 마을에 갔으니 그들이 도중에서 만났어야 한다는 것이다. 사람들은 A에게 기다리라고 충고했다. 그러나 A는 사업 걱정으로 즉시 떠나 집으로 돌아온다.

이번에 그는 사실에 특별한 주의를 기울이지 않은 채 곧바로 한순간에 그 길을 돌아온다. 집에 와서 그가 들은 이야기는 B는 A가 떠나자 곧바로 왔는데, B가 대문에서 A를 만나 사업을 상기시켰으나 A는 시간이 없노라고, 지금은 돌아가야 한다고 답변했다는 것이다.

그러나 A의 이러한 이해할 수 없는 행동에도 불구하고, B는 여기서 A를 기다리며 머물러 있다는 것이다. 사실 A가 아직 돌아오지 않았느냐고 여러 차례 묻기는 했으나 위층 A의 방에 B가 있다는 것이 기뻐 A는 계단을 달려 올라간다. 그는 위층에 거의 다 올라가는 참에 발이 걸려 비틀거리다가 그만 뒤꿈치 근육에 열상을 입고 고통으로 까무러칠 지경이 되어 비명조차 못 지르고 어둠 속에서만 끙끙대고 있는데, B가 — 먼 거리에 있는지 아주 가까운 곳에 있는지 분명치 않으나 — 격렬하게 화가 나서 계단을 쿵쿵 디디며 내려가 사라지는 소리가 그에게 들린다.

---

6 옮긴이_「일상의 혼란」은 카프카의 단편소설이다. 독일어 제목은 "Eine alltägliche Verwirrung"이다. 이 책은 사후에 독어판 *Beim Bau der Chinesischen Mauer*(Berlin, 1931)로 출판되었고, 이후에는 다음 책에 다시 수록되었다. *The Great Wall of China. Stories and Reflections*(New York: Schocken Book, 1946). 유고집에 실린 단편은 다음 자료를 참조할 것. 이주동 옮김, 『카프카 전집 1』(서울: 숲, 2007).

여기서 기법은 매우 명확해 보인다. 약속을 이행하지 못하는 이러한 일반적인 경험과 관련된 모든 본질적 요소는 다음과 같다. 즉 과도한 열성 — A를 너무 일찍 떠나게 만들고 문 앞에서 B를 알아보지 못하게 만든다 — 이고, 세부 사항에 대한 오해 — A는 B를 만나는 본질적인 목적 대신 여행을 생각하는데, 이는 주의를 기울이지 않은 채 측정했을 때보다 길이 훨씬 더 길어지게 만든다 — 이며, 마지막으로 목표와 상황이 공모하여 그러한 실패를 최종적이게 만드는 전형적인 장난스러운 속임수이다. 이러한 요소는 이야기에서 발견된다. 이러한 요소는 작가의 원재료이다. 그의 이야기는 실제 사건이 아닌 전형적인 인간의 실패 원인이 되는 요소들로 구성되기 때문에, 얼핏 실제 사건을 거칠고 익살스럽게 과장한 것처럼 보이거나 어떤 피할 수 없는 논리가 미쳐 날뛰는 것처럼 보인다. 그러나 이러한 과장의 느낌은 이야기를 실제 있는 그대로, 즉 혼란스러운 사건에 대한 보고가 아니라 혼란의 모형 자체로 생각하면 완전히 사라진다. 남은 것은 웃음을 자극하는 방식으로 제시된 혼란에 대한 인식, 즉 인간이 자신의 실패에 대한 일종의 평온한 우월감을 통해 자신의 본질적인 자유를 증명할 수 있게 해주는 익살스러운 흥분이다.

지금까지 말한 바에 따르면, 소설가 프란츠 카프카는 19세기 고전 소설가가 아니었음이 분명해졌다. 고전 소설의 기초는 사회 자체의 수용이고, 삶에 대한 복종이며, 운명의 위대함이 인간의 미덕과 악덕을 초월한다는 확신이었다. 고전 소설은 프랑스혁명 당시 인정법으로 세계를 통치하려 했던 시민의 쇠퇴를 전제로 했다. 고전 소설은 삶과 세계가 사건의 장소가 된 부르주아 개인의 성장을 묘사했다. 삶과 세계는 이들에게 사건의 장소가 되었고, 이들은 대체로 제한되고 안전한 삶의 틀이 자신들에게 제공할 수 있는 것보다 더 많은 사건과 더 많은 우연한 일을 원했다. 오늘날 항상 (현실을 모방하더라도) 현실 자체와 경쟁했던 이러한 소설들은 기록 소설에 의해 대체되었다. 우리 세계에서 실제 사건, 실제 운명은 소설가들의 가장 거친 상상력을 뛰어넘은 지 오래다.

개인이 삶에서 자신의 공평한 몫의 사건과 흥분을 기대했지만, 결코 만족하지 못했던 부르주아 세계의 조용함과 안전을 보장하는 장식(裝飾; pendant)은 위대한 사람들, 즉 같은 세상 사람들의 눈에 초인적인 무엇인가의 놀랍고 신비한 화신을 드러낸 천재와 예외적인 인물의 장식이었다. 그 화신은 운명(나폴레옹의 경우), 역사(헤겔의 경우), 신의 의지(신이 자신을 본보기로 선택했다고 믿었던 키르케고르의 경우), 필연성(자신이 '필연성'이라고 선언한 니체의 경우)이라 불릴 수 있었다. 인간의 가장 높은 이념은 그가 성취해야 할 사명, 즉 소명을 가진 사람이었다. 사명이 클수록 사람도 위대해진다. 초인적인 존재의 화신으로 여겨지는 그 사람이 성취할 수 있었던 것은 운명 사랑(amor fati, 니체), 자신에게 일어난 일에 대한 의식적 동일시뿐이었다. 위대함은 더는 수행된 일이 아니라 사람 자신에게서 추구되었다. 천재는 신이 근본적으로 동일하게 남아있는 사람들에게 부여한 선물로 더는 생각되지 않았다. 완전한 인간은 천재의 화신이 되었으며, 그래서 더는 한낱 유한한 존재로 여겨지지 않았다. 본래 프랑스혁명의 철학자였던 칸트는 여전히 천재성을 "자연이 예술에 규칙을 부여하는 타고난 정신적 성향"으로 정의했다. 나는 이 정의에 동의하지 않는다. 천재란 오히려 **인류**가 **예술**에 규칙을 부여하는 선천적인 정신적 기질이라고 생각한다. 그러나 이것은 요점을 벗어난다. 칸트의 정의와 완전한 설명에서 우리를 놀라게 하는 것은 19세기 전체에 걸쳐 천재를 초인의 선구자, 즉 일종의 괴물로 만들었던 저 공허한 위대함의 완벽한 부재이기 때문이다.

카프카가 전쟁 이전 세계의 동시대 사람들 사이에서 그토록 현대적이면서 동시에 이상해 보이는 이유는 바로 그가 어떤 일에도 복종하기를 거부했기 때문이다(예를 들면, 대다수에게 그냥 일어난 것처럼, 그는 그저 결혼이 자신에게 '일어나는' 것을 원하지 않았다). 그는 자신에게 주어진 세계를 좋아하지 않았으며, 심지어 자연도 좋아하지 않았다(자연의 안정성은 우리가 '평화롭게 두는' 한에서만 존재한다). 그는 인간의 필요와 존엄성에 부합하는 세계, 즉 인간의 행위가 위나 아래에서 나오는 신비한 힘이 아니라 자신의 법칙에 따라 결정되는 세계를 건설하고 싶었다. 더욱이 그의 가장 가슴 아픈 소망은 그러한 세계의 일부가 되는 것이었다. 그는 천재가 되거나 어떤 위대한 존재의 화신이 되는 것을 좋아하지 않았다.

물론 이것은 때때로 주장되는 것처럼 카프카가 과시했다는 것을 의미하지는 않는다. 한때 정말 놀랍게도 자신의 일기에 "내가 적는 모든 문장은 이미 완벽하다"라고 적었던 사람이 바로 그 사람입니다. 이것은 단순한 진실의 진술이지만 확실히 과시하는 사람이 한 것은 아니다. 그는 과시하지 않고 성품상 겸손했다.

온통 유혈이 낭자한 유령과 살인적인 마법에서 벗어난 세계(그가 세 번째 소설 『아메리카』의 마지막, 행복한 결말에서 그것을 잠정적으로 묘사하려고 시도한 것처럼), 즉 그런 세계의 일부가 되기 위해서 그는 먼저 잘못 구성된 세계의 파괴를 예상해야 했다. 그는 이 예상된 파괴를 통해 선의의 모형인 인간, 잘못된 구성을 제거하고 자신의 세계를 재구성할 수 있는 '세계 건설자 fabricator mundi'의 이미지, 최고의 인물을 전달했다. 그리고 이들 주인공은 단지 선의의 모형일 뿐이고 선의가 이 우리 세계에서 가질 수 있는 기능에서만 보이는 일반성의 추상성, 즉 익명으로 남겨져 있기에, 그의 소설은 자신이 다음과 같이 말하고 싶었듯이 독특한 매력을 지니는 것 같다. 이 선의의 사람은 누구라도 될 수 있고, 아마도 당신과 나일 수도 있다.

미국 내 외국어 신문과 대외 문제*

1944

I. 모국에 대한 이민자들의 다양한 입장[1]

대통령 선거가 다가옴에 따라, 미국 여론은 국가의 가장 당혹스럽고 중요한 정치적 요인 중 하나, 즉 일반적으로 외국어 집단의 존재, 특히 외교 문제에 영향을 받는 유권자의 역할을 다시 한번 찾아낸다. 비록 이 유권자의 비중을 정확한 숫자로 추측하는 것은 다소 위험할지라도, 이 점에 있어서 다양한 집단의 주장이 확실히 과장되어 있음에도 불구하고, "백인 주민의 거의 절반이 식민지 이후 외국 혈통의 후손"[2]이라는 사실은 여전히 남아 있다. 이들 대부분이 최근 이민자의 자식들이며, 이 '후손'의 상당 부분이 자

---

* 서지사항은 다음과 같다. Hannah Arendt, "Our Foreign-Language Groups," *The Chicago Jewish Forum*, III/1(Fall, 1944), pp. 23-34.
옮긴이_ 아렌트는 이 에세이에서 'press'와 'newspaper'라는 두 용어를 사용하고 있으나 'press'라는 용어를 많이 사용한다. 외국 신문에서는 'press'라는 명칭을 붙이고 있고, 외국어 신문을 대상으로 하기에, 여기서는 '언론'보다는 '신문'으로 주로 표기한다.

1 옮긴이_ 원문에는 제목이 없으나 독자의 이해를 돕고자 각 절마다 제목을 붙였다.
2 Marcus Lee Hansen, *The Immigrant in American History*, Preface.

신의 출신에 대한 기억을 간직하고 소중히 여긴다는 사실은 남아있다.

어떤 미국 정치인도 이 나라의 주민이 세계 곳곳에서 왔다는 사실을 간과할 수 없다. 이 사람들은 언젠가 이 나라와 다른 나라 사이 일종의 국제 관계를 형성할 수도 있다. 그러나 그들은 당분간 정부를 좀 더 편하게 해주지 않는다. 오히려 정치적 결정에 도달하는 것이 훨씬 더 복잡하고 약속을 이행하는 것이 완전히 동질적인 인구를 가진 정부의 경우보다 훨씬 더 어렵다. 가장 큰 문제는 각각의 외교정책 결정이 반드시 그리고 누구의 악의도 없이 즉각적으로 중요한 국내 문제가 되기 쉽다는 점이다.

인구의 관점에서만 볼 때, 고립주의는 미국에는 터무니없는 일이 될 것이다. 독일어와 이탈리아어 신문들은 미국이 자기들 모국의 이익을 위해 전쟁에 개입하지 않기를 바랐기에 "미국 우선주의"와 같은 표어를 전국에 전파했다. 일부 후손 집단이 진정으로 미국을 최우선으로 생각하지 않고 고립주의를 취했다면, 다른 집단은 국제적 포용성이나 일반적인 자유주의 신념 또는 심지어 반파시스트 신념을 전혀 내포하지 않은 채 개입주의를 취했다. 이러한 태도는 일반적으로 미국 현장에서 나타났다. 사실, 외국어 집단을 접하면 이러한 모든 호칭은 거의 의미가 없어진다. 미국의 폴란드어 신문은 적절한 사례 중 하나일 뿐이다. 이 경우 조국에 대한 충성심과 명확한 준파시스트semi-fascist 정부를 고수하려는 태도는 개입주의를 요구했다. 물론 독일이 폴란드 조국을 점령했을 때, 가장 반동적인 폴란드어 신문은 어떤 대가를 치르더라도 개입해야 한다고 외쳤다. 1941년 여름, 폴란드 출신 9명의 의원 중 2명이 군 복무 연장에 관한 정부 법안에 반대표를 던지자, 누구도 '자유주의적'이라고 비난할 수 없는 폴란드어 신문에 폭풍이 몰아쳤다. 그 의원들은 미국계 폴란드인들의 이익에 반하는 투표를 했다는 비난을 받았다. 미국계 폴란드인들은 "그 이후로 이 폴란드계 후보들에게 투표할 의향이 없다"라고 말했다. 특징적으로, 누구도 그들이 미국을 우선시했다고 비난할 생각은 하지 않았다. 오히려 의회에서 독일과 아일랜드의 영향력에 굴복했다고 비난했다.

공적인 삶의 매우 번거로운 측면에서 가끔 발생하는 것처럼, 외국어 사용 투표자의 중요한 역할은 너무 자주 무시되거나 지나치게 과장된다. 따라서 우리가 듣기로 전쟁 이전의 폴란드 국경을 지지하는 정부의 공개 선언을 성공적으로 강요할 수 있는 폴란드계 투표자가 500만 명이 있다. 완전히 다른 예를 들자면, 최근 워싱턴 주재 유고슬라비아 대사 콘스탄틴 포티치의 해임은 주로 '루이스 아다믹'[3]이 이끄는 미국 유고슬라비아위원회와 포티치 사이의 불화에서 비롯됐다고 한다. 두 경우 후손 집단의 영향력은 확실히 과장되고 있다. 그러나 이러한 영향력을 전적으로 부정하는 것도 거의 잘못된 판단일 것이다.

비미국계 후손인 미국 시민이 자기 출신지의 복지에 관심을 갖는 것은 기록의 문제이기 때문이다. 결국, 우리는 이러한 정서가 미국 외교정책 — 즉 자유를 위하고 다른 나라에서의 억압에 반대하는 정부의 수많은 개입 — 의 인도주의적 전통을 위한 현실주의적 기반을 형성했다는 것을 알 수 있다. 외국어 집단은 오랫동안 국내 분야에 더 관심이 많았던 동료 시민들과 함께 자유주의적이고 인도주의적인 외교정책의 수호자 역할을 했다. 이들은 모국 정부에 대한 반항심이나 기회와 모험에 대한 갈증, 어쨌든 자유에 대한 사랑과 억압에 대한 증오로 신세계의 해안으로 부득이 오게 됐다. 그들은 동료 시민과 같은 언어를 사용하지 않거나 각기 다른 과거와 습관을 지니고 있더라도 같은 이념과 이상을 공유했다. 그들은 미국이 오늘날 모든 유럽 국가들 사이에서 누리고 있는 폭넓은 대중적 신뢰와 선의를 미국이 획득하기 위해 어떤 공식적인 정책보다 더 많은 이념과 이상을 공유했

---

[3] 옮긴이_ 루이스 아다믹(Louis Adamic, 1898~1951)은 슬로베니아계 미국인 작가로서 제2차 세계대전 중에 유고슬라비아 민족해방 투쟁과 사회주의 유고슬로비아연방의 설립을 지지했다. 그는 티토 원수를 지원하기 위해 남슬라브계 미국인 연합위원회를 설립했다. 저서로는 발칸 반도에 대한 최초의 실제 지식을 미국인들에게 제공한 『원주민의 귀환(The Native's Return)』(1934)이 있다.

다. 우리가 많이 남용하는 표어인 "진정한 미국주의"를 건국 선조들의 정치적 교리로 이해한다면, 고국의 문제에 대한 그들의 관심은 '비미국적'이지 않았다. 오히려 그들은 신세계에서 자신들이 누렸던 자유와 기회의 혜택을 고국도 똑같이 누리기를 원했다.

미국이 자국 내 외국어 집단을 통해 '유럽의 자유'의 역사에서 차지하는 몫은 참으로 상당했다. 19세기 내내 대부분의 민족해방운동은 이민자들의 후손들로부터 자금을 조달받았다. 대표적인 사례는 미국을 기반으로 하여 거의 진행된 아일랜드의 독립 투쟁이다. 정도는 다소 낮지만, 헝가리·폴란드·이탈리아의 애국 운동에서도 마찬가지이다. 이들 운동은 미국 내 각 집단의 재정적 지원과 정치적 압력에 의해 촉진되었다. 1914년 이전에 이곳의 많은 독일 이민자들은 자신들이나 선조들이 호엔촐레른 가문[4]의 정치체제를 떠났다는 사실을 자랑스럽게 여겼다. 사회민주당으로 조직된 그들은 조국의 가장 선진적이고 급진적인 계승자라는 명성을 누렸다. 제1차 세계대전 중에 체코인과 슬로바키아인은 미국에서 손을 잡고 체코슬로바키아 공화국의 탄생을 도왔다. 그들은 자신들을 억압받는 민족의 일원으로 여기고 합스부르크가의 멍에에서 벗어나는 것을 원했기 때문이다. 이 나라 시민들의 적극적인 도움이 없었다면 거의 불가능했을 그러한 해방운동의 마지막 사례는 팔레스타인에 유대 민족의 안식처를 건설하는 것이다.

미국 이민자 집단의 이 길고 명예로운 역사는 지난 수십 년 동안 이들 집단의 상당 부분이 이전 고국에서 완전히 반동적인 정치 정책을 지지하고 때로는 시작했다는 사실을 더욱 놀랍게 만든다. 다양한 많은 요인이 이 가장 불행한 변화를 가져오는 데 이바지했다. 세기가 바뀌면서 이민자들을 조상들과 구별되게 만든 전반적인 사고방식의 급격한 변화도 이러한 요인

---

4 옮긴이_ 1415년부터 1918년까지 존속한 독일의 왕가. 1701년에는 프로이센 왕이 되어 합스부르크가에 견줄 만한 세력을 누렸으며, 19세기에는 독일 민족 통일의 중심이 되었다. 1871년에 독일제국이 성립되자 황제의 칭호를 가졌다.

들 가운데 포함되어야 한다. 도착한 지 약 20년 만에 영향력을 느낄 수 있었던 이 새로운 이민자는 단지 경제적인 이유로 왔고 정치적인 생각이 없었으며 미국이 자유와 자치의 대지로서 유럽의 정치사상에 지니는 전통적 의미를 거의 알지 못했다. 이민자는 새로운 정치적 형태보다는 돈을 벌고 물질적인 복지가 보장되는 일종의 약속된 땅을 기대했다. 이민자와 모국의 관계는 더 이상 정부에 대한 비판을 특징으로 하지 않는다. 이러한 관계는 제1세대에서는 향수병을 특징으로 하며, 제2세대에서는 감상과 자부심의 흥미로운 혼합을 특징으로 한다.

후손 집단의 성격 변화로 인한 결과는 상당했다. 슬프게도 전임자들의 정치 교육이 부족한 최근 이민자들은 더 이상 옛 조국과 그 정부를 구별할 수 없었다. 많은 이탈리아인에게 무솔리니는 단순히 이탈리아와 동의어가 되었고, 많은 독일인에게 히틀러는 독일과 동일시되었다. 리투아니아인에게 스메토나는 리투아니아와 동일시되었고, 폴란드인에게 피우수드스키는 폴란드와 동일시되었으며, 스페인 사람에게 프랑코는 스페인과 동일시되었다. 그 이외도 마찬가지였다. 민족적 자존심에 대한 감상적인 갈망이 이전의 정치적 비판을 대체했고, 파시스트와 준파시스트 독재자들의 공허한 자랑이 해외 후손들의 마음을 부풀렸다. 이러한 경향은 미국에서 차별을 당하고 완전한 미국인으로 받아들여지지 않는다고 느끼는 몇 가지 이유가 있는 집단과 마찬가지로 제1차 세계대전 패배자에 속한 집단에서도 똑같이 식별할 수 있었다. 전후 독재자들이 자기 민족을 우월하고 영광스럽고 유일무이한 존재로 규정하는 공허한 말은 민족 집단에 깊은 인상을 심어 상처받은 자존심을 달래주고, 사람들은 곧 선전 연설이라는 연막 뒤에 숨어 있는 추악한 공포와 철저한 경멸을 경험할 충분한 기회를 얻었다. 이는 후손 집단이 이전 국가의 미래에 대한 격렬한 관심에도 불구하고 과거 동료 시민의 실제 현재 정신 상태와 공통점이 거의 없음을 의미한다.

II. 이탈리아계 미국 시민과 언론의 입장

호메로스 시대 이후로 위대한 이야기들이 거대한 전쟁의 발자취를 따랐으며, 위대한 이야기꾼은 파괴된 도시와 황폐한 지형의 폐허에서 서서히 출현했다. 오늘날 신문은 자신을 보도자나 특파원이라고 부르는 이야기꾼들을 고용하고, 이야기하기 자체는 현대 기술에 의해 구성된다. 이야기는 한 마디 한 마디 전화나 무선을 통해 국내로 전달되고, 때로는 풍부한 읽기 자료 속에 파묻히며, 쓸모없는 돌무더기에서 귀중한 다이아몬드처럼 빛나며 나타나기도 한다.

어니 파일[5]이 이야기꾼, 즉 특파원으로 활약한 공격 함정이 시칠리아의 사격 가능 거리에 들어왔을 때, 다섯 개의 밝고 무시무시한 탐조등은 차례로 작은 함정을 비추며 탐색했다. 이 배는 해안 포대의 공격에 속수무책인 표적이 되었다. 다소 무서운 순간 동안 선원들과 군인들은 군사 훈련의 규칙에 따라 최종 단계처럼 보이는 것을 기다렸다. 그러나 첫 번째 탐조등이 천천히 멀어졌고, 이어서 다음 세 개의 탐조등이 뒤를 이었다. 마치 발견한 것에서 헤어지기를 꺼리는 듯, 마지막 탐조등만이 추가로 1분 동안 머물러 있었다. 병사들은 거의 기적을 믿었지만, 탐조등은 병사들이 담당하고 있으며 해안 포대도 마찬가지다. 이탈리아 병사들은 자신들의 자유의지로 더는 적이라고 생각하지 않는 사람들에게 최선을 다해 첫인사를 전했다. 탐조등은 환영의 신호, 거대하고 기괴하며 강력하게 반짝이는 신호등 불빛이 되었다. 전투가 밤새 진행되는 동안 비밀스러운 이해의 빛은 이 외국 해안에서 침입자들을 기다리고 있는 예상치 못한 우정과 동맹의 전언을 보냈다.

---

5 옮긴이_ 어니 파일(Ernie Pyle, 1900~1945)은 퓰리처상을 받은 미국 언론인이자 종군기자로 제2차 세계대전 중에 미국 군인에 관한 이야기로 가장 잘 알려져 있다. 그는 1942년 후반 이후 북아프리카 전역, 이탈리아 전역, 노르망디 상륙작전 동안 미군과 함께 시간을 보냈으며, 1945년 4월 오키나와 침공을 취재하던 중에 사망했다.

하얀 깃발이 항복을 의미한다면, 탐조등의 조작은 초대를 의미한다. 그러나 그것은 또한 말로 번역하면 다음과 같았을 훈계이기도 했다. "우리가 원한다면 당신에게 무엇을 할 수 있는지 보십시오. 우리가 원하지 않았다는 것을 잊지 마십시오."

이 이야기의 본질은 시칠리아 상륙작전 기간 내내 계속 강화되었다. 바돌리오[6] 정부의 항복은 연합군이 자국 영토를 침공했을 때 이탈리아 국민이 보여준 연합군의 상륙작전에 대한 수많은 연대 행위의 공식적인 정당화였다. 만약 우리에게 이야기꾼이 없었다면, 그리고 이 나라에서 발행하는 이탈리아어 신문을 통해 이탈리아에서 무슨 일이 일어나고 있는지 추측하려고 했다면, 우리는 이러한 사건의 진행 과정을 전혀 예측할 수 없었을 것이다. 4대 이탈리아어 일간지 가운데 진주만공격 때까지만 해도 열렬한 파시스트였던 제네로소 포프의 『프로그레소 이탈로-아메리카노*Il Progresso Italo-Americano*』만이 아이젠하워가 이탈리아 국민에게 항복해 달라고 호소하는 것을 지지했다. 다른 신문들은 그러한 "헛된 권유"를 감히 인정하는 "이들 '저명한' 이탈리아계 미국인"을 조롱했으며(『라 노티치아*La Notizia*』), 심지어 이탈리아가 "항복할 수 없고 하지 않아야 하는 명예로운 국가에 걸맞게" 계속 싸우기를 원했으며(『라 가제타 이탈리아나*La Gazetta Italiana*』), "위험을 경멸하고 침략자들에게 뛰어들었던" 조종사들을 자랑했거나, 아니면 정전 조건에 대한 추축국 입장을 발표함으로써 항복에 대해 공개적으로 경고했다(『라 가제타 델 매사추세츠*La Gazetta del Massachusetts*』).

이탈리아는 무솔리니의 몰락으로 기쁨과 희망에 휩싸였지만, 600만 명의 미국계 이탈리아인의 의견은 최소한 분열되었다. 즉 대다수는 군주제를 열렬히 옹호하면서 자신들의 고통을 숨겼고, 소수는 무솔리니가 이탈리아

---

6 옮긴이_ 피에트로 바돌리오(Pietro Badoglio, 1871~1956)는 이탈리아의 군인·정치가·참모총장·원수 등을 지냈다. 그는 무솔리니 정권 때 총리에 임명되었으며, 1943년 7월 무솔리니 실각 이후 총리가 된 뒤 9월 연합군과 휴전협정을 체결하고 독일군에 선전 포고를 하였다.

에서 공산주의에 대항하는 보루 역할을 했다고 고집스럽게 같은 말을 되풀이했다. 물론 이탈리아 공동체 내에는 항상 반파시스트였던 그런 집단이 있다. 마치니 협회[7]의 회원들, 스포르차 백작의 『나치오네 유니타 *Nazione Unita*』 또는 돈 루이지 스투르초의 『인민의 목소리 *La Voce Del Popolo*』 독자들은 대다수의 시칠리아 사람들처럼 명백히 시칠리아 침공을 환영했으며, 로마 시민만큼 열정적으로 무솔리니의 몰락을 환영했다. 그러나 이들 단체는 작고 무기력하다. 공동체 내에서 강한 뿌리를 내리지 못한 반파시스트 난민들이 이들 단체를 이끌었다. 이 공동체의 구성원은 미국 시민이며, 1년 전에 이탈리아어 신문들 가운데 하나에서 밝혔듯이 오히려 "이탈리에서 버림받은 사람들에 호소하지 않은 채 이 나라에서 이탈리아 단체들을 인도할 충분한 지도력"을 가지고 있다고 생각하는 사람들이다.

이탈리아의 최근 사건들은 이러한 '버림받은 사람들'이 누구든 감히 기대했던 것보다 이탈리아 대중의 감정에 훨씬 더 가깝다는 것을 보여준다. 그러나 이것이 바로 여기 상황을 바꾸는 데 충분하지 않다. 미국의 외교정책은 필연적으로 '후손'의 태도에 영향을 받기 때문에, 우리는 600만 이탈리아계 미국 시민이 작은 규모의 반파시스트 단체들보다 더 많은 발언권과 영향력을 가질 것으로 예상해야 한다. 이 나라의 이탈리아 공동체와 접촉하고 그들 사이에서 영향력을 얻으려고 필사적으로 노력하는 반파시스트 단체의 지도자들은 이것을 인정한다. 이런 점에서 국제여성의류노동조합 부회장이자 이탈리아계 미국노동위원회의 의장인 루이지 안토니니와 같은 오랜 반파시스트 노동운동 지도자가 제네로소 포프와 손을 잡는 것이 적절하다고 판단한 것은 다소 의미가 있다. 이탈리아 문제에 대한 직접적인 영향력 문제가 무시하기 힘들 정도로 중요성을 갖게 되자 최근 '이탈리아 민

---

[7] 옮긴이_ 반파시스트 정치협회로 민주적이고 공화주의적인 기반을 바탕으로 실지 회복(Risorgimento)의 전통을 따른다. 1939년 이탈리아계 미국 이민자들이 미국에서 창설했다.

주주의를 위한 미국 위원회'가 설립되었다. 안토니니 씨는 이 새로운 결사체 때문에 이전 친구들과 상당한 어려움을 겪게 될 것임을 틀림없이 알고 있었을 것이다. 그러나 분명히 그는 자신의 유일한 기회가 이전에 친파시스트였던 이탈리아계 미국인 지도자들과 합류하는 것임을 깨달았다. 그리고 이 새로운 조직에 대한 몇 주간의 격렬한 공격 끝에 스포르차 백작조차도 포프가 자신의 과거 실수를 인정한다면 그들 사이의 심연을 메우기에 충분할 것이라는 성명을 발표했다.

반파시스트 성향의 이탈리아어 신문에는 미국 정부가 이 나라에서 활동하는 진정한 반파시스트 인사들을 상대하기 꺼리는 것뿐만 아니라 전쟁 중에도 명백한 충성심에 의해 좌우되지 않는 태도를 보이는 사람들의 지지를 얻으려고 간절히 원하는 것에 대해서도 불만이 많았다. 과거에도 가장 강력한 이탈리아 조직인 '이탈리아 독립 후손 기사단Order of the Independent Sons of Italy'을 움직여 이탈리아 국민에게 무조건 항복을 촉구하는 성명을 발표하려는 시도가 거듭 있었다. 이러한 시도들은 좌절되었고, 다양한 결의안은 제각기 보류되었다. 그러나 무솔리니의 몰락과 함께 정세는 바뀌었다. 알레산드로니 판사의 지휘 아래 '펜실베니아 이탈리아 후손 결사The Pennsylvania Lodge of the Sons of Italy'는 전쟁정보국OWI과 공동으로 운영될, 이탈리아에 대한 특별 방송을 후원하겠다고 제안했다. 그리고 드루 피어슨의 칼럼 「워싱턴 집중 조명Washington Spotlight」에 실린 정보를 신뢰한다면, "정부 관료들은 매우 기뻐했다. … 그들은 이것이 지금까지 이탈리아 단체가 행한 가장 애국적인 조치 중 하나라고 생각했다." 이것은 아마도 미국 정부가 이탈리아 문제를 처리할 때 파시즘에 맞서 싸운 오랜 투사로서 명성을 가지고 있으나 미국 무대에 새로이 등장한 사람들보다 이 나라의 이탈리아 공동체에서 오랫동안 명성을 떨쳤으며, 최근에 아주 피상적으로 전향한 이탈리아게 미국인들에게 더 의존하는 경향이 있다는 징후일 것이다.

이러한 예상되는 사건의 진행은 확실히 개탄스럽다. 특히 그 이유는 다음과 같다. 즉 이들 이탈리아계 미국인(이전 동포들과는 대조적으로 아직 파시즘이라는 질병을 극복하지 못한)은 이탈리아 국민을 위한 진정한 대변인은 아닐 것이지만, 오히려 파시스트 당-정부 기관과 긴밀하게 연결된 이탈리아의 바로 그 세력을 인위적으로 강화할 수도 있다. 이탈리아 출신과 미국 시민권을 모두 소유한 그들은 패배한 국민의 희망과 정치적 결정에 상당한 존경과 영향력을 행사할 것이다. 포르테스·알레산드로니스·포프 사람들, 그리고 설상가상으로 고라시스 사람들과 반유대주의자 스칼라 등은 최근에 이탈리아를 떠났기 때문에 미국 내의 이탈리아 공동체에 이탈리아 국민의 진정한 감정에 대해서 무엇인가 말할 수 있었던 사람들을 모두 성공적으로 버렸다.

"라과디아[?]·스포르차·살레미니·보르게세, 그리고 아스콜리와 그 단체가 이탈리아에 머물러야 했으며 … 자유의 불빛을 계속 빛나게 했어야 했다" — 영향력 있는 뉴욕의 금융업자 루이지 크리스쿠올로가 한때 말했듯이(『라 가제타 델 매사추세츠』에 실렸듯이) — 는 주장은 비록 현대 경찰 방법에 대해 놀랍도록 무지한 모습을 보였음에도 불구하고 매우 효과적인 것으로 입증되었다. 이 모든 상황이 다음과 같다는 사실을 숨겨도 아무 소용이 없다. 즉 이러한 상황은 소수의 영향력 있는 개개인의 파시스트적 성향이나 고립된 '지도자'의 야망 때문도 아니다. 미국이 참전한 이후 제네로소 포프가 『일 프로그레소 이탈로-아메리카노』의 편집 정책을 바꾸자, 발행 부수는 상당히 감소했다고 한다. 다른 이탈리아어 일간지는 그의 사례를 따르지 않았다. 그가 주관하는 널리 알려진 경연 대회 「이탈리아가 왜 UN에 가입해야 하는가?」의 결과는 여전히 더 결정적인 것으로 보인다. 불과 6개월 전의 일이다. 이탈리아계 미국인은 물론 이탈리아계 외국인조차 단 한 명도 수상자에 포함되지 못했다. 확실히 반파시스트는 포프 씨의 과거를 가지고 있는 사람과의 경연 대회에 참가하지 않았을 것이다. 그러나 이 나라 최대 규모의 이탈리아어 일간지의 대다수 독자는 분명히 편집인의 새로운 친민주적 정책을 진심으로 승인하지 않았다.

III. 외국어 신문의 다양한 정치적 성향

지난 25년 동안 미국의 외국어 신문 발행 부수는 상당히 감소했다. 그러나 각 외국어 집단에서 내국인 대 외국 태생의 비율은 훨씬 더 큰 비율로 증가했다. 이는 오늘날 이들 집단이 수십 년 전보다 더 많이 실질적인 권력을 갖고 정부 및 정치 기관과 더 많이 반쯤 공식적인 관계를 맺고 있는 미국 시민으로 주로 구성되어 있음을 의미한다. 이탈리아어 신문은 600만 명의 미국계 이탈리아인을 대신하여 글을 쓰고 그 이름으로 말하고 있으며, 이들 중 약 150만 명만이 외국 태생이다. 폴란드 출신의 외국 태생 주민은 약 100만 명에 불과하지만, 약 550만 명의 폴란드계 미국인이 총 발행 부수가 약 80만 부에 달하는 폴란드어 신문을 구독하는 것처럼 보인다. 52,000명의 외국 태생 크로아티아인이 약 25,000부의 크로아티아어 일간지를 구독할 수 있다거나 35,000명의 외국 태생 우크라이나인이 총 발행 부수 27,000부의 일간지 두 개 — 게다가 총 발행 부수가 약 15,000부인 4개 주간지도 포함 — 를 구독할 수 있다고 가정하는 것은 오히려 터무니없는 일이다. "일반적으로 조부모의 언어에 대한 미국인 3세대의 태도는 이전 세대보다 더 호의적"이라는 점은 이미 지적된 바 있다.[8] 그리고 외국어 신문의 발행 부수는 이 발언의 진실성을 설득력 있게 증명한다.

외국어 신문의 중요성과 영향력을 더욱 높이는 것은 신문 발행 기관이 대부분 클럽·학회·자선-공제단체·보험회사·교회·교구와 같은 기관이라는 사실이다. 이들 신문은 지원을 고려하고 동의하는 조직적인 구성원들의 이름으로 의견을 표현하며, 대체로 구성원의 동의에 의존한다. 이들 신문은 명확한 '정당 노선'이나 정치적 '입장'을 지닌 소수의 영어 신문만큼 독자들의 의견을 표현한다고 말할 수 있다. 편집인들은 영어를 사용하는 동료

---

[8] Hannibal Gerald Duncan, *Immigration and Assimilation*(Boston: Heath, 1933).

들과 달리 종종 해당 공동체의 정치 지도자, 보험회사 사장, 노동자권익연맹의 비서 또는 체코슬로바키아인·폴란드인·유고슬라비아인 단체들에서 고국의 정부(슬로바키아 연맹과 재외헝가리인연합의 경우처럼)나 망명정부를 지지하는 역할을 하는 새로 설립된 민족평의회의 뛰어난 구성원이다. 이들 단체는 대부분 전국에 걸쳐 지역에 지부를 가지고 있다. 모든 구성원에게 유통되는 이러한 신문은 대륙에 걸쳐 흩어져 있는 민족 단체들의 가장 중요한 연결 고리 중 하나이다. 예를 들면 루마니아어 3주간 신문 『아메리카』는 클리블랜드에서 발행된다. 그러나 이 신문은 15개 단위로 구성된 보험회사인 "미국 루마니아 사회 연합 및 연맹의 공식 기관"으로서 시카고와 뉴욕뿐만 아니라 디트로이트와 영스타운의 루마니아어 사용 집단에 배부된다. 루마니아 정교회는 모든 루마니아인의 사활적인 관심사인 이 보험회사를 통해 상당한 영향력 ─ 진주만공격 이전에 루마니아 파시스트 '철위대'[9]의 전폭적인 지지로 나타난 영향력 ─ 을 행사하고 유대인에 대한 폭력적인 공격을 가할 수 있었다.

오랜 역사를 지닌 이들 보험회사와 클럽이 없었다면, 최근 정치 단체들은 필요한 기반을 제대로 갖추지 못했을 것이다. 1938년 헝가리 정부 수반인 호르티의 통솔 아래 창설된 '헝가리세계협회Hungarian World Association'는 개인 회원에 기반을 둘 필요가 없었다. 헝가리세계협회는 헝가리 보험협회와 신문사 ─ 47,000명의 구독자를 보유한 『베르호베이』 그리고 뉴욕 일간지 『재미 헝가리 인민의 목소리*Amerikai Magyar Nepszava*』, 14,000명의 구독자를 보유한 신문 『브리지포터*Bridgeporter*』 그리고 클리블랜드 일간지 『자유*Szabadsag*』 ─ 를 정말로 이용했다. 보험회사와 신문사는 밀접하게 연계되어

---

9 옮긴이_ '철위대(The Iron Guard; Garda de fier)'는 1927년부터 제2차 세계대전 초까지 존재했던 루마니아의 파시즘 운동이자 정당을 가리킨다. 철위대는 강력한 반민주주의·반자본주의·반공주의·반유대주의를 지향하는 파시즘 단체로서 루마니아 정교회에 기반한 기독교 신비주의와 깊이 연관되어 있다.

있다. 버호베이공제보험협회 회장 조셉 다레고는 동시에 매주 발행하는 협회 기관지 『버호베이 저널 Verhovayak Lapja』의 편집인이며 헝가리세계협회의 명예 회장이다.

다른 단체들도 마찬가지다. 미국에서 매우 논란이 많은 폴란드 정치의 주요 기관, 즉 (폴란드 망명정부를 지지하는) "미국 폴란드 평의회"와 (망명정부를 격렬히 반대하는) 폴란드계 미국인 전국 위원회는 폴란드 로마 가톨릭 연합이나 폴란드 민족 동맹과 같은 공제회나 기타 비정치 단체로 구성되어 있다. 체코 망명정부는 체코슬로바키아 민족평의회의 지원을 받고 있다. 이 평의회는 체코계 미국인 제3세대와 제4세대가 여전히 가입하고 있는 조직으로 구성되어 있다. 그리고 가장 비타협적인 적대 세력인 슬로바키아 연맹도 마찬가지다.

반면에 반反파시스트적인 이탈리아 난민들의 영향력 부족에 관한 이야기는 단 하나의 사례는 아니었다. 반동적이거나 준準파시스트적인 정치인들은 정부에 공식적인 입지를 한번 확보하기만 하면 대개 자신들의 활동 영역과 접근방법을 얻었다. 헝가리인 중에서 티보 폰 에크하르트의 사례가 가장 잘 알려진 경우이다. 또 다른 사례는 마투세프스키 — 파우수트스키 정권의 재무부 장관이자 나중에 바르샤바 지방 신용협회의 이사 — 의 경우이다. 그는 현재 폴란드 망명정부에 반대하는 우익 반대파에서 주도적인 역할을 하게 되었고, 뉴욕의 주요 일간지 『신세계 Nowy Swiat』와 디트로이트의 일간지 『폴란드 신문 Dziennik Polski』에 저명한 객원 작가로 초빙되었다. 반대로, 노골적인 반파시스트들은 최근에 창간된 소규모의 영향력 없는 출판물로 고립된 상태를 유지하는 것이 운명이었다. 명백한 이유로 전쟁 이전 모국의 준파시스트적인 정권에서 공식적 지위를 가졌다는 것을 자랑할 수 없는 이들 난민이 얼마나 어려운 상황인가는 그들이 민족 단체에서 훨씬 더 민주주의적인 조직들로부터도 신뢰를 얻을 수 없다는 슬픈 사실에서 나타난다. 따라서 최근 범베리 Vambery 단체 — 이들은 탁월한 뉴욕 주간지 『투쟁*Harc*』을 발간했는데, 이 잡지는 터무니없이 낮은 발행 부수를 보였다 — 의 헝가리 민주주의자들은 훨씬 더 민주주의적 보험회사인 라코지Rakoczi의 지지를 얻으려고 노력했지만, 대부분 성공하지 못했다. 어느 정도 정치적 동의를 이룰 수 있다고 하더라도, 유럽 출신의 신규 이민자들은 모국 정부로부터 공식적으로 위임을 받지 않았다면 성가신 존재로 멸시당했다. 여론에 관한 한, 신규 이민자들과 난민들에 대한 이러한 일반적인 불신은 망명정부에 심각한 결과들을 가져왔다. 전쟁으로 인해 정부와 국민이 분리되었기 때문에, 모든 망명정부가 미국의 일반 여론을 획득할 뿐만 아니라 주로 후손 집단 — 매우 잘 조직되어 있었고, 고국을 황폐화시킨 재앙을 통해 그들의 오랜 충성심을 너무 깊게 각성한 집단 — 의 지지를 얻으려고 시도하는 것은 아주 자연스러운 일이다.

그러나 그들은 그다지 성공하지 못했다. 국민 없는 정부를 대표하는 불쾌한 위치에 있는, 미국에 있는 대표들 가운데 한 사람이 그들의 단합된 지지를 얻으려고 할 때마다, 그는 거의 항상 중요한 분파에서 그가 누구에게나 말할 권리가 있는지 의심스럽고 외교 특권 규칙을 남용하고 있다는 조언을 들었다. 다른 한편, 극소수의 신문은 (폴란드 주간지 『트리부내*Trybunal*』가 표현한 것처럼) "폴란드의 이익을 보호하는 임무를 망명정부에 맡겨야 한다"는 건전한 견해를 공유한다. 그들 대부분은 현재 상황에서 미국의 폴란드어 신문만이 "폴란드 국가에 관한 문제에서 동등한 권리"(『신세계』가 몇 년 전에 말했듯이)를 주장하는 극소수의 신문과 함께 망명정부의 정치 행위를 공개적으로 승인하거나 비판할 수 있다는 데 동의할 것이다.

이민자 집단이 고국의 미래에 대해 열정적으로 관심이 있지만, 망명정부에 대해 아무런 의무감을 느끼지 않았다는 사실은 워싱턴 주재 여러 대사에게 상황을 다소 어렵게 만든다. 미국 시민권이 있는 슬로베니아계 미국인은 유고슬라비아 정부에 전혀 관심을 기울이지 않고도 처칠에게 편지를 보내 전쟁 후 통일된 슬로베니아에 대한 지지를 요청할 수 있다. 그리고 슬로바키아계 미국인들은 체코 정부 대신에 정보를 얻기 위해 이 나라의 정부 당국에 요청할 수 있다. 뉴욕의 슬로바키아어 격주간지 『슬로바키아계 미국인Slovak V Amerike』은 베네시Beneš[10]가 국무성에서 직면한 이른바 무관심(『타임[Time]』의 보도에 따르면)이 슬로바키아계 미국인의 성공적으로 전파된 '정보' 때문이라고 지적했다. 이때 이 신문의 보도가 옳았는지 여부를 확인하기는 다소 어렵다.

　네덜란드인이나 벨기에인처럼 대규모의 잘 조직된 후손 집단이 없는 정부가 체코슬로바키아인·유고슬라비아인·폴란드인보다 국가를 대표한다는 주장에 대해 더 나은 평판을 누리고 더 큰 자신감을 불러일으키는 것은 결코 우연이 아니다. 체코슬로바키아와 폴란드 민족평의회의 활동에 반대하는 단체는 극도로 폭력적이었으며, 지역사회에 확고하게 뿌리내린 단체의 지원을 받았다. 이러한 상황에서 망명정부의 공식 대표나 결의안은 중립적이거나 심지어 호의적인 관찰자들에 의해 심각하게 받아들여지지 않는 경우가 많다. 예컨대, 1년여 전 유고슬라비아 정부가 유고슬라비아를 분할하지 않기로 결의했을 때, 세르비아민족수호평의회는 국토 분할과 대세르비아 수립을 요구하는 결의안을 통과시켰다. 필립 심스는 『뉴욕 월드 텔레그램New York World Telegram』의 특별 기고란에서 이 성명으로 인해 유고슬라비아 정부가 진정으로 유고슬라비아 국가를 대표하는 정부인지 의문을 품게 되었다. 달리 말하면, 세르비아 민족수호평의회, 그리고 유사하게 크로아티아와 슬로베니아 조직들은 주로 미국 시민으로 구성되었을지라도 승인된 정부의 공식적 결정보다는 유고슬라비아 국민의 대표성을 더 많이 보유하고 있었다. 체코슬로바키아의 경우는 그다지 복잡하지 않았다. 미국

10　옮긴이_ 에드바르트 베네시(Edvard Beneš, 1884~1948)는 체코슬로바키아의 정치인이다. 1935년 체코슬로바키아 제2대 대통령에 취임했다. 1938년 뮌헨 협정이 체결되자 대통령직을 사임했다. 같은 해 10월 영국 런던으로 망명, 1940년 런던에서 체코슬로바키아 망명정부를 수립하고 망명정부의 대통령이 되었다. 제2차 세계대전 이후 1945년에 체코슬로바키아의 제4대 대통령으로 취임했다. 1948년 2월에 일어난 쿠데타로 6월 7일에 대통령직을 사임했다.

계 체코인과 슬로바키아인은 제1차 세계대전 기간과 그 이후에 마사리크에게 많은 도움을 주었기 때문에, 그들의 지지로 한때 획득한 것을 회복해야 하는 현재에, 같은 단체들이 도움을 거부하고 심지어 공격하며 비난하는 것은 더욱 불안한 일이다.

각각의 단체에는 망명정부가 확고한 지지를 기대할 수 있는 하나 또는 여러 개의 신문이 존재한다. 그러나 이 신문들은 대부분 발행 부수가 가장 높은 경우가 드물다. 이 신문들은 대개 공제협회나 다른 단체 형태로 대중의 지지를 받지 못하기에 대사관으로부터 상당한 보조금을 받는다는 의심을 받기도 한다. 단결을 성취하는 다른 방법이 더 운이 좋을지는 의문이다. 이 사례를 고려하자. 미국의 슬로바키아어 신문 가운데 뉴욕 일간지 『뉴욕 데일리 New Yorski Dennik』는 베네시를 전폭적으로 지지한다는 점에서 유명하다. 소유주는 리처드 포겔이다. 그는 또한 체코슬로바키아 정부의 대변인인 체코인의 뉴욕 일간지 『뉴욕신문 New Yorske Listy』도 소유하고 있다. 망명정부에 반대하기 위해 사용되는 주장은 난민에 대한 일반적인 비난과 놀라울 정도로 유사하다. 그들은 나라를 상실함으로써 권위를 내세울 수 있는 공식적 지위를 잃었다. 그리고 후손들은 단순히 '난민'을 인정하지 않고 슬로바키아의 경우처럼 심지어 꼭두각시 정부 — 그런데도 정부 역할을 하는 정부 — 를 선호하기조차 한다.

IV. 외국어 신문의 일반적인 무정견

이민자 집단의 특정 분파가 때때로 드러내는 특이한 행태가 이념적 신념보다는 고국에 대한 기형적이고 잘못 이해된 충성심에 의해 좌우된다는 사실이 아니었다면, 미국이 전쟁 중인 상황에서 이러한 상황은 더 불편했을 것이며, 더욱 민주적인 유럽의 미래와 관련하여 더 심각한 우려를 불러일으켰을 것이다. 이러한 정서는 일반적으로 잘 이해되고 심지어 이 나라의 여론에 의해 강화되기까지 한다. 이는 고국 정부에 반대하고 주로 새 국가의 정부에 특히 충성하는 난민들에게 상황을 매우 어렵게 만들었다. 누구든지 1년 전 핀란드에 전쟁을 선포하라는 청원서를 미국 정부에 제출하기 위해 이름을 요청했다는 이유로 한 핀란드인의 미국 시민권을 거부한 판사의 판단력을 적어도 의심할 수 있다. 그 재판관은 다음과 같이 말했다. "당신은 미국 시민권을 결코 받지 못할 것입니다. 자신이 태어난 나라에 반감이 있는 사람은 어디를 가든 그 나라의 시민이 되기에 부적합합니다. (오레곤주 아스토리아에서 발행된 미국의 핀란드계 격주간지 『란넨 수오메타리[Lannen Suometar]』는 아직도 핀란드 정부를 강하게 지지하고 있기에 구독자들에게 이 판례를 전할 때 매우 기뻐했다.)

그러나 외국어 신문들의 빈번한 친파시스트 성향이 너무 뿌리 깊지 않은 것은 사실이다. 그것은 이탈리아어 신문의 예에서 다시 볼 수 있었다. 20년 동안 무솔리니를 칭송하고 미국의 참전에 전혀 동요하지 않았던 다수의 이탈리아어 신문이 무솔리니의 추방 이후 며칠 만에 태도를 바꾸고 바돌리오를 진심으로 지지하고 나선 것은 아마도 그 자체로 그다지 즐거운 발견은 아니다. 그러나 이는 하룻밤 사이에 변화가 일어날 가능성을 시사하는데, 이 신문을 주의 깊게 읽은 후에 사람들은 그렇게 생각하지 않았을 수도 있다.

특정 외국어 집단의 정치적 신념으로 보일 수 있는 것에는 무정견無定見의 많은 징후가 있다. 고국과 이어서 신세계의 국내 영역 — 외국어 집단이 실제 살고 일하며 때로 투표하는 곳 — 에서 파시스트 정부를 전폭적으로 지지하는 신문들의 기이하지만, 전혀 고립되지 않은 사례들이 있다. 그들은 뉴딜 정책, 루스벨트 대통령, 심지어 루스벨트 행정부와 사회복지 계획을 지지한다. 결국, 외국어 사용 주민의 대부분은 독일계 미국인과 스칸디나비아인들을 제외하면 전통적으로 민주적인 투표자인 노동자들로 구성된다. 한때 미국 중공업 분야에서 일했던 압도적 다수인 폴란드인들이 최근 몇 년 동안 중산층을 중대시켰다는 점은 사실이다. 비록 그 사실 자체로는 그들의 민족주의적 논쟁의 극단적 폭력을 설명하기에는 충분하지만, 이 사실은 그 집단 안의 반동적 요소들을 강화했을 수도 그렇지 않았을 수도 있다. 어쨌든 모국의 정치 영역에서는 마투셰프스키 같은 유명한 폴란드 반동주의자와 협력을 즐기는 신문들도 미국의 국내정치 영역에서는 일반적으로 자유주의적인 것으로 여겨지는 모든 조치 — 예컨대, 물가·임금·월급을 동결하는 조치와 사회안전 프로그램 — 를 지지한다. 디트로이트와 다른 지역의 헝가리 노동자들은 헝가리 힘러 계열 신문의 후원자이다. 이들 신문이 합스부르크가의 복원을 막연하게 선호하고 티보 폰 에크하르트를 승인한다는 사실은 표면상 그들을 그다지 곤란하게 하지 않는다. 그러나 이들 신문은 국내정치에서는 정반대의 정치 노선을 제시해야 한다. 즉 루스벨트의 사회 개혁을 지지하고 '백만장자'와 대기업에 대한 폭력적인 공격을 병행해야 한다.

이러한 무정견은 일반적으로 파시스트 또는 공산주의 정당의 노선을 의식적으로 따르는 신문들보다 외국어 신문 일반에 훨씬 전형적으로 나타난다. 전자의 신문들은 다양한 언어로 같은 원문을 정교하게 번역해서 출판하는 듯한 인상을 준다. 파시스트 신문들은 언어에 상관없이 항상 영국을 공격하고, 협상된 평화를 선포한다. 공산주의 신문들은 단조롭게 제2 전선의 개시를 촉구하고 소련 외교정책의 모든 변화와 추세를 기록한다. 게다가 이 두 계열의 신문은 모두 국내 분야의 정치에서 일관된 노선을 가지고 있다. 전자는 모든 사회 조치들을 '나치즘'이라고 불러서 혼란을 퍼뜨리고, 후자는 러시아에 대한 협조를 특별히 강조하면서 분명하게 전쟁 참여를 지지했다.

그러나 대부분 외국어 신문의 무정견은 숨김없고 노골적이다. 최근에 와서야 고국에서 승인한 조치와 새 국가에서 지지하는 정치 사이에 그어진 뚜렷한 경계선이 약간 모호해졌다. 미국 신문은 수많은 유럽 국경 분쟁이 아마도 다음 선거에서 중요한 역할을 할 것이라고 거듭 강조했다. 이러한 우려는 폴란드와 러시아의 결별 이후 "행정부의 민주당 구성원들이 러시아의 제국주의적 주장을 받아들일 경우" 그들은 민주당 후보를 더는 지지하지 않겠다는 한 폴란드어 신문 — 뉴저지 주간지 『국가의 목소리 Glos Narodu』 — 의 위협으로 발생했다. 비록 폴란드 공동체가 시카고 지역선거에서 켈리 씨를 계속 지지했지만, 그가 비교적 적은 득표율로 당선되었다는 사실은 그의 득표율 상실이 폴란드의 전후 국경 문제와 연관되어 있다는 논평을 불러일으켰다.

이러한 징후가 그 자체로는 아무리 사소하더라도, 고국의 운명에 관심이 되살아난 다른 징후와 연결된다면, 이는 고국의 정치가 국내 분파 집단의 일반적인 정치적 전망에 미치는 영향이 커지고 있음을 나타낼 수 있다. 유럽 국가들에 떨어진 끔찍한 재앙은 모국의 비참함과 걱정거리를 잊지 않는 것이 완전히 체면의 문제라는 느낌을 강하게 주었다. 리투아니아어 신문에서 한때 말한 바와 같이, "노예화된 형제들을 위해 말하는 것은 자유로운 사람의 특권을 누리는 미국 내 동포의 의무이다." 경제 위기로 인해 이 나라의 해안 — 오랫동안 일종의 '약속의 땅'으로 여겼던 곳 — 으로 부득이 밀려온 사람들은 오늘날 국가의 비상사태에 대비한 전초기지처럼 느낀다. 캐나다 앨버타의 우크라이나 가톨릭형제단이 최근 "자유 우크라이나"에 대한 지원을 요구하며 캐나다 총독에게 보낸 서한에서 표현되듯이, 그들은 스스로를 "자신들의 자연권, 역사적 권리, 인권을 자유롭게 선언하는 입장에서 유일한 진정한 해석자이자 대리인"이라고 생각하기 때문이다. 미국이 각각의 시민에게 제공하는 자유에 대한 숭고한 신념으로 종종 배양된 이러한 감정은 너무 강해서 이른바 정부의 명백한 합리적 요망에 짓눌릴 수 없기에, 이 전시 상황에서 외국계 시민은 조국의 이익을 위하여 "아주 약간만 활동적" 일 뿐이다(클리블랜드의 폴란드어 일간지 『데일리 뉴스 Wiadomosci Codzienne』의 보도).

따라서 다른 동기 중에서도 때때로 특정 신문을 읽은 후 슬로베니아계 미국인이 트리에스테와 피우메를 위해, 세르비아계 미국인이 '대세르비아'를 위해, 헝가리계 미국인이 트리아농조약의 개정을 위해 이 전쟁에 참여한다고 생각할 수 있는 터무니없는 태도로 이어지는 것도 예의라는 점을 잊지 말자. 다가오는 평화 회의에 슬로바키아 대표로 참석하는 것을 꿈꾸는 슬로바키아 연맹의 대표가 모두 그런 것은 아니다(슬로바키아어 일간지 뉴욕 데일리[New Yorski Dennik]』의 보도). 그리고 그들은 다른 슬로바키아어 신문『가톨릭 매Katolicki Sokol』가 독립한 슬로바키아의 식민지로 이미 주장했던 마다가스카르에 대한 요청을 제출하기를 원할지도 모른다(원문대로!). 그러나 시카고 리투아니아어 일간지『친구Draugas』는 미국 리투아니아인들에게 "리투아니아 독립을 위해" 전쟁 채권을 더 많이 매입하도록 요청했다. 그리고 6월 27일 코네티컷의 워터베리에서 열린 회의에서 "리투아니아의 영토 보장과 자유를 수호할" 그 정도의 평화만을 지지하기로 결의했다. 세르비아계 미국인은 "우리의 미국주의와 세르비아주의를 모두 동등하고 경건한 사랑으로 방어할 준비가 되어 있다"라고 주장한다(피츠버그 일간지『미국 신문Amerikanski Srbobran』). 일부 폴란드어 신문에서는 전후 재건 작업과 관련하여 폴란드계 미국인들의 폴란드 재이민 계획을 옹호하기도 했다. 이 주제는 원래 1941년에 밀워키 일간지『폴란드 신보Kurier Polski』 칼럼에 나왔고, 욜레스가 다시 6월에 뉴욕 일간지『신세계』에 이를 다루었다. 욜레스는 폴란드계 미국인 조직이 이 문제를 해결해야 하며, 따라서 명백히 역이민이 자발적으로 되기를 기대함에도 조직된 대탈출이 될 것 같다고 말했다.

이 마지막 예는 외국어 집단 내의 많은 정치인과 언론인을 특징짓는 위대한 재능인 상상력을 잘 보여준다. 이러한 재능은 미국이 전쟁에 참전하기 이전에 폴란드 재향군인회에서 폴란드계 후손 미국인들을 대상으로 한 자발적인 징집 운동이 완전히 실패했다는 것으로도 손상되지 않았다. 그리고 바로 그때, 대중적 감정을 불러일으킨 것이 확실한 이러한 무모한 유토피아적 꿈에는 무엇인가가 있다. 이것은 가난한 가족을 잊지 않고 신세계의 전설적 선물인 부와 자유를 가지고 이제 미국에서 고향으로 돌아온 부자 삼촌이라는 옛 영광스러운 모습이다.

V. 외국어 신문의 미국화

누구든지 외국어 신문이라는 낯선 땅에 처음 들어서며, 그 다양하고 독창적인 신문이 지향하는 진정한 목적을 필사적으로 찾아내려고 애쓸 때, 그들은 폴란드 극단주의자들의 재이민 계획이 그렇게 어리석은 생각만은 아닐지도 모른다는 인상을 피할 수 없을 것이다. 그토록 많은 '후손'이 고국의 말할 수 없는 비참함을 동정하고 걱정할 뿐 아니라, 실제로는 수천 마일 떨어진 유럽의 아주 사소한 국경 분쟁 ― 예컨대 테셴이 폴란드나 체코슬로바키아에 속하는지, 아니면 빌라가 폴란드 대신에 리투아니아에 속하는지 ― 때문에 머리가 아프도록 걱정하고 있다는 사실을 생각해보라!

그리고 어느 정도 시간이 지나면, 초보자는 자신이 완전히 틀렸다는 사실을 깨달을 것이고, 유럽 특유의 정치를 알면 알수록 자신의 실수를 더 빨리 깨달을 것이다. 그는 외국어 신문도 미국의 다른 영어 신문과 마찬가지로 '미국적'이며 실제로 그 신문이 그저 번역된 미국 신문일 뿐이라고 주장하는 지나치게 낙관적인 용광로melting pot의 옹호자들에 의해 길을 잃었을 수도 있다. 아니면 그는 집단 간의 불화를 벌이는 특유의 공격적이고 때로는 악의적인 방식에 너무 많은 인상을 받았을 수도 있다. 두 가지 경우에 그는 곧 판단을 바로잡을 것이다.

외국어 집단 사이의 다툼에는 쉽게 간과되는 두 가지 기본적 사실이 존재한다. 양자 모두 다툼 내용이 완전히 유럽적임에도 불구하고 이러한 갈등을 미국 정치 현장의 일부로 만드는 경향이 있다. 첫째, 모든 분쟁은 미국 외교정책이나 국가 전체의 삶을 지배하는 구호의 관점에서 논의된다는 사실이다. 둘째, 모든 대규모 읍이나 도시에서 겪듯이 처음으로 서로 가까이 사는 사람들이 싸울 때 모든 유럽의 국가적 갈등이 겪어야 하는 근본적인 변화가 있다. 현재 모든 유럽 국적자가 가장 많이 집중되는 곳 중 하나로 인정되어야 할 곳은 뉴욕뿐만 아니라 디트로이트·시카고·클리블랜드·

펜실베이니아·일리노이·오하이오·미시간 등 인구 밀도가 높은 모든 지역이다. 그들 모두가 필수적 부분이 되는 성장한 국가의 틀 안에서 함께 살아가는 이 새로운 문제는 한편 민족주의적 주장의 특이한 폭력을 설명하고, 다른 한편 예상치 못한 동맹을 형성하여 공동 이익의 의식을 일깨운다. 이것은 구대륙에서는 거의 불가능했을 것이며, 미래 언젠가는 유럽 국민의 정치적 감정을 형성하는 데 결정적이지는 않지만 중요한 역할을 할 수 있다.

결국에 이 두 경향은 동화를 의미한다. 만약 이 동화가 용광로의 선지자들이 기대했던 것보다 훨씬 느리게 진행된다면, 그것은 단순히 '미국식 삶의 방식'에 적응하는 데 만족한 사람들이 우려했던 것보다 훨씬 덜 피상적임을 증명해 줄 것이다. 사람들은 냉장고나 자동차 사용에 적응하는데 2년도 채 걸리지 않으며, 미국 공화국의 정치적 전통을 심어주는 데 여러 세대가 걸리는 것은 그저 정상적인 일이다.

VI. 외국어 신문의 주요 관심사: 대서양헌장과 연방

최근 일반 신문들보다 외국어 신문에 훨씬 더 결정적인 정치 이념으로는 전쟁 전의 고립주의, 전쟁 중 대서양헌장, 그리고 지난 몇 달 동안의 연방이 있다. 이들 구호는 어느 것도 진정한 의미의 상당한 왜곡을 피할 수 없다. 거의 모든 독일계 미국 신문은 미국이 참전하기 전에 공개적으로 고립주의적이고 공개적으로 친파시스트적이었다. 그리고 『시카고 아벤트포스트 Chicagoer Abendpost』, 『밀워키 독일신문 Milwauker Deutsche Zeitung』, 노스다코타주 비스마르크의 반주간지 『정부공보 Staatsanzeiger』와 같은 신문이 여전히 있다. 그리고 무엇보다도 다소 조심스럽게 기존 노선을 따르는 전국적인 주간지 연결망이 있다. 이탈리아어 신문과 일반적으로 현재 전쟁 중에 조국이 중립을 유지했거나 분쟁 초기 단계에서 히틀러의 정복으로 이익을 얻은 모든 집단에 대해서도 마찬가지이다. 역설적이게도, 미국우선위원회America First Committee[11]는 고립주의를 유럽 국가들의 국익을 보호하기 위한 수단으로만 활용한 단체들에 대해서는 가능한 최선의 변명을 내놓았다. 외국의 영향력, 특히 이민자 집단의 영향력은 몇 년 전만 해도 여전히 '전쟁광'으로 불렸던 사람들보다 이들 집단에서 확실히 더 강력했다. 영연방을 미국 영토에 포함할 것을 제안한 로버트 R. 맥코믹 대령의 계획과 같은 미국우선위원회의 전 위원들의 계획을 논의하는 연막 속에서『시카고 아벤트포스트』는 반영국 선전 운동을 전개하는데 여전히 충분히 안전하다고 생각한다. 독일계 미국인에 '미국 우선'은 독일의 국익 보호를 의미했으며 독일을 먼저 생각했기 때문에, 그들은 미국 우선주의자가 되었다. 그러나 자신들 모국의 군건한 중립성 전통에 따라 고립주의에 동조했던 스칸디나비아 신문의 경우는 다르다. 그들의 태도는 노르웨이 점령 이후 거의 사라졌다.

'미국 우선'이라는 구호는 외국어 신문에 의한 왜곡된 해석 속에서도 여전히 논란의 여지가 있는 면모를 유지하고 있고, 명백히 전쟁에 반대하는 내용을 담고 있지만, 모든 세력에 침투한 다음 표어는 다른 운명을 맞이하였다. 극우파에서 극좌파까지 새로운 '권리장전'으로서 대서양헌장을 채택하지 않은 민족이나 정치 분파 또는 신문은 거의 없었다. 이 헌장에 따라 모든 것은 주장되고 모든 정치 노선은 정당화될 수 있다. 대서양헌장이라는 이름 아래 체코인은 체코슬로바키아의 복원을 원하고, 슬로바키아인은 슬로바키아의 독립을 원하며, 헝가리인은 트리아농 전선의 수정을, 우크라이나인은 러시아 일부를 포함하는 독립된 서부 우크라이나를, 그리고 '카르파토 러시안'은 러시아와의 재결합을 원한다. 대서양헌장이 자결권을 부여하기 때문에, 모든 좌파 신문은 이를 지지한다. 동시에 대서양헌장은 핀란

---

11 옮긴이_ 미국우선위원회(The America First Committee[AFC])는 제2차 세계대전에 미국이 개입하는 것을 반대한 가장 유명한 압력단체이다. 1940년에 창설되었고, 회원이 80만 명에 이르기도 했다.

드인과 리투아니아인, 라트비아인과 폴란드인을 위한 반러시아 운동의 핵심이 되었다. 얼핏 보면 누가 누구인지 알 수 없는 어리둥절한 상황 속에서도, 적어도 한 신문이 그 수수께끼의 진정한 단서를 고백할 만큼 솔직하게 나왔다는 것은 다행스러운 일이다. 헝가리 일간지 『재미 헝가리인의 목소리Amerikai Magyar Nepszava』는 드골에 반대하여 지로 장군을 지지하면서 다음과 같이 인정했다. "헝가리 문제에서 비간섭 원칙인 대서양헌장에 희망을 걸고 있는 우리는 프랑스의 경우 개입이 정당할 뿐만 아니라 필요하다고 말하고 싶다."

국가의 일반적 삶에서 명확하게 분리된 집단으로서 후손 집단의 존재는 지난 세기 1830년대까지 거슬러 올라간다. 이때 독일인이나 아일랜드인의 투표권을 지역적으로 확보하려는 노력이 이루어졌다. 그러나 한 세기 넘도록 이들 집단은 서로 아무런 관련도 없이 존재해 왔으며, 비록 그들이 모두 동시에 지난 전쟁이 끝날 때까지 다소 진보적인 노선을 따랐고, 그들 대부분이 지난 20년 동안 폭력적으로 친파시스트로 변했지만, 이러한 우연의 일치는 어떤 종류의 공동 행위를 통해서라기보다는 유사한 유럽 배경이란 우연에 의해 발생했다.

그러나 이러한 상황은 곧 바뀔 것으로 보인다. 지난 2년간 외국어 신문에는 상호관계가 존재하며 블록 형성조차 불가능하지 않다는 여러 징후가 있다. 이 모든 것은 러시아가 발트 연안 국가, 폴란드 일부, 베사라비아Bessarabia[12]를 소련의 장래 공화국으로 간주했다는 사실을 세계에 알린 날로 거슬러 올라간다. 그 이후로 대부분의 작은 국가들은 주권과 독립만으로는 국가 안보나 경제적 번영을 가져올 수 없다는 생각을 하게 되었다. 새로운 유행어인 '연방'이 점점 더 많이 사용되면서 이 사실이 완벽히 분명해졌다. 폴란드인

---

12 옮긴이_ 유럽 동부, 드니스테르강과 프루트강 사이에 있는 지역의 옛 이름으로 현재 대부분은 몰도바에, 일부는 우크라이나에 속한다.

과 리투아니아인처럼 불과 몇 년 전만 해도 가장 모욕적인 언어로 오래된 불화를 연장하기 위해 서로를 지적했던 집단들이 화해하기 위해 열심히 노력하고 있다. 폴란드인과 우크라이나인, 심지어 헝가리인과 슬로바키아인도 마찬가지다. 모두가 '지역 연방'을 계획하기 시작했다.

지역 연방에 대한 논의는 소련이 두 번째로 미래 외교정책에 대해 명확한 설명을 발표했을 때 본격화되었다. 소련은 진실로 유럽의 모든 유형의 연방에 대해 반대한다고 선언했지만, 무엇보다도 자신에 대한 '저지선cordon sanitaire'으로 생각한 이른바 동유럽 연방에 대해 반대한다고 선언했다. '연방'이 1년여 이전에 대서양헌장에서 그랬던 것처럼 신속하게 정치적 논쟁의 무대를 떠날 것인지는 열려 있는 질문이다. 그러나 대부분의 연방 논의가 '공동의 적'을 염두에 두고 이루어진 것은 사실이다. 그 적들은 대개 동유럽 국가들에게는 러시아, 중유럽 국가들에게는 체코였다. 때로는 다소 형식적으로 독일이 추가됐다.

후손 집단에서는 연방이라는 용어를 사용함으로써 이 전쟁 이후 유럽의 재조직에 따른 진정한 정치적 문제를 시사하기는커녕 은폐했다. 다양한 신문이 제시하는 전후 계획은 이미 상상할 수 있는 모든 국가와 민족의 조합을 소진시켰다. 계획에 있어서 체코인들은 슬로바키아인들이 그들에게서 떨어져 나갔다는 사실을 쉽게 잊어버리고 체코슬로바키아가 중부 유럽의 "초석"이 되어야 한다고 주장한다. 헝가리인과 슬로바키아인은 그들의 쓰라린 싸움을 잊고 체코인과의 연합을 생각한다. 세르비아인들은 어떤 경우에는 크로아티아인이라는 단 하나의 적만 알고 있는 것처럼 보였고, 그리스와 최종적으로는 불가리아와 긴밀한 동맹을 준비하는 것 같다. 폴란드인·리투아니아인·우크라이나인은 "볼셰비키 침략자"에 대항해 단결을 주장한다. 슬로바키아인은 자신들이 "항상 체코인보다 폴란드인과 더 우호적인 관계를 유지했었다"는 것을 발견했고(『슬로바키아 방위Slovenska Obrana』), 폴란드인들은 (헝가리 주간지『투쟁』) 새로운 대폴란드에 슬로바키아를 포함할 것을 제안할 정도로 새로운 우정을 쌓았다고 한다. 이 조합 게임이 미래의 동맹을 암시할 수도 있고 그렇지 않을 수도 있다는 점은 분명하다. 이것과 잘못 선택한 이름으로 연방과 공통점이 전혀 없다. 확실히 역사는 유럽의 푸딩을 잘라낼 수 있는 몇 가지 새로운 가능성을 남겼다. 그러나 이러한 제안에 관한 한, 그것을 공유해야 하는 사람들이 이전 푸딩보다 새로운 푸딩에 더 만족할 것이라는 징후는 없다.

다양한 '연방'안이 단지 전후 계획에 불과하다면, 이 안을 논의하는 것은 거의 가치가 없을 것이다. 미국 무대에서 이들의 중요성을 구성하는 것은 유럽을 재조직하려는 진지한 노력보다는 이 나라의 다양한 후손 집단 사이 실무적인 동맹을 구축하려는 시도를 나타낸다는 것이다. 실제로 유럽 무대에서 명확한 목표를 겨냥한 한때 매우 인기가 있었던 대서양헌장과는 대조적으로 — 외국어 신문의 해석에서는 대부분 준파시스트 정권의 복원 — '연방'이 바로 여기서 실현된다. "해외 작은 나라의 미국 후손"과 "일제히 행동"(리투아니아어 주간지 『리투아니아 뉴스Lietuviu Ziniosı가 표현한 대로)으로 형성된 '정치 블록'이 만들어지고 있다. 그러한 블록이 성공한다면, 후손 집단들은 평화조약의 체결로 압력단체로 단합하여 행동할 수 있을 것이다. "발트해에서 아드리아해에 이르는 국가 연합의 형성"[13]을 옹호하는 사람들은 그들이 제안하는 미래의 유럽 정치 구조에 대해 매우 명확한 통찰력을 가지고 있지 않을 수도 있다. 그런데도 그들은 유럽 지역 연방의 보호 아래 미국에서 조직적인 영향력과 공동 행위를 위해 리투아니아인·폴란드인·슬로바키아인·헝가리인·크로아티아인·슬로베니아인의 미국 후손을 동원하기를 원할 수 있다.

'연방'은 우크라이나인과 슬로바키아인, 크로아티아인과 폴란드인, 리투

---

13   이 양식은 슬로바키아 작가 피터 프리바독이 슬로바키아 가톨릭연합에서 발행한 팜플릿 2호 「슬로바키아인에게 전한 좋은 말」에서 제안한 것이다.

아니아인과 헝가리인이 같은 장소에서 사는 바로 여기보다 더 쉽게 실현할 수 있는 곳이 없다는 점에서 큰 이점을 가지고 있다. 체코슬로바키아인이 체코인과 슬로바키아인 사이에서만 싸움을 벌이고 있고, 슬로바키아인이 일부 헝가리어 신문의 도움을 받아 베네시에 대한 공격을 주도하던 시대는 지나갔다. 이제 우크라이나인은 비슷한 운명을 깨닫고 슬로바키아인과의 '친족 관계'를 발견한다. 슬로바키아인이 체코인의 손에 고통을 겪었던 것처럼, 우크라이나인은 폴란드인이나 러시아인에게 고통을 받았다. 유고슬라비아를 분열시킨 투쟁이 크로아티아인·슬로베니아인·세르비아인에게만 관련되었던 시대도 지나갔다. 이제 크로아티아어와 슬로바키아어 신문은 뉴스와 선전 항목을 교환하고 세르비아인은 표면에 나타난 것보다 더 많은 일이 있다고 불평한다.

아직 발전의 첫 단계에 있는 이러한 상호관계에 대한 우려스러운 점은 비록 유사한 특징이 식별될 수 있음에도 불구하고 어떤 종류의 명확한 통합 계획도 존재하지 않는다는 점이다. 독일인과 같은 우리의 적이든, 프랑스인과 같은 우리의 친구이든, 스페인인과 같은 중립적인 존재이든, 더 큰 국가의 후손이 이러한 실무적인 동맹에서 발견될 수 없다는 것은 확실히 특유하다. 확실히 외국어 신문에서는 유럽을 연합하는 것에 대해 논의하고 있다. 그러나 이러한 논의는 단지 이론적일 뿐이며 실제로는 유럽과 관련이 있으며, 그들의 지지자들은 지금까지 이 나라의 후손 연합을 통해 유럽 연합을 시작하려는 시도를 실질적으로 한 적이 없다. 현재 진행 중인 것은 고국이 미국과 전쟁 중이든 평화 상태이든 관계없이 작은 나라의 후손들로 이루어진 블록인 것 같다.

그들이 공유하는 두 번째 특징은 이들 작은 나라의 후손들이 대부분 가톨릭교도라는 사실이다. 스칸디나비아 국가는 확실히 눈에 띄게 존재하지 않으며 동유럽 및 중부 유럽의 후손 집단과 관련이 없다. 이 요소는 무시할 수 없다. 가톨릭 연합·교구·협회·교단(맨 마지막의 것은 특히 폴란드 언론에서)은 외국어 신문의 출판업자로서 큰 역할을 한다. 이들 협회는 다시 거대한 미국 가톨릭 단체, 예컨대 전국 가톨릭복지협의회Catholic National Welfare Conference와 연결되어 있다. 전국 가톨릭복지협의회의 언론국이 발표한 기사는 전국의 다양한 언어로 가톨릭 신문에 재인쇄되었으며, 그렇지 않았다면 논란의 여지가 있었던 특정 문제에 대한 정치적 견해에 확실히 중요한 통일적인 영향을 미쳤다.

이러한 영향력은 대서양헌장의 매력이 감소하는 것과 거의 같은 비율로 증가하기 때문이다. 그런 점에서 미국 내 우크라이나 가톨릭 신도섭리협의회의 공식 기관이 아메리카Ameryka에 어느 정도의 영향력을 행사하는 보하체프스키 주교가 미국 가톨릭 단체들과 더 긴밀히 협력할 것을 권고하고 우크라이나 민족주의 집단들과의 협력을 중지시킨 것은 다소 의미심장해 보인다. 이러한 상황은 미국 가톨릭의 어깨에 막중한 책임의 부담이 지워져 있음을 의미한다. 국가의 정치적 삶에 깊이 뿌리를 두고 있는 이 단체는 외국어 집단과 미국 사이의 중요한 연결 고리를 나타낸다. 가톨릭 단체들은 오랫동안 이민자들과 소외 계층의 구성원들이 미국 전통에 적응하도록 도왔다. 대부분 자신의 무리와 같은 출신이고 고국의 특정 유산을 보존하는 데 신중하고 아마도 현명한 성직자가 이 임무를 수행했다. 이 임무는 교회가 여전히 대중에 의해 큰 권위를 지니는 나라에서 온 이민자들에게 거의 자동으로 맡겨졌다. 그리고 많은 경우에 미국으로의 이민은 이 권위를 약화하기보다는 오히려 강화하였는데, 이는 바로 새롭고 당황스러운 환경에서 이민자들이 가톨릭 기관을 자신들의 다양한 국가 전통을 대표하고 때로는 동일하다고 여기기 때문이다. 비록 현재까지 누구도 이러한 중요성과 영향력이 어느 방향에서 감지될 것인지 예측할 수 없다고 하더라도, 이들 집단 간의 협조를 지향하는 새로운 경향은 이러한 권위에 부가적인 무게를 가져올 수 있다.

VII. '연방'에 무관심한 시온주의 신문

앞의 설명을 보면, 유대인 후손과 그들의 신문의 경우가 다른 모든 경우와 어느 정도 다르다는 것은 명백하다. 외교정책에 대한 특별한 관심을 자극할 수 있는 실제 조국이 없었다. 더욱이 유대인들은 유럽 민족들의 손에 당한 박해 때문에 이 나라에 왔고, 결과적으로 그들의 후손들에 대한 자연스러운 불신을 느꼈고, 고국에서 벗어나고자 하는 훨씬 더 큰 의지를 느꼈고, 오로지 자신들의 관점에서만 생각했다. 미국의 유대인이 다른 후손 집단의 최근 역사에서 큰 역할을 했던 파시스트와 국수주의적 경향의 영향을 피한 것은 물론이고 운도 좋은 일이다.

이것은 일부 피상적인 관찰자들이 생각하는 것처럼, 유대인이 유럽에서 온 다른 이민자 집단보다 더 쉽게 자신의 정체성을 포기할 것이라는 의미는 아니다. 그러나 그것은 지난 전쟁 이후 미국 유대인들이 겪은 변화가 훨씬 덜 갑작스럽고 오래된 이상주의적 전통이 훨씬 더 잘 유지된다는 것을 의미한다. 확실히 여기에서도 변화는 상당하다. 특히 폴란드에서 유대인 대중에 대한 오래된 유럽의 영향은 힘이 약해졌다. '분드주의적Bundist 사회주의'[14]와 반시온주의는 사라지고 있고, 이전에 반시온주의 전통이 강했던 신문들은 최근 오히려 친시온주의로 변해가고 있으며, 이전의 친시온주의 신문은 낡은 감상적 태도와 함께 낡은 감상적 태도를 버리고 있다. 외교정책을 강하게 강조하면서 완전히 정치적으로 변하기 위해 다양한 시온주의 파벌들 사이에 다툼이 벌어지고 있다.

팔레스타인은 미국 유대인의 정치 구조 내에서 점점 더 많은 다른 후손

---

[14] 옮긴이_ 분드주의는 리투아니아·벨로루시·폴란드·러시아에서 처음으로 조직된 유대인 노동연합에서 조직적으로 나타난 세속적인 유대인 사회주의 운동이다. 사회주의 및 사회 정의를 옹호하고, 철저하게 세속주의를 표방했으며, 이디시어를 유대 민족어로 장려했으며, 이스라엘 국가가 건국되기 이전에는 시온주의를 반대했다.

집단이 각자의 고국으로 예약하는 장소가 되었다. 그러나 여기서도 유대인의 태도는 다른 작은 나라와 지역 연합을 희생시키면서 뻔뻔하게 확장하는 동시대 사람들의 태도보다는 제1차 세계대전 이전의 후손 집단의 태도와 더 유사하다. '연방'이라는 구호가 유대인 신문에 눈에 띄게 없다는 사실은 팔레스타인의 지리적 위치 — 외견상으로서 아랍인들과의 연방만이 가능할 것과 같았음 — 때문일 뿐만 아니라, 유대인들을 만든 특수한 사항 때문이기도 하다. 베르사유조약은 유일한 소규모 유럽인, 즉 유대인에게 자신의 국가 또는 다민족 국가 중 하나에 공동 책임을 부여하지 못했다. 논리적으로 충분히, 그들은 오늘날 유대인 정치공동체라는 구호를 내세우며, 바이츠만에 따르면 "그들만의 국가"를 의미하며, 다른 작은 국가들이 이미 경험한 불가능성과 위험을 가진 독립성과 주권을 주장하고 있다.

오늘날 미국의 유대인들은 다른 어떤 후손 집단보다 자신들을 국가적 비상사태의 대의를 위해 구원받은 전초기지로 여긴다. 이러한 감정은 모든 후손 집단이 그들 고국과의 관계를 더욱 단단하게 했듯이 유대인과 팔레스타인의 연결고리를 더욱 단단하게 만들었고, 전체로서 민족의 미래를 위한 강한 책임감을 부가했다. 한때 미국의 유대인들 사이에 뚜렷하게 나타난, '약속의 땅'에 살고 있다는 오래된 정서는 전 세계 유대인의 운명이 분리될 수 없다는 훨씬 더 냉정한 느낌으로 바뀌었다. 역설적으로 들릴지 모르지만, 이러한 새로운 경향은 고국이 없는 유일한 이민자 집단이라는 미국계 유대인의 오래된 예외적 지위를 청산하고 진정한 미국화의 과정으로 이끌 수 있다. 그러나 이러한 발전의 궁극적 성공 여부는 유대인 집단의 태도보다는 오히려 다른 후손 집단들의 태도에 달려 있다.

이들 집단이 고국에서 파시즘이 청산됨에 따라 특정 기간 공개적으로 발언했던 이상하고 위험한 경향을 포기할 것으로 기대할 이유가 있다. 그들은 유럽의 평화와 자유로 인해 마음의 평화를 회복할 수 있다. 유럽 무대에서 이미 현저하게 쇠퇴하고 있는 반유대주의가 청산됨에 따라, 그들은 유대인을 동료 시민으로 보는 법을 배울 수 있을 뿐만 아니라 매우 유사한 운명을 지닌 동료로 보는 법을 배울 수 있다. 확실히 이들 집단 중 어느 집단도 용광로 옹호자들이 믿었던 것처럼 빠르고 쉽게 사라지거나 조국의 정치에 관심을 잃지 않을 것이다. 그들은 한동안 이 나라의 정책 결정자들에게 가장 위험한 문제의 원인이자 궁극적인 성공을 위한 가장 희망적인 자산이 될 것이다. 외교정책의 측면에서 그들의 존재는 전 세계 거의 모든 국가와의 자연스러운 관계의 가능성을 의미하며, 따라서 동질적인 인구를 가진 어떤 국가도 누릴 수 없는 제국주의적 의미가 없는 세계정책의 기회를 의미한다.

'독일 문제'에 대한 접근법*

1945

1. 현실을 모르는 '독일 문제' 전문가[1]

오늘날 우리가 듣는 '독일 문제'는 과거로부터 부활한 것이다. 지금 '독일 문제'를 단순히 게르만 민족의 침략 문제로만 제시한다면, 그것은 유럽에서 '현상 유지status quo'의 회복을 바라는 간절한 희망 때문일 것이다. 대륙을 휩쓸고 있는 내전에 직면해 이 희망을 달성하기 위해서 먼저 운동이 아닌 국가, 정부가 아닌 국민이 패배하고 승리하는 순수한 국가 간의 갈등으로 전쟁의 의미를 '복원하는' 것이 필요해 보였다.

따라서 '독일 문제'에 관한 문헌은 대부분 지난 전쟁의 선전 개정판처럼

---

*   서지사항은 다음과 같다. Hannah Arendt, "Approaches to 'German Problem'," *Partisan Review*, Vol. 12, no. 1(Winter 1945), pp. 93-106.
     옮긴이_ 아렌트는 야스퍼스에게 보낸 1945년 11월 18일자 편지에서 이 에세이를 집필하며 '유대인 단체를 위한 조사계획'을 추진하고 있다고 밝혔다. 『한나 아렌트·카를 야스퍼스 서간집 1』, 119쪽.

1   옮긴이_ 이 에세이 원본에서는 각 절을 번호로 표시하여 구별했지만, 이 번역본에서는 독자의 이해를 돕고자 소제목을 붙인다.

읽힌다. 이 개정판은 단지 공식적인 관점을 적절한 역사적 교훈으로 장식했으며, 실제로 독일의 대응보다 낫지도 나쁘지도 않았다. 휴전 이후 양측의 박식한 신사들의 논문은 관대한 망각 속으로 사라졌다. 이러한 문헌에서 유일하게 흥미로운 측면은 국제적으로 명성을 얻은 학자와 작가들이 목숨을 걸고 자신의 나라를 구하기 위해서가 아니라 진실을 완전히 무시한 채 정부를 위해 봉사하려는 열의였다는 점이다. 두 차례 세계대전의 선전가들 사이에 나타나는 한 가지 차이점은 이전에 독일 국수주의를 전파했던 꽤 많은 사람이 이번에는 독일 '전문가'로서 연합군을 위해 활동하며 이러한 전향을 통해 자신들의 열정이나 비굴한 행동을 조금도 잃지 않았다는 점이다.

물론 이러한 '독일 문제' 전문가들은 지난 전쟁의 유일한 잔재들이다. 그러나 그들의 적응력, 봉사하려는 의지, 지적·도덕적 책임에 대한 두려움은 변함이 없지만, 그들의 정치적 역할은 바뀌었다. 제1차 세계대전 당시에, 전쟁은 이데올로기적이지 않은 전쟁이었고, 정치전政治戰의 전략은 아직 발견되지 않았으며, 그 선전가들은 국민의 민족의식을 자극하거나 표현하는 등 사기를 진작시키는 역할을 했다. 전투 세력이 그들에게 보인 상당히 일반적인 경멸에 비추어 판단한다면, 그들은 아마도 이 임무에서도 실패했을 것이다. 하지만 그 외에는 그들이 전혀 중요하지 않은 존재였음은 분명하다. 그들은 정치에 참여할 수 없었고, 각자의 정부 정책을 대변하지 않았다.

그러나 오늘날 선전 그 자체가 더는 효과적이지 않다. 특히 이데올로기 용어나 정치 용어가 아닌 민족주의적·군사적 용어로 표현된다면 더욱 그렇다. 예컨대, 증오는 현저히 나타나지 않는다. 따라서 '독일 문제'의 부활에 대한 유일한 선전 효과는 부정적이다. 지난 전쟁의 잔학 행위 이야기를 무시하는 법을 배운 많은 사람은 이 시대가 끔찍한 현실이라는 것을 그저 믿지 않으려고 한다. 이것은 국가 선전의 오래된 형태로 제시되기 때문이다. "영원한 독일"과 그 영원한 범죄에 관한 이야기는 나치 독일과 현재의 범죄를 회의주의의 베일로 덮는 역할만 할 뿐이다. 한 예를 들자면, 1939년 프랑스 정부가 제1차 세계대전의 구호를 창고에서 꺼내 독일의 '민족성'에 대한 낭설을 퍼트렸을 때, 유일하게 눈에 띄는 그 효과는 나치 테러에 놀라며 믿지 않는 듯한 표정이었다. 그리고 그 효과는 유럽 전역에 있었다.

그러나 선전이 영감을 주는 힘을 많이 잃었다면, 그것은 새로운 정치적 기능을 획득한 것이다. 선전은 정치전의 한 형태가 되었고, 특정한 정치적 단계에 필요한 여론을 준비하는 데 사용된다. 따라서 국제적 갈등의 원인이 독일(또는 일본)의 불법 행위에 있다는 관념을 확산시켜 '독일 문제'를 제기하는 것은 실제 정치 문제를 은폐하는 효과가 있다. 사람들은 파시즘을 독일의 국민성 및 역사와 동일시함으로써 독일의 궤멸이 파시즘의 근절과 동일한 것으로 착각하고 있다. 이런 식으로 전혀 극복되지 않았고 (반역자와 제5열 대원들의 도움으로) 독일의 대륙 정복을 가능하게 했던 유럽 위기에 눈을 감는 것은 가능해진다. 따라서 히틀러를 독일 역사와 동일시하려는 모든 시도는 히틀러주의에 국가적 존경심을 무상으로 부여하고 국가의 전통을 승인하는 결과를 낳을 뿐이다.

당시 영국의 선전처럼 히틀러를 나폴레옹과 비교하든 비스마르크와 비교하든, 두 경우는 히틀러에게 면죄부를 주고 나폴레옹이나 비스마르크의 역사적 평판을 남용한다. 모든 것을 고려해 볼 때, 나폴레옹은 프랑스혁명의 왜곡된 이미지에 감동한 군대 지도자로서 여전히 유럽인의 기억 속에 남아있고, 비스마르크는 국가를 위해 권력정치 게임을 실행한 유럽 대다수 국가 정치인들보다 더 낫지도 더 나쁘지도 않았다. 비스마르크는 독일 국경을 일부 확장하려고 노력했지만 어떤 경쟁 상대 국가도 전멸시키려는 꿈은 꾸지도 않았다. 그는 몰트케의 "전략적 이유" 때문에 로렌 지방을 제국에 편입시키는 데 마지못해 동의했지만, 독일 국경 내에 들어오는 외국의 지저깨비를 원하지 않았고 외국 국민을 종속 인종으로 통치하려는 야망이 조금도 없었다.

독일 정치사에서 진실인 것은 나치즘에 기인한 정신적 뿌리에서 더욱 진실이다. 나치즘은 독일적이든 아니든, 가톨릭이나 개신교든, 기독교든, 그리스든 로마든 서양 전통의 어떤 부분에도 빚을 지지 않았다. 우리가 아퀴나스·마키아벨리·루터·칸트·헤겔·니체를 좋아하든 — '독일 문제'에 관한 문헌을 대강 훑어봐도 알 수 있듯이, 목록은 끝없이 길어질 수 있다 — 그들은 절멸수용소에서 일어난 일에 대해 최소한의 책임도 지고 있지 않다. 이데올로기적으로 말하면, 나치즘은 전혀 전통적인 기반이 없는 상태에서 시작하며, 처음부터 나치즘의 주요 특징이었던 (초기 이탈리아 단계의 파시즘은 아니지만) 전통에 대한 이러한 근본적 부정의 위험성을 깨닫는 것은 더 좋을 것이다. 결국, 나치는 자신들의 완전한 공허함을 박식한 해석이라는 연막으로 가장 먼저 둘러싼 사람들이었다. 나치는 현재 '독일 문제'에 지나치게 열성적인 전문가들에 의해 비방당하는 철학자 대부분을 오랫동안 자신들의 편이라고 주장해 왔다. 그 이유는 이러하다. 즉 나치는 책임을 중시하기 때문이 아니라 단지 역사의 광대한 놀이터보다 더 나은 은신처가 없으며, 그 놀이터의 아이들, 쉽게 고용되고 쉽게 속는 '전문가들'보다 더 나은 경호원은 없다는 것을 깨달았기 때문이다.

나치 정권의 극악무도한 행위 자체는 우리가 여기서 역사상 최악의 시기를 언급하더라도 설명할 수 없는 무언가를 다루고 있음을 경고했을 것이다. 고대·중세·근대 역사에서도 파괴가 잘 짜인 계획이 되거나 그 집행이 고도로 조직화되고 관료화되며 체계화된 과정이 된 적이 없기 때문이다. 실제로 군국주의는 나치 전쟁 조직의 효율성과 관련이 있고, 제국주의는 나치 이데올로기와 많은 관련이 있다. 여러분은 나치즘에 접근하려면 군국주의에서 그 물려받은 전사의 미덕을 모두 비워야 하며, 제국주의에서 제국 건설이라는 "백인의 무거운 짐"을 모두 비워야 한다. 달리 말하면, 누구든 현대의 정치적 삶에서 그 자체로 파시즘을 시사하는 특정 경향뿐만 아니라 다른 계급보다 더 쉽게 설득당하고 속는 특정 계급도 수월하게 찾을 수 있다. 그러나 나치즘이 실제로 사회의 기본 기능을 활용할 수 있기 이전에, 모든 것은 그 기능을 바꿔야 한다. 전쟁이 끝나기 이전, 어리석은 오만함과 신생 전통에 휩싸인 가장 역겨운 기관 중 하나인 독일 군사계급은 다른 모든 독일 전통 및 유서 깊은 기관과 함께 나치에 의해 파괴될 것이다. 독일군으로 대표되는 독일 군국주의는 제3공화국[2]의 옛 프랑스군보다 야망이 더 컸다. 독일 장교들은 국가 내의 국가가 되기를 원했고, 어리석게도 나치가 바이마르공화국보다 더 나은 도움을 자신들에게 제공하리라고 생각했다. 그들은 실수를 인정했을 때 이미 해체 상태에 있었다. 일부는 숙청되었고 다른 일부는 나치 정권에 적응했다.

실제로 나치는 민족주의 언어를 사용했던 것처럼 때때로 군국주의 언어를 사용했다. 그러나 나치는 현존하는 '주의主義'의 언어를 모두 사용했다. 사회주의와 공산주의 언어도 배제하지 않았다. 그런데도 이것은 그들이 사회주의자와 공산주의자, 민족주의자와 군국주의자들을 청산하는 것을 막지 못했다. 그들은 모두 나치의 위험한 동료들이다. 말이나 글을 좋아하고 정치 현실을 이해하지 못하는 전문가들만이 나치의 이러한 발언을 액면 그대로 받아들이고, 이를 특정 독일이나 유럽 전통의 결과로 해석했다. 이와 반대로, 나치즘은 실제로 좋은 것이든 나쁜 것이든 독일과 유럽의 전통을 모두 무너뜨렸다.

---

2 옮긴이_ 프랑스 제3공화국은 1871년 보불전쟁(프랑스-프로이센 전쟁) 이후부터 1940년 제2차 세계대전 때 독일군에게 점령당하고 이후 해방될 때까지의 프랑스 정부를 말한다. 제1차 세계대전 당시 마른 전투에서 프랑스군이 독일군에 승리하면서 전쟁은 참호전 양상으로 장기전이 되었고, 제1차 대전이 끝날 때까지 어느 쪽도 밀리지 않는 장기전이 되었다.

2. 전통의 붕괴와 진공 상태의 소용돌이

많은 전조 징후는 한 세기 이상 유럽 문화를 위협했으며, 사회주의와 야만 사이의 대안에 관한 마르크스의 잘 알려진 논쟁에서 정확하게 묘사되지는 않았지만 예측된 재앙을 감지케 했다. 지난 전쟁 중에 이 재앙은 유럽 국가들이 경험한 것 중 가장 폭력적인 파괴의 형태로 가시화되었다. 그때부터 허무주의는 그 의미를 바꾸었다.[3] 허무주의는 이제 19세기의 많은 경쟁 이데올로기 가운데 하나, 즉 다소 해롭지 않은 이데올로기가 아니었고, 더는 한낱 부정이나 회의론이나 불길한 절망의 조용한 영역에 머물지 않았다. 대신에 허무주의는 파괴의 도취를 실제 경험으로 삼고, 공허감을 생기게 한다는 어리석은 꿈을 꾸기 시작했다. 그 파괴적 경험은 전쟁의 여파가 영향을 미쳤던 시기에 엄청나게 강화되었다. 이때 같은 세대는 인플레이션과 실업으로 겉보기에 정상적인 사회의 틀 안에서 완전히 무력하고 수동적인 정반대 상황에 놓이게 되었다. 나치가 잘 알려진 **전선 체험**Fronterlebnis에 호소했을 때, 그들은 참호의 **민족공동체**Volksgemeinschaft에 대한 기억뿐만 아니라 특히 개인이 누렸던 엄청난 활동과 파괴의 힘을 지녔던 시절에 대한 달콤한 추억을 불러일으켰다.

실제로 독일의 상황은 다른 어느 곳보다 모든 전통을 붕괴시키는데 더 순조롭게 도움이 되었다. 이것은 독일 국민의 늦은 발전, 불행한 독일 정치사 그리고 민주주의 경험의 부족과 관계가 있다. 이것은 전후 인플레이션과 실업이라는 상황 — 이런 조건이 없었다면 **전선 체험**의 파괴력은 일시적 현상으로 남았을 것이다 — 이 독일에서 더 많은 사람을 사로잡고 다른 곳보다 더 심하게 영향을 미쳤다는 사실과 더 밀접하게 연관되어 있다.

---

[3] 옮긴이_ 아렌트는 이 에세이와 더불어 『과거와 미래 사이』, 『정신의 삶』 등에서 허무주의의 세 가지 양상, 즉 의미의 위기(의미 상실), 가치의 위기(파괴에 대한 열망, 즉 무에의 의지), 권위의 위기(세계 기반의 상실)를 언급하고 있다. 이는 전통의 붕괴와 밀접하게 연계되어 있다.

그러나 비록 독일에서 유럽의 전통과 기준을 깨는 것이 훨씬 쉬웠을 수도 있지만, 나치즘을 낳은 것은 독일 전통 그 자체가 결코 아니라 모든 전통의 위반이었기 때문에, 실제로 이 전통과 기준은 깨져야 했다. 나치즘이 모든 국가의 지난 전쟁 참전 용사들에게 얼마나 강력하게 흥미를 일으켰는지는 나치즘이 유럽의 모든 참전 용사 단체에서 거의 보편적인 영향력을 행사한 것에서 알 수 있다. 참전 용사들은 최초의 동조자였으며, 나치가 대외 관계 분야에서 취한 첫 번째 조치는 국경 너머에 있는 '전우'를 의도적으로 자극하는 데 적합했다. 이 전우는 틀림없이 나치의 언어를 이해하고 같은 감정과 파괴에 대한 열망에 감동했다.

이것이 '독일 문제'의 유일한 가시적인 심리적 의미이다. 진정한 문제는 독일의 국민성에 있는 것이 아니라 오히려 이 국민성의 붕괴에 있거나, 아니면 적어도 국민성이 독일 정치에서 더는 아무런 역할을 하지 않는다는 사실에 있다. 이 문제는 독일 군국주의나 민족주의와 마찬가지로 과거의 일이다. 오래된 책에서 표어를 몽땅 베끼거나 심지어 극단적인 정치적 조치를 채택하더라도 이 문제를 되살리는 것은 불가능할 것이다. 그러나 더 큰 문제는 이러하다. 즉 **독일인**의 후계자가 된 사람 — 완전한 파괴의 위험을 감지하고 스스로 파괴의 세력이 되겠다고 결심하는 전형적인 사람 — 이 독일에만 국한되지 않는다. 나치즘의 발단이 된 무(無; Nothing)는 유럽의 사회 및 정치 구조가 거의 동시에 붕괴하면서 발생한 진공 상태라고 덜 신비로운 용어로 정의할 수 있다. 유럽의 저항운동은 진공 상태의 복원을 매우 격렬하게 반대한다. 정확히 그 이유는 이러하다. 즉 저항운동은 진공 상태가 파시즘에 비해 덜한 '차악'이라는 점을 지금쯤은 알게 되었는데도 자신들이 치명적으로 두려워하며 살아가는 진공 상태가 바로 그 진공 상태에서 만들어지리라는 것을 알고 있다. 나치즘이 발휘하는 엄청난 심리적 매력은 나치즘의 거짓 약속보다는 이러한 공백에 대한 솔직한 인식에 기인했다. 그 엄청난 거짓말은 진공 상태에 정확히 들어맞는다. 이러한 거짓말은 특정한 근본적 경험과 더 나아가 특정한 근본적 갈망에 해당하기 때문에 심리적으로 효율적이었다. 사람들은 파시즘이 오래된 거짓말 기술 — 가장 사악한 거짓말 — 에 새로운 변종, 즉 진실을 **거짓말하는** 기술을 어느 정도 추가했다고 말할 수 있다.[4]

유럽 사회의 계급 구조가 더 이상 기능할 수 없다는 것은 진실이었다. 즉 계급 구조는 이미 동양의 봉건적 형태로든 서양의 부르주아 형태로든 작동할 수 없었다. 유럽 사회의 본질적인 정의正義의 부족은 날로 분명해졌을 뿐만 아니라 (실업 및 다른 원인 때문에) 수백만 명의 개인에서 어떤 계급 지위든 끊임없이 박탈해 왔다. 사실은 한때 국민주권의 참다운 상징이었던 국민국가가 더 이상 국민을 대표하지 않고, 아울러 외적으로든 내적으로든 안전을 지켜 줄 수 없게 되었다. 유럽이 이러한 형태의 조직을 갖추기에는 너무 작아졌든, 아니면 유럽 국민이 자국의 국가 조직을 능가했든, 그들이 더는 민족처럼 행동하지 않고 민족 감정에 의해 자극될 수 없다는 것은 진실이었다. 그들 대부분은 심지어 독립을 위해서라도 국가 전쟁을 벌이고 싶어 하지 않았다.

나치는 유럽 계급사회의 붕괴라는 사회적 진실에 대응해 범죄 공모에 기반을 두고 폭력배의 관료제가 통치하는 민족공동체라는 거짓말로 응수했다. 낙오자들은 이러한 대답에 공감할 수 있었다. 그리고 나치는 국민국가의 쇠퇴라는 진실에 대응해 유럽에서 민족의 위상을 인종으로 떨어뜨리고 그들의 절멸을 준비했던 **새로운 질서**라는 잘 알려진 거짓말로 응수했다. 나치의 거짓말이 어떤 근본적 진실을 암시한다는 이유로 많은 경우 나치를 자국으로 들여보낸 유럽인들은 속임수에 당하는 멍청함으로 엄청난 대가를 치르게 됐다. 즉 진공 상태의 소용돌이를 만들어 냈던 어떠한 구세력도

---

[4] 옮긴이_ 여기서 아렌트는 두 가지 형태의 거짓말을 대비시키고 있다. 전자는 외교에서 국익을 위해 진실을 은폐하는 관례에 나타나듯이 '진실을 은폐하는' 전통적 거짓말을 의미하며, 후자는 진실을 허위로 만드는 전체주의적 거짓말을 의미한다.

이 소용돌이에서 생겨나는 파괴 그 자체인 소용돌이의 법칙에 따라 사람들을 조직하는 것을 목표로 하는 신흥 세력만큼 끔찍하지는 않았다.

3. '독일 문제'와 저항운동의 입장

유럽의 저항운동은 1938년 뮌헨 협정[5]을 환영하고 전쟁 발발로 실망만을 안겨준 바로 그 민족들 사이에서 일어났다. 저항운동은 온갖 종류의 민족주의자와 증오의 설교자들이 부역자로 전향할 기회를 얻을 때 비로소 나타났다. 이때 인구 전체는 민족주의자들이 파시즘으로 기울어지고 국수주의자들이 외국 침략자에 복종하려는 거의 불가피한 경향을 이미 알고 있었다. (극소수의 예외는 드골과 같은 구식 민족주의자와 앙리 드 케릴리스 같은 언론인이었다. 그들은 그 법칙을 증명했을 뿐이다.) 달리 말하면, 지하운동은 첫째로 매국 정권으로 대체된 국민국가 붕괴로 발생한 직접적인 산물이었고, 둘째로 국가의 원동력인 민족주의 자체의 붕괴로 발생한 직접적인 산물이었다. 전쟁을 벌이려고 등장한 사람들은 파시즘에 대항해 싸울 뿐 다른 어떤 것에도 반대하지 않았다. 그리고 이것은 놀라운 일이 아니다. 그 엄격하고 거의 논리적인 결과 때문에 놀라운 것은 오히려 이 모든 운동이 동시에 새로운 투쟁의 비국가적이지만 매우 대중적인 성격을 명백히 나타내는 긍정적인 구호를 발견했다는 것이다. 그 구호는 바로 **유럽**이었다.

그러므로 전문가들이 제시한 '독일 문제'가 유럽 저항운동에서 관심을 거의 불러일으키지 못한 것은 당연하다. 지하운동 회원들은 '독일 문제'에 대

---

[5] 옮긴이_ '뮌헨 협정'은 독일인이 다수 거주하고 있는 체코슬로바키아의 수데텐란트 영토 분쟁에 관련된 협정이다. 독일 뮌헨에서 논의되었으며, 회담에는 체코슬로바키아가 아닌 유럽 열강이 참석하였다. 이 회담은 나치 독일에 대한 유화책이었다. 이 협정에서 영국·프랑스·이탈리아는 독일의 수데텐란트 합병을 승인하였다. 체코슬로바키아는 이 회담에 참석하지 않았기 때문에, 체코와 슬로바키아에서는 뮌헨 협정을 뮌헨 늑약이라고도 부른다.

한 오래된 주장이 단지 "이데올로기 전쟁"의 문제를 흐리게 할 뿐이며 독일을 불법화하면 유럽 문제의 해결을 방해할 것임을 즉시 알았다. 따라서 지하운동 요원들은 '독일 문제'가 유럽 문제의 일부인 한도에서만 관심을 가졌다. 독일 전문가들로부터 교훈을 얻은, 선의를 지닌 많은 특파원은 독일에 대한 개인적 증오가 없다는 사실과 해방된 국가에서 국적에 상관없이 파시스트, 부역자 및 이와 유사한 사람들에 대한 정치적 증오가 존재한다는 사실에 충격을 받았다.

과거 프랑스 저항운동의 사령관이자 현재는 외무장관인 조르주 비도가 파리 해방 직후 독일군 부상병에게 한 이야기는 펜이 아니라 삶으로 나치 독일에 저항해 싸운 사람들의 감성을 단순하면서도 훌륭하게 표현한 것처럼 들린다. 그는 이렇게 말했다. "독일 군인들이여, 나는 저항운동의 대장입니다. 당신들의 건강을 빌려고 왔습니다. 여러분이 곧 자유로운 독일과 자유로운 유럽에 있기를 바랍니다."

그런 순간에도 유럽을 고집하는 것은 독특하다. 다른 어떤 말도 유럽 위기가 우선 국민국가의 위기라는 확신과 일치하지 않았을 것이다. 네덜란드 지하운동의 말은 이러하다. "우리는 현재 … 국가 주권의 위기를 경험하고 있다. 다가올 평화의 핵심 문제 중 하나는 이러할 것이다. 즉 우리는 문화적 자율성을 보존하면서 어떻게 정치·경제 영역에서 더 큰 단위의 구성체를 이룰 수 있는가? … 국가들이 자국의 경제 주권과 정치 주권 일부를 더 높은 유럽 권위에 양도하지 않는 한, 좋은 평화는 이제 상상할 수 없다. 우리는 유럽평의회든 유럽연방이든 유럽 합중국이든 또는 어떤 유형의 단위든 이들을 어떻게 구성할 것인가라는 물음을 미해결 상태로 둔다."

유럽의 진정한 '**새로운 인간**'[6]인 이들에게 '독일 문제'는 드골의 경우처럼

---

6   엮은이_ homines novi. 고대 로마에서 이 용어는 최고의 지위에 결코 오르지 못한 가족 또는 일족을 가리킨다. Cicero, *De Officiis* I, xxxix, 138. 키케로 자신이 "새로운 인간"이었다.

"우주의 중심"이 아니며 심지어 유럽의 중심도 아니라는 것이 명백하다. 그들의 주요 적은 독일이 아니라 파시즘이다. 그들의 주요 문제는 단지 독일이나 프로이센 국가뿐만 아니라 유럽 대륙의 모든 국가 조직의 위기이다. 그들의 무게 중심은 프랑스이다. 프랑스는 수 세기 동안 문화적으로나 정치적으로 유럽의 중심이었으며 최근 정치사상에 이바지함으로써 다시 유럽의 정신적 선두에 서게 되었다. 이와 관련하여 로마에서 파리의 해방을 로마의 해방보다 더 열렬하게 축하했다는 것은 매우 의미심장한 일이었다. 그리고 파리 해방 이후 네덜란드 저항운동이 프랑스 국내군[7]에 보낸 전언이 "프랑스가 존재하는 한, 유럽은 죽지 않을 것이다"라는 말로 결론을 맺은 것 역시 의미심장한 일이었다.

양차 세계대전 기간 유럽을 잘 알고 있는 사람들에게는 불과 몇 년 전만 해도 정치 구조 문제에 전혀 관심이 없었던 바로 그 민족이 이제 유럽 대륙의 미래 조건을 위한 기본 조건을 얼마나 빨리 발견했는가를 확인하는 것은 거의 충격이었을 것이다. 나치의 억압 아래에서 그들은 자유의 의미를 다시 배웠을 뿐만 아니라 자존감과 책임감에 대한 새로운 욕구도 되찾았다. 이러한 상황은 일부 관찰자들의 놀라움과 경악에도 불구하고 국민이 무엇보다도 공화주의 정부를 원하는 이전의 모든 군주제에서 분명하게 드러났다. 성숙한 공화주의 전통을 지닌 프랑스에서는 시민 개인에게 거의 책임을 맡기지 않았던 낡은 중앙집권적 정부 형태를 거부하는 경향이 점점 커지고 있다. 시민에게 공적 삶의 권리와 명예뿐만 아니라 더 많은 의무를 부여하는 새로운 형태를 찾는 것은 모든 분파의 특성을 보여준다.

프랑스 저항운동의 기본 원칙은 '해방과 연방liberer et fédérer'이었다. 연방이란 유럽연방에 통합된 ("꼭 '전체주의'가 될 것 같은 중앙집권적 국가"에 반대되는) 제4

---

[7] 옮긴이_ 국내군(Forces Françaises de l'Intérieur)은 제2차 세계대전 후반에 프랑스 국내에서 활동한 저항운동 부대로서 여러 계열의 저항운동을 통합하여 창설되었고 1944년 6월에 거의 200,000명의 병력을 보유했다. 반면에 프랑스 공산당 계열은 독자 행보를 걸었다.

공화국의 연방 구조를 의미했다. 프랑스·체코·이탈리아·노르웨이·네덜란드의 지하신문은 거의 같은 조건으로 연방을 지속적인 평화의 주요 조건으로 주장한다. 내가 아는 한, 프랑스 지하운동만이 유럽연방 구조의 기반을 구성 국가들의 비슷한 연방 구조에 두어야 한다고까지 주장했다.

사회적·정치적 성격의 요구 사항은 똑같이 새롭지 않더라도 똑같이 보편적이다. 모두가 경제 체제의 변화, 부의 통제, 국유화, 기본 자원 및 주요 산업의 공적 소유를 원한다. 여기서도 프랑스인은 자신들의 이념을 갖는다. 루이 사이얍[8]이 말한 것처럼, 그들은 "어떤 사회주의나 다른 형태의 계획을 재탕하기" 원하지 않는다. 그들은 주로 "저항운동 요원들이 싸우고 희생한 대의인 인간 존엄성의 수호"에 주로 관심이 있기 때문이다. 그들은 각 공장의 노동자와 기술 담당자에게 생산 결과에 대한 지분을 제공하고 소비자에게 경영에 대한 결정적인 발언권을 부여함으로써 **만연한 국가사회주의**의 위험을 회피하려고 했다.

이러한 일반적인 계획의 기본 틀을 최소한 간략히 묘사하는 것이 필요했다. '독일 문제'에 대한 해답은 그 관점에서만 이해되기 때문이다. 어떤 형태의 반시타르주의[9]도 그 해답이 없다는 점은 눈에 띈다. 독일 지하운동의 도움으로 매일 나치 포로수용소에서 탈출하는 사람들 가운데 한 프랑스 장교는 이런 점에서 포로와 국내에 있는 사람들을 구별한다. 이 후자는 자신들보다 더 독일인들을 증오한다. "우리의 증오, 포로들의 맹렬한 증오는 조금

---

8 옮긴이_ 루이 사이얍(Louis Saillant, 1910~1974)은 프랑스의 노동운동가로 세계노동조합연맹 지도자이다. 그는 세계노동운동의 통일을 위해 활동하였다. 1941년 프랑스가 독일에 항복하자 유격대 투쟁에 참가했다. 또 각지에 노동총연맹(CGT) 지하조직을 결성하고 지도하였다. 1943년 5월에는 파리 저항운동 위원이 되었고, 1943~1944년 저항운동 전국평의회(CNR)의 노동총연맹 대표가 되었다. 1944년 전국평의회 의장을 지냈다. 나치스에 맞선 프랑스 국민과 노동자의 저항운동의 지도자였다.

9 로버트 길버트 반시타르(Robert Gibert Vansittart, 1881~1957)는 영국 외교관이자 작가이며 극단적인 독일 혐오 입장을 지녔다. 반시타르주의(Vansittartism)는 보불전쟁 당시 독일 전쟁 지도자들의 행동이 독일 국민의 전적인 지지를 받았으며 독일이 미래의 침략을 막기 위해 영구적으로 비무장화되고 정치적으로 고립되어야 한다는 주장이다.

이라도 적을 도왔던 부역자들, 부당이득을 취한 자들 또는 이와 비슷한 사람들을 겨냥한 것이다. 그리고 거기에 우리 가운데 3백 만이 존재한다. …"

폴란드 사회주의 신문 『자유*Freedom*』는 복수하겠다는 열망에 대해 경고했다. 이 열망은 "다른 국가를 지배하려는 욕망으로 쉽게 바뀔 수 있고, 따라서 나치즘의 패배 이후에는 그 방법과 사상 자체는 다시 승리할 것"이기 때문이다. 다른 모든 국가의 운동에서도 매우 유사한 진술이 이루어졌다. 독일 인종주의의 패배 이후 어떤 종류의 인종주의로 빠지는 것에 따르는 이러한 두려움은 독일의 분할에 관한 생각을 전반적으로 포기하도록 동기를 제공한다. 다른 많은 문제에서와 마찬가지로 이 문제에서도 지하운동과 망명정부 사이의 의견 불일치는 거의 전면적이다. 그래서 드골은 아직 망명 중일 때에는 라인란트의 병합을 주장했지만, 해방 이후 파리에 입성하면서 프랑스가 원하는 것이 라인란트 점령에 적극적으로 참여하는 것뿐이라고 언급한 이후 몇 주 지나서 자기 입장을 번복한다고 주장했다.

그러나 네덜란드·폴란드·노르웨이·프랑스는 독일 중공업을 국유화하고, 사회 계급으로서의 융커와 산업가를 몰아내며, 완전한 군축과 산업 생산량을 통제하는 계획의 배후에서 하나의 목소리를 낸다. 일부는 독일 연방정부 수립을 기대한다. 프랑스 사회당은 이 계획이 "독일 민주주의자들의 가장 긴밀한 형제적 협력으로 시행되어야 한다"라고 선언했다. 모든 계획은 "유럽 중심부에 있는 7천만 명"(노르웨이인)을 경제적 불행으로 빠뜨리는 것이 "독일을 유럽 국가 공동체와 계획된 유럽 경제로 받아들이는 것"(네덜란드)이라는 궁극적 목표를 무효화하는 것이라는 권고로 결론을 맺는다.

유럽 지하운동의 관점에서 생각하는 것은 다음과 같은 점을 깨닫는 것이다. 즉 독일의 연성 평화와 강경 평화라는 많은 논쟁 여지가 있는 대안은 독일의 미래 주권 문제와 거의 관련이 없다. 따라서 네덜란드인은 "권리 평등의 문제는 패배한 국가의 주권을 회복하는 문제가 아니라 유럽이사회나 유럽연방 내에서 그 국가에 제한된 영향력을 부여하는 문제"라고 주장한다. 비유럽 점령군이 대륙을 떠나고 완전히 유럽과 관련된 쟁점을 다시 직면하게 될 시기를 계획하고 있는 프랑스인은 "모든 국가가 자신들의 주권에 대한 상당한 제한을 똑같이 받아들인다면, 독일 주권에 대한 본질적인 제한은 어려움 없이 구상될 수 있다"고 알려주었다.

모겐소 계획[10]이 알려지기 훨씬 이전에 지하운동은 독일 산업을 파괴하는 어떤 생각도 거부했다. 이 거부는 너무 일반적이어서 특정한 출처를 인용하는 것조차 필요하지 않다. 그 이유는 분명하다. 독일 산업이 기능을 멈춘다면 유럽의 절반이 굶어 죽을 것이라는 견디기 어렵고 완전히 정당한 두려움이 있기 때문이다.

이 산업을 파괴하는 대신에 통제하자는 제안이 제기된다. 즉 특정 나라나 국민이 아닌 유럽 자문위원회가 독일 대표들과 함께 생산을 격려하고 분배를 지도할 목적으로 운영 책임을 맡는 것이다. 독일 산업을 활용하기 위한 경제 계획 중 가장 괄목할 만한 계획은 해방 이전에 잠정적으로 논의되었던 프랑스의 계획이다. 이 계획은 국경선을 변경하지 않고 독일 서부, 즉 루르·자르·라인란트·베스트팔렌의 산업 지역과 프랑스 동부 및 벨기에의 산업 지역을 하나의 단일 경제권으로 통합하자고 요구한다.

그러나 미래의 독일과 타협하려는 이러한 의지는 단순히 경제적 복지에 대한 계산이나 심지어 연합군 정부가 어떤 결정을 내리더라도 독일인들이 영원히 유럽에 남을 것이라는 자연스러운 감정으로만 설명될 수 없다. 유럽의 저항운동이 또한 많은 경우에 독일의 반파시스트 및 독일제국 탈영병

---

10   옮긴이_ '모겐소 계획(Morgenthau Plan)'은 미국 재무장관 한스 모겐소가 입안한 제2차 세계대전 후의 독일에 관한 계획안으로, 1944년 9월 캐나다의 퀘벡에서 루스벨트-처칠 회담을 통해 승인되었다. 주요 내용은 독일의 철저한 비군사화와 비공업화였다. 특히 루르와 자르의 공업을 폐쇄하고, 국제관리 아래 이 지역의 공업 시설을 철거하여 독일에 의해 피해를 받은 나라에 이전함으로써 손해배상을 한다는 것이었다. 독일의 제3차 세계대전 개시를 저지하려는 목적이었다. 그러나 지나치게 극단적인 정책이라는 미국 국내외의 심한 악평으로 루스벨트도 이 계획을 단념하였고, 트루먼 대통령에 의해 소멸되었다.

들과 함께 싸웠다는 사실도 고려할 필요가 있다. 저항운동은 독일 지하운동의 존재를 알고 있다. 독일제국 내에 수백만의 외국인 노동자들과 전쟁 포로들이 지하운동의 공헌을 이용할 충분한 기회를 가졌기 때문이다. 한 프랑스 장교는 독일에 있는 프랑스 수감자들이 어떻게 프랑스의 강제 노동자 및 프랑스 지하운동과 접촉했는지를 설명하면서 독일 지하운동에 대해 실제적인 관점에서 말하며, 그러한 접촉이 "독일군과 노동자들의 적극적인 협조가 없이는" 불가능했음을 강조했다. 그는 또한 "우리가 철조망을 헤치고 나가기 전에 독일인들 사이에 많은 좋은 친구들을 남겼다"고 말한다. 더욱 놀라운 것은 독일 지하운동이 "최후의 일격 순간에" 독일에 있는 프랑스인들의 도움에 의존하고 있으며, 두 집단 사이의 조직적인 협력으로 인해 독일 지하에 보관된 무기의 위치가 프랑스에 누설되었다는 그의 공개 발언이다.

이러한 세부 사항은 독일과 관련한 저항운동 계획의 기초가 되는 실제의 경험을 명확히 하기 위해 인용된다. 이 경험은 지금까지 몇 년 동안 유럽 반파시스트의 특징이었으며 최근 조르주 베르나노스[11]가 정의한 태도를 더욱 설득력 있게 만들었다. 즉 "국경과 언어로 분리되어 유럽 전역에 흩어져 있고, 위험에 대한 경험과 위협에도 굴복하지 않는 습관 외에는 공통점이 거의 없는 사람들에게 희망이 있다."

4. '독일 문제'와 유럽의 연대

망명정부의 귀환은 유럽 연대라는 이런 새로운 감정을 빨리 중지시킬 수

---

[11] 옮긴이_ 조르주 베르나노스(Georges Bernanos, 1888~1948)는 프랑스 작가이며 제1차 세계대전에 참전한 군인이었다. 그의 가장 유명한 두 소설은 『사탄의 태양 아래(Sous le soleil de Satan)』(1926)와 『어느 시골 사제의 일기(Journal d'un curé de campagne)』(1936)이며, 세상의 사악과 절망에 맞서 싸우는 본당 사제를 중심으로 전개된다. 스페인 내전을 배경으로 한 소설은 『달빛 어린 공동묘지(Les Grands Cimetières soul la Lune)』(1938)다.

도 있다. 망명정부의 존재 자체가 현상 유지의 회복에 좌우되기 때문이다. 따라서 망명정부의 뿌리 깊은 경향은 유럽 민족들의 정치적 르네상스를 파괴할 목적으로 저항운동을 약화시키고 분산시키는 것이다.

오늘날 유럽의 회복은 세 가지 기본 개념의 형태로 나타난다. 첫째, 집단안보 개념이 생겨났다. 집단안보는 실제로 새로운 개념이 아니라 신성동맹의 행복한 시절부터 계승된 개념이다. 이 개념은 민족주의적 열망과 공격성을 견제하는 역할을 하리라는 희망으로 지난 전쟁 이후 부활했다. 그러나 이 체제가 붕괴된 것은 그러한 공격성 때문이 아니라 이데올로기적인 요인의 개입 때문이다. 주요 침략자인 독일이 볼셰비즘에 맞선 투쟁의 화신으로 존재했기 때문에, 국경의 전략적 안보는 희생되었다. 집단안보체제는 방해가 되는 이데올로기적 요소가 더는 존재하지 않는다는 전제 위에서만 복원될 수 있음은 명백하다. 그러나 그러한 전제는 환상적이다.

모든 국가에서 발견되는 이데올로기적 세력 간의 충돌을 회피하기 위해 두 번째 정책이 도입되었다. 즉 이해관계 영역을 명확히 구분하는 것이다. 이것은 식민지 시대 제국주의적 방법, 즉 현재 그 결과로 유럽에 되돌아오는 방법에서 파생된 정책이다. 그러나 식민지 국가들도 명백히 독립을 향해 가고 있는 상황에서 누구도 유럽인들을 식민지 주민처럼 취급하는 데 성공할 가능성은 거의 없다. 유럽처럼 인구가 많고 작은 영토에서 민족과 민족을 차단하고 이데올로기적 세력의 상호작용을 막는 벽을 세우는 것이 가능하다는 희망은 더욱 비현실적이다.

지금 우리는 크렘린이 선호하는 정치적 도구가 된 듯한 꽤 오래된 양국동맹의 부활을 목격하고 있다. 권력정치의 광대한 무기고에서 빌려온 이 마지막 작품은 오직 한 가지 의미만을 갖는다. 그것은 지난 전쟁 이후에 무능함이 발견되고 비난받았던 19세기 정치 도구를 다시 사용하는 것이다. 실제로, 그러한 양자 간의 합의는 결국 소위 동맹이라 불리는 더 강한 상대방이 정치적으로나 이데올로기적으로 약한 상대방을 지배하게 된다는 것이다.

망명정부는 복원에만 관심이 있고 이러한 대안들 사이에서 애처롭게 동요하며, 3대 강대국 중 하나가 제공하는 거의 모든 것 — 집단안보, 이해관계 영역, 동맹 — 을 받아들일 준비가 되어 있다. 그 지도자들 가운데 특히 드골은 특별한 위치를 인정받아야 한다. 그는 다른 지도자들과 달리 어제의 세력을 대표하지 않고 오히려 그저께 — 그 결점이 무엇이든 최근 과거보다 인간적인 목적에 훨씬 더 호의적이었던 시대 — 세계의 고독한 잔재를 대표한다. 달리 말하면, 드골만이 옛 의미의 애국심과 민족주의를 진정으로 대변한다. 프랑스군과 악시옹 프랑세즈[12]의 옛 동료들이 반역자로 변했고, 평화주의가 열병처럼 프랑스를 휩쓸고 지배계급이 서둘러 협력했을 때, 그는 무엇이 일어나고 있는지조차 이해하지 못했다. 어떤 의미에서 그는 자신의 눈을 믿을 수 없는 행운을 누렸다. 즉 그는 프랑스인들이 독일과의 국가적 전쟁을 원하지 않는다는 것을 믿을 수 있었다. 그 이후로 그가 한 모든 일은 국가를 위한 것이었으며, 그의 애국심은 대중의 의지에 깊이 뿌리박혀 있어서 저항운동, 즉 국민이 그의 정책을 지지하고 영향을 미칠 수 있었다. 유럽에 남은 유일한 국민 정치인 드골은 "독일 문제는 전 세계의 핵심 문제다"라고 말할 때 유일하게 진심을 담은 사람이다. 그에게 전쟁은 진실로 국가적인 갈등이지 이데올로기적인 갈등이 아니다. 그가 프랑스를 위해 원한 것은 독일의 패배에서 가능한 한 큰 몫을 차지하는 것이다. 저항운동은 합병에 대한 그의 요구를 저지하였다. 스탈린이 받아들인 것으로 알려진 새로운 제안은 연합군이나 프랑스의 통제 아래 라인란트에 별도의 독일 국가를 창설하는 것으로, 한편으로는 이전의 합병 계획, 다른 한편

---

12 옮긴이_ 'Action Française'는 '프랑스 행동'이란 뜻으로 로마 가톨릭교 신도들을 주축으로 한 반공화주의 단체이며, 이들이 발행한 신문(1908~1944)의 이름이다. 드레퓌스 사건 당시 반드레퓌스 진영에서 드레퓌스의 유죄와 반유대주의를 부르짖으며 강한 민족주의를 표방했다. 독일의 프랑스 점령 이후 가톨릭교회가 다시 힘을 얻게 되자 비시 정부와 연합하였고 제2차 세계대전 이후 계속 존재했지만 사실상 해산되었다. 주요 활동가로는 샤를 모라스, 레옹 도데, 조르주 소렐을 들 수 있다.

으로는 연방 독일과 유럽 통제 하의 독일 경제에 대한 저항운동의 희망 사이의 타협을 시사한다.

복원은 소수의 구시대 민족주의자들만이 깊은 관심을 가진, 끝없는 국경선 분쟁을 복원하는 것에서 매우 논리적으로 시작되었다. 각국 지하운동의 강력한 항의에도 불구하고, 모든 망명정부는 영토 요구를 제기했다. 런던의 지지를 받고 아마도 영감을 받은 이러한 요구는 패배한 사람들을 희생해야만 충족될 수 있었다. 그리고 새로운 영토를 획득할 전망에 큰 기쁨이 없다면, 그것은 아무도 고유한 인구 문제를 해결하는 방법을 모르기 때문이다. 지난 전쟁 이후 기적을 일으킬 것으로 기대되었던 소수민족 조약은 오늘날 완전히 무시되고 있지만, 누구도 동화라는 유일한 대안에 대해서는 신뢰하지 않았다. 이번에는 인구 이동을 통해 문제를 해결하기를 희망한다. 체코인들은 소수민족 조약을 파기하고 200만 명의 독일인을 제국으로 추방하겠다는 결정을 최초로 발표했다. 다른 망명정부도 이에 따라 양도된 영토에서 발견된 수백만 명의 독일군에 대해 유사한 계획을 발표했다.

그러나 그러한 인구 이동이 실제로 일어난다면, 혼란이 무기한 연장될 뿐만 아니라 아마도 훨씬 더 불길한 일이 뒤따를 것이다. 양도된 영토는 인구가 부족할 것이며, 독일의 이웃 국가들은 그 영토에 제대로 거주할 수 없고 이용 가능한 자원으로부터 이익을 얻을 수 없음을 알게 될 것이다. 이것은 결과적으로 독일 인력의 재이민으로 이어질 것이며, 따라서 해묵은 위험을 재현하거나, 아니면 고도로 숙련된 노동력과 발전된 기술을 갖춘 인구과잉의 국가가 계속해서 독창적인 산업 방법을 개발해야 하는 상황에 직면하게 된다. 그러한 "처벌"의 결과는 독일의 경제력을 무너뜨리는 확실한 수단으로 여겨졌으나, 오히려 독일의 과도한 합리화와 독일 산업 생산능력의 엄청난 성장의 원인으로 밝혀진 베르사유조약의 결과와 완전히 같은 것으로 판명될 것이다. 우리 시대에는 영토보다 인력이 훨씬 더 중요하고, 원자재보다 더 유망한 높은 수준의 과학 연구와 기술 능력이 결합되어 있기에, 우리는 유럽 한가운데서 거대한 화약통을 만드는 과정에 있을 것이다. 패배한 독일의 부상이 어제의 정치가들을 놀라게 한 것처럼, 그 화약통의 폭발력은 내일의 정치가들을 놀라게 할 것이다.

모겐소 계획은 마침내 결정적인 해결책을 제시하는 것처럼 보인다. 그러나 이 계획은 독일을 소규모 농민 국가로 전환하는 데는 거의 도움이 되지 못한다. 3천만 명에 달하는 독일인을 아주 많이 몰살시킬 수 있는 권력은 존재하지 않기 때문이다. 그렇게 하려는 진지한 시도는 복구를 원하는 사람들이 무엇보다도 두려워하는 "혁명적 상황"을 초래할 가능성이 크다.

따라서 복원은 아무것도 약속하지 않는다. 만약 복원이 성공한다면 지난 30년의 과정이 다시 시작될 수 있으며, 이번에는 훨씬 더 빠른 속도로 진행될 것이다. 복원은 '독일 문제'의 회복에서 정확하게 시작되어야 하기 때문이다! '독일 문제'에 대한 모든 논의가 개입하는 악순환은 우리 시대의 실제 문제에 대한 적용에서 '현실주의'와 권력정치의 유토피아적 성격을 분명히 보여준다. 자유를 보장하기는커녕 평화를 유지할 수조차 없는 이러한 구시대적 방법에 대한 유일한 대안은 저항운동이 취한 길이다.

조직화된 범죄와 보편적 책임*

1945

Ⅰ. 전쟁 말 나치와 국민의 동일화[1]

전장에서 독일군의 군사적 패배가 크면 클수록, 종종 한낱 선전으로 잘못 묘사되는 나치 정치전의 승리는 더 커진다. 나치의 정치적 전략에서 핵심 논지는 이러하다. 즉 나치와 독일인 사이에는 차이가 없으며, 국민은 정부 뒤에 단결되어 있고, 이데올로기에 감염되지 않은 국민의 일부를 찾으려는 연합군의 모든 희망과 미래의 민주적 독일에 대한 모든 호소는 순전히 환상일 뿐이다. 물론 이 논지가 함축하고 있는 바는 이러하다. 즉 책임

---

* 서지사항은 다음과 같다. Hannah Arendt, "Organized Guilt and Universal Responsibility," *Jewish Frontier*, Vol. 12, no. 1(January 1945), pp. 19-23.
  옮긴이_ 이 에세이는 독일군이 연합군에게 항복하기 직전에 게재한 것이다. 따라서 이 에세이의 내용은 이러한 시대적 상황과 관련하여 검토해야 할 것이다. 이 에세이와 관련한 아렌트와 야스퍼스의 입장은 다음 자료를 참조할 것. 『한나 아렌트·카를 야스퍼스 서간집 1』, 「편지 34」·「편지 35」·「편지 38」·「편지 76」.

1 옮긴이_ 이 에세이 원본에서는 각 절을 번호로 표시하여 구별했지만, 이 번역본에서는 독자의 이해를 돕고자 소제목을 붙인다.

과 관련하여 구별이 없고, 독일의 반파시스트도 독일의 파시스트와 마찬가지로 패배를 당할 것이며, 연합군은 전쟁 초기에 선전 목적으로만 그러한 구별을 두었다. 논지의 또 다른 함의는 이렇다. 즉 연합군은 전범이란 칭호를 적용할 수 없는 사람을 찾을 수 없기에, 연합군의 전범 처벌 조항은 공허한 위협으로 판명될 것이다.

우리는 모두 그러한 주장이 단순한 선전이 아니라 매우 현실적이고 두려운 사실에 의해 뒷받침된다는 것을 지난 7년 동안 배웠다. 처음에는 대중으로부터 엄격하게 분리되어 범죄 경력을 보여주거나 범죄자가 될 준비가 되어 있음을 입증할 수 있는 사람만을 가입시킨 테러 조직은 이후 계속하여 확대되었다. 군인의 당원 자격 금지 조치는 모든 군인을 당에 복속시키는 일반 명령으로 해제됐다. 나치 정권이 시작된 이래 친위대SS와 비밀경찰Gestapo이 최초에는 항상 강제수용소의 일상 업무 가운데 일부였던 그러한 범죄를 자행하는 독점권을 철저하게 행사했지만, 오늘날에는 국방군의 군인들은 원하는 대로 대량 학살 임무를 맡는다. 이러한 범죄는 처음에는 가능한 모든 수단을 통해 비밀로 유지되었으며, 그러한 보고서가 공개되면 잔학 행위 선전으로 처벌받을 수 있었다. 그러나 나치가 조직한 중상 선동 운동은 나중에 그러한 보고서를 살포했고, 오늘날에는 "혈통 공동체volksgeonnse"[2] — 조직의 곤경으로 인해 범죄의 "민족 공동체Volksgemeinschaft"에 참여할 수 없었던 공동체 — 가 적어도 공모에 책임을 지고 무엇이 일어나고 있는지를 인식하도록 강요하기 위해서 이러한 범죄를 "제거 조치"라는 제목 아래 공개적으로 선포한다. 연합국이 독일인과 나치의 구분을 포기했을 때, 이러한 전술은 나치의 승리로 이어졌다. '영국 전투의 패배'[3] 이후 독일 정치 상

---

2   옮긴이_ 1920년 국가사회주의 당강령은 다음과 같이 밝힌다. "동지인 사람(Volksgenosse)만이 시민이 될 수 있다. 종교와 관계없이 독일 혈통을 지닌 사람만이 동지가 될 수 있다. 따라서 어떤 유대인도 동지가 될 수 없다." 여기서 'völkischen'에 대한 국가사회주의 이념은 인종 정의에 기초한 'Volksgemeinschaft'를 기반으로 한다. 외국 인종은 처음부터 민족공동체에서 제외되었다.

3   옮긴이_ 영국 전투 또는 영국 본토 '항공전(Battle of Britain)'은 독일 공군이 영국의 제공권을 장

황의 결정적인 변화를 평가하려면, 누구든 전쟁이 일어나기 전까지, 심지어 최초의 군사적 패배가 있기 전까지는 나치의 동조자들도 포함되지 않은 비교적 활동적인 소수의 나치 집단 ― 나치 동조자들도 이들에 포함되지 않았다 ― 과 소수의 활동적인 반파시스트가 똑같이 실제로 무슨 일이 일어나고 있는지 알고 있었다는 점을 지적해야 한다. 독일인이든 비독일인이든 다른 모든 사람은 유대인이나 사회주의자 등 어떤 경우에도 의심스러운 난민들의 주장보다는 보편적으로 인정받는 공식적인 정부의 진술을 믿으려는 자연적인 성향을 가지고 있었다. 난민들 가운데 비교적 소수의 사람만이 모든 진실을 알고 있었고, 심지어 소수의 난민만이 진실을 말하는 데 따르는 인기 없는 불이익을 감수할 준비가 되어 있었을 뿐이었다.

나치가 승리를 기대하는 한, 나치의 테러 조직은 국민으로부터, 전시에는 군대로부터 엄격하게 격리되었다. 군대는 잔혹 행위를 저지르는 데 이용되지 않았고, 나치 친위대는 국적에 관계없이 "자격을 갖춘" 계층에서 점점 더 많이 충원되었다. 계획된 **유럽의 새 질서**가 성공했다면, 우리는 독일이 주도하는 '유럽간inter-European' 테러 조직의 목격자가 되었을 것이다. 유대인을 제외한 유럽 국적의 구성원들은 다양한 나라의 인종 분류에 따라 등급이 분류된 조직에서 테러를 자행했을 것이다. 물론 독일 국민도 이를 피해갈 수는 없었을 것이다. 힘러는 유럽의 권위가 국가적 유대 없이 친위대 부대에서 조직된 인종 엘리트의 수중에 있어야 한다고 항상 생각했다.

나치가 이 개념을 포기하고 오래된 옛 민족주의 구호로 돌아가는 척하도록 강요한 것은 그들의 패배뿐이었다. 전체 독일 국민이 나치에 적극적으로 동참한 것은 이러한 전환의 일환이었다. 국가사회주의가 미래에 지하운

악하려고 벌인 작전으로, 제2차 세계대전 초기에 일어난 가장 큰 전투 중 하나이다. 영국의 역사가들은 전투 기간에 대해서 1940년 7월 9일부터 10월 31일까지로, 독일의 역사가들은 1940년 중반부터 소련 침공을 위해 공습을 중단한 1941년 5월까지로 보고 있다. 이 전투는 독일의 첫 번째 큰 패배가 되었다.

동을 조직할 가능성은 누가 나치이고 아닌지 아무도 더는 알 수 없고, 더는 눈에 띄는 구별의 흔적이 없다는 데 달려 있지 않고, 무엇보다도 승전국이 독일인 사이에 실제로 차이가 없다는 것을 확신하는 데 달려 있다. 이를 실현하기 위해서는 과거나 평판에 따라 반파시스트로 증명된 사람을 살려두지 않겠다고 제안한 독일에서 테러 강화가 필요했다. 전쟁 초기에 나치 정권은 반대자들이 조용히 있는 한 이들에 대해 놀라울 정도로 '관대한' 태도를 보였다. 그러나 최근 수년간 이동의 자유가 제한되어 정권에 즉각적인 위험을 초래할 수 없음에도 불구하고 수많은 사람이 처형되었다. 반면에 나치는 연합군이 모든 예방 조치에도 불구하고 여전히 각 도시에서 흠잡을 데 없는 반파시스트 기록을 가진 수백 명의 사람을 발견할 수 있다는 점 — 이는 이전의 전쟁 포로나 외국인 노동자들이 증언하고 투옥이나 강제수용소 억류 기록이 뒷받침한다 — 을 신중하게 예측했기 때문에, 그들은 이미 신뢰할 수 있는 공범자들에게 유사한 문서와 증언을 제공하여 이러한 기준을 쓸모없게 만들었다. 따라서 강제수용소 수용자의 경우(그 숫자는 누구도 정확히 모르지만, 수백만 명으로 추산됨), 나치는 안전하게 그들을 없애거나 탈출하게 할 수 있다. 생존이 거의 불가능한 사건(부헨발트 강제수용소에서 발생한 사건, 즉 전범 조항에 따라 처벌할 수조차 없는 학살)의 경우에, 이들을 명확하게 확인하는 것은 가능하지 않을 것이다.

인간의 눈이 마음속을 꿰뚫을 수 없지만, 인간 마음의 비밀을 아는 '유일한 존재One'만이 독일에서 어떤 사람이 나치인지 반나치인지를 결정할 수 있다. 어쨌든 오늘날 독일에서 반나치 지하운동을 적극적으로 조직하는 사람들은 나치처럼 정확하게 행동하고 말하지 않으면 빠른 죽음을 맞이하게 될 것이다. 누군가 명령에 따라 살인하지 않거나 살인범의 공범이 되지 않음으로써 즉각 관심을 끄는 나라에서 이것은 전혀 가벼운 일이 아니다. 유일한 "좋은 독일인"은 "죽은 독일인"이라는 구호, 즉 이번 전쟁이 연합국 사이에서 불러일으킨 가장 극단적인 구호는 사실 이 정도의 근거를 지니고 있다. 우리가 반나치주의자를 확인할 수 있는 유일한 방법은 나치가 그 사람을 처형했을 때이다. 다른 신뢰할 수 있는 증표는 없다.

II. 정치적 해결책 없는 행정적 대량 학살

이것들은 독일 국민의 집단적 범죄 혐의를 뒷받침하는 실제 정치적 상황이다. 이 상황은 가장 깊은 의미에서 비국가적이고 반국가적 정책의 결과이다. 이 정책은 독일 국민이 현재 통치자들의 권력 안에 있을 때만 존재할 수 있다고 확고하게 결심하고, 나치 패배가 독일 국민의 물리적 파괴를 수반할 때 가장 큰 승리를 거둔 것처럼 기뻐할 것이다. 인간의 일상적 삶이 보통 이루어지는 중립지대를 완전히 파괴한 전체주의 정책은 독일에서 각 개인의 존재가 범죄를 저지르거나 범죄에 공모하느냐에 따라 결정된다는 결과를 초래했다. 일반적으로 반시타르주의라고 불리는 태도로 표현되듯이, 연합국에서 나치 선전의 성공은 비교적 부차적인 문제이다. 이것은 일반적인 전쟁 선전의 산물이며 위에서 설명한 특정 현대 정치 현상과는 상당히 동떨어진 것이다. 이러한 경향에 대한 모든 문서와 유사類似 역사적인 증명은 지난 전쟁의 프랑스 문학에 대한 비교적 순진한 표절처럼 들린다. 그리고 25년 전에 "신뢰할 수 없는 알비온"[4]에 대한 공격으로 언론을 떠들썩하게 만들었던 몇몇 작가들이 이제 자신들의 경험을 연합국의 처분에 맡긴다고 해서 본질적인 차이가 있는 것은 아니다.

---

[4] "Perfidious Albion(믿을 수 없는 영국)". 알비온(Albion)은 고대 그리스 시대의 영국의 이름이다. 믿을 수 없는 영국이라는 말은 13세기에 프랑스가 사용하기 시작했다. 17세기 프랑스 주교가 영국에 대해 가톨릭교에 대한 충성심이 부족하다는 것을 언급하기 위해 이 말을 사용했다. 프랑스혁명 시기에는 영국이 프랑스혁명에 대항해 다른 군주국가들과 연합을 형성하자 프랑스의 혁명가들이 영국을 이같이 묘사했다. 그리고 프랑스 언론인들이 19세기에 아프리카에서 영국과 식민지 경쟁 중에 있을 때 이 같은 어구를 많이 사용했으며, 파시스트들이 선전물에서 영국을 비판하기 위해 사용하기도 했다.

그러나 '좋은' 독일인을 옹호하는 사람들과 '나쁜' 독일인을 비난하는 사람들 사이 최고로 예정된 토론조차도 문제의 본질을 놓치고 있을 뿐만 아니라 재앙의 규모를 제대로 파악하지 못하고 있다. 그들은 속아서 좋은 사람과 나쁜 사람을 하찮게 일반적으로 논평하고 교육의 힘을 환상적으로 과대평가하거나, 아니면 전도된 나치 인종 이론을 채택한다. 이 모든 것에는 분명히 일정한 위험이 존재한다. 처칠의 유명한 선언[5] 이후, 연합군은 이데올로기 전쟁을 자제하여 (처칠과 상관없이 이데올로기적으로 패배를 조직하고 있는) 무의식적으로 나치에게 유리한 상황을 제공하고, 모든 인종 이론에 생존 기회를 제공했기 때문이다.

그러나 진정한 문제는 자명한 것, 즉 타키투스[6] 시대 이후로 독일인들이 잠재적인 나치가 아니었음을 증명하는 것도 아니고, 불가능한 것, 즉 모든 독일인이 나치 견해를 품고 있음을 증명하는 것도 아니다. 오히려 진정한 문제는 범죄인과 정상인, 죄인과 무고한 사람을 구분하는 경계가 완전히 사라졌기에 독일에서 어떤 경우에나 누구도 비밀의 영웅을 상대하고 있는지 아니면 과거 대량 학살범을 상대하고 있는지 알 수 없게 된 사람들 사이에서 그들을 대면하는 재판을 어떻게 견디고 어떻게 처신하는가를 고려하는 것이다.

이러한 상황에서 우리는 책임자를 정의하거나 '전범'에 대한 처벌을 통해서 도움을 받을 수 없을 것이다. 그러한 정의定義는 근본적으로 스스로 책임

---

5 1944년 5월 24일 하원 연설에서 처칠은 "내 견해로는 이 전쟁이 진행됨에 따라 전쟁의 성격이 이데올로기적 성격을 덜 띠게 되는 것 같다"고 말했다. 그해 8월 2일 그는 이 진술이 야기한 '혼동'을 특별히 언급했으며 그것을 계속 옹호했다. 그는 독일이 완전히 패배할 것이며 독일의 항복은 '무조건'이라고 더욱더 확신했을 뿐 아니라, 전쟁 후 독일의 상태는 최소한 50년간 대륙의 권력으로서 다시 출현할 수 없는 방식으로 재건설되어야 한다고 확신하게 되었다. *The War Speeches of Winston S. Churchill*, compiled by Charles Eade, vol. III(Boston: Houghton Mifflin, 1953), pp. 149-150·196.
6 옮긴이_ 타키투스(Publius Cornelius Tacitus, ?56~?120)는 로마제정 시대의 역사가이며 제정(帝政)을 비판한 역사서를 썼다. 주요 저서로는 『역사』와 『게르마니아』 등이 있다.

을 졌을 뿐 아니라 이 모든 지옥을 초래한 사람들에게만 적용될 수 있다. 그런데 매우 이상하게도 전범 목록에서 여전히 그들을 찾을 수 없다. 책임져야 하며 **동시에** 유죄인 사람의 숫자는 상대적으로 적을 것이다. 어떤 가시적인 유죄의 증거 없이도 책임을 공유하는 사람들이 많다. 최소한의 책임도 없이 죄를 지은 사람들이 더 많다. 넓은 의미에서 책임을 져야 할 사람들에는 가능한 한 오랫동안 히틀러에게 동정심을 갖고 그의 집권을 도운 사람들, 그리고 독일과 다른 유럽 국가에서 그에게 박수를 보낸 모든 사람이 포함되어야 한다. 누가 감히 이들 상류사회의 신사와 숙녀를 전범으로 낙인찍겠는가? 그리고 사실 그들은 실제로 그러한 칭호를 받을 자격이 전혀 없다. 의심할 바 없이 그들은 현대의 정치조직을 판단할 능력이 없음을 보여주었는데, 그들 중 일부는 정치의 모든 원칙을 도덕주의적인 허튼소리로 여겼기 때문이고, 다른 일부는 자신들이 옛날의 '해적'과 혼동했던 악한에 대한 낭만주의적 선호에 영향을 받았기 때문이다. 그러나 넓은 의미에서 히틀러의 범죄에 공동 책임이 있는 이 사람들은 더 엄격한 의미에서 아무런 죄도 짓지 않았다. 나치의 첫 번째 공범자이자 최고의 측근이었던 그들은 자신들이 무엇을 하고 있는지, 누구와 거래하고 있는지 진정으로 알지 못했다.

독일의 사례가 논의될 때마다 선량한 사람들이 반응하는 극도의 공포는 무책임한 공동 책임자들에 의해서도, 심지어 나치 자신의 특정 범죄에 의해서도 유발되지 않는다. 오히려 그 공포는 수천 명, 심지어 수십만 명의 선택된 살인자뿐만 아니라 전체 국민이 고용될 수 있고 고용된 거대한 행정적 대량 학살 조직의 산물이다. 힘러가 패배에 대비해 준비한 그 조직에서 모든 사람은 동료들의 시체를 넘어서 행진을 계속했던 사형집행인과 희생자, 또는 자동인형이다. 이들은 처음에는 다양한 나치돌격대 조직에서, 나중에는 군부대나 다른 대중조직에서 선발되었다. 모든 사람이 학살수용소에서 직접 활동하든 아니든 이 대량 학살 조직의 작동에 어떤 식으로든 참여하도록 강요받았다. 그것은 끔찍한 일이었다. 체계적인 대량 학살 — 모든 인종 이론과 힘이 곧 정의라고 주장한 다른 현대 이데올로기의 진정한 결과 — 은 인간의 상상력뿐 아니라 정치적 사유와 행위의 기본 틀과 범주도 왜곡시키기 때문이다. 독일의 미래가 무엇이든, 이것은 패배한 전쟁의 피할 수 없는 결과, 즉 사건의 성격상 일시적인 결과 외에는 그 어떤 것에 의해서도 결정되지 않을 것이다. 독일의 대량 범죄를 처리할 정치적 방법은 없으며, 7천만 또는 8천만 독일인의 파멸이나 심지어 기아로 인한 점진적인 죽음(물론 소수의 정신병적인 광신자들 외에는 누구도 꿈꾸지 않은 상황)까지도 다음과 같은 의미를 지녔을 것이다. 즉 비록 권력과 '세력권right of might'이 다른 민족에게 넘어갔다고 하더라도, 나치의 이데올로기는 승리했을 것이다.

인간의 능력 안에는 행정적 대량 학살이란 범죄에 대한 어떤 정치적 해결책이 없는 것과 마찬가지로, 정의Justice에 대한 인간의 요구도 그 목적을 위한 국민의 총체적 동원에 대해 만족스러운 대답을 찾을 수 없다. 모두 사람이 유죄인 곳에서는 누구도 결국 심판받을 수 없다.[7] 그러한 유죄는 한낱 발현, 한낱 책임의 가식조차 동반하지 않기 때문이다. 처벌이 범죄자가 감수해야 할 정의인 한 — 이 인식은 2천 년 이상 서양인의 정의 및 권리 감정의 기초였다 — 유죄는 죄의식을 내포하며, 처벌 증거는 범죄자가 책임 있는 사람임을 내포한다. 한 미국 특파원[8]은 이 문제와 관련하여 상황을 잘 묘사하고 있는데, 그 이야기에 나오는 대화는 위대한 시인의 상상력과 창의력에 어울릴 만하다.

---

[7] 유대인이거나 일찍부터 비밀경찰에 의해 박해받았던 행운을 누린 독일 난민들이 이러한 죄에서 구원받았다는 것은 물론 그들의 장점이 아니다. 그들은 이것을 알고 있고, 아직도 일어날 수 있는 일에 대한 공포 때문에 종종 이런 종류의 토론에 참을 수 없는 독선의 어조를 도입하는데, 이는 종종 특히 유대인들 사이에서 저속한 나치 교리의 환질 명제(obverse)로 변할 수 있다. 사실 이미 그랬다.

[8] 엮은이_ 유대인전신통신사(Jewish Telegraph Agency)의 통신원이고 캐나다 방송공사(Canadian Broadcasting Corporation)의 방송인인 레이몬드 데이비스는 마이다넥 학살수용소에 대한 최초의 목격담을 제공했다.

질문   수용소에서 사람들을 살해했습니까?
대답   예.
질문   그들을 가스로 독살했습니까?
대답   예.
질문   그들을 산 채로 묻었습니까?
대답   가끔 그랬습니다.
질문   희생자들은 유럽 전역에서 선발되었습니까?
대답   그렇다고 생각합니다.
질문   직접 사람들을 죽이는 것을 도왔습니까?
대답   절대 아닙니다. 그저 수용소의 급여 담당자였습니다.
질문   어떤 일이 벌어지고 있다고 생각했습니까?
대답   처음에는 나빴지만 익숙해졌습니다.
질문   러시아 사람들이 당신을 교수형에 처할 것이라는 걸 압니까?
대답   (울음을 터뜨리며) 왜 그래야 합니까? **내가 무엇을 했나요?**

(굵은 활자 부분은 강조임. 1944년, 11월 12일, 일요일 오후)

실제로 그는 아무 일도 하지 않았다. 그는 단지 명령을 수행했을 뿐이다. 명령을 수행하는 것이 언제부터 범죄가 되었는가? 반항하는 것이 언제부터 미덕이 되었는가? 언제부터 죽음을 기꺼이 수용해야 품위 있는 사람이 될 수 있었는가? 그럼 그는 무엇을 했던가?

카를 크라우스[9]는 제1차 세계대전에 관한 희곡 『인류의 마지막 날들 The Last Days of Mankind』에서 빌헬름 2세가 "나는 이것을 원하지 않았다"라고 외친 후에 벨을 울려 막을 내렸다. 그리고 그 희곡에서 끔찍하게 희극적인 부

---

9   옮긴이_ 카를 크라우스(Karl Kraus, 1874~1936)는 오스트리아 유대인 작가로서 빈에서 활동했으며 20세기 최고의 독일어 풍자작가였으며, 『횃불(The Torch)』을 발행하였다. 크라우스의 연극은 인류가 "방어" 전쟁의 영광을 찬양하고 공포를 무시하면서 현대 전쟁 방법을 통해 자멸을 향해 달려갔던 제1차 세계대전의 비극적 궤적을 재현하였다.

분은 이것이 사실이었다는 점이다. 이번에 막이 내릴 때, "우리는 이런 짓을 한 게 아니다"라고 외치는 합창을 온몸으로 들어야 할 것이다. 그리고 비록 우리가 희극적 요소를 감상할 수 없게 되더라도, 그것의 끔찍한 부분은 여전히 이것이 사실이라는 점일 것이다.

III. 나치의 획일화 조치와 톱니바퀴의 역할

사람들을 대량 학살 조직의 톱니처럼 행동하게 만든 실제 동기가 무엇인가를 이해하려고 할 때, 우리는 독일 역사와 이른바 독일 국민성에 대한 추측으로 도움을 받지 못할 것이다. 독일을 가장 잘 아는 사람들은 15년 전에는 독일 국민성의 잠재력에 대해 조금도 알지 못했다. 자신이 살인을 조직하는 인물이었다는 것을 자랑할 수 있는 그 사람의 특징적인 성격에서는 배울 점이 더 많다. 하인리히 힘러는 보헤미안과 뚜쟁이들 사이의 희미한 중간 지대 출신의 지식인에 속하는 사람이 아니다. 최근 나치 엘리트 구성에서 그 중요성이 반복적으로 강조되어 왔다. 힘러는 괴벨스 같은 보헤미안도 아니고, 슈트라이허 같은 성범죄자도 아니고, 히틀러 같은 변태 광신자도 아니며 괴링 같은 모험가도 아니다. 힘러는 존경할 만한 모든 외적 면모를 갖추고 있으며, 아내에게 충실하고 자녀들의 괜찮은 미래를 걱정하는 좋은 가장의 모든 습관을 지닌 '부르주아'다. 그는 사람들 대부분이 보헤미안도 광신자도 모험가도 색광도 사디스트도 아니지만, 무엇보다도 직장을 다니며 좋은 가정을 꾸리는 남자라는 가정 아래 전국에 걸쳐 가장 최신의 테러 조직을 구축했다.

내 생각에 가정적인 남자를 "20세기의 위대한 모험가"라고 부른 사람은 바로 샤를 페기[10]였다. 그는 자신도 이 세기의 가장 큰 범죄자였다는 것을 알지 못하고 너무 일찍 죽었다. 우리는 가족의 복지에 대한 가정적인 가장의 친절한 관심과 진지한 집중, 아내와 자녀의 삶을 편하게 하려는 그의 엄숙한 결심을 존경하거나 부드럽게 비웃는 데 익숙해져 있었기 때문에 자신의 안전만큼이나 아무것도 걱정하지 않는 헌신적인 가장이 우리 시대의 혼란스러운 경제 상황의 압력으로 인해 그의 모든 노력과 관심에도 불구하고 다음날이 어떻게 될지 결코 확신할 수 없는 비자발적인 모험가로 변신했는지 거의 눈치채지 못했다. 이러한 유형의 유순함은 이미 나치의 '획일화' 조치의 초기에 명백하게 나타났다. 그런 남자는 연금과 생명 보험, 아내와 자녀의 안전을 위해 자신의 신념과 명예, 그리고 인간의 존엄성을 희생할 준비가 되어 있음이 분명해졌다. 그러한 타락 이후에 분담금이 더 늘어나고 가족의 생존이 위협받을 때 말 그대로 그가 무엇이든 할 준비가 되어 있다는 것을 발견하는 데는 힘러의 사탄적인 천재성만이 필요했다. 그가 제시한 유일한 조건은 자신의 행위에 대한 책임이 완전히 면제된다는 것이었다. 나치가 수년간의 맹렬한 선전에도 불구하고 자신의 이유로 유대인을 죽이도록 유도할 수 없었던 바로 그 사람, 즉 평범한 독일인이 이제 (그러한 살인이 처벌받지 않을 것이라고 명백히 밝혔을 때조차 그러지 못했는데) 아무런 저항 없이 파괴 조직에 복무하고 있다. 히틀러 친위대 및 비밀경찰의 초기 부대와 대조적으로, 힘러의 전체적인 조직은 광신자·선천적 살인자·사디스트에게 의존하지 않았다. 이 조직은 전적으로 직업 보유자와 가정적인 남성의 정상성에 의존했다.

우리는 이 새로운 유형의 기능인을 공급하는데 특정한 국민성이 필요하지 않음을 보여주기 위해 힘러의 암살 조직에 참여했던 라트비아인과 리투아니아인, 심지어 유대인에 대한 유감스러운 보고를 특별히 언급할 필요는

---

10 옮긴이_ 샤를 페기(Charles Péguy, 1875~1914)는 프랑스 작가·시인·수필가이며 제1차 대전 직후 전사했다. 그는 희곡 『잔 다르크(Jeanne d'Arc)』에서 잔 다르크를 민중과 사회주의의 영웅으로 묘사하였다. 저작으로는 시극 『잔 다르크의 자애의 오의(奧義)』, 『샤르트르 성모에게 보스 지방을 바치는 시』 등이 있다.

없다. 그들은 완전히 타고난 살인자도 아니고 타락으로 인한 반역자도 아니다. 자신의 생명과 미래만이 달려 있다면 과연 그들이 그 일을 해낼지조차 확신할 수 없다. (더 이상 하느님을 두려워할 필요가 없어진 후에, 그들의 양심은 관료 조직을 통해 행위로부터 깨끗해졌다) 그들은 오로지 자신의 가족에 대한 책임만을 느꼈다. 가정적인 가장이 모든 공적 일에 관심을 가진 책임감 있는 사회의 구성원에서 자신의 사적 존재에만 관심을 갖고 시민적 덕목은 전혀 모르는 '부르주아'로 변모하는 것은 국제적인 현대 현상이다. 우리 시대의 절박한 상황 — "비탄 소리와 함께 이 계곡에 울려 퍼지는 굶주림과 매서운 추위를 생각해 보라(브레히트)"[11] — 은 어느 순간 사람을 폭민(暴民; mob)으로 변모시킬 수 있으며 광기와 공포의 도구로 만들 수 있다. 사회가 실업으로 인해 평범한 소시민의 정상적인 기능과 정상적인 자존감을 좌절시킬 때마다, 사회는 평범한 소시민이 어떤 역할, 심지어 교수형 집행인의 역할까지 기꺼이 수행할 마지막 단계를 위해 그를 훈련시킨다. 언젠가 부헨발트 강제수용소에서 석방된 한 유대인은 자신에게 석방 증서를 건네준 히틀러 친위대의 대원들 사이에서 예전의 학교 친구를 발견했는데, 그 친구는 그에게 말을 걸지 않고 뚫어지게 쳐다보고만 있었다. 그 친구는 자연스럽게 응시하면서 이렇게 말했다. 네가 이해해야만 해. 나는 5년 동안의 실직 상태였어. 그들은 나와 함께 원하는 것은 무엇이든 할 수 있어.

'시민'과 정반대이며 더 나은 이름이 없어서 '부르주아'라고 부르는 이러한 유형의 현대적 인간의 발전이 특히 독일에서 우호적인 조건을 누린 것은 사실이다. 서양 문화권에서 시민 행위의 고전적 미덕이 이토록 적게 스며든 나라는 거의 없다. 다른 어떤 나라에서도 사생활과 사적인 이해타산

---

[11] 엮은이_ "비탄 소리와 함께 이 계곡에 울려 퍼지는 굶주림과 매서운 추위를 생각해 보라." 아렌트는 "어두움" 대신에 "굶주림"이라는 단어를 사용하여 『서푼짜리 오페라』의 마지막 시구를 인용한 것이 분명하다: "Bedenkt das Dunkel und die grosse Kälte/In diesem Tale, das von Jammer schallt."

이 그토록 큰 역할을 하지 않았다. 이것은 국가 비상 상황에서 독일인이 큰 성공을 거두었으나 전혀 바꾸지 않았던 사실이다. '조국 사랑', '독일인의 용기', '독일의 충성심' 등과 같이 찬양되고 선전된 국민적 미덕의 겉모습 뒤에는 그에 상응하는 실제 국가적 악덕이 잠복해 있었다. 평균적으로 독일만큼 애국심이 적은 나라는 거의 없으며, 충성심과 용기에 대한 광신적이고 애국주의적인 주장 뒤에는 기회주의적 이유로 불충실하고 배신하는 치명적인 경향이 숨겨져 있다.

그러나 '부르주아'의 최종 결과인 폭민은 국제적인 현상이다. 그리고 우리는 독일 폭민만이 그러한 무서운 행동을 할 수 있다는 맹목적인 믿음으로 그를 너무 많은 유혹에 굴복시키지 않는 것이 좋을 것이다. 우리가 말한 '부르주아'는 집단적 열광이라는 고양된 순간이 아니라 그 자신의 사적 영역 안의 안전(오늘날 불안정하다고 말해야 함) 속에 존재하는 일반 대중인 현대인이다. 부르주아는 사적 기능과 공적 기능, 가족과 직업이란 이분법을 추구해왔기 때문에, 지금까지 그 자신에게서 둘 사이의 어떤 연관성도 찾을 수 없다. 그는 직업상의 이유로 사람을 죽여야만 했을 때 자신을 살인자로 간주하지 않는다. 그는 그것을 성벽에서가 아니라 직업적 능력으로 행했기 때문이다. 그는 순수한 열정으로는 결코 파리 한 마리에게도 해를 끼치지 않을 것이다.

우리 시대가 만들어 낸 이 새로운 직업계층의 구성원에게 자신이 행한 일에 책임을 져야 한다고 말한다면, 그는 자신이 배신당했다는 것 외에는 아무것도 느끼지 못할 것이다. 그러나 만일 그가 재앙의 충격 속에서 실제로 자신이 기능인일 뿐만 아니라 살인자였다는 사실을 깨닫게 된다면, 그의 탈출구는 저항이 아니라 자살이 될 것이다. 독일에서는 자살의 물결이 연달아 일어났다는 것은 분명하다. 그리고 그것 역시 우리에게 거의 쓸모없을 것이다.

IV. 인간과 인류: 정치적 사유의 전제 조건

우리는 지금까지 수년간 독일인이라는 사실이 부끄럽다고 선언하는 독일인들을 만났다. 나는 인간이라는 사실이 부끄럽다고 대답하고 싶은 유혹을 자주 느꼈다. 오늘날 다양한 국적의 많은 사람이 함께 공유하고 있는 이러한 근본적인 수치심은 우리의 국제적 연대감에서 마침내 남겨진 것이다. 그렇지만 아직 적절한 정치적 표현을 찾지 못했다. 인류애에 대해 우리의 조상들이 느낀 매혹은 민족 문제를 경솔하게 무시했을 뿐 아니라 더 나쁘게도 인류의 단일 기원에 대한 유대-기독교 신앙과 인류 이념에 대한 공포를 상상조차 하지 못했다는 것이다. 인간이 식인종이 될 수 있다는 것을 깨닫고, '고상한 야만인'에 대한 우리의 잘못된 환상을 숨겨야 했을 때조차 그다지 유쾌한 일이 아니었다. 그 이후로 사람들은 서로를 더 잘 알게 되었고 인간의 악한 잠재력에 대해 점점 더 많이 배웠다. 그 결과 그들은 인류 개념에서 점점 더 물러섰고, 공통 인류의 가능성 자체를 부정하는 인종 교리에 더욱 민감해졌다. 그들은 종교적인 형태로 나타나든 인본주의적 형태로 나타나든 인류 개념이 자신들이 떠맡고 싶지 않은 일반적 책임에 대한 의무를 암시한다는 점을 본능적으로 느꼈다. 인류 이념에서 모든 감정을 제거하면, 그것은 어떤 형태로든 다른 모든 사람이 저지른 악에 대한 책임을 져야 한다는 매우 심각한 결과를 낳기 때문이다. 인간이라는 사실에 대한 수치심은 이러한 통찰의 순전히 개인적이면서도 비정치적인 표현이다.

정치적 측면에서 어떤 사람도 배제하지 않고 누구에게도 유죄의 독점권을 부여하지 않는 인류 이념은 '우월한 인종'이 강자의 권리인 '자연법'을 따르고 "생존할 가치가 없는 열등한 인종을" 절멸시키려는 의무를 느끼지 않을 수 있다는 것을 유일하게 보장한다. 그래서 우리는 나치를 미래 정치 방식의 조잡한 선구자처럼 보이게 만드는 단계에 있는 우리 자신을 '제국주의 시대'의 끝자락에서 발견해야 한다. 비제국주의 정책을 따르고 비인종주의적 신앙을 유지하는 것은 날로 더 어려워진다. 인류가 인간에게 얼마나 큰 짐인가는 매일 더 분명해지기 때문이다.

아마도 우리가 인류 이념의 최초 개념을 조상들에게 빚지고 있는 유대인들은 다음과 같은 때 그 부담에 대한 무엇인가를 알았을 것이다. 그들은 해마다 "우리 아버지시며 왕이시여, 우리가 당신 앞에 죄를 지었습니다"라고 말하곤 했으며, 자기 공동체의 죄뿐만 아니라 인간의 모든 죄를 스스로 담당했다. 오늘날 현대적인 방식으로 이 길을 따를 준비가 되어 있는 사람들은 꿈도 꾸지 못했던 독일 국민성의 잠재력에 대한 두려움 속에서 "하느님 감사합니다. 저는 그런 사람이 아닙니다"라는 위선적인 고백에 만족하지 않는다. 오히려 그들은 두려움과 전율 속에서 마침내 인간이 무엇을 할 수 있는지 깨달았다. 그리고 이것은 실제로 현대의 모든 정치적 사유의 전제 조건이다. 그러한 사람들은 보복의 기능인으로서 제대로 수행하지 않을 것이다. 그러나 이것은 확실하다. 즉 인간이 일으킬 수 있는, 헤아릴 수 없는 악에 맞서 두려움 없이, 타협하지 않고, 어디서든 싸울 때 의지할 수 있는 것이 있다.

악몽과 도피*

1945

나는 최근 출판물 중에서 현대인의 경험에 그토록 근접한 출판물을 거의 알지 못한다. 전후, 파시즘 이후 유럽 지식인들의 마음 상태를 엿보고 싶은 사람이라면 누구든지 『악마의 몫』[1]을 주의 깊게, 인내심을 갖고 (불쾌함을 의미하지 않고) 너그럽게 읽어야 한다. 작가와 책의 단점은 분명하고 거슬린 정도로 눈에 띈다. 그 단점들은 저자를 혼란스럽게 한 것처럼, 독자를 혼란스

---

* 서지사항은 다음과 같다. Hannah Arendt, "Nightmare and Flight," *Partisan Review*, Vol. 12, no. 2(Spring 1945), pp. 259-260. A review of Denis de Rougement, *The Devil's Share*.
  옮긴이_ "드니 드 루즈몽(Denys Louis de Rougemont, 1906~1985)은 스위스 작가이며 문화이론가로서 프랑스어로 글을 썼다. 그는 기독교적 관점에서 전체주의의 위험을 다루었고, 제2차 세계대전 이후 유럽 연방주의를 장려했다." 이와 관련한 국내 연구로 다음 자료를 참조할 것. 윤석준, 「유럽문화에 기반한 통합운동의 선구자: 드니 드 루즈몽(Denis de Rougement)」, 『통합유럽연구』 제10권 2집(2019), 29-50쪽.

[1] 옮긴이_ 원제는 *La Part du Diable*(1942)이며, 다른 영역본은 『악마의 이야기(*Talk of the Devil*)』라는 제목으로 출간되었다. 슈발리에의 영역으로 판테온출판사에서 1944년 출간된 저서는 '악마의 몫'으로 출간되었다. 제1장 「잠행과 계시」, 제2장 「현장 부재 증명의 히틀러」, 제3장 「민주주의자로서 악마」, 제4장 「우리 신과 재앙 속에 있는 악마」, 제5장 「천국의 창공」으로 구성되어 있다. 이 서평에 드러난 아렌트의 입장은 『전체주의의 기원』과 『예루살렘의 아이히만』에서 밝힌 악에 관한 입장과 연계되어 있다.

럽게 한다. 그러나 요점은 이 혼란이 저자가 목격하고 탈출하려고 하지 않은 경험의 직접적인 결과라는 점이다. 그러한 경험과 혼란은 모든 것, 즉 모든 추세와 경향을 설명하는 척하는 "역사의 열쇠"의 기만적인 보안으로 돌아가기 거부하고 살아남은 모든 사람에게 공통적일 것이다. 그리고 그것은 실제로 단 하나의 실제 사건도 밝혀낼 수 없었다. 루즈몽은 우리의 지적 무기가 그토록 비참하게 실패한 "현실의 악몽"에 대해 말하고 있다. 그리고 만일 그가 혼란스러워한다면, 그는 영적으로 벌거벗음에서 이런 악몽에 직면하지 않으려고 필사적으로 시도하는 과정에서 오래된 토대를 흔드는 새로운 충격에 대응하거나 해석할 수 있는 위대하고 아름다운 인물과 이미지의 무기고에서 무엇이든 집어 들었기 때문일 것이다.

현실은 "나치는 우리와 같은 사람이다"라는 것이고, 악몽은 나치가 인간이 할 수 있는 것을 보여주고, 분명히 입증했다는 것이다. 달리 말하면, 지난 전쟁 이후 죽음이 근본적인 문제가 되었던 것처럼, 악의 문제는 전후 유럽의 지적 삶의 근본적인 문제가 될 것이다. 루즈몽은 모든 악과 악 자체를 사회질서 또는 사회 자체에 돌리는 것이 "현실로부터의 도피"라는 것을 알고 있다. 그러나 그는 악에 대한 인간의 진정한 능력의 소리를 마주하고 인간 본성을 분석하는 대신에 결국 현실에서 도피하여 악마의 본성에 대해 글을 쓰며 모든 변증법에도 불구하고 자신의 행위에 대한 인간의 책임을 회피한다.

그런데 현실로부터의 도피는, 성경의 제목과 반복되는 인용문에서 알 수 있듯이, 신학으로의 도피가 아니다. 그것은 문학으로의 도피이며, 때로는 나쁜 문학으로의 도피이다. "여자가 남자를 이긴다"와 같이 작가가 최악의 상황에서 니체를 모방한 작은 비유나 훨씬 덜 뛰어난 수준에서 체스터턴을 모방한 현대 인간 행위에 관한 에세이만 있지는 않다. "나는 위험한 책만 쓰고 싶다"와 같은 문구가 있는데, 이것은 그 허영심 때문에 독자가 모든 것을 진지하게 받아들이기 어렵게 만든다.

전반적인 접근 방식의 기본적 혼란은 미성숙보다 더 심각하다(루즈몽은 두 차례 전쟁 사이에 자랐으며, 성숙할 충분한 기회를 갖지 못했고, 미성숙에 대한 태생적 권리를 지닌 세대에 속한다). 이것은 악을 행할 인간의 능력과 악 자체의 문제를 일반적으로 말해서 "우리 시대의 악"과 동일시하는 것으로 이루어진다. 이것은 단순히 공통분모로 역할을 하는 인간 내면에 **악마**를 등장시키는 것으로 이어진다. 비록 그의 존재가 체스터턴식 논리의 멋진 속임수('나는 붉은 뿔과 긴 꼬리를 가진 신사를 믿을 수 없다'는 늙은 아내들의 이야기를 고수하는 사람들은 옛이야기로부터 그려진 악마에 대한 이미지 때문에 **악마**를 믿기를 거부하는 사람들이다)로 증명되지만, 그는 이미 '무를 낳는 무'를 통해 행위하는 주체가 된 하이데거의 **무無**의 의인화에 불과하다.[2] (악마는 "무의 전달자"이며, "무로 활동하며", "무의 대리인이며", "무로 향하는 경향이 있다" 등)

물론 이는 단지 1920년대의 범주를 통해 새로운 경험을 설명하려는 시도에 불과하다. 그러나 루즈몽은 거기서 멈추지 않는다. 그의 "현실로부터의 도피"는 더 복잡하고 더 흥미로워서 지켜볼 만하다. 그는 자신의 의지에 크게 반하고 "현대의 영지주의"를 두려워하고 예측하면서도 영지주의적 사변이라는 최악의 함정에 빠지게 된다. 그의 궁극적인 위로는 "영원의 관점에서" 하느님과 악마, 선과 악의 세력 사이 영원한 싸움에 이미 승리를 거두었으며, "우리의 악행과 악마의 악행이 현세의 질서에서 아무것도 바꾸지 못한다는 확신이다. 결과적으로 이 세기에 우리의 관심을 끄는 것은 우리 자신을 이 승리에 직접 참여시키는 것이다." 이는 우리가 해야 할 일은 옳은 편, 영원히 승리하는 편에 합류하기 위해 "우리 자신을 거룩하게 하는 것"뿐이라는 결론으로 이어질 수밖에 없다. 그것은 바로 이 형이상학적 기회주의, 어둠의 세력으로부터 구원받기 위해 빛의 세력과 합류하기만 하면

---

2   루즈몽은 제1부 「잠행과 계시」에서 첫 번째 속임수로 '자신이 존재하지 않는 것처럼 보이면서 익명으로 움직이는 것'을 들고 있다. 그 반대 극단은 캐리커처이다. 제2부에서는 악마가 우리 자신 밖에 있는 한, 한 사람의 관심을 인격화에 고정하는 속임수로서 히틀러를 다루고 있다.

되는 무한한 싸움으로의 도피, 인간이 무슨 일을 하든 세계의 질서는 바뀔 수 없다는 확신이다. 이는 영지주의를 현대의 추측에 매우 매력적으로 만들고 내일의 가장 위험하고 널리 퍼진 '이단'의 자리로 끌어올릴 수 있다.

이 모든 것을 언급한 이후, 『악마의 몫』을 다시 추천할 의무가 있다. 좋든 싫든, 그것은 진정한 **인간 기록**이다. 루즈몽의 의견에 동의하든 그렇지 않든, 그는 자신의 표현에 따르면 "모두 침몰하는 배 안에 있으며 동시에 … 모두 어뢰를 발사한 배 안에 있는" 사람들에 속한다. 이것을 아는 사람, 별로 편하지 않은 이 자세에서 벗어나고 싶지 않은 사람은 많지 않고, 그들만이 중요하다.

철학자이자 역사가인 딜타이*

1945

딜타이의 삶은 19세기 전체에 걸쳐 있다. 그가 1833년 태어났을 때, 독일의 18세기는 헤겔과 괴테의 죽음으로 막 끝났다. 그가 1911년 세상을 떠났을 때, 유럽의 19세기는 앞으로 3년 더 남아 있었다. 이러한 전기 자료는 그 사람과 그의 저작을 평가하는 데 여전히 필수적이다. 비록 딜타이는 여러 면에서 "그 시대정신"의 가장 좋은 측면을 대표했지만, 결코 그 시대정신을 넘어서지 않았으며 학문적 삶의 좁은 틀에서 벗어나지 않았다. 그는 19세기의 위대한 반항자들과 아무런 관련이 없었으며, 니체에 대한 그의 반감은 결코 "기질"의 문제가 아니었다(호지스). 키르케고르 · 마르크스 · 니체와

---

* 서지사항은 다음과 같다. Hannah Arendt, "Dilthey as Philosoher and Historian," *Partisan Review*, Vol. 12, no. 3(Summer 1945), pp. 404-406. A review of H. A. Hodges, *Wilhelm Dilthey: An Introduction*.
  옮긴이_ 서평 저서의 서지사항은 다음과 같다. H. A. Hodges, *Wilhelm Dilthey: An Introduction* (New York: Oxford University Press, 1944). 허버트 아서 호지스(Herbert Arthur Hodges, 1905~1976)는 영국 철학자이고 신학자이며 리딩대학교 철학 교수였다. 호지스는 서론에서 다음과 같이 밝히고 있다. "이 책은 영국에서 출간되는 빌헬름 딜타이에 관한 첫 번째 저서이다. … 이 독일 철학자는 이 나라에는 거의 알려지지 않았으며 20세기 이후 영향력이 증대되고 있다. … 딜타이는 혁신가이고 개척자이기 때문이다."

같은 사람들이 지적 삶의 최고 내용인 관조에 대해 드러낸 대단한 증오심은 딜타이에게 충격과 두려움을 주었다. 딜타이가 대상을 수집하지 않았다고 하더라도, 그의 지배적인 열정은 19세기 유명한 수집가들의 열정과 매우 흡사했다. 그의 수집은 훨씬 귀중하고 세련된 것이었다. 그것은 내적 체험Erlebniss의 수집이었으며, 그 주요 관심은 "삶 그 자체"의 발휘를 표상하는 것이었다.

딜타이는 정신과학의 토대를 자연과학의 방법과는 다르며 심지어 반대되는 것으로서 세우려는 시도로 가장 잘 알려졌다. 인문학의 다른 모든 분야를 포괄하는 역사는 해석 학문과 기술의 수립인 '해석학'의 안전한 방법을 전제로 한다. 그의 경우 이해의 문제는 역사 자체와 마찬가지로 역사학의 핵심에 있다. 그는 '역사 이성 비판'[1]을 계획했지만, 결코 성취하지 못했다. 이러한 이성의 주요 기능은 인간의 이해 능력이었다. '지성understanding reason'[2]의 대상이 역사와 문화에서 표상될 때, 그 대상은 '체험Erlebnis'(호지스의 번역; 'lived experience')의 표현이다. 딜타이의 경우 역사는 일련의 객관화된 경험이 된다. 우리는 이 경험을 "추체험할"(호지스는 'nacherleben'을 're-live'로 번역함[3]) 수 있는 한, 이 경험을 이해할 수 있다. 이해 · 해석 · 해석학은 표현의 기호를 해독하는 기술이다.[4]

---

1 옮긴이_ 이에 관한 국내 연구로 다음 자료를 참조할 것. 양해림, 「딜타이의 칸트 인식론 비판」, 『현대유럽철학연구』 제56집(2020), 163-190쪽. 이 논문에서 딜타이의 역사이성 비판의 인식론적 정초에 대한 논의를 다룬 저작들을 확인할 수 있다.
2 옮긴이_ 이와 관련한 내용은 다음과 같다. "시인에게 체험은 세계에 대한 인식과 표현에 창조적인 영향을 미치며, 이전에는 인식하지 못했던 세계의 특징을 열어준다. 그러나 모든 이해는 추체험이며 체험 자체의 모든 추체험은 첫 번째 자료이기 때문에 해석하는 데에도 효과적이다." Wilhelm Dilthey, *Gesammelte Schriften*(Leipzig und Berlin 1921), p. 178.
3 옮긴이_ 'nacherleben'은 '후에 경험하다', 또는 '추체험하다'며 드물게는 '기억을 새롭게 하다'로 번역된다. 따라서 영어로 're-live'(경험을 되새기다, 또는 회상하다)로 번역된다.
4 옮긴이_ 호지스의 저작에서 관련된 부분을 인용한다. "이 입장에서 '의미'와 '이해'는 다른 명백한 입장에서 '의미'와 '이해'와 분리될 수 없다는 것은 말할 필요도 없다. 다른 입장에서 '의미'는 기호와 기의의 관계이며, '이해'는 기호나 표현의 해독이다. 문제의 이런 측면은 1897년 이후 딜타이의 저작에서 전면에 드러난다. '이해'는 정신 활동이 … 그것의 표현을 통해 인식되는 과정에

이 재현 기술의 주요 요점은 누구든 이 기술 덕택에 보통 개인의 삶과 특정 역사적 시간의 한계를 넘어서는 경험을 공유할 수 있다는 점이다. "딜타이는 루터와 종교개혁에 관한 자신의 연구가 적어도 자신이 공유할 수 없었던 깊이와 강렬함의 종교적 경험을 이해할 수 있게 해준 효과를 예로 들고 있다"(호지스). 역사에 대한 딜타이의 일반적인 성찰을 19세기 정신의 매우 특징적인 것으로 만드는 것은 삶에 다소 기생적인 이러한 태도이며, 딜타이가 예술가에서 가장 높은 유형의 인간을 발견한 것도 이러한 정신과 일치한다. 그 당시 일반적인 천재 숭배는 실제로 자신의 '체험'을 표현할 수 있는 예술가만이 진실로 '살아있다'는 확신이기 때문이다. 딜타이는 이 확신을 공유했으며, 이 확신에서 다음과 같이 결론을 내렸다. 즉 신들이 인간에게 필요한 재능을 거부했다면, 그가 '살아있게' 될 수 있는 두 번째의 좋은 기회는 '표현'을 해독하여 다른 사람들의 경험에 참여하는 것이다. 딜타이의 개념에서 역사가는 자신의 소명을 그리워한 일종의 예술가가 된다.

인간의 원형으로서 예술가는 철학의 오래된 주제이다. 그러나 오래된 개념과 독일 낭만주의에서 시작된 19세기 천재 숭배 사이에는 뚜렷한 차이가 있다. 전자의 경우 예술가는 인간의 창조적 능력에 대한 최고의 보증인 반면, 낭만주의는 이미 예술에서 경험의 표현만을 보았고, 예술가에서는 점점 더 흥미로운 경험을 가진 인간만을 보았다. 독일에서 슐라이어마허는 '체험'에서 인간의 주요한 관심을 처음 발견한 사람이었으며, 그에 따라 종교를 종교성으로, 신앙을 종교적 정서로, "신의 실재"를 종속의 감정으로 변형시켰다. 딜타이가 가장 큰 존경심을 슐라이어마허에게 돌리고 자신의 가장 정교하고 잘 알려진 작품 중 하나를 그의 전기에 헌정한 것은 결코 우연이 아니다.

물론 19세기 삶과 체험에 대한 이러한 갈증이 진실인 한, 이해와 '추체험'

해당하는 우리의 명칭이다." Hodghs, Hodges, *Wilhelm Dilthey: An Introduction*, p. 21.

에 대한 열정은 몇 가지 위대한 성과를 낳았다. 그러나 이것들은 철학 영역에 속하지 않으며, 호지스의 『빌헬름 딜타이: 입문』(영국에서 그의 저작을 다룬 최초의 책)의 가장 심각한 결점은 그가 철학자 딜타이에게 주로 강조점을 두고 훨씬 더 중요한 역사가 딜타이를 자신의 구도에서 거의 전적으로 제외했다는 점이다. 딜타이의 저서 『15~16세기 인간에 대한 해석과 분석 $Interpretation$ and $Analysis$ of Man in the $Fifteenth$ and $Sixteenth$ $Century$』과 『체험과 시작 $Erlebnis$ und $Dichtung$』[5]은 사실 사상사의 표준 작품들이다. 두 권 모두 엄선된 구절들뿐 아니라 소개 본문에서 생략되었다. 반면에 오늘날에도 다소 구식으로 보이는 단편적인 일반 이념과 성찰을 잘못 선택하여 구성하고 있다.

비슷한 판단의 오류가 있는 것 같다. 즉 호지스는 딜타이가 현대 실존주의 철학자들에게 미친 영향을 상당히 과대평가하고 있다. 호지스는 카를 야스퍼스를 딜타이의 제자라고 부르며 이 논제를 뒷받침하여 『세계관의 심리학』을 인용한다. 내가 아는 한, 야스퍼스는 많은 작가 중에서 딜타이를 역사적 전거로 단지 한 번만 인용했다. 하이데거(호지스는 이름을 밝히지 않음)에 대한 영향을 증명하는 것이 더 쉬웠을 것이다. 하이데거는 (『존재와 시간』에서) 역사 문제에 관한 자신의 연구가 딜타이의 저작에 대한 해석에서 비롯되었다고 명시적으로 밝히고 있다. 이 경우에도 면밀하게 살펴보면, 하이데거의 분석에 영향을 준 것은 딜타이 자신이 아니라 요크 폰 바르텐부르크[6]가 딜타이에게 보낸 편지였음을 알 수 있다.

딜타이에 관한 독일의 문헌은 방대하며, 호지스의 참고 문헌 목록은 학

---

[5] 옮긴이_ 책의 목차는 「새로운 유럽 문학의 발걸음」이라는 서론에 이어 「레싱」·「괴테」·「노발리스」·「횔더린」 등 4장으로 구성되어 있다.

[6] 옮긴이_ 요크 폰 바르텐부르크(Yorck von Wartenburgt, 1835~1897)는 독일 철학자이며 주로 빌헬름 딜타이의 연구에 대한 충실한 대담자이자 열정적인 동료였다. 두 사람의 『서간집(*Briefwechsel zwischen Wilhelm Dilthey und dem Graften Paul York von Wartenburg, 1877~1897*)』은 1923년에 출간되었다. 딜타이는 자신의 첫 번째 저서 『정신과학 입문(*Einleitung in die Geisteswissenschaften*)』(1883)을 요크에게 헌정했다.

생들에게 매우 유용하다. 이 문헌 가운데 호프만슈탈이 딜타이의 죽음을 계기로 쓴 얼마 안 되는 몇 쪽의 내용은 조심스럽게 균형이 맞추어진 간결성 속에서 딜타이 성찰의 특징인 이해력의 위대함을 가장 잘 전달한다. 딜타이의 대단한 박식함은 폭넓은 지식 그 이상이었고, 호프만슈탈은 괴테의 『파우스트』에서 린코이스의 노래 구절을 떠올리면서 그를 올바르게 존경하였다.

> 먼 곳을 바라보고
> 가까운 곳도 살펴보며,
> 달이며 별이며
> 숲이며 노루도 본다.[7]

---

[7] 엮은이_ Goethe, *Faust*, II, v, 11292-295. 옮긴이_ 『파우스트』 제5막 3장 「깊은 밤」 서두에서 망루지기 린코이스가 성의 망루 위에서 부르는 노래이다. 앞뒤 부분은 다음과 같다. "보기 위해 태어나/ 살피라는 분부 받고,/ 망루에 맹세하니/ 세상이 좋기도 하다 … 삼라만상 속에서/ 영원한 장식 보노라니,/ 만물이 내 마음에 들 듯/ 나도 내 맘에 드는구나. …" 린코이스의 노래가 끝나자, 파우스트는 발코니 위에서 모래언덕을 향해 "저 위에선 웬 구슬픈 노랫소리냐?"라고 말한다.

파시스트 인터내셔널의 발단[*]

1945

I. 반유대주의와 『시온 장로 의정서』[1]

우리는 모든 면에서 반유대주의 외에는 아무것도 남지 않을 것이라는 발언과 함께 파시즘을 가볍게 처분한다는 말을 듣는다. 그리고 반유대주의에 관해 말하자면, 유대인을 포함해 세계 전체가 물론 반유대주의를 참는 법을 오랫동안 배웠기 때문에, 오늘날 그것에 진지하게 관심이 있는 사람은 누구나 약간 우스꽝스러워 보인다. 그러나 반유대주의는 의심할 바 없이 파시스트 운동에 국제적인 매력을 부여하고, 모든 국가와 계급의 동조자들

---

[*] 서지사항은 다음과 같다. Hannah Arendt, "The Seeds of a Fascist International," *Jewish Frontier*, June 1945, pp. 12-16.
옮긴이_ 1934년 몽트뢰 파시스트 회의는 유럽의 여러 파시스트 조직의 대표들이 개최한 회의이다. '로마 유니버설 행동 위원회(CAUR; Action Committees for the Universality of Rome)'가 조직하고 의장을 맡았다. 이 위원회는 1933년 무솔리니 파시스트 정권이 설립한 네트워크이며, 이것의 목표는 '파시스트 인터내셔널'을 위한 네트워크로 활동하는 것이었다. 여기서는 'Fascist International'을 그대로 우리말로 표기한다.

[1] 옮긴이_ 이 에세이 원본에서는 각 절을 번호로 표시하여 구별했지만, 이 번역본에서는 독자의 이해를 돕고자 소제목을 붙인다.

이 갖추어야 할 흥미 대상, 즉 특별한 읽을거리였다. 파시즘은 세계적인 음모로서 근본적으로 반유대주의에 기반을 두고 있었다. 따라서 누군가 반유대주의가 파시즘의 유일한 유물일 것이라고 말한다면, 이것은 파시스트 선전에 크게 의존하고 파시스트 정치조직의 가장 중요한 원칙 중 하나가 존속할 것이라고 말하는 것과 다름이 없다.

반유대주의자를 그저 정신이 돈 사람으로 폭로하고, 반유대주의를 논의할 가치도 없는 편견의 평범한 수준으로 축소하는 것은 유대인의 역선전이 초래한 매우 모호한 성과이다. 이것은 다음과 같은 결과를 초래했다. 즉 유대인들은 자신들이 우리 시대의 정치적 위험의 폭풍우 한가운데로 끌려가고 있다는 사실을 결코 깨닫지 못했다. 그들은 심지어 이미 치명상을 입었는데도 그랬다. 결과적으로, 비유대인들도 여전히 몇 마디 동정의 말로 반유대주의를 다룰 수 있다고 상상한다. 양쪽 모두 현대판 반유대주의를 소수민족에 대한 단순한 차별로 고집스럽게 혼동하고 있으며, 훨씬 더 적극적인 사회적 차별이 있는 다른 나라들(예컨대 미국)에서 반유대주의가 중대한 정치 운동으로 발전하지 못했지만, 유대인에 대한 차별이 상대적으로 거의 없던 나라에서 반유대주의가 가장 끔찍하게 일어나기 시작했다는 설명에도 냉정하게 대응하지 못한다.

실제로 반유대주의는 우리 시대의 가장 중대한 정치 운동 중 하나이고, 반유대주의와 맞서 싸우는 것은 민주주의의 가장 중요한 의무 중 하나이며, 반유대주의의 생존은 미래의 위험을 보여주는 가장 중요한 지표 중 하나이다. 이를 정확하게 판단하려면, 누구든 1880년대 대륙 최초의 반유대주의 정당이 이미(다른 모든 우파 정당의 관행과 달리) 국제적 규모로 결합했다는 사실을 기억해야 한다. 달리 말하면, 현대의 반유대주의는 결코 단순한 극단적인 민족주의 문제가 아니었다. 처음부터 반유대주의는 '인터내셔널'로 기능했다. 지난 전쟁 이후 이 인터내셔널의 교본은 『시온 장로 의정서』[2](이하『의정서』로 표기함)였는데, 이 책은 유대인이 다수이건 소수이건 또는 전혀 존재하지 않건 모든 나라에서 배포되어 읽혔다. 따라서 다소 주목할 만한 사례를 들자면, 스페인에는 유대인이 별로 없어 유대인 문제가 없다고 주장할 수 있음에도 불구하고, 프랑코는 내전 중에 이 『의정서』를 번역하게 했다.

『의정서』의 허위성에 대한 반복적인 증명과 그 진정한 기원에 대한 지칠 줄 모르는 폭로는 별 의미가 없다. 『의정서』와 관련하여 명백한 것이 아니라 신비한 것이 무엇인지 설명하는 것이 훨씬 더 유용하고 중요하다. 즉 『의정서』가 위조라는 명백한 사실에도 불구하고 이를 계속 믿는 이유를 설명하는 것이 훨씬 더 유용하고 중요하다. 이제 아무도 더는 묻지 않는 질문, 왜 유대인들이 나치즘을 촉발한 불꽃이었는지, 그리고 왜 반유대주의는 파시스트 운동이 전 세계적으로 결정화되는 핵심이었는지에 대한 질문의 열쇠는 바로 여기에 있다. 심지어 유대인 문제가 전혀 없는 나라에서도 『의정서』의 중요성은 1930년대 알렉산더 슈타인이 아무런 인상도 주지 않은 채 제시한 논제(『아돌프 히틀러: 시온 장로의 견습생[Adolf Hitler: Schüler der Weisen von Zion]』)[3]가 정확하다는 강력한 증거이다. 가상의 시온 장로 조직은 파시스트 조직의 모형이었으며, 『의정서』는 파시즘이 권력을 장악하기 위해 채택한 원칙을 담고 있다. 따라서 이 위조가 성공할 수 있었던 비결은 주로 유대인에 대한 증오가 아니라 오히려 전 지구적 세계 조직을 만드는 이른바 유대인 기술의 교묘한 솜씨에 대한 끝없는 찬사이다.

『의정서』의 '저속한 마키아벨리즘'[4]을 무시한다고 하더라도, 『의정서』의

---

2 옮긴이_ 『시온 장로 의정서(The Protocols of the Elders of Zion)』, 간단히 말하면 『시온 의정서』는 전 세계를 정복하려는 유대인의 계획을 담고 있는 내용으로 반유대주의를 조장하려고 만든 위서이다. 1897년 스위스 바젤에서 열린 제1차 시온주의회의에서 발표된 시온 14인 장로들의 의결문 형식을 취하고 있다. 1903년 러시아에서 처음 출간된 이후 여러 언어로 번역되고 전 세계에 퍼졌다. 이 문서는 24개의 장 또는 의정서로 구성되어 있다.
3 옮긴이_ 이 책은 Ⅰ. 히틀러주의의 정신적 뿌리, Ⅱ. 교사로서 시온의 장로들, Ⅲ. 풍자와 현실로 구성되어 있다.
4 옮긴이_ 의정서 24개 항목 가운데 19번째 항목에서는 "대중에게 철권정치의 위력을 과시한다"를

본질적 특징은 정치적으로 다음과 같다. 즉 『의정서』는 본래 반국가적이라는 점, 민족과 국민국가가 어떻게 전복될 수 있는지 보여준다는 점, 특정 국가의 정복에 만족하지 않고 전 세계의 정복과 통치를 목표로 삼는다는 점, 마지막으로 『의정서』가 묘사하는 국제적인 전 지구적 음모는 국가나 영토 없는 민족이 비밀단체를 통해 전 세계를 지배할 수 있다는 인종적·인종주의적 기반을 가지고 있다는 점이다.

유대인이 실제로 그러한 기발한 장치를 사용했다고 믿기 위해서는(많은 사람이 위조라는 것을 인정하면서도 여전히 『의정서』의 근본적 진실을 믿는다), 누구든 다음과 같은 사실 이상으로 유대인에 대해 더 알 필요가 없다. 즉 유대인은 어디나 흩어져서 국가나 영토 없이 한 인종적 실체로서 2천 년 동안 존속하려고 했다. 그리고 그들은 그동안 사적인 영향력을 통해 국민국가의 정부에서 전혀 사소하지 않은 역할을 했으며, 사업·가족·인류애적 유대를 통해 국제적으로 연계망을 갖고 있다. 정치에 익숙한 사람들은 정치권력을 행사할 그토록 큰 기회가 실제로는 절대 악용되어서는 안 되거나 방어 목적으로 극히 일부만 사용되었다는 사실을 이해하기 어렵다(세계 정치에 관여하는 일종의 유대인 비밀결사를 믿었고 심지어 이것을 자랑스러워했던 최초의 교양 있는 유럽인 중 한 명인 벤저민 디즈레일리를 주의 깊게 읽을 유대인이라면 누구나 이것을 이해하는 것이 얼마나 어려운지 깨달을 수 있을 것이다). 실제로 유대인을 본 적이 없는 사람들을 포함해 모든 사람이 알고 있는 이 작은 양의 사실은 『의정서』의 모습에 상당한 타당성을 부여하기에 충분하다. 즉 더욱이 모든 민족 중에서 유대인과 함께 세계 지배를 위한 가상의 경쟁에서 모형의 모방을 자극하기에 충분하다.

유대인에 대한 묘사의 타당성보다 『의정서』의 훨씬 더 중요한 요소는 『의정서』가 자체만의 괴상한 방식으로 우리 시대의 모든 본질적인 정치 문

언급한다. 『시온 장로 의정서』에서는 모리스 졸리의 정치 풍자소설 『지옥에서 마키아벨리와 몽테스키외의 대화』 가운데 일부 문장을 다음과 같이 표절한다. "이러한 신문들은 마치 인도의 신 비슈누처럼 수백 개의 손을 소유하게 될 것이고, 각 손은 다양한 여론의 맥박을 느낄 것이다."

제를 다루고 있다는 놀라운 사실이다. 『의정서』에 일반적으로 나타나는 반국가적 정서와 국가에 대한 반쯤 무정부주의적 적대감은 현대의 주요 발전에 가장 의미 있는 방식으로 조응한다. 『의정서』는 국민국가가 어떻게 훼손될 수 있는가를 보여줌으로써 국민국가가 시대에 뒤떨어진 정치권력의 집중 형태, 즉 '진흙 발을 가진 거상巨像'으로 여겨지고 있음을 분명히 나타낸다.

여기서 그들은 지난 세기말 이후 제국주의 정치인과 정당이 자신들의 민족주의적 어법 속에 교묘하게 숨기려고 생각했던 것을 저속한 방식으로 표현한다. 즉 국가의 국경 내에서 주권적인 국민을 대표하거나 방어할 수 있는 정치조직이 더는 없기에, 국민주권은 실질적인 정치 개념이 아니다. 따라서 '국민국가'는 그 기반을 상실한 채 제국주의적 팽창을 반복적으로 주입하여 가자 존재를 인위적으로 연장하는 '걸어다니는 시체'와 같은 삶을 영위하고 있다.

국민국가의 만성적인 위기는 제1차 세계대전이 끝난 직후부터 극심해졌다. 인구가 혼합된 동유럽과 남동부 유럽을 서유럽 국민국가의 모델에 따라 재편하려는 시도가 명백히 실패로 끝난 것이 중요한 원인이었다. 국민국가의 위신이 낮아질수록 『의정서』에 대한 대중의 관심은 더 높아졌다. 1920년대에 대중은 모든 반국가 운동에 특별히 매력을 느끼기 시작했다. 1930년대에 파시스트 운동과 공산주의 운동이 모두 독일·소련·이탈리아를 제외한 모든 나라에서 제5열, 즉 외세의 대외 정책을 실행하는 **전위**로 비난받았다는 사실은 그들의 대의에 해를 끼치지 않고 아마도 오히려 그 대의를 도울 것이다. 대중은 이러한 운동의 성격과 목적이 무엇인지 잘 알고 있었다. 그러나 어쨌든 사람들은 더 이상 국민주권을 믿지 않았고, 구식의 민족주의보다 새로운 인터내셔널의 솔직한 반국가적 선전을 선호하는 경향이 있었다. 구식의 민족주의는 위선적이면서도 약하다고 느껴졌다.

『의정서』에 나타난 세계적 음모의 동기는 또한 과거 수십 년 동안 정치가 이루어진 권력 상황의 변화와 일치했고, 현재도 여전히 일치한다. 세계 권력 외에는 어떤 권력도 없으며, 세계 정치 외에 권력정치는 없다. 이것은 지난 세기 동안 현대 정치적 삶의 조건이었다. 그러나 서양 문명은 지금까지 이에 대한 적절한 대응을 찾지 못했다. 범위에서 필연적으로 전 세계적으로 완전한 정치 정보가 전문가들에게만 제공되고, 정치인들이 제국주의의 막다른 골목 외에는 세계 정치에 대한 다른 단서를 찾지 못하는 시대에, 이것은 다른 사람들에게 거의 당연한 문제이다. 다른 사람들은 우리의 전 세계적 상호 의존을 막연하게 감지하지만, 이 보편적 관계의 실제 작동을 꿰뚫어 볼 수 없고 전 세계적 음모와 전 세계적 비밀 조직이라는 극적으로 단순한 가설로 전환할 수 없다. 따라서 그들이 아마도 비밀스럽고 사실상 반은 음모적인 다른 세계 조직과도 동맹을 맺도록 요구받는다면, 그들은 그 생각에 거부감이 전혀 없으며, 심지어 그 안에서 평범하지 않은 것을 보는 것조차 불가능하다. 그들은 이것이 정치적으로 활동할 수 있는 유일한 방법이라는 의견을 분명히 가지고 있다.

마지막으로, 회원들이 전 세계에 분산된 인종적 실체를 구성하는 전 세계적인 조직이라는 개념은 유대인의 상황에만 적합하지 않다. 유대인의 운명이 독특한 호기심인 한, 반유대주의는 침입자에 대항하는 친숙한 19세기 주장에 의존했으며 전 세계의 이방인에 대한 두려움으로 제한되었다. 동시에, 유대인들이 어떻게 국가나 영토 없이 생존할 수 있었는지 추측하는데 그다지 관심을 두는 사람은 아무도 없었다. 그러나 지난 전쟁 이후 거의 모든 유럽 민족은 소수민족 문제와 무국적자 문제의 여파로 정치조직의 혜택 없이도 민족의 유대감인 국적이 국가나 영토 없이도 유지될 수 있다는 유대인의 본보기를 반복해 왔다. 따라서 그들은 2천 년 동안 유대인을 보호했다고 알려진 그러한 방법을 그 어느 때보다 훨씬 더 수용하는 경향이 있다. 나치가 해외 독일인들 사이에서 그토록 강력한 추종자를 가졌으며, 실제로 국제 운동으로서 국가사회주의 이데올로기의 가장 특징적 단계가 **해외 독일인들**Auslands-Deutschen로부터 유래한다는 것은 우연이 아니다.

II. 독일을 희생 제물로 만든 나치

파시즘이 반국가적 국제 운동으로 이해될 때에만, 나치가 국가적 정서나 국민의 복지에 대한 인도적 양심의 가책을 느끼지 않고 비교할 수 없을 만큼 냉정하게 자신들의 나라를 변화시키는 것을 허용할 이유는 이해될 수 있다. 독일은 12년 동안 지속한 테러 정권과 함께 폐허가 되었다. 테러 정권의 치안 기구는 마지막 순간까지 한결같이 기능했다. 앞으로 수십 년 동안, 어쩌면 더 오랫동안 과거의 모든 국경보다 더 날카롭게 유럽을 가르는 경계선은 독일의 한가운데를 직선으로 관통한다.

세계의 여론은 이 자조적인 파멸을 이해할 수 없다. 오랫동안 웃음거리가 된 나치즘의 허무주의적 경향, 즉 패배할 경우 대재앙을 예고하는 수많은 변형된 형태의 '신들의 황혼' 이데올로기는 파멸을 부분적으로만 설명할 수 있다. 나치가 분명히 점령국들 가운데 어느 나라도 독일만큼 파괴하지는 않았다는 점은 설명할 수 없다. 나치는 마치 완전한 파괴를 도발할 모든 기회를 이용하기 위해 테러 조직을 이용하고 이를 통해 (군사적 관점에서) 완전히 쓸모없는 저항을 유지한 것처럼 보인다. 파시즘의 순전히 파괴적인 경향을 운동의 가장 활동적인 세력 중 하나로 간주하는 것이 아무리 정확할지라도, 이러한 파괴적 충동이 운동 자체에 반대하는 과장되고 자살적인 충동으로 정점에 도달한다고 해석하는 것은 위험할 정도로 오해를 불러일으킬 수 있다. 나치는 독일을 완전히 파괴할 계획을 세웠을 수도 있고, 독일 산업을 파괴하여 유럽 대륙 전체를 빈곤하게 만들 계획을 세웠을 수도 있으며, 통제할 수 없는 혼란을 통치하는 부담과 책임을 연합군에 맡기기를 희망했을 수도 있지만, 확실히 파시스트 운동을 청산할 생각은 전혀 없었다.[5]

5 　독일이 패배하기 직전 새롭고 알려지지 않은 사람들이 지하 파시스트 운동의 조직과 지도부를 위해 선출되었다는 보고서가 출판되었다. 힘러와 그의 가장 가까운 몇몇 동료들은 그들이 지하

나치의 견해로는 독일의 단순한 **패배**가 파시스트 운동의 파멸을 의미할 것이 분명하다. 그러나 다른 한편 독일의 철저한 **파괴**는 이 전쟁의 결과를 단지 일시적인 운동의 패배로 바꿀 기회를 파시즘에 제공한다. 즉 나치는 독일을 파시즘의 미래에 필요한 희생 제물로 바쳤다. 물론 이러한 희생이 장기적으로 '대가'를 얻을 것인지에 대한 의문은 남아 있다. 당과 최고 사령부, 비밀경찰과 국방군, 이른바 지배계급 대표와 당 관료의 실제 지배자 사이의 모든 논의와 갈등은 바로 이러한 희생 외에는 아무것도 필요로 하지 않았다. 이러한 희생은 군대와 산업가 동조자들에게는 상상할 수 없었던 것처럼 나치 정치 전략가들에게도 자명한 필요성이었다.

그러나 파시스트 인터내셔널의 생존을 위한 이 정책의 가능성을 평가할 수 있지만, 히틀러의 사망 발표 직후 독일의 파멸, 즉 파시스트 운동의 가장 강력한 권력 중심지의 파괴는 결코 국제정치에서 파시즘의 소멸과 같지 않다. 아일랜드 정부는 현재의 권력 상황에 아랑곳하지 않고 (더는 존재하지 않는) 독일 정부에 동정을 표시했고, 포르투갈은 심지어 이틀의 애도 기간을 선포했다. 이는 일반적인 상황에서도 매우 이례적인 조치였을 것이다. 이들 '중립국'의 태도에 드러난 특징은 야만적 권력과 완전한 성공만큼 높이 평가되는 것이 아무것도 없는 것처럼 여겨지는 듯한 시대에 그들이 거대하고 승리하는 세력에 대해 그토록 도도하게 행동했다는 점이다. 데 발레라[6]와 살라자르[7]는 결코 돈키호테와 같은 바보가 아니다. 그들은 단지 상황을 다

로 숨어 불법적인 지도부를 유지하고 히틀러를 순교자로 선포할 수 있으리라고 희망했다는 사실에는 개연성이 있다. 어쨌든 정당과 경찰 조직의 중요한 지도자들이 연합군에 의해 연속해서 즉각 체포된 사실은 그들의 계획에 뭔가 문제가 생겼음을 나타낸다. 지난 몇 주간의 사건들은 아직 정리되지 않았고 아마도 전혀 정리되지 않을 것이다. 그러나 가장 타당해 보이는 설명은 히틀러가 사망 직전에 가졌던 마지막 회의에 대한 보고서에서 발견되다. 이 회의에서 히틀러는 친위대를 더는 신뢰할 수 없다고 주장한 것으로 추정된다.

6   옮긴이_ 이몬 데 발레라(Éamon de Valera, 1882~1975)는 미국 뉴욕에서 출생했고 아일랜드의 교사이며 정치인이었다. 그는 영국에 대항해 아일랜드 독립에 힘썼으며, 아일랜드 임시정부의 수반을 맡으며, 총리(1951, 1957)와 대통령(1959, 1966)을 역임했다.

7   옮긴이_ 안토니우 드 올리베이라 살라자르(António de Oliveira Salazar, 1889~1970)는 포르투갈

소 다르게 평가했을 뿐이며 국력이 군사력 및 산업 능력과 동일하다는 사실을 믿지 않았다. 그들은 나치즘과 그와 관련된 모든 이데올로기적 요소가 전쟁이 아니라 전투에서만 패배했다고 추측한다. 그리고 그들은 경험을 통해서 자신들이 국제 운동과 관련이 있다는 것을 알고 있기에 독일의 파괴를 결정적인 타격으로 여기지 않는다.

III. 파시즘의 패배와 박멸되지 않은 우리 시대의 악

파시스트 선전이 거짓말하기에 만족하지 않고 거짓말을 현실(現實; reality)로 바꾸려고 신중하게 의도한 것은 항상 별로 주목받지 못한 파시스트 선전의 특징이었다. 따라서 전쟁 발발 몇 년 전에 『흑색군단 Das Schwarze Korps』[8]은 다음과 같은 점을 인정했다. 즉 해외 사람들은 모든 유대인이 다른 나라들의 경제 유기체에서 기생충으로만 생존할 수 있는 노숙자 거지라는 나치의 주장을 완전히 믿지 않았지만, 『흑색군단』은 몇 년 안에 독일계 유대인이 거지 떼처럼 국경 너머로 쫓겨날 때 외국 여론이 이 사실을 확신할 기회를 마주하게 될 것이라고 예언했다. 아무도 거짓말하는 현실을 그렇게 조작할 준비가 되어 있지 않았다. 파시스트 선전의 본질적 특징은 결코 거짓말이 아니었다. 거짓말은 어느 시대 어느 곳에서든 선전에 어느 정도 공통으로 나타나기 때문이다. 본질적인 것은 이랬다. 즉 『흑색군단』은 현실과 진실을 혼동하는 오래된 서양의 편견을 이용하고, 그때까지 거짓말이라고만 말할 수 있었던 것을 '진실'로 만들었다. 이러한 이유로 이른바 역선전인

의 정치인으로 1932년부터 36년간 총리로 재임하였다. 스페인 내란 때는 프랑코 측을 지원했다. 제2차 세계대전 때는 중립을 지키면서 연합국 측을 원조했고, 전후에는 북대서양조약기구에 가입했다.

[8] 옮긴이_ 이 신문은 나치 친위대의 공식 신문으로 1935년 첫째 판이 출간되었다. 같은 해 11월에 발행 부수가 20만 부에 도달했고 1944년까지 75만 부로 늘어났다.

파시스트와의 어떤 논쟁도 매우 무의미하다. 이는 마치 사람이 살인할 수 있고 살인자가 문제의 사람을 죽임으로써 이 진술의 정확성을 밝히는 증거를 즉각 제공할 수 있다는 사실을 완전히 망각하고 미래의 희생자가 죽었는지 살았는지에 대해 잠재적인 살인자와 논쟁하는 것과 같다.

이것이 바로 나치가 독일을 파괴한 정신이었으며, 자신들의 미래 활동에 큰 가치가 될 자산임을 올바로 증명하기 위한 것이었다. 나치는 독일 국민이 독일의 존재 자체를 위해 싸우고 있다고 말했을 때 자신들의 말이 옳다는 것을 보여주기 위해 독일을 파괴했다. 그러나 이 말은 처음에는 완전히 거짓말이었다. 나치는 유럽이 단지 나치 통치와 혼돈 사이 하나의 대안밖에 없다고 말했을 때 자신들이 옳다는 주장을 보여주기 위해 혼돈을 제도화했다. 나치는 볼셰비즘의 위험성에 관한 거짓말을 현실의 사후적 기반으로 만들기 위해 러시아인들이 실제로 엘베강과 아드리아해에 나타날 때까지 전쟁을 질질 끌었다. 물론 나치는 짧은 시간 안에 세계 사람들이 유럽 재앙의 규모를 실제로 이해하게 되면 자신들의 정치가 완전히 정당하다는 것이 증명되기를 바라고 있다.

만일 국가사회주의가 정말 본질에 있어서 독일의 민족운동이었다면 ─ 예를 들어 첫 10년 동안 이탈리아의 파시즘처럼 ─ 국가사회주의는 그러한 증거와 주장으로는 별로 이득을 얻지 못했을 것이다. 그런 경우에는 성공만이 결정적이었을 것이며, 민족운동으로서 나치즘의 실패는 너무도 엄청났다. 나치 자신도 이 사실을 잘 알고 있으며, 따라서 몇 달 전에 정부 기구에서 물러나고 다시 한번 당을 국가로부터 분리함으로써 부분적으론 기회주의적 이유로, 부분적으론 오해로 합류한 모든 민족주의적인 국수주의 요소들을 스스로 해소했다. 그러나 나치는 비록 연합군이 너무 어리석어서 다를랑Darlan 세력[9]과 연루되더라도, 독일이라는 국가 자체가 더 이상 존재하

---

9   옮긴이_ 프랑수아 다를랑(François Darlan, 1881~1942)은 제2차 세계대전 초기에 프랑스 해군

지 않기 때문에 이 집단들의 영향력이 여전히 유효하다는 것을 알고 있다.

실제로 1920년대 말 이후 국가사회주의당은 더 이상 순수한 독일의 정당이 아니었으며 독일에 본부를 둔 국제조직이었다. 국가사회주의당은 전쟁의 결과를 통해서 전략적 기반과 특정 국가기구의 운영 시설을 잃었다. 그러나 이러한 국가 중심지의 상실은 파시스트 인터내셔널의 지속에 전적으로 불리한 것은 아니다. 모든 국가적 유대와 이와 관련된 불가피한 외부적 우려에서 해방된 나치는 전후 시대에 다시 한번 자신들이 노력해 왔던 조직의 형태, 즉 전 세계에 분산된 순수한 비밀결사로 조직하려고 노력할 수 있다.

세력이 증대하고 있는 공산주의 인터내셔널의 실제 존재는 그들에게 큰 도움이 될 것이다. 공산주의 인터내셔널은 비밀결사가 다름 아닌 『시온 장로 의정서』의 전 세계적 유대인 음모라고 오랫동안 주장해 왔다(지난 몇 달 동안 그들의 선전은 오로지 이것에만 근거해 있었다). 이 세계적 위협은 같은 방식으로 조직함으로써만 대처할 수 있다고 확신할 수 있는 사람들이 많이 있을 것이다. 그러한 발전의 위험은 민주주의가 전쟁과 평화에 대한 어떤 이데올로기적 전략도 포기하고 순전히 민족적 개념을 가지고 계속 활동함으로써 이데올로기적 인터내셔널과 달리 민주주의가 오로지 특정 민족의 직접적인 이익만을 고수한다는 인상을 주는 정도로 더욱 커질 것이다.

순전히 독일적 성격을 지닌 단순한 지하운동보다 훨씬 더 위험한 이 사업에서 파시즘은 과거에 국가사회주의에 의해서만 발전되었던 인종주의 이데올로기가 매우 유용함을 알게 될 것이다. 식민지 문제는 여전히 해결되지 않을 것이며, 그 결과 백인과 유색인 사이의 갈등, 즉 소위 인종 갈등이 더욱 첨예해질 것이라는 점은 이미 명백해지고 있다. 게다가 제국주의

총사령관으로 연합군을 지지하였으나 추축국이 프랑스를 침략한 이후 비시 정부의 사실상 수장이 되어 추축국이 전쟁에서 승리할 것으로 예상하고 독일에 협력했다. 1942년 12월 24일 프랑스 반비시주의자이자 군주제 지지자인 브니에 드 라 샤펠은 다를랑을 그의 본부에서 총살했다.

국가들 사이의 경쟁은 국제무대의 한 특징으로 남을 것이다. 이런 맥락에서 독일식 유형에서도 지배 인종을 어떤 국적과도 동일시하지 않고 일반적으로 "아리안족"에 대해 언급한 파시스트들은 수월하게 모든 민족의 평등한 권리를 무조건 옹호하지 않고 어떤 집단보다 높은 가격을 제시할 수 있는 통합된 백인 우월주의 전략의 주인공이 될 수 있었다.

반유대주의 선전은 확실히 파시즘의 가장 중요한 매력 요소 가운데 하나로 남을 것이다. 우리는 유럽에서 유대인들의 끔찍한 손실로 인해 상황의 또 다른 측면을 보지 못하게 되었다. 비록 수적으로는 약해졌지만, 유대 민족은 이전보다 지리적으로 훨씬 더 넓게 분산되어 전쟁에서 헤쳐 나올 것이다. 1933년 이전 시대와 달리, 지구상에서 더 이상 유대인이 살지 않는 곳은 거의 없으며, 많든 적든 비유대적인 환경에 의해 항상 어느 정도 불신의 감시를 받는다.

공산주의 인터내셔널의 인종적 대표자로 여겨지는 유대인들은 오늘날 아리안 파시스트 인터내셔널의 상대자로서 아마도 이전보다 훨씬 더 유용할 것이다. 이것은 강력한 파시스트 운동이 벌어지고 있는 남미의 경우 특히 그렇다.

국가와 영토 문제에 얽매이지 않는 파시스트 인터내셔널 조직을 위한 유럽 자체의 기회는 훨씬 더 크다. 지난 20년 동안 혁명과 전쟁의 산물인 이른바 난민의 수는 나날이 증가하고 있다. 돌아갈 의사가 없거나 돌아갈 수 없는 영토로부터 쫓겨난 우리 시대의 이 희생자들은 모든 유럽 국가에서 이미 국가적 반대 집단으로 자리를 잡았다. 유럽 국가체제의 회복은 19세기 프롤레타리아가 특권적 지위를 누렸던 것에 비하면 그들에게는 권리 없음을 의미한다. 그들은 유럽 운동에서 진정한 전위가 되었을 수도 있다. 그리고 그들 가운데 다수는 저항운동에서 두각을 나타냈다. 그러나 국제적인 관점에서 호소한다면 그들은 다른 이데올로기의 희생양이 되었다. 독일 점령을 위해 영국이 지휘하는 용병들의 위태로운 지위 이외에는 다른 해결책이 제시되지 않은 250,000명의 폴란드 군인이 적절한 사례일 것이다.

이렇게 상대적으로 새로운 문제가 없더라도 '복원'은 매우 위험할 것이다. 그러나 러시아의 직접적인 영향을 받지 않은 모든 지역에서는 어제의 세력이 거의 방해받지 않고 자리에 앉았다. 특히 프랑스에서 강화된 민족주의적 국수주의 선전의 도움으로 진행되는 이러한 복원은 진정한 유럽 운동이었던 저항운동이 낳은 경향과 열망에 정면으로 반대된다. 이러한 열망은 해방의 기쁨과 일상적 삶의 비참함으로 인해 한동안 뒷전으로 말려났음에도 불구하고 잊히지 않는다. 전쟁 초기에 유럽의 누구도 더 이상 국가적 갈등을 놓고 전쟁을 벌일 준비가 되어 있지 않은 것이 수많은 미국 특파원을 포함하여 유럽 상황을 연구하는 모든 사람에게 분명했다. 영토 분쟁의 부활은 승전국 정부에게 짧은 위신의 승리를 보장할 수 있으며, 오직 복원을 위한 안전한 기반을 제공할 수 있었던 옛 유럽 민족주의가 다시 살아났다는 인상을 줄 수 있다. 그러나 이 모든 것은 국가들이 소위 국제적인 해결책을 제공할 수 있는 이데올로기, 즉 파시즘과 공산주의에 대한 분노로 인해 더욱 광신주의를 갖게 될 일시적인 허세일 뿐이라는 것이 곧 명백해질 것이다.

이러한 상황에서는 다음과 같은 것이 나치에게 유리할 수 있다. 즉 나치는 특정 국가에 얽매이거나 특정 정부에 의존할 필요 없이 유럽 전역에서 동시에 활동할 수 있다. 그들은 더는 한 국가의 행복이나 불행에 관심을 두지 않기 때문에 더욱 빨리 진정한 유럽 운동의 모습을 가장할지도 모른다. 나치즘이 유럽 저항운동의 계승자로 성공적으로 자리매김하여 유럽연합의 표어를 빼앗고 자신의 목적을 위해 이것을 이용할 위험이 있다. 누구든 그것이 단지 독일이 통치하는 유럽을 의미한다는 것이 틀림없이 분명했을 때에도, 유럽연합이란 표어는 나치의 가장 성공적인 선전 무기임이 입증되었다는 점을 잊어서는 안 된다. 나치는 민족주의적 정부에 의해 분열되고 빈곤한 전후 유럽에서는 세력을 거의 잃지 않을 것이다.

일반적으로 이는 내일의 위험들이다. 파시즘은 의심할 나위 없이 일단 한 번 패배했지만, 우리는 결코 우리 시대 최대 악을 완전히 박멸하지 못했다. 그 뿌리는 강하며 반유대주의·인종주의·제국주의라고 불리기 때문이다.

기독교와 혁명*

1945

유럽의 기독교 교회들이 종교의 측면에서나 조직의 측면에서도 파시즘·전쟁·점령에서 헤어났다는 것은 이미 명백하지만, 우리가 프랑스와 지적인 삶에서 일반 기독교, 특히 가톨릭의 부흥을 볼 수 있을지는 여전히 의문이다. 저항운동에서 다양한 가톨릭 운동과 신자들이 수행한 역할이나 대다수 하급 성직자의 흠 잡을 데 없는 태도에 대해서는 의심할 바가 없다. 그러나 이것은 이들 가톨릭교 신자가 자신들만의 정치적 입장을 가진다는 의미는 아니다. 현재로서는 스페인 또는 아마도 이탈리아와 달리 프랑스에서는 오래된 반성직적反聖職的 열정이 더 이상 살아있지 않은 것처럼 보인다. 그리고 마치 혁명 시대 이후 프랑스 국내정치에서 가장 중요한 쟁점 가운데 하나가 정치 현장에서 조용히 떠나려는 것처럼 보인다.

우리는 신가톨릭neo-Catholic 부흥의 물결이 부분적으로 생겨난 세기말의

---

* 서지사항은 다음과 같다. Hannah Arendt, "Christianity and Revolution," *Nation*, 22 September 1945, pp. 288-289.

쇠퇴기 이후 이 물결을 연달아 목격했다. 이 물결은 드레퓌스 사건¹ 당시 그 유명한 "신앙 없는 가톨릭 신자들"과 함께 시작되었다. 이들은 나중에 '악시옹 프랑세즈'로 발전되었고, 1926년에 교황으로부터 단죄를 받았으며, 자신들의 진정한 주인인 히틀러 앞에 무릎을 꿇는 것으로 끝났다. 그들은 조직 자체에 대한 끝없는 찬사로 인해 반동 정치의 중대한 옹호자이며 프랑스 산문의 위대한 대가인 드 메스트르de Maistre의 타락한 제자들이 되었다. 그리고 누구든 그들이 논쟁의 격렬함과 주장의 열정을 반동 이론의 지루함 속으로 끌어들였다는 것을 인정해야 한다.

"신앙 없는 가톨릭 신자들"은 교회를 사랑했다. 교회는 여전히 권위주의적 조직의 가장 중대한 사례이고 그 자체로 2천 년의 역사를 버텨 왔다. 그들은 기독교 신앙에 내재한 민주적 요소들 때문에 기독교의 신앙 내용을 공개적으로 멸시했다. 그들은 민주주의를 혐오했기 때문에 가톨릭 신자였다. 그들은 사회의 가장 믿음직한 기둥인 드 메스트르의 교수형 집행인과 위계질서를 통한 지배의 가능성에 매우 마음이 끌렸지만, 자선의 가르침과 인간의 평등에 혐오감을 느꼈다.

이 파시즘 애호가들과 함께 매우 다른 가톨릭 부흥 운동이 발생했다. 이 운동의 가장 위대한 대표는 프랑스의 페기와 베르나노스² 그리고 영국의

---

1   옮긴이_ 19세기 말, 프랑스에서 유대인 드레퓌스의 간첩 혐의를 둘러싸고 정치적으로 큰 물의를 빚은 사건. 포병 대위 A. 드레퓌스가 간첩 혐의로 체포되었으나 수사 결과 진범이 아니라는 확증에도 불구하고 군부는 이 사건을 은폐하려 하였다. 재판 결과가 발표된 직후 소설가 에밀 졸라는 「나는 고발한다(J'Accuse)」라는 제목의 논설을 발표함으로써 프랑스 전체는 '정의·진실·인권 옹호'를 주장하는 드레퓌스파와 '군의 명예와 국가 질서'를 내세우는 반드레퓌스파로 분열되었다. 이 사건은 한 개인의 석방 문제라는 차원을 넘어 정치적 쟁점으로 확대되면서 제3공화정을 극도의 위기에 빠뜨렸다.
2   옮긴이_ 조르주 베르나노스(Georges Bernanos, 1888~1948)는 프랑스 작가이자 제1차 세계대전에 참전한 군인이었다. 군주제 성향을 지닌 가톨릭 신자였던 그는 엘리트주의를 비판하고, 이것이 1940년 프랑스가 독일에 패배한 결과를 낳았다고 믿었다. 그는 1938년 가족과 함께 브라질에 정착하였으나 망명지에서 드골이 이끄는 민족주의 자유 프랑스군의 강력한 지지자였다. 『악마의 태양 아래서』는 살아있는 실재인 악마와 성성(聖性)의 싸움을 그린 작품으로 '성성'의 드라마라고 한다. 『달빛 어린 공동묘지』(1938)는 평론으로 스페인 내란을 배경으로 부르주아의 일

체스터턴[3]이었다. 이들 역시 현대 세계로부터의 탈출을 추구했고, 따라서 때때로 "신앙 없는 가톨릭 신자들"과 불행한 동맹을 맺기도 했으며, 이 동맹에서 당연히 바보 역할을 하게 되었다. 자크 마리탱과 악시옹 프랑세즈의 관계 또는 체스터턴과 벨록 사이의 이상한 우정을 보라. 이들이 현대 세계에서 싫어했던 것은 민주주의가 아니라 민주주의 결핍이었기 때문이다. 그들은 금권정치로 더 정확하게 묘사될 수 있는 민주주의의 모습을 간파했고, 훨씬 더 정치적인 조직이었던 공화정의 참패를 간파했다. 그들이 추구한 것은 국민의 자유와 정신의 이성이었다. 그들은 부르주아 사회에 대한 깊은 증오로부터 출발했고, 이 사회가 근본적으로 반민주적이며 근본적으로 비뚤어졌다는 것을 알았다. 그들은 부르주아 도덕과 기준이 각계각층, 인민의 각 계급에 파고드는 교활한 침입에 항상 맞서 싸웠다. 그들은 실제로 매우 불길한 일에 맞서 싸우고 있었다. 페기에 따르면 "완전히 부르주아 지식인으로 구성된" 정당의 사회주의자는 현대 세계에 널리 퍼진 부르주아적 사고방식의 영향력을 분명히 거의 깨닫지 못했다.

논쟁에 관한 한 이러한 가톨릭 개종자들이나 신가톨릭 신자들이 승리자로 드러났다는 것은 놀라운 현상이며, 우리 진보주의자를 사유하게 하는 대단한 일이다. 크리스천 사이언스[4]로부터 구원의 수단으로서 체조, 절대금주주의teetotalism,[5] 크리슈나무르티에 이르기까지 수많은 현대 미신을 반

상화된 신앙생활에서 나타나는 죄를 파헤쳤다. 나치스에 대항하여 자유의 옹호를 외친 『로봇에 맞선 프랑스』(1944)도 있다.

3 옮긴이_ 길버트 키스 체스터턴(Gilbert Keith Chesterton, 1874~1936)은 영국의 언론인이자 소설가이며 성공회에서 로마 가톨릭으로 개종했다. 그는 '역설의 거장'으로 알려져 있으며, 시 부문에서 발라드 형식의 대가였다. 주요 소설로는 『브라운 신부의 결백』과 『지혜』 등이 있다.

4 옮긴이_ 크리스천 사이언스는 그리스도 과학자 교회 회원과 관련된 신념과 관행의 집합체이다. 에디와 26명의 추종자는 1879년 매사추세츠 연방으로부터 "그리스도 (과학자) 교회"를 설립하기 위한 헌장을 부여받았다. 메리 베이커 에디(Mary Baker Eddy, 1821~1910)는 크리스천 사이언스를 "원시 기독교와 그 잃어버린 치유의 요소로서의 회귀"로 묘사했다.

5 옮긴이_ 음주를 억제하는 행위를 말하며, 이 운동은 19세기 초 잉글랜드 프레스턴에서 "우리는 약을 제외하고는 맥주·포터·와인 또는 열정적인 증류수 등을 취하게 하는 모든 주류를 삼가기

대하는 에세이 가운데 체스터턴의 에세이⁶만큼 더 파괴적이고 재미있고 더 잘 쓰인 논쟁은 없다. 페기는 중세 기독교인과 로마 공화주의자들에게 항상 미덕이었던 빈곤, 그리고 금전 추구와 굴욕의 성공을 거부하는 사람들에게 남겨진 현대의 재앙인 빈곤 사이에 본질적인 차이를 발견하고 정의한 사람이다. 그리고 마지막으로, 베르나노스는 『달빛 어린 공동묘지』에서 "역사적 위대성"에 대한 어떠한 찬사에도 방해받지 않고 악의 필요성에 대한 은밀한 욕망에도 영향을 받지 않은 기사騎士에 관한 이야기를 통해 파시즘에 대해 가장 열정적이고 맹렬하게 비난했다.

반면에 이들 중 누구도 위대한 철학자가 아니었고, 이 운동이 단 한 명의 위대한 예술가도 배출하지 못했다는 점을 인정해야만 한다. 체스터턴과 페기는 모두 좋은 시를 썼지만, 시로만 기억된 사람은 없을 것이다. 『목요일이었던 남자The Man Who Was Thursday』⁷를 제외하면, 체스터턴의 소설은 에세이의 또 다른 형태일 뿐이며, 베르나노스의 소설은 그다지 관심을 끌지 못한다. 그들 중에는 위대한 신학자도 없었다. 이 분야에 뛰어든 유일하게 중요한 신가톨릭 신자는 '레옹 블루아'⁸였다. 그는 다소 조잡하고 터무니없는 결과를 얻었다. 신학적으로 말해 이 결과는 항상 이단의 경계선에 있었고 때로는 보헤미안 키치의 경계선에 접근했다. 예컨대, 그는 여성은 성자 아

로 동의한다"는 서약서에 따라 처음 시작하였다.

6   옮긴이_ 예컨대 체스터턴은 『이혼의 미신(The Superstition of Divorce)』에서 1920년대 사회학적 관점에서 이혼 급증을 비판하고 이를 탐구하는 내용을 밝혔다.

7   옮긴이_ 1908년에 출간된 이 소설은 형이상학적 스릴러로 묘사되었다. 이 소설의 등장인물은 요일로 의인화된다. 빅토리아 시대 런던에서 가브리엘 시메는 스코틀랜드 야스에서 무정부주의를 반대하는 비밀경찰대에 충원된다. 7인으로 구성된 중앙위원회는 각자 요일 이름으로 위장하지만, 등장인물인 'Syme'는 다섯 명이 잠복 형사라는 것을 알게 되었다. 유일하게 진짜 무정부주의자는 '목요일'이라는 'Gregory'뿐이었다. 이것은 중앙위원회의 의장인 'Sunday'의 계략이었다. 즉 'Sunday'도 형사들처럼 국가 권력을 지지한다.

8   옮긴이_ 레옹 블루아(Léon Bloy, 1846~1917)는 프랑스의 가톨릭 소설가이며 수필가이자 풍자작가였으며, 자크 마리탱 부부와 친구였다. 그의 소설 『절망인 남자(Le Désespéré)』의 줄거리는 다음과 같다. 즉 아버지의 죽음으로 시작하여 자기 죽음으로 끝나지만, 재능은 있으나 절박한 한 남자가 인생에서 겪는 반자서전적이고 극단적인 기복을 다루고 있다.

니면 매춘부가 돼야 한다고 주장했다. 성인은 상황에 따라 매춘부의 수준으로 떨어지도록 강요받을 수 있고, 매춘부는 항상 성인이 될 수 있지만, 부르주아 사회의 정직한 여성은 구원받을 수 없을 만큼 길을 잃었기 때문이다.

  세기가 바뀌면서 이 개종자들은 자신들에게 적합한 분야가 정치이며, 급진주의자들보다 더 급진적인 혁명가, 즉 진정한 혁명가가 되는 것을 자신들의 임무라고 느꼈던 것 같다. 그리고 그들은 어떤 의미에서 옳았다. 적어도 그들이 부정적인 입장을 유지하고 공격을 취하는 한 옳았다. 경제법칙을 인용하는 것보다 "부자가 하느님 나라에 들어가는 것보다 낙타가 바늘구멍으로 들어가는 것이 쉽다"라고 반복해서 말하는 것이 확실히 더 급진적이었다. 체스터턴은 인류를 가장해서 멋진 새로운 채식주의 규칙을 채택한 부자를 "가난한 사람들이 즐길 수 없는 정원과 화려한 방 없이는" 가지 않고 "가난한 사람들이 고기를 좋아하기 때문에 육식을 중단한 사람"으로 묘사한다. 아니면 그는 "휘발유나 … 하인"을 포기하지 않고 오히려 "쇠고기나 수면, 즉 잠"과 같은 "단순하고 보편적인" 것을 포기하는 "현대 자선가"를 — 이러한 즐거움이 그가 단지 남자라는 것을 상기시켜 준다는 이유로 — 비판한다. 이때 체스터턴은 자본가의 기능에 대한 모든 학문적 논의보다 지배계급의 근본적 야망을 더 잘 묘사했다.

  부르주아의 지배가 제국주의의 길로 들어서자 서양 문화 전체가 위태로워지는 상황에서, 서양인의 근본적인 신념인 가장 오래된 무기가 최소한 악의 정도를 보여주는 것은 놀랍지 않다. 이 신가톨릭 작가들의 가장 큰 장점은 그들이 기독교로 돌아왔을 때 어떤 분파나 정당보다도 더 근본적으로 자신들 주변 환경의 기준과 단절했다는 점이다. 그들을 교회로 밀어 넣었던 것은 정치평론가로서 본능이었다. 그들은 무기를 찾고 있었고 무기를 발견하는 곳이면 어디든 가져갈 준비가 되어 있었다. 그리고 그들은 근대성의 설부른 반쪽 진실보다 가장 오래된 무기고에서 더 나은 것을 발견했다. 정치평론가와 언론인들의 직업병은 항상 서두르는 것이다. 여기에 서두를 수 없는 무기가 있었다. 2000년 동안 그 유용성이 증명되지 않았는가? 만약 누구든 최대한 광신적으로 또 다른 부조리한 교리를 매일 강요하는 모더니즘의 소용돌이 속에 남아 있으니 기독교 신앙이 요구하는 단 하나의 위대한 가정을 받아들였다면, 개종자들 가운데 가장 훌륭한 사람들은 쓰라린 경험에서 이것이 얼마나 더 좋고, 사람들이 얼마나 자유로울 수 있으며, 얼마나 더 합리적인가를 알았다.

   기독교에는 부자를 악인이라고 매우 유용하게 비난하는 것 이상의 것이 있었다. 인간의 제한된 조건에 대한 기독교 교리의 주장은 그 신봉자들에게 인간을 초인이라는 괴물로 변화시키려는 모든 현대적 시도 — 심리적·기술적·생물학적인 — 의 본질적인 비인간성에 대한 매우 깊은 통찰력을 허용하기에 충분한 철학이었다. 그들은 실제로 모든 눈물을 없애는 것을 의미하는 행복 추구가 모든 웃음을 닦아줌으로써 꽤 빨리 사라지리라는 사실을 깨달았다. 절망의 침묵을 제외하고 눈물과 웃음을 넘어서는 인간적인 어떤 것도 존재할 수 없음을 그들에게 가르쳐 준 것 역시 기독교였다. 이것이 바로 체스터턴이 눈물을 단번에 받아들인 후 자신의 가장 급격한 공격에 진정한 웃음을 불어넣을 수 있었던 이유이다.

   이것이 신가톨릭 신자들 가운데 정치평론가와 언론인들의 경우라면, 철학자의 경우는 조금 달라서 당황스럽다. 요점은 정의상 철학자들은 서두르지 않아야 한다는 것이다. 누구든 라이사 마리탱이 최근에 출간한 책[9]을 통해 판단한다면, 마리탱 부부를 교회로 이끈 것은 부르주아 사회에 대한 증오가 아니었다. 물론 마리탱 씨는 젊은 시절 사회주의자였으며, 마리탱 부인이 계속 강조하듯이 그것은 "영적 지도"의 필요성이었다. 개종 당시 마리

---

[9] Raïssa Maritain, *Adventures in Grace*(New York: Longmans, Green and Company, 1945). 옮긴이_ 라이사 마리탱(Raïssa Maritain, 1883~1960)은 프랑스 시인이자 철학자이며 자크 마리탱의 아내였다. 마리탱과 라이사는 1904년 레옹 블루아를 만나 절친한 친구가 되었고 가톨릭으로 개종했다. 자서전으로 『우리는 함께 친구였다(*We Have Been Friends Together*)』(1941)가 있다.

탱 부인뿐만 아니라 두 사람 모두 "본능적으로 정치 활동에 관한 모든 것을 극복할 수 없는 불안감을 느끼고 있었을 것이다. 나는 거기서 성 바오로가 시간의 악이라고 부르는 영역을 보았고 지금도 여전히 그렇게 하고 있다." 그들을 페기 — 매우 이상하게도 그들의 개종으로 인해 우정이 깨졌다 — 와 갈라놓은 이유는 이러하다. 즉 그들은 페기나 체스터턴의 가톨릭교 신앙에 중요한 역할을 하지 못했던 관심사, 즉 영적 구원을 무엇보다도 원했기 때문이다.

마리탱 부부는 베르그송의 반지성주의에 접한 이후 개종했다. 베르그송의 이성에 대한 공격이 그를 두렵게 했다는 사실은 자크 마리탱에게는 전적으로 명예가 된다. 문제는 철학자가 그토록 빠르게 필사적으로 피난처를 찾는 것이 허용되는지 여부일 뿐이다. 교회의 가르침이 여전히 인간 이성의 거점을 대표하는 것은 명백하며, 매일매일의 싸움에서 페기와 체스터턴 같은 정치평론가들이 가능한 한 빨리 몸을 숨긴 것은 충분히 이해할 수 있는 일이다. 그들은 철학자가 아니었다. 그들에게 필요한 것은 투쟁하는 신앙이었다. 마리탱이 원했던 것은 진실이라는 단어를 입에 담으면 사람이 무슨 말을 하는지조차 모르는 세상의 복잡함과 혼란에서 그를 이끌어 줄 하나의 확실성이었다.

그러나 진리는 숭배하기에 다소 어려운 신이다. 진리가 숭배자들에게 허용하지 않는 유일한 것은 확실성이기 때문이다. 진리에 관심을 두는 철학은 과거에도 그랬고 아마 앞으로도 일종의 **박학한 무지**docta ignorantia — 고도로 학식이 높으므로 고도로 무지한 — 일 것이다. 토마스 아퀴나스의 확실성은 탁월한 영적 길잡이를 제공하며, 최근에 고안된 확실성의 방식에서는 거의 모든 것보다 훨씬 뛰어나다. 그러나 확실성은 진리가 아니며, 확실성의 체계는 철학의 종말이다. 이것이 토마스 아퀴나스의 신학·철학설이 정말 철학의 부흥을 가져올 수 있을지 매우 강하게 의심할 수 있는 이유이다.

권력정치의 승리[*]

1945/1946

이 책은 약 6개월 전에 출판되었다. 그 기본 논제는 — 모든 논리와 온전함에도 불구하고 — 한물간 주제였다. 결론적으로 그로스[1]는 동유럽 연방이 경제적으로 필요함을 증명했다. 그리고 그는 유럽연방이 정치적으로 바람직하다고 주장한다. "세계적인 조직 — 이것이 없을 때는 지속적인 평화는 있을 수 없다" — 은 '지역 조직'을 통해서만 실현될 수 있기 때문이다. 그는 "세계 경제를 향한 역사의 자연적인 추세"를 확신하고, "폴란드인·체

---

[*] 서지사항은 다음과 같다. Hannah Arendt, "Power Politics Triumphs," *Commentary*, 1 (December 1945), pp. 92-93, A review of Fliks Gross, *Crossroads of Two Continents: A Democratic Federation of East-Central Europe*(New York: Columbia University Press, 1945).
옮긴이_ 이 책의 목차는 다음과 같다. Ⅰ. 세계적 조직의 필요성, Ⅱ. 중유럽과 동유럽 지역, Ⅲ. 동중부 유럽연방: 이념의 역사, Ⅳ. 동중부 유럽연방의 범위, Ⅴ. 동중부 유럽의 통합적·민주적 연방주의, Ⅵ. 유럽연합과 동중부 유럽의 연방, Ⅶ. 대영제국, 미국, 소련의 관계, Ⅷ. 결론 및 요약.

[1] 옮긴이_ 펠릭스 그로스(Feliks Gross, 1906~2006)는 폴란드계 미국인 사회학자로 제2차 세계대전 전에 폴란드의 대학교수였고 전쟁 중 미국으로 도피하여 뉴욕시립대학교, 와이오밍대학교 교수로 재직했다. 『시민권과 인종』, 『국경지대의 인종』, 『정치에서의 폭력』 등 다수의 저서를 출간했다.

코슬로바키아인 · 루마니아인 · 세르비아인 · 크로아티아인 등이 거주하는 분쇄된 국가"의 절박한 상황을 잘 알고 있다. 그는 연방 이념의 역사를 조사하고, 동유럽 경제 상황에 관한 매우 귀중한 자료를 제공하고, 저항운동에 가담한 모든 민족이 단지 독일 침략자와 싸우기 위해 그렇게 한 것이 아니라 이 모든 민족이 그랬음을 보여주기 위해 당대의 기록에서 절실히 필요한 발췌 기록을 추가한다. 그들은 유럽연방을 위해 싸우고 있었다.

그러나 소비에트 러시아가 등장해 자신들의 지배를 받지 않는 어떤 연방도 적대적인 **봉쇄 영역**cordon sanitaire이라고 선언했다. 그다음에 세 강대국[2]이 등장했다. 세 강대국은 모두 자체의 내부적 차이에도 불구하고 한 부분에 동의했다는 것을 발견했다. 그리고 그것은 유럽에서 새로운 정치 구조가 허용되지 않는다는 것이었다. 그때 망명으로부터 되돌아온 정부들은 국민에게 그들이 독일인들에게 맞서 싸웠고 현상 유지를 찬성하여 싸웠다고 말했다. 그리고 그게 바로 그것이었다.

그러나 이 책의 진부함은 단순히 변화된 상황의 결과 때문만은 아니다. 이는 또한 경제적 주장의 타당성에 대한 저자의 감상적인 신념의 결과이기도 하다. 국가 주권의 원칙 때문에 대륙 전체가 붕괴될 가능성이 있다는 것은 사실이고 거의 자명하다. 그리고 아무도 평화라고 부를 용기가 없는 상황으로 인해 동유럽의 많은 지역이 황폐화될 것이라는 점은 의심의 여지가 없다. 인구 이동은 경제적으로 아무 의미가 없으며 광대한 농업 지역의 인구 감소와 황폐화를 초래할 수 있으며, 인구 감소와 황폐화는 유럽을 영구적으로 약화시킬 수 있다. 저자가 간과하고 있는, 즉 현대 정치에서 가장 중요한 점은 아무도 관심을 두지 않는다는 점이다. 모든 것은 정치의 관점으로부터 결정된다. 현재의 경우 동일한 인종의 주민으로 구성된 국민국가를 복원하는 것이 주요 문제이다. 베네시 대통령과 이 모든 문제에 대한 그

---

2   옮긴이_ 세 강대국은 영국 · 미국 · 소련이다.

의 갑작스러운 변화된 접근 방식은 완벽한 사례이다. 베네시 대통령은 바보가 아니며 그로스 씨처럼 유럽 상황에 대한 경제학의 핵심 중요성을 알고 있기 때문이다.

   그로스의 주장에 더 큰 피해를 주는 것은 또 다른 실수이다. 정치하는 사람들이 경제적 요인을 새롭게 무시하는데다가, 권력에 대한 새로운 강조도 추가되어야 한다. 그로스 씨는 비민주적인 연방에 반대하는 러시아의 주장을 액면 그대로 받아들이고, 관련 국민이 진정으로 민주적이고 평화로운 제도를 갈망하고 있다는 사실을 러시아에 엄숙히 안심시킨다. 그는 결국 명백한 사실, 즉 강대국인 러시아가 더 큰 강대국이 되는 것 외에는 아무것도 원하지 않는다는 사실을 완전히 간과하고 있다. 따라서 그는 동유럽 연방이나 일반 유럽연방이 아무리 평화롭고 민주적이며 우호적이라 할지라도, 전후 러시아의 모든 움직임이란 사실로 판단할 때, 이 연방이 러시아의 현재 권력이 아니라 러시아의 권력 축적 계획을 거의 자동적으로 견제할 것이라고 생각한다.

제3부

『전체주의의 기원』 집필 시기

더는 아님과 아직은 아님*

1946

데이비드 흄은 인간 문명 전체가 "누에와 나비의 경우처럼 한 세대가 한꺼번에 무대에서 사라지지 않고 다른 세대가 잇따라 뒤를 잇는다"[1]라는 사실에 의존한다고 말했다. 그러나 역사의 어떤 전환점, 즉 어떤 위기의 정점에서 누에와 나비와 같은 운명이 한 세대의 인간에게 닥칠 수도 있다. 구세대의 쇠퇴와 새세대의 탄생이 반드시 연속성의 문제는 아니기 때문이다. 어떤 이유로든 여전히 구세대에 속하는 사람들, 그리고 재앙을 직감하거나 이미 재앙과 함께 성장한 사람들 사이, 즉 세대 사이에 사슬은 끊어지고, "빈 공간"인 일종의 역사적 무인지대는 표면으로 떠오른다. 이 표면은 "더는 아님과 아직은 아님"[2]의 관점에서만 기술될 수 있다. 유럽에서는 제1차

---

* 서지사항은 다음과 같다. Hannah Arendt, "No Longer and Not Yet," *Nation*, 14(September 1946), pp. 300-302. A review of Hermann Broch, *The Death of Virgil*, trans. by J. S. Untermeyer(New York: Pantheon Books, 1945).
1 옮긴이_ 데이비드 흄, 『정치 에세이(*Political Essays*)』, 「원시계약에 관하여(Of the Original Contract)」, XII. 27.

세계대전 시기와 그 이후에 이러한 연속성의 절대적인 중단이 발생했다. 일반적으로 반동주의자들이 말하는 것처럼, 서양 문명의 필연적 쇠퇴 또는 잘 알려진 잃어버린 세대에 대한 지식인들의 모든 부정확한 이야기는 이 단절에 진실의 기반을 지니고 있으며, 결과적으로 앞으로 나아갈 것인지 아니면 뒤로 물러날 것인지의 대안을 우리 앞에 제시하는 '자유주의' 정신의 하찮은 주장보다 훨씬 매력적이라는 것이 입증되었다. 이 대안은 자유주의 정신이 여전히 깨지지 않는 연속성의 사슬을 전제하고 있기에 의미가 없는 것처럼 보인다.

단순히 유럽 문학의 관점에서 말하면, 이 틈새, 즉 텅빈 공간과 시간이란 심연의 열림은 우리 시대의 가장 위대한 두 문학 거장인 마르셀 프루스트와 프란츠 카프카 사이의 불일치에서 가장 분명하게 드러난다. 프루스트는 19세기 세계에 마지막으로 가장 아름답게 작별인사를 한 사람이며, 우리는 이별과 슬픔의 분위기가 우리를 압도할 때 계속해서 "더는 아님"의 기조基調로 쓰인 그의 저작을 회상한다. 반면에, 카프카는 제한된 범위에서만 우리 시대의 사람이다. 그는 마치 먼 미래의 관점에서 글을 썼고, "아직은 아닌" 세계에서만 편안하거나 편안할 수 있는 것처럼 보였다. 우리는 이로 인해 그의 작품을 읽을 때마다 일정한 거리를 두게 된다. 우리가 그의 저작이 우리의 미래 — 우리에게 미래가 있다면 — 인 어떤 미래 세계의 표현임을 알 수 있다고 하더라도, 그 거리는 줄어들지 않을 것이다.

유럽의 다른 모든 위대한 소설가와 시인들은 죽은 거장들 사이 어딘가에서 자신의 위치와 측정 기준을 찾는다. 그러나 헤르만 브로흐의 『베르길리우스의 죽음』은 나머지 책들과 다른 범주에 속한다. 브로흐는 내면 독백의 형태를 프루스트와 공유하고, 형이상학에 대한 집념뿐만 아니라 여흥에 대한 완전하고 근본적인 거부를 카프카와 공유하며, 우리에게 주어진 세계에

---

2 옮긴이_ 이 무인지대의 표면은 곧 '현재'를 지칭한다.

대한 깊은 사랑을 프루스트와 공유하고, 소설의 '주인공'이 아주 명확한 자질을 지닌 인물이 아니라 인간 자체라는 신념(인간이자 시인인 베르길리우스의 실제 삶은 브로흐의 철학적 성찰에 하나의 사건에 불과하기에)을 카프카와 공유한다. 이 모든 것은 사실이며, 문학사가 이후에 이것을 말할 수 있다.

적어도 이 순간에 더 중요한 것은 이러하다. 브로흐의 작품은 — 그 주제와 완전히 독창적이고 장엄한 시적 어법을 통해 — 프루스트와 카프카 사이, 즉 우리가 회복할 수 없게 잃어버린 과거와 아직 다가오지 않는 미래 사이의 잃어버린 고리와 같은 것이 되었다. 즉 이 책은 그 자체로 베르길리우스가 "더는 아님과 아직은 아님"[3] 사이 빈 공간의 심연을 건너려고 하는 일종의 다리다. 그리고 우리는 이 한 주제, 즉 심연에 아주 필사적으로 집착한 위대한 작품에 깊이 감사해야 한다. 그 이유는 이러하다. 즉 이 심연은 매우 현실적이다. 그리고 이 심연은 1914년이라는 운명의 해부터 유럽의 심장부에 세워진 죽음의 공장, 즉 학살 수용소들이 우리가 2000년 이상의 역사적 실체와 여전히 연결되어 있던 이미 낡은 실을 끊었을 때까지 매년 더욱 깊어지고 더욱 끔찍해졌다. 또 우리는 이미 '빈 공간'에서 살고 있고, 세계와 인간에 대한 이미 형성된 어떤 전통적 이념 — 이 전통이 우리 마음속에 귀중하게 남아있을지도 모르지만 — 도 어쩌면 설명할 수 없는 현실에 직면하고 있다.

흥미롭게도, 브로흐의 초기 저작에서는 『베르길리우스의 죽음』의 미래 작가를 나타내는 것이 거의 없다. 『몽유병자들』은 소설로서의 특성과는 별개로 작가가 이야기하기에 싫증이 났고 자신의 작품에 대해 완전히 참을성이 없다는 점만을 보여준다. 즉 브로흐는 독자들에게 이야기의 종말은 스

---

[3] 옮긴이_『베르길리우스의 죽음』에 나타나는 관련 문구는 다음과 같다. "— 아직은 아닌, 그러나 이미(not quite here but yet at hand)! 그것은 꿈의 가장 깊은 내부에 숨은 붙잡을 수 없는 사랑의 아득한 마음에 대한 자각이었다."(310쪽) '현재'는 다음과 같이 묘사되고 있다. "아아, 저주할 미망의 길의 거짓된 전회, 그것은 과거와 미래를 무시간적인 현재에다 붙들어 매는 크나큰 순환을 착각하게 만든다."(218쪽) 김주연·신혜양 옮김, 『베르길리우스의 죽음 1』(서울: 시공사, 2012).

스로 찾는 것이 훨씬 낫다고 말하며, 역사의 본질에 관한 오랜 사색을 자신의 책에 짜 넣기 위해 인물과 구성을 무시한다. 브로흐는 어느 시점까지 훌륭한 시인은 아니었지만 훌륭하고 유쾌하며 재미있는 이야기꾼이었다.

브로흐를 시인으로 만든 사건은 어두워지는 유럽의 암흑기 마지막 단계와 일치했던 것으로 보인다. 밤이 되자 브로흐는 잠에서 깨어났다. 그는 자신을 압도하는 현실에 깨어났고, 밤잠에서 깨어난 사람에게 어울리는 것처럼 즉시 그것을 꿈으로 해석했다. 이 꿈이 바로 『베르길리우스의 죽음』이다.

비평가들은 이 책이 서정적인 산문으로 쓰였다고 말했지만, 이는 전혀 옳지 않다. 집중된 긴장감이 독특한 이 문체는 매번 다른 거주지, 또 다른 신화적 배경, 또 다른 예배 장소로 신을 계속해서 불러내는 호메로스 찬가의 호출과 더 유사하다. 마치 예배자는 하느님을 놓칠 수 없다는 것을 확실히 절대적으로 확신해야 하는 것 같다. 마치 브로흐가 목표를 놓치지 않으려는 것을 확실히 절대적으로 확신하고 싶은 것처럼, 그는 같은 방식으로 **삶·죽음·사랑·시간·공간**을 불러일으킨다. 이것은 독백에 열정적인 긴박감을 부여하고 모든 진정한 추측의 긴장되고 집중된 행위를 끌어낸다.

흥미로운 설명, 그리고 작품을 매우 풍부하게 하는 광범위한 풍경화는 기원을 나타내는 "오오"[4]에 포함되어 있다. 이것들은 모든 서양 화가에게 길고 다정한 작별 노래처럼 읽히며, 마치 아름답거나 추한 것, 푸른 것이나 세속적인 먼지, 고귀함이나 저속함을 모두 포용하는 듯이 묘사된 대상들을 환기의 형태로 초월한다.

책 제목에 나타나듯이, 브로흐 책의 주제는 베르길리우스 삶의 마지막

---

[4] 옮긴이_ 예컨대, 『베르길리우스의 죽음』 가운데 「제2부 불 — 하강」에는 '오오'라는 표현이 많이 나타난다. "— 오오, 귀향이여! 결코 붙잡을 수 없는 것으로의 귀향이여." "— 오오, 귀향이여! 신에의 귀향. 인간에의 귀향이여! 우리 자신이 구원의 손길을 내밀어주지도 않고, 그 운명을 스스로 손에 받아들이지도 않은 이웃 사람들은 멸망의 운명을 짊어지고 있다." "— 오오, 귀향이여! 귀향을 허용받는 자는 창조 속으로, 귀환한다." 『베르길리우스의 죽음 1』(서울: 시공사, 2012)을 참조할 것.

24시간을 다루고 있다. 그러나 죽음은 사건일 뿐만 아니라 인간의 궁극적 성취로 여겨진다. 죽음의 순간은 인생이 무엇인지 알 수 있는 마지막이자 유일한 기회라는 의미에서든, 아니면 자신의 삶에 판단을 내리는 순간이라는 의미에서든 그렇다. 이 판단은 자기 비난이 아니다. 판단은 너무 늦게 내려지기 때문이다. 또 자기 정당화도 아니다. 어떤 식으로든 그것은 너무 이르기 때문이다. 판단은 전체 이야기의 마지막 결정적인 단어인 진실을 찾으려는 궁극적인 노력이다. 이것은 최후의 심판을 마치 인간이 이 모든 문제를 하느님에게 맡기고 싶어 하는 것처럼 인간 자신이 해결해야 하는 인간사로 만드는 것이다. 이 수준에서 "더는 아님과 아직은 아님"은 더는 살아있지 않음과 아직 죽지 않음을 의미한다. 그리고 임무는 판단과 진실의 의식적인 성취이다.

죽음이 최후의 불행이 아니라 최후의 임무라는 이 장엄한 개념은 브로흐의 사색이 현대 '죽음 철학'의 덫에 빠져드는 것을 저지한다. 죽음 철학의 경우 삶 자체는 죽음의 씨앗을 가지고 있으며, 결과적으로 죽음의 순간은 "삶의 목표"로 나타난다. 만약 죽음이 살아있는 인간의 최후 임무라면, 삶은 죽음에 감염된 선물이 아니라 오히려 특정한 조건 — 우리가 영원히 비가시성과 비가시성 사이에 걸려 있으며 그런데도 … 시냇물에 갇혀 있는 다리 위에 서 있는 상황 — 아래 주어진 것이다.

이 책의 실제 주제는 세계와 역사 속에서 예술가의 위상이다. 즉 인간처럼 '행동하지' 않고 신처럼 '창조하는' — 비록 겉모습일 뿐이지만 — 인간의 위상이다. 예술가는 현실에서 영원히 배제되고 "미의 공허한 영역"으로 추방된다. 그의 영원의 유희 — 그리고 우리가 아름다움이라고 부르는 이 황홀한 게임 — 는 "현실을 파괴하는 웃음", 즉 인간의 창조 유희가 아니라 창조 그 자체도 파괴될 수 있다는 끔찍한 직관에서 솟아나는 웃음으로 변한다. 시인은 이 웃음과 더불어 "폭민의 유형"으로 전락하며, 브룬디시움의 빈민가를 통해 쓰레기통에 실려 갔던 냉소적이고 타락한 비속한 존재로 전락한다. 폭민과 예술가는 모두 자기 숭배에 탐욕스럽고, 자기 자신만을 배려하며, 도움에 기초한 모든 진정한 공동체에서 배제된다. "피의 도취, 죽음의 도취, … 아름다움의 도취에서 똑같이 나오는 "외로움에 도취된" 채, 그들은 모두 똑같이 배신적이고, 진실에 관심이 없기에 완전히 신뢰할 수 없으며, 아름다움이나 서커스 게임을 통해 현실을 망각할 필요가 있다. 양자 모두 "빈 형식과 빈 단어"에 도취해 있다.

"더는 아님과 아직은 아님"이 아름다운 무지개와 연결될 수 없기에, 시인은 "저속함이 최악인 곳인 저속함, 즉 문학성 속으로" 빠져들게 된다. 이러한 통찰로부터 이야기의 중심 줄거리가 되는 결정, 『아이네이스Aeneis』[5]를 불태우겠다는 결정, 작품을 현실의 불로 태워버리겠다는 결정이 나온다.[6] 이 행위와 희생은 갑자기 "아름다운 텅 빈 영역"에서 남은 유일한 탈출구로 나타난다. 이 영역은 시인이 죽어가는 마지막 순간에도 현실과 인간적 유대감의 약속된 땅을 인식할 수 있는 유일한 문이다.

바로 이 순간 친구들이 현장에 등장하여 단지 죽어가는 인간의 열병적인 망상을 막으려고 노력한다. 이어서 베르길리우스와 옥타비아누스 사이의 긴 대화 — 모든 역사 소설에서 가장 진실되고 인상적인 작품 중의 하나 — 가 이어지는데, 이 대화는 이러한 희생의 포기로 끝난다. 결국 그 희생은 상징을 위해, 자아에 대한 불안에서 영혼의 구원을 위해서만 이루어졌을 것이며, 반면에 황실의 친구는 계획의 포기와 원고라는 선물로 마지막의

---

5   옮긴이_ 베르길리우스(Publius Vergilius Maro, 기원전 70~19)는 안데스(현재 피에톨레)에서 태어나 브룬디시움(현재 브린디시)에서 운명하였다. 그는 로마 건국을 다루는 작품을 써보라는 아우구스투스의 권유로 『아이네이스』를 쓴 것으로 알려졌다. 이외에도 『농경시』와 『목가』 등이 있다.

6   옮긴이_ 이와 관련한 내용은 『베르길리우스의 죽음』 제3부 「흙—기대」에 있다. "루키우스는 아무 말도 하지 않았다. 그는 침대 곁 의자에 앉아서 잠자코 있었다. … '나는 죽을 거야. 어쩌면 오늘 안으로라도 …. 하지만 그전에 『아이네이스』를 불태우고 싶네…' '당치 않은 소리!' 뱃속에서부터 치밀어 오르는 고함. 그 목소리의 주인공은 루키우스였다." 『베르길리우스의 죽음 1』, 344쪽 참조할 것.

행복한 미소를 짓는다.

그런 다음 죽음이 오고, 배는 자연의 깊은 곳으로 부드럽게 내려가고, 친구들은 차례로 사라지며, 인간은 자유를 향한 긴 항해에서 명료하지 못한 우주의 조용한 기다림 속으로 평화롭게 돌아온다. 그의 죽음은 그에게 행복한 죽음으로 보였다. 그는 역사의 "더는 아님과 아직은 아님" 사이, 낡은 법칙의 "더는 아님"과 새로운 구원의 말인 "아직은 아님" 사이, 삶과 죽음 사이에 있다. "여기는 아니지만, 아직 가까이 다가옴이다. 지금까지 그렇게 들렸으며 앞으로도 그렇게 들릴 것이다."

이 책은 매우 아름답고 매우 복잡한 독일어로 쓰여 있으며, 번역자[7]의 업적은 대단히 칭찬할 만하다.

---

[7] 옮긴이_ 『베르길리우스의 죽음』을 영역한 제인 스타 언터마이어(Jean Starr Untermeyer, 1886~1970)는 미국 시인·번역가·교육자였다. 이 번역본은 현대 문학 번역의 연대기에서 획기적인 것으로 평가받고 있다. 그녀는 1939년 뉴욕 사라토가 스프링스의 야도(Yaddo), 예술인 공동체에 머무는 동안 헤르만 브로흐를 만났고, 이를 계기로 『베르길리우스의 죽음』을 번역하여 1945년에 출판하였고 뉴스쿨에서 가르쳤다. 시집으로는 『어둠 속의 꿈』(1921), 『가파른 상승』(1927), 『날개 달린 아이』(1935), 『사랑과 필요』(1940) 등이 있다.

실존철학이란 무엇인가?*

1946

실존철학은 적어도 100년의 역사를 가지고 있다. 실존철학은 후기의 셸링과 키르케고르에서 시작하여 니체로부터 아직 개발되지 않은 많은 가능성으로 발전했다. 실존철학은 베르그송의 사유와 이른바 '생철학'의 본질을 결정했고, 전후 독일에서 셸러·하이데거·야스퍼스와 함께 마침내 현대 철학이 실제로 무엇에 관한 것인가를 설명하는 데 있어서 이전과 달리 명확성에 도달했다.

실존Existenz이란 명칭은 처음에는 심리학적 연구가 가능한 개인의 모든 자질 및 재능과 별개로 인간의 존재Sein에 지나지 않았다. 이런 점에서 하이데거가 한때 "생철학"에 대해 올바르게 언급한 것은 실존철학에도 적용된다. 즉 그 명칭은 식물의 식물학만큼이나 대략 의미가 있다. 다만 "존재"라

---

* 서지사항은 다음과 같다. Hannah Arendt, "What is Existenz Philosophy?" *Partisan Review*, 8/1 (Winter 1946), pp. 34-56. 독일어판의 서지사항은 다음과 같다. Hannah Arendt, *Sechs Essays* (Heidelberg, 1948), "Was ist Existenz-Philosophie?" 여기에 수록한 에세이는 로버트와 리타 킴버가 영어로 번역한 것이다. 여기서는 영어 번역본과 독일어본을 함께 참조하여 번역하였기에, 표현에 있어서 영어 번역본의 내용과 부분적으로 다를 수 있다.

는 단어가 "실존"이란 단어로 대체된 것은 우연이 아니다. 현대 철학의 근본적인 문제 중 하나는 실제로 이러한 용어의 변화에 숨겨져 있다.

자연 현상과 역사 현상을 모두 전례 없는 총체성에서 철학적으로 설명하고 믿을 수 없을 만큼 통일된 전체로 조직한 헤겔 철학 ― 누구도 그것이 현실의 거주지인지 감옥인지 전혀 확신할 수 없더라도 ― 은 실제로 "황혼에 비로소 날아오르는 미네르바의 부엉이"였다. 헤겔 사후 곧 밝혀진 이 체계는 ― 온갖 다양성과 명백한 모순에도 불구하고 ― 파르메니데스 이후 누구도 감히 의심하지 않은 한에서 서양철학 전체의 마지막 말이었다. 즉 "사유와 존재는 일치하기gar auto esti nonein te kai einai[1]" 때문이다. 헤겔 이후 나온 것은 그 '아류(亞流; epigonal)'이거나 철학 일반에 대한 철학자들의 반란, 이러한 정체성에 대한 반란이나 절망이었다.

이 아류는 이른바 현대 철학의 모든 학파에 공통으로 나타난다. 이들 학파는 모두 물질을 받아들여 조화를 이루려고 했든(유물론자), 정신을 만연하다고 가정하여 조화를 이루려고 했든(관념론자), 다양한 관점으로 스피노자의 색채를 훨씬 띤 전체를 창조하려 했든 사유와 존재의 통일성을 회복하려고 했다.

현상학적 재구성 시도

지난 100년 동안 우호적인 철학적 흐름 중에서 가장 현대적이고 흥미로운 것은 실용주의와 현상학이다. 특히 현상학은 우연도 아니고 단지 방법론도 아닌 이유로 현대 철학에 영향을 미쳤다. 후설은 의식의 의도적·지향적 구조를 우회 방법을 통해 세계에서 인간의 고향을 보장해 준 고대의 존

---

1 옮긴이_ Parmenides, Fragments.

재와 사유 관계를 복원하려고 노력했다. 모든 의식 활동은 본질적으로 대상을 가지고 있기에, 나는 적어도 한 가지 사실, 즉 내가 의식의 대상을 '가진다'는 사실을 확신할 수 있다. 현실에 대한 질문은 말할 것도 없고, 존재에 관한 질문은 '괄호로 묶일' 수 있다. 의식적 존재로서 나는 존재하는 모든 것을 갖고 있으며, 인간적인 방식으로 세계의 존재이다. (보이는 나무, 내 의식의 대상인 나무는 '실제' 나무일 필요는 없으며, 어쨌든 내 의식의 실제 대상이다.)

세계의 기이함에 대한 현대적인 느낌은 개별 사물이 항상 기능적 맥락에서 분리되었다는 인식에서 비롯되었다. 현대 문학과 수많은 현대 회화는 이것과 관련하여 간과할 수 없는 증거이다. 우리가 이 기이함을 사회학적으로나 심리학적으로 어떻게 해석하든, 그 철학적 근거는 이렇다. 즉 나도 포함하는 세계의 기능적 맥락은 언제나 다음과 같은 것을 정당화하고 설명할 수 있다. 예컨대 탁자도 의자도 전혀 없는데 왜 **이러한** 탁자가 **존재하는지** 도저히 이해할 수 없을 것 같다. 그리고 철학적 충격을 불러일으키는 것은 탁자 일반과 구별되는 **이러한** 탁자의 존재이다.

현상학은 단순히 이론적인 문제 그 이상인 이 문제를 해결하는 것처럼 보였다. 현상학은 현상학적 의식 서술에서 기능적 맥락으로부터 이탈된 고립된 사물을 자의적인 의식 활동의 내용으로 정확히 파악하고, 그것을 '의식의 흐름'을 통해 인간과 다시 연결하는 듯했다. 물론 후설은 이러한 우회 과정에서 의식을 통해 그리고 모든 사실적 의식 내용에 대한 완전한 파악 (보편과학; mathesis universalis)에서 시작하여 산산이 부서진 세계를 새로 재건할 수 있었다고 주장하기도 했다. 의식의 관점에서 볼 때 세계의 그러한 새로운 구성은 다음과 같은 의미에서 두 번째 창조에 해당된다. 즉 세계는 그 우발적 성격, 즉 현실 성격을 상실할 것이며, 인간에게 더는 주어진 것이 아니라 인간이 창조한 것으로 나타날 것이다.

현상학의 이 근본적인 주장에는 인간주의의 새로운 기반을 확립하려는 가장 독창적인 현대적 시도가 있다. 호프만슈탈은 슈테판 게오르게에게 보낸 편지에서 현실의 비밀이 작은 것 속에 숨겨져 있으므로 거창한 말에 맞서 "사소한 일"을 지지했다. 이 유명한 작별 편지는 현상학이 탄생한 삶에 대한 태도와 밀접하게 연결되어 있다. 후설과 호프만슈탈은 모두 고전주의자이다. 고전주의는 세부사항에 이르기까지 일관되게 고전, 즉 세계 속에 있는 인간의 근원지를 모방함으로써 무섭게 변해버린 세계에서 다시 근원지를 불러내려는 시도이기 때문이다. 후설의 "사물 자체로"라는 문구는 호프만슈탈의 "사소한 일"과 마찬가지로 마법의 공식이다. 모든 마법이 실패한다는 것이 유일한 장점인 이 시대에 우리가 여전히 마술로 무엇인가를 성취할 수 있다면, 우리는 실제로 가장 작고 겉으로는 가장 수수해 보이는 것, 가식 없는 "사소한 일", 가식 없는 말로 시작해야 할 것이다.

물론 후설이 눈에 띄지 않은 명백한 이유는 다음과 같다. 즉 후설의 의식 분석(야스퍼스가 자신이 마법이나 고전주의를 전혀 사용하지 않았기 때문에 항상 철학과 관련이 없다고 생각한 분석)이 젊은 시절의 하이데거와 셸러 모두에게 결정적인 영향을 미쳤지만, 후설은 실존철학에 결정적인 내용을 규정할 수 없었다. 후설의 영향력이 방법론적으로만 중요하다는 널리 퍼진 가정은 실제로 매우 옳기에, 그는 자신이 실제로 속하지 않은 현대 철학을 역사주의의 족쇄에서 벗어나게 했다. 헤겔의 뒤를 이어 역사에 관심이 극도로 높아졌다는 인상을 받은 철학은 역사 과정의 규칙성에 대한 추측에 빠져들게 되었다. 그러한 추측이 낙관적이든 비관적이든, 진보를 불가피한 것으로 보려 했든지 아니면 미리 정해진 대로 쇠퇴로 보려고 했는지는 중요하지 않다. 유일하게 중요한 요지는 두 경우 모두 인간이 헤르더의 말대로 "그냥 운명의 바퀴를 기어 다니는 개미"와 닮았다는 것이다. 이 공허한 사변을 차단하고 현상적으로 주어진 과정의 내용을 그 기원에서 분리할 것을 주장하는 후설의 '사물 자체'에 대한 주장은 인간 자신이 얽혀 있는 역사적·자연적·생물학적·심리학적 과정이 아니라 인간 자신이 다시 한번 철학의 대상이 될 수 있다는 점에서 해방적인 효과를 가져왔다.

이 철학의 해방은 큰 반향을 불러일으켰다. 그러나 역사의식이 전혀 없는 후설 자신은 자신의 부정적 성과가 의미하는 바를 실제로 파악하지 못했다. 이 성과는 후설의 긍정철학보다 훨씬 더 중요하다. 그는 현대 철학 전체가 전혀 위로를 받을 수 없는 바로 그 지점, 즉 인간은 자신이 창조하지 않고 자신의 본질에 이질적인 존재를 긍정하도록 강요받는다는 점에 대해 우리를 위로하려고 노력했다. 호프만슈탈이 사소한 일의 마법으로 세상에 대한 옛 애정을 우리 안에 다시 일깨우려고 노력하는 것처럼, 후설은 이 이질적인 존재를 의식으로 변형시킴으로써 세계에 다시 인간의 얼굴을 제공하려고 한다. 그러나 이 현대 인간주의, 즉 겸손에 대한 선의는 인간주의에 기저를 이루는 현대적 오만, 그리고 결국 인간이 될 수 없는 것, 즉 세계와 자신의 창조자가 되기를 바라는 ― 호프만슈탈에서 보이듯이 은밀하게, 아니면 후설에서 보이듯이 공개적이고 순진하게 ― 현대적 오만으로 계속 실패하게 된다.

'아류가 아닌' 현대 철학은 후설의 혼합적인 겸손과는 대조적으로 인간이 세계의 창조자가 아니라는 사실을 받아들이려고 여러 가지 방법으로 노력한다. 현대 철학은 이를 달성하기 위해 자신이 최선의 접근 방식을 보여주는 곳에서 셸링이 자신에 대해 이상하게 오해하여 하느님을 "존재의 주인"의 역할에 두었던 곳에 인간을 두려고 노력한다.

칸트의 구세계 해체와 셸링의 신세계 요청

내가 아는 한, 현대적 의미로 사용되는 '실존'이란 단어는 셸링의 후기 저작에서 처음 나타난다. 셸링은 "부정철학", 즉 순수 사유의 철학에 대항하는 힘으로 "긍정철학"을 제안했을 때 자신이 대항하고 있는 것이 무엇인가를 정확하게 알고 있었다.[2] 그는 긍정철학이 "처음에 순수 존재자(That; daß;

quod)의 형태로만 유지하고 있는 … 실존"³을 그 출발점으로 삼았다. 그는 철학자가 '관조적인 삶'에 작별을 고했다고 알고 있다. 그는 순수 사유의 철학이 "사건의 우연성과 사물의 현실성을 설명하는데" 실패하여 "자아das Ich를 완전한 절망의 지점"에 이르게 했기에 "자아가 이런 변화의 방향 전환의 신호를 보냈다"는 것을 알았다.⁴ 이러한 절망은 모든 근대의 비합리주의, 정신과 이성에 대한 적대감에 기초를 두고 있다.

근대 철학은 본질이 실존을 결코 설명할 수 없다는 깨달음에서 시작된다. 근대 철학은 근본적으로 공허한 현실에 대한 압도적이고 충격적인 인식에서 시작된다. 현실의 모든 특성이 더 비어 있을수록, 관심을 끄는 유일한 것은 **실존하는 것**이다. 그런 이유로 근대 철학은 처음부터 전혀 예측할 수 없고, 전혀 상상할 수 없으며, 예측할 수 없는 현실이 사람들에게 직접 다가오는 것으로 '우연'을 미화한다. 따라서 철학적 "한계상황"(야스퍼스), 즉

---

2   옮긴이_ "후기 셸링의 철학은 부정철학과 긍정철학의 관계, 전자에서 후자로의 전환에서 순수하다는 것(pure quod)의 역할을 밝히고 있다." Marcela Garcia, "How to Think Actuality?: Schelling, Aristotle ad the Problem of the Pure Daβ," *The Official Journal of the North American Schelling Society*, Vol. 1(2018), p. 30. "셸링이 볼 때, 실존의 이유를 해명하기 위해서는 이성이 아니라 모든 사유에 선행하는 존재를 원리로 하는 학문이 있어야 한다. 셸링은 이 학문을 '긍정철학'(positive Philosophie)이라고 부른다. 이 학문이 긍정철학인 이유는 이성학문이 '부정철학'인 것과 견주어 이해해야 한다. 이성학문이 사물의 가능성을 개념적으로 파악하고자 할 때, 이성은 존재자의 개념 속에 있는 우연적인 것들을 부정하고 본질적인 것만을 포착하고자 한다. 그렇다면 결국 이성학문은 부정을 통해 존재의 규정에 도달한다고 할 수 있으며, 그런 한에서 '부정철학'(negative Philosohie)이 된다." 다음 자료에서 인용함. 이광모, 「'긍정철학'(positive Philosophie)의 원리와 가능성」, 『헤겔연구』 제32집(2012), 193쪽.

3   옮긴이_ "셸링은 베를린의 마지막 강의에서 칸트의 구분, 즉 개념과 인식의 차이를 환기하고, 본질(essence)과 실존(existence), 즉 어떤 것이 무엇(was)과 존재하는 것(daβ)을 구별한다. 그는 이를 설명하기 위해 중세 용어를 다음과 같이 사용한다. '여기서 현실적인 모든 것에는 인식되어야 할 두 가지가 있다. 즉 존재가 무엇인가(quid sit)와 실존하는 것(qoud sit)을 인식하는 것은 완전히 다른 두 가지 일이다. 전자 ― 그것이 무엇인가에 대한 대답 ― 는 사물의 본질에 대한 통찰력을 나에게 제공하고 … 후자의 통찰력은 나에게 단지 개념이 아니라 실존에 해당되는 것을 제공한다. …" 다음 자료에서 인용하였다. Chandler D. Rogers, "Hegel and Schelling on the Path of Aristoteian Ascent," *The Heythrop Journal*, Vol. 61, no. 5(2020), p. 5.

4   옮긴이_ 셸링의 정체성 철학은 '자기의식적인 나'가 피히테의 경우처럼 최초 행위라기보다 결과로 간주되어야 한다는 확신, 즉 자아가 전체 체계의 모체로 간주될 수 없다는 확신에서 비롯된다. 그는 이로 인해 스피노자의 방향으로 선회한다.

사람들이 철학을 하도록 강요받은 상황을 죽음·죄책감·운명·우연으로 열거한다. 이러한 모든 경험에서 현실을 회피할 수 없으며 사유를 통해 해결할 수 없는 것으로 밝혀지기 때문이다. 인간은 이 상황에서 자신이 의존하고 있다는 사실, 즉 어떤 특정한 것이나 자신의 일반적인 한계에도 의존하지 않고 자신이 **존재한다는** 사실에 의존한다는 사실을 깨닫게 된다.

그러나 본질은 이제 실존과 아무런 관련이 없기에, 현대 철학은 사물의 본질das Was을 조사하는 과학에서 멀어진다. 키르케고르의 관점으로 말하자면, 과학의 객관적 진리는 실존 문제에 중립적이기 때문에 무관심하며, 주관적 진리, 즉 '실존자'의 진리는 결코 객관적으로 될 수 없고 결코 보편적으로 유효하지 않기 때문에 역설이다. 존재와 사유가 더는 동일하지 않다면, 사물의 본질이 현실과 아무 관련이 없으므로, 과학은 원하는 것이 무엇이든 될 수 있다. 어떤 경우에도 과학은 이제는 진리를 사람에게 주지 않고 사람의 관심을 끌 만한 진리도 주지 않는다. 과학에 대한 이러한 외면은 특히 키르케고르의 사례 때문에 기독교에서 비롯된 태도로 오해되는 경우가 많다. 그러나 현실에 관심을 두는 이 철학은 더 다르고 참된 세계에 직면하여 이 세계의 사물에 대한 집착이 영혼의 구원을 방해한다는 사실(**호기심**이나 **분산**으로서)과 전혀 관련이 없다. 이 철학이 원하는 것은 분명 현실성을 잃어버린 이 세계일 것이다.

사유와 존재의 통일은 사전에 확립된 본질과 실존의 일치, 즉 사유할 수 있는 모든 것은 또한 존재하며, 존재하는 모든 것은 그 인식 가능성으로 인해 합리적이어야 한다는 전제 조건을 갖는다. 이 통일성은 근대 철학의 실제 창시자이자 비밀스러운 창시자인 칸트에 의해 깨졌다. 그는 동시에 오늘날까지 그 비밀의 왕으로 남아있다. 칸트는 이성의 구조에 내재한 이율배반을 폭로함으로써 존재에 대한 고대의 안전을 인간에게서 빼앗았으며, 종합명제에 대한 분석을 통해 현실에 대해 진술하는 모든 명제에서 우리가 주어진 사물의 개념(본질)을 넘어선다는 것을 증명했다. 심지어 기독교조차도 이 안전에 영향을 미치지 않았으며 단지 그것을 "구원을 위한 신성한 계획"으로 재해석했을 뿐이다. 그러나 이쪽 기독교 세계의 의미나 존재, 고대 우주의 영원히 현존하는 존재에 대해 확신할 수 없었고, 진리에 대한 전통적인 정의, 즉 '지성과 사물의 일치aequatio intellectus et rei'도 산산이 부서졌다.

칸트가 서양의 존재 개념에 혁명을 일으키기 이전에도, 데카르트는 매우 근대적인 의미로 현실에 대한 물음을 제기하고 철저하게 전통적인 의미로 이에 대답했다. 존재가 도대체 **있는지** 여부에 대한 물음은 "나는 생각한다, 그러므로 나는 존재한다"라는 대답이 부적절한 것처럼 근대적이다. 니체가 이미 언급했듯이, 그것은 결코 **생각하는 나**ego cogitans의 존재를 증명하지 못하며, 기껏해야 **생각한다는 것**cogitare의 실존만을 증명할 뿐이기 때문이다. 즉 진정한 삶의 '나Ich'는 결코 '나는 생각한다'에서 나오지 않고, 오직 상상 속의 '나'일 뿐이다. 우리는 칸트 이후 이것을 알고 있다.

우리가 일반적으로 세속화의 역사에서 깨달은 것보다 더 많은 것은 칸트가 고대의 사유와 존재의 통일성을 해체한 것에 달려 있다. 신의 존재에 관한 존재론적 증명에 대한 칸트의 반박은 신에 대한 모든 합리적 믿음을 파괴했다. 그 믿음은 내가 합리적으로 이해할 수 있는 것 또한 있어야 한다는 사실에 기초를 두고 있으며, 기독교보다 더 오래되었을 뿐만 아니라 아마도 르네상스 이후로 유럽의 정신에 더욱 확고하게 뿌리를 내리고 있었을 것이다. 이른바 세계의 탈신성화, 즉 우리가 신의 존재를 합리적으로 증명할 수 없다는 지식은 적어도 기독교만큼 고대 철학의 개념에도 심각한 영향을 미쳤다. 신이 없는 세계에서 인간은 '버림'이나 '독립'으로 해석될 수 있다. 니체뿐만 아니라 모든 근대 철학자에게 이 해석은 그들 철학의 시금석이 된다.

헤겔이 마지막으로 이 질문을 성공적으로 회피했기 때문에, 우리는 헤겔을 고대 철학자의 마지막 인물로 간주했다. 근대 철학은 셸링에서 시작된다. 그 이유는 그가 "섭리가 있는 … 신을 원하는" 개인, 즉 "존재의 주인"인

개인에 관심이 있다고 분명히 말했기 때문이다. 그리고 여기서 셸링이 정말로 관심을 두는 것은 "모든 것으로부터 해방된 개인", 즉 진정한 인간이다. "행복을 원하는 것은 인간의 일반적인 것이 아니라 개인"이기 때문이다. 행복에 대한 개인의 주장이 이렇게 놀라울 정도로 무뚝뚝한 데는(칸트는 행복해지려는 옛 욕망을 경멸한 이후로 다시 그런 일을 하기가 전혀 쉽지 않았다) 단순한 섭리의 안전을 되찾고자 하는 필사적인 욕망 그 이상이 담겨 있다. 칸트가 고대의 존재 개념을 깨뜨렸을 때 이해하지 못한 점은 그가 개인뿐만 아니라 모든 것의 현실에 동시에 의문을 제기하고 실제로 셸링이 지금 말하고 있는 것을 다음과 같이 암시하고 있었다. 즉 "보편적인 것은 전혀 없고 개별적인 것만이 있을 뿐이며, **절대적 개체**가 존재할 때에만 보편적 **존재**도 있다."

칸트로부터 직접 제기된 이러한 입장은 다음과 같다. 일거에 사람들이 이성을 통해 이해할 수 있는 관념과 보편적 가치의 절대 왕국은 부정되었고, 인간은 이제 그 무엇에도, 자신의 이성에도 매달릴 수 없는 세계 한가운데에 놓이게 되었다. 존재에 대한 인식에 부적절했던 그의 이성에게도, 존재를 증명할 수 없었던 그의 이성의 '이상Ideale'에게도, 보편자에게도 마찬가지였다. 이것은 결국 그 자신으로서만 존재했기 때문이다.

이때부터 '실존한다'라는 단어는 생각만 하고 보기만 하는 것과 반대되는 것으로 계속해서 사용된다. 단지 추상적인 것이 아닌 구체적인 것, 단지 보편자가 아닌 개별자로 사용된다. 이것은 플라톤이 개념으로만 생각했기 때문에 개념 자체를 의심하게 된 철학 그 이상도 그 이하도 아니라는 것을 의미한다. 그 이후로 철학자들은 철학을 실천하는 것에 대해 느끼는 죄책감을 완전히 떨쳐버리지 못했다.

칸트는 인간의 존엄성, 즉 자신의 표현대로 인간의 자율성을 확립하기 위해 고대의 존재 개념을 파괴하려고 했다. 그는 인간에 내재한 법칙의 맥락 내에서 인간을 완전히 이해하고, 인간을 다른 것들 가운데 하나일 뿐인 존재의 보편적 맥락에서 분리하려고 시도한 최초의 철학자다(물론 인간이 연장

[延長]을 지닌 사물(res extensa)이 아닌 사유하는 사물(res cogitans)이라고 하더라도). 레싱의 의미에서 인간이 이룩한 사유의 성숙은 여기에서 확립되며, 이 철학적 성숙이 프랑스혁명과 일치하는 것은 우연이 아니다. 칸트는 실제로 프랑스혁명의 철학자이다. 시민이라는 새로운 혁명적 개념보다 더 빨리 사라진 것이 없다는 주장이 19세기의 발전에 결정적이었던 것처럼, 이제 막 배아 형태로 나타난 이 새로운 인간 개념만큼 더 빨리 사라지는 것은 없다는 주장이 칸트 이후 철학의 발전에 결정적이었다.

칸트가 고대의 존재 개념을 해체한 것은 단지 절반에 불과했다. 그는 존재와 사유의 오래된 동일성과 더불어 인간 세계 사이에 미리 확립된 조화에 관한 생각을 해체했다. 그는 존재 개념을 파괴하지 않고 암묵적으로 유지했다. 이 개념은 인간이 어떤 경우에도 그 법칙에 복종하는 주어진 것과 똑같이 오래되고 이 조화라는 이념과 가장 밀접하게 연결되어 있다. 인간은 세계에 존재하고 속해 있다는 안정감 속에서 세계의 존재와 흐름을 인식할 수 있다는 최소한의 확신을 유지하는 동안에만 이 생각을 견딜 수 있다. 고대 세계, 실제로 서양 전체의 운명 개념은 19세기까지(즉 소설이 출현할 때까지) 이것에 기반을 두었다. 인간의 이런 자존심이 없었다면, 비극은 서양 철학만큼 불가능했을 것이다. 기독교는 인간이 하느님의 구원 계획에 대한 통찰력을 갖고 있다는 사실을 전혀 부인하지 않았다. 그가 이 통찰력을 신적인 이성에서 얻은 것인지 아니면 하느님의 계시에서 얻은 것이지는 중요하지 않다. 어쨌든 그는 우주의 비밀과 세계의 흐름을 알고 있었다.

칸트가 고대의 존재 개념을 해체한 것은 인간 자유에 대한 그의 새로운 개념에 훨씬 더 크게 적용되는데, 이는 이미 그의 근대주의적 '부자유Unfreiheit'를 예고한다. 사람들은 칸트와 함께 자신의 선의의 자유를 바탕으로 자신의 행위를 결정할 기회를 갖는다. 그러나 이러한 행위 자체는 본질적으로 인간에게 이질적인 영역인 자연의 인과법칙에 속한다. 인간의 행위는 자유인 주관성에서 벗어나자마자 인과성인 객관적인 영역으로 들어가 자유의 성격을 상실한다. 본질적으로 자유로운 사람은 그에게 이질적인 자연의 흐름, 그에게 반대되고 그의 자유를 파괴하는 운명에 절망적으로 좌우된다. 이것은 세계에서 일어나는 한 이율배반의 구조를 다시 한번 표현한다. 칸트는 인간을 인간의 주인이자 표준으로 만들었지만 동시에 인간을 존재의 노예라는 지위로 격하시켰다. 셸링 이후 모든 근대 철학자들은 이러한 타락에 반대해 왔다. 근대 철학은 이제 막 성숙하도록 부름을 받은 사람들의 이러한 굴욕을 계속해서 다루고 있다. 그것은 마치 사람이 이전에 그렇게 높이 올라본 적이 없고 동시에 그렇게 낮아진 적도 없었던 것과 같다.

   칸트 이후 모든 철학은 한편 저항의 요소를, 다른 한편 공개적이거나 숨겨진 운명 개념을 갖고 있다. 마르크스가 더는 세계를 해석하고 싶지 않고 오히려 세계를 바꾸고 싶다고 선언했을 때, 그 자신도 말하자면 존재와 세계에 대한 새로운 개념의 문턱에 서 있었다. 이 개념에 따르면 존재와 세계는 이제 주어진 것이 아닌 인간의 가능한 산물이다. 그러나 그조차도 필연성에 대한 통찰을 통해 자유가 달성된다고 선언했을 때, 예전의 안도감으로 후퇴하여 세계를 장악하지 못하면서 자존심도 잃은 인간에게 이제 거의 쓸모가 없는 어느 정도의 존엄성을 돌려주었다. 니체의 운명 사랑amor fati, 하이데거의 결단, 인간은 세계에서 고향 상실이라는 인간 조건의 부조리에도 불구하고 살려고 노력하는 카뮈의 도전은 모두 안정감으로 돌아가려는 시도에 불과하다. 니체 이후 영웅적 몸짓이 철학의 자세가 된 것은 우연이 아니다. 칸트가 세계를 떠난 것처럼 세계에 사는 데는 실제로 어떤 영웅적 행위가 관련되어 있다. 근대적인 영웅적 자세를 취한 새로운 철학자들은 칸트를 여러 방향으로 생각할 수 있었지만, 칸트보다 한 발짝도 앞서지 못했다는 사실을 아주 분명하게 보여준다. 비록 그들은 더 일관되고 필사적으로 대개 칸트보다 몇 발짝 뒤로 물러섰지만 말이다. 야스퍼스를 제외한 그들은 모두 어느 시점에서 인간의 자유와 존엄성에 대한 칸트의 기본 개념을 포기했기 때문이다.

셸링이 "존재의 진정한 주인"에 대한 요구를 표명할 때, 그는 칸트 이후로 자유로운 사람들이 배제되었던 세계의 흐름에 다시 참여하기를 원했다. 셸링은 다시 철학적 신에서 피난처를 찾았다. 그는 칸트와 함께 "인간의 타락Abfall이라는 사실"을 받아들였지만, 칸트가 평화를 이룰 수 있었던 특별한 평정심을 공유하지 않았기 때문이다. 우리에게 깊은 인상을 주는 칸트의 평정심은 궁극적으로 철학이 근본적으로 관찰과 같다는 전통, 즉 칸트가 반쯤은 자신도 모르게 파괴하는 데 일조했던 전통에 여전히 확고히 뿌리를 두고 있다는 사실에 기인한다. 셸링의 "긍정철학"은 "타락이란 사실에 맞서기" 위해, 즉 자유를 찾을 때 현실을 잃은 인간이 현실을 되찾도록 돕기 위해 하느님 안에서 피난처를 찾는다.

실존철학을 고려할 때 셸링이 대개 무시되는 이유는 주관적 자유와 객관적 부자유 사이 칸트의 아포리아를 해결하기 위해 셸링의 길을 따른 철학자가 없기 때문이다. 니체는 예외였지만, 후대 철학자들은 "긍정철학"에 호소하는 대신에 인간의 존엄성을 박탈한 이 세계에 어떻게든 적응할 수 있도록 인간을 재해석하려고 시도했다. 그의 실패는 단지 자신의 운명이 아니라 존재의 일부여야 하며, 인과법칙에 의해 완전히 결정되기 때문에 그에게 적대적인 본성의 잘못이 아니라, 그 자신의 존재 안에 이미 미리 결정되어 있어야 한다. 그래서 이 철학자들은 인간의 자유와 존엄성이란 칸트의 개념과 모든 정치 행위의 규제 원칙으로 인간성 개념을 포기했다. 이것은 다시 키르케고르 이후 가장 피상적인 철학을 제외한 모든 철학을 특징짓는 독특한 우울증을 일으켰다. 인과율에 의해 지배되는 낯선 세계의 손에 넘어지는 것보다 인간 존재의 고유한 법칙인 "타락"에 복종하는 것이 여전히 훨씬 더 수용 가능한 것처럼 보였다.

자아의 탄생: 키르케고르

현대 실존철학은 키르케고르로부터 시작된다. 그의 영향력이 입증될 수 없는 실존주의 철학자는 없다. 잘 알려진 바와 같이, 키르케고르는 헤겔에 대한 비판에서 시작한다(그리고 우리는 키르케고르가 강연을 통해 잘 알고 있던 셸링의 후기 철학을 의식적으로 무시했다는 점을 덧붙일 수 있다). 키르케고르는 '전체'를 이해하고 설명한다고 가정하는 헤겔 체계에 반대하여 세계정신의 지시를 받는 총체성 속에서 자리도 의미도 없는 '개인', 즉 개별 인간을 설정한다. 즉 키르케고르는 완전히 설명된 세계 속에 있는 개인의 고독을 출발점으로 삼는다. 개인은 이 설명된 세계와 끊임없이 모순된다. 개인의 '실존', 즉 모든 우연 속에서 그 존재의 순수한 사실성(나는 나이고 다른 사람이 아니며, 나는 있지 않은 게 아니라 **있다는** 것)은 이성이 예견할 수도 없고 이성에 의해 순전히 생각할 수 있는 무언가로 해결될 수 없기 때문이다.

그러나 내가 현재 존재하고 이성적으로 이해할 수 없는 이 실존은 내가 의심할 여지 없는 증거라는 의미에서 정말로 확신할 수 있는 유일한 것이다. 그러므로 세계에서 자기 삶의 역설적 의미를 깨닫는 의식과 함께 실존하는 존재가 "주관적으로 되는" 것은 인간의 임무이다. 영혼의 불멸성, 인간의 자유, 세계의 통일성에 관한 질문, 즉 칸트가 순수이성의 이율배반에서 보여준 이율배반적 구조의 모든 질문은 단지 "주관적 진리"일 뿐이지 객관적인 진리로 인식되지는 않는다. 소크라테스는 "불멸이 있다면"으로 "현존하는" 철학자의 모범이 되었다. 키르케고르는 위대한 해석이 가득한 그의 작품에 대한 위대한 해석 중 하나에서 "그는 의심자였다"라고 계속 말한다. "전혀 그렇지 않다. 소크라테스는 이 '만약'에 전 생애를 걸고 죽음을 맞이할 용기를 가지고 있으며 … 따라서 소크라테스의 무지는 영원한 진리가 현존하는 개인과 관련되어 있으며, 그가 존재하는 한 이 진리가 그에게는 역설이어야 한다는 원칙의 표현이었다."[5]

철학이 그토록 오랫동안 순수한 인식 방식에 몰두해 왔던 보편성은 이로써 인간과의 실제적인 관계에 들어가게 되었다. 그 관계는 인간이 언제나 개인으로 남아 있다는 점에서 역설적이어야 한다. 개인은 역설을 통해 보편성을 이해하고, 그것을 자신의 존재 내용으로 삼고, 키르케고르 자신이 주도한다고 보고한 역설적인 삶을 영위할 수 있을 것이다. 만일 보편자가 실재하게 되어 인간에게 의미가 있으려면, 인간은 "보편자가 개별자의 형태를 취한다"는 모순을 깨닫도록 노력해야 한다. 키르케고르는 나중에 그러한 삶을 "예외"의 범주로 해석한다. 즉 일반적이고 평균적인 일상의 삶 Dasein에서의 예외, 게다가 신이 인간을 불렀기에 그가 결정하는 예외, 인간이 무엇을 말해야 하는지에 대한 본보기를 만들기 위해 결정하는 예외이다. 실제로 세계에서 인간의 삶의 역설은 그렇다. 예외적인 경우, 개별자로서 인간은 일반적으로 현존재의 일반적인 구조를 실현한다. 실존철학이 기본적으로 키르케고르가 예외의 범주에서 제시한 것을 '실존적으로' 이해한 것은 모든 실존철학의 특징이다. 실존적 행위는 언제나 삶의 가장 일반적인 구조를 깨닫는 것(단순한 관조와 반대되는)에 관한 것이다.

키르케고르의 경우 주관적으로 되려는 열정은 죽음에 대한 두려움이나 자신을 평범한 일상에서 단절된 개인으로 보장해주는 사건으로 촉발된다. 죽음에 관한 생각은 '행위Handlung'가 된다. 인간은 죽음 속에서 자신을 주관적으로 만들고 세계와 다른 사람들과 함께하는 일상적 삶에서 벗어나기 때문이다. 심리적으로 이 내면 성찰 기법은 내가 더는 존재하지 않으리라는 생각과 함께 존재하는 것에 대한 나의 관심도 소멸되어야 한다는 가정에 기초하고 있다. 많은 사람이 이 가정을 고려하지 않고, 말하자면 순진하게 받아들이는 것이 현대 철학의 특징이다. 근대적 내면성은 이 전제에 기초

---

5 엮은이_ 인용문 번역은 다음 자료에서 가져온 것이다. Kierkegaard, *Concluding Unscientific Postscript* (Princeton: Princeton University Press, 1941).

하고 있을 뿐만 아니라 존재를 보장하는 유일한 순간, 즉 현실을 진지하게 받아들이려는 키르케고르로부터 시작된 광신적 결의도 마찬가지다.

죽음을 거부하는 삶에 대한 이 새로운 진지함이 반드시 삶이나 인간 존재 자체에 대한 긍정을 의미하는 것은 아니다. 사실, 니체와 그를 따르는 야스퍼스만이 그러한 예를 자신들의 철학 기초로 명시적으로 삼았다. 그리고 이것은 또한 긍정적인 길이 그들의 철학적 고찰에서 철학으로 이어지는 이유이기도 하다. 키르케고르와 그 추종자인 하이데거는 항상 죽음을 인간 존재에 대한 실제적인 '반대', 즉 '무'의 증거로 해석했다. 아마도 죽음 및 죽음과 관련된 인간 삶의 특징에 대한 하이데거의 분석은 강렬함과 예리함에서 키르케고르의 분석을 능가할 수도 있다.

키르케고르의 독특한 내면적 활동, 즉 '주관화'는 분명히 철학에서 직접 끌어낸다. 철학자가 철학에 반항하는 철학적 이유를 찾아야 하는 경우에만 그것은 철학과 관련된다. 말하자면 반대의 극에 있기는 하지만 마르크스의 경우도 비슷하다. 마르크스는 인간이 세상을 바꿀 수 있으므로 세상을 해석하는 것을 중단해야 한다고 철학적으로만 설명했다. 두 사람의 공통점은 이러하다. 즉 처음으로 관찰의 특권에 의문을 품고 순수한 관조적 인식의 가능성에 대해 절망하기 시작한 이후, 그들은 조치를 즉각적으로 취하고 싶었고 새로운 기반에서 철학을 시작할 생각조차 없었다. 그 결과 키르케고르는 내면의 활동을 설명하기 위해 심리학에 의존했고, 마르크스는 외면의 활동을 설명하기 위해 정치학에 의존했다. 그러나 차이점은 이러하다. 마르크스는 헤겔 철학의 확실성을 받아들였다는 점인데, 이 철학은 그가 "철학을 뒤집은" 결과로 생각했던 것보다 덜 바뀌었다. 철학의 경우 이것은 결정적이지 않았다. 헤겔의 정신 원리가 마르크스의 물질 원리로 대체되었고, 인간과 세계의 통일성은 순전히 가설적이므로 현대인에게는 결코 설득력이 없는 교조적인 방식으로 복원되었기 때문이다.

키르케고르는 철학에 대한 절망에 매달렸기 때문에 이후의 철학 발전에 있어서 마르크스보다 훨씬 더 중요해졌다. 무엇보다도 모든 철학은 그로부터 새롭고 구체적인 내용을 채택했다. 이 가운데 가장 중요한 것은 이렇다. 즉 **죽음**이 개체화 원리principuim individuationnis의 보증인인 이유는 죽음이 모든 보편자 중에서 가장 보편적임에도 불구하고 필연적으로 나에게만 닥치기 때문이다. 주어진 현실을 보증하는 **우연**은 바로 헤아릴 수 없고 상상할 수 없기에 나를 압도하고 설득한다. 내가 간과할 수 없는 책임을 맡고, 결정 자체에 의해 항상 다른 일을 소홀히 할 수밖에 없는 한, **죄책감**은 세계 때문이 아니라 그 자체로 인해 실패하는 모든 인간 활동의 범주이다. 그리하여 죄책감은 내가 현실이 되고, 현실에 나 자신을 얽매이게 하는 방식이 된다.

철학의 이러한 새로운 내용은 야스퍼스의 『세계관의 심리학』에서 처음으로 아주 명시적으로 나타난다. 여기에서 야스퍼스는 이러한 내용을 인간 존재의 이율배반적 본성이 그를 배치하고 철학을 추구하려는 진정한 동기를 제공하는 "한계상황"이라고 부른다. 야스퍼스는 초기 저작에서도 이러한 상황에 기초하여 완전히 새로운 종류의 철학을 세우려고 노력했으며, 키르케고르로부터 이어받은 내용에 그가 때때로 투쟁이라고 부르기도 하고 때로는 사랑이라고 부르기도 했지만 어쨌든 나중에는 그의 철학 담론의 새로운 형태인 '소통' 이론을 제시한다. 야스퍼스와 달리, 하이데거는 이러한 새로운 요소를 사용하여 전통적인 의미에서 체계적 철학을 부활시키려고 시도한다.

존재와 무로서의 자아: 하이데거

칸트를 무시하거나 반대하여 존재론을 재정립하려는 하이데거의 시도는 전통적인 철학 용어에 심오한 변화를 가져왔다. 이러한 이유로 언뜻 보기에 하이데거는 야스퍼스보다 훨씬 더 혁명적인 것으로 보이며, 이러한 용어적 가상Schein은 그의 철학에 대한 올바른 평가에 많은 해를 끼쳤다. 그는 자신이 존재론을 다시 확립하고 싶다고 명백히 말하는데, 이는 칸트에서 시작된 고대의 존재 개념의 해체를 되돌리려는 의도 외에는 다른 어떤 의미도 없었을 것이다. 철학에 대한 반역에서 나온 내용으로는 전통적 의미의 존재론이 재정립될 수 없다는 결론에 도달하더라도 이를 심각하게 받아들이지 않을 이유가 없다.⁶

『존재와 시간Sein und Zeit』 제2권이 출판되지 않았기 때문에, 하이데거의 존재론은 진정으로 확립된 적이 없다. 존재의 의미를 묻자, 그는 존재의 의미는 시간성이라는 잠정적이고 이해할 수 없는 대답을 내놓았다. 이것이 암시되었고, 죽음에 의해 결정되는 현존재(Dasein; 인간의 존재)에 대한 분석을 통해 존재의 의미는 무無라는 것이 확립되었다. 따라서 형이상학을 재발견하려는 하이데거의 시도는 논리적으로 인간 존재 분석을 기반으로 존재 일

---

6 또 다른 질문이자 논의할 가치가 있는 질문은 하이데거의 철학이 단지 매우 심각한 문제에 관심이 있다는 이유만으로 지나치게 심각하게 받아들여지지 않는가의 여부이다. 어쨌든 하이데거는 자신의 정치 행태를 통해 우리가 그를 진지하게 받아들여야 한다는 충분한 경고를 제공했다. [잘 알려진 바와 같이, 그는 1933년에 매우 감각적인 방식으로 나치당에 가입했다. 동일한 재간을 가진 동료들 가운데서 자신을 매우 눈에 띄게 만든 행위였다. 게다가 그는 프라이부르크 대학교 총장 자격으로 자신의 스승이자 동료인 후설의 교수진 참여를 금지했다. 후설은 유대인이었다. 마지막에는 그가 독일 국민의 재교육을 프랑스 직업 당국의 재량에 맡겼다는 소문이 나돌았다.]
이 전개의 우스운 국면을 보면, 그리고 마찬가지로 정말 나락으로 떨어진 상태인 독일 대학에서의 정치적 사고를 고려하면, 우리는 사태 전체를 간단히 처리하고 싶어질 뿐이다. 그러한 간단한 처리에 반대하는 것은 이러한 완전한 행동 양식이 독일 낭만주의에 정확히 필적하는 어떤 것을 가졌다는 점이다. 그러나 우리는 그것이 순수하게 개인적인 성격의 실패로부터 결과한 것임을 믿을 수가 없다. 하이데거는 정말로 (우리에게 희망을 주는) 최후의 낭만적인 사람 — 말하자면, 그의 책임감의 완전한 결핍은 일부는 천재성이라는 망상으로부터 유래하고, 일부는 절망으로부터 유래하는 정신적인 쾌활함 탓으로 여겨지는 매우 재능 있는 프리드리히 슐레겔 혹은 아담 뮐러와 같다 — 이다.
엮은이_ 괄호 안의 내용은 1946년에 출판된 이 에세이의 영어판에 첨부된 것이다. 그것은 원래 — 나중에는 출판되었지만 — 독일어판에서는 삭제됐었다. 『한나 아렌트·카를 야스퍼스 서간집(Hannah Arendt-Karl Jaspers Correspondence 1926-1969)』「편지 40」과 「편지 42」(1946년 6월 9일자, 7월 9일자)를 참조할 것.

반의 의미를 결정하는 약속된 두 번째 권으로 끝나지 않고, 『형이상학이란 무엇인가?*Was ist Metaphysik?*』라는 소책자로 끝났다. 모든 명백한 언어적 속임수와 궤변에도 불구하고 하이데거의 의미에서 존재는 무라는 것이 어느 정도 일관되게 나타났다.

무라는 개념이 현대 철학에 끼친 묘한 매력은 단순히 허무주의의 특징만은 아니다. 우리가 철학에 반항하는 철학의 맥락에서 무의 문제를 순수한 관조의 문제로 간주하고, 즉 우리를 "존재의 주인"으로 만들고 그리하여 우리를 가능하게 하는 철학적 질문을 제기할 수 있게 하려는 시도로 본다면, 존재가 실제로 무라는 생각은 엄청난 가치를 지닌다. 인간은 이 이념을 바탕으로 창조주가 세계를 창조하기 이전 존재했던 것과 동일한 관계에 있다고 상상할 수 있다. 우리가 알고 있듯이, 세계는 **무에서**ex-nihilo 창조되었다. 궁극적으로 존재를 무로 정의하는 것에는 주어진 것으로서 존재에 대한 정의에서 벗어나 인간의 행위를 신처럼 보이는 것에서 신성한 것으로 바꾸려는 시도가 담겨있다. 이러한 이유로 하이데거는 물론 인정하지 않았지만, '무'는 그의 철학에서 갑자기 활성화되어 '무화無化되기nichten' 시작한다. 말하자면, '무'는 존재의 소여성을 무효로 하고 존재의 자리를 "보잘 것 없게 nichtend" 빼앗으려고 한다. 내가 창조하지 않은 존재가 내가 아니고 나도 모르는 존재자의 문제라면, '무'는 아마도 인간의 진정 자유로운 영역일지도 모른다. 나는 세계를 창조하는 존재가 될 수 없기에, 세계를 파괴하는 존재가 되는 것이 나의 역할일 수도 있다. (카뮈와 사르트르는 오늘날 이러한 가능성을 공개적이고 명확하게 탐구하고 있다.) 어쨌든 이것은 고대 존재론에 기원을 둔 현대 허무주의의 철학적 기초이다. 새로운 질문과 요소를 기존의 존재론적 틀에 맞추려는 오만한 시도는 자승자박을 초래했다.

그러나 하이데거의 시도가 궁극적으로 어떤 결과를 얻었는지에 관계없이, 그 시도의 큰 장점은 칸트가 제기했고 그 이후의 누구도 더는 다루지 않았던 질문과 직접 연결된다는 점이었다. 하이데거는 존재와 사유, 본질과 실존, '존재하는 것'과 이성을 통해 포착할 수 있는 '존재하는 것의 본질Was'의 미리 확립된 조화의 폐허 속에서 본질과 실존이 즉시 동일하며, 이것이 곧 인간이라는 것을 발견했다고 주장한다. 그의 본질이 그의 실존이다. "인간의 실체는 정신이 아니라 … 실존이다." 인간은 실체가 없고 존재한다는 사실에 분명하게 인식된다. 즉 인간은 사물의 '무엇(즉 Was; 본질)'처럼 사람의 '무엇(즉 본성)'에 대해 물을 수는 없고 그 사람의 '누구Wer'에 대해서만 물을 수 있다.

실존과 본질의 정체identität로서 인간은 전체의 존재에 대한 질문에 새로운 열쇠를 제공하는 것처럼 보인다. 우리는 이 구도가 얼마나 매혹적인지 이해하기 위해서 이 점을 기억해야 한다. 즉 전통적 형이상학에서 신은 실존과 본질이 일치하는 존재이고, 사유와 행위가 동일하며 따라서 비록 초자연적이긴 하지만 모든 세속적인 존재의 기반으로 선언된 존재였다. 사실 이것은 인간을 직접적으로 "존재의 주인"으로 만들려는 시도였다. 하이데거는 이것을 "현존재의 존재적-존재론적 우선순위"라고 부른다. 이 표현은 여기서 인간이 전통적 존재론에서 신이 서 있던 바로 그 자리에 정확히 위치했다는 사실을 이해하는 데 방해가 되어서는 안 된다.

하이데거는 인간의 존재를 현존재라고 부른다. 그는 이 용어를 확립함으로써 '인간'이라는 용어를 사용할 필요가 없게 되었다. 그리고 이것은 결코 임의적인 용어가 아니며 오히려 인간을 현상학적으로 입증할 수 있는 일련의 존재 방식으로 분류하려는 데 목적을 두고 있다. 이는 칸트가 잠정적으로 정의한 자유, 인간의 존엄성, 이성 등의 모든 인간 특성을 제거한다. 이러한 특성들은 인간의 자발성에서 발생하므로 현상학적으로 입증될 수 없다. 이것들은 자발적인 것으로서 존재의 단순한 기능 이상이며, 인간은 그 안에서 자신보다 더 많은 것을 의도하기 때문이다. 하이데거의 존재론적 접근 이면에는 홉스의 실재론과 다르지 않은 기능주의가 자리잡고 있다. 만약 인간이 자신이 존재한다는 사실에 몰두할 때, 그는 세계(혹은 홉스의 사회)에서의 존재 방식이나 기능에 지나지 않는다. 하이데거의 기능주의와 홉스의 실재론은 궁극적으로 인간이 모든 자발성으로부터 '자유로워질' 것이기에 주어진 환경 속에서 훨씬 더 잘 기능할 수 있는 인간 모형을 만들어 내는 결과를 낳을 뿐이다. 인간이 존재 양식의 집합체로만 나타나는 이러한 현실주의적 기능주의는 인간에 대한 어떠한 존재 양식의 선택을 안내하지 않기에 근본적으로 임의적이다. 현존재(인간의 존재)가 "그의 존재는 자신에 관한 것"이라는 사실을 특징으로 하는 한, '자아'는 인간의 지위를 대신한다. 현존재에 대한 이러한 재지시는 '실존적으로existentiell' 파악될 수 있으며, 이것이 인간의 힘과 자유에 남아있는 전부이다.

하이데거에 따르면, 자신의 실존에 대한 이러한 이해는 철학 탐구 그 자체이다. 즉 "철학 탐구적 질문 그 자체는 항상 존재하는 현존재의 존재 가능성으로서 실존적으로 파악되어야 한다." 철학은 현존재의 탁월한 실존적 가능성이다. 이는 궁극적으로 아리스토텔레스의 이론적 삶bios theoretikos, 인간의 최고 가능성인 관조적 태도를 재구성한 것일 뿐이다. 하이데거의 철학에서는 인간이 실존과 본질이 동일한 한 일종의 최고 존재summum ens, 즉 '존재의 주인'으로 만들어지기 때문에, 이것은 더욱 심각하다. 인간은 오랫동안 신이라고 생각했던 존재로 밝혀진 후, 그러한 존재는 아무것도 할 수 없으며 '존재의 주인'이 없다는 것이 밝혀졌다. 남은 것은 무정부적 존재 방식뿐이다.

따라서 현존재의 본질은 이것이 단순하지 않고 오히려 존재 자체가 그의 주요 관심사라는 것이다. 이 기본 구조는 "염려"라고 불리는데, 이는 세계의 모든 일상적인 염려의 기초가 된다. 실제로 염려는 자기반성의 성격을 갖는다. 현재에 하고 있는 일이 무엇이든 지시하는 것처럼 보일 뿐이다. 사실, 그것은 "그것을 위하여Um-willen"의 방식으로 모든 것을 수행한다.

현존재가 염려하는 존재는 끊임없이 죽음의 위협을 받고 궁극적으로 파멸을 맞이하는 '실존'이다. 현존재는 그래서 위협받은 실존과 끊임없이 관계를 맺는다. 이것만으로도 모든 행위 양태를 이해할 수 있고 인간의 존재에 대한 분석을 통일되게 이끌 수 있다. 하이데거는 인간의 실존 구조, 즉 '존재자' 구조를 "실존론적인 것Existentiale"이라고 부르고, 그 구조적 상호 관련성을 "실존성"이라고 부른다. 그는 이 실존성을 파악하여 명시적 의미로 존재하는 개인의 가능성을 실존적이라고 부른다. 이 '실존적' 개념에서는 셸링과 키르케고르 이후 아직 해결되지 않은 보편성이 어떻게 존재할 수 있는가 하는 물음이 이미 키르케고르가 제기한 계획에 대한 답변과 함께 나타난다.

최소한 인간을 진정한 '존재의 주인'으로 만들려고 정직하게 노력한 니체를 제외하고, 하이데거의 철학은 최초의 절대적이고 타협하지 않는 세계 철학이다. 인간 존재의 결정적 요소는 인간의 세계-내-존재이며, 인간의 세계-내-존재에 있어서 중요한 아주 간단하게는 세계 내에서 생존이다. 이것이 바로 인간에게 부정되는 것이며, 결과적으로 세계-내-존재의 기본 방식은 고향 상실과 불안으로 인해 느껴지는 소외이다. 죽음에 대한 근본적인 두려움인 불안에는 세계 내에서 편안하지 못하다는 사실이 반영된다. '내-존재In-Sein'는 편안하지 않음의 실존적 양태로 들어간다. 이것이 소외다.

현존재는 세계-내-존재에서 자기 자신으로 되돌아갈 수 있을 때만 진정한 자기 자신이 될 수 있지만, 현존재의 본성은 결코 그렇게 하도록 허용할 수 없다. 그런 이유로 그것은 그 자체로부터 멀어지고 있다. "현존재는 항상 자아가 될 수 있는 진정한 존재로서 그 자신으로부터의 제거상태에 있다. 그것은 '세계' 속으로 던져졌다." 인간은 세계에서 벗어나게 될 죽음에서만 자기 자신이 된다는 확신을 가질 수 있다. 이 자아는 현존재의 누구이다. (우리는 '자아'라는 용어로 현존재의 누구인가에 대한 질문에 대답한다.)

현존재가 인간을 통한 어떤 우회도 없이 자아로 되돌아가면서 존재의 의미에 대한 물음은 근본적으로 포기되고, 자아의 의미에 대한 물음으로 대체된다. 이는 분명히 이 철학에 더 독창적이다. 그러나 절대적으로 고립된 자아는 무의미하기에, 이 질문은 실제로 대답할 수 없는 것처럼 보인다. 그리고 자아가 고립되어 있지 않고 '그들Man'의 일상적 삶에 개입된다면, 그것은 더 이상 자아가 아니다. 하이데거는 초기 존재론에서 인간을 신과 동일하게 만든 접근 방식의 결과로 이러한 자아 '이상Ideale'에 이르렀다. 그러한 최고의 존재는 사실 자신을 좋아하는 사람이 아무도 없는 개별적이고 독특한 존재로만 생각할 수 있다. 그러므로 하이데거에서 "내던져짐"으로 나타나는 것은 인간이 신이 아니며 한 세계에서 자신의 종족과 함께 산다는 사실에 기초한 모든 인간 존재 방식이다.

하이데거는 자아가 되고자 하는 이러한 혼합된 열정을 반박했다. 그의 철학에서 인간이 될 수 없는 유일한 존재가 바로 자아라는 사실이 그 어느 때보다 분명해졌기 때문이다.

인간은 하이데거 철학의 틀에서 다음과 같이 퇴락한다. 즉 세계-내-존재로서 인간은 스스로 만들지 않고 자신의 존재 속으로 "내던져진다." 그는 자신의 궁극적인 가능성인 죽음에 대한 예견에서 기획투사를 통해 이 던져진 상태에서 벗어나려고 한다. 그러나 "기획투사의 구조뿐만 아니라 내던져짐의 구조에는 본질적으로 무가 있다." 즉 인간은 자신을 존재하도록 조종한 적이 없으며, 일반적으로 그 상태에서 벗어나도록 다시 조종하지도 않는다. (자살은 하이데거의 사유에는 설 자리가 없다. 그러나 카뮈는 다음과 같이 주장한다. 즉 "정말로 중요한 철학 문제가 단 하나 있다. 그것이 곧 자살이다." 이때 카뮈는 이 입장에서 논리적 결론을 도출하지만, 이 입장은 하이데거의 생각과 반대이다. 하이데거의 견해는 인간에게 자살할 자유조차 허락하지 않는다.) 달리 말하면, 인간 존재의 성격은 본질적으로 인간의 무엇이 아닌 것, 무에 의해 결정된다. 자아가 되기 위해 자아가 할 수 있는 유일한 일은 자아 존재의 사실성을 "단호하게" 받아들이는 것인데, 이로써 자아는 존재하는 동안 "무의 부정적 근거가 된다."

인간은 자신의 '무' 때문에 될 수 없는 것, 즉 자아가 되겠다는 '결단'을 통해 "현존재가 그 자체로 죄가 있음"을 깨닫는다. 인간 존재는 끊임없이 세계에 떨어지면서 동시에 "존재의 기초로부터 양심의 부름"을 끊임없이 듣는 존재이다. 그러므로 실존적으로 산다는 것은 "양심을 갖고 싶어 죄를 짓기로 결정한다"는 뜻이다. 자아는 이 결단에서 그 자신을 구성한다.

이 자아의 가장 본질적인 특징은 절대적 자아성, 즉 자신과 유사한 모든 자아로부터의 철저한 분리이다. 하이데거는 이를 달성하기 위해 실존론적 측면에서 죽음에 이르는 길을 제시했다. 그 안에 있는 인간은 절대적인 개체화의 원리를 깨닫기 때문이다. 죽음만이 자신과 동등하고 '사람'으로서 자아 존재를 항상 방해하는 사람들의 결합에서 그를 데려간다. 죽음은 존재의 종말일 수도 있다. 동시에 죽음은 궁극적으로 자신 외에는 아무것도 중요하지 않다는 보장이다. 나는 죽음을 무로 경험함으로써 전적으로 나 자신이 되는데 헌신할 기회를 얻었고, 근원적 죄의 방식으로 내가 얽매여 있는 공동 세계를 단번에 제거할 기회를 얻게 된다.

이러한 절대적 고립 속에서 자아는 인간 존재의 실제적인 정반대라는 사실이 밝혀졌다. 칸트 이후 모든 인간 존재가 인류를 대표한다는 것이 인간의 본질이 되었고, 프랑스혁명과 인간의 권리 선언 이후 모든 인류가 모든 개인에게서 비하되거나 고양될 수 있다는 주장이 인간 개념의 핵심이었다면, 자아 개념은 개인이 인류와 독립적으로 존재하며 그 누구도 대표하지 않고 자기 자신의 '무無'를 대표한다는 인간 개념이다. 칸트의 정언명령이 모든 행위가 인류에 대한 책임을 져야 한다고 주장한다면, 죄책감 없는 무의 경험은 모든 인간 존재 안에 있는 인간성의 존재를 말살해야 한다고 주장한다. 자아는 양심으로서 인류의 자리를 차지하고, 자아의 존재는 인간 존재를 대신한다.

나중에 강의에서 하이데거는 '민족'과 '지구'와 같은 비개념을 신화화하면서 자신의 고립된 자아에 공통 기반을 부여하려고 했다. 그러한 개념은 우리를 철학에서 벗어나 일종의 자연 지향적인 미신으로 인도할 뿐이라는 것은 분명하다. 인간이 그와 같은 다른 사람들과 함께 지구에 거주한다는 것이 인간 개념의 일부가 아니라면, 인간에게 남아있는 것은 원자화된 자아에 근본적으로 맞지 않는 개념의 기초가 주어지는 기계적 조화뿐이다. 이는 단호하게 받아들인 근본적인 죄책감을 어떻게든 실천으로 옮기기 위해 자신을 '초자아Überselbst'로 만들고 싶어 하는 자아를 조직하는 데 도움이 될 뿐이다.

인간 실존의 특징: 야스퍼스

역사적 관점에서 볼 때, 현대 실존철학에 관한 논의는 야스퍼스와 함께 시작하는 것이 더 옳았을 것이다. 1919년에 초판이 출간된 『세계관의 심리학』은 의심할 바 없이 새로운 '학파'의 첫 번째 책이다. 그러나 야스퍼스로 시작하는 것에 반대하는 다른 좋은 이유는 야스퍼스의 위대한 3부작 『철학Philosophy』이 『존재와 시간』의 출간 이후 약 5년 뒤에 등장했다는 순전히 외부적인 이유였다. 그러나 야스퍼스의 철학이 여전히 진화하고 있고 훨씬 더 현대적이라는 사실이 더 중요하다. 여기서 '현대적'이라는 말은 단지 그의 철학이 현대 철학사상에 직접적인 영향을 계속 제공한다는 것을 의미한다. 어떤 의미에서 하이데거에게는 물론 그러한 단서들이 있다. 그러나 그러한 단서들은 현대 프랑스 철학에서처럼 하이데거의 계획에 대한 논쟁이나 급진화로만 이어질 수 있다는 특이성을 가지고 있다. 즉 하이데거는 현재 철학의 상태에 대해 마지막 말을 했고, 그렇지 않으면 자신의 철학과 결별해야 할 것이다. 야스퍼스는 그런 단절 없이 현재의 철학에 속해 있지만, 이를 더욱 발전시켜 그 논의에 과감히 개입할 것이다.

야스퍼스는 『세계관의 심리학』에서 전통 철학과 단절한다. 여기서 그는 모든 철학 체계를 사람들이 자신의 실존에 대한 실제 질문으로부터 피난처를 찾는 신화적인 건축물로 제시하고 상대화한다. 야스퍼스의 경우 존재의 의미를 파악했다고 주장하는 세계관, 즉 "전체에 대한 공식화된 규범"으로서 체계는 "한계상황"의 경험을 방해하고 근본적으로 비철학적인 영혼의 평화를 제공하는 '덮개'로 간주한다.[7] 그는 한계상황의 관점에서 오히려 키르케고르와 니체를 인용하면서 새로운 유형의 철학을 고안하려고 시도한다. 이러한 철학하기는 처음부터 무엇인가를 가르치는 것이 목적이 아니라 오히려 "끊임없이 충격을 주고 자신과 다른 사람의 생명력에 호소하는 것"으로 구성된다. 야스퍼스는 이런 식으로 현대 철학의 기초가 된 철학에 대한 반란에 동참한다. 그는 철학을 철학함으로 해결하고 철학적 '결과'의 그 성격이 제거되는 방식으로 소통될 수 있는 방법을 찾으려고 노력한다.

이 철학의 핵심 문제 중 하나는 일반적 소통 가능성의 문제이다. 소통은 철학적 소통의 탁월한 형태로 여겨지며, 동시에 결과에 관한 것이 아니라 "실존조명"에 관한 함께 철학하기이다. 이 방법은 분명히 소크라테스의 산파술과 유사성이 있다. 다만 소크라테스가 말하는 산파술은 야스퍼스의 호소력이 될 뿐이다. 이러한 강조점의 변화는 우연이 아니다. 야스퍼스는 정말로 소크라테스식의 방법을 시도했지만, 그 방식으로 인해 실제 교육적 성격을 상실했다. 소크라테스와 마찬가지로 야스퍼스에게도 (아리스토텔레스 이후) 다른 사람들과 구별되는 실존을 이끄는 철학자는 없다. 그러나 그에게는 요청하는 사람의 소크라테스적 우월성조차 더 이상 존재하지 않는다. 철학자는 소통을 통해 기본적으로 동료들 사이로 이동하고, 그들이 그에게 호소할 수 있는 만큼 그들에게도 호소하기 때문이다. 이는 철학이 근본적으로 과학과 전문 분야에서 벗어났으며, 철학자는 근본적으로 어떤 종류의 특권도 포기했음을 의미한다.

야스퍼스가 결과를 전달하는 한, 그는 항상 실험적이고 결코 엄격하게

---

[7] 옮긴이_ 관련 내용은 다음과 같다. "전체에 대한 모든 공식화된 교리는 껍질이 되어 한계상황의 원래 경험을 박탈하고 … 자기 의지의 경험에서 미래의 움직이는 존재 의미를 추구하는 힘의 출현을 막는다." Karl Jaspers, *Psychologie der Weltanschauungen*(Berlin: Springer Verlag, 1919), p. 225. 1954년 판본의 경우는 254쪽.

고정되지 않은 방식으로 특정 사유 과정을 제시하는 동시에 다른 사람들이 그와 함께 생각하고 철학하도록 유도하는 제안의 성격을 갖는 "유희적인 형이상학"[8]의 형태로 결과를 표현한다.

야스퍼스에게 실존은 존재의 형태가 아니라 인간 자유의 형태, 즉 "자발성의 가능성인 인간이 자신의 단순한 결과적 존재에 등을 돌리는" 형태이다. 실존은 그 자체로의 혹은 주어진 대로의 인간 존재가 아니다. 오히려 "인간은 현존재 안에서 가능한 실존이다." 여기서 '실존'이란 말은 인간이 자발성에 기초하여 자신의 자유 속에서 움직이고 "다른 자유를 향한 소통을 지향하는" 한에서만 그에게 현실이 된다는 것을 표현한다.

이는 실재로서의 성격을 잃지 않고는 사유 가능한 것으로 해결될 수 없는 현실의 존재자daβ에 대한 질문에 새로운 의미를 부여한다. 세계의 현실로서든, 동료 인간의 예측 불가능성으로서든, 내가 나를 창조하지 않았다는 사실로서 주어진다는 것이 인간의 자유를 부각시키는 배경이 되고, 말하자면 그것이 불타오르는 재료가 된다. 내가 현실적인 것을 생각할 수 있는 것으로 해결할 수 없다는 사실은 가능한 자유의 승리가 된다. 역설적으로 말하자면, 나는 나 자신을 만들지 않았기 때문에 자유롭다. 내가 나 자신을 창조했다면, 나는 나 자신을 예견할 수 있었을 것이고, 따라서 자유롭지 못했을 것이다. 이러한 맥락에서 존재의 의미에 대한 질문은 이에 대한 대답이 단순히 "존재는 이러한 현존재가 가능하도록 존재한다"는 상태로 유지될 수 있다.

우리는 "생각할 수 있을 뿐인 가상 세계"에서 더는 그저 생각할 수 있거

---

[8] 옮긴이_ 이와 관련 내용은 다음과 같다. "유희는 현실의 부담에서 떠난 생명력의 천진한 즐김이다. 그것은 현실적 강제로부터의 해방으로서 구속 없음에로 이르는 길이다. … 참된 철학함은 자의적인 사고의 무책임성과 결정적인 객관성으로서의 고정화 사이에서 이와 같은 책임적인 유희를 수행하는 자유로서 활동한다. … 그러나 내가 그 안에서 가능성으로서 보는 것을 배우게 되는 유희로서 철학함은 참된 것이다." 칼 야스퍼스 지음, 신옥희·홍경자·박은미 옮김, 『철학 II: 실존조명』(파주: 아카넷, 2019), 455-456쪽.

나 그저 가능한 것으로 파악할 수 없는 현실의 한계까지 스스로를 생각함으로써 이 존재를 인식할 수 있다. 야스퍼스는 우리 자신을 생각 가능한 초월의 한계에 이르게 하는 이러한 사유 과정을 "유희적 형이상학"이라고 부르며, 그의 '유희적 형이상학'은 이러한 자기초월적 사유 운동을 질서정연하게 열거한 것이다. 이러한 운동에서 중요한 것은 '사유의 주인'인 인간이 이러한 사유 운동보다 더 중요하다는 것이다. 따라서 철학 자체는 인간 존재의 가장 높은 '실존' 양식이 아니라 나 자신과 세계의 현실에 대한 준비가 된다. "철학은 존재를 고정된 범주에 속하는 세계에 대한 모든 지식을 넘어섬으로써 나의 자유에 호소하고 초월성을 환기시키는 무한한 행위의 장을 만드는 유예 상태에 들어간다." '한계상황'에서 발생하는 이 '행위'는 나와 동등하고 우리가 모두 가지고 있는 이성에 호소함으로써 보편적인 것을 보장하는 다른 사람들과의 의사소통을 통해 세계에 나온다. 철학하기는 행위를 통해 세계에서 인간의 자유를 형성하며 "비록 작지만 세계 창조의 싹"이 된다.

야스퍼스에게 사유는 인간을 사유 그 자체(그러나 결코 생각하는 사람은 아닌)가 실패하는 특정 경험으로 이끄는 기능을 갖는다. (인간의 실패는 아닌) 사유의 실패 속에서 인간은 사유 이상의 존재로서 야스퍼스가 말하는 "초월자의 암호"를 경험한다.[9] 초월자가 실패 속에서만 암호로 경험된다는 것은 그 자체가 바로 실존의 기호이다. 이는 "자신을 현존재로 창조하지 않고 특정 파괴에 무기력하게 노출되는 현존재로 창조되지 않았을 뿐만 아니라 자유로 자신에게만 빚지고 있지 않음을 인식한다."

---

[9] 옮긴이_ 관련 내용은 다음과 같다. "형이상학의 대상성은 암호라고 일컬어진다. 왜냐하면 암호는 암호 자체로는 초월자가 아니고 초월자의 언어이기 때문이다. 암호는 초월자의 언어로서 존재하기 때문에 의식일반에 의해서는 이해되지 않고 또 들을 수조차 없으며, 오히려 이 언어의 성질과 이 언어가 말을 거는 방법은 가능 실존에게만 타당하다. … 암호는 초월자가 객관적 존재가 되지 않고 실존이 주관적 존재가 되지 않는 가운데 초월자를 현재화시키는 존재이다." 칼 야스퍼스 지음, 정영도 옮김, 『철학 Ⅲ: 형이상학』(파주: 아카넷, 2016), 223·236쪽.

야스퍼스의 실패를 하이데거가 말한 이반이나 상실, 그리고 야스퍼스 자신이 말한 타락과 혼동해서는 안 된다. 이것은 심리학적으로 설명할 수 있지만 (하이데거의 경우처럼) 구조적으로 필요하지 않은 실제 인간 존재로부터의 이반이다. 야스퍼스는 이를 여러 번 묘사했다. 야스퍼스는 철학 내에서 존재가 실제로 무엇인지 말할 수 있다고 주장하는 존재론을 개별적인 존재 범주의 절대화에서 타락으로 본다. 그러한 타락의 실존적 의미는 그러한 철학이 사람들로부터 자유를 박탈한다는 것이다. 자유는 사람들이 실제로 존재가 무엇인지를 모르는 경우에만 존재할 수 있다.

공식적으로 표현하자면, 존재는 초월자이고 "가능태로 전환될 수 없는 현실태"이며, 내가 개별 존재에 대해 상상할 수 있는 존재가 아닌 것으로는 상상할 수 없는 현실이다. 내 생각이 현실의 존재자에 미치지 못할 때 비로소 나는 "현실의 무게"를 경험하게 된다. 이런 점에서 사유의 추정되는 실패는 결과적으로 존재를 가능하게 하는 조건, 주어진 세계를 끊임없이 초월하려는 자유로운 존재, 즉 "현실의 무게"를 마주한 존재가 인간이 현실에 속할 수 있는 유일한 방법, 즉 그것을 선택함으로써 현실에 하는 것을 가능하게 하는 조건이다.

인간은 실패함으로써 존재를 알 수도 없고 창조할 수도 없으므로 신이 아니라는 것을 알게 된다. 그는 이 경험을 통해 자기 실존의 한계를 깨닫게 되었고, 그 한계를 철학적으로 정의하려고 시도한다. 그는 모든 한계를 초월하지 못하면서 자신이 아닌 존재의 암호로서 자기에게 주어진 현실을 경험한다.

인간을 "생각할 수 있을 뿐인 환상 세계"에서 자유롭게 하고 "현실로 돌아가는 길을 찾도록" 하는 것은 철학의 임무이다. 철학적 사유는 현실이 생각될 수 있는 것으로 해결될 수 없다는 사실을 결코 회피할 수 없다. 실제로 철학적 사유의 목적은 "지적으로 해결할 수 없는 것을 … 고양시키는 것"이다. 이것이 "사유하는 사람의 현실이 그의 사유보다 우선하고" 그의 진정한 자유만이 그가 사유할 것과 사유하지 않을 것을 결정한다는 점에서 더욱 시급하다.

야스퍼스의 철학의 진정한 본질은 이 같은 기록에 담아낼 수 없다. 그것은 주로 철학 자체가 취하는 경로와 운동에서 발견되기 때문이다. 야스퍼스는 이러한 경로를 통해 현대 철학의 모든 기본 질문을 다루었지만 그중 단 하나도 대답하거나 해결하지 못했다. 말하자면 그는 현대 철학이 실증주의나 허무주의적 광신주의의 막다른 골목에 빠지고 싶지 않다면 가야 할 길을 제시했다.

이러한 경로 중에서 가장 중요한 것은 다음과 같다. 존재 그 자체는 알 수 없다. 그것은 "모든 것을 포괄하는" 어떤 것으로만 경험될 뿐이다. 이것은 마치 존재가 마법적이고 편재하는 실체인 것처럼 존재를 발견하기를 희망하면서 존재를 감시했던 고대의 존재론적 탐구를 불필요하게 만든다. 존재는 있는 모든 것과 그것이 언어적으로 작은 단어인 '이다is'로 나타나는 모든 것을 현존하게 만드는 편재하는 실체이다. 일단 구체적인 세계가 존재의 유령과 우리가 그 유령을 알 수 있다는 환상에서 해방되자, 철학도 마찬가지로 하나의 원리, 즉 편재하는 이 하나의 실체에 기초하여 모든 것을 일원론적으로 설명해야 할 필요성에서 해방되었다. 대신에 우리는 "존재의 균열"(존재는 더 이상 존재론의 존재를 의미하지 않음)을 인정하고, 세계에 대한 현대적 소외감과 더는 고향이 아닌 세계에서 고향이 될 수 있는 인간 세계를 창조하려는 현대적 의지를 고려할 수 있다. 이는 마치 "포괄자"로서 존재 개념으로 인간이 어둡고 신비로운 '아우라aura'에 더는 위협받지 않고 자유로이 통제권을 가질 수 있는 섬이 대략적으로 그려진 것 같다. 이 아우라는 전통 철학에서 모든 존재에 특별한 특성처럼 달라붙어 있다.

이 인간 자유의 섬의 경계는 인간이 자신의 자유의 조건을 직접 결정하고 행위의 기초를 제공하는 한계를 경험하는 한계상황으로 표시된다. 인간은 그러한 차원에서 일함으로써 자신의 실존을 '조명하고' 자신이 할 수 있는 것과 더불어 할 수 없는 것을 정의할 수 있다. 따라서 하이데거는 단순한 '결과'에서 '실존'으로 넘어갈 수 있는데, 실존은 그에게 결정적인 의미에서 인간이 되는 또 다른 용어일 뿐이다.

실존 그 자체는 본성상 결코 고립되어 있지 않다. 그것은 소통과 타인의 실존에 대한 인식 속에서만 존재한다. 우리의 동료(하이데거가 말한 것처럼)는 구조적으로 필요한 실존의 요소가 아니라 동시에 자아의 존재를 방해하는 장애물이다. 그 반대다. 실존은 모두에게 공통된 세계에 거주하는 인간들의 공유된 삶 속에서만 발전할 수 있다. 소통 개념에는 아직 완전히 발전되지는 않았지만 새로운 접근 방식의 인류 개념이 있는데, 그것은 소통을 인간 실존의 전제로 가정하는 것이다. 어떤 경우든 "모든 것을 포괄하는" 존재 안에서 인간은 서로 더불어 살아가고 행위하며, 그렇게 함으로써 자아의 유령을 추구하거나 자신이 존재 자체를 구성한다는 오만한 착각 속에 살지 않는다.

인간 본성의 기본인 사유의 초월 운동과 이 운동에 내재한 사유의 실패는 적어도 인간이 '사유의 주인'이라는 인식에 이르게 한다. 인간이 그가 생각하는 것 이상일 뿐만 아니라 — 이것만으로도 아마도 인간 존엄성에 대한 새로운 정의를 위한 충분한 기초를 제공할 것이다 — 구성적으로 자아 이상의 존재이고 자신보다 더 많이 의지하는 존재이기도 하다. 실존철학은 이러한 이해를 통해 자아성에 집착하던 시대에서 벗어났다.

프랑스 실존주의*

1946

　철학 강의가 열리면 수백 명이 몰려들고 수천 명이 돌아가는 소동이 벌어진다. 값싼 신조를 설교하지 않고 만병통치약도 제공하지 않으며 오히려 실제적 사유를 요구할 정도로 어려운 철학 문제에 관한 책은 탐정소설처럼 팔린다. 행위가 구성이 아닌 말의 문제이고 성찰과 이념의 대화를 제공하는 연극은 몇 달 동안 공연되고 열광적인 관중이 참석한다. 세계 속 인간의 상황, 인간관계의 기초, 존재와 공허에 대한 분석은 새로운 문학 운동을 일으킬 뿐만 아니라 새로운 정치적 지향을 위한 가능한 지침으로 역할도 한다. 철학자는 신문 기자·극작가·소설가가 된다. 그들은 대학 교수진의 일원이 아니라 호텔에 머물고 카페에서 살면서 사생활을 포기할 정도로 공적인 삶을 살아가는 '보헤미안들'이다. 그리고 성공조차도 그들을 꽤 따분한 사람으로 만들 수 없는 것 같다.

---

* 　서지사항은 다음과 같다. Hannah Arendt, "French Existentialism," *Nation*, 162(February 23, 1946), pp. 226-228.

모든 보도에 따르면, 이것이 파리에서 일어나고 있는 일이다. 저항운동이 유럽 혁명을 달성하지 못했다면, 적어도 프랑스에서는 지식인들의 진정한 반란이 일어났을 것이다. 현대사회와의 관계에서 지식인의 유순함은 양차 대전 사이 유럽의 슬픈 광경에서 가장 슬픈 측면 중 하나였다. 그리고 프랑스 국민은 당분간 정치인의 말이나 다툼보다 철학자의 주장을 더 중요하게 생각하는 듯하다. 물론 이것은 정치 행위에서 단지 행위에 관해 이야기하는 어떤 이론, 즉 '행위주의actionism'로 도피하려는 욕구를 반영할 수도 있다. 그러나 이것은 또한 좌파의 정신적 파산과 기존 혁명 엘리트 ― 모든 정당의 회복을 위한 필사적인 노력으로 이어진 ― 의 빈곤함에 직면하여 우리의 상상을 넘어 훨씬 많은 사람이 정치 행위에 대한 책임이 너무 무거워서 새로운 윤리적·정치적 기반이 마련될 때까지 떠맡을 수 없다는 느낌이 있음을 의미할 수도 있으며, 심지어 가장 철학적이지 않은 개인에게도 깊이 박혀 있는 철학의 낡은 전통이 실제로 새로운 정치적 사유를 방해한다는 것을 의미할 수도 있다.

그 새로운 운동의 이름이 바로 '실존주의'이고, 그 주요 주창자는 장 폴 사르트르와 알베르 카뮈이지만, 실존주의라는 용어는 너무 많은 오해를 불러일으켰기에, 카뮈는 이미 자신이 "실존주의자가 아닌" 이유를 공개적으로 밝힌 바 있다. 이 용어는 제1차 세계대전 직후 부활하여 10년 이상 프랑스 사상에 큰 영향을 미친 현대 독일철학에서 유래했다. 그러나 독일과 프랑스의 표명이 모두 동일한 시기와 거의 동일한 문화유산에서 나왔다는 단순한 이유로 실존주의의 근원을 국가적 용어로 추적하고 정의하는 것은 부적절할 것이다.

프랑스 실존주의자들은 그들 사이에는 큰 차이가 있지만 두 가지 주요 반항 노선에서 연합했다. 그것은 첫째로 이른바 "진지한 정신l'esprit de sérieux"에 대한 강한 거부,[1] 둘째로 세계를 인간의 자연스럽고 예정된 환경으로 받아들이지 않으려는 분노에 찬 거부이다.

새로운 철학에 따르면 원죄인 진지한 정신은 훌륭한 태도, 즉 존경심과 동일시된다. '진지한' 인간은 자신을 자기 사업의 대표, 레지옹 도뇌르 훈장 수여자의 일원, 교수진의 일원으로 생각하며 또한 아버지와 남편, 또는 기타 반쯤 자연적이고 반쯤 사회적 기능을 수행하는 사람으로 생각한다. 그는 그렇게 함으로써 사회가 부여한 자의적 기능에 자신을 동일시하는 데 동의하기 때문이다. 진지한 정신은 자유의 부정이다. 진지한 정신은 모든 인간이 사회에 적응할 때 겪어야 하는 필연적인 변화에 동의하고 이를 받아들이도록 이끈다. 모든 사람이 자신과 자신의 기능이 동일하지 않다는 것을 마음속으로 충분히 알고 있으므로, 진지한 정신 역시 겉치레의 의미에서 나쁜 신념을 나타낸다. 카프카는 이미 『아메리카』에서 자신을 자신의 기능과 동일시한 데서 자라나는 공허한 존엄성이 얼마나 우스꽝스럽고 위험한지 보여주었다. 이 소설에서 호텔의 가장 위엄 있는 사람은 주인공의 직업과 일용한 양식이 그의 말에 달려 있으며, '진지한' 사람의 주장을 환기함으로써 자신이 실수할 가능성을 배제한다. "만약 내가 어떤 사람을 다른 사람으로 착각했다면 내가 어떻게 계속 수석 수위가 되겠는가?"

이러한 진지한 정신 문제는 사르트르의 소설 『구토』에서, 마을의 존경받는 시민들, 즉 "더러운 자식들"[2]의 초상화 전시장에 대한 매혹적인 묘사에

---

1 옮긴이_ '진지한 정신(l'esprit de sérieux)'은 인간을 대상으로 보고 인간을 세계에 종속시키며 가치를 인간 현실과 독립된 절대적 존재를 갖는 것으로 생각한다. 사르트르는 『존재와 무』 결론 II. 윤리적 함의에서 진지한 정신을 다음과 같이 밝히고 있다. "그러나 실존적 정신분석은 우리에게 진지한 정신을 거부하게 한다. 진지한 정신은 두 가지 특징을 갖고 있다. 즉 가치를 인간의 주관성과 무관하게 초월적인 주어진 것으로 간주하고, '바람직한' 특성을 사물의 존재론적 구조에서 단순히 물질적 구성으로 옮기는 것이다." Jean Paul Sartre, *Being and Nothingness*, trans. Hazel E. Barnes(London: Methuen & Co. Ltd, 1957[1943]), p. 626.

2 옮긴이_ 『구토』 가운데 관련된 부분은 다음과 같다. "그는 레지옹 도뇌르를 가지고 있다. '더러운 자식들'은 존재하는 권리를 가지고 있다. 나는 존재하는 권리를 가지고 있다. 왜냐하면 그것이 내 권리니까." 사르트르 지음, 방곤 옮김, 『구토/더러운 손』(서울: 중앙미디어, 1994), 143쪽. 「실존주의는 인간주의다」에서 다음과 같이 규정한다. "나는 엄숙한 모습으로 가장하거나 결정론적 변명으로 이 완전한 자유로부터 숨는 사람들을 겁쟁이라고 부를 것이다. 다른 사람들은 지구상에 인류가 출현한 것은 우연일 뿐인데 자신의 존재가 필요하다는 것을 보여주려는 사람들을 '인

서 다루어졌다. 이후 이것은 카뮈의 소설 『이방인』의 중심 주제가 되었다. 이 소설의 주인공인 이방인은 사회의 진지한 마음에 복종하기를 거부하고 자신에게 할당된 기능 중 어떤 것으로도 살기를 거부하는 평범한 사람이다. 그는 어머니의 장례식에서 아들처럼 행동하지 않는다. 그는 울지도 않는다. 그는 남편처럼 행동하지 않는다. 그는 심지어 약혼하는 순간에도 결혼을 진지하게 받아들이기를 거부한다. 그는 가장하지도 않기 때문에, 누구도 이해하지 못하는 이방인이며, 사회에 대한 모욕의 대가를 목숨으로 치르고 있다. 그는 게임을 거부하기 때문에 이해할 수 없을 정도로 동료 인간들로부터 고립되고 말을 할 수 없을 정도로 자신으로부터도 고립된다. 주인공은 죽기 직전의 마지막 장면에서만 자신에게 삶 자체가 너무나 신비롭고 끔찍한 방식으로 너무 아름다워서 좋은 행태와 공허한 허세를 가미한 '개선'의 필요성을 전혀 느끼지 못했다는 인상을 전달하는 일종의 설명에 도달한다.

사르트르의 훌륭한 희곡 『닫힌 방 Huis Clos』도 같은 범주에 속한다. 연극은 제2제정의 양식으로 꾸며진 지옥에서 시작된다. 방에 모인 세 사람 — "다른 사람들은 지옥이다 L'enfer, c'est les autres" — 은 가장하려고 노력함으로써 악마적인 고문을 시작한다. 그러나 그들의 삶은 닫혀 있고, "당신은 당신의 삶이고 다른 것은 아무것도 아니기" 때문에, 가식은 더 이상 작동하지 않으며, 우리는 사람들이 실제로 사회에서 파생된 기능의 보호막을 벗겨내면 닫힌 문 뒤에서 무슨 일이 일어날지 본다.

사르트르의 희곡과 카뮈의 소설은 둘 다 사람들 사이의 진정한 우정, 즉 직접적이고 순진하며 가식 없는 관계의 가능성을 부정한다. 사르트르의 철학에서 사랑은 사랑받으려는 의지, 자신의 존재에 대한 최고의 확인 필요성이다. 카뮈에게 사랑은 개인의 고립을 돌파하려는 다소 어색하고 절망적

간 쓰레기(scum)'라고 부른다."

인 시도이다.

가식과 진지한 정신에서 벗어나는 방법은 자신이 실제로 있는 그대로의 모습을 가지고 노는 것이다. 카프카는 『아메리카』의 마지막 장에서 진정한 삶의 새로운 가능성을 다시 한번 지적했다. 누구도 환영받고, 모두의 불행이 해결되는 위대한 '자연극장'은 우연히 극장이 된 것은 아니다. 여기에서는 모든 사람이 자신의 역할을 선택하고 자신이 하고 싶은 일을 하도록 초대받는다. 선택된 역할은 단순한 기능과 단순한 존재, 단순한 야망과 단순한 현실 사이의 갈등에 대한 해결책이다.

이 맥락에서 새로운 '이상'은 자신의 직업이 시늉하기인 배우, 끊임없이 자신의 역할을 바꾸고, 따라서 자신의 역할을 결코 진지하게 받아들일 수 없는 배우가 된다. 누구든 자신의 있는 그대로를 연기함으로써 자신의 기능을 가장하는 것으로부터 인간으로서 자신의 자유를 보호한다. 더욱이 인간은 자신의 실제 모습을 연기함으로써만 사물이 그 자체와 같듯이 자신도 결코 자신과 같지 않다는 것을 단언할 수 있다. 잉크병은 항상 잉크병이다. 인간은 그의 삶이고 그의 행위이며, 그의 죽음 순간까지 전혀 끝나지 않는다. 인간은 자신의 실존이다.

프랑스 실존철학의 두 번째 공통적인 요소, 즉 세계 내 인간의 근본적인 고향 상실에 관한 주장은 카뮈의 『시지프 신화: 불합리에 관한 에세이』의 주제이며, 사르트르의 『구토』의 주제이다. 카뮈에게 인간은 본질적으로 이방인이다. 세계 일반과 인간으로서 인간은 서로에게 적합하지 않기 때문이다. 그들이 함께 존재한다는 것은 인간 조건을 부조리로 만든다. 인간은 세계에 속하는 유일한 '생물thing'이지만 분명히 본래 세계에 있어야 하지 않는다. 동물이 동물 가운데, 나무가 나무 사이에 존재하는 것처럼, 인간만이 인간들 사이에 한 인간으로만 존재하지 않기 때문이다. 말하자면, 모든 것은 필연적으로 복수로 존재한다. 인간은 기본적으로 자신의 '반항'과 '예지력', 즉 추론 능력을 지니고 있다. 이것이 인간을 우스꽝스럽게 만든다. 이성 능력은 "모든 것이 주어지고 아무것도 설명되지 않은 세계에서" 인간에게 부여되었기 때문이다.

사르트르의 부조리·우연성·실존 개념은 가장 잘 묘사된다. 이것은 「밤나무 뿌리」라는 주제 아래 『파르티잔 리뷰』 이번 호에 소개되는 『구토』에 관한 장에 가장 잘 묘사된다. 우리가 볼 수 있는 한, 존재하는 것은 무엇이든 그 존재 이유가 조금도 없다. 내가 너무 많은 것 대신에 아무것도 없는 세계를 상상조차 할 수 없다는 사실은 인간이 영원히 존재에 얽매여 있다는 절망과 무의미함을 보여줄 뿐이다.

이 나라에 도착한 사르트르와 카뮈의 몇몇 작품으로 판단한다면, 이들은 입장을 달리한다. 실존의 부조리와 진지한 정신의 거부는 각자의 출발점일 뿐이다. 카뮈는 부조리의 철학으로 나아간 것 같고, 사르트르는 새로운 긍정철학과 심지어 새로운 휴머니즘을 향해 나아가고 있는 것 같다.

카뮈는 아마도 자신이 실존주의자라 불리는 것에 대해 저항했을 것이다. 부조리는 그에게 인간이나 세계 자체에 있는 것이 아니라 이것들이 함께 던져져 있다는 데에만 있기 때문이다. 세계 속에 놓인 인간의 삶은 부조리하기에, 인간은 부조리한 삶을 살아야 한다. 즉 인간은 이성이 아무것도 설명하지 못하는 경험에도 불구하고 이성을 고집하고, 자신의 교만 때문에 이성으로 파악할 수 없는 감각을 발견할 수 있다는 희망을 허용하지 않으므로 절망을 고집하고, 마지막으로 무의미한 이성과 존엄성이 최고의 가치라고 고집하는 일종의 교만한 반항 속에서 삶을 영위한다. 그러므로 부조리한 삶은 끊임없이 모든 조건에 반항하고 위안을 거부하는 것으로 구성된다. "이 반항은 삶을 희생한 대가이다. 이것은 실존 전체에 널리 퍼져나가면서 그 웅장함을 회복한다." 이제 남은 것, 즉 우리가 예라고 말할 수 있는 것은 우연 그 자체, 인간과 세계를 하나로 묶는 데 분명히 작용한 위험 요소 hazard roi일 뿐이다. "오이디푸스는 '나는 모든 것이 잘 되었다고 판단한다'고 말했다. 그리고 이 말은 신성하다. 그것은 인간의 한계가 있는 광포한 세계에 울려 퍼진다. … 그것은 운명을 사람들 사이에서 해결해야 할 인간 문제로 만든다."[3] 카뮈는 바로 이 지점에서 많은 설명을 하지 않고 모든 근대적인 태도를 뒤로하고 진정으로 현대적인 통찰, 예를 들어 "창조가 더는 비극적으로 받아들여지지 않고 오직 진지하게 받아들여지는 순간이 도래했을지도 모른다"는 통찰에 도달한다.

사르트르에게 부조리는 인간뿐만 아니라 사물의 본질이다. 존재하는 모든 것은 단지 존재하기 때문에 부조리한 것이다. 세계의 사물과 인간 사이의 두드러진 차이점은 사물은 분명하게 자신과 동일하지만, 인간은 자신이 보면서 보는 것을 알며, 믿으면서 믿는 것을 알기 때문에, 자신의 의식 속에 결코 자신과 하나가 될 수 있는 것을 불가능하게 만드는 부정을 지니고 있다.

이러한 단 하나의 측면, 즉 부정의 싹을 품고 있는 의식이란 측면에서 인간은 창조자이다. 세계와 인간의 존재가 주어진 것처럼, 이것은 인간 스스로 만드는 것이지 단순히 주어진 것이 아니기 때문이다. 만약 인간이 자신의 의식과 그 엄청난 창조적 가능성을 깨닫고, 있는 그대로의 자기 자신과 동일해지려는 열망을 포기한다면, 그는 자기 자신 외에는 아무것도, 그 누구에게도 의존하지 않으며 자신이 자유로울 수 있고 자기 운명의 주인이 될 수 있다는 것을 깨닫는다. 이것이 사르트르의 희곡 『파리떼 *Les Mouches*』의 본질적인 의미인 듯하다. 여기서 오레스테스는 마을이 두려워하는 필연적인 살인에 대한 책임을 스스로 떠맡음으로써 마을을 해방시키고 파리떼 — 즉 나쁜 양심과 복수의 어두운 공포인 에리니에스[4] — 를 데려간다. 그는 스스로 죄책감을 느끼지 않고 아무것도 후회하지 않기 때문에 면역되어 있다.

---

3 옮긴이_ 이 인용문은 『시지프 신화』에서 가져온 것이다.
4 옮긴이_ 에리니에스(Erinyes)는 크로노스가 우라노스의 성기를 자르면서 흐른 피와 가이아 여신의 땅이 결합하여 태어난 세 여신이다. 즉 아버지는 우라노스 신이고 어머니는 가이아 여신이다. 그녀들 머리카락은 뱀이 휘감고 있고, 한 손에는 횃불, 다른 손에는 채찍을 들고 있다. 또 피눈물을 흘리고, 박쥐 날개를 단 흉측하고 모든 사람의 공포 대상인 저주와 복수의 여신이다.

철학과 문학의 이 새로운 경향을 오늘날의 또 다른 유행으로 착각하는 것은 값싼 실수일 것이다. 그 옹호자들은 제도의 훌륭함을 거부하고 모든 성취를 경력의 한 단계로 간주하는 진지함을 가장하지 않기 때문이다. 또 우리는 그들의 직업이 수반했을지도 모르는 요란한 언론적 성공으로 인해 지연되어서도 안 된다. 이러한 성공은 그 자체로 모호할 수 있더라도 작업의 성질에 기인한다. 이는 서양 전통 단절의 깊이를 숨기려 하지 않는 확실한 현대적 태도 때문이기도 하다. 특히 카뮈는 전임자 등과의 연결을 찾지 않은 용기를 가지고 있다. 사르트르와 카뮈의 좋은 점은 그들이 추상적인 의미에서 그러한 시절이 실제로 우리의 시절보다 더 좋았다는 것을 알더라도, 분명히 더 이상 좋은 옛 시절에 대한 향수로부터 고통받지 않는다는 점이다. 그들은 옛 시절의 마법을 믿지 않으며 어떤 타협도 하지 않는다는 점에서 정직하다.

그러나 이 작가들의 혁명적인 의욕이 성공으로 인해 깨지지 않는다면, 상징적으로 말해 그들이 자신들의 호텔 방과 카페에 머물고 있다면, 여전히 낡은 개념에 위험하게 관여하고 있음을 나타내는 자신들의 철학의 측면을 '진지하게' 지적할 필요가 있을 때가 올 수도 있다. 모든 저항에도 불구하고 명백히 드러나는 허무주의적인 요소들은 새로운 통찰력의 결과가 아니라 아주 오래된 이념의 결과이다.

상식의 상아탑*

1946

이 책[1]은 32편의 에세이 모음집으로, 지난 10년 동안 듀이가 쓴 글을 모아 놓은 것이다. 이 책을 위해 특별히 작성한 서론과 19세기 말까지 거슬러 올라가는 에세이 한 편은 예외이다. 이 선집은 훌륭하며 듀이 철학의 일관된 모습을 제공한다.

듀이의 철학을 평가하기 어렵게 하는 것은 이 철학에 동의하거나 동의하지 않는 것이 똑같이 어렵다는 점이다. 우리는 현실과 경험에 대한 근접성을 자랑하며 추상적인 논의에 빠져 있는 철학에 어떻게 동의할 수 있으며, 이 철학을 따르고 과거와 현재의 역사에 대한 이러한 평가를 따를 때 바로 바보의 낙원으로 판명되는 낙원 안에서 행복을 느낄 수 있을까? 듀이는 우리 시대의 모든 사회적·정치적 악의 근원이 자유방임주의 — 과학적 지식

---

* 서지사항은 다음과 같다. Hannah Arendt, "The Ivory Tower of Common Sense," *Nation*, 19 October 1946, pp. 447-479. A review of John Dewey, *Problems of Men*(New York: Philosophical Library, 1946).

[1] 옮긴이_ 『인간의 문제』는 「서론: 인간의 문제와 현재의 철학 상황」, 「제1부 민주주의와 교육」, 「제2부 인간 본성과 학문」, 「제3부 가치와 사상」, 「제4부 사상가에 대하여」로 구성되어 있다.

이 사회적 지식을 앞지르는 것으로 추정 — 에 있다고 진지하게 주장하지만, 오늘이나 어제의 신문을 일별해 보면 지옥은 자유방임주의의 정반대인 과학적 계획을 통해서만 제대로 확립될 수 있다고 가르치고 있다. (물론 이것은 과학 자체를 반대하는 것은 아니다.) 인간이 여전히 노예나 농노였던 과거의 악한 시대에 대한 듀이의 현실에 안주하는 판단은 현실과 더욱 동떨어져 있다. 상식의 상아탑에 사는 위대한 학자만이 오늘날 특정 부류의 사람들이 과거 노예나 농노보다 훨씬 열악하다는 사실을 완전히 인식하지 못할 수도 있다. 우리는 죽음의 공장의 극단적 상황을 떠올릴 필요도 없다. 수용소 수감자들은 대체로 노예나 농노도 결코 박탈당한 적이 없었던 사회의 기본적인 인간적 유용성조차 상실한 새로운 부류의 인간에 속한다.

그러나 듀이의 의견에 동의한다는 것도 어렵지만, 동의하지 않는다는 것은 훨씬 더 어려운 듯하다. 그러한 의견 불일치는 상식에 동의하지 않는 것이기 때문이다. 그리고 누가 감히 그렇게 할 수 있을까? 듀이의 주장은 현실과 경험에 대한 어떠한 성찰도 없이, 그리고 모든 시대에 걸쳐 나타났고 또 나타나고 있는 평범한 철학적 질문들(격언·예언·비극·예술, 그리고 최고의 철학적 고찰에 이르기까지)에 대한 어떠한 회상도 없이 그 자체로 받아들여질 때, 그 주장은 언제나 건전하고 명백하며, 마치 달리 생각할 수 없는 것처럼 보인다. 추상적인 의미에서 항상 옳은 논증 자체와 역사적 현실에서 항상 틀린 경험의 근거 사이의 이 환상적인 불일치는 듀이의 중심 개념인 인간 개념이 아니라 과학 개념에 비추어 이해할 수 있다. 듀이의 주요 노력은 진리에 대한 과학 개념을 작동하는 가설로 사회과학에 적용하는 것을 목표로 한다. 이것은 자연과학과 사회과학의 추정된 차이가 좁혀질 때까지 사회과학이 발전할 수 있는 건전한 인식론적 토대를 마련하기 위한 것이다.

이 접근 방식의 의도는 본질적으로 확실히 인본주의적이다. 즉 과학을 인간화하고 과학적 결과를 인간 공동체에 사용할 수 있도록 진심으로 노력한다. 문제는 인간이 아닌 과학이 논쟁을 주도하고, 그 결과 인간이 교육을 통해 — "태도 형성"[2]을 통해, "인간 본성을 다루는 기술"[3]을 통해 — 과학적으로 통제되는 세계에 맞춰져야 하는 꼭두각시로 전락한다는 것이다. 마치 과학을 발명한 것은 인간이 아니라 이 세계를 준비한 어떤 초인적 유령이었고, 이해할 수 없는 망각 때문에 인간을 과학적인 동물로 바꾸는 것을 잊어버린 것처럼, 인간의 문제는 추상적인 미세한 점에 순응하고 적응하는 것인 것처럼 말이다. 마치 과학이 인간을 뛰어넘을 수 있는 것처럼, 그리고 결과적으로 과학적 지식과 사회적 지식의 그러한 격차가 희망적 사고 이상일 수 있는 것처럼 말이다.

미신은 모든 급진적 낙관주의와 급진적 비관주의의 기초에 놓여 있으며, 진보와 쇠퇴의 기본 개념은 적대적인 형제처럼 서로 닮는다. 둘 다 역사학에서 작동하는 가설이기에 듀이의 의미에서 진리이다. 둘 다 오래되고 유서 깊은 신화에서 비롯된 것으로 이를 이해하지 못하거나 제대로 평가할 수 없다. 진보의 신화는 인류의 시작이 지옥이었고, 우리가 어떤 종류의 낙원으로 나아간다는 것을 전제하며, 쇠퇴의 신화는 시작이 낙원이었고 그 이후부터 원죄의 도움으로 우리가 점점 지옥에 가까워졌다는 것을 전제로 한다. 위대한 역사가들이 진보 신화를 사용했지만, 다른 위대한 역사가들도 다른 신화를 사용한 것은 의심의 여지가 없다. 그러나 우리가 역사의 진실에 대해 진지하게 생각한다면 신화의 유쾌한 놀이터를 떠나는 것이 좋다.

듀이를 위대한 학자가 아닌 철학자로서만 관련짓는 이런 고려 사항 외에도, 이 책은 과학적 정신과 과학적 경험의 기능에 대한 분석을 다루는 순간에 탁월해진다. 특히 "물리적 대상과 일상적 경험의 상식적 대상 사이에 존재하는 연관성을 경험의 관점에서 발견하려고"[4] 할 때, 그리고 "근대의 경

---

2 옮긴이_ 여기서 태도의 형성은 "학생과 선생이 사는 세계를 이해하는 태도의 형성"을 의미한다. Dewey, *Problems of Men*, p. 168.
3 옮긴이_ Dewey, *Problems of Men*, p. 179.
4 옮긴이_ Dewey, *Problems of Men*, p. 320.

험은 아직 실현되지 않은 경험의 잠재성에 대한 끊임없는 관심이 특징이므로 광범위함을"[5] 보여줄 때, 듀이는 최상의 의미에서 지극히 현대적이다. 다시 말해, 듀이가 제공할 수 있고 실제로 제공하는 점은 과학적 정신을 위한 일종의 논리이다. 이것이 과학과 과학자에게 중요한 주제임은 의심할 여지가 없다. 이것이 철학의 유일한 관심사이거나 심지어 주요 관심사 중의 하나라는 것은 아주 논란의 여지가 있는 질문이다.

---

5   옮긴이_ Dewey, *Problems of Men*, p. 310.

지옥의 이미지*

1946

"유대인들이 문명 세계의 법정 앞에서 독일 국민을 공식적으로 고발하는 자로서 고소장을 … 준비하도록 그들에게 요구하는 것은 타당할 것이다. 이것은 쉽게 이루어진다. … 히틀러에 의해 희생된 사람들의 피가 땅에서 울부짖고 있다. 우리 고소장의 목적은 그 울부짖음을 명료하게 하는 것이다."[1]

그러나 『흑서 The Black Book』의 저자들이 지난 10년간의 이야기를 쉽게

---

* 서지사항은 다음과 같다. Hannah Arendt, "The Image of Hell," *Commentary*, Vol. 2, no. 3(September 1946), pp. 291-295. A review of *The Black Book: The Nazi Crime Against the Jewish People* compiled by the World Jewish Congress and et al.(New York: Duell, Sloan and Pearce, 1946), and Max Weinreich, *Hitler's Professors: The Part of Scholarship in Germany's Crimes Against the Jewish People*(New York: Yiddish Scientific Institute, 1946).
  옮긴이_ 『흑서』는 기소·음모·법·십진법 전략·섬멸·저항·정의의 7장으로 구성되어 있다. 즉 나치에 대한 고발, 나치의 반유대주의 시작, 반유대인법의 역사, 유대인 수송 이전의 세 가지 방법(추방-보호-이주), 죽음의 수용소와 그 발생 경위, 저항과 탈출, 파시스트 음모라는 사실의 공개 등의 내용을 담고 있다. 『히틀러의 교수들』은 히틀러의 집권과 유대인에 대한 궁극적인 박멸 전쟁에서 주요 학자·철학자·역사가·과학자의 역할을 밝히고 있다.

1 옮긴이_ 이 인용문은 아렌트가 『흑서』 엮은이 서문에서 가져온 것이다.

말할 수 있는 것으로 생각했다면, 그들은 슬프게도 착각한 것이다. 모든 선의에도 불구하고 책의 어색함이 그 충분한 증거이다. 그러나 이것은 그저 기술적 기량의 문제가 아니다. 정말로 자료가 더 잘 정리되고, 문체가 신문잡지 특유의 색채를 덜 드러내고, 출처가 더 과학적으로 선정될 수 있었을 것이다. 그러나 이러한 개선이 이루어졌다면, 사실 자체와 정치적 목적의 사용 가능성 사이의 불일치는 더욱 분명해졌을 것이다. 『흑서』는 실패했다. 저자들은 세부 사항의 혼란에 휩싸인 채 자신들이 직면한 사실의 본질을 이해하거나 명확히 밝히지 못했기 때문이다.

사실은 다음과 같다. 즉 600만 명의 유대인, 600만 명의 인간이 무기력했고, 대부분의 경우 의심할 여지 없이 끌려가 죽음을 맞이했다. 사용된 방법은 축적된 테러 방법이었다. 우선 몸이 약한 사람들이 스스로 목숨을 끊을 만큼 강하고 반항적인 사람들과 함께 죽었을 때, 계산된 방치, 그리고 박탈과 수치심이 나타났다. 둘째 사람들이 체력에 따라 시간 간격이 다르지만 수천 명씩 죽었을 때 강제 노동과 겹친 철저한 기아 상태가 나타났다. 마지막엔 인간 도살장이 나타났다. 젊은이와 늙은이, 약자와 강자, 병자와 건강한 사람 모두 함께 죽었다. 사람도 아니고, 즉 남녀, 노소, 소년과 소녀의 구별도 없고 선악과 미추의 구별도 없이 유기체 자체의 가장 낮은 공통분모로 전락하여 소처럼 물질처럼 신체도 영혼도 없는 사물처럼, 심지어 죽음이 봉인을 찍을 수 있는 형상조차 없는 듯이 원초적 평등의 가장 어둡고 깊은 심연 속으로 빠져들었다.

박애나 인간애가 없는 이 괴물 같은 평등 — 고양이와 개가 공유할 수 있었던 평등 — 속에서 우리는 마치 거울처럼 지옥의 형상을 본다.

그러한 평등을 확립한 사람들의 기형적인 사악함은 **인간의 이해력을 넘어선다**. 그러나 이러한 평등 속에서 죽은 사람들의 무죄도 마찬가지로 기형적이고 인간 정의의 범위를 넘어선다. 가스실은 누구라도 감당할 수 없을 만큼 가혹했고, 그 앞에서 최악의 범죄자도 갓 태어난 아기만큼 무죄였다. 이러한 무죄의 기괴함도 "차라리 병을 앓는 것이 더 낫다"와 같은 속담으로도 견디기 쉽지 않다. 중요한 것은 출생 사고로 사형선고를 받은 사람들이 출생 사고로 살 운명에 처하게 된 사람들만큼 마지막 순간까지 순종하고 원활하게 기능했다는 사실이 아니다(이것은 너무나 잘 알려져 있으므로 숨길 필요가 없다). 유죄와 무죄가 더는 인간 행태의 산물이 아니었다는 사실은 심지어 그 이상을 넘어섰다. 어떤 인간 범죄도 이 형벌에 적합할 수 없었고, 상상할 수 있는 죄도 없었으며, 성자와 죄인이 똑같이 시체의 지위로 전락하는 이 지옥은 없었다. 일단 인간 도살장, 즉 죽음의 수용소에 들어서게 되면, 모든 것은 고통을 받는 사람이나 고통을 주는 사람이 완전히 통제할 수 없는 우발적 사건이 되었다. 그리고 많은 경우에 어느 날 고통을 가한 사람들이 다음 날에는 고통을 받는 사람이 되었다.

인류 역사에서 이보다 더 말하기 어려운 이야기는 없었다. 역사의 불가피한 주목적인 무죄의 기이한 평등은 역사가 생산되는 기반, 즉 우리가 아무리 멀리 떨어져 있어도 사건을 이해할 수 있는 우리의 능력을 파괴한다.

이 마법은 우리가 유대인의 저항운동과 바르샤바 게토 전투 이야기를 접할 때 비로소 풀린다. 그러나 『흑서』는 이 사건을 다른 사건보다 훨씬 더 부적절하게 다루고 있고, 게토 전투에 대해 부실하게 작성된 9쪽만 할애했으며, 1944년 봄호의 『메노라 저널*Menorah Journal*』에 실린 사건에 대한 슐로모 멘델스존의 뛰어난 분석을 언급하지도 않았다. 어떤 종류의 연대기도 600만 명의 사망자를 정치적 논쟁으로 바꾸는 데 성공할 수 없다. 악덕을 넘어서는 사악함을 날조하고자 하는 나치의 시도는 미덕을 넘어서는 무고함을 확립하는 것 이상의 어떤 것도 하지 못했다. 그런 무고함과 사악함은 정치가 존재하는 그런 현실과 아무런 관계가 없다.

그러나 거짓 선전 세계에서 가장 잘 실현된 나치 정책은 조작에 의해 잘 활용되었다. 나치가 단순히 유대인에 대한 기소장을 작성하고 인간 이하의 민족과 초인간적 민족이 있다는 개념을 선전하는 데 만족했다면, 그들은 유대인이 인간 이하의 민족이라는 상식을 설득하는 데 거의 성공하지 못했을 것이다. 거짓말만으로는 충분하지 않았다. 나치는 사람들이 믿도록 현실 자체를 조작하고 유대인을 인간 이하로 **보이게** 만들었어야 했다. 그래서 오늘날에도 잔혹 영화를 마주할 때 상식적으로는 이렇게 말할 것이다. 즉 "그러나 저들은 범죄자처럼 보이지 않나요?" 또는 미덕과 악덕 이상의 무고함을 파악할 수 없다면, 사람들은 다음과 같이 말할 것이다. "이 유대인들이 얼마나 끔찍한 일을 저질렀기에 독일인들이 그들에게 이런 일을 저지른 걸까요!"

『흑서』의 저자들은 절대적으로 무고한 유대인의 관점에서 절대적으로 유죄인 독일 국민에 대해 기소장을 작성하면서 나치가 유대인을 유죄로 보이게 만든 것처럼 독일 민족 전체를 유죄로 보이게 만들 힘이 부족하다는 사실을 간과하고, 하느님께서 누구든지 다시는 그러한 힘을 갖지 못하게 금지하셨다!는 점을 간과한다. 그러한 구별을 확립하고 유지한다는 것은 지상에 지옥을 영구적으로 설치함을 의미하기 때문이다. 그러한 힘이 없다면, 거짓된 이데올로기에 따라 허위 현실을 날조하는 수단이 없다면, 이 책에서 구현된 양식의 선전과 홍보는 실화를 설득력 없게 만드는 데 성공할 수밖에 없다. 그리고 사건 자체가 더욱 잔혹해짐에 따라 이 이야기는 더욱 설득력이 없어졌다. 선전으로 언급되는 전체 이야기는 정치적 논쟁이 될 수 없을 뿐만 아니라 사실처럼 들리지도 않는다.

정치적으로 말하면, 인간 도살장은 유대 민족의 신체에 자행된 "인류에 반하는 범죄"를 구성했다. 그리고 나치들이 괴멸되지 않았다면, 인간 도살장은 수많은 다른 민족의 시체를 삼켰을 것이다(사실 집시들도 거의 같은 이데올로기적 이유로 유대인들과 함께 절멸되었다). 유대인들은 실제로 독일인들을 상대로 이 기소장을 작성할 자격이 있지만, 이 경우 그것은 지구상의 모든 민족을 대표하여 말한다는 점을 잊지 말아야 한다. 그들의 범죄에 맞는 처벌이 없다는 것을 기억하는 것만큼이나 유죄를 처벌하는 것도 필요하다. 괴링에게 사형은 거의 농담에 가깝다. 그리고 그는 뉘른베르크재판의 다른 동료 피고인들과 마찬가지로 우리가 기껏해야 자신을 죽일 수 있지만, 어쨌든 자신이 죽고자 했던 것보다 조금 더 일찍 자신을 죽일 수 있다는 사실을 알고 있다.

우리는 미덕을 넘어선 무고함과 악덕을 넘어선 유죄에서, 즉 모든 유대인이 필연적으로 천사이고 모든 독일인은 필연적으로 악마인 지옥에서 정치 현실로 돌아가야 한다.[2] 나치가 건설한 지옥에 관한 실제 이야기는 미래를 위해 절실히 필요하다. 이러한 사실들이 우리가 숨쉬는 공기 자체를 변화시키고 오염시켰을 뿐만 아니라, 이제 밤에는 우리의 꿈에 살고 낮에는 우리의 생각에 스며들기도 했으며, 우리 시대의 기본적인 경험이자 비참함이 되었기 때문이다. 인간에 대한 새로운 지식이 바탕이 될 이 기초에서만 우리의 새로운 통찰력, 새로운 기억, 새로운 행위가 출발점을 잡을 수 있다. 언젠가 전체 이야기를 할 만큼 강하다고 느끼는 사람들은 이야기 **자체가** 슬픔과 절망, 특히 특정 정치적 목적을 위한 주장만을 낳을 수 있다는 것을 깨달아야 할 것이다.

공통된 주제만이 막스 바인라이히[3]의 책을 『흑서』와 함께 논평하는 것을 정당화한다. 그의 책은 다른 책이 눈에 띄게 부족한 모든 특성을 드러내고 있으며, 그 의미와 사실에 대한 정직한 제시 측면에서 내가 지금까지 읽은 나치 테러의 본질에 대한 최고 지침이 되었다.

나치 기관의 조직적 구성에 대한 전문 지식을 바탕으로 진지하게 집필한

2　옮긴이_ 아렌트는 절대적 선과 악을 인간 영역을 초월하는 현상으로 이해하였다. 반면에 미덕과 악덕은 정당한 인간적 현상이다. 아렌트는 『혁명론』에서 멜빌의 소설 『선원 빌리 버드』의 등장인물을 소개하고 '절대적 선(absolute goodness)' 또는 '순진무구함(innocence)'의 화신인 빌리 버드와 근본적으로 '사악함(wickedness)'의 화신인 선원 클래카트를 대비시킨다.

3　옮긴이_ 막스 바인라이히(Max Weinreich, 1894~1969)는 사회언어학과 이디시어를 연구하는 러시아계 미국인 유대계 언어학자이다. 1923년 그는 마르부르크대학교에서 「이디시어의 역사와 방언 분포에 관한 연구」로 학위를 받았다. 1940년 뉴욕으로 이주한 이후 뉴욕시립대학교에서 이디시어 교수가 되었고 이디시어과학연구소를 재설립하였다.

이 책의 대부분은 나치가 '과학적으로' 계획한 프로그램을 수행한 단계를 다루고 있다. 이디시어과학연구소[4]가 보관을 위해 획득한 많은 문서가 재생산되고 추가로 올바르게 평가된다. 그러나 히틀러에 협력한 독일 학자들의 명부는 완벽하지 않다. 특히 인문학 분야에서 다수의 이름이 첨가될 수 있었다. 그러나 이 경우에도 이 책은 보충 첨가물이 접목될 수 있는 유효하고 중요한 근간을 제공한다. 색인에 포함된 짧은 참고 문헌도 마찬가지다. '일급비밀'로 표시된 지금까지 알려지지 않은 많은 문서와 새로 발견된 자료에 대한 이해할 수 있는 흥분 때문에, 바인라이히 박사는 더 쉽게 접근할 수 있는 책과 출처에 관심을 기울이지는 않았다.

이것은 기술적인 문제 그 이상이다. 바인라이히 박사의 주요 논제는 "독일 학계는 유례가 없는 학살을 초래하고 정당화하는 이념과 기술을 제공했다"는 것이다. 이것은 논란의 여지가 많은 진술이다. 단지 직업상의 이유로 대열에 합류한 대다수 독일 교수들보다 일부 뛰어난 학자들이 나치를 돕기 위해서 더 많은 일을 수행한 것은 사실이다. 그리고 그 뛰어난 학자들 가운데 상당수는 나치에 이념과 기술을 제공하기 위해 최선을 다했다. 그들 중에는 법학자 카를 슈미트, 신학자 게르하르트 키텔, 사회학자 한스 프라이어, 역사가 발터 프랑크(뮌헨에 있는 독일제국유대인문제연구소 소장), 실존주의 철학자 마르틴 하이데거 등이 있었다. 그러나 이러한 이름은 바인라이히 박사의 책이 덜 알려진 학자와 평판 나쁜 학자에 대해 제공하는 대량의 자료 속에서 사라졌다. 더욱이 히틀러 집권 이전에 출판된 이 모든 학자의 출판물에 대한 신중하고 완전한 참고 문헌만이 학계에서 그들의 진정한 입지를 보여줄 수 있었을 것이다. (그들의 부재로 인해 눈에 띄는 것은 슈퇴커 운동[5]과 제3공화국에 관한

---

4 옮긴이_ 이디시어과학연구소(Yiddish Scientific Institute; Yidisher Visnshaftlekher Institut; YIVO)는 동유럽·독일·러시아 전역의 유대인 생활의 문화사, 이디시어와 관련한 철자법, 사전학 및 기타 연구를 보존하고 연구하며 가르치는 기관이다. 1925년 폴란드 제2공화국의 빌나에서 설립되었다. 나치가 동유럽으로 진군하면서 이 연구소는 운영을 위해 뉴욕시로 옮겼다.

5 옮긴이_ 아돌프 슈퇴커(Adolf Stoecker, 1835~1909)는 독일의 반유대주의 정치인이다. 1870년대

발터 프랑크의 책인데, 둘 다 이미 히틀러 시대 이전에 강한 반유대주의 편견을 보여주었다.)

히틀러는 "과학적인" 주장을 요구하고 전통적인 반유대주의 선전의 표준적인 괴짜 주장을 사용하기를 거부했을 때 현대 선전의 본질에 대한 중요한 통찰력 중 하나를 보여주었다. 이 역시 사실이며, 바인라이히 박사는 이에 대해 제대로 주장한다. 선전의 '과학적 성질'에 대한 히틀러의 놀라운 성향의 근거는 단순하며 히틀러 자신이『나의 투쟁』에서 사용한 것과 똑같은 예로 설명될 수 있다. 즉 그는 새로운 종류의 비누 광고자가 만일 시장에는 다른 좋은 비누가 있다는 사실을 인정한다면 나쁜 일을 할 것이라고 말하는 것으로 시작한다. 모든 사업가가 알고 있듯이, "내 비누는 세상의 다른 어떤 비누보다 좋다"는 효과적인 주장은 "만약 내 비누를 사용하지 않는다면 남편 대신에 여드름 나겠네"라는 식으로 약간의 위협을 추가함으로써 크게 개선될 수 있다는 점은 분명하다. 그리고 당신이 하는 일은 당신의 비누를 사용하지 않는 모든 여자에게서 남편을 빼앗을 수 없는 한 당신의 주장을 '과학적으로' 뒷받침하는 것이다. 그러나 권력을 획득하는 데 성공하고 모든 소녀에게 잘못된 종류의 비누를 소년의 손이 닿지 않는 곳에 두거나 더 나아가 비누 제조를 독점하게 되면 '과학'은 더 이상 필요하지 않다.

그래서 상당수의 존경받는 독일 교수들이 나치에 자원하여 봉사했다는 것은 틀림없는 사실이지만, 나치가 그들의 '이념'을 이용하지 않았다는 것도 똑같이 사실이다. 이는 이 교수들 자신에게 오히려 충격이었다. 나치에게는 자신들만의 이념이 있었다. 그들에게 필요한 것은 이념이 전혀 없거나 처음부터 나치 이념으로만 교육받은 기술과 기술자였다. 상대적으로 거의 쓸모가 없어 나치에 의해 처음으로 한쪽으로 밀려난 학자들은 하이데거

개신교 신학자이자 보수적인 사회 개혁 운동의 옹호자로 유명한 인물이 되었다. 1878년 기독교 사회노동당을 창당한 그는 대중집회에서 유대인을 독일의 재력 있는 세력이자 독일 문화생활을 지배하는 집단으로 공격하는 고정관념 구호를 사용했다. 그의 선동적인 선동은 1880년대 초 베를린에서 만연한 반유대주의 운동이 지방 도시와 시골로 확산하는 길을 열었다. 슈퇴커의 대중운동은 1880년대 중반에 이어진 더욱 급진적인 반유대주의 정당들에 비옥한 토양을 제공했다.

와 같은 구식 민족주의자들이었다. 하이데거의 제3제국에 대한 열정은 그가 말하는 내용에 대한 눈부신 무지였다. 하이데거가 대학의 엘리트들 사이에서 나치즘을 존경할 만한 것으로 만든 이후, 히틀러 이전 시대에 사기꾼으로 알려진 알프레드 바움러는 자신의 자리에 들어서 모든 영예를 누렸다.[6] 나치의 치욕에 마지막으로 빠진 사람은 발터 프랑크와 같은 사람들로 히틀러가 집권하기 전부터 반유대주의자였으나 그런데도 학문의 잔재를 고수했다. 1940년대 초에 프랑크는 악명 높은 알프레드 로젠베르크에게 자리를 내주지 않으면 안 되었다. 로젠베르크 자신만은 『20세기의 신화 Myth of the Twentieth Century』에서 '학문'에 대한 어떤 성향도 드러내지 않았다.[7] 여기서 요점은 나치가 프랑크를 불신했을 가능성이 매우 컸다는 점이다. 그는 사기꾼이 아니었기 때문이다.

나치가 실제로 어느 정도 신뢰한 것으로 보이는 유일한 학문 분야는 우리가 알고 있듯이 다소 유치한 미신의 단계를 아직 넘어서지 못한 인종 '과학'이었다. 그러나 '인종학자들'조차도 나치 치하에서 처음에는 모든 셈족, 주로 유대인의 열등함을 증명하라는 요청을 받아 다소 힘든 시간을 보냈다. 그런 다음 인종학자들은 모든 셈족, 주로 아랍인의 높은 지위('혼혈 인종'으로서 유대인은 셈족에 속하지 않았다)를 입증해야 하고, 마침내 일본인의 민감함을 고려하여 '아리아인'의 우월성이란 자신들이 애호하는 개념을 포기해야

---

6 옮긴이_ 알프레트 바움러(Alfred Bäumler, 1887~1968)는 독일 철학자·교육자이자 나치 이념가였다. 그는 1930년대 초부터 히틀러와 '나치 최고 이념가'인 알프레트 로젠베르크와 개인적으로 접촉했고 1932년 제국의회 선거에서 다른 철학자들과 함께 국가사회주의당에 대한 충성을 공개적으로 선언했다. 그는 1934년 학생의 이상으로 '정치적 군인'을 요구했다. 그는 1942년 저작에서 총통령에 따라 최종 형태를 갖춘 교사 양성 대학을 '국가 존재의 필요성'과 '사안의 상황'으로 정당화였다.
7 옮긴이_ 알프레트 로젠베르크(Alfred Rosenberg, 1893~1946)는 나치 이론가이며 뉘른베르크재판에서 인류에 반하는 범죄 및 기타 범죄 혐의로 유죄판결을 받고 처형되었다. 그는 나치당의 주요 이념가 가운데 한 사람으로 "과학적이고 통찰력 있는 방식으로 국가사회주의의 이념적 기반을 이해하는 데 든든한 기초를 마련한 인물"로 평가받았다. 나치는 20세기의 신화를 지지하고 로젠베르크가 나치 이념을 퍼뜨리는 데 중요한 역할을 했지만, 일부 나치 지도자들은 그의 신비주의에 대해서는 우려를 표했다.

했다. 그러나 정치적인 필요에 따라 변화하는 이 모든 '연구 결과'보다 더 흥미 있는 것은 관련 '학자들'의 변함없는 유순함이었다. 그리고 상황을 생생하게 묘사하자면, 승리한 연합군은 중요한 군사 발명의 열쇠를 쥐고 독일의 전쟁 수행을 지원하고자 어느 정도 헌신적으로 일했던 독일의 최고 과학자들을 설득하여 놀랄 정도로 용이하게 그들의 활동 현장을 적국으로 옮기도록 유도했다.

바인라이히 박사의 책은 이 교수들을 너무 진지하게 취급함으로써 이들에게 매우 큰 찬사를 보내고 있다. 그들의 수치심은 그보다 더 사소하며 '이념'을 가지고 있다는 죄책감도 거의 없었다. 독일의 일류 학자 가운데 누구도 영향력 있는 위치에 도달하지 못했다는 것은 사실이지만, 이 사실이 그들이 노력하지 않았다는 것을 의미하지는 않는다. 그런데도 그들 중 대다수는 곧 나치 정권 대표들의 노골적인 천박함에 다소 당황했지만, 자신들의 범죄에 대해서는 그렇지 않았다.

누구든 히틀러 치하의 보통 독일 교수의 관상을 생생하게 훑어보고 싶은 사람이 있다면, 프라이부르크대학교의 역사학 교수인 게르하르트 리터가 1946년 4월 『정치평론』에 게재한 솔직한 고백을 읽어야 한다. 이 반나치주의 교수는 자신의 진실한 의견을 너무 비밀로 유지했고 무슨 일이 일어나고 있는지에 대한 지식이 없었기 때문에 "히틀러 제국의 조직이 … 잘 작동하지 않는다"고 느낄 수 있었다. 그리고 그는 "지성의 더 깊은 삶"에 너무 관여했고, "불가피한 피해가 너무 커지는 것"을 방지하는 데 아주 바빴으며, 역사 문제와 정치 문제에 관한 독립적인 견해 ― 교사로서 자신의 자유에 어떤 극복할 수 없는 한계가 있었지만 ― 를 … 출판할 기회를 확신했기에, 놀랍게도 비밀경찰이 그를 해외 선전에 활용하기로 … 결정했다.[8]

---

8   옮긴이_ 관련 자료는 다음과 같다. Gerhard Ritter, "The German Professor in the Third Reich," *The Review of Politics*, Vol. 8, Issue 2(April 1946), pp. 242-254. 다음 내용은 논문 초록의 내용 가운데 일부이다. "1943년 11월 초 이스탄불에서 독일 난민들과의 대화에서 나는 놀랍게도 다

현대 테러의 가장 끔찍한 측면 중 하나는 그 동기나 궁극적인 목적이 무엇이든 간에 어떤 이데올로기나 이론을 바탕으로 한 불가피한 논리적 결론의 옷을 입고 변함없이 나타난다는 것이다. 이 현상은 스탈린 자신이 1930년에 예측하고 정당화했던 러시아 반스탈린주의자들의 숙청과 관련하여 훨씬 적지만 이미 나타났다. 그 당시에 스탈린은 정당이 계급이익을 표현하는 데 불과하기에 다음과 같이 주장했다. 즉 공산당 내부의 분파들은 소련 내의 "죽어가는 계급dying class"이나 해외 부르주아지의 이해관계를 표현하는 것 이외의 다른 어떤 것이 될 수 없었다. 분명한 결론은 우리가 이 파벌들을 적대적인 계급 또는 반역자들을 다루듯이 다루지 않으면 안 된다는 것이었다. 물론 문제는 스탈린 이외에 아무도 "프롤레타리아계급의 참된 이익"이 무엇인지 모른다는 것이다. 그러나 역사 과정과 인간 의견의 기원에 대한 확실한 교리가 있기에 정신이 약하지 않은 사람이라면 누구나 이 지식을 얻을 수 있다. 그렇다면 스탈린은 왜 안 될까? 게다가 그는 권력을 쥐고 있다. "죽어가는 계급"이란 표현은 역사적 진보에 부합하기 때문에 주장을 한층 더 설득력 있게 만든다. 인간은 그 법칙에 따라 어떻든 일어날 일만 행한다. 문제가 되는 요점은 이것이 여전히 진정한 마르크스주의자인지 ― 아니면 진정한 레닌주의자인지 ― 여부가 아니라 테러가 유사 과학적 가설에서 나온 논리적이고 당연한 결론으로 나타나야 한다는 사실이다.

이 '과학성'은 실제로 우리 시대의 모든 전체주의 정권의 공통된 특징이다. 그러나 이것은 순전히 인간이 만든 힘 ― 주로 파괴적인 ― 이 의심의 여지가 없는 절대적인 힘을 이끌어내는 우월하고 초인적인 제재라는 옷을 입고 있다는 사실에 지나지 않는다. 이런 종류의 권력에 대한 나치의 낙인

음과 같은 질문을 계속해서 접하게 되었다. 히틀러 치하의 독일에서 내가 표현한 것처럼 역사-정치적 문제에 대해 그토록 독립적인 견해를 발표하는 것이 어떻게 가능했는가? 내 글과 연설에서 정치적 박해를 받지 않고? 1945년 4월 말, 내가 러시아인들에 의해 감옥에서 풀러난 뒤, 외국인들은 나에게 자주 같은 질문을 했다. 나는 단지 개인적 경험을 바탕으로 대답을 하려고 노력할 것이다."

은 마르크스주의자나 유사 마르크스주의자보다 더 철저하고 더 끔찍하다. 그것은 마르크스주의가 역사에 부과하는 역할을 자연에 부과하기 때문이다. 역사의 기초와 근원은 여전히 인간이지만, 자연의 기초와 근원은 전혀 아무것도 아닌 것처럼 보이거나 오직 자연 자체의 법칙과 기능에만 있는 것처럼 보인다. 이 법칙에 대한 나치의 해석은 약자는 죽고자 하는 경향이 있고 강자는 살고자 하는 경향이 있다는 동어반복에서 절정에 이르렀다. 우리는 약자를 죽임으로써 "강한 자, 선한 자 그리고 승리하는 자의 편을 드는" 자연의 명령에 그저 복종할 뿐이다. 힘러는 다음과 같이 덧붙였다. "당신은 이것을 잔인하다고 말할 수 있지만, 자연은 잔인하다." 누구든 약자들과 무력한 자들을 죽임으로써 자신이 강자들에게 속해 있다는 것을 암묵적으로 입증한다. 이런 종류의 추론의 아주 중요한 부산물은 다음과 같다. 그것은 인간의 손에서 승리와 패배를 빼앗고 정의상 현실의 판결에 대한 모든 반대를 절망적으로 만든다. 우리는 더 이상 인간과 싸우는 것이 아니라 역사나 자연을 상대로 싸우고 있기 때이다. 따라서 권력의 영원성에 대한 미신적인 믿음이 권력 자체의 현실에 추가된다.

나치가 인간 도살장에 필요했던 것은 효율적인 현대 기술과 결합된 이런 종류의 '과학성'이란 일반적인 분위기였을 뿐이지 과학 자체는 아니었다. 진짜 학자들이 아무리 용기가 없고 히틀러에 큰 매력을 느꼈을지라도, 자연의 뜻을 신의 뜻이라고 진심으로 믿고 초인적이고 저항할 수 없는 힘과 동맹을 맺었다고 생각하는 사기꾼들은 나치의 목적에 가장 잘 부합하는 사람이었지 진짜 학자는 아니었다.

그러나 과학이나 심지어 '과학성'도, 학자들이나 사기꾼들도 인간 도살장을 운용하는 이념과 기술을 제공하지는 않았다. 이념은 권력정치를 심각하게 받아들인 정치인들에게서 나왔고, 기술은 일관성을 두려워하지 않은 현대의 폭민에게서 나왔다.

델로스의 『민족』*

1946

역사학에서 '민족'이라는 전문용어보다 더 모호한 것은 없다. 같은 집단을 국민·인종·민족이라고 번갈아 부르는 자의성, 그리고 민족주의·애국주의·제국주의 등의 용어를 비슷한 개념으로 사용하는 부정확한 표현, 태양 아래 새로운 것을 모두 설명하는 데 사용되는 많은 유사점(가장 나쁜 것뿐 아니라 가장 좋은 것)을 잘 설명하려고 할 때 사용되는 수많은 표현은 모두 최근 역사기술에서 매우 잘 알려진 특징들이라고 할 수 있다. 이 특징들은 쉽게 읽을 만한 책들을 생산해 내는 데 도움을 주기에 독자의 마음의 평화를 방

---

* 서지사항은 다음과 같다. Hannah Arendt, "*The Nation*," *The Review of Politics*, Vol. 8, no. 1(January 1946), pp. 138-141. A review of J. T. Delos, *La Nation*, 2 Vols.(Montreal: Editions de l'Arbre, 1944).

 옮긴이_ 조셉 토마스 델로스(Joseph Thomas Delos, 1891~1974)는 도미니카회의 수사이며 사회학 및 법학 교수였다. 그는 1941년 프랑스를 떠나 퀘벡 라발대학교에서 강의했으며, 자유 프랑스의 첫 번째 위원회 창립에 참여했다. 1944년 교황청 주재 프랑스 대사의 교회 고문으로 로마에 합류했고, 1954년 교황청 주재 프랑스 대사관의 교회법 고문이었다. 저서로는 『국제사회와 공법의 원칙』(1929), 『국내정치와 국제정치 질서에 관한 에세이』(1947) 등이 있다. 『민족』제1권에서는 「민족 사회학」이란 주제 아래 민족과 국가의 근본적 차이를 밝히고 있으며, 제2권에서는 「민족주의와 법질서」라는 주제 아래 19세기 민족주의를 조명하였다.

해하지 않는다. 반면에 표면적인 설명의 분야를 뒤로하고 전체가 위태롭다는 것을 알기 때문에 더는 어떤 특정한 측면이나 특별한 새 발견에 관심이 없는 소수의 연구자는 구조 분석의 모험에 뛰어들어 완벽한 책이 나오기를 거의 기대할 수 없다. 델로스의 연구가 내용의 풍부하고 깊은 사려를 통해 뛰어난 점에서 후자의 범주에 속한다는 점은 의심의 여지가 없다. 그리고 그의 연구는 분명히 학문의 상아탑이란 내적인 안전망 속에서 삶을 보내지 않아서 어떻게든 자료를 조직하고 자기 생각을 체계적인 순서로 설명할 시간이나 인내력을 발견하지 못하는 저자들과 모든 결점을 공유하고 있다. 피상적이고 관습적으로 말하자면, 델로스의 책은 너무나 지루한 인용, 불필요한 반복과 생략, 그리고 너무나 빈번한 상호 참조로 결점을 드러내고 있다. 그러나 이러한 점의 지적은 비판하려는 목적에서가 아니라 영어 번역의 가장 바람직한 경우를 생각한 부수적인 언급일 뿐이다.

우리 시대의 근본적인 정치 현실은 두 가지 사실에 의해 결정된다. 정치 현실은 한편으로는 '민족'에 기반을 두고 있고, 다른 한편으로는 '민족주의'에 의해 영구적으로 교란되고 철저하게 위협받고 있다. 따라서 가장 넓은 측면에서 문명 현상과 연관된 델로스의 연구에서 주요 질문은 민족이 민족주의의 발전을 방지하고 현대 세계의 문명을 제시하고 보호할 수 있는 국제공동체의 토대를 마련하는 정치 원리를 발견하는 것이다.

문명이란 '인간의 고안품', 즉 인간의 작업과 사유의 산물로서 제도와 조직에 의해 지배되는 세계의 일부라고 불린다. 현대 세계의 주요 현상 가운데 하나는 문명이 보편성에 대한 오래된 주장을 포기하고 특수성, 즉 민족 문명의 형태로 나타난다는 것이다. 현대 문명의 또 다른 측면은 (봉건주의 시대 이후의) 국가의 재구성이지만, 국가의 근본적 문제, 즉 국가 권력의 기원 기원과 합법성을 해결하지는 못하는 재구성이다. 세 번째 측면은 대중이란 새로운 현상인데, 각 문명은 우선 사회 조직으로 구성되어 있으므로 대중이란 현상과 연계되어야만 했다.

민족에 대한 최근의 분석은 "민족인가, 인종인가?"라는 질문에 대한 논의에서 시작된다. 그리고 이러한 분석은 (가족과 민족, 인종집단과 종교집단을 알고 있는) 사회과학 연구자가 여전히 "안면 계수 또는 두개頭蓋 계수"에 기반을 둔 인간 사회를 횡단해야 한다는 결론에 도달한다. 저자는 거의 모든 종류의 현대판 민족주의가 어느 정도 인종주의적이라는 올바른 관찰에 직면하여 불행하게도 액면 그대로 인정되는 현재의 모든 과학적·유전적인 논쟁을 장황하게 제시하려 한다. (예컨대, 발터 다레[1]의 글이 광범위하게 인용된다.) 내가 알기로는 그의 강조에서 유일하게 중대한 실수인 이 별스러운 진지함이야말로 제국주의가 민족주의의 다소간 논리적인 발전이라는 델로스의 확신에 기반을 두고 있다. 나의 관점에서 보면, 그의 주장은 부분적으로만 타당할 뿐이다. "인종이란 사람들의 사회적 결합, 즉 그들이 속한 공동체를 고려하지 않은 채 이들을 인위적으로 묶는 육체적·생물학적 기준에 기초한 분류"라는 델로스의 진술이 옳다면, 그는 이 진술이 일종의 과학적 실수라고 가정하는 잘못을 범하고 있기 때문이다. 게다가 인종적 유사 과학의 궁극적인 정치적 목표는 제국주의적 지배의 전제 조건들 가운데 하나인 원자화, 즉 사회나 공동체의 파괴를 준비하는 것이다.

이제부터 역사 서술에서 사용되는 매우 바람직한 몇 가지 기본 개념을 명료하게 제시하기로 한다. 국민은 "역사에 부응하여 자신의 양심을 갖게 될" 때 민족이 된다. 이같이 민족은 과거 노동의 산물이며 역사가 그 흔적을 남긴 토양에 부속되어 있다. 민족은 사람이 태어난 '환경', 즉 사람이 출생의 권리에 따라 소속된 닫힌 사회를 대변한다. 반면에 국가는 자신의 권력이 법을 보호하고 법을 만드는 영토를 통치하는 열린 사회이다. 합법적 기관으로서 국가는 국적에 상관없이 시민만을 알고 있다. 국가의 법질서는

---

[1] 엮은이_『게르만족의 삶의 원천인 농업(The Peasantry as the Life Source of the Nordic Race)』의 저자인 다레(Walter Dareé)는 1933년부터 1942년까지 독일 식량농업기구 회장이었고, 또한 인종과 재정착을 위한 나치의 친위대 중앙국장을 지냈다.

그 영토에 사는 모든 사람에게 열려 있다. 권력 기관으로서 국가는 더 많은 영토를 주장하고 공격적으로 변할 수 있으며, 이는 이주를 종식시킨 민족 집단과는 상당히 이질적인 태도이다. 해방 자체가 평화와 복지의 시대를 보장할 국가들의 타고난 평화주의에 대한 오랜 꿈은 모두 허풍만은 아니었다.

민족주의는 본질적으로 민족을 통한 국가 정복을 의미한다. 이것은 국민국가의 의미이다. 19세기 민족과 국가를 동일시한 현상은 이중적 결과를 초래한다. 즉 합법적 기관인 국가는 인간의 권리를 보호해야 한다고 선언했지만, 민족과 국가의 동일시는 시민을 민족으로 동일시한다는 의미를 내포하고 있고 인간의 권리를 국민의 권리나 국가적 권리와 혼동하는 결과를 초래하였다. 게다가 국가가 공격적이고 팽창하려는 경향이 있는 "권력의 기업"인 한, 민족은 국가와의 동일화를 통해 이러한 모든 특성을 획득하고, 이제 팽창을 민족의 권리로, 민족을 위한 필요성으로 요구한다. "현대 민족주의가 자주 그리고 거의 자동으로 제국주의나 정복으로 이어졌다는 사실은 국가와 민족의 동일시에 기인한다."

민족을 통한 국가의 정복은 민족 주권의 선언과 함께 시작되었다. 이것은 국가를 민족의 도구로 전환하는 첫 번째 단계였으며, 결국 국가 자체의 모든 법과 법률 기관이 민족의 복지를 위한 수단으로 해석되는 전체주의적 형태의 민족주의로 끝났다. 그러므로 국가의 신격화에서 우리 시대의 악을 찾는 것은 대단한 오류이다. 민족은 신과 종교의 전통적 지위를 찬탈하였다.

이러한 국가의 정복은 19세기 자유주의적 개인주의를 통해서 가능해졌다. 국가는 단순한 개개인 위에, 원자화된 사회를 보호해야 하는 원자화된 사회 위에 군림하였다. 반면에 근대 국가는 중앙집권화 경향이 증대되면서 정치적 삶 전체를 독점하는 "강력한 국가"였다. 중앙집권적 국가와 원자화된(개인화된, 자유주의적) 사회 사이의 이러한 불일치는 국민국가 구성원들을 결합하는 유일한 현실적 연결고리인 민족 정서의 견고한 접합제를 통해 연결될 수 있었다. 민족 주권이 개인의 주권 모델을 본떠서 만들어졌듯이, 국민국가로서 국가 주권도 양자의 대변자이자 (전체주의적 형태에서는) 독점자였다. 민족에 의해 정복된 국가는 다른 모든 개인이 경배해야 하는 최고의 개인이 되었다.

이러한 국가의 인격화는 민족에 의한 국가의 정복을 통해 실현되었으며 자율적인 개인을 모델로 본떠서 형성되었다. 이러한 인격화로 인해 "한 집단 내부의 도덕적 보편자는 개별화될" 수 있었는데, 이러한 관념의 구체화는 헤겔의 국가이론과 역사이론에서 처음으로 고안되었다. 헤겔의 특유한 관념론이 사라진 이후, "민족 관념, 국민정신, 인종의 영혼, 또는 이런 개념에 필적하는 다른 용어들이 헤겔의 절대정신을 대리하지만, 헤겔의 개념은 전체적으로 남아 있었다.

이 개념의 주된 측면은 다음과 같다. 즉 독립된 실체로서 더 이상 인정되지 않는 **관념**은 역사 운동 자체에서 자기 자신의 실현을 발견한다. 헤겔 이후에 전체주의로 이어진 현대의 모든 정치이론은 절대적 원리가 역사 운동 형태의 현실로 침잠하는 것을 제시하고 있다. 그리고 현대 정치이론은 이러한 절대성을 구체화하는 체하였으며, 이 절대성은 개인의 양심에 대해 우선하는 '권리'를 이러한 이론에 제공하고 있다.

모든 일당 체제의 등장과 기능이 이러한 기본적 '운동'의 형식을 취하는 것은 논리적일 뿐이다. 이러한 운동은 운동 자체에서 실현되는 "철학으로 무장한다." 반면에 과거의 정당들은 어떤 정치이론에 의해 종종 고취될지라도, 자신의 대상들을 자기 밖의 어떤 목적으로 생각했다. 현대 운동의 특징인 수단과 목적의 동일시는 가정된 영구적 역동성의 구조 속에 놓여 있다. "전체주의의 특징은 인간을 집단 속으로 흡수할 뿐 아니라 인간을 생성 과정에 복종하게 한다." 인간 개인의 특수한 현실은 실제로 전체주의가 운동으로 조직화된 이후 보편성 자체인 공적 삶의 흐름 속에 빠진 채 외관상의 일반적이고 보편적인 이러한 현실과 대조적으로 **무시해도 좋을 양**으로 여겨진다.

이것이 민족주의가 파시즘이 되는 길이다. 즉 '**민족-국가**'는 전체주의 국가로 변형되거나 의인화된다. 만약 우리가 최초 형태의 전체주의를 파괴한 이후에도 정치 구조의 기본 문제를 해결하지 못한다면, 문명이 사라질 것이라는 데는 의심할 여지가 없다. "민족과 국가의 관계, 좀 더 일반적이고 정확한 용어로 말하면 정치 질서와 민족 질서의 관계는 우리 문명이 해결해야 할 근본 문제들 가운데 하나를 제기한다." 국가는 민족과 동일하기는커녕 인간으로서 권리, 시민으로서 권리, 민족의 한 일원으로서 권리를 인간에게 보장하는 법의 최고 보호자이다. "국가의 실질적 기능은 모든 권리를 보호하는 법질서를 확립하는 것이다." 이 기능은 국가의 법률적 제도의 틀 내에서 보호되는 민족의 수에 따라 전혀 영향을 받지 않는다. 이러한 권리 중에서 인간과 시민의 권리만이 일차적인 권리이며, 민족의 권리는 거기에서 파생하거나 함축되어 있다. "민족은 인간이 시간, 역사, 보편적인 생성 과정에 의존하는 인간을 드러내기" 때문에, 인간의 권리는 "그 원천에서 상대성에 영향을 받을" 수밖에 없다. 결국 "프랑스인·스페인인·영국인이 되는 것은 인간이 되는 수단이 아니라 인간이 되는 방식이기 때문이다."

시민과 민족, 즉 정치 질서와 민족 질서 사이의 이러한 구분은 사람들이 민족으로서 인간을 공적 삶에서 올바른 위치에 놓음으로써 민족주의의 돛에서 바람을 없애지만, 한편 "통일을 더 지향하고" 다른 한편 "국민의 민족의식을 더 강조하는" 우리 문명의 더 큰 정치적 요구는 연방이라는 이념과 잘 일치될 것이다. 연방 구조 내에서 민족성은 영토적 지위가 아닌 개인적 지위가 될 것이다. 반면에 국가는 법적 인격을 잃지 않고 제한된 영토에서 행사할 수 있는 역량을 갖춘 기관으로 점점 더 많이 나타난 것이다."

여기서는 서평이란 한계 내에서 비판하기에는 너무 중요한 델로스의 저작에 대해 논의할 수 있는 장은 분명히 아니다. 그러나 우리는 한 가지 언급을 첨가해도 좋을 것이다. 민족주의가 전체주의로 발전하는 과정에 대한 델로스의 탁월한 분석은 각주에서만 언급된 제국주의와의 밀접한 연관성을 간과하고 있다. 현대 민족주의의 인종주의나 현대 국가의 권력 광기는 제국주의 구조에 대한 올바른 이해 없이는 설명할 수 없다.

카를 야스퍼스에게 헌정하며*

1948

친애하고 존경하는 분께[1]

이 작은 책을 당신께 헌정할 수 있도록 허락해 주신 데에 감사드립니다. 그리고 또 이 책을 독일에서 출판할 때 제가 당신께 꼭 말씀드릴 수 있는 기회를 주신 것도 감사드립니다.

비록 독일어를 사용하는 유대인이라 할지라도, 오늘날 그 유대인이 독일에서 책을 출판하는 것은 쉬운 일이 아니기 때문입니다. 일어난 일을 고려하면, 자신의 언어를 다시 쓸 수 있다는 유혹은 실제로 중요하지 않습니다.

---

* 서지사항은 다음과 같다. Hannah Arendt, "Zueignung au Karl Jaspers," in *Sechs Essays*(Heidelberg, 1948). 로버트와 리타 킴버가 영역한 자료의 제목은 "Dedication to Karl Jaspers"이다.

[1] 엮은이_ '친애하고 존경하는 분께(Lieber Verehrtester)'는 1946년부터 1969년 야스퍼스가 사망할 때까지 아렌트가 야스퍼스에게 보낸 모든 편지에 사용한 인사말이다. 비록 영어에서는 문구가 이상하고 딱딱할지라도, 독일어에서는 자연스러운 표현이다. '매우 존경하는(Sehr Verehrter)'은 보통의 인사말이다. 야스퍼스는 아렌트에게 "친애하며" 동시에 "가장 존경하는" 사람이었다. 그리고 이 인사말은 아렌트가 야스퍼스에게 품었던 애정과 깊은 존경심의 신중한 반영이다.
옮긴이_ 이와 관련하여 다음 자료를 참조할 것. *Hannah Arendt Karl Jaspers: Briefwechsel 1926~1969*(München und Zürich: Piper, 1985); 홍원표 옮김, 『한나 아렌트 · 카를 야스퍼스 서간집 1926~1969』(서울: 신서원, 2024).

비록 이것이 자신의 꿈에서 결코 완전히 추방될 수 없는 유일한 망명 생활의 귀환일지라도 말입니다. 그러나 우리 유대인은 더 이상 망명자가 아니며 그런 꿈을 꿀 권리도 거의 없습니다. 우리의 추방이 독일이나 유럽 역사의 맥락에서 어떻게 나타나고 이해되더라도, 우리 유대인은 추방이라는 사실 때문에 우선 우리의 역사를 회고해야 합니다. 우리의 역사에서 추방은 특이하고 예외적인 현상이 아니라 친숙하며 반복되는 현상으로 나타납니다.

이 역시 환상임이 드러났습니다. 지난 몇 년 동안 우리는 역사에서 반복되는 어떤 것으로도 증명할 수 없는 것들을 배웠습니다. 우리는 이전에 절멸시키려는 단호한 시도에 직면한 적이 없으며, 그런 가능성을 심각하게 예상한 적도 없었습니다. 전 세계 유대인 인구의 1/3 그리고 유럽 유대인 인구의 3/4이 소멸된 것에 비하면, 시온주의자들이 히틀러의 집권 이전 예측했던 재앙은 찻잔 속의 태풍처럼 보입니다.

그러나 이렇게 말한다고 해서 이런 종류의 출판물이 더 쉽게 이해되거나 더 잘 이해되는 것은 아닙니다. 대다수의 독일인과 유대인은 독일에 있는 독일인과 이야기하고 싶어 하는 유대인을, 또는 제가 이 책에서 언급하는 것처럼 유럽인과 이야기하는 유대인을 불량배나 바보가 아니라고 간주하기 어려우리라는 점은 분명해 보일 것입니다. 이런 현상은 죄책감이나 책임 문제와 아무런 관계가 없습니다. 여기서는 제가 목격한 사실적인 문제만을 언급합니다. 사람들은 자신들이 무엇을 행하는지 그리고 왜 행하고 있는지를 모른 채 결코 사실의 기반에서 벗어나서는 안 되기 때문입니다.

다음 에세이 중 어느 것도 우리 시대의 사실에 대한 인식 없이, 그리고 우리 세기의 유대인 운명에 대한 인식 없이 집필하지 않았기를 바랍니다.[2] 그러나 저는 이들 에세이 어디에서도 이러한 사실의 근거에 저를 두었으

---

[2] 옮긴이_ 서론에 해당하는 이 「헌사」 다음에 수록한 6편의 에세이는 다음과 같다. 「제국주의에 대하여」, 「조직화된 범죄」, 「실존철학이란 무엇인가?」, 「숨겨진 전통」, 「어제 세계의 유대인」, 「프란츠 카프카」이다.

며, 이러한 사실에 의해 창조된 세계를 필요하고 파괴할 수 없는 것으로 전혀 받아들이지 않았다고 희망하며 믿습니다. 그것이 아무리 유혹적이라 할지라도, 결과적으로 모든 의미에서 고립의 위협이 아무리 두려울지라도, 당신의 철학과 존재가 없었다면, 저는 결코 그러한 의도적인 공정한 판단과 모든 광신주의로부터 의식적인 거리 두기를 유지할 수 없었을 것입니다. 오랫동안 저와 함께 있었던 당신의 존재에 대한 사실은 몇 년 전, 잔인한 상황이 저를 당신에게서 완전히 멀어지게 만들었을 때 이전보다 훨씬 분명해졌습니다.

제가 '당신에게서'[3] 배운 것과 그 후 몇 년 동안 사람들이 이전 시대에 악마에게 영혼을 팔았던 것처럼 제 영혼을 현실에 팔지 않고 현실에서 제 길을 찾는 데 도움이 된 것은 이러합니다. 오로지 중요한 것은 철학이 아닌 진리이며, 누구든 아무리 편안하게 가구가 갖추어져 있더라도 자신의 작은 껍질 속이 아닌 열린 곳에서 살고 사유해야 하며, 어떠한 형태의 필연성도 인간이 되려고 노력하는 대신에 역할을 연기하도록 우리를 유혹하는 도깨비일 뿐입니다. 제가 개인적으로 결코 잊을 수 없는 것은 설명하기 어려울 정도로 경청하는 태도, 언제나 비판을 받아들일 준비가 되어 있는 관용, 회의주의와 광신과는 거리가 먼, 궁극적으로 모든 인간은 이성을 가지고 있으며 어떤 인간의 이성도 무오류하지 않다는 깨달음에 대한 당신의 태도입니다.

그 당시 저는 때때로 말투까지 당신을 닮고 싶은 유혹을 느꼈습니다. 그 말투는 저에게 직접 행위하는 사람, 숨은 동기가 사람의 상징이 되었기 때문입니다. 저는 언젠가는 숨은 동기 없이 사람들을 만나는 것이 얼마나 어

---

[3] 옮긴이_ 여기에서 '당신에게서(Ihnen)'는 존칭 주격 당신(Sie)의 목적격이다. 아렌트는 편지에서 스승인 야스퍼스를 지칭할 때 항상 이 존칭을 사용하고 있다. 물론 이 존칭의 변화와 관련하여 『한나 아렌트·카를 야스퍼스 서간집 1926~1969』(서울: 신서원, 2024)에 수록된 옮긴이 해제 「두 거목의 '대화'에서 삶과 사상의 단면을 보다」를 참조할 것.

려울지 거의 알지 못했고, 이성과 밝고 빛나는 관심에 의해 명백히 지시된 바로 이것이 주제넘고 사악한 낙관주의처럼 보일 수 있는 때가 오리라는 점을 거의 알지 못했습니다.

오늘날 우리가 살아가는 이 세계의 사실 중 일부는 나치가 사라진 이후에도 사라지지 않았고, 압도적인 물질적 기반에 기초했기 때문에 사라질 수 없었던 민족과 개인 사이의 근본적인 불신이 뒷받침하고 호소력을 발휘할 수 있다는 사실이기 때문입니다. 그래서 오늘날 우리 유대인들이 우리가 만나는 독일인에게 묻지 않는 것은 사실 거의 불가능합니다. "당신은 1933년부터 1945년까지 12년 동안 무엇을 했습니까?" 그리고 이 질문 뒤에는 두 가지 감정이 숨어 있습니다. 하나는 누군가에게 자신의 존재를 정당화할 정도로 비인간적인 일을 하라고 요구한다는 고통스러운 불안이고, 다른 하나는 인간 도살장에서 일했거나 나치 정권의 만행에 대해서 알게 된 후 '일을 하다 보면 예상치 못한 문제가 생긴다'라고 생각하는 사람과 마주쳤을 때 생기는 인간에 대한 숨겨진 의심입니다. 전자의 경우 타고난 살인자, 후자의 경우 고용된 공범, 심지어 신념에 찬 나치일 필요는 없었다는 사실은 바로 우리가 쉽게 일반화할 수 있는 불안한 현실입니다.

이것이 오늘날 두 민족이 처한 대략적 상황입니다. 한편으로는 나치가 계획하고 의식적으로 수행한 독일 국민 전체의 공모가 있습니다. 다른 한편으로는 가스실에서 싹튼 유대인 전체에 대한 맹목적인 증오가 있습니다. 독일인 개인이 나치에 의해 부과된 공모를 벗어날 수 없듯이, 두 민족 모두 그러한 사실의 근거를 벗어나겠다고 결정하지 않는 한, 유대인 개인은 이 광신적인 증오에서 더는 벗어날 수 없습니다.

사실의 근거에서 완전히 벗어나 그들이 행위에 지시하려는 법에 대해 더는 걱정하지 않기로 한 이러한 결정은 과거에 단순히 나쁜 일, 부당한 일, 잔인한 일이 아니라 어떤 상황에서도 일어나서는 안 되는 일이 일어났다는 깨달음에서 비롯된 어려운 결정입니다. 나치 통치가 일정한 한도 내에서 유지되고 유대인으로서 두 민족 사이의 일반적이고 알려진 적대 관계의 상황에서 적용되는 규칙에 따라 자신의 행위를 조직할 수 있는 한, 이것은 달랐습니다. 그 당시에는 우리가 비인간적이지 않고도 사실에 의존할 수 있었습니다. 예를 들어, 우리는 유대인으로서 공격을 받았기 때문에 자신을 방어할 수 있었습니다. 민족 개념과 민족의 구성원은 여전히 의미가 있었고, 여전히 사람이 살고 움직이는 현실의 구성 요소였습니다. 그런 세계에서는 온갖 적대감에도 불구하고 여전히 국민과 개인 사이의 의사소통 가능성은 아직 남아있습니다. 우리는 나치가 만들어 낸 사실의 결과를 받아들인다면 우리를 필연적으로 사로잡는 맹목적이고 영원한 증오에서 벗어날 수 있습니다.

그러나 시체 제조는 적대감을 넘어 정치적 범주로 이해할 수 없습니다. 아우슈비츠에서 사실적 영역은 사후에 그 영역에 서려고 하는 모든 사람을 끌어당기는 심연을 열었습니다. 여기에서 대다수 사람이 언제나 자연스럽게 현실정치를 추구하는 정치인들의 마력으로 빠져드는데, 이러한 현실은 나치가 아우슈비츠에서 시체를 계속 생산했던 것처럼 우리에게 절멸을 영속화하도록 부추길 수밖에 없는 괴물이 되었습니다.

사실적 구역이 심연이 되었다면, 그곳에서 물러날 때 차지하는 공간은 말하자면 더 이상 국가나 민족이 없고, 지금은 별로 중요하지 않은 개인들만 있는 텅 빈 공간으로, 대다수 민족, 심지어 자국민 대다수가 어떤 순간에 어떤 생각을 하는지는 이제 큰 의미가 없게 됩니다. 오늘날 세계의 모든 국민과 민족에 존재하는 이러한 개개인이 상호 이해에 도달하려면, 다음과 같은 내용은 본질적입니다. 그들은 자기 민족의 과거 — 아우슈비츠는 독일 역사의 관점에서도 설명되지 않고 유대 역사의 관점에서도 설명되지 않기 때문에 하여튼 아무것도 설명하지 않는 과거 — 에 더 이상 광적으로 집착하지 않는 법을 배워야 합니다. 그들은 자신들이 이러저러한 형식으로 언젠가 다시 우리에게 퍼부어질 수 있는 대홍수에서 우연히 살아남은 생존자라는 것을 망각하지 않아야 합니다. 그러므로 그들은 방주에 있는 노아와 같은 신세일 수 있으며, 마지막으로 그들은 인류에 대한 절망이나 경멸에 굴복해서는 안 되며, 방주를 가능한 한 가까이 모으기 위해 노력하고 있는 세계의 바다 위에 떠다니는 꽤 많은 노아가 있다는 사실에 감사해야 합니다.

당신이 제네바에서 말씀하셨듯이, "우리는 마치 아직 닫혀 있는 문 앞에서 두드리고 있는 것처럼 살고 있습니다. 오늘날은 개인에게만 주어지기 때문에 아직 세계 질서를 찾을 수 없는 순전히 개인의 영역에서 어떤 일이 일어나고 있을지 모르지만, 아마도 언젠가는 이 개인들이 흩어져 있다가 한자리에 모일 때 그러한 질서를 찾을 수 있을 것입니다."[4]

저는 그러한 희망과 의도를 가지고 이 책이 독일에서 출판되는 것이 정당하다고 생각합니다. 그리고 당신의 삶과 철학은 대홍수라는 악조건에도 불구하고 인간이 어떻게 서로 대화할 수 있는지에 대한 본보기를 우리에게 제공합니다.

1947년 5월, 뉴욕

---

[4] 옮긴이_ 야스퍼스는 1946년 9월 제네바에서 개최된 국제학술회의에서 「유럽 정신에 대하여(Vom europäiscen Geist)」라는 주제로 강의했다. 인용문은 이 연설문에 포함되어 있다. 이와 관련한 내용은 아렌트와 야스퍼스의 왕래 서신에서 여러 차례 언급되고 있다. 관련 내용은 다음과 같다. "시간이 있다면, 저는 헤르만 브로흐의 『베르길리우스의 죽음』을 당신에게 보냈을 것입니다. 브로흐는 작가로서 '문 앞에 서서 두드린다'는 이 문구를 기술했습니다. 아마도 그것은 당신에게 말한 것입니다. 브로흐는 그것을 '아직 아님과 그러나 이미 아님'이라고 부릅니다." 『한나 아렌트·카를 야스퍼스 서간집 1926~1969』, 「편지 44」·「편지 53」.

랜드스쿨 강연

1948

> 아렌트는 이 강연의 원고를 수기로 "강연 — 랜드스쿨 — 1948 또는 1949"라고 표시하였다. 내부 증거로 볼 때, 이 강연은 1948년에 행해진 것으로 보인다. 랜드스쿨은 노동자계급의 학교이자 뉴욕의 지식인과 사회주의자들의 중심지였으며, 그중에는 아렌트의 지인들이 있었다. 또 이 학교는 공개 강연도 주최하였다. 반스탈린주의는 많은 청중에게 민감한 문제였을 것이다. 특히 아렌트가 유럽의 반대자들과 비교하여 논의하는 방식이 그랬다.

반스탈린주의는 1930년대에 러시아혁명에 대한 극심한 환멸을 견뎌낸 미국 좌파 지식인 가운데 그다지 크지 않은 소수 집단의 신조가 되었다. 이들은 절망에 빠져 1940년대에 마르크스주의적 사회주의의 기초를 전적으로 의심하기 시작했다. 이 용어는 사회주의·자유주의·공산주의와 같은 오래된 용어처럼 정치철학에 대한 합리적이고 일반적인 정치적 접근 방식을 의미하지는 않지만, 한 가지 특정 목적을 위해 가능한 한 많은 사람, 그렇지 않으면 정치 문제에 대해 가장 다양한 태도를 보일 사람들을 모으기 위해 즉흥적으로 고안된 포괄적인 구호 이상의 의미를 지닌다. 반대로 반스탈린주의는 어떤 정치철학도, 심지어 전체주의에 대한 확실한 입장도 나타내지 않지만 ― 누군가는 반스탈린주의자이면서도 독재를 믿을 수 있다. 적어도 전체주의 통치는 아니더라도 ― 그것은 특정한 분위기, 특정한 미국적 조건과 더 일반적으로 공유되는 역사적·전기적 요소로 구성된 독특한 분위기를 더욱 분명하게 나타낸다. 이 용어는 특정 세대에 공통된 과거의 경험을 분명히 지적하지만, 그 신조를 채택한 사람들의 미래 태도를 측정하는 척도는 될 수 없다.

반볼셰비즘이나 반전체주의와 구별되는 반스탈린주의라는 용어를 선호하는 것은 특별한 의미가 있다. 반나치는 자신을 반히틀러주의자라고 부르지 않았을 것이다. 그렇게 부르면 그는 나치당의 내부 투쟁에 참여했고, 룀이나 스트라서[1]의 동료였을 뿐 나치즘의 적은 아니었기 때문이다. 마찬가지로 반스탈린주의자라는 용어는 1920년대에 볼셰비키당의 내부 투쟁에서 유래되었는데, 당시 사람들은 부하린을 지지하는 사람이나 반대하는 사람, 지노비예프를 지지하는 사람이나 반대하는 사람, 트로츠키[2]를 지지하는 사람이나 반대하는 사람, 스탈린을 지지하는 사람이나 반대하는 사람이 될 수 있었다. 트로츠키주의를 반스탈린주의와 동일시하는 것이 러시아 당 내부의 투쟁을 국제적 문제로 확대시켰고, 이런 일이 일어날 수 있었던 것은 전 세계의 급진운동이 모스크바의 주문과 권력에 너무 깊이 빠져서 그들 자신의 정치적 논의가 변함없이 러시아 당내 노선을 구체적으로 따랐기 때문이다. 트로츠키가 당에서 추방되고 러시아에서 망명한 이후 발전한 트로

---

1 엮은이_ 에른스트 룀과 그레고어 슈트라서는 독일 나치당의 등장에 중요한 역할을 담당했으나, 1934년 히틀러에 의해 제거되었다.
2 엮은이_ 니콜라이 부하린, 그레고리 지노비예프 그리고 레온 트로츠키 등은 러시아혁명과 소비에트연방의 발전에 핵심적인 역할을 했으나 스탈린에 의해 권력의 희생양이 되었다. 각각 1938년, 1936년, 1940년에 숙청되었다.

츠키주의는 불행히도 러시아 당의 내부 갈등을 영속시켰고, 모스크바가 코민테른을 지배한 것과 같은 방식으로 좌파 노동운동의 비순응주의적 요소를 지배했다. 그리고 1930년대까지 스탈린과 트로츠키 사이의 실제 갈등은 러시아에서도 분명히 시대에 뒤떨어졌다는 사실에도 불구하고, 이른바 트로츠키주의에 맞선 싸움은 그 구체적인 의미를 잃고 전체주의적 지배를 위한 수단으로만 사용되었다. 간단히 말하면, 반스탈린주의라는 용어는 현재의 정치적 신념과 상관없이 스탈린의 모든 과거 정적을 모으는 것 이상의 역할을 한다. 더 나쁜 것은 한편 구체적인 정치적 신념에 대한 모호함, 모든 가능한 정치적 쟁점을 한 사람에게 집중시키는 것 — 이는 정당한 재치인 "스탈린이 죽으면 반스탈린주의자들은 어떻게 될까"를 자극했다 — 은 다른 한편 스탈린이 자신의 적들과 달리 매우 실용적인 목적을 위해 필요로 하는 트로츠키주의라는 용어를 느슨하면서도 지나치게 구체적으로 사용한 것을 왜곡된 방식으로 확증한다.

이 용어의 위험성은 이중적이다. 좀 덜 위험한 면은 다음과 같다. 진정 반전체주의적인 사람들은 전체주의 운동 내에서 잘못된 측을 단지 지지하는 것 같으며, 전체주의 내부의 실질적인 대립의 존재 때문에 잘못된 부류의 적에 대항하여 잘못된 부류의 친구와 종종 관계하게 된다. 요점은 이러하다. 독일의 과거 나치주의자들이 오늘날 열렬한 반스탈린주의자라는 것뿐만 아니라(그리고 나는 혼란스러운 용어 사용과 사고방식 때문에 탈나치화 문제 전반에 대해 어떤 태도를 취해야 할지 잘 모르는 반스탈린주의자들을 많이 알고 있다), 예컨대 티토 역시 의심할 여지 없이 반스탈린주의자라는 것이다. 그가 결국 전체주의적 독재자가 아니라는 것이 밝혀질 수도 있지만, 이 문제는 아직 확정되지는 않았다.

반스탈린주의에 내재한 사유의 분위기가 지닌 더 큰 위험은 그 접근 방식에서 나타나는 이념의 명백한 화석화에 있다. 국외자에게 매우 명료하게 드러나는 위험 요소는 이 지식인들이 과거에 집착하는 완고함이며, 지난

10년의 정치적 사건이나 역사적 발전에 비추어 자신들의 정치적 확신을 기본적으로 다시 생각하기 싫어하는 의지의 부족이며, 1920년대에는 확실히 상투적이지 않았으나 이때의 상투적인 정치적 표현의 허황된 뒷받침 없이는 현실 앞에서 무기력함을 보이는 점이다. 어떤 의미에서 우리 시대의 급진운동 전체가 러시아혁명과 동일시되고 그로 인한 정당한 위치 상실로 파괴되었다는 것은 충분히 잘못되었지만, 러시아에 대한 고정관념이 혁명 자체에 대한 환멸 속에 계속 남아있다는 것은 더 잘못되었다. 그리고 정치적 경험과 우리가 현재 사용하는 상투어 뒤에 놓여 있는 슬픔조차 모르는 젊은 세대가 다른 어떤 것도 부족하다는 이유로 이 접근 방식을 채택하기 시작했을 때, 이 접근 방식은 확실히 시대에 뒤떨어진 것은 아니다.

반스탈린주의자들 사이에 나타나는 독특한 정치적 비현실성과 전통주의는 미국의 일반적 정치 상황과 긴밀하게 연결되어 있는 듯하다. 모든 전체주의 운동, 특히 10년 전의 나치즘보다 오늘날 볼셰비즘은 미국 국내에서 완전히 사라졌다. 볼셰비즘이 오늘날 실제로 의미하는 것은 국내 간첩 활동의 도움을 받아 해외에서 발생할 수 있는 위협뿐이며, 그 결과 반스탈린주의자들은 점점 더 외교정책에 대해서만 생각한다. 그들은 정치인의 영역인 정치와 가까이 하지 않으며 이에 거의 관심이 없기에, 전 세계의 스탈린 우호 세력과 적대 세력을 분류하는 관념적인 전략가로 전락했다. 외교정책의 새로운 주안점은 주로 오늘날의 반스탈린주의를 트로츠키주의나 반파시즘과 같은 반전체주의의 과거 형태와 구분하는 것이다. 미국의 파시스트 단체는 전혀 강력하지 않지만, 그런데도 존재했다. 더욱이 파시스트 계열의 전체주의 독재자나 반쯤은 전체주의적인 독재자들이 때때로 토착 부르주아지의 도움을 받아 집권했다는 사실 — 마르크스주의자들은 모두 그 중요성을 지나치게 과대평가했다 — 때문에 미국의 반파시스트들은 "여기에서도 일어날 수 있다"고 믿게 되었고, 자연스럽게 투쟁에 개인적 이해관계를 부여하고 국내에서 행동할 수 있는 특정 가능성을 보여주었다. 반면에 해외에서 파시스트의 위험은 심지어 전쟁 중에도 심각하게 받아들여지지 않았다. 사실상 제2차 세계대전의 승리는 미국이 참전한 순간 결정되었고, 미국인들은 사소한 예외를 제외하고 그것을 알고 있었다.

이런 측면에서 유럽과 사실상 전 세계의 상황은 정반대이다. 볼셰비즘은 소련이나 다른 위성국에서 오는 외부적 위협이 아니다. 소위 '제5열fifth column'[3]의 위험은 단순한 간첩 활동의 위험보다 훨씬 더 실질적이며, 루마니아의 반유대주의 단체에서 프랑스의 '도리오부대'[4]에 이르기까지 나치의 사주를 받는 어떤 정당도 충성심, 신뢰성, 효율적 감독이란 측면에서 모스크바가 지휘하는 공산당과 경쟁할 수 없었을 것이다.

그러므로 미국 외부의 단순한 반스탈린주의는 뚜렷한 민족주의 색채를 띠고 있으며, 예를 들어 프랑스의 선량한 많은 사람을 드골의 정치 운동으로 이끌었다. 그들은 드골 정부의 뚜렷한 전체주의적 잠재력과 권위주의적 확실성에도 불구하고 이러한 위험성을 자각했을 때조차 외국의 독재보다 토착적 독재를 선호했기 때문이다. 반면에 분별력과 성실성을 지닌 유럽인들은 개인적·지적 배경 때문에 자신들을 미국의 타협하지 않는 반스탈린주의자로 만들 가능성이 매우 크지만, 동조자가 되는 것에 불쾌한 성향을 보이고 미국식 반스탈린주의에 대한 뚜렷한 적대감을 보여 왔다.

때로는 외국인의 눈으로 자신을 바라보는 것은 유용하다. 이 경우에 유

---

[3] 옮긴이_ 수단과 방법을 가리지 않고 국가의 단결을 깨뜨리려는 비밀집단. 이 용어는 스페인 내란(1936~1939) 때 파시스트 혁명장군이었던 에밀리오 몰라 비달이 처음 사용했다. 군대의 행진대열이 보통 4열 종대이므로 열외(列外), 즉 제5열에 있는 부대를 가리킨 데서 비롯된 명칭이다.

[4] 엮은이_ 아렌트는 루마니아의 이온 안토네스쿠(Ion Antonescu)의 친히틀러파인 철위대(Iron Guard)의 독재와 프랑스의 자크 도리오(Jacques Doriot) 추종자들을 언급하고 있다. 도리오는 1898년에 출생해서 1945년에 암살되었는데, 일생을 통해 극좌에서 극우로 전향하여 활동한 정치적 극단주의자였다. '프랑스인민당(Parti Populaire Français)'의 지도자로서 그는 극단적 민족주의자였고 프랑스의 총통으로 알려진 것과 같이 나치의 협력자였다.

럽인들이 미국의 반스탈린주의의 밑바탕을 이루는, 명료하지 않은 요소를 발견하는 것은 놀라운 일인데, 반스탈린주의자들도 이것을 반쯤은 알고 있다. 유럽인들은 스탈린이 자신들의 분노를 살 만한 유일한 적이라는 완고한 주장, 그리고 세계 전체가 스탈린주의자와 반스탈린주의자로 구분될 수 있다는 조야한 가정 이면에서 미국인들의 묵시적이며 표현하지도 않은 현상 유지 정책에 대한 강한 집착을 감지한다. (물론, 미국의 지식인들이 유럽 지식인들을 후진적이고 미숙하며 우매하다고 공격함으로써 유럽 지식인들에 대응할 때, 이러한 의혹은 확인된다.) 더욱이 반스탈린주의자들이 외교 문제에만 집착하다 보니, 유럽인들은 이 반스탈린주의가 단지 이데올로기적일 뿐이며, 따라서 동서 분열의 흥미롭지 못한 수반 현상일 뿐이라고 두려워한다. 동서 분열은 전쟁이 발발하면 누가 이겼는지와 관계없이 유럽 대륙 전체가 파괴될 가능성이 크다. 마찬가지로 미국 내 반스탈린주의자들이 인정하지 않는 방식으로 현상 유지 정책을 고수하는 것은 다른 곳에서도 현상 유지 정책을 고수하는 것이라고 오해받기 쉽다. 특히 마셜 플랜은 불가피하게 흔들리는 정부(특별히 프랑스)를 지원하고 유럽을 현상 유지 상태로 회복하는 결과를 가져왔기 때문이다.

유럽에서 전쟁 문제가 완전히 다르게 보이는 것은 당연하다. 자유 대 완전한 지배라는 중대한 정치 문제는 절멸에 대한 두려움에 가려져 있다. 그러나 흥미롭게도, 미국 정책과 미국 지식인들의 태도에 대한 유럽인의 평가에서 훨씬 더 결정적인 요소는 순전히 역사적·지적인 전통이다. 전체주의가 등장하기 오래전, 그리고 19세기 내내 저명한 역사가들이나 정치인들은 미래의 세계 최강대국, 미국과 러시아 사이의 전쟁을 예측했다. 교양 있는 유럽인이라면 전적으로 러시아와의 갈등 가능성에 정치적 신념을 집중시킨 미국 급진주의자를 민족주의적 동기로 의심하지 않기란 어렵다고 생각한다. 그는 정치체제와 무관하게 이러한 갈등을 역사적 필연성으로 생각하는 경향이 있기 때문이다. 그리고 반스탈린주의는 현재의 형태와 용례,

특히 세련화의 현 단계에서 정치에 대한 전형적으로 유럽적인 이데올로기적 접근에 더할 나위 없이 잘 들어맞는 것으로 보인다. 이러한 접근은 '제3세력'을 확립하기보다 파시즘과 공산주의, 미국과 러시아를 회피하려는 경향이 있는 태도를 확증하는 듯하다. 즉 일관성을 유지하려고 국가를 이데올로기와 운동으로 규정한다(러시아는 공산주의이고, 미국은 파시스트나 제국주의로 해석되기 때문이다). 유럽인들은 이것이 상충되지만 적대적이지는 않다고 생각한다. 이런 도식적이고 추상적인 사유 방식은 유럽의 독립을 위한 안전한 이데올로기적 토대를 확보하는 데 도움이 되며, 이를 통해 대문자 'E'로 표기된 유럽인(European, 이게 무엇을 의미하든)으로서 이 기반 위에 확고하게 설 수 있을 것이다.

이 측면에서 많은 유럽 지식인의 고민거리는 다음과 같다. 즉 오랫동안 열망한 유럽연방이 명확한 정치적 가능성이 된 지금, 새로운 세계 강대국 집단은 이들의 이전 민족주의를 더 큰 구조에 적용하고, 과거 독일인·이탈리아인·프랑스인처럼 협소하고 지극히 배타적인 유럽인이 되는 것을 너무 쉽게 만들고 있다. (그리고 이것은 그들 중 가장 좋은 사람들에게도 해당된다. 다른 사람들은 자신들의 나라를 위한 유럽의 지도력을 주장하려고 통합된 유럽이란 구호를 사용하는 확실한 경향을 보이기 때문이다.) 오늘날 우리가 유럽에서 목격하는 것은 일종의 미국식 고립주의가 반복되는 모습이다. 유럽주의는 종종 정치적 상황에 대한 진정한 통찰의 징표라기보다 고립주의적이고 오만한 분위기의 징표다. (이러한 새로운 부류의 민족주의에서 눈에 띄게 자유로운 유럽인 중 한 명은 독일의 철학자 카를 야스퍼스이다. 1948년 11월호 『논평[Commentary]』에 실린 그의 논문을 참조할 것).[5] 유럽인들은 자

---

5   엮은이_ "인류 역사의 추축시대: 인류 통합을 위한 기초." 아렌트는 야스퍼스에게 보낸 에세이에서 다음과 같이 쓰고 있다. "인류애(humanity)라는 개념에 가장 튼튼한 기반을 제공하고 그 단어의 가장 좋은 의미에서 인간들을 화해시킨다. 여기에서 중요한 점은 화해라는 요소인 것 같다. …" *Hannah Arendt-Karl Jaspers Correspondence 1926-1929*, edited by Lotte Kohler and Hans Saner, New York, 1992, Letter 71, 1948년 7월 16일. 옮긴이_『한나 아렌트 카를 야스퍼스 서간집 1』, 259쪽.

신들의 새로운 고립주의 때문에 미국 고립주의의 붕괴의 완전한 의미뿐 아니라 그러한 사실을 이해하는 데 대체로 어려움을 겪는다. 만약 그들이 그런 사실을 인정한다면, 그들은 미국 고립주의의 붕괴를 미국 제국주의의 시작으로 잘못 해석하며, 마셜 플랜[6]에 따른 미국 달러의 수출이 포괄적 동맹체계, 즉 북대서양 조약을 수반하는 것이지 미국의 권력과 폭력 도구의 수출을 수반하는 게 아니라는 것을 이해하지 못한다. 반면에 미국의 비제국주의적 의도를 받아들일 준비가 되어 있는 사람들은 미국이 순전히 유럽을 위해 고립주의를 포기할 것으로 기대하고, 미국을 일종의 새로운 유럽 민족주의 확대판으로 포함하는 경향을 보인다. 그러나 미국의 고립주의가 사라지면 대서양과 태평양 사이 미국의 지리적 위치, 인구 구성(구성비가 실제로 어떻든 지구상의 모든 국가에서 온 사람들이 미국 시민으로 간주됨), 그리고 미국의 공화주의 제도가 갖는 특별한 성격은 모두 국제정치의 포괄적 개념을 보여준다.

유럽인의 두 가지 의심은 미국의 반스탈린주의자들이 단순히 현상 유지를 위한 더 정교하고 덜 강력할 수호자일 뿐이라는 의심, 그리고 그들이 단지 국제정치에서 국가이익을 위한 이데올로기적 '상부구조'에 불과하다는 의심이다. 전자는 타당한 듯하고 후자는 근거가 없는 듯하다. 소련이 사회주의 국가인지 아닌지에 대한 반스탈린주의자들의 끊임없는 토론은 그들이 다른 미국인들과 더불어 강제수용소와 비밀경찰의 도움으로 기능하면서 사회의 총체적 지배와 인간의 총체적 굴복을 목표로 하는 어떠한 정부도 근본적으로 솔직하게 반대한다는 사실을 다소간 모호하게 한다. 이러한 반대는 미국과 소련의 국가이익을 둘러싼 예측 가능한 항구적 갈등과 아무런 관계가 없다. 오히려 미국 지식인들은 유럽인들과 달리 행복하게도 그

---

6 옮긴이_ 제2차 세계대전 후, 1947년부터 1951년 사이 미국이 서유럽 16개 나라에 행한 대외원조 계획. 정식 명칭은 유럽부흥계획(European Recovery Program, ERP).

러한 사유에 때 묻지 않았다. 그 이유는 간단하다. 그들이 19세기와 20세기 역사학자들이나 다른 예언자들보다 미국을 더 잘 알고 있기 때문이다. 그들은 더 이상 이 공화국의 기초와 필요성을 이해하지 못했고, 유럽 국민국가의 마지막 제국주의 단계에 관한 규칙을 전혀 다른 조건에 기초한 정치체에 맹목적으로 적용했다.

미국의 반스탈린주의가 미국 정부 형태를 고수하는 것, 즉 유럽 관점에서 말하자면 현상 유지에 확고히 뿌리를 두고 있다는 것은 전적으로 사실이다. 그리고 반스탈린주의자들이 자신들의 과거 전력 때문에 이러한 애착을 인정하지 않으려 하고 자신들의 정치철학을 이해하지 못하는 무능력을 제외하면 반대할 만한 이유는 없다. 미국 공화국은 18세기의 위대한 혁명에 기반을 둔 유일한 정치체로서 150년 동안 산업화와 자본주의 발전에도 존속해 왔고, 부르주아지의 등장에 대처할 수 있었으며, 사회의 강력하고 추악한 인종 편견에도 불구하고 민족주의와 제국주의 정치 게임을 수행하려는 모든 유혹을 견뎌냈다.

유럽인들은 정치적 현상 유지 정책을 이렇게 받아들이는 것이 순응주의도 아니고 이전의 급진적 신념을 배신하는 것도 아니라는 점을 이해하는 데 상당한 어려움을 겪는다. 미국에서 참을 수 있거나 덜 악할 뿐만 아니라 긍정적으로 생산적이고 기존의 정치적 가능성으로 가득 찬 것은 유럽에서는 참을 수 없고 논의의 여지가 없기 때문이다. 유럽의 현상 유지가 볼셰비키 혁명이 일어날 경우 그들이 얻을 수 있는 것보다 훨씬 훌륭하다고 말하는 것은 분명히 유럽인들에게 진실을 말하는 것이지만, 그것은 무의미한 진실이다. 기적이 없다면 특정 유럽 국가들의 현상 유지가 불가능하다는 것을 누구든 알고 있기 때문이다. 이 국가들에서 현상 유지를 지지한다는 것은 종종 아주 기본적인 경제적 의미가 없는 착취를 옹호하고, 엄청난 부정의를 용인하며, 주민 대다수에게 빈곤과 명백한 고통을 인정한다는 의미를 지닐 수 있다. 유일한 정치적 기준으로서 반스탈린주의를 일관되게 고수하는 것은 더 높은 임금, 더 나은 양식, 노동조합을 쟁취하기 위한 모든 투쟁에 반대하고, 일반적으로 유럽의 특권계급 대다수의 비정상적 행태를 일반적으로 지지한다는 의미를 지니고 있다. 미국의 반스탈린주의자들이 유럽의 공산당을 단지 소련 요원들의 단순한 집단으로 간주하는 것은 순전히 무지함으로부터 나온 생각이다. 공산당은 여전히 세계 곳곳에서 대중운동이거나 잠재적인 대중운동이다. 공산당의 회원은 미국 지부의 회원과 거의 공통점이 없다.

그러나 공산당의 객관적 역할에서 나타나는 이러한 차이가 오해를 불러오는 유일한 원인은 결코 아니다. 사실, 미국의 반스탈린주의자들은 유럽의 지식인들이 대중과 분리되는 것에 대해 인정한 꼼꼼함이 감정의 약함 때문이라는 의심으로 자신들이 순응주의자라는 유럽의 비난에 반박할 것이다. 즉 한편 유럽 내 지식인과 노동자 사이에 실제로 존재하는 관계에 대한 미국인들의 무지, 다른 한편 반스탈린주의자들이 미국 내 결정적인 모든 정치세력으로부터 고립되었다는 사실을 통해 쉽게 설명될 수 있는 의심이다. 그러나 이러한 진부한 오해의 이면에는 미국과 유럽 국가들 사이의 구조적 차이와 이 국가들의 지식 계층이 수행하는 역할의 차이와 연관된 더 심각하고 추적하기 어려운 오해의 근원이 자리 잡고 있다. 어떤 면에서는 몹시 이해되기 원했음에도 불구하고 오늘날 유럽에서 가장 잘 알려지지 않은 나라는 그 효율성과 반비례해서 점점 더 잔인한 철의 장막 정책을 펼쳐 온 러시아가 아니라 미국이라고 할 수 있다.

유럽인의 관점에서 보면, 미국을 이해하는 데 가장 큰 어려움은 미국 내 사회세력과 정치세력, 즉 사회와 정치체 사이의 특이한 관계에 있다. 유럽인 방문객은 미국의 정치 현실을 전혀 인식할 수 없다. 정치 현실은 사회의 외양에 아주 잘 은폐되기 때문이다. 거울이 빛을 증폭시키듯이, 한 사회에서 공공성과 공적 관계는 모든 사회적 요소들을 증폭시키며, 따라서 화려한 외관은 압도적인 현실인 것처럼 보인다. 이 방문객은 사회 문제에 있어서 분명히 세상에서 가장 큰 순응주의자이고 정치에 대해서는 거의 언급하지 않는 전형적인 미국인 존스 씨가 그런데도 정치 문제에 있어서 시민으로서 깊은 책임감을 유지하는 가장 독립적인 존재라는 것을 상상할 수 없다. 이 방문객은 다음과 같은 점도 상상할 수 없다. 즉 사람들이 한 계급체계에서 발견할 수 있었던 것보다 더욱더 이질적인 집단에 의해 결정되는 매우 복잡한 사회적 상호 관계의 체계는 대중사회에서 나타나는 최악의 문화적 요소들을 구성하는 외피에 기저를 이루고 있다는 사실을 말이다. 이 방문객은 사회를 정치세력의 작용을 연역하는 가시적인 실체로 생각하는 마르크스주의 이론으로 교육받았지만, 정치세력과 사회세력이 전혀 서로 경쟁하지 않으며 종종 서로 모순되지 않는 상황이나 정치적 전통과 신념이 사회현상에 비추어 판단될 수 있는 것보다 훨씬 안정적이고 항구적인 상황에 전혀 대비하지 못했다. 개인의 삶이 전적으로 성공에 집중되어 있고 '실패'에 대한 두려움이 만연한 개인이 유럽의 역사 숭배자들의 정치적 성공 우상숭배에서 완전히 자유로울 수 있으리라고 누가 기대할 수 있을까? 달리 말하면, 이 방문객은 20세기(어떤 의미에서는 19세기) 미국 사회가 18세기 정치철학의 단단한 토대 위에 생존하고 번영한다는 것을 이해하지 못한다.

미국 반스탈린주의자들의 문제점은 그들이 똑같은 마르크스주의 이론으로 교육받았으므로, 말하자면 이론적으로 그들의 눈을 믿을 수 없다는 것이다. 그러나 실제로 그들은 진정한 정치적 자유의 소수 생존자와 시민권 없이는 불가능한 최소한의 사회 정의의 보증자들 사이에 있다는 것을 알고 있는 정부 형태를 반대하지 않을 만큼 충분한 감각을 가지고 있다. 이러한 이론적 무분별은 많은 불행한 결과를 낳았다. 미국의 지식인들이 다른 어떤 지식인들보다 정치 현실에서 더 고립되어 있다는 것은 거의 사실이다. 그들은 자국의 정치세력으로부터 고립되어 있다. 물론 유럽인들은 이런 사실을 재빨리 감지하여 지적한다. 미국 사회는 일반적으로 지식인들을 얕보기 때문일 뿐만 아니라, 지식인들이 나라 전체의 정치적 자기 이해와 자의식을 형성하는 데 지원하거나 정치철학의 확고한 기반 위에 정부의 행위를 비판하는 특이한 지적 기능을 수행하지 못하기 때문이다. 미국의 지식인들은 이러한 특별한 형태의 고립 이외에도 전형적인 미국식 고립 정신을 공유한다. 즉 그들은 사실 행복한 섬에 살고 있으며, 세계 어디에도 존재하지 않는 조건이 '정상적'이라는 위험한 환상에 빠져 살고 있다. 우리 시대의 가장 잔인한 정치적 경험인 전체주의의 지배와 공포를 겪지 않은 미국 지식인들은 항상 지식인들의 특권인 상상력이라는 재능을 사용함으로써 자신들과 다른 나라 친구들의 격차를 해소하는 데 거의 노력하지 않는다.

유럽인들이 미국 지식인을 순응주의자라고 쉽게 비판하는 것은 주로 그들이 이론적으로 명료하지 못하기 때문이다. 한 가지는 진실이다. 즉 미국 지식인들은 1920년대와 1930년대는 그랬지만 이제는 더 이상 혁명운동의 지지자가 아니다. 그리고 그들이 그랬다면 바보일 것이다. 그들은 정치적 순응주의자인 것같이 보이지만, 자신이 사는 사회와 관련하여 여전히 비순응주의자이다. 유럽인들은 지식인으로서 좋은 직업, 멋있는 집, 새로운 승용차 이외의 것을 삶에서 필연적으로 요구하는 사람들의 극단적인 사회적·문화적 고립 속에서 항구적인 긴장을 그다지 이해하지 못했다. 그리고 그들은 자신이 고독하다고 느끼면서도 모든 정치 문제에 있어서 국가와 자신들을 동일시한다. 매우 불행한 일이지만, 미국 지식인들은 미국 정치제도의 '진보성'을 유럽 방문객들에게 열렬하게 설명하는 과정에서 미국 사회의 현재 기준, 즉 사회에 팽배한 순응주의, 개인과 직업을 동일시하는 성향, 성취와 성공에 대한 지독한 집착, 명성에 대한 엄청난 과대평가 — 유럽 방문객들이 잠재적으로 전체주의적이라고 생각하는 사회적 속성 — 에 대해 얼마나 심각하게 반대하고 있는가를 유럽 방문객들에게 말하는 것을 종종 무시하지 않고 있다.

만약 미국의 급진주의자들이 공개적으로 당당하게 미국 헌법을 인정하고 현재의 사건과 조건이란 관점에서 헌법을 해석할 수 있다면, 유럽인과 미국인의 정치적 사유 사이에 나타나는 격차를 줄이는 게 도움이 될 수도 있다. 미국 지식인들이 빠질 수 있는 최대의 위험은 그들이 지적인 모호성과 혁명적인 행동에 대한 적지 않은 경멸로 말미암아 미국 사회에 순응하려는 유혹에 빠질 수 있다는 점이다. 이러한 위험은 나쁠 것이다. 미국 사회는 그다지 문화적 낙원도 아니고, 사회적 비순응주의 자체도 언제나 지식인들 ― 예술가든, 작가든 또는 학자든 ― 의 특징이 되어 왔고 또 그럴 것이기 때문이다. 지적으로 보자면, 비순응주의는 성취의 거의 **필수불가결**한 요소이다.

정치적으로 말하자면, 전 세계를 비정상으로 여기고 미국을 표준으로 생각하여 이를 강화하기보다는 다른 미국인들을 비자발적인 고립으로부터 구출하는 것이 지식인의 임무가 되어야 한다. 이러한 임무는 자동으로 오래된 용어의 청산으로 이어질 것이다. 이러한 용어 가운데 아마도 '반스탈린주의'라는 호칭이 가장 의미 있고 유일한 예일 것이다. 미국 반스탈린주의자들의 과거는 세계 다른 지역에서 발생한 사건들과 너무 밀접하게 연계되어 있기에, 그들은 그 과거와 결별하기를 꺼린다. 그러나 만약 미국의 반스탈린주의자들이 인류를 구성하는 다른 사람들과 같은 시대를 살아가려면, 그들은 전체주의가 오로지 "사악한 미스터 스탈린"의 창조물이 아니며, 오늘날 세계에는 러시아 혁명당의 내부 권력투쟁보다 인식하고 걱정할 더 중요한 것이 있다는 사실을 깨달을 필요가 있다.

종교와 지식인들

1950

1950년 『파르티잔 리뷰』 측은 상당수의 저명한 사상가나 작가에게 몇 가지 질문을 제기하고 이에 응답해달라고 요청했다. 이들 중에는 아렌트 외에도 W. H. 오든, 존 듀이, 로버트 그레이브스, 매리앤 무어, A. J. 에이어, 시드니 훅, 알프레드 카진, 필립 라브, 알렌 테이트, 폴 틸리히, 로베드 데이비스, 자크 마리탱, 윌리엄 바렛, 보애스, 클레멘트 그린버그, 어빙 하우, 드와이트 맥도널드, 그리고 윌리엄 필립스 등이 포함되어 있다. 이들은 "지성인들의 종교에 대한 새로운 관심 그리고 세속적 태도와 관점에 점점 더 증대되는 비우호적 태도"와 관련한 질문에 응답하였다. 다음과 같이 다섯 개의 일반적 주제가 제시되었는데, 아렌트는 항목 번호에 따라 응답하였다: 1. 그런 경향의 원인들; 2. 지식인들의 신념 변화; 3. 종교와 문화; 4. 종교와 문학; 5. 하이데거나 말로가 주장하듯이, 종교적 의식과 종교적 믿음의 구별. 아렌트의 답변은 『파르티잔 리뷰』 제17권 제2호(1950년 2월)에 게재되었다.[1]

1. "모든 사건에는 그 원인이 있다"는 **믿음**은 "자연주의적 관점"에만 국한된 것이 아니다. 즉 자연주의naturalism는 모든 사건에 **자연적** 원인이 있음을 입증하려고 시도하지만, 인과율 원리를 당연하게 여긴다. 인과율은 과거의 모든 신학적 논의에서 매우 중요한 역할을 해 왔기 때문에, 이러한 믿음은 단순한 말다툼 이상의 의미를 지닌다. 신의 존재를 '증명하는' 중세의 논증은 흔히 신의 존재, 즉 존재하는 모든 것에 원인이 있다는 개념에 기초를 두고 있었다. 반면에 진정한 무신론적 입장은 일련의 인과율을 부정하고 모든 사건의 우연적·우발적 성격을 가정하는 것이 특징이다. 만약 한 사건과 다른 사건을 연결하는 인과율의 연결이 증명될 수 없다면, 피조물의 존재로부터 창조주의 존재를 도출하는 결론은 타당하지 않다.

더욱이 이 동일한 첫 번째 논점은 종교 — 아마도 일종의 환상 — 가 일종의 치유책이라는 의미를 암시하지만, 이것은 종교에 대한 자연주의적 해석은 아니다. 모든 것에 자연적인 원인이 있다는 가정은 인간의 필요나 사회적 조건과 완전히 무관하기 때문이다. 이 가정은 참이거나 거짓인 체한다.

내가 지적하고 싶은 요지는 인과율을 타당한 원리로 받아들인다면 당신은 항상 신의 존재에 대한 '논증'으로 끝낼 것이란 점이다. 그러한 모든 논증의 문제점은 물론 칸트가 보여준 것처럼 논리적 연역으로는 **사실**의 존재를 증명할 수 없다는 것이다. 마찬가지로, 누구도 그것을 반증할 수 없다. 과학적으로 말하자면, 우리는 신의 존재를 입증하거나 반증할 수 없다. 논증이 그러한 진술을 할 수 있다는 '과학적 태도'는 무비판적인 미신의 태도이다.

그러나 이 문제에 대해 타당한 진술을 하는 것이 불가능하다는 점은 철학적 의미를 갖는다. 인간의 조건이나 정신은 그러한 속성을 지니고 있기

---

1 서지사항은 다음과 같다. Hannah Arendt, "Religion and the Intellectuals: A Symposium," *Partisan Review* 17(Feburary 1950), pp. 113-116.

에, 사람들은 마치 매우 흥미로운 사실적 정보와 관련하여 어둠 속에 놓여 있는 것처럼 보인다. 이 자체는 사실이며 해석의 여지가 있다. 신학은 이러한 어둠이 없다면 신앙도 없고 따라서 구원을 받을 자격도 없다고 말할지 모른다. 철학은 이러한 지식이 근본적으로 존재하지 않는다면 인간의 자유가 존재할 수도 없었다고 말할지 모른다. '과학적 태도'와 관련하여 가장 중요한 점은 다음과 같다. 즉 과학적 태도는 사실에 주로 관심을 갖는 과학의 본질에 속하며, 우리의 사실적 정보는 제한되어 있을 뿐 아니라 인간 조건과 존재 일반의 실존에 연관되는 가장 중요한 사실적인 질문에 대한 답은 인간의 사실적 지식과 경험을 초월한다.

2. 나는 현재 일어나는 '종교 부흥' 현상의 의미를 과대평가하지 말도록 여러분에게 경고하고 싶다. 이러한 '시대정신의 과장 선전'은 곧 계몽주의 시대 이후 여전히 갈지자 길을 따라왔고, 그 뒤를 이어 낭만주의가 밀접하게 이어졌다. 우리가 순수하게 지적인 관점에서 이러한 역사를 관찰하고 이념 역사의 관점에서 역사를 생각한다면, 우리는 대략 20년마다 자연주의(또는 실증주의, 또는 변증법적 유물론 또는 실용주의) 태도가 종교 부흥으로 이어진다는 것을 발견할 수 있다. 이런 흐름은 확실히 놀라운 일은 아니다. 반대로, 지난 300년간 서양 문명에서 발생했던 종교적 신념의 급속한 쇠퇴가 이런 지적인 기억 — 즉 수천 년에 걸친 인간 역사와 문화의 기억 — 에 의해서 방해받지 않았다면, 그것은 훨씬 더 놀라운 것이다.

역사적으로 말하자면, 사상사 또는 지성사가 중요한 것이 아니라 서양인 일반의 역사가 중요한 것이다. 압도적 다수의 사람은 종말의 시간에 최후의 심판을 믿지 않았다는 것이 중요한 역사적 사실이다. 물론 이것은 대다수가 더욱 과학적 경향을 지니게 되었다는 것을 의미하지 않으며, 사람들은 흔히 주장하듯이 이 시기에 과학의 부상이 실제로 이러한 발전을 초래했는지 의심을 할 수도 있다. 어쨌든 같은 대중은 성육신成肉身이나 삼위일체와 같은 오래된 신비에 대해서는 거의 생각하지도 않고 무엇이든 기꺼이 믿으려고 한다. 이것은 명백히 미신이며, 현대인의 무서운 속임수와 '과학적 태도'에서 내가 볼 수 있는 유일한 연관성은 고상한 미신과 저속한 미신의 내용이 과학적 발견의 내용보다 훨씬 더 빠르게 변한다는 점이다.

3과 4. 나는 사람들이 문화를 갖고 싶어 한다는 이유만으로 종교를 하나의 제도로 조직할 수 있다거나 조직해야 한다는 생각이 항상 다소 우스꽝스럽게 보였다는 것을 고백해야 한다. 누군가가 하느님을 믿고 그분에게 기도하며 정기적으로 교회에 나가면서 십계명을 따르겠다고 다짐하게 되어서 시인들이 다시 영감을 얻고 문화가 '통합될' 수 있다는 생각은 아주 고무적인 일이다. 교회가 그 글들을 목록에 올렸을 때 그것을 충분히 잘 알고 있었듯이, 당신이 언급한 '지적인 가톨릭 사상catholicisme cérébral'은 종교를 없애는 가장 확실한 방법들 가운데 하나이다. 물론 전체주의에 대항하는 무기나 "문명화된 전통을 보호하는 수단"으로 종교를 사용하는 때에도 마찬가지이다. 더욱이 그러한 모든 시도는 특히 전체주의에 맞서는 투쟁에서 실패할 수밖에 없는 것 같다. 거의 모든 교파 성직자들의 선의와 빈번한 영웅적 행위에도 불구하고, 최근의 역사는 새로운 전체주의 정부 형태에 직면했을 때 조직화된 종교가 얼마나 약하고 무력한지를 보여주었다.

종교에 대한 모든 논의에서 나타나듯이 여기에서 문제점은 다음과 같다. 즉 누구도 진리에 관한 질문에서 벗어날 수 없으며, 따라서 전체 문제를 마치 하느님이 그것이 무엇에 좋고, 무엇에 반대하는지 아는 특별히 영리한 실용주의자의 개념이었던 것처럼 다룰 수 없다. 그것만 그런 것은 아니다. 하느님이 존재하고 사람들이 그분을 믿는 것은 모든 문화와 문학보다 더 중한 사실이다. 또는 그분은 존재하지 않으며 사람들은 그분을 믿지 않는다. 그리고 어떤 문학적 또는 다른 상상도 문화의 이익과 지식인을 위한 이러한 상황을 바꿀 가능성은 없다.

5. 나는 말로의 최근 저작을 모르지만, 철학자인 하이데거는 물론 우리 모두와 마찬가지로 '전통적인 종교적 신념'의 타당성이나 무효성에 대한 특

별한 정보가 없었기 때문에 결코 명시적으로 '거부하지' 않았다는 것을 확신한다. 다른 한편 나는 스피노자와 데카르트 이후 가톨릭 철학계 외부의 위대한 철학자들 가운데 누가 '전통적인 종교적 신념'을 받아들였는가를 알고 싶을 뿐이다.

"이전에 종교 의식에 속하던 여러 가지 태도를 되살리려는" 현대의 시도에 대한 많은 논의가 있었다. 그러한 논의는 항상 나에게 요점을 벗어난 것처럼 보였다. 결국, 누구도 기독교의 하느님 없이 겸손이라는 기독교의 미덕을 설교하려고 하지 않았다. 반면에, 기독교 신앙이 도전받지 않은 채 인간의 의식을 지배하는 한, 모든 인간의 태도는 종교적, 특별히 기독교적 관점에서 해석되었다는 것은 명백하다. 우리 자신이 그것을 이해하기 위해 기독교 철학의 명백한 기초인 구체적인 신조를 믿어야 한다면, 우리는 천년이 넘는 철학적 사고를 버려야 할 것이다. 나는 과거 철학의 방대한 체계를 더는 '과거의 오류'로 간주하지 않는 지경까지 지식인을 이끌어 갈 시대정신에 완전히 공감한다는 점을 인정해야 한다.

사회과학 분석 기법과 강제수용소 연구*

1950

모든 학문은 몇 가지 모호하고 기본적이며 공리적인 가정에 반드시 기반을 두고 있다. 그런데 이 가정은 그 범주의 틀 내에서 더는 이해될 수 없는 전혀 예기치 못한 현상에 직면할 때만 드러나고 설파된다. 지난 100년 동안 발전해 온 사회과학과 그 기법은 이러한 규칙에서 예외가 아니다. 이 에세이의 주장은 다음과 같다. 강제수용소와 절멸수용소 제도, 즉 수용소 내의 사회적 조건뿐만 아니라 전체주의 정권에 이바지하는 광범위한 테러 기구에서 수용소의 기능은 현대 정치와 사회를 올바로 이해하려는 과정을 가로막는 걸림돌인 예기치 못한 현상이 될 가능성이 있으며, 사회과학자들이나 역사학자들은 이 때문에 세계나 인간 행태의 과정과 관련하여 지금까지 의심하지 않았던 근본적인 선입견을 재고해야 할 것이다.

사실을 단순히 열거하는 것만으로는 "부적절하고 신뢰할 수 없는"[1] 것처

---

* 서지사항은 다음과 같다. Hannah Arendt, "Social Science Techniques and the Study of Concentration Camps," *Jewish Social Studies*, Vol. 12, no. 1(1950), pp. 49-64.

1 로버트 H. 잭슨 판사는 뉘른베르크재판 개회사를 다음과 같은 말로 시작했다. "제가 만약 이러

럼 들리게 만드는 주제, 그리고 경험 중에 "이것이 악몽이 아니라 진짜이고 실제로 일어나고 있었다는 것을 스스로 확신하는 데 결코 완전히 성공한 적이 없는"[2] 사람들이 보고서를 작성하는 데 주목했던 주제가 있다. 그런데 이 주제를 다루는 명백한 어려움 뒤에는 공통감 판단의 틀 안에서 기관 자체와 그 폐쇄적 장벽 안에서 벌어진 일이나 그 정치적 역할이 전혀 이해되지 않는다는 더 심각한 당혹감이 자리 잡고 있다. 만약 우리 행위의 대부분이 공리주의적 성격을 띠고 있고 우리의 악행이 사리사욕의 '과장'에서 비롯된다고 가정한다면, 우리는 이 특정한 전체주의 제도가 인간의 이해를 초월한다는 결론을 내리지 않을 수 없다. 반면에 우리가 일반적으로 살면서 따르는 모든 기준을 추상화하고 인종주의의 환상적인 이데올로기적 주장만을 논리적으로 순수하게 고려한다면, 나치의 절멸 정책은 너무도 타당하다. 그 공포의 배후에는 첫 번째 비정상적인 전제가 받아들여지면 모든 것이 틀림없이 필연적으로 뒤따르는 특정 편집중 환자 체계의 특징인 융통성 없는 논리가 자리 잡고 있다. 이러한 체계의 광기는 분명히 첫 번째 전제에만 있는 게 아니라 모든 사실과 현실에 상관없이 진행되는 논리성에 있으며, 이는 우리가 무엇을 하든 절대적으로 완벽하게 수행할 수 없다고 우리에게 알려준다. 달리 표현하면, 이러한 체계의 광기는 수용소 자체의 비공리주의적 특성일 뿐만 아니라 반공리주의적 기능이기도 하다. 수용소 자체의 비공리주의적 특성 — 완전히 무고한 사람을 '처벌하는' 무분별, 이들에게서 유익할 작업을 할 기회를 박탈하여 양호한 상태로 이들을 유지하지 못하는 것, 완전히 억제된 주민들을 경악하게 하는 잉여성 — 은 수용소에 독특하고 불안한 특성을 부여한다. 수용소의 반공리주의적 기능은 군사

한 공포를 저 자신의 용어로 말해야 한다면, 여러분은 저를 없었던 사실을 제멋대로 말하는 믿지 못할 인간이라고 생각할 것입니다." 다음 자료를 참조할 것. *Nazi Conspiracy and Aggression* (Washington, 1946), Ⅰ, p. 140. 이하 『나치 음모와 공격』으로 표기한다.

[2] 『나치 음모와 공격』, 제7권, 824쪽에 수록된 브루노 베텔하임의 보고서 「다카우와 부헨발트에 대하여(On Dachau and Buchenwald)」를 참조할 것.

활동과 같은 최고 비상 상황조차도 이러한 '인구정책'에 개입하는 것을 허용하지 않았다는 사실이다. 나치는 마치 전쟁에 승리하기보다 학살 수용소, 죽음의 공장을 운영하는 것이 더 중요하다고 확신하는 것처럼 보였다.[3]

바로 이런 맥락에서 전체주의적 테러에 적용되는 "전례 없는"[4]이란 형용사는 완전한 의미를 지닌다. 총체적 지배에 이르는 길은 비교적 정상적이고 완전히 이해할 만한 여러 중간 단계를 거친다. 침략 전쟁을 벌이는 것은 전례 없는 일은 아니다. 즉 적국의 주민이나 심지어 적대적 민족으로 추정되는 사람들에 대한 대량 학살은 피비린내 나는 역사 기록에서는 일상적인 일처럼 보이고, 식민지화 과정에서 원주민을 몰살하고 새로운 정착지를 세우는 일은 미국·호주·아프리카에서 일어났으며, 노예 제도는 인류의 가장 오래된 제도 중 하나이고, 국가가 공공사업을 위해 운영하는 강제노동 수용소는 일찍이 로마제국을 지탱하는 제도들 가운데 하나였다. 정치적 꿈의 역사를 통해 잘 알려진 세계 지배라는 주장조차도 전체주의 정권의 전유물이 아니며, 권력에 대한 열광적으로 과장된 욕망으로 충분히 설명될 수 있다. 전체주의 지배의 이러한 모든 측면은 매우 끔찍하고 범죄적이기는 하지만 우리가 다루고 있는 현상과 구별되는 한 가지 공통점을 갖고 있다. 즉 이러한 측면은 강제수용소와 달리 확실한 목적을 지니며 일반적인 절도가 절도범에게 이로운 것과 똑같은 방식으로 통치자에게 이익이 된다. 동기는 명확하고 목표를 달성하는 수단은 일반적으로 인정되는 의미에서 공리주의적이다. 우리가 강제수용소라는 제도를 이해하고 이것을 인류 역사의 기록에 포함하는 데 겪는 예외적인 어려움은 정확히 그러한 공리주

---

3   괴벨스는 1943년 3월 일기에서 다음과 같이 기록하고 있다. "총통은 유대인들이 베를린에서 … 소개된 것을 기뻐했다. 평상시 같으면 결코 해결될 수 없었던 일련의 문제들을 전쟁으로 인하여 해결할 수 있었다고 한 그의 말은 전적으로 옳다. 유대인들은 무슨 일이 있어도 이 전쟁에서 확실히 패배자가 될 것이다." *The Goebbels Diaries 1942~1943*, ed. Louis P. Lochner(New York: Doubleday & Company, Inc., 1948), p. 314.
4   잭슨, 『나치 음모와 공격』, 제2권, 3쪽.

적 기준이 존재하지 않는다는 사실에 기인한다. 이 기준의 부재는 이러한 제도와 관련된 모든 것을 둘러싸고 있는 기묘한 비현실적인 분위기를 조성하는 가장 큰 원인이다.

이해할 수 있는 것과 이해할 수 없는 것의 차이, 즉 일반적으로 인정되는 연구 기법 및 과학적 개념에 부합하는 자료와 전반적인 준거 틀을 논파하는 자료 사이의 차이를 좀 더 명료하게 이해하기 위해서 나치의 반유대주의가 1933년 히틀러의 집권 시기부터 전쟁 중에 죽음의 공장을 설립한 때까지 전개된 여러 단계를 회상하는 것은 유용할 수 있다. 반유대주의가 그 자체로 너무나 길고 피비린내 나는 역사를 지니고 있기에, 죽음의 공장이 주로 유대인이라는 '재료'로 채워졌다는 사실 자체는 이 공장의 '운영'에 드러난 특이성을 다소간 지워버렸다. 더욱이 나치의 반유대주의는 거의 놀랄 정도로 독창성 결핍을 보여주었다. 즉 나치의 반유대주의는 이데올로기적 표현이나 선전을 위한 적용에 있어서 이전의 운동으로 거슬러 올라갈 수 없고 나치가 존재하기 전에 이미 유대인 혐오 문학에서 진부한 표현이 아니었던 단 하나의 요소도 포함하지 않았다. 1930년대 히틀러 독일의 반유대인법은 1935년 뉘른베르크 법안의 발표로 정점을 이루었는데, 이는 19세기나 20세기 사건의 관점에서는 새로운 것이었다. 그러나 이는 유럽 전역에서 활동하는 반유대주의 정당의 공식 목표로서든 이전 유대인 역사의 관점에서든 새로운 것이 아니었다. 1936~1938년에 독일 경제에서 유대인을 무자비하게 제거한 사건과 1938년 11월에 발생한 대학살은 유럽 국가에서 반유대주의 정당이 권력을 독점할 경우 일어날 수 있는 일의 틀 안에 있었다. 다음 단계는 동유럽에 게토를 설치하고 전쟁 초기 몇 년 동안 모든 유대인을 이곳에 집단으로 수용하는 것이었는데, 주의 깊게 관찰하는 사람이라면 누구에게나 놀라운 일이 아니었을 것이다. 이러한 조치는 끔찍하고 범죄적이지만 전적으로 합리적인 것처럼 보였다. 독일의 반유대인법은 대중의 요구를 충족시키는데 목표를 두었다. 과도하게 집중된 전문직에서 유대인을 축출하는 조치는 심각한 실업 상태에 있는 지식인들에게 일자리를 마련해 주는 것 같았다. 1938년 이후 명백한 도적질인 재산 강탈이라는 전면적 후속 조치와 더불어 이루어진 강제 이주는 독일 외무부가 해외 주재원에게 보낸 비망록에서 보여주듯이 반유대주의를 전 세계에 확산시키려는 데 목적을 두었다. 유대인들을 동유럽 게토로 몰아넣고 그들의 재산을 현지 주민들에게 어느 정도 분배하는 조치는 동유럽 주민들 가운데에서 대규모 반유대주의 세력의 지지를 확보하고 정치적 독립성을 상실한 그들의 감정을 누그러뜨리며 그렇게 혹독한 운명을 겪었던 유대인들을 본보기 삼아 그들을 위협하려는 놀랄 만한 정치적 계략인 것 같았다. 전쟁 중에 이러한 조치 이외에 예상할 수 있었던 조치는 한편 기아식starvation diets이고 다른 한편 강제 노동이었다. 독일이 전쟁에 승리할 경우, 이 모든 조치는 아프리카의 마다가스카르에 유대인 보호 구역을 설치한다는 공표된 정책을 위한 준비처럼 보였다.[5] 사실상 (죽음의 공장을 제외한) 그러한 조치는 외부 세계와 유대인들뿐만 아니라 점령된 동유럽 지역의 최고 독일 관리들, 군 당국, 심지어 나치당의 상층부 장교들조차도 예상했던 것이었다.[6]

우리는 동유럽 유대인의 운명이나 죽음의 공장 설치를 반유대주의의 관

---

[5] 독일 외무부가 1939년 1월에 모든 해외 공관에 보낸 회람 서한인 「1938년 독일 외교정책의 한 요인으로서 유대인 문제」에서 다음과 같이 밝혔다. "많은 나라가 유대인의 위험성을 이해하지 못하고 있다면, 대략 10만 명 정도의 유대인을 이주시키는 정책도 관심을 불러일으키는 데 충분하다. 우리는 여기서 유대인 문제가 독일·폴란드·헝가리·루마니아에서 온 많은 유대인이 이주하게 되면, 유대인 문제가 국제정치 문제로 확대될 것으로 추정할 수 있다. … 독일은 유대인 분산 정책을 유지하는 데 대단한 관심이 있다. … 세계 곳곳에서 유대인이 유입되면 지역 주민의 저항을 불러일으키고 그럼으로써 독일의 유대인 정책을 위한 가장 좋은 선전들을 만들어 낼 것이다. … 이주하는 유대인이 더 가난하여 그를 받아들이는 나라에 부담을 주면 줄수록, 그 나라는 더 강력하게 반응할 것이다." 『나치 음모와 공격』, 제6권, 87쪽을 참조할 것.

[6] 나치는 개전 초기에 이 계획을 선전하였다. 알프레트 로젠베르크(Alfred Rosenberg)가 1939년 1월 19일 연설에서 나치의 다음과 같은 요구를 공표하였다. "유대인들에게 우의를 보이는 사람들, 특히 아주 많은 여력이 있는 서방의 민주주의 국가들은 물론 유대인 나라가 아닌 유대인 정착촌(a Jewish reserve)을 건설하기 위해 팔레스타인 외곽 지역을 할당해 주어야 한다." 『나치 음모와 공격』, 제6권, 93쪽.

점에서 충분히 설명하고 파악할 수 없다. 이 두 가지 현상은 반유대주의적 추론과 반유대주의 운동의 선전 이면에 존재한 정치적·사회적·경제적 동기를 뛰어넘는다. 반유대주의는 유대 민족과 더불어 많은 민족의 절멸을 쉽게 시작하기 위한 근거를 마련했을 뿐이다. 우리는 이제 히틀러의 절멸 정책이 상당수 독일인을 제거하는 계획을 수립하는 데 그치지 않았다는 것을 알고 있다. (독일인 중 열등한 자도 제거할 정책 구상을 했기 때문에 이러한 지적이 가능하다.)[7]

나치 당원 자신들, 아니 오히려 힘러에 영감을 받고 친위대의 지원 아래 실제로 학살 정책을 주도한 나치당의 일부는 자신들이 전혀 다른 활동 영역에 참여했다는 사실, 심지어 가장 적대적인 적들조차도 예상하지 못했던 일을 수행하고 있다는 사실을 의심하지 않았다. 그들이 확신했듯이, 이 사업이 성공할 가능성이 가장 큰 부분 중 하나는 외부 세계의 누구도 이런 사실을 진실로 믿을 가능성이 지극히 없다는 데 있었다.[8] 다른 모든 반유대

---

[7] 『나치 음모와 공격』이나 『주요 전범의 재판(*Trial of the Major War Criminals*)』(Nuremberg, 1947) 등에 수록된 나치 문서에 나타나듯이 나치당 내부에서조차 유대인 말살 계획을 대비한 사람은 거의 없었다는 사실은 매우 흥미롭다. 나치 친위대는 힘러와 히틀러의 주도 아래에 관료나 군대 고위 장교들의 반대를 무릅쓰고 언제나 유대인 말살 계획을 실행했다. 점령된 러시아 지역의 행정을 책임졌던 알프레트 로젠베르크는 1942년, 다음과 같이 불만을 제기했다. "신임 최고전권위원(즉 친위대 장교들)은 동부 점령 지역에서 직접적 행위를 수행하려 노력하는데 이것은 총통 자신에 의해 임명된 고관들(즉 친위대 소속이 아닌 나치 관료들)을 무시하는 처사이다." 『나치 음모와 공격』, 제4권, 65쪽 이후 참조. 1942년 가을 동안에 우크라이나에서의 상황을 전하는 보고서들(『나치 음모와 공격』, 제3권, 83쪽부터)은 독일 국방군이나 로젠베르크 자신도 히틀러와 힘러의 유대인 말살 계획을 몰랐다는 사실을 명백히 보여 준다. 폴란드의 총독이었던 한스 프랑크(Hans Frank)는 1943년 9월, 대부분의 당 관료들이 복종을 강요받으며 두려움에 떨고 있을 때, 전시 경제와 국가안보위원회와 관계된 회의에서 감히 다음과 같은 말을 하였다. "여러분은 우리에게 예속된 국민을 과소평가하는 어리석은 태도가 있음을 알고 있고, 무엇보다도 이 국민의 노동력이 우리의 승리를 향한 고전분투에서 가장 본질적인 잠재력들 가운데 하나로 제시되고 있음을 더 잘 알고 있습니다." 『주요 전범 재판』, 제29권, 672쪽.

[8] 히틀러의 사령부에서 종전 후 실행될 조치에 대해 토의가 진행될 때에, 히틀러는 다음과 같은 내용을 담은 국가건강법안(National Health Bill)을 제안했다. "총통은 국가적인 엑스선 검사 이후 병이 있는 자들, 특히 폐와 심장에 병이 있는 자들의 명단을 받아 볼 수 있다. 새로운 제국건강법안에 따라 이러한 병자가 있는 가족들은 다른 이들과 더 이상 함께 있어서는 안 되며, 출산이 허가되어서도 안 된다. 이런 가족들에게 어떤 조치가 내려질 것인가는 총통의 향후 명령에 달려 있게 된다." 『나치 음모와 공격』, 제7권, 175쪽(날짜는 없음).

의 정책은 어느 정도 이해될 수 있으며 어떤 면에서 정책 집행자들에게 이익이 되지만 가스실은 누구에게도 이익이 되지 못한다는 것은 진실이기 때문이다. 친위대에 저항하는 나치 관리와 군 당국이 거듭 지적했듯이, 철도 차량이 극심하게 부족했던 시기에 이루어진 유대인 강제 추방, 손실이 큰 죽음의 공장 설치, 전쟁 수행에 동원되는 인적 자원의 심각한 부족, 독일 군부뿐만 아니라 점령 지역 주민들에게 미치는 전반적인 사기 저하 효과 등은 모두 동부 전선에서의 전쟁 수행에 심각한 방해 요소였다.[9] 그러나 학살 정책을 담당한 책임자들이 그러한 고려 사항을 단순히 간과하지는 않았다. 힘러조차도 노동력이 극도로 부족한 상황에서 생산적인 목적도 없이 살해하는 대신에 최소한 생산 활동에 동원됐다가 죽음에 이를 수 있는 노동자들을 대량으로 제거하고 있다는 사실을 알았다. 그리고 힘러 휘하의 친위대는 군 지휘관과 나치 조직의 관리들에게 어떤 경제적 또는 군사적 고려 사항도 절멸 계획을 방해해서는 안 된다고 경고명령을 계속해서 공표했다.[10]

절멸수용소는 전체주의 테러의 틀 내에서 가장 극단적인 형태의 강제수용소로 나타난다. 절멸은 모든 실제적인 목적과 관련하여 이미 '죽은' 것이나 다름없는 사람들에게 나타난다. 강제수용소는 전체주의가 그 자체를 정

---

[9] "이러한 사건이 다른 측에 알려지게 되고 그들에 의해 이용된다는 것을 상상해 보라. 비록 그런 사실에 대한 적들의 선전이 있다 해도 그 효과가 거의 없을 것이다. 그런 선전을 듣고 읽은 사람들은 그것을 믿기 어렵기 때문일 것이다."『나치 음모와 공격』, 제1권, 1001쪽.

[10] 군부의 항의가 오랜 당원들의 항의보다 빈번하지도 않았고 격렬하지도 않았다는 점은 주목할 만하다. 1942년, 한스 프랑크는 '최고 사령부'가 유대인 말살에 대한 책임을 져야 한다고 강력히 말했다. 그리고 그는 다음과 같이 말하고 있다. "나는 (대규모 건축 계획에) 종사하는 수많은 유대인이 강제 이송되지 않았다면 그 계획이 중단되지 않을 수 있었다는 점을 … 일전에 증명할 수 있었다." 1944년 그는 또 불만을 제기하며 다음과 같이 덧붙여 말했다. "일단 우리가 전쟁에 이긴다면, 폴란드인과 우크라이나인들, 또는 여기서 얼쩡대는 모든 인간을 잘게 썰어 만두를 만들건 말건 내가 알 바가 아니다."『나치 음모와 공격』, 제4권, 902·917쪽. 1943년 1월에 총독관구 국가보위부 차관이었던 크뤼거는 점령군의 관심사를 다음과 같이 이야기했다. "폴란드인들이 말하기를, 유대인들이 말살되고 난 후, 똑같은 방법으로 폴란드인들이 이 지역에서 쫓겨나고 유대인들과 똑같이 제거될 것이라고 한다." 이것이 실제로 다음 단계의 일로 의도되고 있었음은 힘러가 1942년 3월 크라카우에서 행한 연설에서 명확히 드러나고 있다.『나치 음모와 공격』, 제4권, 916쪽, 그리고 제3권, 640쪽 이후.

부의 중앙 기관으로 만들기 훨씬 오래전부터 존재했다.[11] 그리고 강제수용소는 형벌 기관이 아니었고, 수감자들은 아무런 범죄 혐의도 없었지만, 대체로 "바람직하지 않은 사람들", 즉 어떤 이유로든 그들이 살고 있는 나라의 법적 틀 안에서 법적 인격과 정당한 지위를 박탈당한 사람들을 처리하도록 운명지어졌다는 것이 항상 강제수용소의 특징이었다. 흥미롭게도, 전체주의의 강제수용소는 초기에는 '범죄'를 저지를 사람들, 즉 집권 정부에 저항하는 범죄를 저지른 사람들을 수용하려고 설립되었지만, 정치적 반대가 줄어들수록 강제수용소의 숫자가 늘어났고, 정권에 진정 적대적인 사람들의 숫자가 소진되자 강제수용소 규모가 커졌다. 초기 나치 수용소는 아주 나빴으나 충분히 이해할 수 있었다. 나치 돌격대SA가 무자비한 방식으로 운영한 이 강제수용소는 테러를 확산시키고 탁월한 정치인들을 암살하며 반대파의 지도자들을 제거하고 미래의 지도자들을 위협하여 몰락시키며, 당면한 반대자들뿐만 아니라 상류계급 구성원들에 대해 복수하려는 돌격대 요원들의 욕망을 충족시키는 명백한 목적을 지니고 있었다. 이러한 측면에서 돌격대의 테러는 당시 산업계의 잠재적인 옹호자를 잃고 싶지 않았던 정권과 진정한 혁명을 기대하는 나치 운동 사이의 타협점을 분명히 마련했다. 반나치 야당의 완전한 화평 공작은 1934년 1월경 달성된 것 같다. 이것은 적어도 비밀경찰 자체와 나치 고위 관리들의 의견이었다.[12] 1936년경에 압도적 다수의 국민이 새 정권에 공감을 표시했다. 실업은 해소되었고, 하층계급의 생활 수준은 꾸준히 상승했으며, 사회적 분노를 초래한 잠재적 근원은 거의 사라졌다. '보호 구금'의 대상이 될 만한 적극적 반대자나 용의자가 더는 존재하지 않게 되었다는 단순한 이유로, 강제수용소의 수용 인

---

11 "경제적 고려는 유대인 문제 해결에 있어서 근본적으로 무시되어야 한다"는 것은 1941년부터 그 이후 계속 반복되어야만 했다. 『나치 음모와 공격』, 제6권, 402쪽.

12 강제수용소는 보어 전쟁 중에 처음 등장했다. 그리고 '보호 감호'라는 개념은 인도와 남아프리카에서 처음 사용되었다.

원은 가장 낮은 수치를 기록하기에 이르렀다.

독일 사회가 평온 상태에 들어선 1936년 이후, 나치 운동은 국내·국제 무대에서 더욱 급진적이고 공격적인 성향을 띠게 되었다. 나치즘이 독일 내에서 마주치는 적대 세력이 점점 더 줄어들고 해외의 우호 세력을 더 많이 얻을수록 "혁명적 원칙"은 더욱 편협하고 과격한 성향을 띠게 되었다.[13] 1938년 11월 유대인 대학살 동안 모든 독일계 유대인 남성을 대량 체포함에 따라 강제수용소의 수용 인원은 늘어나기 시작했다. 그러나 힘러는 이미 1937년에 이러한 사태를 공표했다. 당시 그는 제국방위군 고위 장교들 앞에서 연설하면서 누구든 "제4 전역戰域, 즉 내부 독일"[14]을 고려해야만 한다고 설명했다. 어떤 현실도 이러한 '두려움'에 부합하지 않았고, 독일의 경찰총수도 누구보다도 이런 사실을 잘 알고 있었다. 1년 후에 전쟁이 발발했을 때, 힘러는 거짓말을 하거나 독일 국내에서 친위대 병력을 경찰 업무에 투입하려고 하지도 않고, 군사 행동이 성공적으로 마무리되자 즉시 동유럽 영토로 병력을 보내 패배한 나라를 점령했다. 나중에 당이 전 군대에 대한 독점적 통제를 결정했을 때, 힘러는 주저하지 않고 자신의 친위대 중대를 전선에 파견했다.

그러나 친위대는 전쟁 중에도 돌격대가 철수한 이후부터 계속 강제수용소의 통제와 관리 임무를 주로 담당했다. (단지 전쟁의 막바지 몇 년 동안 돌격대는 수용소 체제에서 다시 약간의 역할을 하였지만, 이때 돌격대는 친위대의 지휘 아래 있었다.) 이러한 유형의 강제수용소는 이전 형태의 수용소와 달리 새롭고 언뜻 이해하

---

13   1934년, 제3제국 내무 장관이자 오랫동안 나치당의 고위 당원이었던 빌헬름 프릭은 다음과 같은 법령을 발효시키려고 노력하였다. "'제국 장관은' '국가적 상황의 안정화'를 '고려하고' 그리고 '보호 감호를 부과함에 있어서 그 남용을 줄이기 위해' 보호 감호에 제한을 두기로 '결정하였다'." 『나치 음모와 공격』, 제2권, 259쪽을 참조하고, 또한 제7권, 1099쪽과 비교해 볼 것. 이 법령은 결코 발효되지 못했으며, '보호 감호'의 실행은 1934년 대단히 증가하였다. 전직 베를린 지역의 경찰총수였고, 1933년에는 비밀경찰의 총수 서리였던 루돌프 딜스의 법정 증언에 따르면, 정치적 상황은 1934년 1월까지 완전히 안정되었다고 한다. 『나치 음모와 공격』, 제5권, 205쪽.

14   이것은 내무 차관이었던 빌헬름 슈투카르트의 표현이다. 『나치 음모와 공격』, 제8권, 738쪽.

기 어려운 현상으로 우리에게 충격을 준다.

이러한 새로운 수용소의 수용자들 가운데 일부, 대개는 이전 몇 년 동안 생존했던 사람들 가운데 일부만이 정권에 반대한 사람으로 간주될 수 있었다. 정상적인 형기를 복역하고 수용소로 이송된 범죄자들의 비율과 동성연애자·부랑자·게으름뱅이 등 소위 반사회적인 분자들의 비율은 훨씬 더 높았다. 수용소 인원을 구성하는 압도적 다수는 정권의 시각에서 보더라도 전혀 죄가 없고, 모든 면에서 전혀 무해했으며, 정치적 신념으로나 범죄 행위와 관련하여 전혀 죄가 없는 사람들이었다.

힘러가 친위대 법령에 따라 설립한 그러한 수용소의 두 번째 특징은 그 항구성에 있다. 1944년에 80,000명 이상의 수감자를 수용한 부헨발트 수용소[15]와 비교했을 때, 이전의 모든 수용소는 별로 대단치 않다고 할 수 있다.[16] 가스실의 영구적 성격은 더욱 했는데, 가스실의 고가 장비를 가동해

---

15 하인리히 힘러의 「친위대와 경찰의 조직 및 의무에 대하여(On Organization and Obligation of the SS and the Police)」를 참조할 것. 『1937년 1월 15~23일 독일 국방군의 국민 정치 교육(National-politischer Lehrgang der Wehrmacht vom 15-23. Januar 1937)』에 실려 있고(공군만을 위한 출간), 『나치 음모와 공격』, 제4권, 616쪽 이후 수록된 내용을 번역했다.

16 다음의 표는 1937년과 1945년 사이에 부헨발트 강제수용소의 확장을 숫자로 나타낸 것이며, 사망률의 증가 또한 포함하고 있다. 이것은 『나치 음모와 공격』, 제4권, 800쪽부터 나온 여러 개의 목록을 편집한 것이다.

연도	도착	수용소 정원		사망[2]	자살
		최대	최소		
1937	2,912	2,561	929	48	—
1938	20,122[1]	18,105	2,633	771	11
1939	9,553	12,775	5,392	1,235	3
1940	2,525	10,956	7,383	1,772	11
1941	5,896	7,911	6,785	1,522	17
1942	14,111[3]	10,075	7,601	2,898	3
1943	42,172	37,319	11,275[4]	3,516	2
1944	97,866	84,505	41,240	8,644	46
1945	42,823[5]	86,232	21,000[6]	13,056	16

[1] 물론 이 숫자는 대부분 유대인을 표시한다.
[2] 사망자 총계는 확실히 이것보다 높고 50,000명으로 추산되고 있다.
[3] 이 숫자는 동유럽의 점령 지역에서 유입된 유대인 수감자의 숫자를 보여 준다.

야 하기에 시체를 만드는 데 요구되는 새로운 '재료'를 찾는 일은 거의 필수 사항이 되었다.

새로운 형태의 수용소 행정은 강제수용소 형태의 사회를 형성하는 데 매우 중요했다. 돌격대 부대가 초기에 난폭하게 행동하고 자기 마음대로 누구나 살해할 권한을 부여받았는데, 이들의 잔인성은 통제된 사망률[17]과 엄격하게 조직된 고문으로 대체되었다. 이러한 관리는 즉각 살해하기보다 오히려 희생자를 항구적으로 죽어가는 상태로 몰아넣으려는 계산에서 이루어졌다. 수감자들은 수용소 내부의 행정을 상당 부분 직접 맡았으며, 나치 친위대와 거의 같은 방식으로 동료 수감자들을 학대할 수밖에 없었다. 시간이 흐르고 체제가 좀 더 자리를 잡을수록, 고문과 학대는 점점 더 **나치 앞잡이들**Kapos의 특권이 되었다. 이러한 조치는 우연이 아니었고 수용소 규모가 커진 데 따른 것이 아니었다. 여러 사례에서 친위대는 앞잡이 재소자들만을 통해 사형을 집행하도록 명시적으로 명령받았다. 마찬가지로, 가스 주입 형식뿐만 아니라 일반 수용소에서의 대량 사형 집행 형식이든 대량 학살은 가능한 한 기계화되었다.[18] 그 결과로 나치 친위대가 관장하는 수용소의 수감자들은 이전 형태의 수용소에서보다 생존 기간이 더 길었다. 그

---

[4] 도착한 수감자 숫자와 수용소 정원 사이의 차이 또는 최대와 최소 정원의 차이는 더 이상 석방을 나타내지 않고, 다른 수용소 또는 사형 집행을 수행하는 수용소로 이동했음을 보여 준다.

[5] 1945년 1월에서 3월까지만 도착한 숫자.

[6] 수용소 해방 당시의 정원.

[17] 다음 내용은 1942년 12월에 친위대의 경제행정본부(Wirtschafts-Verwaltungshauptam)가 모든 수용소 사령관들에게 보낸 편지로부터 인용한 것이다. "… 모든 수용소에서의 현재 도착하는 수감자들의 숫자와 떠나는 사람의 숫자를 종합 편집해 본 결과, 13만 6천 명의 도착 인원 중 7만 명이 죽었다. 이와 같은 높은 사망률로는 친위대의 총사령관인 총통이 명령하신 숫자에 결코 도달할 수 없다…. 총통은 사망률이 절대적으로 낮아져야만 한다고 명령하셨다…." 『나치 음모와 공격』, 제4권, 부록 II.

[18] 에르네스트 페더는 『종합(Synthèses)』(Brussels, 1946)에 수록된 글 「공포의 심리학에 관한 에세이(Essai sur la Psychologie de la Terreur)」에서 나치 친위대에 희생자가 보이지 않도록 마련된 구멍을 통해 총격을 가해 하루에도 수백 명씩 소련군 전쟁 포로들을 사살하라고 지시한 명령을 기록하고 있다.

래서 새로운 수감자가 확보되었을 때에만 새로운 테러의 물결이나 절멸수용소로의 강제 추방이 일어났다는 인상을 받았다.

1940년대 초에 힘러가 마지못해 외부의 압력에 굴복하고 수용소를 생산적인 노동에 이용하도록 허용할 때까지, 수용소 행정은 도전받지 않는 수용소 귀족을 형성한 범죄자들의 손에 넘겨졌다. 이때부터 주로 고참 수감자였던 정치범들은 수용소의 엘리트 지위로 상승하게 되었다. 이는 나치 친위대가 과거 범죄자들로 구성된 특권층의 혼란스러운 상황에서 어떤 작업도 수행할 수 없다는 것을 곧 알게 되었기 때문이다. 어떤 경우에도 수용소 행정은 전혀 죄가 없는 수감자들의 손에 맡겨지지 않았다. 이들은 수용자들 가운데 대다수를 차지하면서도 명백히 무해한 사람들이었다. 반면에 이러한 범주에 속하는 사람들은 항상 수용소 내의 사회적 구조에서 가장 낮은 수준에 속했으며 강제 추방 과정에서 가장 큰 타격을 입었고, 잔인한 처벌에 대부분 노출되었다. 달리 말하면, 강제수용소에서 유대인이나 폴란드인, 아니면 우크라이나인보다는 살인자나 공산주의자가 되는 것이 훨씬 더 안전했다.

불행하게도 우리는 강제수용소의 친위대 경비원들이 범죄인, 사디스트, 반쯤은 정신 이상인 사람들과 같은 일종의 부정적인 엘리트로 구성되어 있다는 개념을 버려야 한다. 이 개념은 강제수용소 임무를 자발적으로 맡곤 했던 초기의 돌격대 요원들에게는 대체로 사실이다. 모든 증거는 책임을 맡은 친위대 요원들이 완전히 정상적인 인간들이라는 것을 보여주고 있다. 즉 경비원 선발은 온갖 종류의 기이한 원칙에 따라 이루어졌으며,[19] 그 중

---

19 힘러는 친위대원 선정 방법(앞의 글)에 대해 다음과 같이 묘사했다. "나는 신장이 170센티미터가 되지 않는 사람들은 받아들이지 않았다. 일정한 신장에 도달한 사람들은 상당히 우수한 혈통을 갖고 있음이 틀림없다는 것을 알고 있기 때문이다." 그는 또한 지원자들의 사진을 갖고 있었다. 지원자들은 1750년까지 조상들의 행적을 밝히고 가족 중에 정치적으로 나쁜 평판을 받은 사람이 있어서는 안 되며, "자신의 돈으로 검은 바지와 장화를 구입하고", 마지막으로 인종위원회에 출두해야 한다고 요구를 받았다.

어느 원칙도 특별히 잔인하거나 가학적인 남성의 선발을 보장할 수는 없었다. 게다가 수용소 행정은 의심의 여지가 없을 듯한 방식으로 운영되었기 때문에, 수감자들은 이 전반적인 체계 내에서 경비원들과 똑같은 '의무'를 반드시 이행했다.

수용소와 수감자들이 마치 더 이상 살아있는 사람의 세계가 아닌 듯이 수용소와 주변 세계를 완전히 고립시키는 것은 상상하기 매우 어렵고 그 자체를 깨달으면 소름이 돋는다. 이러한 고립은 과거 존재했던 모든 형태의 강제수용소가 갖는 특징이지만, 전체주의 정권 아래에서만 완벽한 형태로 발전했다. 따라서 이러한 고립은 감옥과 게토, 아니면 강제노동수용소의 고립과 비교할 수 없었다. 감옥은 사회에서 결코 실제로 제거되지 않는다. 감옥은 오히려 사회의 중요한 부문이며 사회의 법과 통제 아래 놓여 있다. 강제 노동이나 다른 형태의 노예 제도는 절대적인 분리를 수반하지 않는다. 노동자들은 노동한다는 바로 그 사실을 통해 주변 세계와 끊임없이 접촉하며, 노예들은 결코 주변 환경에서 실제로 제거되지 않았다. 나치 유형의 게토는 강제수용소의 고립 상태와 가장 유사하다. 그러나 게토에서의 고립은 개인 단위가 가족 단위로 이루어진다. 따라서 게토에서의 가족은 일종의 폐쇄된 사회를 구성했다. 겉보기에 이곳에서 정상적인 삶이 이루어지고 적어도 함께 있으며 귀속되어 있다는 형상을 창출할 정도로 충분한 사회관계는 유지되었다.

이러한 형태의 특징들은 강제수용소에서는 전혀 찾아볼 수 없다. 체포된 순간부터 외부 세계의 누구도 수감자에 대해서는 다시 듣지 못하게 되었다. 그는 마치 지구 표면에서 사라진 것처럼 보였다. 수감자는 죽었다고 공표조차 되지 않았다. 가족에게 아연 관이나 유골 단지를 우편으로 보내 강제수용소 수감자의 죽음을 알리던 나치돌격대의 초기 관례는 폐지되었고, 다음과 같은 취지의 엄격한 지시로 대체되었다. 즉 "제삼자는 수감자의 행방에 대해 불확실한 상태에 (놓이게 된다). … 여기에는 그런 수감자가 강제수용소에서 사망해도 유족이 아무것도 알 수 없다는 사실도 포함된다."[20]

모든 전체주의 정부의 최고 목표는 세계 지배를 꿈꾸는 자유롭게 인정된 장기적 야망뿐만 아니라 전혀 인정되지 않고 즉시 실현하려는, 인간을 완전히 지배하려는 시도이다. 강제수용소는 총체적 지배를 실험하는 실험실이다. 그리고 인간 본성이란 본래 그런 것이기 때문에 총체적 지배라는 이 목표는 인간이 만든 지옥이라는 극한 상황 아래에서만 달성될 수 있다. 총체적 지배는 항상 자발성과 조건화의 특정한 혼합체인 인간이 어떤 죽음에 이르게 되더라도 반응을 계산할 수 있는 완전히 조건화된 존재로 변모할 때 달성된다. 이러한 인격의 파괴는 몇 단계를 거쳐 진행된다. 첫 번째 단계는 아무 이유 없이 체포되어 법적 인격이 파괴되는 순간이다. 이것은 체포의 부당함 때문이 아니라 그 사람의 어떤 행위나 의견과 전혀 관계없이 체포가 이루어지기 때문이다. 두 번째 파괴 단계는 사람의 도덕적 인격과 연관되며, 강제수용소를 세계와 분리함으로써 이루어진다. 그런데 이 분리는 그 인간의 고통을 무의미하고 공허하고 우스꽝스러운 것으로 만들어 버린다. 마지막 단계는 개체성 자체의 파괴이며, 고문을 영속화하고 제도화함으로써 이루어진다. 그 최종 결과는 인간을 '동일한 반응'만 보이는 가능한 한 가장 낮은 단계의 존재로 끌어내리는 것이다.

사회과학은 수용소의 사회적 조건을 연구하고자 할 때 확실히 일정한 반응을 보이는 무리가 되는 과정의 각기 다른 단계에 있는 그러한 사람들로 구성된 사회를 취급하도록 요청받는다. 이러한 분위기에서 범죄자, 정치적 반대자, '무고한' 사람들은 서로 섞이고, 지배계급은 등장했다가 몰락하며, 내부의 위계질서는 발생했다가 사라지며, 나치 친위대 경비원과 수용소 관

---

[20] 『나치 음모와 공격』, 제7권, 84쪽 이후. 재소자들의 위치에 관한 정보 누설을 금지하는 많은 명령 가운데 하나는 다음과 같다. "이러한 조치들이 주는 제어 효과는 (a) 체포된 자가 흔적도 없이 사라지게 하는 것을 가능하게 하고 (b) 그럼으로써 재소자들의 행적과 운명에 대해 어떤 정보도 주어질 필요가 없다."『나치 음모와 공격』, 제1권, 146쪽.

리 조직에 대한 적대감은 공범 체제에서 사라지고, 박해자들이 수감자들을 거의 교화시키려 하지 않더라도 수감자들은 박해자들의 삶의 전망에 스스로 동화된다.[21] 수감자 자신이 너무 강하게 느끼고 경비원뿐만 아니라 수감자들도 누군가 또는 다수가 살해될 때 살인이 자행되고 있다는 사실을 망각하게 만드는 지옥 같은 실험을 둘러싼 비현실은 수용소 제도의 비공리주의적 성격만큼이나 과학적 접근에 아주 강력한 장애물이다. 어떤 이유로든 더는 이기심이나 상식이라는 공통의 동기에 지배되지 않는 사람들만이 모든 당면한 실천적 목적(전쟁 승리 또는 노동 착취)을 위해 명백히 자기 패배적인 사이비 과학적 신념(삶의 법칙이나 자연의 법칙)의 광신에 빠질 수 있다. 부헨발트 수용소의 생존자 중 한 명은 "정상적인 사람들은 모든 것이 가능하다는 것을 알지 못한다"[22]라고 말했다. 정상적인 사람인 사회과학자들은 다음과 같은 점들을 이해하는 데 상당한 어려움을 겪을 것이다. 즉 인간 조건에 내재해 있다고 통상적으로 인정되는 한계는 극복될 수 있었다는 주장, 역사의 특정한 계기에서 나타나는 어느 특정 민족이나 계급의 심리 상태가 아니라 인간 심리 상태 일반과 통상적으로 동일시되는 인간 행태의 유형과 동기가 제거되거나 부차적인 역할을 할 뿐이고, 현실 자체의 구성 요소로 인정되는 객관적 필연성, 즉 기본적인 건전성이란 문제에 대한 적응은 무시될 수 있었다는 주장은 사회과학자들이 이해하기 어려운 것이다. 외부에서 관찰하면, 희생자나 가해자는 모두 비정상 상태인 것처럼 보이고, 수용소 안의 삶은 관찰자에게 정신 병동으로만 보일 뿐이다. 선과 악을 이해하는 공리주의적 사고로 훈련된 우리의 공통감은 다음과 같은 상황이 발생하는 세계의 완벽한 무감각을 통해서만 손상된다. 이 세계에서 범죄자보다 무고한 사람이 더 많이 학대를 받으며, 노동은 결실로 이어지지 않고 생산물의 산출이라는

---

21 힘러 체제 아래에서는 "이데올로기적 근거에 의한 어떤 지시"도 명백히 금지되었다.
22 David Rousset, *The Other Kingdom*(New York: Reynal & Hitchcock, 1947).

의도와 무관하며, 범죄는 범죄자들을 이롭게 하지도 않고 그런 의도를 갖지도 않는다. 특히 심각한 군사적 위기 상황에서는 아니지만 수 세기 후에나 실현되리라 기대되는 이익은[23] 유인이라고 볼 수 없기 때문이다.

이 모든 절멸과 말살 계획이 비정상적 일관성 때문에 인종주의의 전제들로부터 연역될 수 있었다는 사실은 더욱 당혹스럽다. 조작된 무분별의 세계 위에 군림하는 이데올로기적 초감각은 '모든 것'을 설명하기도 하고 어느 것도 설명하지 못하기도 한다. 그러나 이 전례 없는 범죄를 저지른 가해자들은 거의 의심의 여지 없이 과학과 경험, 그리고 삶의 법칙을 통해 증명되었다고 믿는 이데올로기 자체를 위해 그러한 범죄를 저질렀다.

생존자들은 항상 눈에 띄게 단조로운 방식으로 똑같은 공포와 똑같은 반응을 "다른 사람에게 이해시키려 하기보다 보고하기만 할 뿐이었다."[24] 그런데 사람들은 이러한 수많은 보고서를 대면할 때 인간과 인간의 행태에 대한 가장 일반적인 관념에 부합하지 않는 현상들의 목록을 대체로 작성하고 싶어 한다. 우리는 왜 범죄자들이 다른 범주보다도 수용소 생활의 해체 압력에 더 오랫동안 잘 견뎌냈으며, 무고한 사람들이 모두 경우에 가장 빨리 허물어진 사람들이었는가를 알지 못한 채 단지 추측할 수 있을 뿐이다.[25] 이러한 극단적 상황에서 한 개인의 고통이 어떤 실질적인 범죄나 지

---

[23] 수 세기를 포괄해서 생각하는 것이 힘러의 특기였다. 그는 제2차 세계대전의 결과가 "수 세기 지난 후" 일종의 "독일 세계제국(a Germanic World Empire)" 형태로 실현되기를 기대했다(그가 1943년 4월 하리코프[Khar'kov]에서 행한 연설은 『나치 음모와 공격』, 제4권, 572쪽 참조). 재소자들 "수천, 수백" 명의 사망으로 야기된 "노동력의 비참한 감소"에 직면했을 때, 그는 "수 세대의 관점에서 사고하는 것은 후회스럽지 않을 것이다"라고 주장했다. (1943년 10월 포센에서 있었던 친위대 중장들 회합에서 진행한 그의 연설은 『나치 음모와 공격』, 제4권, 558쪽 이후 참조할 것.) 나치 친위대는 비슷한 방침으로 훈련되었다. "일상적 문제들은 우리의 관심을 끌지 못한다. … 우리는 오직 수십 년, 수백 년 동안 지속되는 중요한 이데올로기적 문제에만 관심이 있으며, 그래서 그런 사람만이 2천 년에 단 한 번 있는 위대한 임무에 종사하고 있다는 것을 아는 것이다." (그가 1937년에 행한 연설은 앞의 글 참조할 것.)

[24] 『달의 어두운 면(*The Dark Side of the Moon*)』(New York: Charles Scribner's Sons, 1947)을 참조할 것. 이 책은 소련의 강제수용소에서 살아남은 폴란드 생존자들의 보고서를 모아 놓은 것이다.

[25] 이 사실은 출간된 많은 보고서에서 아주 현저하게 드러난다. 이것은 『비정상·사회심리학지(*Journal*

배 집단에 대한 실질적 저항 때문에 받게 되는 처벌로 해석될 수 있었다는 것은 소위 양심을 유지하는 것보다 그 사람에게 더 중요한 것 같았다. 그러나 가해자들은 전후 재판 과정에서 자신의 유죄를 어느 정도 표명하는 것이 도움이 될 수도 있는데, 범죄에 대한 책임이 어떤 상위 당국에 있다는 반복되는 주장을 하면서 근본적으로 후회하는 태도조차 보이지 않았다. 이러한 태도는 책임에 대한 두려움이 양심보다 더 강력했을 뿐만 아니라, 그 두려움이 어떤 상황에서는 죽음에 대한 두려움보다 더 강력하기까지 했음을 나타내는 듯하다. 우리가 알기로는 강제수용소의 목표는 사람들을 일정한 반응을 보이는 무리로 훈련시키고, 그들을 파블로프의 개Pavlov's dog처럼 반응하게 하며, 인간 심리에서 자발성의 모든 흔적을 제거하는 실험실로 이바지하는 것이었다. 그러나 우리는 이러한 목표가 실제로 어떻게 가능한가 — 그리고 모든 사람이 수용소의 상황에서 죽을 때까지 유지하는 무서울 정도의 순종적 태도와 놀라울 정도의 낮은 자살률은 얼마나 끔찍한 지표들인가 — 를 추측할 뿐이고, 이러한 과정이 일단 가능성의 한계에까지 도달했을 때 인간의 사회적·개인적 행태에 무엇이 나타나는가를 추측할 뿐이다.[26] 수용소의 생존자들은 비현실의 일반적 분위기에 대해 획일적으로 설명하고 있는데, 우리는 이러한 분위기에 대해서 알고 있다. 그러나 우리는 인간의 삶이 마치 다른 행성에서 나타나기라도 하듯이 영위될 때 어떠한 형태로 영위되는가는 추측할 수 있을 뿐이다.

---

of Abnormal and Social Psychology)』제38권(1943)에 기고한 브루노 베텔하임의 논문「극단적 상황에서의 행태(Behavior in Extreme Situations)」에서 특히 잘 언급되고 해석되고 있다. 베텔하임은 특별한 일을 하지 않은 평범한 사람들의 자존심 결핍과 대비하여 범죄자들과 정치범들의 자존심에 대해 이야기하고 있다. 후자는 "최초의 충격으로부터 버텨 낼 수 있고", 전자는 충격이 있을 때 쉽게 무너진다. 그러나 베텔하임은 이것이 당시 대부분 유대인인 '무고자들'의 중간계급적 배경에 기인한다고 생각했을 때 잘못을 범한다. 다른 많은 보고서, 특히 소련에서 출간된 보고서들을 보면, 하층계급의 '무고자들' 역시 빠르게 무너져 갔다.

26 이 측면은 다비드 루세의 『우리 죽음의 날들(Les Jours de Notre Mort)』(Paris: Édition du Pavois, 1947)에서 특히 강조되고 있다.

우리의 공통감은 열정에서 비롯된 것도 아니고 공리주의적이지도 않은 행위에 직면했을 때 당혹감을 느끼지만, 우리의 윤리 의식은 십계명이 예견하지 못한 범죄에 잘 대처할 수 없다. (물론 우리가 다른 행위 과정을 선택하기 어렵지만) 시체의 제조 과정에 참가한 사람을 살인죄로 처형하는 것은 무의미하다. 이런 유형의 범죄는 어떤 처벌도 적절해 보이지 않는다. 모든 처벌은 사형으로 제한되기 때문이다.

최근 역사를 바르게 이해하는 데 있어서 가장 큰 위험은 역사가가 비유를 들 때 너무도 포괄적인 경향을 보인다는 것이다. 요점은 히틀러가 칭기즈 칸과 같지 않았고, 다른 어떤 중대한 범죄자보다 더 나쁘지도 않지만, 완전히 다른 부류의 인물이었다는 것이다. 전례 없는 것은 살인 자체나 희생자의 숫자가 아니고 심지어 "그 범죄를 실행하는 데 단결한 사람들의 숫자"[27]도 아니다. 오히려 그보다 더 큰 문제는 범죄를 야기한 이데올로기적 허튼소리, 처형의 기계화, 어느 것도 더는 이해되지 않는 죽음의 세계를 신중하고 치밀하게 설치했다는 것이다.

---

27 잭슨, 앞의 글과 『나치의 음모』, 제2권, 3쪽.

나치 지배의 여파: 독일 보고서[*]

1950

I. 전후 재건 사업과 변화 상황[1]

독일은 6년도 채 되지 않아 서양 사회의 도덕 구조를 황폐케 하고, 누구도 가능하다고 믿지 않았을 범죄를 자행했으며, 전승국들은 천 년이 넘는 독일 역사의 가시적인 흔적을 잔해 속에 묻어버렸다. 그 이후 수백만의 사람들이 동부 지방·발칸 반도·동유럽에서 오데르-나이세 국경선으로 절단되고 사기가 저하되어 지친 인구를 감당하기 힘든 이 황폐한 땅으로 몰려들었다. 아울러 물리적 고향 상실, 사회적 뿌리 상실, 정치적 권리 상실과

---

[*] 서지사항은 다음과 같다. Hannah Arendt, "The Aftermath of Nazi Rule: Report from Germany," *Commentary*, Vol. 10(October 1950), pp. 342-352.
옮긴이_ 한나 아렌트는 1949년 9월 독일연방공화국이 탄생한 직후에 유대인문화재건위원회의 임무를 수행하고자 전후 처음으로 유럽과 독일을 방문하고 그 이듬해 봄 뉴욕으로 돌아와 이 보고서를 작성하였다. 이와 관련한 사항은 다음 자료를 참조할 것. 『한나 아렌트·카를 야스퍼스 서간집 1926~1969』, 「편지 105」, 제1권, 331쪽.

[1] 옮긴이_ 이 에세이 원본에서는 각 절을 번호로 표시하여 구별했지만, 이 번역본에서는 독자의 이해를 돕고자 소제목을 붙인다.

같은 특이한 현대적 특성은 대재앙이란 일반적 상황에 더해졌다. 연합국이 비독일어권 국가에서 독일어를 사용하는 모든 소수 집단을 추방한 정책의 지혜 — 이미 세상에 고향이 없는 사람은 많지 않기라도 한 듯이 — 는 의문의 여지가 있을 수 있다. 그러나 사실 전쟁 중에 독일의 살인적 인구정책을 경험한 유럽인들은 같은 영토에서 독일인과 함께 살아야 한다는 생각에 분노를 넘어 두려움에 사로잡혔다는 것이다.

파괴된 독일 도시의 모습과 독일의 강제수용소와 절멸수용소에 대한 지식은 유럽을 우울한 분위기로 뒤덮었다. 이것들은 전체적으로 지난 전쟁의 기억을 더욱 가슴 아프고 끈질기게 만들었고, 미래 전쟁에 대한 두려움을 더욱 현실적으로 만들었다. 유럽 국가들의 국제 예양에 속하는 국가적인 문제라는 점에서 '독일 문제'는 아니지만, 독일의 물리적·도덕적·정치적 파멸이라는 악몽은 공산주의 운동만큼이나 유럽인의 삶에 배어 있는 일반적 분위기에서 거의 결정적인 요소가 되었다.

그러나 이러한 파괴와 공포의 악몽이 독일 자체보다 덜 느껴지고 덜 이야기되는 곳은 없다. 모든 곳에서 반응이 없는 것은 분명하게 나타난다. 이것이 반쯤은 의식적으로 고통에 복종하지 않으려는 것을 나타내는 것인지, 아니면 진정으로 느끼지 못함을 의미하는 것인지 말하기는 어렵다. 독일인들은 폐허 속에서 이제 존재하지 않는 대성당과 시장터, 공공건물과 다리의 모습을 담은 그림엽서를 서로 주고받는다. 그들은 잔해 속을 무관심하게 거닌다. 이러한 무관심은 죽은 자에 대해 애도하지 않거나 자신들 가운데 있는 난민들의 운명에 반응하지 않거나 하지 못하는 무감정과 다를 바가 없다. 이 일반적인 감정 결핍, 하여튼 때때로 값싼 감상으로 포장한 채 드러내는 이 명백한 무정함은 실제로 일어난 일에 직면하고 받아들이기를 거부하는 뿌리 깊고 완고하며 때로는 사악하다는 것을 명백히 겉으로 드러낸 증상일 뿐이다.

무관심뿐만 아니라 무관심이 도전받을 때 생기는 과민증도 다양한 지적 수준에서 검증될 수 있다. 가장 명백한 시험적인 행동은 다른 동료가 대화 서두에 주목한 발언, 즉 당신은 유대인이라는 사실을 명료하게 밝히는 것이다. 이러한 언급은 보통 약간 당혹스러운 침묵을 동반한다. 그리고는 — "독일을 떠난 후 어디에 가 있었습니까?"라는 식의 개인적인 질문이나 "당신 가족은 어떻게 되었습니까?"라는 식의 공감을 표현하는 질문은 없고 — 독일인들이 (물론 논점을 벗어나지만 진정) 얼마나 고통을 겪었는지를 알리는 이야기가 홍수처럼 쏟아진다. 그리고 이 작은 시험적인 행동의 대상이 우연히 교육받고 지적인 사람이라면, 그는 독일인의 고통과 다른 사람들의 고통 사이에 균형을 맞추려고 할 것이다. 이러한 태도는 우리가 양쪽의 고통을 서로 상쇄시키면서 보다 희망적인 대화의 주제로 전진시키는 것이 낫다는 의도를 담고 있다. 전쟁의 폐허에 대한 통상적인 반응도 마찬가지로 회피적이다. 공개적으로 명백한 반응이 있을 때, 그 반응은 한숨으로 나타나는데 반쯤은 수사적이거나 반쯤은 희망적인 질문, "인류는 왜 항상 전쟁을 치러야 하나요?"와 같은 질문으로 이어진다. 평범한 독일인은 지난 전쟁의 원인을 나치 정권의 행위에서 찾으려 하지 않고 아담과 이브가 낙원에서 추방된 사건에서 찾는다.

 이러한 현실 도피는 물론 책임 회피이기도 하다. 이 점에서 독일인만이 그런 것은 아니다. 즉 서유럽의 모든 사람은 자신들의 불행을 손이 닿지 않는 힘에 전가하는 습관을 키웠다. 그러나 이러한 태도는 태양 아래 모든 것을 점령국의 탓으로 돌리려는 유혹에 저항하기 어려운 독일에서 더 두드러지게 나타난다. 예컨대 영국의 점령 지역에서는 독일의 경쟁력에 대한 영국의 두려움을, 프랑스의 점령 지역에서는 프랑스 민족주의를, 모든 측면에서 상황이 더 좋은 미국의 점령 지역에서는 유럽인의 사고방식에 대한 미국인들의 무지를 탓하고 있다. 이러한 불평은 당연하며, 모두 진실의 핵심을 담고 있다. 그러나 불평 뒤에는 독일의 창의성에 맡겨진 많은 가능성을 활용하지 않으려는 완고한 의지가 숨겨져 있다. 이것은 아마도 독일 신문에서 가장 분명하게 드러날 것이다. 독일 신문은 모두 자체의 신념을 파멸의 '악의적 기쁨Schadenfreude'으로 세련되게 표현한다. 세계를 지배할 힘을 상실한 독일인들은 한때 무력감 자체에 빠졌고, 이제는 자신들에게 미칠 수 있는 결과와 무관하게 국제적인 긴장이나 통치 업무에서 발생하는 불가피한 실수를 관조하는 데 긍정적 즐거움을 찾는 듯하다. 마치 지진, 즉 큰 변동이 발생했을 때 어느 편을 드는 것과 마찬가지로 갈등에서 편을 드는 것이 어리석은 것처럼, 러시아의 침략에 대한 두려움은 반드시 명백한 친미적 태도로 이어지지 않고 종종 단호한 중립적 태도로 이어진다. 그런데 중립적 태도가 자신의 운명을 바꿀 수 없다는 인식은 이러한 분위기가 합리적 정책으로 전환되는 것을 불가능하게 만들고, 분위기 자체는 그 비합리성으로 인해 받아들이기 점점 더 어려워진다.

그러나 나치 범죄, 전쟁과 패배라는 현실은 직시하든 회피하든 여전히 독일인들의 삶의 구조 전반을 뚜렷이 지배하고 있으며, 독일인들은 자신들의 아픈 충격을 회피하는 다양한 도구들을 개발해 왔다.

죽음의 공장이라는 현실은 단순한 잠재성으로 변형된다. 즉 독일인들은 다른 나라 사람들이 할 수 있는 일(물론 실례가 되는 많은 사례와 함께)만 했거나 가까운 장래에 할 일을 했을 뿐이다. 그러므로 이 주제를 제기하는 사람은 누구나 결과적으로 독선적이라는 의심을 받는다. 이러한 맥락에서 독일에서의 연합군 정책은 종종 성공적인 복수를 실현하는 군사 행동으로 설명되지만, 나중에 이러한 해석을 제시하는 독일인은 자신이 불평하는 대부분의 일이 패전의 직접적인 결과이거나 서방 강대국의 의지와 통제 밖에서 일어났다는 사실을 잘 알고 있다. 그러나 세심한 복수 계획이 있어야 한다는 주장은 모든 사람이 똑같이 죄를 지었음을 입증하는 위안이 되는 주장이다.

미국의 어느 소도시 중심가에서 옮겨다 놓은 듯한 보기 흉한 작은 단층 건물들이 전망의 으스스함을 부분적으로 은폐하고 초현대식 진열창에서 시골풍의 우아함을 많이 제공하는 일부 큰 대로에 세워졌을 때, 모든 독일인을 감싸고 있는 파괴의 현실은 반성적이지만 그다지 깊이 뿌리내리지 않은 자기연민으로 녹아내리고 쉽게 사라진다. 프랑스인과 영국인이 전쟁으로 파괴된 비교적 적은 역사적 건물에 대해 느끼는 슬픔은 독일인들이 잃어버린 모든 보물에 대해 느끼는 슬픔보다 더 크다. 독일 사람들은 독일이 유럽에서 '가장 현대적인' 국가가 될 것이라는 허세 섞인 희망을 그저 말로 표현할 뿐이다. 방금 이런 희망을 표명한 어떤 사람은 몇 분 후에 대화의 주제가 바뀌면 다음과 같이 주장할 것이다. 즉 이번 전쟁으로 독일 도시가 파괴되었듯이, 다음 전쟁에는 유럽의 모든 도시가 파괴될 것이다. 물론 가능하지만, 이런 주장은 현실이 가능성으로 전환되는 것을 다시 나타낼 뿐이다. 다음 전쟁에 대한 독일인들의 이야기에서 종종 감지되는 만족의 어조는 많은 관찰자가 주장했듯이 독일의 세계 정복 계획의 음흉한 부활을 표현하는 것이 아니라 현실 도피를 위한 또 다른 방편일 뿐이다. 결국에 모두가 똑같이 파괴될 경우 독일의 상황은 그 심각성을 잃을 것이다.

그러나 독일인들의 현실 도피에서 나타나는 아마도 가장 충격적이고 두려운 측면은 사실을 마치 단순한 의견인 양 취급하는 습관이다. 예를 들면, 누가 지난 전쟁을 시작했는지에 대한 질문은 결코 뜨거운 논쟁거리가 아니다. 사람들은 이에 대해 놀라울 정도로 다양한 의견을 제시한다. 평소에는 꽤 지적인 남부 독일 여성은 러시아가 단치히를 공격하면서 전쟁을 시작했다고 나에게 말했다. 이것은 많은 사례 가운데 조잡한 예일 뿐이다. 사실을 의견으로 바꾸는 것은 전쟁 문제에만 국한되지 않는다. 모든 분야에서 모든 사람이 자신의 의견을 가지고 있다는 구실로 모든 사람이 자신의 무지에 대한 권리를 갖는 일종의 신사협정이 있으며, 이 이면에는 의견이 실제로 중요하지 않다는 암묵적 가정이 존재한다. 이것은 매우 심각한 문제이다. 토론을 절망적으로 만들 뿐만 아니라(사람들은 보통 어디든 참고 문헌을 가지고 다니지는 않는다), 주로 평균적인 독일인은 이 무질서 상태, 사실에 관한 이 허무주의적 상대성을 민주주의의 본질로 솔직히 믿기 때문이다. 물론 이것은 나치 정권의 유산이기도 하다.

전체주의 선전의 거짓말은 일반적으로 사실의 중요성을 일관되게 부정함으로써 비상사태 시기 비전체주의 정권의 일반적인 거짓말과 구별된다. 전체주의 선전에서 모든 사실은 바뀔 수 있고 모든 거짓말은 진실이 될 수 있다. 나치가 독일인의 정신에 각인한 것은 주로 현실이 더는 회피할 수 없는 엄연한 사실의 총합이 아니라 끊임없이 변화하는 사건과 구호의 집합체로 되어 오늘은 진실일 수 있지만 내일은 거짓일 수 있다는 조건화에 있다. 이러한 조건화는 놀랍게도 영속적인 나치 교조화의 흔적이 거의 없는 이유 중 하나일 수 있으며, 나치의 교리를 반박하는 데 대한 관심이 놀라울 정도로 부족한 이유이기도 하다. 우리가 맞서야 하는 것은 교조화가 아니라 사실과 의견을 구별하는 능력의 부족이나 의지 부족이다. 스페인 내전이란 사건에 관한 토론은 민주주의의 이론적 장단점에 관한 논쟁과 같은 차원에서 이루어질 것이다.

따라서 독일 대학이 직면한 문제는 교육의 자유를 회복하는 것이라기보다는 진지한 탐구의 전통을 재정립하고, 실제로 무슨 일이 있었는가를 편견 없이 학생들에게 설명해 주며, 그렇게 할 수 없는 교사를 사직시키는 것이다. 근거 없고 무책임한 단일의 의견이 다른 모든 의견에 대해 독점권을 획득하는 독재를 위해 언론의 자유를 포기해야 한다고 주장하는 사람들뿐만 아니라 사실과 현실을 무시하고 자신들의 사적 의견을 반드시 유일한 옳은 의견은 아니지만 다른 의견과 마찬가지로 정당한 의견으로 인정케 하는 사람들도 독일 학계의 위험 요인이 된다.

이러한 의견은 대부분 비현실적이고 관련성이 없다. 이런 의견을 견지하는 사람들의 경험의 암울한 관련성과 비교하면, 그 비현실성과 무관련성은 1933년 이전에 형성되었다는 점에서 더욱 강조된다. 어떤 타협도 일어나기 전에 자신이 가졌던 생각이나 이념에 피난처를 찾고 싶은 충동이 거의 본능적으로 나타난다. 그 결과, 독일은 물질적이든 심리적이든 알아볼 수 없을 정도로 변했지만, 사람들은 마치 1932년 이후로 아무 일도 없었던 것처럼 피상적으로 말하고 행동한다. 독일에서 1933년 이후에 쓰였거나 1945년 이후 출판된 실제로 중요한 책 몇 권의 저자들은 이미 20년이나 25년 전에 유명했다. 젊은 세대는 경직되고 표현력이 부족하며 일관되게 사유할 수 없는 듯하다.

한 젊은 독일 미술사가는 여러 미국 도시를 돌며 순회 전시를 하는 베를린 박물관 소장품인 걸작들을 관람객들에게 안내할 때 고대 이집트 네페르티티[2] 흉상을 소장한 "우리를 전 세계가 부러워합니다"라고 강조하면서 (a) 미국인들조차 '감히' 이 "베를린 박물관 소장품의 상징"을 미국으로 가져가지 못했으며, (b) 영국인들은 "미국인들의 간섭"으로 '감히' 이 흉상을 영국 박물관으로 수송하지 못했다고 말했다. 미국인에 대한 두 가지 모순적 태도는 단 한 문장으로 구분되었다. 즉 확신이 없는 해설자는 단지 자신의 마음에 제공된 진부한 표현들 사이에서 자동적으로 더듬어가며 그 상황에 맞는 표현을 찾고 있을 뿐이었다. 이 진부한 표현은 종종 노골적인 나치식 어조보다는 낡은 민족주의적 어조를 더 많이 띠고 있지만, 어떤 경우든 이러한 표현 뒤에 일관된 관점(나쁜 것이라 할지라도)을 발견하려고 애쓰는 것은 헛수고일 뿐이다.

독일인들은 나치즘의 몰락과 함께 다시 사실과 현실에 노출되었다. 그러나 그들은 전체주의의 경험으로 인해 자발적 말과 이해력을 잃었고, 이제는 자신들을 인도할 공식적인 방침을 갖고 있지 않기 때문에 사실상 유구무언이며 생각을 구체적으로 언급하고 감정을 적절히 표현할 수 없다. 지적 분위기는 모호하고 무의미한 일반론으로 흐려져 있고, 그 일반론에 부합해야 할 사건이 실제로 일어나기 훨씬 전에 의견이 형성되어 있었다. 사

---

2   옮긴이_ 네페르티티(Nefertiti, 기원전 1333~1331경)는 이집트 제18왕조의 파라오 아크나톤의 왕비이다. '미녀가 왔다'는 의미의 이름대로 1914년에 아마르나에서 발견된 석회석 채색 흉상은 사실의 화려함을 잘 드러낸 당대의 최고 걸작 중 하나로 평가된다.

람들은 가장 기본적인 사건마저도 올바르게 판단할 수 없는, 일종의 널리 펴진 공공연한 우매함에 눌려 있다. 예컨대 이러한 우매함은 한 신문이 다음과 같이 불평하는 것도 용인한다. 즉 "세계 전체는 우리를 또 한 번 버렸다." 이 발언은 맹목적인 자기중심주의에 비교할 만한 발언으로 에른스트 윙어가 하노버 인근에서 일하도록 배치된 러시아 죄수들에 관한 대화에서 우연히 들은 것을 자신의 일기, 즉 『방사선*Strahlungen*』(1949)[3]에 기록한 내용 — "그들 가운데 악당이 있는 것 같다. 그들은 개들의 음식을 훔친다." — 과 유사하다. 윙어가 관찰한 것처럼, "사람들은 독일의 중간계급이 악마에 홀린 것 같은 인상을 종종 받는다."[4]

화폐개혁 이후에 독일의 일상생활이 정상화되고 모든 분야에서 재건 작업이 신속하게 이루어지는 상황은 유럽의 화제가 되었다. 의심할 여지 없이, 독일인은 다른 어느 나라 사람들보다도 열심히 그리고 오랜 시간 일한다. 독일인들이 여러 세대에 걸쳐 일하는 것을 너무 좋아한다는 것은 잘 알려진 사실이다. 그리고 오늘날 그들의 근면성은 얼핏 보면 독일이 여전히 잠재적으로 가장 위험한 유럽 국가라는 의견에 실체를 부여하는 것 같다. 더욱이 일을 열심히 할 수밖에 없는 많은 유인 요인이 있다. 실업이 넘쳐나

---

3 옮긴이_ 에른스트 윙어(Ernst Jünger, 1895~1998)는 하노버에서 태어난 독일 작가이자 군인으로 제1차 세계대전에 참전했으며 전후 혁명적 민족주의 운동가로 활동했다. 윙어는 전쟁의 비참한 상황을 사실적으로 묘사한 작품을 출간했다. 『강철의 폭풍 속에서』는 대표저작으로 제1차 세계대전을 배경으로 참호 속의 공포와 죽음을 묘사하고 있다. 『방사선』은 1939년에서 1948년 사이의 일기로서 정원과 거리, 파리 점령 당시 보낸 시간, 백인 전선으로의 여행, 종전 직전 교회 마당에서 보낸 시간을 다루고 있다.

4 옮긴이_ 아렌트는 '바드대학에 소장된' 윙어의 저작에서 다음 부분을 연필로 표시했다. "Wörtlich notiert. Oft hat man den Eindruck, daβ der deutsche Bürger vom Teufel geritten wird." Ernst Jünger, *Strahlungen*(Tübingen: Heliopolis-Verlag, 1949), "Kirchhorst, 12. Mai 1942," p. 115. 토마스 미니는 윙어의 일기를 읽고 이 내용을 소개한 아렌트와 관련하여 다음과 같이 밝히고 있다. "윙어의 일기를 주의 깊게 읽은 아렌트는 하노버의 이발소에서 한 남자가 도시 곳곳에서 강제로 일하도록 강요당한 러시아 포로에 관해 이야기하는 것을 우연히 들은 구절에서 악의 평범성에 대한 그녀의 생각을 부분적으로 얻었다고 주장했다." Thomas Meaney, "History's Fool: The Long Century of Ernst Jünger,"(Review), *Harper's Magazin*(March 2023).

고 노동조합의 위상이 너무 약하므로, 노동자들은 초과근무 수당을 요구하지도 않고, 초과근무를 노동조합에 알리지도 않는다. 많은 새 건물이 건설되고 있지만, 주택 사정은 몹시 열악하다. 대형 공장과 보험회사에 필요한 업무용 건물의 건축은 주거용 건물의 그것보다 분명히 더 우선순위를 가지며, 그 결과 사람들은 토요일이나 심지어 일요일에도 북적거리는 아파트의 가정에 머물기보다는 일터로 나가는 것을 더 좋아한다. 재건을 비롯해 독일 생활의 거의 모든 분야에서 전쟁 전의 경제 및 산업 상황을 복원하기 위한 일은 모두 (종종 매우 화려한 방식으로) 진행되고 있고, 국민 대중의 복지를 위한 일은 거의 수행되지 않는다.

그러나 이런 사실들 어느 것도 한편 지독스럽게 분주한 분위기와 다른 한편 비교적 대단치 않은 성과를 설명할 수 없다. 일에 대한 독일인들의 태도는 내면에서 심각한 변화를 겪었다. 노동조건이 어떠하든 완성품의 탁월성을 추구하는 오래된 미덕은 그저 바쁘게 움직여야 한다는 맹목적 필요성, 매일 매 순간 할 일을 하려는 탐욕스러운 욕구에 자리를 내주고 있다. 독일인들이 1,000년 역사의 폐허를 바쁘게 비틀거리며 지나가는 것을 주시하고, 파괴된 역사적 기념물에 어깨를 으쓱하거나 주변 세계 전체를 괴롭히는 공포 행위를 떠올릴 때 분개하는 모습을 보면, 누구든 분주한 삶이 현실에 대한 그들의 주요 방어수단이 되었다는 것을 깨닫게 된다. 그리고 누군가는 이렇게 외치고 싶어 한다. 그러나 이것은 진짜가 아니야 — 폐허가 진짜이고, 과거의 공포가 진짜이며, 당신들이 잊었던 죽은 자들이 진짜야. 그러나 그들은 살아 있는 유령이다. 말과 논쟁, 인간 눈의 번득임, 인간 마음의 애도도 더는 이 유령의 마음을 움직이지 못한다.

물론 이러한 묘사가 어울리지 않은 독일인들은 많다. 무엇보다도 베를린이 있는데, 이곳 주민은 가장 끔찍한 물질적 파괴 속에서도 온전하게 남아 있다. 나는 이것이 왜 그런지는 알지 못하지만, 관습·예의·말투와 사람들에 대한 접근 방식 등이 다른 독일 지역에서 누구든 보고 대면하는 모든 것과 아주 세부적으로 다르기에, 베를린은 거의 다른 나라와 같다. 베를린에서는 전승국에 대한 원한이 거의 없다. 과거에도 분명 원한이 없었다. 즉 영국에서 처음으로 집중 포격을 가해 도시를 초토화하는 동안 베를린 시민은 지하실에서 기어 올라와 도시가 한 블록, 한 블록씩 사라지는 것을 보고 다음과 같이 말했다. "저런, 멍청이들이 도시를 이렇게 계속 파괴한다면, 그들은 조만간 자신들의 집을 이리로 가져와야 하겠는데." 이들의 말에는 당혹감이나 죄의식은 엿보이지 않고, 전쟁 초기에 베를린의 유대인들이 겪었던 일에 대한 솔직하고 자세한 설명만이 엿보인다. 무엇보다도 가장 중요한 것은 베를린 사람들이 아직도 히틀러를 적극적으로 증오하고, 비록 다른 독일인들과 달리 국제정치에서 자신들을 인질로 느낄만한 더 많은 이유가 있다고 하더라도, 무력감을 느끼지 않고 자신들의 태도가 무언가에 도움이 된다고 확신한다는 점이다. 절반의 기회만 주어진다면, 그들은 적어도 개죽음을 하지 않을 것이다.

베를린 사람들은 독일의 다른 지역 사람들만큼 열심히 일하지만, 덜 바쁘고, 유적지를 둘러보는 데 시간을 내며, 사라진 거리의 이름을 약간 엄숙하게 낭송할 것이다. 믿기 어렵지만, 베를린 사람들의 주장에는 히틀러가 그들을 완전히 정복하지 못했다는 의미가 담겨 있는 듯하다. 그들은 놀라울 정도로 잘 알고 있으며 유머 감각과 특유의 풍자적인 친근감을 유지해 왔다. 그들이 좀 더 우울해지고 좀체 웃으려 하지 않는다는 점을 제외하고, 사람들에게서 유일하게 바뀐 점은 "붉은 베를린"이 이제 극도로 반공주의적이라는 것이다. 그러나 여기서도 베를린과 독일의 다른 지역 사이에 다음과 같이 중대한 차이점이 있다. 즉 오직 베를린 사람들만이 히틀러와 스탈린의 유사점을 명확히 지적하려 애쓰고, 자신들이 러시아인 국민을 배척하지 않는다고 사람들에게 일부러 말하려고 애쓴다. 사람들은 점령 초기 몇 달 동안 붉은 군대를 진정한 해방군으로 열렬히 환영한 베를린 사람들에게 무슨 일이 일어났는지, 그리고 동부 지역에서 아직도 그들에게 무슨 일이 일어나고 있는지를 기억한다면, 이러한 감정은 더욱 주목할 만하다.

베를린은 예외이지만, 불행히도 그다지 중요한 도시는 아니다. 이 도시는 은둔하듯이 밀폐되어 있고 다른 지역과 교류가 거의 없다. 다만 불확실성 때문에 베를린을 떠나서 서부 지역으로 이동했으나 이제 외로움과 혐오감을 몹시 호소하는 사람들을 어디서나 만날 수 있다. 실제로 '다른' 독일인들이 꽤 많다. 그러나 그들은 자신들을 둘러싼 숨 막히는 분위기에 대항하느라고 힘을 소진한 채로 지금은 완전히 격리된 상태에 있다. 어떤 면에서 이 사람들은 히틀러의 테러가 자행되었던 최악의 시대보다 오늘날 심리적으로 더 열악한 상태에 있다. 전쟁 막바지 몇 년 동안 어떤 이유로든 정권에 반대하는 모든 사람 사이에 희미한 저항 동지애가 존재했다. 그들은 패배의 날을 함께 고대했고, 잘 알려진 몇 가지 예외를 제외하고는 그날을 앞당기기 위해 어떤 일을 행할 실제적인 의도를 지니지 않았기 때문에 반쯤은 가상적인 반란의 매력을 즐길 수 있었다. 저항을 생각하는 것만으로도 위험이 따르기 때문에 연대의식은 더욱 위안이 된다. 연대감은 전혀 걸맞지 않게 의미를 지니는 눈길이나 악수와 같은 잘 드러나지 않는 감정의 몸짓으로만 표현될 수 있었기 때문이다. 위험 의식으로 과도하게 고무되는 친근감에서 벗어나 종전 이후 삶의 조야한 이기주의와 만연된 천박성을 갖게 된 것은 많은 사람에게 진정 마음 아픈 경험이었다. (현재 거의 모든 주민이 일반적으로 혐오하는 경찰국가의 지배 아래 있는 동쪽 지역에서도 동지애와 친근감 그리고 반쯤 은밀한 기호언어를 드러내는 분위기는 나치 체제 아래에서보다 훨씬 점점 더 강렬하게 팽배하고 있다. 따라서 동쪽 지역의 주요 집단은 종종 서쪽 지역으로 이동하려는 마음을 결정하기 어려워하고 있다.)

II. 세 가지 계획의 좌절: 탈나치화, 자유기업 부활, 연방화

아마도 슬픈 이야기 가운데 가장 슬픈 부분은 서방 연합국이 독일의 도덕적·경제적·정치적 문제를 해결하기 위해 사용한 세 가지 계획이 좌절된 것이다.[5] 탈나치화, 자유기업의 부활, 연방화는 확실히 독일의 현재 상황의 원인이 아니지만, 도덕적 혼란, 경제적 혼돈, 사회적 부정의, 정치적 무능을 은폐하고 영구화하는 데 도움이 되었다.

탈나치화는 나치 당원과 비나치 세력을 명확히 구분해 주는 객관적 기준뿐만 아니라 소극적 동조자에서 전범자에 이르기까지 전체 나치 조직에 대한 객관적 기준이 있다는 가정에 기반을 두고 있다. 처음부터 당원 등록 기간, 지위와 직책, 입당 날짜 등을 기준으로 하는 전체 체제는 매우 복잡했고 거의 모든 사람이 관여했다. 히틀러의 독일에서 삶의 흐름 바깥에서 살아남을 수 있었던 아주 적은 수의 사람은 나치와 무관했고 물론 마땅히 그랬다. 그러나 그들과 함께 당원이 겪는 많은 번거로움을 회피할 만큼 운이 좋거나 신중했거나 영향력이 있었던 다양한 부류의 많은 인물이 합류했다. 이들은 나치 독일에서 실제로 두각을 나타냈지만, 이제는 탈나치화 과정을 거칠 필요가 없는 사람들이었다. 이 신사들 가운데 일부는 대부분 상층 중간계급에 속하는데, 이제는 전쟁범죄로 투옥된 불운한 동료들과 공개적으로 접촉을 시작했다. 이 신사들은 경제와 산업 문제에 대한 조언을 구하기 위해 부분적으로 투옥된 동료들과 접촉하지만, 또한 위선에 점점 더 싫증을 느꼈기 때문에 접촉하기도 한다. 탈나치화 제도의 부당성은 간단하고 단조로웠다. 히틀러 치하에서 당원이 되거나 다른 일자리를 찾아야 했던 시청 소속 청소부는 탈나치화의 그물에 걸려들었지만, 그의 상관들은 이런 문제를 처리하는 방법을 알았기에 무죄로 방면되거나 아니면 청소부와 같은 처벌을 받았다. 물론 이런 처벌은 상관들에게는 훨씬 덜 심각한 문제였다.

이러한 일상적인 부당성보다 더 나쁜 것은 완전히 지리멸렬한 사람들의

---

5 옮긴이_ 아렌트의 입장은 다음 자료에 명백히 나타난다. 『한나 아렌트·카를 야스퍼스 서간집 1926~1969』, 「편지 105」, 제1권, 331쪽.

혼란 속에서 명백한 도덕적·정치적 구별을 도출하고자 마련한 체계가 실제로 나치 정권에서 존속했던 몇 가지 진정한 구별조차 모호하게 만드는 경향이 있다는 사실이었다. 나치 정권의 적극적인 반대자들 가운데 일부는 자신들의 불법 행위를 은폐하고자 자연스럽게 나치 조직에 참여해야 했고, 독일에서 그런 저항운동에 가담했던 사람들은 적들에게는 기쁘게도 자신들의 적들과 같은 그물에 걸려들었다. 이론적으로, 반나치 활동의 증거를 제시하는 것은 가능했다. 그러나 테러 정권의 복잡한 상황을 전혀 경험하지 못한 점령군 장교들을 설득하는 것은 어려웠을 뿐만 아니라, 무죄를 주장하는 신청자가 독자적인 사고와 저항행위를 할 수 있었다는 점을 너무 설득력 있게 보여줌으로써 평화와 질서에 주로 관심을 두었던 당국의 눈에 자신의 품위를 떨어뜨릴 수 있는 위험도 있었다.

그러나 탈나치화 계획이 나치즘에 대한 저항에서 성장했을지도 모르는 독일 내 새로운 정치세력을 질식시켰다는 주장은 의심스럽다. 저항운동 자체는 처음부터 거의 활성화되지 못했기 때문이다. 그러나 탈나치화는 분명히 다소 동조한 사람들, 즉 기회주의적 이유로 다소간 나치에 확신을 갖게 된 사람들 사이에서 불건전한 새로운 이익공동체를 만들었다는 사실은 의심의 여지가 없다. 약간 모호한 인사들로 구성된 이 강력한 집단은 정직함을 유지했던 사람들과 나치 운동에 명백히 참여한 사람들을 모두 배제했다. 어떤 경우든 특정한 정치적 확신에 기초해 배제를 고려하는 것은 정확하지 못하다. 즉 확신적인 반나치주의자를 제거했다고 해서 다른 사람들이 확신적인 나치 당원이라는 것이 입증되지 않으며, '유명한' 나치 당원을 제거했다고 해서 다른 사람들이 나치즘을 혐오한다는 것을 의미하지도 않는다. 탈나치화 계획은 단지 생계와 생존에 직접 위협이 되었고, 대다수 사람은 모든 것을 너무 심각하게 고려할 필요가 없다는 상호 보장 제도를 통한 압력을 완화하려고 했다. 그런 보장은 자신과 똑같이 타협하거나 하지 않는 사람들에게서만 확보될 수 있다. 자신의 정직성을 유지한 사람들과 마찬가지로 확신에 찬 나머지 나치 당원이 된 사람들도 이질적이고 위협적인 요소로 여겨진다. 부분적으로는 그들이 자신들의 과거 행적에 겁을 먹을 수 없기 때문일 뿐만 아니라, 그들의 존재 자체가 실제로 중대한 일이 발생했고 어떤 결정적인 행위가 이루어졌다는 것을 보여주는 산 증거이기 때문이다. 따라서 적극적인 나치 당원뿐만 아니라 확신적인 반나치주의자도 오늘날 독일에서 권력과 영향력 있는 자리에서 결과적으로 배제되었다. 이는 독일 지식인들이 자신의 과거를 심각하게 받아들이거나 히틀러 정권이 물려준 책임 부담을 짊어지고 싶어 하지 않는 가장 중요한 증상이다.

다소간 동조한 사람들 사이에 존재하는 이익공동체는 공식적인 설문 조사에 대한 일반 독일인 — 하지만 독일인만은 아니다! — 의 태도로 인해 더욱 강화된다. 유럽인은 영국인이나 미국인의 습관과 달리 공공기관이 당혹스러운 질문을 던질 때 항상 절대적 진리를 말한다고 믿지 않는다. 자신의 행위 동기에 대한 증언을 인정하지 않는 법체계를 가진 나라에서 진실이 그 사람에게 우연히 기회를 해친다면, 거짓말은 큰 죄가 되지 않는다. 따라서 많은 독일인에게 군정의 설문 조사에 대한 답변과 이웃에게 알려진 진실은 일치하지 않는다. 그래서 표리부동의 연대는 강화된다.

그러나 탈나치화 계획을 무너뜨린 것은 의식적인 부정직함도 아니었다. 특별히 교육을 많이 받은 사람들 가운데 상당수의 독일인은 분명히 원하더라도 더는 진실을 말할 능력이 없는 듯하다. 1933년 이후에 나치 당원이 된 모든 사람은 일종의 압력에 굴복했는데, 이 압력은 생존과 생계에 대한 노골적 위협에서부터 경력에 대한 다양한 고려 사항, "거스를 수 없는 역사의 흐름"에 대한 성찰에 이르기까지 다양했다. 신체적 또는 경제적 압박의 경우에 절대적으로 필요한 당원증을 냉소적으로 획득하려는 심리적 유보의 가능성은 분명히 있었다. 그러나 이상하게도 극소수의 독일인만이 그렇게 건강한 냉소적 태도를 지닐 수 있었던 것 같다. 그들을 괴롭혔던 것은 당원증이 아니라 심리적 유보였다. 따라서 그들은 결국 표리부동의 불편함을 벗어던지기 위해서 강제 등록에 필요한 확신을 종종 부가하였다. 오늘날 그들은 아주 생생했던 초기의 압력만을 기억하려는 경향을 지니고 있다. 그들은 양심에 따라 나치 교리에 늦게 내적으로 적응했기 때문에 양심 자체가 자신을 배신했다는 반쯤 의식적인 결론을 내렸다. 이러한 경험은 도덕적 향상에 전혀 도움이 되지 않았다.

확실히 일상의 삶에 속속들이 스며든 나치 교의와 관행의 충격은 저항하기 쉽지 않았다. 반나치주의자의 입장은 모든 수감자가 정확히 같은 망상을 하는, 정신병원에 우연히 감금된 정상적인 사람의 입장과 비슷했다. 그런 상황에서는 자신의 감각을 신뢰하기 어렵다. 그리고 비정상적 환경의 규칙에 따라 행동하는 데 따르는 지속적인 중압감이 있었다. 결국에 이런 환경은 사람이 방향 감각을 잃는 여유가 없는 유일한 가시적 현실이었다. 지속적인 중압감은 자신의 존재 전체에 대한 끊임없는 자각, 즉 우리가 모두 여러 가지 일상적 상황에 대처하기 위해 이용하는 기계적 반응으로 결코 완화될 수 없었던 관심을 촉구했다. 이런 자동적인 반응의 부재는 부적응으로 나타나는 불안의 주된 요인이다. 객관적으로 말하자면, 나치 사회에서의 부적응은 정신적 정상을 의미한다고 하더라도, 부적응으로 인한 개인의 중압감은 정상적인 사회의 경우와 마찬가지로 심각했다.

이렇듯 나치가 진실과 현실을 혼동하도록 조작한 결과 발생하고 있는 오늘날 독일의 심각한 도덕적 혼란은 비도덕성의 수준을 훨씬 넘어서며 단순한 사악함보다 더 심각한 원인을 지니고 있다. 소위 훌륭한 독일인들도 독일이 잘못되거나 일상적인 일에서 벗어난 것을 전적으로 수행했음을 인정하지 않으려는 사람들과 마찬가지로 자신들과 다른 사람들에 대한 도덕적 판단에서 종종 오류를 범한다. 아주 많은 독일인은 일반적으로 독일인의 죄책감과 특히 자신들의 죄책감에 대해 다소간 지나칠 정도로 강조한다. 따라서 그들은 자신들의 견해를 명백히 제시하라고 요구를 받으면 이상하게도 혼란스러워한다. 그리고 그들은 정말로 중요한 일들에 대해서 알아채

지도 못하면서 별 관계도 없는 것들을 침소봉대할 수도 있다. 이러한 혼동의 한 예를 들자면, 자신의 죄를 고백한 독일인들은 많은 경우 일상적이고 실제적인 의미에서 완전히 무죄이지만, 실제로 중대한 범죄를 저지른 사람들은 세상에서 가장 뻔뻔스러운 태도를 보인다. 독일의 많은 독자로부터 열광적으로 주목을 받는, 최근에 발간된 크누트 함순의 전후 일기는 도덕적으로 온전한 세계의 판단에 직면할 때 피해망상으로 전환되는 이 섬뜩한 천진난만함을 가장 높은 수준에서 증언하고 있다.

에른스트 윙어의 전쟁 일기는 진실과 도덕성이 가시적인 표현을 완전히 상실한 세계에서 개인이 자신뿐만 아니라 진실과 도덕성에 대한 자신의 기준을 유지하며 직면하게 되는 엄청난 어려움을 가장 훌륭하고 솔직하게 드러내는 증거를 아마도 제공하고 있다. 윙어의 초기 저작이 일부 나치 지식인에게 부정할 수 없는 영향을 끼쳤음에도 불구하고, 그는 처음부터 끝까지 적극적인 반나치주의자로서 한때 프로이센 장교단에서 유행했던 좀 구식의 명예 개념이 개인적 저항에 매우 충분했음을 보여주었다. 그러나 의심의 여지가 없는 이러한 정직성조차도 공허하게 들린다. 도덕성은 마치 작동하지 못하고 온종일 생계를 유지하고 활동하며 생존해야 하는 사람이 밤에는 고독만을 즐기기 위해 칩거하는 빈껍데기가 되었던 것처럼 보였다. 낮과 밤은 서로에게 악몽이 되고 있다. 밤을 위해 남겨진 도덕적 판단은 낮에 밝혀질까 봐 두려움에 떠는 악몽이 되고 말았다. 그리고 낮의 삶은 밤에만 깨어나는 순수 양심을 배반했기에 무서운 악몽이 된다.

전쟁이 끝날 무렵 국가의 매우 복잡한 도덕적 상황을 고려할 때, 미국의 탈나치화 정책에서 드러난 가장 중대한 단일 오류가 독일 국민의 양심을 그들의 이름으로, 조직적인 공모의 조건 아래에서 자행된 범죄의 엄청남을 일깨우려는 초기 노력에서 발생했다는 것은 놀라운 일이 아니다. 점령 초기에 곳곳에 벽보가 등장했는데, 이 벽보에는 부헨발트의 참사를 찍은 사진과 관객을 가리키는 손가락이 있었고, "당신도 유죄다"라는 글이 적혀 있었다. 이 사진들은 대다수 주민에게 자신들의 이름으로 행해진 일에 대해 진정 처음으로 깨닫는 계기를 제공했다. 그들이 무슨 일이 있었는지 모른다면, 어떻게 그들이 죄책감을 가질 수 있겠는가? 그들이 본 것은 나쁜 사람을 분명히 가리키는 손가락질뿐이었다. 그들은 이 오류에서 벽보 전체가 허위 선전이라고 결론을 내렸다.

따라서 독일 어디서나 반복해서 들을 수 있는 이야기가 떠돈다. 이 이야기는 어느 정도까지는 상당히 진실이지만, 오늘날에도 사그라지지 않는 벽보에 대한 격렬한 반응임을 설명하지는 못하며, 벽보 사진의 내용을 모욕적으로 무시하는 것을 설명해 주지도 못한다. 격렬함과 무시는 모두 미국 측의 명백한 오류보다는 벽보의 숨겨진 진실 때문에 표출된다. 독일 국민은 나치의 모든 범죄에 대해 정확히 알지 못했고, 심지어 의도적으로 그 범죄의 정확한 성격을 알지 못했지만, 나치는 모든 독일인이 어떤 끔찍한 이야기가 사실임을 알게 했고, 자신의 이름으로 자행된 모든 끔찍한 일에 대해 자세히 알지 않아도 자신이 형언할 수 없는 범죄에 공모했다는 것을 깨닫게 했기 때문이다.

이는 슬픈 이야기이지만, 연합국이 상황에 따라 선택의 여지가 거의 없다는 사실을 깨달음으로써 덜 슬프지는 않다. 탈나치화 정책을 대체할 수 있는 유일한 대안은 혁명이었을 것이다. 즉 독일 국민이 바로 나치 정권의 고위 인사로 알려진 사람들에 대해 자발적인 분노를 분출시키는 것이다. 그런 봉기는 통제되지 않고 피비린내 났을지 모르지만, 분명히 서류상의 절차보다는 더 좋은 정의 기준을 따랐을 것이다. 그러나 혁명은 일어나지 않았다. 그 주된 이유는 혁명이 4개국 외국 군대의 감시 아래에서 조직하기가 어려웠기 때문이 아니다. 독일인이든 외국인이든 단 한 명의 군인도 진짜 범인을 국민의 분노로부터 보호하는 데 필요하지 않았을 가능성이 매우 크다. 이 분노는 오늘날 존재하지 않으며, 분명히 존재하지 않았던 것 같다.

탈나치화 계획은 전쟁 끝 무렵의 도덕적·정치적 상황에 부적절했을 뿐만 아니라 독일의 재건 및 재교육을 위한 미국의 계획과도 바로 갈등을 빚었다. 자유기업 노선에 따라 독일 경제를 재건하는 것은 상당히 설득력 있는 반나치 조치인 것 같았다. 나치 경제는 분명히 계획경제였지만, 국가의 재산 상황에 영향을 미치지 않았거나 아직 미치지 않았을 수도 있다. 그러나 공장 소유주들은 한 계급으로서 충실한 나치 당원이었거나, 적어도 사적 통제권을 일부 포기하는 조건으로 전체 유럽의 무역과 산업 체제를 독일의 손아귀로 가져오자고 제안한 정권의 강력한 지지자였다. 이런 점에서 독일의 사업가들은 제국주의 시대의 다른 나라 사업가들과 다르게 행동하지 않았다. 제국주의적 사고방식을 가진 사업가는 자유기업을 신봉하지 않으며, 오히려 국가 개입만이 먼 지역에 있는 자신의 기업에 안정된 수익을 보장해 주는 유일한 장치로 간주한다. 독일의 사업가들이 과거 제국주의자들과 달리 국가를 통제하지 못했고 당의 이익을 위해 당에 이용당했다는 것은 참이다. 그러나 이 차이점이 장기적으로 결정적임에도 불구하고 아직 충분히 나타나지 않았다.

독일의 기업가 계급은 국가가 보장하는 확장의 대가로 권력의 더욱 뚜렷한 지위, 특히 노동계급에 대해 갖는 권력의 더욱 뚜렷한 지위를 포기할 준비가 되어 있었다. 따라서 노동자의 이익을 더 잘 보호하는 통제된 경제체제는 나치 정권이 노동자나 상층 중간계급에 제공하는 가장 강하고 유일한 매력이 되었다. 여기서도 발전은 그 과정을 거치지 않았고, 우리가 아는 바와 같이 러시아에 존재하는 국가 소유 또는 오히려 당 소유의 노예 제도는 아직 독일 노동계급에게 위협적 요소가 되지 못했다(물론 전쟁 중 다른 모든 유럽 국가의 노동계급에 가장 큰 위협이었지만). 그 결과, 공산주의적 의미를 전혀 지니지 않은 독일의 계획경제는 실업과 과도한 착취에 대한 유일한 안전판으로 기억되었다.

진정한 자유기업의 재도입은, 비록 나치즘의 궁극적 결과에 대해 좀 잘 못 알고 있더라도, 모든 실천적 목적을 위해 정권을 확고하게 지지했던 사람들에게 공장과 경제적 삶의 통제권을 넘겨주는 것을 의미했다. 그들이 만약 나치 정권 치하에서 더 많은 실질적 권력을 행사하지 못했다면, 그들은 나치 당원 여부와 관계없이 모든 지위와 쾌락을 누렸을 것이다. 그리고 종전 이후 그들은 경제생활에 대한 거의 무한한 권력과 함께 노동계급에 대해 행사했던 과거의 영향력을 되찾았다. 즉 이들은 실업의 대비책으로서 국가 개입을 환영하기는 했지만, 결코 진심으로 나치에 동조하지 않았던 독일 내 유일한 계급이다. 다시 말하면, 탈나치화 정책이 독일에서 연합국 정책의 공식적 표어였던 시기에 나치 동조가 움직일 수 없는 사실이었던 사람들은 권력을 장악했으며, 요동치는 상황에서 단지 다소간 확정된 사실로서 나치와 관련하여 불충실한 태도를 유지했던 사람들은 권력을 상실했다.

설상가상으로 산업가들이 다시 획득한 권력은 바이마르공화국 시대에 존재했던 미약한 통제력마저도 지니지 못했다. 나치가 해체시킨 노동조합은 과거의 지위를 회복하지 못했다. 그 부분적 이유를 들자면, 노동조합은 유능한 회원을 보유하고 있지 못했으며 반자본주의적 신념을 갖고 있다는 의심을 받았기 때문이다. 그리고 노동자들에 대한 이전의 영향력을 되찾으려는 노동조합의 노력은 크게 실패했으며, 그 결과 노동조합은 이제 전 세대의 기억으로부터 물려받은 약간의 자신감마저도 잃어버린 상태이다.

쉬망 계획[6]에 대한 사회주의자들의 집요한 공격은 외부 세계에 바보스러워 보일지도 모른다. 그러나 우리는 현재 상황에서 프랑스 공업지대와 라인-루르 공업지대의 연계가 노동자들의 생활 수준에 대한 더 조직적이고 더 지속적인 공격을 의미한다는 점을 염두에 둘 경우에만, 우리는 사회주의자들의 이러한 비판을 (용납하기는 어렵지만) 충분히 이해할 수 있다. 산업가

---

[6] 엮은이_ 로베르 쉬망(Robert Schuman, 1886~1963)은 프랑스의 외무장관으로 유럽의 산업적 협력을 위한 계획을 제안하였고, 이 협력 체제는 1952년 유럽 석탄 및 철강 공동체(European Community of Coal and Steel, 약칭 ECCS)의 결성을 낳았다. 이것은 유럽경제공동체(European Economic Community, 약칭 EEC)의 출발점이 되었다.

들의 이익을 대변한다고 여겨지는 본Bonn 정부가 열정적으로 이 계획을 지원한다는 단순한 사실은 의심을 사기에 충분한 근거이다. 불행하게도 독일의 상층 중간계급은 과거로부터 배운 것도 없었고 과거를 잊지도 못했기 때문이다. 그들은 그렇지 않은 풍부한 경험에도 불구하고 큰 규모의 '노동 상비군', 즉 수많은 실업자의 존재가 건강한 경제의 신호라고 여전히 믿는다. 그들은 이런 방법으로 임금을 낮게 유지할 수 있다면 만족한다.

경제적 쟁점은 난민 문제로 상당히 첨예해지고 있다. 난민 문제는 현재 독일에서 가장 큰 경제적·사회적 난제이다. 이 난민들이 어딘가에 정착하지 않는 한, 그들은 심각한 정치적 위험을 초래할 것이다. 바로 그들이 정치적 진공 속으로 빠져들기 때문이다. 독일에 아직 남아 있는 소수의 확신적인 나치 당원과 마찬가지로, 거의 예외 없이 전직 비밀경찰 요원이었던 추방자들도 명확한 정치 강령을 유지하고 특정한 집단적 연대에 의존할 수 있다. 이 두 가지 요소는 분명히 인구 가운데 다른 모든 계층에서는 눈에 띄게 없다. 그들의 계획은 강력한 독일의 재건이다. 그들은 이러한 재건을 통해 동부의 옛 고향으로 돌아가 자신들을 추방한 사람들에게 복수하려고 한다. 그동안 추방자들은 토착 독일 주민들을 미워하고 멸시하는 데 바빴는데, 이 주민들은 그들을 형제애보다 더 적은 감정으로 받아들였다.

나치 운동의 잔당이 제기한 문제와는 달리, 난민 문제는 역동적이고 지적인 경제 조치를 통해 해결될 수 있다. 난민들이 이러한 조치의 실패로 자신들의 이익을 전적으로 대변하기를 원한다면 스스로 정당을 만드는 것 이외에 실질적으로 대안을 갖지 못하는 위치로 내몰린다는 것은 현 정권의 큰 실수이며 특별히 독일인들이 이해하거나 오해하든 행해지는 자유기업 구호의 영향으로 발생하는 큰 실수이다. 공공 자금은 대기업에 신용을 제공하는 데 사용되고, 특히 협동조합 형태의 소규모 기업(난민 중 상당수가 숙련공과 장인)의 진흥책은 거의 완전히 무시되었다. 난민들의 이익을 위해 쓰이는 예산은 주(州; Land)마다 다르지만, 그 액수는 거의 언제나 절망적으로 부족한데, 이것은 절대적인 도움을 주는 관점에서도 그렇고 각 주의 일반 예산에서 차지하는 비중의 관점에서도 그렇다. 최근 법인세를 낮추겠다는 본 정부의 제안은 정부의 경제 정책을 확실히 보여주는 지표로 난민들을 위한 가용 기금을 현저히 감소시켰을 것이다. 미국 점령군 당국이 이 조치에 거부권을 행사했다는 사실은 다음과 같이 약간의 희망을 제공할 수 있다. 즉 미국 점령군 당국은 자유기업 구호가 독일과 유럽 전체에서 미국의 상황과는 다른 의미를 지니고 있다는 것을 이해하기 시작했다.

실제로 이 차이를 명확히 이해하지 못하는 것이 미국의 대유럽 정책이 갖는 주된 장애물 중 하나이다. 자유기업을 신봉하는 유럽인들은 산업 경영의 힘과 조직된 노동의 힘이 강력하게 균형을 유지하는 미국 경제체제를 받아들이기 어려울 것이다. 유럽에서 노동조합은 전성기에도 결코 기존 세력에 속하지 않았고 항상 고용주에 맞선 끝없는 투쟁에서 성공 여부에 따라 달라지는 온건한 반항 세력으로 불안정하게 존재해 왔다. 게다가 미국에서는 고용주와 노동자가 공동으로 국가의 개입에 호소하는 것을 꺼렸다. 때때로 분쟁 당사자들은 국가 중재의 위협만으로도 양자 협상으로 돌아갈 수 있다. 독일에서는 노동자와 고용주 모두 머릿속에 단 하나의 생각만 가지고 있다. 그것은 국가가 자신들의 이익을 위해 전력을 다해야 한다는 것이다. 스칸디나비아인을 예외로 한다면, 어떤 유럽 시민도 어느 정도의 정치적 책임, 즉 자기 이익을 추구하는 데 있어서 절제심을 거의 당연한 일로 생각하는 미국인들과 같이 정치적으로 성숙하지 못했다. 더욱이 미국은 아직도 부와 기회의 땅이므로, 자유로운 진취성이 의미가 없는 것은 아니다. 미국 경제의 규모 자체가 경제 전체의 계획을 불가능하게 만들 수도 있다. 그러나 국가의 영토가 산업 능력에 비례하고 계속 축소되고 있는 유럽에서는 사람들이 대부분 국민소득의 정당한 몫을 모든 사람에게 보장하는 어떤 계획 조치가 있어야만 현재의 생활 수준도 보장될 수 있다는 것을 확고하게 믿는다.

유럽에서 미국의 '제국주의'에 대한 산만하고 전혀 근거 없는 이야기의 배후에는 미국 경제체계를 유럽에 도입하거나 오히려 미국의 경제적 현상 유지를 지지하는 것이 대중에게 비참할 정도의 낮은 생활 수준만을 초래할 뿐이라는 그다지 부당하지 않은 두려움이 깃들어 있다. 스칸디나비아 국가들의 사회적·정치적 안정은 부분적으로는 강력한 노동조합, 부분적으로 경제생활에 있어 협동조합의 역할, 부분적으로 현명하게 이루어지는 국가의 개입에서 비롯된다. 이러한 요소들은 적어도 미해결된 정치 문제가 방해하지 않고, 일반적인 세계 상황에 충분한 시간을 허락한다면 유럽의 경제 및 사회 문제 해결이 어떤 일반적인 방향으로 나아갈 수 있는 의지를 보여준다. 하여튼 독일에서 자유기업 제도는, 미국 당국이 이런 발전을 막기 위해 온갖 노력을 했음에도 불구하고, 잔혹한 관행·독점화·기업 합동화로 빠르게 이어졌다.

정치적으로, 상황의 가장 심각한 측면은 예상할 수 있듯이 노동계급의 고조되는 불만이 아니다. 독일 사회주의 정당은 비극적 역사로 인해 역동성을 고갈시킨 듯하다. 즉 독일의 노동계급이 이보다 덜 혁명적인 분위기를 적게 보인 적이 없었다. 민주주의라는 상표로 '판매된' 체제에 대한 어느 정도의 씁쓸한 체념이 있지만, 이런 분노는 거의 아무런 문제도 일으키지 못할 것이다. 아무리 좋든 나쁘든 어떤 정권이든 무관심하게 받아들여질 것은 거의 확실하다. 전혀 다르고 가장 위험한 문제의 측면은 이러하다. 즉 노동자들의 상황이 옛날보다 점점 더 무기력해지고 불안정하고 비참해졌기 때문에, '프롤레타리아화'에 대한 오래된 두려움은 새롭고 강력한 동기를 부여받았다는 것이다.

이 두려움은 특히 중간계급을 사로잡았다. 그들은 화폐개혁으로 화폐 자산을 다시 한번 잃었다. 이와 대조적으로, 산업가들은 부동산으로 재산을 안전하게 유지했다. 독일 중간계급이 폭격으로 재산을 잃거나 난민이 되었다면, 그들의 재정 상황은 일반 노동자 가족의 재정 상태와 전혀 다르지 않다.

그러나 노동자의 운명을 평생 공유해야 한다는 생각은 참으로 끔찍하다.

젊은이들은 이런 상황을 회피하기 위해 학생들로 넘쳐나는 많은 대학 중 어느 한 대학에 입학하는데 필요한 약간의 학점이라도 취득하고자 필사적으로 노력한다. 대학 입학은 중간계급의 지위를 유지하고 프롤레타리아의 삶이 주는 고통을 회피할 유일한 기회이다. 독일 어디에서나 몇 년 안에 변호사·의사·선생·미술사가·철학자·신학자로 넘쳐나서 빵을 얻기 위한 줄이 고속도로까지 늘어질 것이라는 이야기가 들린다. 그리고 잠재적 실업 상태의 학자는 대부분 엄청난 희생을 치르고 학위를 획득했을 것이다. 많은 학생은 매달 60~70마르크 정도의 수입으로 생활하는데, 이것은 만성적인 영양실조에 시달리고 포도주 한 잔이나 저녁 시간의 영화 감상과 같은 아주 사소한 즐거움조차 전혀 누리지 못한다는 것을 의미한다. 학업 수준은 예전과 크게 다르지 않다. 따라서 학생들은 약간의 용돈을 벌기 위해 심한 육체노동을 주기적으로 하는 것으로 단지 중단된 경우를 제외하고 공부에 몰두하였다. 그런데 공부에 전념하는 일은 지성과는 거리가 먼 동기에서 비롯될 수도 있다.

독일에서는 학생 세대의 굉장한 희생이 심한 실망으로 끝날 수밖에 없다는 것을 의심하는 사람은 아무도 없는 듯하며, 아무도 이 문제에 대해 심각하게 생각하지 않는 듯하다. 유일한 해결책은 여러 독일 대학들을 폐쇄하고, 입학 지원자의 고등학교 성적을 세밀히 조사하며, 그렇지 않으면 의심의 여지가 많은 프랑스식 경쟁시험제도를 도입하는 것일 수도 있다. 프랑스식 제도에서 대학 진학 희망자의 숫자는 유효한 정원에 의해 미리 결정된다. 바이에른 주정부는 이런저런 원칙에 따른 토론을 거치지 않고 최근에 대학을 하나 더(실은 네 번째) 열었고, 프랑스 점령군 당국은 독일 문화를 개선해야 한다는 잘못된 충동으로 마인츠에 새로운 대학을 열었다. 이는 거의 완전히 파괴된 도시에 6천 명의 학생이 몰려들어 이미 상당히 절망적인 주거 상황을 악화시켰다는 점을 의미한다. 그리고 실제로 현재 상황에서 대학을 강제로 폐쇄하는 조치를 실행하려면 다소 절박한 용기가 필요할 것이다. 이것은 절망에 빠진 사람에게서 마지막 기회를 박탈하는 것과 같다. 즉 이 기회는 노름꾼의 확률 정도밖에 없는 기회를 빼앗아 가는 것과 흡사하다. 좌절하고 배고픈 전체 지식인 계급이 무관심하고 냉담한 국민에게 풀려났을 때, 누구도 독일의 정치발전이 어떤 방향으로 나아갈지는 예측할 수 없다.

독일에서의 연합국 정책을 관찰한 사람들조차도 탈나치화 정책을 불안한 마음으로 평가하며 자유기업 제도가 정치적으로 바람직하지 못한 요소의 확대로 이어질 뿐이라고 보았지만, 독일을 광범위한 지방 자치권이 있는 주로 나눈 연방화 계획에 상당히 희망을 걸고 있다. 이 계획은 여러 면에서 의심의 여지 없이 옳은 것처럼 보였다. 이 계획은 권력 축적을 견제하는 보호장치 역할을 할 것이고, 따라서 독일의 주변국들이 가지는 과장되기는 하지만 이해할 만한 두려움을 누그러뜨릴 수 있을 것이다. 또 이 계획은 독일 국민에게 기대하던 유럽의 연방화에 대비하게 할 것이고, 사람들이 직접적인 이해관계를 갖고 사정을 잘 알게 되어 있는 공동체 또는 지역 문제 분야에서 풀뿌리 민주주의를 깨닫게 할 것이며, 독일 국민에게 대륙 단위로 생각하고 수 세기 동안 계획하도록 가르쳐 온 나치의 과대망상증을 상쇄시킬 수 있을 것이다.

그러나 주정부의 실패는 이미 거의 확실한 일이 되고 있다. 이 실패는 독일인들이 점령 초기부터 외톨이 신세가 된 정치 분야, 즉 성공이나 실패가 국제무대에서 독일의 위상과 무관한 정치 분야에서만 나타난 실패였다. 주정부의 실패는 물론 어느 정도는 탈나치화로 야기된 독일의 일반적인 삶의 분위기와 냉혹한 경제정책의 사회적 결과에 기인할 수 있다. 그러나 사람들이 주정부의 독일인들에게 부여된 상당한 수준의 자유를 의도적으로 외면할 때에나 이런 설명은 가능한 것이다. 진실은 다음과 같다. 중앙집권화는 국민국가에 의해 형성되었으며 독일에서는 히틀러가 아닌 비스마르크에 의해서 확립되었다. 그런데 중앙집권화는 지역적 자율성에 대한 모든 순수한 욕구를 성공적으로 파괴하고 모든 자치체의 정치적 활력을 성공적으로 약화시켰다. 그러한 전통의 잔재는 절망적으로 반동적인 성격을 띠고 가장 천박한 종류의 민속으로 굳어졌다. 대부분의 경우, 주정부는 가장 심각한 지역 갈등을 방관해 왔고 어디서나 혼란을 조장했다. 갈등하는 파벌들을 압도할 만큼 충분한 권력이 없기 때문이다. 공적 책임이나 심지어 국가이익과 같은 요소가 현저히 존재하지 않기 때문에, 지방 정치는 지독히도 저질인 단순 부패로 전락하는 경향이 있다. 경험이 있는 모든 사람의 의심스러운 정치적 과거(그리고 '경험이 없는' 사람들은 이제 무자비하게 배제되고)와 공무원에 지급되는 낮은 급여 때문에 모든 종류의 부정 관리가 활개를 친다. 많은 공무원이 쉽게 협박을 받을 수 있으며, 더 많은 사람이 뇌물을 받아 급여를 늘리려는 유혹을 물리치는 데 어려움을 겪는다.

본 중앙정부는 주정부와 직접적인 관계가 거의 없다. 즉 본 정부는 주정부에 의해 통제되지도 않으며, 주정부에 대해 어떠한 가시적인 통제력을 행사하지 않는다. 본 정부와 주정부 사이의 유일한 기능적 연결고리는 인사 및 행정의 모든 문제에서 최종적으로 결정하는 정당조직이다. 이 정당조직은 국가의 '작은 주' 구조와 뚜렷한 대조를 이루며 그 어느 때보다 중앙집권화되어 있어 눈에 보이는 유일한 권력을 나타낸다.

이것은 위험한 상황이지만 그 자체로 반드시 일어날 수 있었던 최악의 상황은 아니다. 진짜 문제는 정당조직 자체의 특성에서 나타난다. 현재의 정당들은 히틀러가 놀라울 정도로 쉽게 파괴해 버린 과거의 정당들과 연속성을 지닌다. 이 정당들은 많은 경우에 같은 사람들에 의해 운영되며 과거의 이데올로기와 전술에 의해서 지배되고 있다. 그러나 전술만이 어떻게든 생명력을 유지했다. 이데올로기는 단지 전통을 위해 이어지고, 독일 정당은 세계관 없이는 존재할 수 없기 때문이다. 누구든 이데올로기가 더 좋은 것의 부재로 살아남았다고 말할 수도 없다. 오히려 나치 이데올로기를 경험한 독일인들은 거의 모든 것이 가능하다고 확신하게 된 것 같다. 정당조직은 주로 당원들에게 일자리와 호의를 제공하는 데 관심이 있으며, 이렇게 하는 데 대단한 능력이 있다. 즉 이는 주민들 가운데 가장 기회주의적인 분자들을 끌어들이는 경향이 있다는 것을 의미한다. 정당조직은 어떤 형태의 독창적 의견을 장려하기는커녕 새로운 생각을 지닌 젊은이들을 두려워한다. 간단히 말하면, 그들은 노쇠한 모습으로 다시 태어났다. 결과적으로 미약하지만 존재할 수 있는 정치적 관심과 토론도 정당이나 공공기관의 바깥에 존재하는 작은 동아리에서 이루어진다. 이러한 소규모 모임은 각기 정치적 공백과 그들 주변에서 공적 삶의 일반적 부패로 말미암아 새로운 운동의 잠재적 핵이다. 정당은 독일 지식인들의 지지를 받지 못하고 있을 뿐만 아니라 대중들에게 그들의 이익을 대변하지 못한다는 것을 확인해 주고 말았기 때문이다.

전후 독일의 우울한 이야기는 기회를 놓쳐 버린 것에 관한 이야기가 아니다. 우리는 명백한 범인을 찾고 실수들을 설명하려는 열망 때문에 이런 이야기가 우리에게 가르쳐 줄 수 있는 가장 근본적인 교훈을 간과하는 경향이 있다. 모든 것을 말했을 때, 두 가지 의문이 남는다. 12년 동안 전체주의 지배 아래서 생활한 사람들로부터 무엇을 합당하게 기대할 수 있을까? 전체주의 지배 아래에서 기반을 상실했던 사람들을 다시 회복시키는 불가능한 임무에 직면한 점령지로부터 무엇을 합리적으로 기대할 수 있었는가?

그러나 독일 점령의 경험을 잘 기억하고 이해하려고 노력하는 게 좋을 것이다. 우리가 모두 그런 사건이 일생 중에 거대한 규모로 반복됨을 볼 가능성이 너무나 크기 때문이다. 불행히도, 전체주의로부터 국민을 해방하는 일은 단순히 "통신 수단과 중앙집권적 통제의 붕괴"를 통해서는 이루어질 수 없다. 물론 처칠은 최근 유럽평의회 자문회의에서 "용감한 러시아 국민은 (모든 통신 수단과 중앙집권적 통제가 붕괴되면) 황제의 폭정보다 훨씬 더 나쁜 폭정에서 벗어날 수 있을 것이다"[7]라고 연설했다. 독일의 사례에서 알 수 있듯이, 외부의 지원은 자조적인 토착 세력을 자유스럽게 할 수 없으며, 게다가 전체주의적 통치는 단지 최악의 폭정 그 이상이라는 것을 보여준다. 전체주의는 뿌리를 죽여버린다.

정치적으로 말하면, 현재 독일인들의 삶의 조건은 소위 독일 문제 자체의 표출보다는 전체주의의 결과에 대한 구체적인 실례로서 더 큰 의미를 갖는다. 이 문제는 모든 다른 유럽 문제와 마찬가지로 '유럽 연방federated Europe'에서만 해결될 수 있지만, 그런 해결책조차도 앞으로 곧 닥칠 절박한 정치적 위기를 고려할 때 관련성이 거의 없어 보인다. 재생된 독일도 재생되지 않은 독일도 큰 역할을 할 수 없을 것이다. 그리고 현재의 투쟁에서 어떠한 정치적 계획도 그들의 역할에 궁극적으로 무용하다는 이러한 인식은 독일인들이 파괴된 조국의 현실을 직시하기를 꺼리는 가장 강력한 요인은 아니다.

---

7 옮긴이_ 유럽평의회 자문회의는 1950년 8월 11일 처칠이 제출한 동의안을 채택했다. 이 동의안에서는 공산주의에 대항하는 보루를 형성하기 위해 유럽 군대를 즉시 창설할 것을 촉구했다. 출처는 다음과 같다. Council of Europe - Consultative Assembly. Reports. Second session. 7th-28th August 1950. Part I. Sittings 1 to 12. 1950.

큰 소리로 떠드는 애송이들*

1951

> "그곳에서 다른 세상을 향해 천천히 출발한다.
> 겨울 새벽 4시에 다른 보병들이 …
> 오믈렛을 만들지 않고는 달걀을 깨뜨릴 수 없다.
> ― 그게 바로 그들이 달걀에게 하는 말이다."
>
> 랜달 자렐, 「전쟁」[1]

---

* 아마도 연설을 하고자 집필한 이 미출간 원고는 '1950년경'으로 표시되어 있다. 원고의 내용으로 미루어 볼 때, 이 글은 1951년 이전에는 작성되지 않은 것으로 보인다.

[1] 옮긴이_ 이 시는 다음 저작에 수록되어 있다. Randall Jarrell, *The Complete Poems*(New York: Farrar, Straus and Giroux, 1969). 전쟁은 그 정치의 성격에 대한 중대한 기만 속에서 작동하면서 모든 낙관론을 배반한다. 이 시는 전쟁이 다른 수단을 통한 정치의 연속이라는 클라우제비츠의 주장에 대한 하나의 답이다. 아렌트는 이 글에서 'egg'와 'omelette'을 비유적으로 표현하고 있다. '달걀'은 목적을 실현하기 위한 도구(수단)로, '오믈렛'은 목적으로 표현된다. 아렌트는 목적-수단의 관점에서 정치를 이해하는 방식을 언급하기 위해 "달걀을 깨지 않고 오믈렛을 만들 수 없다"는 속담을 인용하고 있다. 이때 인간은 목적을 실현하기 위한 도구로 전락한다. 따라서 'egg'의 속어는 애송이 또는 풋내기로 여기서는 목적을 실현하는 데 도구로 전락한 사람을 의미하기도 한다.

Ⅰ. 전체주의에 대한 이해의 변화[2]

나치 독일의 패망 이후, '전체주의'라는 용어는 점점 더 공산주의와 같은 의미로 사용되었고, 이에 맞선 투쟁은 점점 더 인기를 끌었다. 이러한 인기는 전체주의 운동의 위험이 존재하지 않고, 전체주의의 위협이 거의 전적으로 외교 문제, 가장 심각한 문제인 나라에서 발생하기 때문에 의심스럽다. 한편 국무부, 다른 한편 미연방수사국과 같은 공공기관이 외부 및 내부의 모든 영향을 완전히 인식하게 된 지금, 인기는 더욱 의심스러워진다. 물론 지식인들은 이러한 이유로 전체주의 정부의 본질과 전체주의 운동의 목적을 점점 더 정확하고 깊이 있게 이해하려는 의무에서 벗어날 수 없고 벗어나서도 안 된다. 그러나 공공기관이 이를 알고 있다는 사실은 순전한 투쟁 정신에서 비롯된 비난, 그리고 이에 수반되는 전폭적이고 종종 부적절한 '민주주의' 찬양을 오히려 쓸모없게 만드는 듯하다. 한때 사회의 가장 견고하고 무너지지 않는 벽에 저항하며 머리를 깨뜨리려고 했던 한 세대의 사람들이 이제는 폭력적으로 문을 여는 데 힘을 쏟고, 다른 시민들처럼 정부를 조용히 지지하는 데 만족하지 않으며, 마치 이 권력자들이 내부 음모에 위협을 받는 것처럼 권력자들의 더 많은 권력을 위해 싸우는 모습을 보는 것은 이상한 일이다. 그러나 그 음모는 완고하게 실현되지 않는다.

이 이상한 행태를 설명해 주는 훌륭한 이유 중 하나는 전체주의 자체가 어느 특정 국가의 전체주의 운동과 무관하게 우리 시대의 핵심적인 정치 쟁점을 구성한다는 통찰력이다. 그리고 비록 행복한 섬의 무한한 행복에 대한 우리 투사들의 주장이 정확히 가능한 모든 다리를 형성하지는 않더라도, 불행히도 여러 측면에서 혼란에 빠진 우리 세계에 행복한 섬처럼 보이는 이 나라는 이런 '반전체주의'가 없었다면 정신적으로 더 고립되었을 것

---

2   옮긴이_ 이 에세이 원본에서는 각 절을 번호로 표시하여 구별했지만, 이 번역본에서는 독자의 이해를 돕고자 소제목을 붙인다.

이다. 요점은 이러하다. 즉 누구든 20세기의 다른 모든 악이 결국 전체주의 정부라고 부르는 최고의 근본적 악으로 결정화되는 경향을 보인다는 사실을 인정할 때에만, 전체주의가 우리 시대의 핵심적인 정치 문제라는 언급은 이해된다. 다른 악은 모두 전체주의와 비교하면 덜한 악이다. 물론 다른 악이란 폭정과 독재정권, 빈곤과 인간에 의한 인간의 몰염치한 착취, 외국인에 대한 제국주의적 억압, 민주 정부의 관료화와 부패 등을 의미한다. 그러나 이 진술은 무의미하다. 이는 우리 전체의 역사에 나타나는 모든 악에 해당할 수 있기 때문이다. 문제는 다른 '덜한' 악은 싸울 가치가 없다는 결론에 도달할 때마다 시작된다. 일부 반전체주의자들은 이미 특정 '덜한 악'을 칭찬하기 시작했다. 이 덜한 악이 모든 악 가운데 가장 나쁜 악임을 여전히 모르는 세계를 지배했던 그리 멀지 않은 시대는 비교해보면 한때 좋았던 시절로 보이기 때문이다. 그러나 모든 역사적·정치적 증거는 덜한 악과 큰 악 사이에 매우 가까운 관계가 있음을 확연히 보여준다. 만약 고향 상실, 뿌리 상실, 정치조직과 사회계급의 해체가 전체주의를 직접 낳지 않더라도 적어도 결국 전체주의의 형성으로 이어지는 거의 모든 요소를 낳게 한다. 전체주의적 독재자들이 구식의 독재자와 폭군에게 권력을 장악하고 유지하기 위한 예상하지 못했던 새로운 기법들을 보여준 이후에, 독재자와 폭군조차도 더 위험해졌다. 가장 나쁜 악으로 가득 찬 세기에 대한 진정한 통찰로부터 얻은 자연스러운 결론은 정치에서 덜한 악이란 개념 전체를 근본적으로 부정하는 것이다. 덜한 악은 우리를 더 큰 악으로부터 보호하기는커녕 오히려 변함없이 우리를 더 큰 악으로 이끌기 때문이다. 전체주의를 이 세기의 저주로 이해하는 데 나타날 수 있는 가장 큰 위험은 지옥에 이르는 길을 마련하는 수많은 작고 사악하지 않은 악에는 눈감는 지경에 이를 만큼 전체주의에 집착하는 것이다.

 이 자연스러운 결론이 좀처럼 도출되지 않는 사소한 이유 중 하나는 그것이 훨씬 더 자연스러운 태도와 충돌되기 때문이다. 즉 현실과 정치 투쟁의 실제 불편함에서 벗어나려는 경향이다. 비록 누구든 이 세기에 살고 있다면, 워싱턴에서 조지프 매카시의 적이 되는 것보다는 모스크바에서 스탈린의 적이 되는 것이 훨씬 더 유쾌하고 덜 지루하며 심지어 더 기분 좋을 것이다. 주요 이유 중 하나는 '전후 전향한 공산주의자들ex-Communists'[3]이 수행한 역할에서 나타난다. 이들은 최근 전체주의와의 투쟁에 참여하여 때로는 훌륭한 정치적 이유, 때로는 적지 아니 중요한 '전기적傳記的' 이유로 그 투쟁을 스탈린에 대한 투쟁으로 바꾸었다. 이 사람들이 우리의 공동 투쟁에서 다시 한번 그토록 두드러지게 된 이유는 훌륭해 보인다. 적의 진영에서 방금 망명한 사람들보다 적의 방법과 목적을 더 잘 아는 사람이 누가 있겠는가? (물론 우리가 나치 형태의 전체주의와 싸우고 있을 때, 우리는 우리를 인도할 전후 전향한 나치 당원들을 거의 찾을 수 없었다. 그러나 당시에는 그런 사람이 없었고, 있었다고 해도 우리가 그들을 어떻게 받아들였을지 지금은 상상하기 어렵다. 라우슈닝은 다른 경우였다. 그는 실수로 나치 당원이 되었고, 오토 슈트라서는 전혀 신뢰받지 못했다.[4]) 그러나 이러한 정보는 점차 초기에 전향한 소수의 독점물이 되지 못했다. 전체주의 조직의 기술적 수단은 복잡하고 이해하기 어려울 수 있으나 확실히 신비는 아니다. 게다가 전후 전향한 공산주의자인 이들이 우리 자신의 방법과 목적을 알고 있다는 것은 그렇게 확실하지 않다.

 과거 전체주의 운동의 구성원을 비전체주의 세계의 정치적·문화적 삶으

---

[3] 옮긴이_ 아렌트의 이해에 따르면, "'과거의 공산주의자들(former-Communists)'은 '전후 전향한 공산주의자들(ex-Communists)'과는 전적으로 상이한 부류였다. 전후 전향한 공산주의자들과 달리 '과거의 공산주의자들'은 상실된 신념의 대체물을 모색하지도 않고 … 공산주의와의 투쟁에 자신들의 노력과 재능을 집중시켰기 때문이다." 아렌트의 남편은 전쟁 중에 전향한 공산주의자, 즉 과거의 공산주의자이다.

[4] 엮은이_ 헤르만 라우슈닝(Hermann Rauschning, 1887~1982)은 1930년대 초반 히틀러와 결별하기 전까지는 그의 정치적 동맹자이자 절친한 친구였다. 그가 집필한 저서들 가운데 『허무주의의 혁명(*The Revolution of Nihilism*)』(New York, 1939), 『파괴의 소리(*The Voice of Destruction*)』(New York, 1940) 등이 있다. 오토 슈트라서(Otto Strasser, 1897~1974)는 히틀러 집권 초기 그의 추종자였으나 1930년 나치당으로부터 축출되었다. 그의 형제 그레고르는 1934년 소위 룀(Röhm) 음모에 연루되어 처형됐다.

로 기꺼이 받아들이는 또 다른 이유 — 설득력이 약하기는 하지만 매우 훌륭한 이유 — 가 있다. 그러나 이 이유는 거의 제기되지 않으며, 특히 관련 당사자들 자신에 의해 제기되지 않는다. 이것은 실제로 현재 상황을 밝혀준다. 결국, 이 사람들은 오늘날 자신들이 저지른 최악의 실수로 여기는 바로 그러한 결정을 통해서 자신들이 주변의 보통 행복한 속물들보다 이 세기의 핵심적인 난관과 더 긴밀하게 연계되어 있고 더 깊이 영향을 받고 있음을 증명했다. 우리가 현재 알고 있듯이, 아주 지독한 재앙으로 이어진 바로 그 일들이 한때 이들의 관심을 끌었는데, 이들은 그때와 같이 매우 흡사한 방식으로 여전히 잘못 이해한 대중뿐만 아니라 전 세계 상당수 지식인에게 호소하고 있다. 물론 이것은 '당관료apparatchik'보다 오히려 특정 유형의 공산주의자, '혁명가'에게만 적용된다. 그리고 이것은 전적으로 정당하다면 특정 유형의 과거 나치 당원에게도 적용될 것이다. 전체주의 세계에서 탈출했거나 그 세계로 돌아오는 것(우리의 목적상 이 세계를 집권한 정부로 표현하든 권력 획득을 위해 투쟁하는 운동으로 표현하든 큰 차이는 없다)은 기존 제도의 산뜻하고 안락한 울타리를 벗어난 적이 결코 없으며 내부의 거의 모든 곳에서 훼손되고 있는 제도를 갖춘 세계의 가치에 대해 결코 의문을 제기하지 않은 모든 사람에 비해 이들 과거의 혁명가들에게 논란의 여지가 없는 우월한 위치를 제공하는 것 같다. 그러나 그들이 결국 전체주의 이데올로기 자체뿐만 아니라 전체주의 체제의 등장으로 이어진 전체주의 이전의 상황에 대한 지식을 포함하여 자신들이 한때 믿었던 '대의'를 완전히 지속해 알고 있어서 등을 돌렸다면, 그 이점은 현실적일 것이다. 그들이 어떤 이유로든 자신들이 한때 훌륭한 자유주의나 보수주의, 심지어 사회주의의 정신적 안락함을 버리고 19세기의 전형적 이데올로기로 대표되는 사회적·정치적 조건에 반항할 용기를 낼 수 있었던 이유를 그동안 잊었다면, 그 이점은 완전히 환상에 불과할 것이다.

　물론 가장 큰 문제는 이것이 소수에게만 의식적인 용기의 문제였다는 점이다. 최근 공산당에서 이탈한 수많은 사람 가운데 많은 사람의 경우 공산주의 운동은 그중에서도 특히 경력을 쌓을 기회를 여전히 제공한 어느 정도 강력한 조직이었다. 조지프 알숍[5]이 최근 『공화국 Commonweal』에서 "아주 통명스러운 어조로" 말했듯이, "전문적인 정보원으로 변신한" 자화자찬하는 소련 간첩들이나 비밀경찰 요원들이 있다. 이러한 구식 게임은 다소 지나칠 정도로 위험해졌다. 그들은 새로운 주인을 찾고 있으며, 민주주의 세계가 과거 자신들의 중요한 지위를 믿고 새로운 명성을 얻으려는 그들을 지원하지 않으려 할 때 몹시 실망한다. 이 문제는 전혀 문제가 되지 않았음이 틀림없는 것 같고, "나도 공산주의였다"는 주장에 대한 대중적 열광의 불가피한 증대는, 새로운 주장이 나올 때마다 그렇듯이, 그 대의보다는 정치적으로 가장 관심 있는 청중 대부분의 어처구니없는 차별 능력 부족에서 비롯된다. 매우 훌륭한 '과거의 공산주의자들 former-Communists'은 당원으로서 당 내부의 간첩조직을 회피하기 위해 최선을 다했으며, 당의 노선에서 벗어난 많은 '이탈자들'에 대한 고발을 자기 업무로 삼는 사람들에 대해 단지 경멸감을 품은 사람들이었다. 잘못된 동기에 사로잡힌 좋은 사람들은 양심의 가책을 해소하려고 시도했다. 만약 이 훌륭한 과거의 공산주의자들 일부만이 잘못 고취된 단결 의식의 유혹을 뿌리쳤거나 완전히 다른 이유로 동시에 운동을 포기한 평판 좋지 않은 인물들과 같은 처지에 묶이는 것을 거부했다면, 그들은 현재 겪고 있는 혼돈을 많이 회피할 수 있었을 것이다.

---

5 옮긴이_ 조지프 알숍(Joseph Wright Alsop, 1910~1989)은 미국 언론인으로서 1945년부터 1970년대 후반까지 워싱턴의 영향력 있는 저널리스트였다. 알숍과 아렌트가 정치 문제로 의견을 나눈 자료는 일부 편지에서 확인할 수 있다. 예컨대, 알숍은 아렌트에게 보낸 1969년 3월 4일자 편지에서 폭력 문제와 프란츠 파농에 대한 자기 입장을 소개했다. 아렌트는 알숍에게 보낸 3월 12일자 답장에서 파농에 관한 기사를 보내준 데 대해 감사의 편지를 보냈다.

II. 전도된 궤변: 오믈렛과 달걀 깨기; 사회주의와 역사 제작

그러나 우리는 현재의 불행한 상황을 설명하기 위해 사려분별의 부족과 동지애의 필요성 이상의 것을 고려해야 한다. 전후 전향한 공산주의자들은 모두 과거의 당내 경력이 어떻든 언제 당과 결별하겠다고 결정했든 오늘날 똑같은 곤경에 직면해 있다. 즉 그들은 비전체주의 국가에 사는 새로운 친구들에게 왜 자신들이 더 일찍 당과 결별하지 않았는지에 대해 설명해야 한다. 그리고 그들은 바로 이 특정 지점에서 양심의 가책을 받고 있어서 좀 더 오래 버틴 옛 동료들에 대해 매우 씁쓸해하는 경향이 있다. 그들이 이러저러한 이유로, 때로는 탁월한 이유로 원래 당원이 아니었던 사람들, 그리고 자신들이 여전히 "소비에트 러시아의 거대한 새로운 실험"에 대해 어느 정도 동정심을 보였던 사람들에게 옹졸함을 보일 때, 이 옹졸함은 특히 짜증스러워진다. 심지어 전후 전향한 공산주의자들이 이미 처음 경고의 소리를 외쳤을 때조차도 마찬가지였다. 엄밀한 의미에서 동행자들이라고 할 수 있는 비교적 소수만이 이러한 동조자들에 속한다. 그들은 어떤 형태의 '음모'에 전혀 연루되지 않았으며, 국제적 차원에서 전반적인 중대한 정치적 상황과 결과적으로 10월 혁명의 긍정적이고 객관적인 가능성을 다소 분명하게 알고 있었다. 그러나 그들은 소련의 복잡한 전개 양상, 심지어 공산당의 훨씬 더 복잡한 역사에 대해 충분한 최신 정보를 얻지 못했다.

오늘날 전후 전향한 공산주의자들은 당이 처음부터 근본적으로 잘못되었다는 것을 거의 언급하지 않는다. 그런데도 이 잘못은 아마도 그들의 양심을 가장 괴롭힐 것이다. 정상적인 비공산권 세계가 이 '잘못'을 제기한 게 아니다. 로자 룩셈부르크는 당내 민주주의의 억압에 대한 초기 항의와 경고를 통해 이 잘못을 강력하게 제기했다. 전체주의가 아닌 폭정의 첫 번째 맹아를 아주 일찍 탐색하고 판단하기 위해서는 '정상적' 사회의 기준 — 혁명 정당이 당연히 무차별적으로 수용할 수 없는 기준 – 이 필요하지 않다는 점을 주목하고 기억하는 것이 가치가 있다. 즉 누구든 당 자체의 혁명적 과거만 살펴보아야만 했다. 레닌의 사망 직후 상황은 더 나빠졌다. 즉 스탈린이 1930년대 좌파와 우파 이탈자들을 숙청하기 이전부터 자유를 사랑하는 사람이면 누구나 참을 수 없는 지경에 이르렀다. 이런 일들은 오직 당원이나 아주 가까운 동반자들에게만 알려졌고, 외부인에게는 거의 알려지지 않았다. '단순히' 도덕적인 의미가 아니라 '대체로' 도덕적인 의미에서 누구든 구세대의 전후 전향한 공산주의자들의 양심을 괴롭힌 것은 여전히 로자 룩셈부르크의 망령이라고 말할 수 있을 것이다.

어쨌건 대략 1930년대 이후 공산당 가입 문제가 정치적 또는 혁명적 근거에서만 논의될 수 없다는 점은 확실하다. 이 문제는 도덕적 정직성 및 각 개인의 사생활과 관련된 문제가 되었다. 완전히 뒤늦게 깨달은 것이겠지만, 오늘날 이 특별한 계기를 정확하게 지적하기란 쉽다. 그러나 관련된 사태를 완전히 공평하게 평가하자면, 누구든 당시 상황을 판단하는 게 쉽지 않음을 인정해야만 한다. 공산당 내의 모든 집단과 분파, 스탈린을 지지하는 파벌 못지않게 그를 반대하는 파벌의 예의와 도덕은 로자 룩셈부르크의 초기 경고 이후 모든 종류의 개인적인 배신이 일상화될 정도로 악화되었다. 더욱이 스탈린은 소리 없이 자신의 새로운 당 노선을 도입했으며 실제로는 엄청난 결과를 가져왔다. 그러나 말과 이론의 측면, 즉 모든 당이론을 학문적으로 변형시킨 탓에 이 사람들이 혼자 생각하고 방향을 잡을 수 있었던 측면에서 볼 때, 그의 노선 변경은 믿을 수 없을 정도로 미미했다.

또 뒤늦게 깨달은 것이지만, 오늘날 스탈린이 실제로 한 일을 쉽게 공식화할 수 있다. 즉 그는 "달걀을 깨지 않으면 오믈렛을 만들 수 없다"라는 격언에 일반적으로 표현된 오랜 정치적·혁명적인 신념을 "오믈렛을 만들지 않는다면 달걀을 깰 수 없다"라는 실제의 신념으로 바꿨다. 사실, 이것은 사회주의 이론에 대한 스탈린의 유일한 독창적 공헌의 실질적인 결과이다. 마르크스주의 교의를 재해석한 스탈린은, 마치 달걀을 깨고 깨면 원하는 오믈렛이 갑자기 자동으로 만들어지는 것처럼, '사회주의 국가'가 갑자기 '고사할' 때까지 우선 점점 더 강해지고 강해져야 한다고 선언했다.

서방 국가의 훈련을 잘 받아 분별력 있는 공산주의자들이 1930년 이전에도 소련에서 강제수용소의 존재와 유별나게 '단순화된' 재판 절차에 대해 몰랐다고 가정하는 것은 어리석은 생각일 것이다. 그러나 그들이 이러한 상황에 대해 신경 쓰지 않았다고 결론짓는 일은 부당하고 정당하지 않을 것이다. "혁명은 항상 제 자식을 삼키는 경향이 있다"[6]라는 식의 역사적이고 현명하게 들리는 일반론으로 신념 위반과 정의에 대한 분노의 구체적인 사례를 정당하다고 스스로 인정하는 것은 오늘날과 마찬가지로 예전에도 수월한 일이었다. 더욱이 그들은 마르크스주의자이며 확신에 찬 계급투쟁론 추종자로서 '객관적 범죄'라는 개념의 타당성을 전혀 의심하지 않았다. 그들은 이 신조만으로도 '주관적으로' 무고한 희생자를 연루시킨 무수히 많은 매우 불유쾌하고 도덕적으로 심각한 사건을 무턱대고 받아들이기에 충분했다.[7]

그들은 온갖 곤경 속에서 사회주의와 무계급 사회 — 이것은 여전히 그들에게 지구상의 어떤 정의 실현을 의미했다 — 를 인간적 삶의 최대 희생을 통해서만 건설할 수 있다는 진지하고 확고한 신념으로 자신들의 양심을 달랬다. 이러한 신념은 세계 역사가 위대함을 열망하는 한 항상 큰 희생을 요구하고 수용했다는 일반적인 역사이론을 모든 사람이 대중적으로 또는 학습된 형태로 공유하면서 더 강조하여 적용한 것일 뿐이기에 자명해 보였다. 이 위대함이 '**역사**History'에 도취해 있는 사람들에게는 아무리 웅장하게 보일지라도, 그 실제 적용은 "대패질을 하면 대팻밥이 나온다"[8] 또는 "달걀

---

6   옮긴이_ 프랑스 언론인 자크 말레 뒤 팡(Jaques Mallet du Pan, 1749~1800)은 "혁명은 사투르누스 같이 자식을 게걸스럽게 삼킨다"라는 표현을 통해 한때 프랑스혁명을 언급했다.
7   엮은이_ 사람은 누구나 '주관적으로' 어떤 범죄를 저지르지 않아도 단순히 '죽을 운명의 계급'에 속하는 것만으로도 '객관적' 범죄를 저지르게 되었다.
8   엮은이_ 아렌트는 이 글 가운데 이곳과 후반에서 영어 표현으로는 잘 전달되지 않는 "깎기 작업에서 부스러기가 나온다(from chipping come chips)"라는 속담을 사용했다. 그녀는 목수의 대

을 깨뜨리지 않고는 오믈렛을 만들 수가 없다"와 같은 모든 서양 언어의 대중 속담에 담긴 잘못된 지혜와 기이하게 일치했다. 이러한 우연의 일치는 통속화의 우연한 결과가 아니다. 진정 대중적인 속담에 포함된 '지혜'는 보통 오랜 세월 유지되어 온 순수한 철학적 또는 신학적 사유의 결정체이다.

전체주의적 관행에 대한 초기의 도덕적 저항이 직면한 지적인 어려움은 **역사**의 본질에 관한 일반적으로 공유된 신념과 정치 활동에 대한 대중적으로 받아들여진 기준을 배경으로 할 때 가장 잘 드러날 수 있다. '달걀 깨기'는 이제부터 **역사**가 깨기를 모두 해야 하는 비인격적 일이 아니라는 사실이 공산당원들, 특히 소련의 볼셰비키 당원들에게 분명해졌다. 이때 그들은 개인적으로 심각한 충격을 받았다. 반대로 자신들을 역사의 주인공이라고 선언했던 사람들은 스스로 그렇게 하라는 명령을 받았다. 그러나 이 충격이 많은 사람에게 아무리 컸더라도, 그 경험 자체는 종종 개인적 비극이라는 관점에서 분석되고 고려되기는 했지만, 마르크스주의 교의의 이데올로기적 장벽을 뚫지 못했기 때문에 그 자체로 도덕적 또는 정치적 측면에서 거의 충족되지 못했다. 새로운 역할에 대해 극복할 수 없는 혐오감을 느낀 마르크스주의 역사학자들은 자신들을 도덕적 비겁자라고 의심했고, 손을 깨끗이 씻고 자신의 인격을 온전하게 유지하려는 부당한 욕망을 지니고 있다고 의심했다. 신뢰받는 당원은 지금까지 (사적인 관심사를 넘어서) 오직 '대의'에만 헌신한 덕분에 명성을 얻었고, 충성심으로 인한 갈등이 발생하는 경우 친구에 대한 충성심이나 가족에 대한 사랑보다 사회주의 건설을 더 중요하게 여기는 것이 당연한 일이라고 생각했을 것이다. 그런데 이들은 스탈린이나 (자신들의 생각으론) **역사**가 누구나 "가까운 동지를 합동국가정치국[9]

패와 이것의 사용으로 나오는 대팻밥을 의미하는 독일 속담 "대패질하는 곳에서 대팻밥이 떨어진다(Wo gehobelt wird, da fallen Späne)"는 것을 아마도 염두에 두었던 것 같다.

9 옮긴이_ 합동국가정치국(OGPU)은 공산혁명 직후 창설된 비밀경찰, 체카(Cheka)에 뿌리를 두고 있다. 체카는 1922년 국가정치국(GPU)으로 개칭되었다가 1923년 합동국가정치국으로, 다시 1934년

의 손아귀에 넘겨 충성심을 증명해야 한다"는 명령으로 달걀 깨기를 맡겼을 때 이상하게도 무기력했고 논쟁도 하지 않았다. 몇 년 후 대숙청 기간에 "구 볼셰비키당과 신 볼셰비키당을 나눈 경계를 가로지르는 여권은 단 하나뿐이었다. 바로 스탈린과 합동국가정치국이 요구한 만큼의 희생자를 넘겨주어야 했다."[10] "대패질하면 대팻밥이 떨어진다"는 사실을 언제나 믿어 왔던 사람이 어떻게 대패질 돕기를 거부할 수 있겠는가? 그 결과, 모든 당원은 이제부터 자신을 포함해서 자신들이 알고 있는 모든 사람을 단지 잠재적인 대팻밥으로 간주해야 했다.

오늘날 이것이 상황을 더 쉽게 하지는 않는 것 같으며, 그러한 상황에서 한 사람이 나가서 '달걀 깨기'를 멈추겠다고 결정한 순간이 거의 전적으로 자의적이었다는 것은 단지 자연스러울 뿐이다. 외부에 있는 우리에게는 파악하기는 어려우나 내부에서 본다면, 어떤 사람이 포기하든 아니든 별로 차이가 없었다. 그는 모스크바 재판 기간에 불성실과 잘못된 신념이란 죄목으로 소환된 상황을 거부할 수 없었기 때문이다. 이때 그는 청년 시절의 친구나 젊은 시절의 영웅이었던 구경비대원들을 희생시키라고 요청받았다(재판의 희생물이 되는 것에 대한 구경비대원들의 동의는 아주 명백하지 않았을까?). 또는 그가 히틀러-스탈린 비밀조약 때문에 당을 떠나는 것이나 잔류하는 것이나 별로 차이가 없었다. 이때 그는 자신의 최대 적들, 절친한 동료들 다수의 살인자와 화해하라고 요구받거나 유대인이라면 자기 민족 전체를 사회주의 오믈렛이란 더 큰 영광을 위해 깨진 달걀 정도로 인정하라고 요구를 받았다. 어느 경우든 그는 이미 오랜 시간 동안 달걀을 깨는 일을 해왔기 때문에, 인간의 위대한 노력만이 그가 망가진 사람이 되는 것을 막을 수 있었다. 그러기에 어떤 경우든 그렇게 큰 차이는 없다.

　　내무인민위원회(NKVD)로 개칭되면서 조직이 대규모로 확대되었다.

10　W. G. Krivitsky, *In Stalin's Secret Services*(New York: Harper, 1939), xii, 39.

다른 많은 경우도 마찬가지이지만 이 경우에도 전체주의적 정치인들은 일반적으로 공유하는 깊이 뿌리박힌 정치적 선입견을 가장 극단적으로 일관되게 적용하는 유일한 사람들이라는 것은 불행하지만 진실이다. 이런 편견의 비속성과 사악성은 견딜 수 없을 정도로 강조되었지만, 이것은 더욱 존경받는 다른 전통에서 발생했으며 우리가 대중인과 대중사회라는 문제에 직면한 이후에 새로운 타당성을 확보하게 되었다. 전후 전향한 공산주의자들은 과거 당원 경력을 둘러싸고 있는 상황뿐만 아니라 당과의 궁극적인 결별을 세상에 설명해야만 했고 여전히 그러해야 한다. 그런데 이 세상은 결코 지적이지 않을 정도로 전체주의자들이 논리적이고 피비린내 나는 결과로 몰아갔던 수많은 요소를 포함하고 있다. 비록 도덕적 동기가 최근 공산당 탈당의 압도적 다수를 차지하지만, 그 문제의 도덕적 측면을 고집하지 않는 것이 분명히 더 현명하다. 전후 전향한 공산주의자들은 달걀 깨기에 대한 불평, 즉 단순한 감상으로 쉽게 무시될 수 있었던 불평 대신에 오믈렛에 대해 불평하고 이어서 소련에서 사회주의가 건설되고 있는지 여부에 대한 끝없는 토론과 '과학적' 궤변을 늘어놓기 시작했다. 그들은 **역사**에 대한 신념과 인류에 대한 역사의 피비린내 나는 거대한 요구를 적어도 의식적으로나 명료하게 상실하지 않았으나 세상 사람에게 오믈렛은 없으며 오믈렛이 그렇게 많이 깨진 달걀에서 여전히 만들어질 가능성은 거의 없다고만 말했다. 아주 최근에 분위기는 바뀌어 왔고, 불평은 오믈렛이 결국 마녀의 비약이 되었다는 통렬한 경고로 바뀌고 있다.

III. 정상 세계로의 복귀에 대한 두려움과 그 대안

진정한 도덕적 · 정치적 충격을 받아들이는 것을 다소 기회주의적으로 마지못해 함과 유사 과학 용어로 비극을 제시하는 경향은 일부 심각한 결과를 초래했다. 그중 눈에 띄는 것은 도덕적 열정이나 철학적 고찰과 관련한 문헌의 독특한 척박함과 단조로움이다. 인간의 반응에서 나타나는 진부함은 놀랍다. 특히 저자들이 다른 면에서는 정교하고 표현력이 뛰어난 사람일 때 더욱 그렇다. 소련과 나치 강제수용소에 대한 마르가르테 부버의 최근 보고서조차[11] 다른 모든 점에서 뛰어나지만, "우리가 라펜스브뤼크에서처럼 인간과 다시 가까워질 수 있을까?"라는 말보다 더 중요한 일반적 의미를 언급할 만한 것은 사실상 없다. 요지는 다른 사람이 '감상적'이거나 '감정적'이라고 판단할 수 있는 어떤 생각을 말하기 꺼리는 이해할 만한 태도, 즉 기회주의가 때때로 아무것도 … 숨기지 않는 가리개처럼 보인다는 것이다. 이 상황은 실로네가 한번 들려준 이야기에서 극단적으로 단순하게 요약되는 듯하다. 그는 이 이야기를 통해 온 세대의 절정에 달한 경험을 묘사하고자 했다. 즉 "전쟁·혁명·파시즘이 이토록 혁명가들을 무너뜨렸기 때문에 그들이 아직 죽지 않았거나 정신병원에 있지 않은 것은 놀랍다. 그런데 이들 가운데 한 사람은 놀랍게도 최근 나를 찾아와 중요한 발견에 걸맞는 열정과 강렬함으로 '사람은 항상 타인이 자신에게 행동하기를 바라는 대로 행동해야 한다'고 말했다."[12] 이쯤이면 나는 사람들이 현재 모든 어려움과 분노의 저변에 깔린 진정한 곤경에 대해 이해할 수 있을 것 같다고 생각한다. 전체주의 지옥에서 탈출한 사람들이 20~30년 전에 버렸던 진리(도덕적

---

11 엮은이_ Margarete Buber-Neumann, *Under Two Dictators*(New York: Dodd, Mead, 1951).
옮긴이_ 마르가르테 부버-노이만(Margraete Buber-Neumann, 1901~1989)은 독일 작가로서 독일 공산당 당원이자 소련 굴락에서 살아남아 확고한 반공주의자가 되었다. 그녀는 스탈린의 대숙청으로 체포되어 제2차 세계대전 중에 나치 비밀경찰에 넘겨져 소련 굴락과 나치 라펜스브뤼크 강제수용소에서 정치범으로 수감됐었다. 1980년 독일 연방공화국으로부터 대십자 공로상을 받았다.

12 엮은이_ 이 이야기의 출처는 찾지 못했고, 이탈리아 소설가로서 공산당을 탈당하고 전향한 뒤 반공 작가로 활약한 실로네(1900~1978)를 알고 있던 아렌트에게 전해진 얘기일 수 있다. 어쨌건 이 이야기는 1939년 가을호 『파르티잔 리뷰』에 수록된 「실로네와의 면담(An Interview with Ignazio Silone)」에서 실로네가 말한 내용과 잘 일치한다. 실로네는 반파시스트 이탈리아 작가로서 대표적 소설인 『빵과 포도주(*Bread and Wine*)』 『폰타마라(*Fontamar*)』, 『독재자들의 학교(*School for Dictators*)』를 썼다.

이든 아니든) — 우리가 사는 세계를 설명하거나 그 안에서 행위의 지침을 제공하기에 더는 충분하지 않다고 생각했기 때문에 버렸던 진리 — 이외에 경험으로부터 아무것도 가져올 수 없다면, 우리는 다음과 같은 상황에 갇혀 있을지도 모른다. 도덕적으로 말하자면, 우리는 의미를 잃고 이제는 아무도 믿지 않은 '경건하고' 진부한 생각과 인간 행위의 지침으로서 많은 사람이 항상 믿어 왔음에도 불구하고 완전히 무의미한 경구, 즉 "사람은 사람에게 늑대다 homo homini lupus"[13]라는 '천박하고' 진부한 생각 사이에 갇히게 될 것이다.

달리 말하자면, 전후 전향한 공산주의자들이 '정상적인' 세계로 복귀하는 데 있어서 두려운 점은 그들이 가장 평범한 측면에서 세계의 정상성을 쉽게 생각 없이 수용한다는 사실이다. 마치 그들이 매일 우리에게 전체주의 지옥과 속물주의 사이에서 선택의 여지가 없다고 말하는 것과 같다. 이것은 실로네가 자신의 이야기를 들려줄 때 올바르게 강조하는 '열정', 속물주의의 평범함이 우리에게 제공하는 열정에 의해 분명히 드러난다. 속물주의의 가치를 위한 투쟁은 실제로 신기하며, 누구든 이 투쟁이 열렬히 환영받는다는 사실에 놀랄 일이 거의 없다. 이것은 훌륭한 태도에 대한 자신들의 사랑을 깨닫고 있는 전향한 전체주의자들이 곧 속물임을 의미하지는 않는다. 그들의 열정 그 자체가 그들이 실제로 이상주의적 극단주의자라는 것을 아주 분명하게 보여준다. 그들은 '이상'을 잃어버린 채 대체물을 찾고 있으며, 그래서 자신들의 극단주의를 가톨릭주의·자유주의·보수주의 등으로 끌고 간다.

이 열정은 아무리 곤혹스럽더라도 확실히 위험스럽지는 않다. 이것은 기존 정치제도나 정치체에 적용하여 이것들을 말로만 '대의'로 변형시키는 경우에만 위험해진다. 이 열정의 실현은 정의상 미래에 있다. 극단적 이상주

---

13   옮긴이_ 영어 표현으로는 다음과 같다. "Man is a wolf to his fellow man." 이는 홉스의 표현대로 만인에 대한 만인의 투쟁을 의미한다.

의자의 방식에서 그러한 '대의'가 달리 보면 명예롭지 못한 많은 수단을 정당화하는 목적으로 취급되어야 한다. 예컨대 미국 공화국과 같이 확고하게 자리 잡고 깊게 뿌리 내린 정치체는 지속해 존재하기 위해 시민의 정신과 각성이 필요하지만, 이상주의적 성격을 지닌 행위는 "명료하고 현존하는 위험"의 시기에만 요구되고 유용하다. 다른 모든 시기에는 이러한 행위가 유감이지만 민주주의의 습관과 관습을 망칠 가능성이 매우 크다. 현존하는 실재로서 민주주의 사회는 민주주의가 '대의'가 되는 바로 그 순간에 위협을 받는다. 이때 사람들은 내재적 장점이 아니라 궁극적 목적의 관점에서 '행위'를 판단하고 '의견'을 평가할 것이기 때문이다. 민주주의적 삶의 방식은 모든 것을 목표를 이루기 위한 수단으로, 즉 동기와 결과 사이에 필연적 연결고리라는 측면에서 이해하려는 성향이 있고, 행위자의 의식적인 동기와 무관하게 행위를 '객관적으로' 판단하거나 의견을 가진 사람이 의식하지 못하는 의견으로부터 여러 가지 결론을 연역하는 경향이 있는 사람들에 의해서만 위협을 받을 수 있다. 일상적 삶의 단순함 속에서 다음과 같은 하나의 법칙이 가장 우위에 있다. 즉 훌륭한 행위는 '나쁜 동기'에도 불구하고 각기 세상에 진정한 선을 첨가한다. 그리고 나쁜 행위는 모든 이상 가운데 가장 아름다운 것에도 불구하고 우리의 공동 세계를 더 나쁘게 만든다. 극도의 진지함은 모든 자유 사회를 가장 뚜렷하게 특징짓는 편안함에 대한 실제적인 위협이 될 수 있다. 자유 사회에서 말은 단순한 의견의 영역에 일차적으로 머무는 한 진리 탐구를 목적으로 하지 않는다. 물론 사회적 대화가 진리를 산출할 가능성은 거의 없다. 얽매이지 않아서 때로는 쾌활하고 심지어 무책임하기도 한 자유인의 정신에 두려움을 심어주기 위해 숨은 동기를 분석하거나 가능한 사악한 결과를 모색하는 것이 용인된다면, 사회적 모임에서 모든 우아함과 선의는 사라진다.

IV. 전체주의의 물결에 맞서며

이 문제를 여기서 마무리할 수 있다면 좋겠고, 우리가 논쟁을 위해 사용한 다소 온전한 민주주의 사회에 대한 그림이 실제로 사실이라면 가능했을 것이다. 전후 전향한 공산주의자들이 전향 정신으로 민주주의 사회에 돌아왔다. 불행하게도 이 상황은 그렇지 못하다. 이곳도 여전히 같은 인간 세계이다. 전후 전향한 공산주의자들은 이 세계의 현실 안주·부정의·위선에 대해 한때 과격하게 저항했다. 비극은 오늘날 모든 사람이 그들보다 이 저항을 더 잘 이해하고 있는 듯하다는 점이다. 결국, 전체주의로 결정화되었고 그 결정화를 멈추지 않는 요소들을 발견할 수 있는 곳은 달의 어떤 풍경이 아니라 바로 이 세계이다. 전후 전향한 공산주의자들은 자유주의와 보수주의 등에서 사용하는 훌륭하지만 오래된 진부한 표현을 재발견했다. 그런데 이러한 발견은 잘못된 광신주의 때문에 나쁘기도 하고, 전체주의에 맞서는 필요한 투쟁에는 지적인 수준에서 내재적인 무의미함 때문에 해롭기도 하며, 우리의 정치적 난관을 극복하는 새로운 해결책과 함께 정치철학의 새로운 개념을 형성하려는 모든 진지한 시도를 방해하기도 한다. 그들의 재발견은 좋건 나쁘건 죽은 모든 것에 인위적으로 생명의 모습을 부여하기 때문이다.

자유주의는 일찍이 자유 사회를 구성하는 아주 건전한 요소들을 명확히 드러내고 해석하려고 노력한 유일한 이데올로기인데, 전체주의에 저항할 수 없다는 것을 너무 자주 보여주었다. 따라서 자유주의의 실패는 우리 세기의 역사적 사실 가운데 하나로 꼽힐 수 있다. 자유주의적 정치체나 사회가 여전히 존재하고 기능하며 직접적인 위험으로부터 비교적 자유롭게 운영되는 곳마다 ─ 미국이나 아마도 영국을 제외하고 어디에서 운영될까? ─ 이것들은 위대한 과거에 형성되고 위대한 전통을 통해 배양된 관습·습관·제도 덕택에 존재한다. 그러나 선의를 갖추고 때로는 훌륭한 지적 능력을 지닌 사람들이 **전체주의의 물결을** 막으려고 노력할 때마다, 위대한 과거와 전통은 유난히도 침묵하고 영감을 주지 못했다.

과거를 사랑하고 죽은 자를 존경하는 것과 과거로 돌아갈 수 있다는 의미에서 과거가 살아 있는 척하는 것은 다른 일이며, 우리가 해야 할 일은 죽은 자의 목소리에 귀를 기울이는 것뿐이다. 그러나 우리의 정치적·사회적 삶에서 모든 좋은 것들, 심지어 아주 생생하게 살아 있는 많은 좋은 것들에 대한 위협적인 침묵이 있다. 적어도 이 나라에서 지난 5년의 기간처럼 비교적 정상적인 시기에는 이 침묵을 과장해 외치고, 모든 것이 이 세상에서 가장 좋은 듯이 행동하는 것은 수월하다. 또는 이것을 좀 더 정확하게 말하면, 대재앙의 공포 시기에 정신을 차리는 것보다 조용하고 외견상 정상적인 시기인 우리 세기에 정신을 잃지 않는 것은 더 어렵다. 최근 전향한 급진주의자나 전후 전향한 공산주의자들은 종종 보수주의의 부활을 확인하거나 선언했는데, 이는 우리가 현재 상황에서 조언을 구하기 위해 과거를 돌아볼 때 드러나는 위협적인 침묵을 과장하려 외치려는 시도이다. 이 신보수주의자들은 이런 침묵에 대해 신경 쓰지 않는 척한다. 보수주의 자체는 강령·사상·신조보다 정치적 삶에서 공표하지 않은 관습이나 뚜렷하지 않은 전통의 우위성을 항상 유지해 왔기 때문이다. 이런 우위성이 존재하는가는 단지 이론적인 관심사일 뿐이다. 문제의 역사적 진실은 19세기 여러 이데올로기 가운데 하나인 보수주의가 (프랑스혁명 기간, 특히 그 이후) 전통과 관습이 붕괴하기 시작하고 서양인이 실제로 변화의 필요성에 직면했을 때 비로소 생겨났다는 점이다. 이데올로기적으로 정의된 어떤 낙원으로 돌아가려는 의식적인 노력은 다른 혁명과 마찬가지로 인위적인 변화의 동일한 요소를 수반할 것이라는 점은 분명하다. 보수주의는 자유주의와 마찬가지로 이데올로기로서 전체주의 이데올로기의 우월적인 역동성을 저지할 능력의 부족을 드러낼 충분한 시간과 기회를 가졌으며, 히틀러 집권 이전에도 모든 이데올로기가 전체주의적 혼합이란 목적을 위해 똑같이 사용되고 남용될 수 있다는 것을 매우 구체적이고 확실하게 입증했다.

우리의 특수한 예로 돌아가 보자. "달걀을 깨지 않고는 오믈렛을 만들 수 없다"와 같은 속담은 비록 속된 형태이기는 하지만 서양 철학사상의 정수를 나타낸다는 사실 덕택에 일반적인 상식적 호소력을 갖는다. 이 속담의 지혜는 형상화와 마찬가지로 서양인의 제작 경험, 즉 "나무를 자르지 않고는 탁자를 만들 수 없다"에서 비롯된다. 속담의 지혜는 인간과 자연 사이의 상호작용에 일반적으로 적용될 때조차도 의심스러워진다. 그러한 지혜는 마치 나무가 잠재적인 목재, 탁자의 재료에 불과한 것처럼 자연적으로 주어진 모든 사물을 인공물의 단순한 재료로 잘못 표현하는 결과를 초래할 수 있으며 종종 그렇게 되었다. 그러나 모든 순수한 기술적 활동의 표상이나 사유 경향이 정치 활동, 즉 행위 아니면 역사적 사건이나 인간 사이의 상호작용에 적용되는 순간, 기술적 활동에 내재한 파괴의 요소는 점점 더 두드러지게 된다. 최근 이를 정치에 적용한 사례는 결코 전체주의적 사유의 전유물은 아니지만, 우리의 통상적인 옳고 그름 기준을 적용하는 데 있어 심각한 위기를 나타낸다. 전체주의는 이 측면이나 다른 대부분의 측면에서도 곤경에 처한 특정 유산으로부터 최종적이고 가장 자유로운 결과만을 끌어낸다. 이것이 왜 그런지, 즉 우리 시대에 고향을 상실하고 뿌리 뽑힌 대중의 조직화를 위한 새로운 수단을 발견한 운동만이 왜 우리의 정치적 사유에서 기술적이고 파괴적인 요소들을 타협하지 않은 채 주장한 운동이었는가를 설명하는 훌륭한 이유가 있다. 불행하게도, 이것은 아마도 더욱 심각하다. 인간의 제작(수공) 활동인 전통에 의존하고 그 형상을 사용하는 모든 주장이 비전체주의 세계에서도 왜 그토록 강한 호소력을 발휘하는가를 설명하는 데에는 아주 좋은 이유가 있다. 인간이 자신을 더는 **신의 창조물** creatura Dei로 정의하지 않는 순간, 그는 의식적이든 무의식적이든 자신을 제작인homo faber으로 생각하지 않기란 매우 어려움을 알 것이다.

"달걀을 깨지 않고는 오믈렛을 만들 수 없다"는 원칙과 같이 단호한 명료성으로 정치 행위에 대한 정반대 격언을 선언하는 원칙은 하나뿐이다. 이는 지난 세대의 가장 외로운 사람 가운데 한 사람인 조르주 클레망소[14]가 외롭게 표현한 문구에 나타난다. 그는 드레퓌스 사건[15]으로 투쟁하던 시기에 "한 사람의 관심사는 모든 사람의 관심사다L'Affaire d'un seul est l'affaire de tours"라고 갑자기 외쳤다.

---

14 옮긴이_ 제1차 세계대전 시기 프랑스의 수상. 영국의 로이드 조지 수상, 미국의 윌슨 대통령과 함께 1919~1920년 파리평화회의를 진행한 중심인물.
15 옮긴이_ 1894년 프랑스를 분열시켰던 정치적 사건. 군 법정이 유대인 대위 드레퓌스에게 독일에 군사기밀 서류를 팔아넘긴 혐의로 종신형을 선고하자 작가 졸라를 비롯한 인권 옹호파·공화파와 군부 우익이 대립하게 되어 프랑스 제3공화국은 정치적 위기에 빠지게 되었다. 드레퓌스는 1906년 무죄가 확정되어 군에 복직했다.

히틀러의 식탁 대화[*]

1951

『히틀러의 식탁 대화 Hitler's Table Talk』.[1] 최근의 역사에서 드러난 문서보다 더 오해의 소지가 있는 이 문서는 뮌헨의 독일 국가사회주의 시대사 연구소가 의뢰한 첫 번째 출판물이다. 주제 선택과 출판 형식은 이보다 더 운이 좋지 않을 수는 없다. 제목만 보면 루터의 『식탁 대화 Table Talk』[2]에 대한 당혹스러운 암시와 함께, 리터 교수가 서문에서 강조한 암시는 '위대한 인물'을 미화하려는 경향을 시사한다. 피커 씨는 그 위대한 사람의 모습에서 모든 독재자의 영원한 본질과 "혁명적인 행위자들이 인류의 발전을 위해

---

[*] 서지사항은 다음과 같다. Hannah Arendt, "Bei Hitler Zu Tisch," *Der Monat*, Vol. 4, no. 4 (October 1951), pp. 85-90. 로버트와 리타 킴버가 영어로 번역하였다.

[1] Henry Picker, *Hitlers Tischgespäche: Im Führerhauptquartier 1941~1942*, edited, introduced, and published by Gerhard Ritter(Bonn: Atjemäum-Verlag, 1951). 총 9장으로 구성되어 있고, 부록에는 1937년 오르덴부르크의 존트호펜에서 정치 지도자들에게 행한 비밀 연설이 수록되어 있다.

[2] 옮긴이_『식탁 대화』는 마르틴 루터(1483~1546)가 자택의 저녁 식사 대화에서 멜란히톤·크루치거·요나스·디트리히 등의 다양한 신학자들과 더불어 신앙과 교리 문제에 관해 나눈 이야기를 주제별로 정리한 책이다. '하느님 말씀', '우상숭배', '의로움', '결혼과 독신', '적그리스도', '유대인' 등에 대한 주제로 정리되어 있다.

나타내는 엄청난 가능성"을 인식한다. 이러한 경향이 두 엮은이에게는 모호하고 암묵적으로 남아있을 수 있지만, 이 책을 읽으면 그것은 명백해진다. 히틀러가 "역사적 진실에 대한 수많은 오류·과장·왜곡"으로 유죄를 받았다는 리터 교수의 주장이 아주 작은 활자로 쓰인 후기에 실리는 것보다 더 눈에 잘 띄는 곳에 실렸다면, 독자들은 지금보다 더 경계심을 갖지 않았을 것이다. 어떤 논평도 전혀 없기에, 히틀러는 살아있을 때와 마찬가지로 반박 없이 자유롭게 발언할 수 있다. 물론 그 결과는 리터 교수와 의뢰 기관이 자신도 모르게 제공한 독일 신나치즘에 힘을 실어준 히틀러에 대한 선전일 수 있지만, 이는 이 출판물의 주요 기반이 된 필사본을 이용한 피커 씨에게는 예상치 못한 부산물일 수 있다.

이 출판물이 "진실 또는 적어도 그 상당 부분을 밝히기" 어려울 가능성이 큰 이유는 이 대화가 이루어진 동석자 무리의 특성에 있다. 이 모임에는 히틀러의 군사 고문들이 참석했는데, 히틀러는 1941년 7월(소련 공격 직후)부터 1942년 8월(스탈린그라드 전투가 시작될 때)까지 본부에서 이들과 함께 정기적으로 식사했다.[3] 그날 이후 "스탈린그라드/코카서스 이중 공세에 대한 책임은 누구에게 있는지에 대한 문제"가 히틀러와 군대 사이에 "다시는 해결되지 않을 불화"를 낳았다. 그것은 공동 식사의 끝을 의미했다.

그런데 우리는 여기서 히틀러가 다른 무리에서 충분히 표명했던 그의 진짜 의견과 계획에 대한 설명이 아니라, 대신 군인들의 귀에 맞게 특별히 맞추어진 연설, 그가 군인들에게 국가의 목표를 확신시키고 그의 실제 계획을 위해 신중하게 준비시키고자 했던 연설을 마주한다. 달리 말해 이러한 '식탁 대화'는 처음부터 선전이었고, 게다가 국민 가운데 민족주의적 성향

---

[3] 옮긴이_ 한나 아렌트가 바드대학에 기증한 원본의 pdf 사본에서 확인되듯이, 독일 국가사회주의 시대사 연구소를 대신하여 프라이부르크대학교 역사학 교수 게르하르트 리터가 정리하고 소개하여 출판했습니다. 게르하르트의 서문이 실려 있다. 아렌트는 수기로 1941~1942년 앞뒤에 7월과 8월로 표시했다.

을 지닌 사람들을 속이기 위해 고안된 민족주의 선전이었다. 오도하려는 이런 의도는 명백히 드러난다. 대화에서 표명된 계획과 의견이 히틀러의 명령에 따라 동시에 수행된 행위와 노골적으로 모순되기 때문이다. 논평자의 임무는 실제로 항상 사소했던 오류를 바로잡는 것이 아니라 총통의 명령과 동시에 본부에서 열린 다른 토론 기록과의 지속적인 비교를 통해 이러한 대화의 의도적인 이중적 성격을 보여주는 것이었다. 그러한 논평은 히틀러가 오도한 민족주의적 선전의 영속화를 피할 수 있었을 뿐만 아니라 최근 역사에 대한 진정한 자료집을 제공했을 것이다.

물론 사후에 그러한 논평을 제공하는 것이 서평의 과제는 아니다. '특정 부분을 삭제한ad usum delphini' 히틀러의 **선전**과 그가 실제로 추진하고 있던 정책 사이의 불일치는 예상대로 유대인들과 동유럽 사람들의 '절멸' 문제에서 가장 두드러진다. 그러나 러시아의 군사 작전이 시작된 이래로, 즉 1941년 봄부터 유대인의 말살을 결정하고 실행에 옮겼음에도 불구하고, 1942년에도 히틀러는 유대인들을 마다가스카르나 (새로운 의견에서) 라플란드나 시베리아에 재정착시키겠다는 계획을 언급했다. '근절 작업'에 배정된 부대는 러시아에 대한 공격이 시작되기 4주 전에 편성되었으며, 이 부대 지휘관들의 선서 증언을 통해 1941년 여름에 30만 명 이상의 유대인이 총기 난사로 사망했다는 사실을 알 수 있다.[4] 그 당시 동부 지역의 "신뢰할 수 있는 주민"의 도움으로 자행된 '대학살pogroms'로 "유대인 전체의 절멸"을 실현할 수 없다는 것이 이미 분명해졌다. 바로 1941년 가을에 건축가이자 나치 친위대 대령인 파울 블로벨은 가스 처형실 건설 계획을 마련하라는 명령을 받았다. 히틀러가 유대인에게 적절한 정착지와 유대인들도 괜찮은 인간일 수 있다는 가능성에 대해 장군들과 이야기를 나눌 때, 블로벨은 이 계획을 히틀러에게 제시했고, 히틀러는 "즉시 승인했다."[5] 최초의 이동식 가스 처형

---

[4] *Nazi Conspiracy and Agression*, II , p. 265ff. 그리고 III , p. 783ff, 기록물 PS-1104 참조할 것.

실은 1942년 봄에 준비되어 그때부터 전쟁이 종식될 때까지 사용되었다.[6]

히틀러가 다른 사람들에게 행사한 '매혹'에 더 많이 의존했는지, 아니면 사실에 직면하지 않도록 그 자신을 숨기는 실제 능력에 더 많이 의존했는지는 여전히 미지수다. 식탁에서 진행된 히틀러의 선전 대화에 대한 비판 없는 공개는 어쨌든 '악한' 힘러의 행위에 대해 아무것도 알지 못했던 '선한' 히틀러에 대한 역사적으로 전혀 근거가 없는 동화를 뒷받침할 것이다. 그 꾸며낸 이야기는 히틀러의 오랜 당 동료들(예를 들어 빌헬름 프리크, 그리고 알프레트 로젠베르크) 덕분에 생겨났는데, 그들은 힘러의 "새로운 방향"에 항의하려고 했다.[7] 히틀러 자신은 이 오랜 동지들을 "적응할 수 없는" 사람들로 꼽았고, "당의 업무가 그들이 이해할 수 있거나 상상했던 것보다는 훨씬 더 멀리 나가자" 위축되었다. 수많은 기록물은 이 옛 동화를 확실하게 반박한다. 이 출판물의 일부 하위 제목은 엮은이들이 이 문서에 익숙하지 않다는 것을 시사하는 듯하다. 예를 들어 66쪽의 제목 「힘러의 순혈 인종에 대한 투망 정책: 아니다」를 들 수 있다. 히틀러와 힘러 사이의 차이를 확립하려는 이 소제목은 원본 자체의 122쪽에 있는 구절과 모순되기 때문에 더욱 의심스럽다. 소제목 「독일인의 회합」에서 히틀러 자신은 "우리는 마치 자석으로 끌어내듯이 게르만 민족에게서 최고의 것 — 말하자면 … 철분을 함유한 인간성 요소처럼 —을 끌어내야 한다"고 말한다.

이 경우에 자석은 물론 오직 힘러의 지휘 아래 있는 나치 친위대일 수 있다. "철분을 함유한 인류"는 나치가 부모에게서 훔쳐 독일에서 키우려고 했던 푸른 눈과 금발 머리의 아이들로 구성되어 있었다. 힘러는 히틀러의 명령에 따라 이를 조직했다. 그리고 마지막으로 이 대량 학살 과정의 첫 번째 단계는 히틀러의 개인적 명령이었다는 것을 가장 강조하여 상기시킬 때가

---

5   같은 책, V, p. 322ff, 기록물 PS-2605 참조할 것.
6   같은 책, II, p. 275; III, p. 418ff, 기록물 PS-501 참조할 것.
7   예를 들면, 프리크가 선언한 연설(같은 책, V, 기록물 PS-3043).

되었다. 1939년 9월 1일 발표된 이 명령은 제국 장관[8] 부울러[9]와 의사 브란트[10]에게 모든 "불치병 환자(정신질환자만은 아니다!)"를 죽이라는 지시를 내렸다.[11] 히틀러가 시작하고 힘러가 조직한 대량 학살은 당의 일부가 자행한 "혁명적 과잉"이 아니라 이데올로기의 논리적 결과였다.

히틀러는 장교들과의 대화에서 일반적으로 여전히 반쯤 존경받는 사람들의 '부르주아적 편견', 특별히 군대의 '명예 규범'에 대해 많이 양보했다. 이런 양보 가운데 '점잖은 유대인'과 개인의 "피할 수 없는 고난"에 대한 발언은 가장 두드러진다. 그는 이 문구와 그 안에 내재한 '논리적' 사유의 부족을 자주 조롱했기 때문이다. 제1차 세계대전 직후 히틀러의 경력이 얼마나 성공적인 간첩 활동에 빚을 졌는지 떠올려 보면, 그가 간첩 활동과 경찰 감시를 견딜 수 없다는 그의 항변은 역시 웃긴다. 그리고 역사가 그를 '위대한 인물'로 인정하지 않겠지만, 후세 사람들은 아마도 그가 세계의 가장 위대한 간첩 체계 중 하나를 만든 사람으로 여길지도 모른다. 그러나 식탁 자리의 동석자들은 거의 모든 것을 삼켜버릴 듯하다. 아첨하는 말은 일상의 경험과 크게 어긋나더라도 그대로 받아들여졌다. 예컨대, 히틀러는 국가의 집행권에 관한 어떤 논평에서 군대를 집행부의 맨 위에 놓았지만, 이때 거의 모든 장군은 최고 지휘권이 항상 보안 기관과 경찰에 있다고 슬프게 불평했다. 또 히틀러는 간첩 활동에 대한 논의에서 일단 그의 경호원을 물리

---

[8] 옮긴이_ 제국 지도자(Reichsteiter)는 국가사회주의 독일 노동자당(NSDAP)에서 서열 2위의 정치 계급이다. 16명이 제국 지도부를 구성한다. 여기에 포함되는 사람들로 마틴 보르만 당수상, 필립 바울러 총리대신, 한스 프랑크 총독, 루돌프 헤스 부총통, 하인리히 힘러 경찰청장, 알프레트 로젠베르크 외무부 장관 등이 있었다.

[9] 옮긴이_ 필립 부울러(Philipp Bouhler, 1899~1945)는 총통사무국의 책임자이자 안락사를 이용한 장애인 학살 계획의 책임자이다. 장애인 학살 계획은 유럽 유대인의 대량 학살보다 먼저 있었던 국가사회주의 독일의 첫 번째 대량 학살 계획이었다.

[10] 옮긴이_ 카를 브란트(Karl Brand, 1904~1948)는 히틀러 주치의 중 한 사람이자 나치 인체 실험에 참여한 인물이다. 그는 어린아이나 노인을 대상으로 가스나 약물 주입으로 안락사 실험을 했으며, 실험 대상을 독일에 도움이 되지 않는 쓸모없는 식충이들로 비유했다.

[11] 같은 책, Ⅲ, 기록물 PS-630 참조.

친 채 이러한 식탁 대화에서도 자신의 진짜 의도를 다음과 같이 말했다.

"외무부의 진짜 임무는 영국이 지금(즉 1942년 여름) 어떤 해결책을 찾을지 알아내는 것이다. 그러나 처칠의 딸과 연애를 통하지 않고는 그들이 무엇인가를 알아내는 것은 거의 불가능할 일이다. 외무부, 즉 외교관들은 적절한 시기에 그런 불륜을 시작하기에는 너무 많은 양심의 가책을 느꼈을 것이다."

"자연스러운 폭발"이 정확히 이 대화의 특징이 아니라는 점(피커 씨가 말했듯이, 그가 실제로 그렇게 생각하는가?)은 히틀러가 독일 제국의회 방화사건에 관해 말할 때 분명해진다. 화재가 발생한 다음 날 베를린 전체가 실제로 무슨 일이 일어나고 있는지 알고 있었지만, 히틀러는 공산주의자들이 화재를 일으켰다는 오래된 선전 거짓말을 차분하게 펼쳤다. 한 달 후 독일 전체가 알게 되었고, 1년 후 전 세계가 알게 되었다. 그런 문제에 대해 양심의 가책을 느끼지 않는 괴링이 1934년 12월에 나치가 공산주의자들을 처단하기 위해 독일 제국의회 방화가 필요 없다고 말하면서 모든 사람이 알고 있는 사실을 가볍게 언급했다. 물론 그는 그들이 무엇을 위해 그것이 필요한지 말하지 않았다. 그것은 현재 이용 가능한 제국 내각회의 회의록(1933년 1월 30일과 3월 15일)에서 분명해진다. 가장 큰 관심사는 바이마르헌법을 회피하고 입법 기능을 제국의회에서 제국 내각으로 이관할 수 있는 권능 부여법(즉 수권법)을 통과시키는 데 필요한 3분의 2 다수의 찬성을 제국의회에서 어떻게 끌어낼 것인가였다. 공산당의 표는 제거되어야 했다. 화재가 발생한 날 새벽 2시 경 『민족 관찰자 Völkischer Beobachter』[12] 편집실에 가서 보고서가 제대로 편집되었는지 확인하던 히틀러가 이 모든 것을 전혀 모르는 유일한 사람이라고 생각할 수 있는가?

---

12 옮긴이_ 원래는 1920년 나치당과 상관없는 뮌헨의 작은 신문이었으나, 히틀러가 인수하여 당 기관지로 성격을 바꾸었다. 주간지였지만 1923년 2월 8일부터 일간지가 되었으며, 1945년까지 25년 동안 나치당의 공식 대변지였다.

부록에 포함된 1937년 11월 「존트호펜의 튜턴 기사단 성에서 미래의 정치 지도자에게 한 비밀 연설」[13]은 『히틀러의 식탁 대화』보다 히틀러의 실제 계획과 이념을 더 잘 드러낸다. 여기에서 히틀러는 나치에게 말하고 있는 것이지 반동적인 군인들에게 말하고 있는 것은 아니었다. 히틀러는 그들의 감정을 충분히 배려해야 했다. 이 연설과 식탁에서의 잡담을 주의 깊게 비교하면 히틀러의 기본 입장에 결정적이고 명백한 불일치가 드러난다. 리터 교수는 불행하게도 이 불일치를 회피했다. 그는 "선한 동기와 악한 동기의 혼합 … 고상한 것과 타락한 것의 혼합"에 압도당했기 때문이다. 그리고 그는 "(이 비밀 연설이) 젊은이들에게 얼마나 강력하게 영향을 미쳤는지"를 너무나 잘 상상할 수 있기 때문이다. (리터는 힘러가 나중에 그의 가장 믿을만한 군대를 모집하게 될 '젊은이들'이 전반적으로 어떤 특별한 종족인지 아직도 정말 알 수 없었는가?) 『히틀러의 식탁 대화』는 항상 국가의 중요성을 강조하지만, 「비밀 연설」에서는 다음과 같이 말한다. 즉 나치는 "국가가 근본적으로 중요하다는 생각보다 오히려 단결된 인종공동체"[14]를 고려한다. 이 책은 유럽을 넘어선 정복에 대한 독일 계획의 확장을 생각하지 않지만, 「비밀 연설」에서는 명시적으로 "세계 제국"을 언급한다. 『나의 투쟁Mein Kampf』에서 완전히 부정적인 견해를 취한 "민족 개념"이 『히틀러의 식탁 대화』에서 두드러진 위치를 차지하지만, 「비밀 연설」은 "혈통과 인종의 중요성에 대한 이해"에 대해서만 말하고 있다. 1943년 1월 베를린의 친위대 본부에서 열린 회의의 회의록에서

---

[13] 옮긴이_ 부록의 원문 표기는 다음과 같다. "Anhang: Geheimgehaltene Rede Hitlers vor dem politischen Führernachwuchs auf der Ordensburg Sonthofen(Allgäu) am 23." XI. 1937. 이하 이 번역본에서는 「비밀 연설」로 표기한다.

[14] 옮긴이_ 원문의 내용은 다음과 같다. "우리 민족의 내적 가치와는 반대로 세계에서 유사한 의미가 없다면, 세계를 정복할 수 있는 것은 우스꽝스러운 작은 부족, 작은 국가, 국가 구성체 또는 왕조가 아니라 오직 인종뿐이기 때문이다. 그러나 우리는 먼저 적어도 의식적인 의미에서는 인종이 되어야 한다. Wenn wir - entgegen dem inneren Wert unseres Volkes - keine analoge Bedeutung in der Welt hatten, so, weil nicht lächerli che kleine Stämme, Ländchen, Staatsgebilde oder Dynastien welterobernd auftreten können, sondern nur Rassen. Rasse müssen wir aber - zumindest im bewußten Sinne - erst werden."(p. 445)

낮은 수준의 나치 지도부가 얼마나 의식적으로 '국가적인' 문제에 대해 언급하지 않았는지가 분명해졌다. '국가'는 더 이상 사용하면 안 되었다.[15]

만약 우리가 식탁 대화를 우리가 보아야 하는 대로, 즉 근본적으로 군대를 겨냥한 히틀러의 선전으로 본다면, 그가 전쟁과 전례 없는 절멸 노력이 진행되는 가운데 독일 국방군을 위한 평시 대화에서 했던 것보다 훨씬 더 화해적인 방식으로 자신을 여기에 소개하는 이유가 분명해진다. 그는 독일 국방군을 위한 평시 대화에서 했던 것보다 화해적인 방식을 취했다. 분명히 그는 평화 시기보다 전시에 군대와 장교들이 더 절실히 필요하다는 것을 알았고, 그의 행위가 양보와 모순될수록 그의 구두 양보는 더욱 필요해졌다. 이것은 예를 들어 정책이 본격화되었을 때 히틀러가 전달한 잡담에서보다 오히려 1937년 11월 히틀러가 블롬베르크·프리취·레더·노이라트·괴링·호스바흐 앞에서 행한 연설에서 나치가 이후에 전쟁 중에 추구할 정책에 대한 더 나은 단서를 발견할 수 있는 이유를 설명한다.[16] 히틀러는 이 연설에서 독일의 목표는 외국 민족을 정복하는 것이 아니라 인구가 없는 땅을 획득하는 것임을 반복적으로 강조한다. 그리고 그는 사람이 살지 않는 땅 같은 것은 없으며 정복자는 항상 소유한 사람을 만날 것이라고 덧붙였다. 이 추론에서 나온 논리적 결론에 따르면, 독일 군대의 임무는 인구 밀집 지역의 인구를 근본적이고 전체적으로 줄이는 것이었다. 물론 이러한 인구 감소를 위한 방법을 고안하는 일은 국방군에게 맡겨지지 않을 것이다. 그것은 행정권을 가진 다른 더 중요한 기관에 맡겨질 것이다.

---

15   같은 책, III, 515, 기록물 PS-705 참조.
16   옮긴이_ 1937년 11월 5일 히틀러와 군부 수뇌들이 참석한 이 회의는 다음과 같다. 블롬베르크는 제국 전쟁 장관이었다. 프리치는 육군 총사령관이고, 레더는 해군 총사령관이며, 괴링은 제국 항공 장관이었다. 노이라트는 제국 외무부 장관이었다. 호스바흐 대령은 11월 10일 히틀러의 군 부관으로서 비밀회의를 기록한 의정서를 정리했다. 이것이 곧 호스바흐 각서이다. 히틀러는 이 회의에서 "독일 정책의 목적은 인종공동체를 안전하게 보존하고 확대하는 것이다. 그것은 공간 문제이다."라고 밝혔다.

따라서 『히틀러의 식탁 대화』는 여러 측면에서 특이한 책이다. 이 책은 대량 학살자로 판명된 사람을 "고발하거나 방어하거나, 비난하거나 미화하는 것"을 원하지 않는 엮은이가 출판한 것이다. 이 엮은이는 역사적·정치적 자료의 내용이 특정 독자에게 특정 내용을 전달하는 순간에 의해 결정된다는 사실을 모르고, 실제의 출처가 전달하는 내용을 알기 위해 불일치 사항을 각주에 주의 깊게 기록할 필요가 없다고 생각하며, 정말로 특별한 형제애라는 망토 뒤에 모든 사실과 행위를 숨긴 후 "사물을 실제 있는 그대로 보여주고 싶었다"고 주장하며, 게다가 너무 많은 공간이 필요하기에 거의 아무도 읽지 않을 가장 작은 글자로 '오류'를 수정하지 않은 것에 대해 사과하며, 공동 엮은이에게 히틀러의 육감에 관해 이야기하고 에바 브라운[17]에 대한 존경심을 표현하도록 충분한 공간을 허용하며, 마침내 얄마르 샤흐트[18]의 명예를 구하는 것 외에는 아무 여지도 남기지 않는다.

그러나 역사가의 눈으로 『히틀러의 식탁 대화』를 읽는다면, 이 책은 한 가지 측면에서 헤아릴 수 없는 가치를 지닌 원자료를 제공한다. 즉 이 책은 주변 사람들에 대한 히틀러의 의심할 바 없는 우수함과 "히틀러가 위엄 있는 방식으로 발산한 불길한 카리스마"의 특별한 자질을 가장 명확하게 보여준다. 엮은이들조차도 그토록 강력한 방식으로 그의 영향력에서 벗어날 수 없었다.

히틀러의 카리스마 문제는 비교적 쉽게 풀 수 있는 문제이다. 그의 카리스마는 리터 교수가 말하는 "이 사람이 원래 자신에 대해 가졌던 광적인 믿음"과 거의 같았다. 그리고 그것은 히틀러가 일찍이 깨달았음이 틀림없다는 잘 알려진 경험적 사실, 즉 판단을 내릴 수 없는 절망적인 무능력에 함몰

---

17 옮긴이_ 에바 브라운(Eva Braun, 1912~1945)은 히틀러의 아내이다.
18 옮긴이_ 얄마르 샤흐트(Horace Greely Hjalmar Schacht, 1877~1970)는 독일의 경제인으로 히틀러 정권에서 경제장관을 지냈으나 침략 계획에 반대하다 파면당했다. 독일 샤흐트 은행의 창설자이다.

된 현대사회는 모든 개인이 자신을 스스로 생각하고 공언하는 대로 받아들이며 이 기준에 따라 자신을 판단할 것이라는 경험적 사실에 기반을 두었다. 따라서 탁월한 자신감과 자신감의 표현은 다른 사람들에게 자신감을 불러일으킨다. 즉 천재라는 허세는 그들이 실제로 천재를 상대하고 있다는 확신을 다른 사람들에게 일깨워준다. 이것은 모든 사람이 자신이 어떤 존재인지 보여주고 자신을 올바른 시각으로 보여줄 수 있어야 한다는 모든 좋은 사회의 정당한 오랜 규칙을 왜곡하는 것일 뿐이다. 사회적 역할이 마치 임의적인 것이 될 때, 즉 실제 인간적 본질로부터 완전히 분리될 때, 실제로 일관되게 수행되는 역할이 본질 자체로 받아들여질 때, 왜곡이 발생한다. 그러한 분위기에서는 어떤 종류의 사기도 가능해진다. 사기와 진정성의 차이를 조금이라도 문제 삼는 사람은 아무도 없는 것처럼 보이기 때문이다. 따라서 사람들은 명확하게 표현된 판단에 감쪽같이 속는다. 명확하게 표현된 어조는 그들을 무한히 임의적인 판단의 혼돈에서 벗어나게 하기 때문이다. 중요한 점은 명확하게 표현된 어조의 특성이 판단 내용보다 더 설득력 있을 뿐만 아니라 판단의 내용, 즉 판단의 대상도 무관하게 된다는 것이다. 흡연의 해악에 대한 히틀러의 장황한 비난은 나폴레옹 1세에 대한 연설이나 세계 역사에 관한 그의 견해 못지않게 청중들에게 매혹적인 영향을 끼친 듯하다. 히틀러의 카리스마 현상을 정확하게 평가하려면, 우리는 오늘날 사회에서 그 영향 아래 있는 모든 사람 — 혹은 거의 모든 사람 — 을 속일 수 있는 분위기를 만드는 것이 그렇게 어렵지 않다는 사실을 기억해야 한다. 이런 점에서 히틀러는 수완이 덜한 수많은 사기꾼과 다를 바 없이 행동했다. 이런 상황에서는 자화자찬해서는 안 된다는 좋은 양육의 규칙을 무자비하게 제쳐두어야 한다는 것은 말할 필요도 없다. 좋은 양육의 규칙을 여전히 고수하는 사회에서 억제되지 않은 자화자찬의 저속한 관행이 퍼질수록, 그 효과는 더욱 강력해지고, 사회는 정상적인 기준으로 판단할 수 없는 참으로 '위대한 인물'만이 좋은 교양을 받은 사람들만큼 신성불가침한 규칙을 어길 용기를 낼 수 있다고 더 쉽게 확신하게 될 것이다. 달리 말해, 히틀러는 자신과 마찬가지로 사회의 폭민 계층 출신의 '옛 투사들'보다 일반 대중과 좋은 사회의 다른 구성원들에게 더 큰 매력을 가지고 있었다.

그러나 판단을 내릴 수 없는 무능력이 만든 혼란 속에서 히틀러의 우월성은 어떤 사기꾼이라도 발산할 수 있는 매혹, 즉 단지 표면적인 '카리스마'를 상당히 넘어섰다. 현대인의 판단 능력 부족이 제공하는 사회적 가능성에 대한 자각과 이 가능성을 활용할 수 있는 능력은 현대사회의 의견의 혼돈 속에서 평범한 인간은 무엇이 다른 의견과 구별되는지 조금도 이해하지 못한 채 이 의견 저 의견에 휘둘린다는 훨씬 더 강력한 통찰로 입증되었다. 히틀러는 자신의 가장 개인적인 경험을 통해 현대인이 끌려가는 소용돌이가 어떤지, 그리고 무력하게 질주할 때 자신에게 주어진 선택 사항에 따라 매일매일 자신의 정치 '철학'이나 다른 '철학'을 바꾸는 소용돌이가 어떤지를 알았다. 그는 "12개의 신문이 같은 사건을 다르게 보도하는 도시에서 … 마침내 자신은 그것이 모두 말도 안 된다는 결론에 도달할 것"이라고 말하는 신문 독자이다. 이 신문 독자와 그의 절망으로부터 히틀러를 구별한 것은 단지 다음과 같다. 즉 히틀러는 어느 날 현재의 의견 가운데 하나를 정말로 붙잡고 (그가 즐겨 말하듯이) "얼음처럼 차가운" 일관성으로 발전시킨다면, 모든 것이 어떻게든 다시 제 자리에 떨어지리라는 것을 발견했다. 히틀러의 진정한 우월성은 어떤 상황에서든 그가 의견을 가졌고 그의 의견이 항상 그의 전반적인 '철학'에 완벽하게 맞아떨어졌다는 사실에 있었다. 이 사회적인 맥락(그리고 오직 이 맥락)에서 우월성은 광신주의 때문에 실제로 증가한다. 명백하고 입증 가능한 오류가 더는 그것을 훼손할 수 없기 때문이다. 입증된 오류가 있는 후에 재확인되는 것은 사람이 의견을 가질 뿐만 아니라 그 의견을 수용하고 그리하여 판단할 수 있다는 사실이다. 그리고 정치에서 끊임없이 행위하고 그리하여 끊임없이 판단해야 하는 경우, 실제로는 어떤 판단에 도달하고 어떤 행위 방향을 추구하는 것이 판단하지 않고 전혀 행위하지 않는 것보다 전적으로 옳고 더 유리하다.

판단하지 않고 전혀 행위하지 않는 것은 현대 세계의 많은 사람이 간절히 바라는 조건이다. 그런데도 "어떤 작은 마을에 사는 사람은 전체 대륙에 관계되는 생생한 문제들을 평가할 수 없다"는 히틀러의 주장은, 운전을 모르는 사람을 자동차 운전대에 앉힐 수 없듯이 그런 사람에게서 정치적 결정과 통찰력을 기대할 수 없다는 주장과 마찬가지로, 다른 대륙에서보다 독일에서 더 큰 영향을 미쳤고 더 설득력이 있었다. 민주주의를 반대하는 사람들의 이 오래된 표준적 주장은 비정상적으로 강한 정치적 수동성의 전통, 그 못지않게 비정상적으로 강한 노동과 순수한 생산의 전통에 의해 지지를 받았다. 종합해 보면, 이러한 전통은 순수한 기술적 능력을 순수한 인간 활동과 동일시하는 것을 아주 그럴듯하게 보이게 하는데, 인간 활동은 항상 옳음과 그름의 문제와 관련이 있다. 옳음과 그름에 대한 지식의 도덕적 기반이 명확하게 표현되지 않은 채 무너지기 시작하면, 다음 단계는 사회 행위와 정치 행위를 기술적이고 업무 중심적 기준으로 측정하는 것이었다. 그러나 이 기준은 본질적으로 인간 활동의 더 큰 영역에 이질적이었다.

나폴레옹 3세 이래 유럽의 폭민 지도자들에게 너무나 자연스럽게 다가온 이 통찰력과 이를 활용하는 데 있어 뛰어난 기술과 함께, 히틀러는 역시 평균 이상의 지성과 예리한 지능, 그리고 매우 제한적이기는 하지만 진정한 판단 능력을 지녔다. 이는 그 한계 안에서 아주 훌륭히 기능했다. 유럽의 국제 관계에 대한 히틀러의 평가는 대부분 항상 정확했다. 유럽 역사에 관한 그의 주장은 종종 참으로 탁월했다. 특히 나폴레옹 1세의 실수에 관한 그의 주장은 그랬다. 나폴레옹 1세는 제1통령을 황제라는 직함으로 바꾸지 말았어야 했고, 또한 가족 문제를 정치와 섞지 말았어야 했다. 사람들에 대한 그의 판단은 종종 명민하고 재미있었지만, 앵글로색슨 국가에 관한 한 그의 판단은 완전히 실패했다. 거기서 그는 모든 사건과 상황을 잘못 이해했다. 미국에 대한 그의 견해는 매우 비현실적이어서 미국이 전쟁에 참전했다는 소식을 들었을 때, 그는 기분 좋게 무릎을 쳤다. 그는 심지어 가장 근본적인 힘의 관계도 이해하지 못했다. 그가 조약이 앵글로색슨족에게 그저 종잇조각에 지나지 않는다는 것을 어떻게 이해할 수 있었을까?

18세기 초에 등장한 이래 인종주의는 항상 자기 민족에 대한 경멸과 밀접하게 연관되어 있었기 때문에, 히틀러가 전쟁에서 승리하지 못하면 독일 민족이 멸망할 수도 있다고 발언을 한 것은 놀랄 일이 아니다. 히틀러의 발언을 우연히 마주하는 것은 놀랄 일이 아니다. 더욱 놀라운 것은 튜턴족의 위대한 문화적 업적에 대한 그의 노골적인 경멸이다. 민중 중심의 고고학계의 도움으로 이러한 업적은 당시에는 속임수나 위조와 변조로 인해 빛을 보지 못하고 있었다. 그가 더는 '튜턴Teuton'이라는 개념에 만족하지 않았고 (이전보다 '독일인[German]'과 '국가'라는 개념에 만족하지 않았음) 그리스인들도 자신있게 포함될 수 있는 '아리아족'에 대한 그의 이야기로 진지해지기 직전이었다는 것은 분명하다. 그는 튜턴족에 대해 긍정적으로 말할 때마다 특징적으로 독일인들을 희생시켰다.

논리가 모든 현실과 경험을 완전히 무시한 채 결론에 도달하는 능력으로 정의된다면, 히틀러의 가장 큰 선물, 즉 그의 성공과 몰락을 가져온 선물은 바로 순수한 논리였다. 예를 들어 그가 "사유는 명령을 내리거나 집행할 때만 나타난다"고 말할 때, 그는 이 하나의 진술로 모든 권력 철학이 아니라 의견의 혼돈 속에서 지배하는 의견, 즉 모든 것이 '허튼소리'라는 의견에서 도출되는 마지막 유효한 결론을 도출하고 있다. 그의 청자들이 이 세계관의 완벽한 일관성에 매료되었지만, 그들은 이 확고한 논리의 참된 의미를 파악할 만큼 실제적인 상상력을 충분히 가지고 있을 가능성은 매우 드물었을 것이다. 그들은 극히 드문 경우에만 히틀러가 "자연이 모든 것의 모형을 만들기에 가장 올바른 일은 항상 자연 법칙을 채택하는 것"이라고 주장하고, "예를 들어 원숭이들은 사회에 이질적이기에 외부 원숭이들을 짓밟아 죽인다"고 덧붙였을 때 조직적인 살인을 정당화하는 데 전적으로 적절한 이유를 제공했다는 것을 이해했을 것이다. 그리고 그가 "원숭이들에게 옳은 것은 인간에게 더 높은 정도로 옳다"고 더 말했을 할 때, 그는 자신이 제대로 이해했다고 가정할 모든 권리가 있었다. 자연의 전능함이라는 그의 전제를 허용했지만, "독자 생존"이 가능하지 않거나 "공동체에 이질적인" 모든 사람을 "말살해야" 한다는 논리적 결론을 내리지 않은 사람, 그러한 고민을 하는 사람은 "논리의 힘을 부정하고 A라고 말한 후에 B와 C라고 말하는 것을 꺼리는" 약자나 바보에 속했다. 물론 당 안팎에 도덕적 양심을 가진 이러한 종류의 약자들이 있었고, "자연이 한 마리의 새에게 풍선을 제공하지 않았음에도 불구하고" 체펠린 비행선의 "완전히 미친 계획"[19]을 실행에 옮긴 바보 천치들도 있었다.

정치의 관점에서 볼 때, 자연은 히틀러에게 두 가지 '법칙'만을 가르쳤다. 하나는 자기 자신의 종족을 유지하기 위해 외래종을 "짓밟아 죽이는 것"이었다. 다른 하나는 "개체의 생명을 너무 높이 평가하지 않는 것"이었다. 즉 자기 종의 개체를 짓밟아 죽이는 것은 옳은 일이었다. 후자의 원리는 그가 믿는 유일한 "신성한 법칙"으로 여겨지기도 했다. 그는 파리를 예로 들어 신의 섭리를 증명했다.

흥미로운 세부 사항은 역시 그 책의 성격에 거의 영향을 미치지 않았다. 독일에서 신나치즘이 증가하고 있고, 최근 역사에서 일어난 사건에 대한 독일 국민의 계몽이 훨씬 더 노골적으로 부족하다는 점을 감안할 때, 독일 국가사회주의 시대사 연구소가 이 실수와 이 '출처'의 의심스러운 인기에서 무엇인가를 배울 수 있을지 궁금하다. 이 '출처'의 사전 출판본은 그림이 있

---

19 옮긴이_ 20세기 초에 독일의 체펠린(Zeppelin)과 에케너(Eckener)가 개발한 경식비행선이다. 이 비행선은 독일 비행선운수주식회사에 의해 운용되었으며, 독일 군대에서 폭력과 정찰 용도로 이용되었다. 힌덴부르크는 대서양 횡단 비행을 했다. 그러나 1937년 힌덴부르크 참사는 '하늘의 거인'의 붕괴를 촉발하였고, 체펠린은 다른 정치적 문제 등으로 사라지게 되었다.

는 잡지에 실렸다. 예를 들어, 다음 출판에서 학살 부대 사령관의 선서 아래 한 모든 진술, 총통의 비밀 명령, 히틀러 본부에서 열린 토론에 관한 당 회의록을 포함한 선집을 준비할 것인가? 이러한 문서는 관심이 있다면 "실제로 있었던 그대로" 볼 수 있는 문서이다.

제4부

전체주의의 여파와 냉전의 서막

인간과 테러[*]

1953

"신사 숙녀 여러분!"[1] 역사는 사람들에게 겁을 주어 복종하게 하는 수단인 테러가 매우 다양한 형태로 나타날 수 있으며, 우리에게 친숙해진 수많은 정치 및 정당 체제와 밀접하게 연결될 수 있다는 것을 우리에게 가르쳐 준다. 참주·전제 군주·독재자의 테러는 고대부터 기록되어 있으며, 혁명과 반혁명 테러, 소수민족에 대한 다수민족의 테러, 국민 다수에 대한 소수의 테러, 국민투표식 민주주의와 현대 일당제의 테러, 혁명운동 및 소수 음모자 집단의 테러, 작은 집단 공모자들의 테러 등도 기록되어 있다. 정치학은 테러가 사람들을 위협하는 데 사용되었다는 사실을 단순히 확립하는 것

---

[*] 서지사항은 다음과 같다. "Die Menschen und der Terror," Speech in German for RIAS Radio University, March 23, 1953.
옮긴이_ RIAS(Radio in the American Sector)는 미국 점령 당국이 설립하여 운영한 베를린의 라디오 방송국으로 1946년 2월 방송을 시작했다. 냉전 시기 서방과 소련 간의 이념을 둘러싼 싸움에서 핵심적인 역할을 했다.

[1] 옮긴이_ 미국 의회도서관에 보관된 독일어 원문(Manuscript/Mixed Material) 파일에서는 강의 원고라는 것을 보여주듯이, 이 문구로 시작된다. 이후 내용은 구어체가 아닌 **문어체**로 번역한다. 로버트와 리타 킴버가 이 원문을 영어로 번역했다.

으로만 만족할 수 없다. 오히려 정치학은 모든 형태의 테러 정권, 즉 각각의 특정 정권에서 테러에 다른 기능을 할당하는 형태들을 분리하고 명확하게 해야 한다.

여기서는 우리에게 가장 친숙한 두 전체주의 정치체제, 즉 1938년 이후 나치 독일과 1930년 이후 소비에트 러시아에 나타나는 전체주의 테러만을 다룰 것이다. 전체주의 테러와 우리가 알고 있는 다른 모든 형태의 테러 사이의 주요 차이점은 테러가 양적으로 더 큰 규모로 존재해서 더 많은 희생자를 낸 것이 아니다. 누가 인간이 경험한 공포를 감히 측정하고 비교하겠는가? 그리고 희생자의 수와 그들에 대한 사람들의 증대되는 무관심이 모든 현대 대중 국가에서 인간 생명의 가치에 대한 일종의 아시아적 무관심과 더 이상 숨겨지지 않는 인간의 과잉에 대한 확신을 낳은 인구 증가와 밀접한 관련이 없는지 궁금하지 않은 사람은 누구인가?

우리가 과거에 테러를 발견하는 곳마다, 테러는 법 밖에서 비롯된 강제력의 사용에 뿌리를 두고 있으며, 많은 경우 인간의 자유를 보호하고 시민의 자유와 권리를 보장하는 법의 울타리를 무너뜨리기 위해 의식적으로 사용되었다. 우리는 역사를 통해 반혁명의 유혈사태가 분노를 무관심으로 질식시키거나 새로운 법치가 공포를 증식시킬 때까지 분노로 범죄자와 무고자가 죽는 대규모 혁명 테러에 대해 잘 알고 있다. 역사적으로 가장 효과적이고 정치적으로 유혈 낭자했던 두 가지 형태의 테러 — 폭정의 테러와 혁명의 테러 — 를 골라내면, 우리는 곧 그것들이 종말을 향해 나아가고 끝을 찾게 된다는 것을 알게 된다. 물론 공공 문제는 우리가 일반적으로 '정치'라는 용어로 제한하는 것보다 훨씬 더 많은 것과 관련이 있다. 폭군의 테러는 한 국가에 묘지의 평화를 안겨줄 때 종식되었다. 혁명의 종말은 새로운 법전, 즉 반혁명이다. 테러는 반대파가 파괴되고 아무도 감히 손가락을 까딱하지 못하며, 혁명이 모든 예비 강제력을 소진했을 때 종말을 맞이한다.

전체주의 테러는 폭군의 위협 조치나 내전 및 혁명의 테러와 너무 자주 혼동된다. 우리가 잘 알고 있는 전체주의 정권은 내전과 일당독재에서 직접 발전했고, 전체주의로 발전하는 초기 단계에 테러를 사용했기 때문이다. 일당 체제가 독재 체제로 남을 것인지 아니면 전체주의 통치 형태로 발전할 것인지를 결정하는 전환점은 언제나 국내의 적극적 반대세력 또는 소극적 반대세력의 마지막 흔적이 모두 피와 테러 속에 잠겼을 때 찾아온다. 그러나 진정한 전체주의적 테러는 더 이상 정권에 체포되어 고문을 당해 죽을 수 있는 적이 없고, 심지어 다양한 부류의 용의자들조차 제거되어 더는 '보호 구금'할 수 없을 때만 시작된다.

전체주의 테러의 첫 번째 특징 — 반대자가 감소함에 따라 테러가 줄어들지 않고 성장하는 — 에서 다음 두 가지 주요 특징이 따른다. 정권의 용의자나 적을 모두 대상으로 하는 테러는 아무 잘못도 하지 않았고 문자 그대로 자신이 체포되거나 강제수용소로 보내지거나 제거되는 이유를 모르는 완전히 무고한 사람들에게만 향할 수 있다. 두 번째 핵심 요소는 이러하다. 즉 승리한 혁명의 독재 통치뿐만 아니라 순수한 폭정 아래에서도 땅 전체에 퍼지고 국가가 회복될 수 있는 묘지의 평화는 전체주의 통치 아래에 있는 국가에는 전혀 부여되지 않는다. 테러에는 끝이 없으며, 그러한 정권에서는 평화가 있을 수 없다는 것은 원칙의 문제이다. 전체주의 운동이 집권하기 전에 지지자들에게 약속한 것처럼, 모든 것이 영구히 유동적으로 유지될 것이다. "영구 혁명"이라는 문구를 처음으로 만든 트로츠키도 그것이 실제로 의미하는 바를 더 이상 이해하지 못했듯이, "전체 국가total state"라는 용어를 처음 사용하게 된 무솔리니도 전체주의가 무엇을 의미하는지 더는 이해하지 못했다.

이것은 러시아와 독일 모두에서 분명하다. 러시아에서 원래 소련 정권의 적들을 위해 건설된 강제수용소가 1930년 이후, 즉 내전 기간에 무장 저항이 분쇄되었을 뿐만 아니라 스탈린이 당내 반대파를 청산한 시점에 엄청나게 성장하기 시작했다. 독일에서 나치 독재의 첫해에는 최대 10개의 수용소가 있었고, 수용자는 10,000명 이하였다. 1936년경 정권에 대한 모든 효과적인 저항은 자취를 감추었다. 부분적으로는 이전의 유난히 유혈적이고 잔혹한 테러로 모든 활동 세력이 파괴되었기 때문이다(첫 번째 강제수용소와 비밀경찰 지하실에서 사망자 수가 극도로 많았다). 부분적으로 실업 문제의 분명한 해결책이 원래 나치에 반대했던 수많은 노동계급의 마음을 사로잡았기 때문이다. 1937년 상반기 힘러가 독일 국방군에게 행한 유명한 연설에서 강제수용소 확장의 필요성을 역설했고 가까운 장래에 이를 실시할 것이라고 발표한 것이 바로 이때였다. 전쟁이 발발한 무렵 이미 100개 이상의 강제수용소가 있었고, 1940년부터 총체적으로 평균 100만 명의 수감자를 일정하게 유지했을 것이다. 소련의 해당 숫자는 훨씬 더 높다. 다양한 추정치가 있다. 가장 낮은 수치는 약 1천만 명이고, 가장 높은 수치는 약 2,500만 명이다.

정치적 반대자가 청산된 후에 테러가 전체주의화된다는 사실은 전체주의 정권이 위협 행위를 완전히 포기한다는 것을 의미하지 않는다. 초기의 테러는 "범법" – 인종 간의 성관계나 직장 지각 출근, 노동자가 정치 테러의 원칙에 따라 생산 과정에 몸과 마음을 맡기는 볼셰비즘 체제에 대한 이해의 부족 – 으로 간주하는 엄격한 법으로 대체되어 초기 공포 통치를 소급하여 합법화한다. 혁명적 테러로 인해 발생한 상황을 소급하여 합법화하는 것은 혁명적 입법의 자연스러운 단계이다. 새로운 강경 조치는 초법적 테러를 종식시키고 혁명의 새로운 법을 확립하기 위한 것이었다. 전체주의 정권의 특징은 뉘른베르크 법과 같은 새로운 법을 통과시키는 것에서 끝나지 않고 계속한다는 점이다. 대신에 전체주의 정권은 법 밖에서 기능하는 권력으로서 테러를 유지한다. 결과적으로, 전체주의 테러는 전체주의 정권이 집권하기 전에 시행되었던 법에 관심을 기울이지 않듯이 전체주의 정권이 선포한 법에도 관심을 기울이지 않는다. 볼셰비키 법이나 나치 법을 포함한 모든 법은 그 성격이나 기원이 무엇이든 간에 국민에게 법이 실제로 중요하지 않다는 점을 지속해 인식시키는 것이 목적이 되는 허울뿐인 법이 된다. 이는 나치 판사들과 심지어 당 기관들이 특정 규정에 따라 범죄를 판단하고 정당하게 형을 선고받은 사람들을 테러의 '과잉'으로부터 보호하기 위해 필사적으로 노력하고 있음을 보여주는 제3제국의 문서에서 너무나 분명해졌다. 많은 예 가운데 한 사례만을 인용하자면, 우리는 1936년 이후 인종 차별 혐의로 유죄판결을 받고 정상적인 법적 절차에 따라 투옥된 사람들이 이미 수감 기간을 마친 후에 강제수용소로 보내졌다는 것을 알고 있다.

나치 독일은 인종 이데올로기 때문에 소련보다 훨씬 쉽게 강제수용소를 대다수 무고한 사람으로 채울 수 있었다. 나치 독일은 바로 인종이라는 근거에서 특정한 인종집단을 체포함으로써 유죄나 무죄의 기준을 적용하지 않고도 어느 정도 질서를 유지할 수 있었다. 즉 그 대상은 우선 1938년 이후 유대인, 그다음에는 무차별적으로 동유럽 인종집단 구성원이 되었다. 나치는 이러한 비독일 민족 집단을 정권의 적으로 선언했기 때문에 자신들의 '죄책감'을 옹호할 수 있었다. 다른 모든 문제와 마찬가지로 이 문제에서도 항상 급진적이고 광범위한 조치를 구상했던 히틀러는 전쟁 이후 이러한 집단이 근절되고 새로운 범주에 대한 필요성이 발생할 때가 올 것이라고 내다보았다. 히틀러는 1943년 포괄적인 제국 건강법 초안에서 전쟁 이후 모든 독일인은 엑스레이 검사를 받아야 하며 폐나 심장 질환으로 고통받는 모든 가족은 수용소에 감금되어야 한다고 주장했다. 만약 이 조치가 실행되었다면 — 그리고 만일 전쟁에 승리했더라면 그것은 전후 의제의 첫 번째 조치 중 하나가 되었을 것이라는 데는 의심할 여지가 없었다 — 히틀러의 독재는 볼셰비키 정권이 러시아 국민에게 했듯이 독일 국민도 학살했을 것이다. (물론 우리는 이런 종류의 체계적인 대량 학살이 가장 피비린내 나는 전쟁보다 훨씬 더 효과적이라는 것을 알고 있다. 우크라이나에서 인위적으로 부과된 기근과 이른바 그 지역의 '탈쿨라크화'[2] 기간 동안, 동유럽에서 벌어진 극도로 무자비하고 피비린내 나는 전쟁에서 싸우다 죽은

2　옮긴이_ 탈쿨라크화(de-Kulakization)는 수백만 명의 쿨락(부농)과 그 가족을 체포하고 추방하거

사람들보다 더 많은 사람이 매년 죽었다).

러시아에서도 그러한 행위가 허용되는 기간에 무고한 사람의 범주가 특정 기준에 따라 결정되었다. 따라서 러시아로 피신한 폴란드인뿐만 아니라 폴란드계·독일계·발트계 선조의 러시아인들도 전쟁 중 강제수용소에 대량으로 감금되어 그곳에서 사망했다. 물론 절멸되고 강제 추방되거나 수용소에 갇힌 사람들은 소위 "사라지는 계급" — 예컨대, 쿨락(즉 부농) 또는 프티부르주아 — 의 구성원으로 분류되거나 현재 정권에 반대하는 음모 가운데 하나를 지지하는 사람들 — 트로츠키주의자, 티토주의자, 월스트리트의 대리인, 세계시민주의자, 시온주의자 등 — 로 선언되었다. 이러한 음모가 존재하든 없든 청산된 집단은 그들과 아무런 관련이 없으며, 정권은 그것을 잘 알고 있었다. 물론 현재 나치 정권에 대해 가지고 있는 자료는 유감스럽게 많지 않지만, 소련의 모든 지역에서 일정한 비율로 체포를 통제하고 있다는 것을 알 수 있는 충분한 정보가 있다. 이것은 나치 독일보다 훨씬 더 많은 임의적인 체포를 조장한다. 예를 들어, 행군 대열에 있던 일부 수감자가 길가에서 쓰러져 죽어가는 경우, 담당 병사는 길에서 우연히 발견한 사람을 모두 체포하고 자신의 할당량을 유지하기 위해 그들을 행군 대열에 강제로 집어넣은 것이 일반적이다.

정치적 반대세력이 위축되면서 전체주의 테러가 증가하고 무고한 희생자가 상당히 증가하는 것과 밀접하게 연관된 마지막 특징은 다음과 같은 광범위한 결과를 초래한다. 즉 전체주의 정부에서 비밀경찰의 임무와 목표가 완전히 바뀌었다는 점이다. 이 기능은 수감자의 마음속에서 실제로 무슨 일이 일어나고 있는지에 그다지 관심이 없는 현대적 형태의 세뇌(洗腦; 정

나 처형하는 것을 포함한 정치적 탄압 조치였다. 점령된 우크라이나에 대한 소련의 통치는 처음부터 해체될 때까지 강제 추방과 박해를 특징으로 했다. 1920년대 초에는 우크라이나 지식인을 표적으로 삼았다. 그 이후 1930년대 스탈린 정권은 131,409명의 우크라이나 농민을 우랄로 강제 추방했다.

신 통제)로, 그가 저지르지 않은 범죄를 자백하도록 강요하는 데만 관심이 있다. 이것이 전체주의 경찰 체계에서 도발이 실질적으로 전혀 역할을 하지 않은 이유이기도 하다. 체포되고 제거될 사람이 누구인지, 그는 무엇을 생각하거나 계획하고 있는지, 이는 미리 정부가 결정해 놓은 것이다. 일단 체포되면, 그의 실제 생각과 계획은 아무런 의미가 없다. 그의 범죄는 어떤 '주관적' 요인의 도움 없이 객관적으로 결정된다. 그가 유대인이라면, 그는 시온 장로들의 음모에 가담한 사람이다. 만일 그가 심장병을 앓고 있다면, 그는 독일 민족의 건강한 몸에 기생충이 된다. 반이스라엘과 친아랍 대외 정책이 시행되는 동안 그가 러시아에서 체포되면, 그는 시온주의자이다. 정부가 트로츠키에 대한 기억을 말살하려고 한다면, 그는 트로츠키주의자다. 등등.

이 가장 최신 형태의 지배를 이해하는 데 따르는 가장 큰 어려움, 우리가 단순히 폭정의 변형이 아닌 새로운 것에 맞서고 있음을 동시에 증명하는 어려움 가운데 하나는 우리의 모든 정치 개념과 정의가 불충분할 뿐만 아니라 전체주의 현상에 대한 이해, 그리고 우리의 모든 사유 범주와 판단 기준은 우리가 여기에서 적용하려고 시도하는 순간 우리 손에서 폭발하는 것처럼 보인다. 예를 들어 전체주의 테러 현상에 수단과 목적의 범주를 적용한다면, 테러는 권력을 유지하고, 사람들을 위협하고, 사람들을 두렵게 만들고, 그리하여 사람들을 행동하게 만드는 수단이 될 것이다. 어떤 면에서 전체주의 테러가 그 목적을 달성하는 데 있어서 다른 어떤 형태의 테러보다 덜 효과적이라는 것이 분명해졌다. 내가 끊임없이 두려워하는 일이 내가 무엇을 하든 상관없이 나에게 일어날 수 있다면, 두려움은 믿을 만한 지침이 될 수 없다. 전체주의 테러는 정권이 가장 극단적인 테러의 물결을 통해 저항이 실제로 불가능해졌음을 확신하는 시점에서만 자유로울 수 있다. 물론 이 경우에는 수단이 목적이 되었다고 말할 수 있고 흔히 그렇게 말해 왔다. 그러나 이것은 진정한 설명이 아니다. 수단과 목적의 범주가 더 이상 작동하지 않는다는 것은 역설로 위장한 고백일 뿐이다. 그 테러는 분명히 끝이 없다. 수백만 명의 사람들이 무의미하게 희생되고 있다. 전쟁 중 대량 학살의 경우와 마찬가지로 해당 조치는 실제로 가해자의 실제 이익에 반하는 것이다. 수단이 목적이 된다면, 테러가 단순히 사람들을 두려움으로 예속시키기 위한 수단이 아니라 사람들을 희생시키기 위한 목적이라면, 전체주의 체제에서 테러의 의미에 대한 문제는 수단과 목적의 범주 밖에서 다르게 제기되고 대답해야 한다.

    전체주의 테러의 의미를 이해하려면, 우리는 전혀 관련이 없어 보이는 두 가지 주목할 만한 사실에 관심을 집중해야 한다. 그 첫 번째 사실은 나치와 볼셰비키의 모든 강제수용소를 외부 세계로부터 격리하고 수용소에서 사라진 사람들을 마치 이미 죽은 것으로 취급하기 위해 극도로 주의를 기울이는 것이다. 그 사실은 너무도 잘 알려져 있기에 더 자세히 설명할 필요가 없다. 당국은 우리가 알고 있는 전체주의 통치의 두 경우 모두에서 똑같이 행동했다. 사망 소식조차 공개되지 않는다. 문제의 사람이 죽었을 뿐 아니라 그가 전혀 존재하지 않았다는 인상을 주기 위해 모든 노력을 기울였다. 따라서 그의 운명에 관해 알고자 하는 노력은 완전히 무의미해졌다. 볼셰비키 강제수용소는 현대적 형태의 노예 제도이므로 공장처럼 운영되었던 나치의 학살 수용소와 근본적으로 다르다는 견해는 두 가지 측면에서 잘못된 것이다. 역사상 어떤 노예 소유자도 그렇게 믿을 수 없는 속도로 노예를 다 써 버린 적이 없다. 다른 강제노동과도 다른 것은 희생자들을 산 세계로부터 단절시키고 죽어가는 계급이라는 구실로 '하나하나씩 죽어가는' 것을 지켜보는 체포와 추방 방식이다. 즉 비록 다른 수단에 의한 것이라 할지라도, 그들의 죽음이 어떻게든 예정되어 있기에 그들을 근절하는 것은 정당화된다.

    두 번째 사실은 특히 볼셰비키 정권에서 반복적으로 검증된 놀라운 사실이다. 즉 현재 권력을 잡은 지도자 외에는 그 누구도 테러로부터 면제되지 않으며, 오늘의 사형집행인들이 쉽게 내일의 희생자로 변할 수 있다는 것이다. 혁명은 그 자신의 자식을 게걸스럽게 잡아먹는다는 관찰은 이러한 현상을 설명하기 위해서 종종 인용되었다. 그러나 프랑스혁명에서 시작된 이러한 관찰은 혁명이 이미 모든 자녀, 좌우 파벌, 군대와 경찰에 남아있는 권력 중심부를 삼켜버린 후에도 테러가 계속되자 의미가 없다는 것이 입증되었다. 소위 숙청은 볼셰비키 정권의 가장 눈에 띄고 영구적인 제도 가운데 하나이다. 숙청은 더 이상 혁명의 아이들을 삼키지 않는다. 그 아이들은 이미 죽었기 때문이다. 대신에 숙청은 당과 경찰 관료, 심지어 최고위층 관료를 집어삼킨다.

강제수용소에 수감된 수백만 명은 이러한 조치 중 첫 번째 조치에 복종해야 했다. 완전한 테러로부터 자신을 방어할 방법이 전혀 없기 때문이다. 당과 경찰 관료들이 두 번째 조치에 복종하는 이유는 그들이 전체주의 이데올로기 논리를 교육받았기에 정권의 실행자이자 희생자가 되기에 적합하기 때문이다. 전체주의 정부 체제에서 항상 반복되는 특징인 이 두 요소는 밀접하게 연관되어 있다. 두 요소는 모두 인간의 무한한 다양성과 독특한 개성을 불필요하게 만드는 것을 의미한다. 다비드 루세는 강제수용소를 "가장 전체주의적인 사회"라고 불렀다. 강제수용소가 무엇보다도 가장 다양한 종류의 인간을 항상 끊임없는 반응과 반사작용의 집합체로 환원시키는 실험실 역할을 한다는 것은 사실이다. 이 과정은 이러한 반응 묶음 중 누구라도 다른 어떤 것과도 교환될 수 있을 정도로 진행되어 특정한 사람이 죽지 않고, 이름과 뚜렷한 정체성, 특정한 태도와 충동을 가진 특정한 삶이 아니라 '호모 사피에스homo sapiens' 종의 완전히 구별할 수 없고 정의할 수 없는 표본으로 변모하게 만든다. 강제수용소는 인간을 박멸할 뿐만 아니라 과학적으로 엄격한 조건 아래에서 인간 행위의 요소인 자발성을 파괴하고 인간을 동물보다 훨씬 못한 존재, 즉 같은 조건 아래에서 항상 같은 방식으로 반응하는 반응의 묶음으로 변형시키는 괴물 같은 실험을 진행한다.

배고플 때가 아니라 종소리가 울릴 때 먹도록 훈련된 파블로프의 개는 변태적인 동물이었다. 전체주의 정부가 피통치자에 대한 완전한 통제라는 목표를 달성하려면, 사람들은 자유뿐 아니라 본능과 충동까지도 상실해야 한다. 본능과 충동은 원래 우리 모두에게서 동일한 반응을 일으키도록 계획되어 있지 않고 항상 다른 개인을 다른 행위로 옮기도록 한다. 그러므로 전체주의 통치의 실패나 성공은 궁극적으로 인간을 변태적인 동물로 변형시키는 능력에 달려 있다. 일반적으로 이는 전체주의 테러 상황에서도 완전히 가능하지 않다. 자발성은 결코 완전히 제거될 수 없다. 삶 그 자체, 특히 인간의 삶은 자발성에 달려 있기 때문이다. 그러나 강제수용소에서는 자발성이 상당한 정도로 제거될 수 있다. 아니, 어쨌든 거기서는 그 목적을 위한 실험에 가장 세심한 주의와 노력이 쏠린다. 그것이 성취되려면, 사람들은 분명히 개체성의 마지막 흔적을 상실하여 동일한 반응의 집합체로 변형되어야 한다. 그들은 인간 사회 내에서 독특하고 식별 가능한 개인으로 만들어주었던 모든 것과 단절되어야 한다. 이 호모 사피엔스 종의 표본이 실제 인간으로 존재했을 가능성이 희박하다고 인정한다면 실험의 순수성은 훼손될 것이다.

　이러한 조치와 이와 관련된 실험의 다른 극단에는 정기적으로 반복되어 오늘의 사형집행인을 내일의 희생자로 만드는 숙청이 있다. 숙청을 위해서는 피해자들이 아무런 저항도 하지 않고, 새로운 운명을 기꺼이 받아들이며, 과거의 삶을 말살하고 훼손하는 널리 알려진 여론 조작 재판에 협력하는 것이 중요하다. 그들은 범하지 않았고 대부분 범할 수 없었던 죄를 자백함으로써 우리가 그렇게 많은 세월 동안 보고 있다고 생각했던 사람들이 실제로 전혀 존재하지 않았다고 공개적으로 선언한다. 이러한 숙청도 일종의 실험이다. 사람들이 실제로 관료제의 이데올로기적인 훈련에 의존할 수 있는지, 개인을 테러 과정에 가담시키고 정권의 모든 괴물에 순응하도록 강요한다는 점에서 테러의 외부 강압에 해당하는 내부적인 세뇌 강압이 실제로 작동하는지 숙청에서 실험된다. 즉시 원고를 피고로, 교수형 집행인을 교수형의 희생자로, 집행자를 희생자로 변형시키는 숙청은 사람들을 시험에 빠뜨린다. 자백을 거부했다는 이유로 스탈린의 강제수용소에서 조용히 사라진 수천 명의 이른바 확신적인 공산주의자들은 이 시험을 통과하지 못했고, 이 시험을 통과할 수 있는 사람만이 진정으로 전체주의 체제에 속한다. 숙청은 또한 말하자면 정부에 대한 '확신하는' 지지자를 찾아내는 목적에 이바지한다. 자신의 의지로 대의명분을 지지하는 사람은 내일 마음을 바꿀 수 있다. 그는 전체주의 조직의 확실한 일원이 아니다. 신뢰할 수 있는 유일한 사람들은 의견을 갖지 않을 만큼 충분히 알고 있거나 충분히 훈련을 받았을 뿐 아니라 확신한다는 것이 무엇을 의미하는지 더 이상 알지 못하는 사람들이다. 전체주의 관료의 이상형은 숙청의 실험을 통해 무슨 일이 있어도 기능하는 사람, 자신의 기능 외에는 생명이 없는 사람이라는 것이 밝혀졌다.

그러므로 전체주의 테러는 더 이상 목적을 위한 수단이 아니다. 이것이 바로 전체주의 정부의 본질이다. 전체주의 정부의 궁극적인 정치적 목표는 특정 인종이 지배하든, 계급과 국가가 더 이상 존재하지 않든, 모든 개인이 종의 표본에 지나지 않는 사회를 형성하고 유지하는 것이다. 전체주의 이데올로기는 이러한 인간종을 모든 곳에서 만연하고 전능한 법칙의 구현으로 생각한다. 자연의 법칙으로 보든 역사의 법칙으로 보든, 이 법칙은 실제로 인류 전체에 퍼져 있고 인류 안에서 구현되며 전체주의 지도자들이 끊임없이 실행하는 운동 법칙이다. 역사와 자연이 어떤 경우에도 심판을 내린 죽어가는 계급이나 퇴폐적인 종족은 그들에게 이미 결정된 멸망에 맨 먼저 넘겨질 것이다. 확고부동하고 전례 없는 일관성을 지닌 전체주의 정부가 수행하는 이데올로기는 본래 전체주의적이지 않으며, 이것이 완전히 표현된 체계보다 훨씬 오래되었다. 히틀러와 스탈린은 자신들의 진영 내에서 평범하다는 비난을 받아 왔는데, 그 이유는 그들 중 누구도 자신의 이데올로기를 단 한 푼의 새로운 허튼소리로 풍요롭게 하지 않았기 때문이다. 그러나 이는 이 정치인들이 자신들의 이데올로기 처방을 따르면서 자연과 역사의 운동 법칙의 진정한 본질을 발견하지 않을 수 없었다는 사실을 간과하고 있으며, 그 운동을 가속화하는 것이 그들의 임무였다. 만약 삶에 해롭고 부적합한 것을 제거하는 것이 자연의 법칙이라면, 특정 인종에 대한 일회성 테러의 절멸로는 논리적으로 일관된 인종 정치가 제대로 이루어질 수 없다. 그것은 자연의 종말을 의미할 것이다. 또는 적어도 자연의 그러한 운동 법칙에 봉사하려는 인종 정치의 종말을 의미할 것이다. 또는 계급 간의 전쟁에서 특정 계급이 '사라진다'는 것이 역사의 운동 법칙이라면, 전체주의 정부가 문제를 제기할 새로운 계급이 발견되지 않는다면, 그것은 인류 역사의 종말을 의미할 것이다. 전체주의 운동이 권력을 잡는 법, 즉 살해의 법칙은 운동 자체의 법칙으로 유효하다. 그리고 전혀 있을 법하지 않은 일이 일어나더라도, 즉 그들이 모든 인류를 자신의 지배 아래 두려는 목표를 달성하더라도, 그것은 변하지 않을 것이다.

이해와 정치*

1954

> 진리를 말하기는 어렵다오.
> 오직 하나뿐이기 때문이오.
> 하지만 진리는 살아있어서,
> 생기있게 변하는 얼굴이오.[1]
>
> 프란츠 카프카

---

* 서지 사항은 다음과 같다. Hannah Arendt, "Understanding and Politics," *Partisan Review*, 20/4 (July-August 1953), pp. 377-392.
  엮은이_ 이 에세이는 『파르티잔 리뷰』 제20권 4호(1953)에 실렸다. 아렌트는 원래 이 글의 제목을 「이해의 난점」으로 붙였다. 초고에서 삭제된 일부 자료가 여기에 다시 복원되었다. 이 에세이는 「전체주의의 본질에 관하여: 이해에 관한 에세이」라는 긴 원본의 앞부분을 기반으로 한다. 이 부분의 추가 자료는 '각주 2'(옮긴이_ 각주로 옮기기에 바뀜)에 나와 있다. 원고의 뒷부분은 이 책의 다음 에세이에 있다. 이 에세이에는 추가 설명이 담겨있다.

1 옮긴이_ 카프카가 약혼녀 밀레나에게 보낸 1920년 6월자 편지 앞부분에 언급된 내용이다. 다음 자료를 참조할 것. Franz Kafka, *Briefe an Milena*: 박환덕 옮김, 『밀레나에게 보낸 편지』(서울: 범우사, 2003).

많은 사람은 전체주의를 이해하지 않고는 전체주의와 맞설 수 없다고 말한다.[2] 다행히도 이것은 사실이 아니다. 만약 그렇다면 우리의 경우는 희망이 없을 것이다. 올바른 정보 및 과학적 지식과 구별되는 이해는 결코 명확한 결과를 낳지 않는 복잡한 과정이다. 이해는 끊임없는 변화와 변동 속에서 우리가 현실을 받아들이고 현실에 적응하고, 즉 세계에 안주하려는 끝없는 활동이다.

화해가 이해에 내재해 있다는 사실은 '모든 것을 이해한다는 것은 모든 것을 용서하는 것이다tout comprendre c'est tout pardonner'라는 통속적인 거짓 진술을 불러일으켰다. 그러나 용서는 이해와 거의 관련이 없어서 이해의 조건도 결과도 아니다. 용서는 겉보기에 불가능해 보이는 일을 시도하여 이미 이루진 일을 취소하고 모든 것이 끝난 것처럼 보였던 곳에서 새로운 시작을 하는 데 성공하는 한, 확실히 가장 위대한 인간 능력 중 하나이며, 아마도 가장 대담한 인간 행위일 것이다. 용서는 단일 행위이고 단일 행위로 정점에 이른다. 반면에 이해는 끝이 없으므로 최종 결과를 낳을 수 없다. 이해는 특별한 인간적 삶의 방식이다. 모든 사람은 낯선 사람으로 태어났고, 자신의 뚜렷한 독특함을 지닌 한 항상 낯선 사람으로 남아있는 세계와 화해해야 하기 때문이다. 이해는 탄생과 더불어 시작하여 죽음으로 끝난다. 전체주의 정부의 등장이 우리 세계의 중요한 사건인 만큼, 전체주의를 이해한다는 것은 그 어떤 것도 용인하는 것이 아니라 그런 일이 가능한 세계를 받아들이는 것이다.

많은 선한 사람은 다른 사람들을 교육하고 여론을 환기시키기 위해 이

---

[2] 원본의 추가 자료. 그들은 이것으로부터 결론을 내린다. 현상의 복잡한 구조라는 측면에서 오로지 유기적인 연구, 즉 역사학·경제학·사회학·심리학의 결합된 노력은 이해를 생산할 수 있다. 이것은 그럴듯하게 들리지만 잘못된 생각이다. 자유 세계의 모든 신문에 실린 정보와 전체주의 세계에서 매일 겪는 경험은 전체주의에 맞서 싸우기에는 충분하다. 그러나 이 둘을 합쳐서 또는 단독으로 전체주의의 본질에 대한 진정한 이해를 촉진하지는 못한다. 이해는 설문지·대담·통계 자료나 이러한 자료에 대한 과학적 평가의 산물도 아니다.

과정을 단축하고 싶어 한다. 그들은 책이 무기가 될 수 있고 누구나 말로 싸울 수 있다고 생각한다. 그러나 무기와 싸움은 폭력의 영역에 속하며, 권력과 구별되는 폭력은 침묵한다. 폭력은 말이 끝나는 곳에서 시작된다. 싸움을 목적으로 쓰인 단어는 말의 본질을 잃고, 진부한 말이 된다. 진부한 말이 우리의 일상 언어와 토론에 얼마나 많이 스며들었는지는 우리가 말하는 능력을 잃었을 뿐만 아니라, 우리의 주장을 관철하기 위해 나쁜 책보다 더 효과적인 폭력 수단(그리고 나쁜 책만이 좋은 무기가 될 수 있음)을 사용할 준비가 되어 있는 정도를 잘 보여줄 수 있다.

이러한 모든 시도의 결과는 세뇌이다. 세뇌는 이해하려는 시도로 사실과 수치의 비교적 견고한 영역을 벗어나며, 그 무한성에서 달아나려고 한다. 마치 사실과 수치의 신뢰성을 가진 듯이 명백한 진술을 표명함으로써 임의로 중단시키는 초월 과정 자체의 지름길로서 세뇌는 이해 활동을 완전히 파괴한다. 세뇌는 위험하다. 세뇌는 원래 지식의 왜곡이 아니라 이해의 왜곡에서 비롯되기 때문이다. 이해의 결과는 의미이다. 우리는 우리가 하는 일과 겪는 일에 우리 자신을 조화시키려고 노력하는 범위 내에서 삶의 과정 자체에서 의미를 얻는다.

세뇌는 이해에 대한 전체주의적 투쟁을 더욱 심화시킬 뿐이며, 어쨌든 정치의 모든 영역에 폭력의 요소를 도입할 수 있다. 자유 국가는 전체주의 선전 및 교육에 비하면 매우 형편없는 성과를 낼 것이다. 자유 국가는 연구 결과에 비과학적인 '평가'를 덧붙여 사실적 정보를 '이해하는' 척하는 자체 '전문가'를 고용하고 훈련함으로써 오늘날 모든 자유 사회에 존재하는 전체주의적 사유의 결과만을 발전시킬 수 있을 뿐이다.[3]

---

3   사실만으로도 충분해야 하며, 평가나 도덕적인 설교를 통해서만 그 무게와 신랄함을 잃을 수 있다. 설교의 기초가 될 수 있는 수용 가능한 도덕성은 더 이상 존재하지 않으며, 임의적이지 않은 평가를 촉진할 규칙도 아직 존재하지 않는다. 전체주의에 맞선 실질적인 투쟁은 신뢰할 수 있는 정보의 꾸준한 흐름만 있으면 된다. 이러한 사실에서 호소가 나타난다면, 자유와 정의에 대한 호소, 사람들을 투쟁에 동원하려는 호소가 나타난다면, 이 호소는 추상적인 수사에 그치지 않을

그러나 이것은 문제의 한 측면일 뿐이다. 우리는 전체주의를 '이해할' 때까지 전체주의에 맞선 투쟁을 미룰 수 없다. 전체주의가 확실히 패배하지 않은 한, 우리는 전체주의를 확실히 이해하지 못하고 이해할 수 없기 때문이다. 정치적·역사적 문제에 대한 이해는 매우 심오하고 근본적으로 인간적인 문제이므로 사람에 대한 이해와 공통점이 있다. 즉 어떤 사람이 본질적으로 누구인가는 그가 죽은 이후에야 알 수 있다. 이 주장은 '누구도 죽기 전까지 축복받았다고 말할 수 없다nemo ante heatus esse dici potest'는 고대의 진리이다.[4] 사멸하는 존재에게 있어서 최후와 영원한 것은 죽음 이후에만 시작된다.

이 곤경에서 벗어나는 가장 확실한 방법은 전체주의 정부를 과거의 잘 알려진 악, 예를 들어 침략·전제정치·음모와 같은 것과 동일시하는 것이다. 여기서 우리는 확고한 입장 위에 있는 듯하다. 우리는 과거의 악과 함께 과거의 지혜를 물려받아 이를 헤쳐 나갈 수 있다고 생각하기 때문이다. 그러나 과거의 지혜에 내재한 문제점은 말하자면 우리가 우리 시대의 중심적인 정치적 경험에 그 지혜를 정직하게 적용하려고 하자마자 그것이 우리 손에서 사라진다는 점이다.[5] 우리가 전체주의에 대해 알고 있는 모든 것은 어떠한 역사적 유사점도 완화할 수 없는 끔찍한 독창성을 보여준다. 우리는 전체주의 본질에 집중하지 않고, 전체주의 학설의 특정 교의가 서양 사상의 익숙한 이론과 필연적으로 보여주는 끝없는 상호 연관성과 유사성에 관심을 기울여야만 그 영향에서 벗어날 수 있다. 이러한 유사성은 피할 수

것이다.

[4] 옮긴이_ 이와 관련한 아렌트의 해석은 다음 자료를 참조할 것. 한나 아렌트 저, 홍원표 옮김, 『정신의 삶: 사유와 의지』, 258-261쪽.

[5] 그러므로 전체주의의 본질을 이해하는 것 — 그 기원과 구조가 분석되고 묘사된 이후에만 이해될 수 있음 — 은 우리 세기의 핵심을 이해하는 것과 거의 동일하다. 그리고 이 성과는 아마도 자신의 그림자를 뛰어넘는 것보다 덜 어려운 것이다. 그 실제적 정치적 가치는 심지어 역사가의 노력보다 더 의심스럽다. 역사가들의 노력은 적어도 장기적인 목적에 사용될 수 있지만, 즉각적인 정치적 목적에는 거의 사용되지 않는다.

없다. 순수한 이론과 고립된 개념의 영역에서 태양 아래 새로운 것은 아무 것도 있을 수 없다. 그러나 이론적 공식화를 무시하고 실제적 적용에 집중하면 그러한 유사성은 완전히 사라진다. 전체주의의 독창성은 끔찍한 것이다. 어떤 새로운 '이념'이 나왔기 때문이 아니라 그 행위 자체가 우리의 모든 전통과 단절되기 때문이다. 이것들은 분명히 우리의 정치적 사유 범주와 도덕적 판단 기준들을 파열시켰다.

다시 말해, 우리가 이해하려고 노력하고 이해해야 하는 바로 그 사건, 즉 현상은 우리에게서 전통적인 이해 도구를 빼앗았다. 뉘른베르크재판의 비참한 실패에서 이 당혹스러운 상황이 가장 분명하게 드러났다. 나치의 인구정책을 살인과 박해라는 범죄 개념으로 축소하려는 시도는 한편으로는 범죄의 엄청난 규모로 인해 상상할 수 있는 모든 처벌을 우스꽝스럽게 만드는 결과를 가져왔고, 다른 한편으로는 "살인하지 말라"는 명령에 대한 복종과 함께 가능한 범위의 동기, 즉 사람들을 살인자가 되게 하고 살인자로 만드는 자질을 전제하기 때문에 어떤 처벌도 '합법적으로' 받아들여질 수 없는 결과를 가져왔다. 이러한 자질은 명백히 피고에게는 전혀 없다.

전체주의에 맞선 투쟁에서 이해는 특별히 도움이 되거나 고무적인 결과를 제공할 수 있을 것으로 기대할 수 없다. 그러나 이 투쟁이 단순한 생존을 위한 투쟁 이상이 되려면, 이 투쟁에 이해가 반드시 수반되어야 한다. 전체주의 운동이 비전체주의 세계에서 등장하는 한(전체주의 정부가 달에서 수입되지 않았기 때문에, 그 세계에서 발견되는 결정화(結晶化) 요소), 이해 과정은 분명하게 그리고 아마도 주로 자기 이해 과정이기도 하다. 우리는 우리가 무엇을 위해 싸우고 있는지는 알면서도 아직 이해하지 못하고 있으며, 우리가 무엇을 위해 싸우고 있는지는 더욱 잘 모르고 이해 못하기 때문이다. 그리고 지난 전쟁 중 유럽의 특징이자 "고귀한 꿈으로 살았던 우리는/ 나쁜 것을 더 나쁜 것에 맞서 방어한다"[6]라고 말한 영국 시인이 정확하게 표현한 체념이 더 이상 충분하지 않을 것이다. 이러한 의미에서 이해 활동은 필요하다.

이해는 투쟁에 직접적인 영감을 주거나 다른 목표를 제공할 수는 없지만, 그 자체로 투쟁을 의미 있게 만들고 투쟁에서 승리한 이후에야 아마도 자유롭게 발휘될 인간 정신과 마음의 새로운 '꾀바름'을 준비할 수 있다.[7]

인식과 이해는 똑같지 않지만 서로 연관되어 있다. 이해는 인식에 기반을 두고 있으며, 인식은 예비적이고 모호한 이해 없이는 발전할 수 없다. 예비적 이해는 전체주의를 폭정으로 규정하고, 전체주의에 맞선 투쟁이 자유를 위한 투쟁이라고 규정했다. 이러한 근거로 동원할 수 없는 사람은 아예 동원되지 않는 것이 사실이다. 그러나 다른 많은 형태의 정부도 전체주의만큼 급진적이지는 않지만, 자유를 부정해 왔기 때문에 이러한 부정이 전체주의를 이해하는 주요 열쇠는 아니다. 물론 아무리 기초적이고 심지어 관련성이 없어 보일지라도 예비적 이해는 가장 신뢰할 수 있는 정보, 가장 통찰력 있는 정치 분석, 가장 포괄적인 축적된 지식보다 사람들이 전체주의 운동에 가담하는 것을 더 효과적으로 막아줄 것이다.[8]

---

6   엮은이_ C. Day Lewis, "Where Are the War Poets?" 여기서는 '정직한' 대신에 '고귀한'으로 표기했다.
    옮긴이_ 시 전문은 다음과 같다. "어리석음이나 단순한 탐욕으로/ 종교·시장·법률을 노예로 삼은 자들은/ 지금 우리의 언어를 빌려/ 자유의 대의를 위해 목소리를 높이라고 명령한다. […] / 그것은 우리 시대의 논리이며,/ 불멸의 시를 위한 주제가 아니다./ 정직한 꿈으로 살았던 우리는/ 나쁜 것을 더 나쁜 것에 맞서 방어한다."
7   승리를 획득한 후에야 실질적인 정치적 목적을 위해 사실과 정보의 한계들을 초월하고 전체주의를 낳은 결정화에 대한 이해를 어느 정도 발전시킬 필요가 있다. 이러한 요소는 전체주의 정부가 하나 또는 모두 패배한다고 해서 사라지는 것이 아니기 때문이다. 예컨대 나치가 유럽에서 승리할 수 있었던 것은 나치즘의 요소들이 존재했기 때문에 가능했을 뿐만 아니라 부끄러울 정도로 쉬웠기 때문이다. 히틀러의 독일을 패배시키는 데 6년이 걸렸던 유럽 외의 세계 강대국들이 이러한 요소를 이해했다면, 그들은 마치 아무 일도 없었던 것처럼 계속 붕괴되어 전체주의 운동을 위한 토양을 마련한 낡은 정치계급과 정당 체제가 완비된 유럽의 현상 유지 복귀를 지지하지 않았을 것이다. 그들은 난민 인구의 지속적인 증가와 무국적자의 확산에 전적인 주의를 기울였을 것이다.
8   아직 이해되지 않고 전체주의의 본질을 다루지 않는 이러한 종류의 포괄적인 지식이 조직적인 탐구를 통해 생산될 수 없다는 것은 아주 의심스러워 보이기 때문이다. 관련 자료가 한편으로는 통계나 관찰의 쇄도로 묻히고, 다른 한편으로는 평가에 묻힐 가능성이 크며, 어느 쪽도 역사적 조건과 정치적 열망에 대해 아무것도 말해주지 않는다. 오직 출처 자체 — 문서·연설·보고서 등 — 만이 말하고, 이 자료는 쉽게 접근할 수 있으며, 정리되거나 제도화될 필요가 없다. 이러

이해는 인식에 선행하고 지식을 계승한다. 모든 인식의 기초인 예비적 이해와 이를 초월하는 진정한 이해는 다음과 같이 공통점을 가지고 있다. 즉 두 형태의 이해는 인식을 의미 있게 만든다. 역사적 설명과 정치적 분석[9]은 군주정·공화정·폭정·전제정에 본질이 있다는 이유만으로 전체주의 정부의 '**본질**nature/essence'과 같은 것이 있다는 것을 결코 증명할 수 없다. 과학 자체를 기반으로 하는 예비적 이해는 이 특정한 본질을 당연하게 여긴다. 이 예비적 이해는 물론 중요한 통찰, 과학 용어와 어휘 전체로 고루 스며들지 않는다. 진정한 이해는 엄격한 과학적 탐구를 선행하고 인도했던 판단과 편견으로 항상 돌아간다. 과학은 그 출발점이 되는 무비판적인 예비적 이해를 밝혀줄 뿐이지 증명하거나 반증할 수 없다. 과학자가 탐구의 수고로움으로 인해 잘못 인도되어 정치 전문가로 가장하고 자신이 시작한 일반적 이해를 경멸하기 시작하면, 그는 자신의 결과인 미궁을 안전하게 안내할 공통감의 아리아드네 실타래를 즉시 잃게 된다. 반면에 학자가 자기 인식의 한계를 넘어서려고 한다면 ─ 그리고 그것을 초월하는 것을 제외하고 인식을 의미 있게 만드는 방법은 없다 ─ 그는 다시 매우 겸손해야 하고 '전체주의'와 같은 단어가 정치적 상투어로 매일 사용되고 유행어로 오용되는 대중 언어에 귀 기울여야지 인식과 이해 사이의 접촉점을 다시 확립할 수 있다.

일부 최고 정치적 악을 비난할 목적으로 '전체주의'라는 용어를 대중적으

한 출처는 역사가와 정치학자에게 의미가 있다. 초자아, 아버지 이미지, 아기를 싸는 잘못된 방법에 대한 정보를 제공하도록 요청하거나, 하층 중간계급·관료·지식인 등과 같은 고정관념을 염두에 두고 접근할 때만 이해할 수 없게 된다. 분명히, 사회과학의 범주는 정형화되었을지 몰라도, 심리학자의 범주보다 이 문제에 대한 통찰력을 더 많이 제공할 가능성이 높다. 그 이유는 사회과학이 현실 세계에서 추상화되었고 꿈의 세계에서 추상화되지 않았기 때문이다. 사실, 불행하게도 별 차이는 없다. 아버지 이미지가 사회과학에 침범하고 하층 중간계급이 심리학을 침범한 이후로 두 가지의 차이는 무시할 수 있게 되었다.

9 그것들은 예비적 이해에 기초하고 있을 뿐이지만, 이미 충분한 결과를 가져왔고, 대화에 구체적이고 특이한 내용을 제공할 만큼 충분한 내용을 다루었다.

로 사용한 것은 5년 정도밖에 되지 않았다. 제2차 세계대전이 끝날 때까지, 심지어 전후 첫해에도 정치적 악의 표어는 '제국주의'였다. 따라서 제국주의는 일반적으로 대외 정치에서 침략을 나타내는 데 사용되었다. 두 용어는 철저하게 동일시되었기에 서로 쉽게 바꿔 사용할 수 있었다. 마찬가지로, 전체주의는 오늘날 권력욕, 지배 의지, 테러, 그리고 이른바 단일체적 국가구조를 나타내는 데 사용된다. 변화 자체는 주목할 만하다. 제국주의는 볼셰비즘·파시즘·나치즘이 부상한 이후에도 오랫동안 인기 있는 유행어로 남았다. 분명히 사람들은 사건을 아직 포착하지 못했거나 아니면 이 새로운 운동이 결국 전체 역사적 기간을 지배할 것이라고 믿지 않았다.

그러나 대중 언어는 새로운 단어를 받아들임으로써 새로운 사건을 인식하지만, 이러한 개념을 오래된 익숙한 악 ― 제국주의의 경우에 침략과 정복 욕망, 전체주의의 경우에 테러와 권력 욕망 ― 을 나타내는 다른 단어의 동의어로 항상 사용한다. 새로운 단어의 선택은 모든 사람이 새롭고 결정적인 일이 나타났다는 사실을 알고 있음을 나타내지만, 새롭고 구체적인 현상을 익숙하고 다소 일반적인 현상과 동일시하는 그 후속적 사용은 평범하지 않은 일이 도대체 일어났다는 것을 인정하지 않으려는 의도를 나타낸다. 첫 번째 단계에서는 정치적 운명을 결정할 새로운 세력에 대한 새로운 이름을 찾는 것과 같이 우리는 새롭고 구체적인 조건에 방향을 잡지만, 반면에 두 번째 단계에서는 (그리고 다시 생각해 보면) 우리의 대담함을 후회하고 일반적인 인간의 죄악보다 더 나쁘거나 덜 익숙한 일은 일어나지 않을 것이라고 자위한다.

대중 언어는 예비적 이해를 표현하기에 진정한 이해의 과정을 시작한다.[10] 대중 언어의 발견은 언제나 진정한 이해의 내용으로 남아있어야 하

10　따라서 대중적 이해를 표현하는 대중 언어는 동시에 우리의 이해 노력에 가장 큰 발견이자 가장 큰 위험을 안겨준다.

며, 그렇지 않으면 단순한 추측의 구름 속으로 사라질 위험이 있다. 제국주의의 원인과 결과를 규명하는 데 전 세대의 역사가·경제학자·정치학자들이 최선의 노력을 기울이는 동시에 제국주의를 아시리아나 이집트, 로마식 '제국 건설'로 오인하고 그 근본 동기를 '정복 욕망'으로 오해하여 세실 로즈를 제2의 나폴레옹, 나폴레옹을 제2의 율리우스 시저로 묘사하게 된 것은 일반 대중의 비판 없는 이해 때문이다. 마찬가지로, 예비적 이해가 전체주의를 당시의 핵심 문제이자 가장 중요한 위험으로 인식한 이후에만, 전체주의는 현재의 연구 주제가 되었다. 다시 말하지만, 현재 가장 높은 수준의 학자들도 전체주의 지배를 독일이나 러시아라는 한 국가에만 관련된 역사적·사회적·심리적 원인으로 환원하여 전체를 설명하지 않고 폭정과 일당 독재와 동일시하는 예비적 이해의 설계에 따라 해석을 하고 있다. 분명히, 이러한 방법은 이해하려는 노력을 진전시키지 못한다. 이러한 방법은 익숙하지 않고 이해해야 할 것을 모두 익숙함과 그럴듯함의 혼란 속에 잠기게 하기 때문이다.[11] 니체가 한때 말했듯이, '알려진 것'을 '알려지지 않은 것' 가운데로 해소하는 것은 '과학의 발달' 영역에 놓여 있지만, "과학은 바로 반대의 것을 의욕하며 미지의 것을 이미 알고 있는 것으로 환원하는 본능에서 영감을 받는다"(『힘에의 의지』, 608).

그러나 만약 우리가 사유의 범주와 판단 기준을 파괴한 무언가에 직면해 있다면, 이해의 과제는 희망이 없어지지 않았는가? 척도가 없다면, 어떻게

---

11 새로운 사건으로 인해 대중의 이해를 촉진하는 세계에서 방향 감각에 대한 동일한 필요성은 진정한 이해의 지침이 되어야 하며, 그렇지 않으면 학자들의 끊임없는 호기심에 의해 세워진 사실과 수치의 미궁에 빠지게 된다. 진정한 이해는 대중적·과학적 형태 모두에서 여론과 구별되는데, 원래의 직관을 포기하지 않는다는 점에서만 다르다. 도식적으로 표현하자면, 따라서 부적절한 방식으로 표현하자면, 마치 우리가 무섭게 새로운 무엇에 직면할 때마다 우리의 첫 번째 충동은 새로운 단어를 만들어낼 만큼 강한 맹목적이고 통제되지 않은 방식으로 그것을 인식하는 것이다. 두 번째 충동은 우리가 전혀 새로운 것을 보지 못했다는 것을 부인함으로써, 즉 비슷한 것을 이미 알고 있다고 가장함으로써 통제력을 되찾는 것 같다. 오직 세 번째 충동만이 우리를 처음에 보고 알았던 것으로 돌아갈 수 있다. 진정한 이해의 노력이 시작되는 곳이 바로 여기이다.

길이를 측정할 수 있고, 숫자라는 개념 없이 어떻게 사물을 셀 수 있을까? 아마도 우리의 범주가 이해할 수 없는 일이 일어날 수 있다고 생각하는 것조차 터무니없는 일일지도 모른다. 아마도 우리는 예비적 이해에 우리 자신을 내어 맡겨야 할지도 모른다. 이러한 이해는 오래된 것 가운데 새로운 것을 배치하기도 하고, 과학적 접근으로 배치하기도 한다. 그런데 과학적 접근은 예비적 이해를 따라 방법론적으로 전례에서 전례 없는 것을 추론하는데, 비록 그러한 새로운 현상에 대한 설명이 명백히 현실과 상충될 수 있음에도 불구하고 말이다. 이해는 판단과 매우 밀접하게 연관되어 있고 상호 연관되어 있지 않은가? 그래서 누구든 양자를 (보편적 규칙 아래에 특정한 무엇인가의) 포섭으로 규정해야 하지 않겠는가? 칸트에 따르면, 이것은 판단력의 정의이다. 칸트는 판단력의 결여를 "어리석음", "치유할 수 없는 허약함"이라고 훌륭하게 정의했다(『순수이성비판 Critique of Pure Reason』, B172-73).[12]

이러한 질문은 전체주의를 이해하는 데 있어서 우리의 당혹스러움에 국한되지 않기 때문에 더욱 적절하다. 현대 상황의 역설은 예비적 이해와 엄격한 과학적 접근을 모두 초월해야 할 필요성이 우리가 이해의 도구를 잃었다는 사실에서 비롯되는 것 같다. 우리의 의미 탐구는 동시에 의미를 창출할 수 없는 우리의 무능력으로 인해 촉발되고 좌절된다. 어리석음에 대한 칸트의 정의는 결코 요점을 벗어나지 않는다. 이 세기 초부터 무의미함의 증가는 공통감의 상실과 함께했다. 많은 면에서 이것은 단순히 증가하는 어리석음으로 나타났다. 우리는 모든 광고의 전제인 "자기 칭찬이 최고의 추천"이라는 격언에 따라 구매 습관을 형성할 만큼 사람들이 속아 넘어

---

12 옮긴이_ 칸트는 이 부분에서 "그 규칙을 올바르게 쓸 줄 아는 능력"의 반대 개념으로 다음과 같이 밝힌다. "판단력의 결여는 사람들이 본디 우둔함/천치라고 일컫는 것으로, 이러한 결함은 전혀 구제할 수 없다. 둔감한 머리나 편협한 머리는 다름아니라 보통 정도의 지성과 지성 고유의 개념들을 결여한 것으로 ⋯ 그러나 저것을 결여한 것은 ⋯ 대단한 학자들이 그들의 학식을 사용할 때 결코 개선될 수 없는 판단력의 결함이 자주 눈에 띄는 것은 기인한 일이 아니다." 백종현 옮김, 『순수이성비판 1』(서울: 아카넷, 2013), 375쪽을 참조할 것.

간 문명은 우리 문명 이전에는 없었던 것으로 알고 있다. 물론 돈을 건네는 것 자체가 마법의 힘을 가진 원시 사회가 아니라면, 우리보다 앞선 어느 세기라도 환자가 치료하는 사람에게 많은 치료비를 내야만 효과가 있다고 하는 치료법을 진지하게 받아들일 가능성은 없다.

영리한 이기심의 작은 규칙에 일어난 일은 평범하기에 관습에 의해 규제되어야 하는 평범한 삶의 모든 영역에 더 큰 규모로 일어났다. 공통감으로는 더 이상 이해할 수 없고 '정상적인', 즉 주로 공리주의적 판단의 모든 규칙을 무시하는 전체주의 현상은 우리가 공동으로 물려받은 지혜가 무너진 가장 극적인 사례에 불과하다. 공통감의 관점에서 볼 때, 우리는 혼란스러운 세계에 살고 있다는 것을 보여주기 위해 전체주의의 부상이 필요하지 않다. 혼란스러운 세계에서 우리는 한때 공통감이었던 규칙을 준수함으로써 길을 찾을 수 없다. 이 상황에서 칸트가 말하는 어리석음은 모든 사람의 약점이 되었고, 따라서 더는 '치료할 수 없는' 것으로 간주될 수 없다. 어리석음은 예전의 공통감처럼 흔해졌다. 그리고 이것은 어리석음이 대중사회의 증상이거나 '지적인' 사람들이 이것에서 면제된다는 것을 의미하지 않는다. 유일한 차이점은 어리석음이 비지식인 사이에서는 행복하게 무의미하지만, '지적인' 사람들 사이에서는 참을 수 없을 정도로 불쾌감을 준다는 것이다. 지식인들 사이에서는 개인이 더 지적일수록 모든 사람에게 공통으로 나타나는 어리석음이 짜증난다고 말할 수도 있다.

프랑스인 가운데 가장 명석한 정신을 가진 사람이자 '양식bon sens'을 지닌 고전적인 사람인 폴 발레리는 현대 세계에서 공통감의 붕괴를 탐구한 최초의 사람이었다는 것은 역사적 정의처럼 보인다. 그런데 현대 세계에서 가장 공동으로 수용된 이념들은 **사실**에 의해 "공격받고 반박당하고 기습당하고 해체되었으며", 따라서 우리는 일종의 "상상력의 붕괴와 이해의 파산"을 목격한다(『현대 세계의 고찰』[13]). 훨씬 더 놀라운 사실이지만, 18세기 초에 몽테스키외는 관습만이 ― 관습은 말 그대로 모든 문명의 도덕성을 구성함 ―

서양 문화의 엄청난 붕괴, 즉 도덕과 정신의 붕괴를 막는다고 확신했다. 그는 확실히 운명의 예언자 중 한 사람으로 꼽힐 수는 없지만, 그의 차갑고 냉정한 용기는 19세기의 유명한 역사적 비관주의자들 중 누구와도 비교할 수 없다.

몽테스키외에 따르면, 사람들의 삶은 법과 관습에 의해 지배된다. 법과 관습은 구별된다. 즉 "법은 시민의 행위를 지배하고, 관습은 인간의 행위를 지배한다"(『법의 정신L'Esprit des Lois』, 제19권 16장). 법은 공적인 정치적 삶의 영역을 확립하고, 관습은 사회의 영역을 확립한다. 국가의 몰락은 권력을 가진 정부가 법을 남용하든, 그 원천의 권위가 의심스럽고 문제가 되든 합법성의 훼손으로 시작된다. 두 경우 모두 법은 더 이상 유효하지 않다. 그 결과 국가는 자신의 법에 대한 '신념'과 함께 책임 있는 정치 행위 능력을 상실하고, 국민은 더 이상 완전한 의미에서 시민이 되지 못한다. 그런데도 여전히 남아있는 것(그리고 우연히도 생명력이 사라진 정치체의 빈번한 수명을 설명함)은 사회의 관습과 전통이다. 그것들이 그대로 유지되는 한, 사적인 개인으로서 사람들은 특정한 도덕적 양식에 따라 계속 행동한다. 그러나 이 도덕성은 그 기반을 잃었다. 전통은 제한된 시간 동안만 최악의 상황을 막을 수 있다고 믿을 수 있다. 모든 사건은 더 이상 합법성에 기반을 두지 않는 관습과 도덕성을 파괴할 수 있다. 모든 우연은 더 이상 시민에 의해 보장되지 않는 사회를 틀림없이 위협한다.

몽테스키외는 자신의 시대와 당시 직접적인 전망에 대해 다음과 같이 말

---

13 옮긴이_ 서지 사항은 다음과 같다. Paul Valéry, *Regards sur le monde actuel*(Paris: Librarie Stock, 1931). 아렌트가 바드대학에 기증한 이 책의 pdf 파일(공개된 일부) 가운데 인용한 다음 부분은 연필로 표시되어 있다. "그러나 우리는 가장 널리 받아들여지고 검증되지 않은 것처럼 보이는 신념들이 공격받고, 모순되고, 놀라움을 받고, 사실과 분리되는 엄청난 시대에 살고 있으며, 이제 우리는 일종의 상상력 파산과 이해의 실패를 목격하고 있으며, 모든 오래된 경험의 자료를 포함하는 세계에 대한 동질적인 재현을 형성할 수 없게 되었습니다."(83쪽) 이 부분은 제2장 「잡다한 성찰: 가설」에 포함되어 있다.

했다. 즉 "대부분의 유럽 국가는 여전히 관습에 의해 지배받고 있다. 그러나 전제주의가 오랜 권력 남용을 통해, 어떤 대규모 정복을 통해 특정 지점에 자리 잡는다면, 관습도 풍토도 이에 저항할 수 없을 것이다. 그리고 인간 본성은 세계의 아름다운 이 부분에서도 한동안 다른 세 부분에서 가해진 모욕을 겪을 것이다"(『법의 정신』, 제8권 8장). 이 구절에서 몽테스키외는 관습과 전통, 즉 도덕성의 단순한 구속력에 의해서만 유지되는 정치체에 대한 정치적 위험을 개괄적으로 설명한다. 위험은 권력 남용으로 내부에서 나타날 수 있고, 침략으로 외부에서 나타날 수도 있다. 결국 19세기 초에 그는 관습의 쇠퇴를 초래한 요인을 예견할 수 없었다. 그것은 우리가 산업혁명이라고 부르는 세계의 급진적인 변화에서 비롯된 것이다. 확실히 인류가 목격한 가장 짧은 시간 동안의 가장 위대한 혁명이다. 그것은 몇 십 년 만에 그 전 3천 년의 기록된 역사보다 더 근본적으로 지구 전체를 변화시켰다. 이 혁명이 거의 본격화되기 거의 100년 전에 표명된 몽테스키외의 두려움을 재고해보면, 모든 것을 지배하는 이 한 요인의 영향 없이 유럽 문명의 가능한 진로를 되돌아보고 싶은 유혹이 든다. 한 가지 결론은 피할 수 없는 듯하다. 즉 거대한 변화는 더 이상 안전하지 않은 기초를 갖춘 정치적 틀에서 일어났고, 따라서 여전히 이해하고 판단할 수는 있었지만 심각한 도전을 받았을 때 이해의 범주와 판단 기준을 더는 설명할 수 없었던 사회를 압도했다. 달리 말해, 18세기에는 이상하게 들리고 19세기에는 진부하게 들렸을 몽테스키외의 두려움은 적어도 전체주의나 다른 특정한 현대적 사건에 대한 설명을 암시하지 않고, 우리의 위대한 전통이 우리 시대의 '도덕적'·정치적 문제에 도전받았을 때 생산적인 답변이 너무나 이상하게 침묵하고 명백히 부족하다는 불안한 사실에 대한 설명을 우리에게 암시할 수 있다. 그러한 대답이 생겨나야 할 원천 자체가 말라버렸다. 이해와 판단이 생겨날 수 있는 틀 자체가 사라졌다.

그러나 몽테스키외의 두려움은 더 깊어져서, 위에서 인용한 그 구절이 지적하는 것보다는 우리의 현재 당혹감에 더욱 가까이 다가간다.[14] 그의 모든 저작 서두에 두는 주된 두려움은 유럽 국가들의 복지와 정치적 자유의 지속적 존재 그 이상에 관한 것이다. 그것은 인간 본성 자체와 관계있다. 즉 "사회에서 타인의 생각과 인상에 자신을 구부리는 이 유연한 존재인 인간은 자신의 본성이 드러났을 때 그것을 알 수 있고, 그것을 빼앗겼을 때 '그 감각 자체를 잃을 수 있는d'n perdre jusqu'au sentiment' 능력도 똑같이 지니고 있다"(『법의 정신』,「서문」). 인간 본성을 변화시킨다는 구실로 인간 본성을 강탈하려는 전체주의적 시도를 현실적으로 마주하고 있는 우리에게 이 말의 용기는 상상 속의 위험에 끔찍한 구체성을 부여할 만한 일이 아직 일어나지 않았기에 모든 것을 걸 수 있는 젊은이의 대담함과도 같다. 여기에서 핵심이 되는 것은 폭정의 핵심 조건인 정치 행위 능력의 상실과 무의미함의 증가, 공통감의 상실 그 이상이다(공통감은 특정 문명에서 모든 인간이 공통으로 가지고 있는 정신의 일부이자 유전된 지혜의 일부일 뿐이다). 그것은 의미 탐구와 이해 필요성의 상실이다. 우리는 전체주의 지배 아래 있는 사람들이 이데올로기적 사유 훈련과 결합된 테러를 통해 이러한 무의미한 상태에 얼마나 가까이 끌려갔는지 알고 있지만, 그들은 더 이상 그런 상태를 그런 것으로 경험하지 못한다.[15]

우리의 맥락에서 볼 때, 공통감을 엄격한 논리성으로 독특하고 기발하게 대체하는 것은 전체주의적 사유의 특징이며 특히 주목할 만하다. 논리성은 이데올로기적 추론과 똑같지 않지만, 개별 이데올로기의 전체주의적 변형

---

14 그는 한편 폭정의 사악함에 대해, 다른 한편 인간의 자유의 조건에 대해 너무 많은 생각을 했기 때문에 어떤 궁극적인 결론에 도달하지 않을 수 없었다.
15 우리가 갇힌 이 불길에서 무엇이든 구할 기회가 있다면, 그것은 확실히 법의 기초와 그 위에 짜인 전통과 도덕의 질감보다 훨씬 더 기본적인 그러한 본질이 될 것이다. 이러한 본질적인 것들은 자유가 인간 조건의 진수이고 정의가 인간의 사회적 조건의 진수라는 것 이상을 말할 수 없다. 다시 말해, 자유는 인간 개인의 본질이고, 정의는 사람들이 함께 사는 본질이다. 둘 다 인류의 물리적 소멸이 있을 때만 지구에서 사라질 수 있다.

을 암시한다. 생물학에서의 '적자생존'이나 역사상의 '가장 진보적인 계급의 생존'과 같은 과학적 가설을 사건의 전 과정에 적용될 수 있는 '이념'으로 취급하는 것이 이데올로기 자체의 독특성이라면, 그 전체주의적 변형의 독특성은 그 '이념'을 논리적 의미의 전제로, 즉 모든 것을 엄격한 논리적 일관성으로 추론할 수 있는 자명한 진술로 왜곡하는 것이다. (여기서 진리는 실제로 일부 논리학자들이 주장하는 것처럼 일관성이 된다. 다만 이 등식은 실제로 진리가 항상 무언가를 드러내야 한다는 점에서 진리의 존재를 부정하는 것을 의미하며, 일관성은 진술을 서로 맞추는 방식일 뿐이며 그 자체로 계시의 힘이 부족하다. 실용주의에서 성장한 철학의 새로운 논리적 운동은 모든 이데올로기에 내재한 실용적인 요소를 논리성으로 전환하는 전체주의적 방식 — 현실과 경험의 관계를 완전히 단절시킴 — 과 무서울 정도로 밀접한 관련성을 가지고 있다.[16] 물론 전체주의는 더 원시적인 방식으로 전환하지만, 불행히도 같은 관점에서 볼 때 더 효과적이기도 하다.)

공통감과 논리 사이의 주요 정치적 차이점은 공통감이 우리가 모두 속하는 공동 세계를 전제로 한다는 것이다. 우리는 모든 엄격히 특정한 감각 자료를 통제하고 다른 모든 감각 자료와 조정하는 하나의 감각, 즉 공통감을 지니고 있기에 공동 세계에서 함께 살 수 있다. 반면에 논리적 추론의 전제인 모든 자명성, 그리고 논리는 세계 및 다른 사람들의 존재와 전적으로 무관하게 신뢰성을 주장할 수 있다. 2+2=4라는 진술의 타당성이 인간 조건과 무관하며, 이 진술이 신과 인간에게 동등하게 타당하다는 것으로 가끔 관찰되었다. 달리 말해, 공통감, 특히 정치적 감각이 이해에 대한 필요성을

---

[16] 엮은이_ 이 글이 출판된 해에 열린 학술회의에서 아렌트는 전체주의와 실용주의를 더욱 구분했다. "전체주의는 실용주의와 구분되는데, 더 이상 현실 자체가 어떤 것도 가르칠 수 있다고 믿지 않으며, 결과적으로 이전의 마르크스주의적 사실에 대한 존중심을 잃었기 때문이다. 실용주의는 레닌주의 관점에서조차 여전히 서양 사상의 전통과 함께 현실이 인간에게 진실을 드러낸다고 가정하지만, 관조가 아니라 행위가 적절한 진실을 드러내는 태도라고 주장한다. … 실용주의는 항상 경험의 타당성을 가정하고 그에 따라 '결정을 내린다.' 전체주의는 움직이는 **역사**나 **자연**의 법칙의 타당성만을 가정한다. 이 법칙에 따라 행위하는 사람은 더 이상 특별한 경험이 필요하지 않다." *Totalitarianism: Proceedings of a Conference Held at the American Academy of Arts and Sciences*, March 1953 by C. J. Friedrich, Cambridge, MA, 1954, p. 28.

충족시키지 못할 때마다 우리는 논리성을 대체물로 받아들일 가능성이 매우 크다. 논리적 추론 능력 자체도 우리 모두에게 공통적이기 때문이다. 그러나 세계와 경험으로부터 완전히 분리된 조건에서도 기능하며, 엄격하게 '주어진' 것과 어떤 결속 없이 우리 '내면에' 존재하는 이러한 인간의 공통 능력은 아무것도 이해할 수 없으며, 그대로 두면 완전히 무익하다. 사람들 **사이의** 공통 영역이 파괴되고 남겨진 유일한 신뢰성이 자명한 것의 무의미한 동어반복에 있는 상황에서만 논리적 추론 능력은 '생산적'이게 될 수 있고, 고유한 사유의 흐름을 발전시킬 수 있으며, 그 주요 정치적 특징은 항상 강제적인 설득력을 지니고 있다. 사유와 이해를 이러한 논리적 작업과 동일시하는 것은 수천 년 동안 인간의 가장 높은 능력으로 여겨져 온 사유 능력을 가장 낮은 공통분모로 평준화하는 것을 의미하며, 실제 존재의 차이가 더 이상 중요하지 않고, 신의 본질과 사람들의 본질 사이 질적 차이조차도 중요하지 않다.

의미와 이해를 탐구하는 사람들은 전체주의의 부상에 놀란다. 전체주의가 새로운 것이기 때문이 아니라 우리의 사유 범주와 판단 기준을 파열시켰기 때문이다. 새로운 것은 역사가의 영역이다. 역사가는 끊임없이 반복되는 사건에 관심이 있는 자연과학자와 달리 항상 한 번만 발생하는 사건을 다룬다. 역사가는 인과관계를 고집하고 결국 사건으로 이어진 원인의 사슬로 사건을 설명할 수 있다고 주장하면서 이 새로운 것을 조작할 수 있다. 따라서 그는 실제로 "뒤를 바라보는 예언자"(슐레겔, 『아테네움』, 단편 80)[17]로 행세한다. 아울러 그를 실제 예언의 재능과 분리시키는 것은 불행하게도 동시에 작용하는 모든 원인을 올바르게 수용하고 결합할 수 없는 인간 두

---

17 옮긴이_ 서지사항은 다음과 같다. Friedrich Schlegel, *Philosophical Fragments*, trans. Peter Firchow (Minneapolis and London: University of Minnesota Press, 1991). frag. 80. "The historian is a prophet facing backwards." 문예지 『아테네움(*Atheneum*)』에는 슐레겔 · 슐라이어마허 · 노발리스를 포함한 다양한 저자가 쓴 451개의 격언이 있고, 슐레겔은 320개의 격언을 썼다.

뇌의 애처로운 물리적 한계인 듯하다. 그러나 인과관계는 역사학에서 완전히 낯설고 허구적인 범주이다. 모든 사건의 실제 의미는 항상 우리가 그 사건에 부여할 수 있는 과거의 수많은 '원인'을 넘어설 뿐 아니라(제1차 세계대전과 같은 사건에서 '원인'과 '결과' 사이의 기괴한 불균형만을 생각하면 된다[18]), 이 과거 자체는 오직 사건 자체와 함께 존재하게 된다. 돌이킬 수 없는 일이 일어났을 때만 우리는 그 역사를 거꾸로 추적할 수 있다. 사건은 그 자신의 과거를 비추지만 결코 그 과거로부터 추론될 수 없다.[19]

자체의 과거를 밝혀줄 만큼 큰 사건이 발생할 때마다 역사가 생겨난다. 그때야 과거 사건의 혼란스러운 미로가 시작과 끝이 있기에 말할 수 있는 이야기로 나타난다. 헤로도토스는 단순히 최초의 역사학자가 아니다. 즉 카를 라인하르트의 말에 따르면, "역사는 헤로도토스 이래로 존재한다"(「헤로도토스의 페르시아 역사」, 『작품과 형태[Von Werken und Formen]』, 1948). 즉 그리스의 과거는 페르시아 전쟁으로 인해 비춰진 빛을 통해서 역사가 되었다. 조명하는 사건이 드러내는 것은 지금까지 감춰져 있던 과거의 시작이다. 역사가의 눈에 드러난 '계시적啓示的' 사건은 이 새롭게 발견된 시작의 끝으로 나타날 수밖에 없다. 미래의 역사에서 새로운 사건이 발생할 때만 이 '끝'은 미래 역사가의 눈에 시작으로 드러날 것이다. 그리고 역사가의 눈은 단지 과학적으로 훈련된 인간 이해의 시선일 뿐이다. 우리는 사건을 이전에 일

---

18   이 사건이 근본적으로 역사가에게 제기하는 주요 문제 중 하나는 그 의미가 그것을 구성하는 요소와 결정화를 가져오는 의도와 다를 뿐만 아니라 그보다 훨씬 더 큰 것처럼 보인다는 것이다. 제1차 세계대전의 역사적 의미가 그 안에서 발생한 잠재적 갈등 요소와 관련 정치가들이 의도한 선악을 초월했다는 것을 누가 의심할 수 있겠는가? 이 특정한 사례에서 결국 이러한 요소들의 결정화를 초래했고 전쟁을 일으킨 자유의 요소조차 조롱거리로 전락한다.

19   만일 우리가 기원을 통해 '원인'을 이해하지 못한다면, 전체주의의 요소들은 그 기원을 구성한다. 요소 자체는 어떤 것도 전혀 일으키지 않는다. 그것들은 갑자기 고정되고 확실한 형태로 결정화될 때 사건의 기원이 된다. 사건 자체의 빛은 우리가 그 자체의 구체적인 요소를 무한한 수의 추상적 가능성과 구별할 수 있게 해주며, 여전히 이 빛은 우리를 이러한 요소들 자체의 항상 어둡고 모호한 과거로 인도해야 한다. 이런 의미에서 전체주의의 기원이나 역사상 다른 사건의 기원에 관해 이야기하는 것은 정당하다.

어난 모든 것의 끝이자 정점, '시대의 성취'로만 **이해할** 수 있다. 우리는 행위에서만 사건이 창조한 일련의 변화된 상황으로부터 당연히 나아갈 것이다. 즉 그것을 시작으로 취급할 것이다.

역사과학에서 인과관계를 정직하게 믿는 사람은 실제로 자신의 학문 주제를 부인한다.[20] 그러한 믿음은 도전과 응전과 같은 사건의 전체 과정에 대한 일반적 범주의 적용이나 사건이 발생하는 '더 깊은' 지층이며 그 부수적인 증상인 일반적인 추세를 찾는 데 숨겨질 수 있다. 이러한 일반화와 범주화는 역사 자체가 제공하는 '자연스러운' 빛을 없애고, 동시에 각 역사적 시기가 우리에게 말해주는 고유한 특징과 영원한 의미를 지닌 실제 이야기를 파괴한다. 예견된 범주의 틀 안에서 그 가장 원시적인 것은 인과성인데, 돌이킬 수 없는 이 새로운 무언가라는 의미의 사건은 결코 일어날 수 없다. 사건이 없는 역사는 시간 속에서 전개되는 동일성 ―루크레티우스의 '**만물은 항상 동일자이다**eadem sunt omnia semper'[21] ― 의 죽은 단조로움이 된다.

우리의 개인적 삶에서 최악의 두려움과 최고의 희망이 실제로 일어나는 일에 대해 결코 적절하게 준비시켜 주지 못하는 것처럼 ― 심지어 예견된 사건이 일어나는 순간 모든 것은 바뀌고, 우리는 이 '모든 것'의 무한한 문

---

[20] 그는 항상 그리고 예측할 수 없게 주어진 시대의 전체적인 구도를 바꾸는 사건의 존재를 부정한다. 다시 말해, 인과관계에 대한 믿음은 역사가가 인간의 자유를 부정하는 방식이며, 정치학 및 역사학의 관점에서 보면 인간의 새로운 시작을 만드는 능력이다.

[21] '원인과 결과' 사이의 불일치가 결국 우스꽝스러울 정도로 심화된다는 것은 현대사와 정치의 특징 중 하나가 되었으며, 우연히도 현대 역사가와 이념가들이 객관적인 인과관계 개념이나 운명이나 구원의 필연성에 대한 미신적인 믿음에 크게 끌리는 주된 이유 중 하나이기도 하다. 그러나 한편 객관적인 요소와 자유로운 인간의 행위 사이에, 다른 한편 장엄한 취소 불가능성, 독창성, 풍부한 의미의 사건 사이에 약간의 불일치가 항상 존재하며 인간 현실 전체에 스며든다. 이것이 또한 우리가 많은 우연의 일치에 의존하지 않거나 하나 이상의 대안을 상상할 수 없는 역사적 사건을 알지 못하는 이유이다. 모든 인과적 역사학이 의식적이든 무의식적이든 전제하는 필연성은 역사에 존재하지 않는다. 실제로 존재하는 것은 사건 자체의 돌이킬 수 없음이며, 정치 행위 분야에서 그 통렬한 효과는 과거의 특정 요소가 최종적이고 확실한 형태를 얻었다는 것을 의미하지 않지만, 회피할 수 없이 새로운 것이 태어났다는 것을 의미한다. 우리는 이 돌이킬 수 없음에서 사건도 의미도 없는 단순한 시간의 계기적 순서에 복종함으로써만 벗어날 수 있다.

자적 의미에 대해 전혀 준비할 수 없기 때문이다 — 마찬가지로 인간 역사 속의 사건은 인간 행위, 고통, 새로운 가능성의 예상치 못한 풍경을 보여주며, 이는 모든 의도의 총합과 모든 기원의 의미를 초월한다. 역사가의 임무는 주어진 기간 동안 이 예상치 못한 이 새로운 것을 감지하고 그 의미의 모든 힘을 끌어내는 것이다. 역사가는 자신의 이야기가 시작과 끝이 있지만, 역사 자체 내에서 발생하는 것, 즉 더 큰 틀을 알아야 한다.[22] 그리고 역사는 시작은 많지만, 끝이 없는 이야기이다. 엄격하고 최종적인 의미에서 끝은 인간이 지구에서 사라지는 것일 뿐이다. 역사가가 끝, 즉 종말이라고 부르는 것이 무엇이든, 어떤 시대나 전통 또는 전체 문명의 끝은 살아있는 사람들에게는 새로운 시작이다.[23] 모든 파멸에 대한 예언의 오류는 이 단순하지만 근본적인 사실을 무시하는 데 있다.

역사가에게 이 사실을 계속 인식하는 것은 프랑스인이 말하려는 역사가의 '직업적 기형déformation professionelle'[24]을 확인하는 것보다 더 중요하지 않을 것이다. 그는 과거, 즉 어떤 종류의 종말이 오지 않았다면 정신으로도 파악할 수 없는 특정한 움직임에 관심이 있기 때문에, 그는 모든 곳에서 종말과 파멸을 보기 위해 일반화하기만 하면 된다. 역사에서 끝이 많고 시작이 없는 이야기를 보는 것은 당연한 일이다. 이러한 성향은 어떤 이유로든

---

22 역사가는 반드시 실용적이고 현실적인 의미가 아니라 모든 실제적인 것의 힘, 즉 우리의 모든 기대와 계산을 극복하고 능가하는 힘을 경험했다는 의미에서 감각을 가져야 한다. 그리고 현실의 이러한 압도적인 특성은 사람들이 아무리 잘 또는 나쁘게 동등한 사람들과 어울려 지내더라도 항상 어떤 위험이나 섭리가 지상 생활의 모험에 던져 넣은 개인으로 남아있다는 사실과 분명하게 연결되어 있기 때문에, 역사가는 항상 한 사람만이 모든 사람이 함께 행하고 겪은 일에 직면하고, 그에 적응하며, 그에 따라 행동하려고 노력한다는 사실을 기억하는 것이 좋다.
23 사건은 과거에 속하고, 과거에 기원을 둔 요소들이 갑자스럽게 결정화되면서 함께 모이는 한에서 끝을 나타낸다. 그러나 사건은 미래에 속하고, 이 결정화 자체가 결코 자체 요소에서 추론될 수 없고, 항상 인간의 자유 영역에 있는 어떤 요인에 의해 발생하기 때문에 시작을 나타낸다.
24 옮긴이_ 이는 더 광범위하거나 인간적인 관점이 아닌 자신의 직업이나 특별한 전문성의 관점에서 사물을 보는 경향이다. 종종 '변형'이나 '왜곡'으로 번역될 수 있다. 알렉스 카텔에 따르면, "모든 전문가는 잘 알려진 전문적 편견 때문에 인간 전체를 이해한다고 믿지만 실제로는 인간의 아주 작은 부분만 파악한다."

사람들이 역사가 역사가의 전문적인 시각에 제시한 대로 역사를 철학으로 만들기 시작할 때만 정말 위험해진다. 이른바 인간의 역사성에 대한 현대의 거의 모든 설명은 기껏해야 과거의 자료를 정리하기 위한 가설에 불과한 범주에 의해 왜곡되었다.[25]

다행히도, 가장 높은 관점에서 의미 탐구를 추구하고 정치적 자료에 대한 진정한 이해의 필요성에 답해야 하는 정치학의 상황은 상당히 다르다. 시작과 기원의 개념이 모든 엄격한 정치 문제에 미치는 중요한 결과는 정치 행위가 모든 행위와 같이 근본적으로 항상 새로운 것의 시작이라는 간단한 사실에서 비롯된다. 따라서 정치학의 관점에서 정치 행위는 바로 인간 자유의 본질이다. 모든 정치사상에서 시작과 기원 개념이 가져야 하는 중심적 위치는 역사과학이 정치 분야에 방법과 범주를 제공할 수 있게 된 이후로만 상실되었다. 기원의 중심성은 당연히 그리스 단어인 **아르케**archē가 시작과 통치를 모두 의미한다는 사실에서 나타났다. 마키아벨리의 정치권력 이론에 따르면, 새로운 것을 의식적으로 시작하는 행위 자체가 폭력의 사용을 요구하고 정당화한다는 점은 현대 해석가들이 일반적으로 간과하고 있으나 여전히 완전히 살아있다. 그러나 시작의 중요성은 기록된 역사상 그 어떤 시대보다 우리와 닮은 시대에 살았고, 또한 우리가 맞이한 종말과 닮은 파국적 종말의 영향을 온전히 받으며 글을 썼던 한 위대한 사상가에 의해 발견되었다. 아우구스티누스는 『신의 도성』(제12권, 20장)에서 다음과 같이 말했다. "시작이 있었다. 인간이 창조되기 이전에 아무것도 존재하지 않았다Initium ergo ut esset creatus est homo, ante quem nullus fuit." 서양 역사철

---

25 역사가의 과제는 사건이 발생한 후 나타나는 새로운 구조와 그 요소 및 기원을 분석하고 설명하는 것이다. 그는 사건 그 자체가 제공하는 빛의 도움을 받아 이를 수행하지만, 이는 그가 이 빛 자체의 본질을 이해해야 한다거나 이해할 수 있다는 것을 의미하지 않는다. 전체주의 본질에 관한 탐구는 더 이상 역사적(그리고 확실히 사회학적 또는 심리학적) 과제가 아니다. 엄밀히 말해서 정치학의 문제이며, 정치학이 스스로 이해한다면 역사철학의 문제와 불확실성으로 가는 문을 여는 열쇠의 진정한 수호자가 될 것이다.

학의 아버지라고 불리는 아우구스티누스에 따르면, 인간은 시작 능력을 지니고 있을 뿐만 아니라 그 자신이 곧 시작이다.[26] 인간의 창조가 우주의 시작인 창조와 동시에 일어난다면(그리고 이것은 자유와 창조를 뜻하지 않겠는가?), 새로운 시작인 개별 인간의 탄생은 인간의 **본래적인** 성격을 재확인해주므로, 기원은 결코 과거의 일이 될 수 없다. 세대를 거쳐 이러한 '시작들'이 기억에 남을 만한 연속성을 지녔다는 사실 자체가 결코 끝날 수 없는 역사를 보장해준다. 그 이유는 그 역사가 시작을 본질로 하는 존재들의 역사이기 때문이다.

이러한 성찰에 비추어 볼 때, 우리의 사유 범주와 판단 기준을 파괴한 무엇인가를 이해하려는 우리의 노력은 덜 무섭게 보인다. 비록 우리가 측정할 기준과 특정 사항을 포괄할 규칙을 잃었지만, 본질이 시작인 존재는 선입견 있는 범주 없이 이해하고 도덕성이라는 일련의 관습적인 규칙 없이 판단할 만큼 자신 안에 충분한 기원을 가질 수 있다. 모든 행위의 본질, 특히 정치 행위의 본질이 새로운 시작을 이루는 것이라면, 이해는 행위의 다른 측면, 즉 많은 다른 것과 구별되는 인식의 형태가 되며, 이를 통해 행위하는 사람(진보적이거나 파멸적인 역사의 흐름을 숙고하는 사람이 아님)은 결국 돌이킬 수 없이 일어난 일을 받아들이고 불가피하게 존재하는 것과 화해할 수 있다.

따라서 진정한 이해는 참으로 어려운 일이다. 결국, 진정한 이해는 항상 의식적이든 무의식적이든 행위에 직접 관여하는 예비적 이해가 처음에 감지한 것을 표현하고 확인하는 것 이상을 수행하지 못할 수 있다.[27] 진정한 이해는 이 순환을 회피하지 않을 것이지만, 오히려 다른 모든 결과가 행위에서 너무나 멀리 떨어져 있으며 — 진정한 이해는 행위의 다른 쪽일 뿐임 — 참일 수 없음을 알게 될 것이다. 그 과정 자체도 논리학자들이 '결점 있는' 순

---

[26] 이른바 일련의 사건들 — 엄밀히 말해서 일련의 사건은 용어상 모순이다 — 은 세계에 새로운 시작을 가져오는 새로운 인간의 탄생으로 매번 중단된다.
[27] 예컨대, 전체주의 통치는 인간의 자유를 근본적으로 부정한다.

환이라고 부르는 악순환을 회피할 수 없을 것이다. 이 점에서 위대한 생각은 항상 원을 그리며 인간의 정신을 자신과 모든 것의 본질 사이의 끝없는 대화에 참여시키는 철학과 어느 정도 닮아있을지도 모른다.[28]

이러한 의미에서 정치 행위에 대해 확실히 알고 있었던 솔로몬 왕이 신에게 청원했던 오래된 기도문 – 인간이 받을 수 있고 원할 수 있는 가장 큰 선물인 "이해하는 마음"을 구하는 기도문[29] – 은 여전히 우리에게 유효할지 모른다. 서류 작업이나 감정과는 거리가 먼 인간의 마음은 신성한 행위의 선물, 즉 시작이 있었고 따라서 시작을 할 수 있는 선물이 우리에게 지워준 짐을 스스로 짊어질 수 있는 세계 속의 유일한 것이다. 솔로몬은 이러한 특별한 선물을 위해 기도했다. 그는 왕이었고, 단순한 성찰이나 단순한 감정이 아니라 "이해하는 마음"만이 우리가 낯선 사람들과 같은 세상에서 사는 것을 견딜 수 있게 하고, 그들이 우리를 참을 수 있게 한다는 것을 알고 있었기 때문이다.[30]

만약 우리가 성경의 언어를 우리말에 더 가까운 용어로 번역하고 싶다면 (아마도 더 정확하지는 않을지라도), 우리는 "이해하는 마음"이란 선물을 상상력이라고 부를 수 있다. 상상력은 무언가를 꿈꾸는 환상과 달리 인간 마음의 특별한 어둠과 현실의 모든 것을 둘러싼 독특한 밀집 상태와 관련이 있다. 우리가 사물의 '본성'이나 '본질'에 대해 이야기할 때마다 사물의 '본질'은 실제로 가장 안쪽의 핵심을 의미한다. 우리는 어둠과 밀도로 인해 그 존재를 전혀 확인할 수 없다. 진정한 이해는 끝없는 대화와 '악순환'에 지치지 않는데, 그 이유는 상상력이 결국에는 항상 무서운 진실의 빛을 조금이라도 엿볼 수 있을 것이라는 믿음이 있기 때문이다. 환상을 상상력과 구별하고 그

---

28 사물과 사건.
29 옮긴이_ 열왕기 3장 9절 이하는 두 창녀가 한 아들을 둘러싸고 각기 자기 아들이라는 주장에 대해 진짜 엄마가 누구인지 분명히 '이해'하고 판결을 내렸음을 이야기하고 있다.
30 악순환이 아닌 이해의 끈기 있는 인내심에서만 모든 안일함과 '더 잘 안다는' 생각은 녹아내린다.

힘을 동원한다고 해서 인간사에 대한 이해가 '비이성적'이 되는 것은 아니다. 반대로, 워즈워스가 말했듯이 상상력은 "가장 명확한 통찰력, 정신의 풍부,/ 가장 고양된 기분의 이성에 대한 … 또 다른 이름이다"(『서곡 The Prelude』, 제14권, 190-192).

상상력만이 우리가 사물을 적절한 관점에서 볼 수 있게 하고, 너무 가까운 것을 어느 정도 거리에 두어 편견이나 선입견 없이 보고 이해할 수 있을 만큼 강하고, 멀리 떨어진 심연을 연결하여 마치 우리 자신의 업무인 것처럼 우리에게서 너무 멀리 있는 모든 것을 보고 이해할 수 있을 만큼 관대한 것이다. 어떤 사물을 이렇게 멀리 두고 다른 사물과 심연을 연결하는 것은 이해의 대화를 구성하는 일부이며, 그 목적을 위해 직접적인 경험은 너무 가까운 접촉을 확립하고 단순한 지식은 인위적인 장벽을 세운다.

실제로 이런 상상력, 즉 이해력이 없다면,[31] 우리는 세상을 살아갈 수 없을 것이다. 상상력은 우리가 가진 유일한 내면의 나침반이다. 우리는 우리의 이해가 도달하는 한도 내에서만 동시대인이다. 이 세기에 우리가 이 지구에서 편히 있기를 원한다면, 그 대가를 치르더라도 전체주의의 본질과 끝없는 대화에 참여하도록 노력해야 한다.

---

31 이러한 종류의 상상, 그리고 이에서 나오는 이해력이 없다면, 우리는 결코 세계 속에서 방향을 잡을 수 없다.

전체주의의 본성에 관하여*
이해의 에세이

1954

I. 몽테스키외에 대한 이해: 정체의 본성과 원리[1]

전체주의와 싸우기 위해서는 한 가지만 이해하면 된다. 전체주의는 자유를 아주 근본적으로 거부한다. 그러나 이러한 자유의 부정은 모든 폭정에 공통적이며 전체주의의 독특한 본질을 이해하는 데 가장 중요한 것은 아니다. 그런데도 자유가 위협받을 때 결집하지 못한 사람은 누구도 힘을 결집하지 못할 것이다. 도덕적 경고, 역사상 전례 없고 십계명에서도 예견되지 않은 범죄에 대항한 외침조차도 별 소용이 없을 것이다. 비전체주의 세계에 존재하는 전체주의 운동은 모든 정보를 갖고 있으며 하루 내내 전체주의를 조심하라고 주의를 듣는 사람들에게 영향을 미치는 매력이다. 이러한

---

* 이 글에 대한 정보는 앞의 에세이 「이해와 정치(이해의 난점)」의 앞머리와 제롬 콘의 「서론」을 참조할 것.
[1] 옮긴이_ 이 에세이 원본에서는 각 절을 번호로 표시하여 구별했지만, 이 번역본에서는 독자의 이해를 돕고자 소제목을 붙인다.

존재 자체는 전통적으로 사회관계와 정치제의 관점에서 자유와 정의라는 근본적인 이념을 전환하고 구현했던 도덕 구조 전체, 즉 명령과 금지 체계 전반이 붕괴했음을 웅변적으로 증언한다.

그런데도 많은 사람은 이러한 붕괴가 현실인지 의심한다. 그들은 어떤 사고가 발생한 이후 옛 질서를 회복하고, 옳고 그름에 대한 오래된 지식에 호소하며, 질서와 안전을 위해 오래된 본능을 동원하는 것이 자신의 의무라고 생각하는 경향이 있다. 그들은 다르게 생각하고 말하려는 사람을 '파멸의 예언자'라고 부른다. 이 예언자의 음침함은 영원히 선과 악 위로 오르는 태양을 어둡게 만들겠다고 위협한다.

사실 19세기 후반과 20세기 초반 부르크하르트에서 슈펭글러에 이르기까지 역사적 비관주의자, 즉 '파멸의 예언자들'은 아무도 예측하지 못했던 규모와 공포의 재앙이 현실로 닥치자 연구를 중단했다. 그러나 일부 진전 상황은 분명히 예측될 수 있었으며 예측되었다. 이러한 예측은 19세기에는 거의 발생하지 않았지만, 18세기에 발견될 수도 있었으나 당시 아무것도 이를 정당화할 수 없어 간과되었다. 예를 들어, 1793년 칸트가 유럽의 국민국가 체제에서 발생하는 갈등을 해결하기 위해 '세력균형'에 관해 한 말을 배우는 것도 가치가 있다. "이른바 유럽의 세력균형은 모든 균형 법칙에 완벽하게 맞춰 지어진 스위프트의 집과 같아서 새가 앉으면 즉시 무너져 내리는 한낱 환상에 불과하다."[2] 국민국가 체제가 달성한 균형은 단순한 환영이 아니었으나 칸트의 예측대로 무너졌다. 현대 역사가의 말에 따르면, "세력균형에 대한 엄격한 시험은 막기 위해 고안된 바로 그것, 즉 전쟁에 있다."[3]

전망이 더 광범위하지만, 현실에 더 가까운 또 다른 18세기 작가는 보통 '파멸의 예언자'로 꼽히지 않으며 칸트만큼 차분하고 냉정하며 심지어 덜

---

2 엮은이_ 속담에 따르면, 그것은 이론상으로는 사실일 수 있지만 실제로는 적용되지 않는다.
3 Hajo Holborn, *The Political Collapse of Europe*(New York: Alfred A. Knopf, 1951).

충격적이다(프랑스혁명이 아직 발생하지 않았을 때). 최근 역사에서 몽테스키외의 이해 구도에 맞지 않는 중요한 사건은 거의 없다.

몽테스키외는 '정부(또는 정체)'의 본성을 탐구한 마지막 사람이었다. 즉 "무엇이 그것(즉 정부)을 그렇게 존재하게 하는가 sa nature est ce qui le fait être tel" (『법의 정신』, 제3권 1장). 그러나 몽테스키외는 여기에 두 번째 완전히 독창적인 질문을 덧붙였다. 무엇이 "정부가 행위하는 대로 행위하게 하는가 ce qui fait agir?" 따라서 그는 각 정부가 그 자체의 '특정한 구조'뿐만 아니라 그것을 움직이게 하는 특정한 '원리'도 가지고 있음을 발견했다. 오늘날의 정치학은 어떤 면에서 '선과학적 pre-scientific'이라는 이유로 두 가지 질문을 모두 무시했다. 이 질문들은 예비적 이해를 말한다. 이것은 명칭을 부여함으로써만 표현된다. 즉 이것은 공화정이고, 이것은 군주정이며, 이것은 폭정이다. 그런데도 진정한 이해의 대화를 다음과 같은 질문으로 시작한다. 즉 국가를 공화정·군주정·폭정으로 인식할 수 있게 하는 것은 무엇인가? 몽테스키외는 전통적인 질문에 대한 전통적인 답변을 제시한 이후 — 공화정은 주권이 국민의 수중에 있는 입헌 정부이고, 군주정은 주권이 한 사람의 손에 있는 합법적 정부이며, 폭정은 한 사람이 자신의 자의적인 의지에 따라 권력이 행사되는 무법적 정부라고 확언한 이후 — 다음과 같은 점을 덧붙인다. 즉 공화정에서 행위의 원리는 미덕이고, 그는 심리학적으로 미덕을 평등에 대한 사랑과 동일시한다. 군주정에서 행위의 원리는 명예이고, 그 심리적인 표현은 차이에 대한 열정이다. 끝으로 폭정에서 그 행위의 원리는 두려움이다.

행정부·입법부·사법부로의 권력분립을 발견하고 명확히 설명한 것으로 유명한 몽테스키외가 마치 권력이 반드시 주권적이며 분리 불가능한 것처럼 정부를 정의하는 것은 놀랍고도 이상하다. 아주 신기하게도, 몽테스키외가 아니라 칸트가 몽테스키외의 원리에 따라 정부 구조를 다시 정의했다.

칸트는 자신의 저서 『영구 평화론 Perpetual Peace』에서 '지배 형태'와 정부 형태를 구분한다.[4] 지배 형태는 권력의 소재에 따라서만 구분된다. 즉 군주가 분리되지 않은 주권을 가진 모든 국가는 독재정이라고 불리고, 권력이 귀족의 손에 있다면 지배 형태는 귀족정이고, 국민이 절대 권력을 행사하면 지배는 민주정의 형태로 나타난다. 칸트의 요점은 이러한 모든 지배 형태(단어 '지배[Beherrschung]' 자체가 나타내듯이)는 엄밀히 말해서 불법이라는 것이다. 입헌 정부 또는 합법 정부는 권력분립을 통해 수립되므로 동일한 기관(또는 사람)이 법을 제정하고 집행하며 스스로 판결하지 않는다. 칸트는 몽테스키외에서 유래하고 미국 헌법에서 명확하게 표현된 이 새로운 원리에 따라 두 가지 기본적 정부 구조를 제시했다. 즉 공화정은 군주가 국가의 수장이더라도 권력분립에 기반을 두고 있고, 전제정은 입법·행정·재판의 권력이 분리되지 않은 정부이다. 구체적인 정치적 의미에서 권력은 법을 집행하기 위해 폭력 수단을 소유하는 데 필요하고 통합된다. 따라서 행정권이 입법권과 사법권으로부터 분리되어 통제되지 않는다면, 법의 원천은 더 이상 이성과 사려가 아니라 권력 자체가 된다. "힘이 정의다"라는 경구가 맞는 정부 형태는 전제적이며, 이는 다른 모든 상황과 관계없이 적용된다. 다수의 결정에 따라 통치되지만, 법으로 견제되지 않은 민주주의는 독재정과 마찬가지로 전제적이다.

칸트의 구분조차도 충분히 만족스럽지는 않다는 것은 사실이다. 가장 큰 약점은 이러하다. 즉 법의 근원은 인간 이성('자연의 빛[lumen naturale]'이란 의미에서)이고, 권력의 근원은 인간 의지라는 가정이 법과 권력의 관계 이면에 놓여 있다. 두 가정은 모두 역사적·철학적 근거에서 의심스럽다. 우리는 여기서 이러한 난제를 논의할 수 없고, 논의할 필요도 없다. 우리의 목적은 새롭고 전례 없는 정부 형태의 본질을 분리하는 것이다. 따라서 비록 더 이

---

4 옮긴이_「영구 평화를 위한 제1의 확정 조항」에 포함되어 있다. 다음 자료를 참조할 것. 이한구 옮김, 『영구 평화론: 하나의 철학적 기획』(파주: 서광사, 2010), 26-32쪽.

상 전통적으로 수용되지 않더라도, 전통적인 기준에 호소하는 것이 현명할 것이다. 전체주의 정부의 본성, 즉 몽테스키외의 말로 그 "구조"를 탐구하는 과정에서 우리는 지배 형태와 정부 형태의 구분, 그리고 입헌 정부(칸트의 표현으로 "공화정")와 폭정의 구분, 즉 칸트의 입장을 사용할 것이다.

각 정부 형태가 자체를 작동시키며 자체의 모든 행위를 인도하는 고유한 원리를 지니고 있다는 몽테스키외의 발견은 상당한 적실성을 지닌다. 이 동기부여의 원리는 역사적인 경험(마치 미덕이 로마 공화정의 원리였고, 명예는 귀족에 기반한 중세 군주제의 원리임)과 밀접하게 연관되어 있을 뿐만 아니라 운동 원리로서 역사와 역사 과정을 정부 구조에 도입했다. 그리스인들이 원래 발견하고 정의했듯이, 정부 구조는 움직이지 않고 움직일 수 없는 것으로 여겨졌다. 몽테스키외의 발견 이전에, 정부 형태와 관련된 유일한 변동 원리는 더 나쁜 방향으로의 변동, 즉 귀족정(최상층의 정부)을 과두정(파벌 이익을 위한 파벌의 정부)으로 바꾸거나 중우정(폭민의 통치)으로 타락한 민주정을 폭정으로 전복하는 것뿐이었다.

몽테스키외의 지도적인 작동 원리 — 미덕·명예·두려움 — 는 정부의 행위와 피치자의 행위를 모두 지배하는 한에서 원리이다. 폭정에서 두려움은 폭군에 대한 신민의 두려움뿐 아니라 마찬가지로 신민에 대한 폭군의 두려움이기도 하다. 두려움·명예·미덕은 심리적인 동기일 뿐만 아니라 바로 모든 공적 삶을 이끌고 판단하는 기준이다. 공화정에서 시민이 공적 문제에서 동료 시민을 지배하지 않은 것이 긍지인 것처럼, 군주정에서 신민이 자신을 구별하고 공적으로 영예를 얻는 것도 긍지이다. 몽테스키외는 이러한 원리를 수립하면서 모든 사람이 항상 자신이 살고 있는 정부의 원리에 따라 행동해야 한다고 주장하지 않았고, 공화정의 사람들은 명예가 무엇인지, 군주정의 사람들은 미덕이 무엇인지 모른다고 주장하지도 않았다. 그는 '이념형'에 대해서도 말하지 않았다. 그는 사람들의 사적 삶이 아니라 공적 삶을 분석하고, 이 공적 삶에서 — 즉 모든 사람이 각자의 관심사와 관련하여 함께 행위하는 영역에서 — 행위가 특정 원리에 의해 결정된 다는 것을 발견한다. 이러한 원리가 더 이상 주목받지 못하고, 행태의 특정 기준이 더는 유효하지 않다면, 정치제도 자체는 위험에 빠지게 된다.

몽테스키외가 정부의 본성(정부를 그 자체로 만드는 것)과 정부를 움직이고 지도하는 원리(행위를 통해 정부를 움직이게 하는 원리)를 구분한 것 아래에 또 다른 차이가 있다. 이 문제는 정치사상이 시작된 이래 정치사상을 괴롭혀온 문제이며, 몽테스키외는 시민으로서 인간(공공질서의 구성원)과 개인으로서의 인간을 구분함으로써 지적하지만 해결하지 못한 문제이다. 예를 들어, 정복의 경우 "시민은 망해도 인간은 살아남을 수 있다le citoyen peut périr, et l'homme rester"(『법의 정신』, 제10권 3장). 이 문제는 보통 현대 정치사상에서 공적 삶과 사적 삶, 즉 정치 영역과 사회 영역 사이의 구분으로 다루어지며, 그 까다로운 측면은 관습적으로 도덕성에 대한 가식적인 이중 기준에서 발견된다.

마키아벨리가 권력을 모든 정치적 삶의 중심으로, 그리고 권력 관계를 정치 행위의 최고 법칙으로 발견한 데서 비롯된 현대 정치사상의 중심적 곤경, 즉 개인과 시민의 문제는 국내 입헌 정부의 중심인 합법성과 국제관계 분야의 자연적인 조건인 자의적인 주권 사이의 난제로 인해 복잡해지고 그 빛을 잃게 되었다. 그렇다면 우리는 행위의 옳음과 그름을 판단하는 데 있어서 두 가지 이중성에 직면하게 되는 듯하다. 하나는 인간이 시민이자 개인이라는 지위를 동시에 가지고 있기에 발생하는 이중 기준이고, 다른 하나는 국제정치와 국내정치를 구분하는 데서 발생하는 이중 기준이다. 두 문제는 전체주의의 본성을 이해하려는 우리의 노력과 관련이 있다. 전체주의 정부는 이 두 문제를 모두 해결했다고 주장하기 때문이다. 국제정치와 국내정치의 차이 그리고 양자의 난제는 세계 지배라는 주장으로 해결된다. 그런데 이 주장은 각각의 정복당한 국가를 자국의 법을 완전히 무시한 채 전체주의 법의 이전 범법자로 간주하고, 그 나라의 주민들을 소급 적용되는 법에 따라 처벌함으로써 입증된다. 다시 말해, 세계 지배에 대한 주장은 지상에 새롭고 보편적으로 유효한 법을 수립한다는 주장과 동일하다. 결과적으로 모든 대외 정책은 전체주의적 사고방식에 따르면 위장된 국내정치이며, 모든 대외 전쟁은 사실상 내전이다. 시민과 개인의 구별과 난제는 한편 공적 삶과 사적 삶의 이분법이 지니는 부수적 난제와 함께 인간의 완전한 지배에 대한 전체주의적 주장에 의해 제거된다.

몽테스키외에게 시민과 개인의 난제만이 진정한 정치 문제였다. 국내정치와 국제정치 사이의 갈등은 법과 권력 사이의 갈등으로서 권력이 분리될 수 없고 주권적이라고 주장하는 한에서만 존재한다. 몽테스키외와 칸트는 권력분립만이 법의 지배를 보장할 수 있으며, 세계연방이 결국 주권 갈등을 해결할 것이라고 주장했다. 미국 헌법 제6조는 국내정치와 국제정치를 동일시하는 데 있어 극히 실용적인 조치를 취했다. 제6조는 몽테스키외의 사상과 완벽하게 일치하는데, "미국의 권위 아래 … 체결된 모든 조약은 헌법 및 입헌적으로 제정된 법률과 함께 이 나라의 최고 법률이 된다"고 규정하고 있다.

시민과 개인의 구분은 내가 다른 모든 시민과 같은 시민이라는 공적 삶과 내가 다른 누구와도 다른 개인이라는 사적 삶 사이의 불일치를 인식하는 순간 문제 된다. 법 앞의 평등은 현대 공화국의 특징일 뿐만 아니라 더 깊은 의미에서 헌법 아래 사는 모든 사람이 헌법으로부터 정당한 권리를 동등하게 받아야 한다는 점에서 입헌 정부 자체에서 우세하다. 모든 입헌 정부 형태에서 법은 모든 사람이 '각자 자신의 것suum cuique'을 누릴 권리를 결정하고 제공한다.

그러나 '각자 자신의 것'이란 규칙은 결코 모든 삶의 영역으로 확장되지 않는다. 개인의 사적인 삶에서 결정되어 개인에게 전달될 수 있는 '각자 자신의 것'은 존재하지 않는다. 모든 자유 사회에서 명시적으로 금지되지 않은 모든 것이 허용된다는 사실 자체가 상황을 명확하게 드러낸다. 즉 법은 사적인 삶의 경계를 정의하지만 그 경계 내에서 일어나는 일에 영향을 미칠 수는 없다. 이런 측면에서 법은 두 가지의 기능을 수행한다. 즉 법은 사람들이 대등하게 협력하고 공동의 운명을 가지는 공공-정치 영역을 규제하는 반면, 동시에 우리 각자의 운명이 펼쳐지는 공간 — 즉 두 개의 전기가 똑같지 않을 정도로 서로 다른 운명이 펼쳐지는 공간 — 을 둘러싸고 있다. 숭고한 일반성을 지닌 법은 모든 사람이 각자의 돌이킬 수 없는 독특성으로 받는 '자기의 것suum'을 결코 예측하고 제공할 수 없다. 법은 일단 제정되면 항상 전례에 따라 적용된다. 개인적인 삶의 행위와 사건의 문제점은 비교 기준이나 전례에 비추어 판단되자마자 이 삶이 본질에서 파괴된다는 것이다. 누구든 속물주의를 다음과 같이 정의하고 인간 삶의 창의성에 미치는 치명적 영향을 설명할 수 있다. 즉 속물주의는 관습을 도덕화하여 모든 사람에게 똑같이 유효한 일반적인 행태 '법칙'으로 변형시킴으로써 정의상 모든 전례에 어긋나는 것을 전례에 따라 판단하려는 시도이다.

명백히 공적 삶과 사적 삶, 시민으로서의 인간과 개인으로서의 인간 사이의 이러한 불일치가 지니는 문제점은 법이 결코 개인의 삶에서 행위를 지도하고 판단하는 데 사용될 수 없을 뿐만 아니라, 두 영역에서 옳고 그름의 기준 자체가 동일하지 않고 심지어는 종종 갈등을 빚기도 한다는 점이다. 자신의 부인이 죽어가기 때문에 교통법규를 위반하는 남편에서부터 『안티고네』의 중심 주제에 이르기까지 이런 갈등은 항상 해결 불가능한 것으로 간주되며, 위대한 비극작가들이 이러한 '법 위반자'가 '더 높은 법'에 따라 행동하는 것으로 묘사한다는 점은 서양인이 가장 훌륭한 정치제도에서도 시민권의 재앙을 얼마나 깊이 경험했는가를 보여준다. 이상하게도, 서양 철학자들도 이 특별한 경험에서 그를 버리고, 민법을 모호하지 않은 보편성의 수준으로 끌어올림으로써 이 문제를 회피하려고 최선을 다했다. 민법은 사실 이 보편성을 보유한 적인 없다. 칸트의 유명한 정언명령 — "너의 행위의 준칙이 보편적 입법이 될 수 있는 방식으로 행동하라" — 은 진정 법이 우리에게 제기한 주장의 정수라는 점에서 문제의 핵심을 찌른다. 그러나 이러한 경직된 도덕성은 동정심과 성향을 무시하며, 더 나아가 어떤 보편적 법칙도, 심지어 순수이성의 상상된 법칙도 특정 사례에서 무엇이 옳은지를 결정할 수 없는 모든 경우에서 악행을 저지르는 실질적인 원인이 된다.

보편적인 법칙이 무엇이 옳고 그른가를 명확하게 결정할 수 없는 개인적 영역에서도, 인간의 행위는 완전히 자의적이지 않다. 여기서 그는 사례를 포괄할 수 있는 법칙에 따라 인도되지 않고 충성심·명예·미덕·신앙과 같은 원칙에 따라 인도된다. 이는 마치 특정 방향을 제시하는 것과 같다. 몽테스키외는 이러한 원리가 그 자체로 옳고 그름을 판단하거나 창조하는 어떤 인지능력을 가지고 있을지 전혀 자문하지 않았다. 그러나 몽테스키외가 전통적으로 정의된 정부 구조에 치자와 피치자 모두를 행위하게 하는 유일한 원리를 추가했을 때 발견한 것은 이랬다. 즉 어느 특정한 정치체 내에서 법과 '권력 관계'는 완전히 상이한 비공식적 삶의 영역이 존재하는 경계만을 규정할 수 있다. 법과 권력을 안정화하는 구조적인 힘과 구별되는 행위와 운동의 근원은 바로 이 비공식적 영역에서 나온다. 운동과 행위의 근원은 법과 권력에 의해 둘러싸여 있고, 때로는 이것을 압도하기도 한다.

몽테스키외는 다른 사람들이 그랬던 것처럼 이러한 행위 원리와 옳고 그름의 기준이 다른 나라에서 다른 시기에 크게 다르다는 것을 알았다. 더 중요한 점은 이렇다. 즉 그는 법과 권력으로 나타나는 각 정부의 구조가 그 구조 안에 사는 사람들이 행동하는 데 따른 고유한 상관관계 원칙을 가지고 있다는 사실을 발견했다. 우연히도 이것만이 몽테스키외와 그 뒤를 이은 역사가들에게 각 문화의 독특성을 설명하는 도구를 제공했다. 명예의 원리와 군주정의 구조, 미덕과 공화주의, 두려움(심리적인 감정으로서가 아니라 행위의 원리로서 이해됨)과 폭정 사이에는 명백한 대응 관계가 있었기 때문에, 개인으로서의 인간과 시민으로서의 인간이 생겨난 근본적인 근거가 있어야 한다. 다시 말해 몽테스키외는 사적 영역과 공공영역이 충돌할 수 있지만,

불일치와 갈등보다 더 큰 난제가 있다는 사실을 발견했다.

  삶의 다양한 영역 사이의 조응 현상, 불일치와 우연성에도 불구하고 나타나는 문화와 시대의 통일성이란 기적은 근본이자 근원이고, 근거이자 기원인 공통의 기반이 각 문화적 또는 역사적 실체의 밑바닥에 있음을 나타낸다. 몽테스키외는 군주정의 법이 뿌리를 내리고 신민들의 행위가 비롯되는 공통 근거를 구별이라고 정의한다. 그리고 그는 군주정에서 최상의 지도 원리인 명예를 그에 대응하는 구별에 대한 사랑과 동일시한다. 군주정과 모든 위계적인 정부 형태가 기반을 둔 근본적인 경험은 인간 조건에 내재한 경험, 즉 인간은 구별된다는 경험, 즉 출생에 따라 서로 다르다는 경험이다. 그러나 우리는 모두 이것에 직접 반대하고 그에 못지않게 강력한 타당성을 지닌 반대 경험, 즉 모든 사람이 "평등하게 태어났으며" 사회적 지위에 의해서만 구별되는 타고난 평등이라는 경험이 발생한다는 점을 알고 있다. 이 평등은 모든 구별과 차이를 무시할 수 있는 무한히 우월한 존재인 신 앞에서의 평등이 아닌 한, 모든 인간이 그 차이와 상관없이 동등하게 가치 있을 뿐만 아니라 자연이 각자에게 동등한 힘을 부여했음을 항상 의미해 왔다. 공화주의 법의 기초가 되고 시민들의 행위 원천이 되는 근본적인 경험은 동등하게 강력한 사람들로 구성된 집단에 소속되어 함께 생활하는 경험이다. 공화주의 시민의 삶을 규제하는 법률은 구별을 위한 것이 아니라 오히려 각자의 권력을 제한하여 동료의 권력을 위해 남을 수 있도록 한다. 따라서 공화주의 법과 행위의 공통점은 인간의 권력이 일차적으로 신이나 자연과 같은 우월한 권력에 의해 제한되는 게 아니라 동등한 사람들의 권력에 의해 제한된다는 통찰이다. 그리고 이런 통찰에서 비롯되는 기쁨, 즉 미덕인 '평등에 대한 사랑'은 이것이 오직 그렇기 때문에, 오직 평등한 힘이 있기 때문에 사람은 혼자가 아니라는 경험에서 비롯된다. 혼자가 된다는 것은 평등하지 않음을 의미하기 때문이다. "하나는 하나이고 모두 혼자여서 더욱 그러할 것이다"[5]라는 오래된 영국 민요는 인간의 정신에는 신의 최대 비극이 될 수밖에 없는 것을 감히 제안한다.

몽테스키외는 폭정에서 구조와 행위의 공통 근거를 제시하는 데 실패했다. 그러므로 우리는 그의 발견에 비추어 이 틈을 메울 수 있다. 폭정에서 행위의 촉진 원리인 두려움은 우리가 완전히 홀로 있음의 상황, 즉 고립 상황에서 체험하는 불안과 근본적으로 연결되어 있다. 이 불안은 평등의 다른 측면을 드러내며, 동등한 사람들과 세계를 공유하는 기쁨에 상응한다. 우리의 힘(엄밀히 말해 우리 자신의 힘, 즉 신체력)을 실현하는 데 필요한 의존과 상호 의존은 완전한 외로움 속에서 혼자서는 힘이 없으며 항상 우월한 힘에 압도당하고 패배한다는 것을 깨닫게 될 때마다 절망의 근원이 된다. 한 사람이 자연과 환경의 힘에 대항할 만큼 충분한 신체력을 가지고 있다면, 그는 동료가 필요하지 않을 것이다. 미덕은 다른 사람과 함께 하는 축복을 위해 제한된 힘의 대가를 기꺼이 치르는 것이고, 두려움은 어떠한 이유로든 "함께 행위하기를 거부한" 사람들의 개인적인 무력감에 대한 절망이다. 무력감에 대한 불안을 극복하지 않는 미덕, 즉 권력의 평등에 대한 사랑은 없다. 죽음에 직면했을 때라도 행위에 의지하지 않고는 완전한 무력감에 취약하지 않은 인간의 삶은 없기 때문이다. 행위의 원리로서 두려움은 어떤 의미에서 용어상의 모순이다. 두려움은 바로 행위의 불가능성에 대한 절망이기 때문이다. 두려움은 미덕이나 명예의 원리와 달리 자기 초월적인 힘이 없으므로 진정으로 반정치적이다. 행위의 원리로서 두려움은 파괴적일 수밖에 없고, 몽테스키외의 표현을 빌리자면 "자기-부패"일 수밖에 없다.

---

5 옮긴이_ 노래 제목은 'Green Grow the Rushes, Oh'이다. 이 민요는 때때로 크리스마스 캐럴로 불리는데, 종종 한 사람이 부르고 합창단이 응답하는 '앤티폰'(후렴구의 성가) 형태를 띤다. 이 노래의 여러 변형이 있지만, 열두 번째 구절은 다음과 같다. "나는 당신에게 열두 곡을 부르겠습니다, 오/ 녹색이 갈대를 키우네, 오/ 당신의 열두 가지는 무엇입니까?/ […] /셋, 셋, 경쟁자,/ 둘, 둘, 백합처럼 하얀 소년들,/ 온통 녹색 옷을 입고, 오/ 하나는 하나이고 모두 혼자입니다./ 그리고 앞으로도 그럴 것입니다." 12연의 해석에서 열둘은 12 사도를, 경쟁자는 탄생의 동방박사 세 명을, 둘은 아담과 이브를, 하나는 신을 가리킬 수 있다.

따라서 폭정은 그 자체 내에 파괴의 싹을 낳은 유일한 정부 형태이다. 외부 상황은 다른 형태의 정부를 쇠퇴하게 한다. 반면에, 폭정은 자기 부패를 막는 외부 상황에 존재하고 생존한다(『법의 정신』, 제8권 10장).[6]

따라서 무법성을 초래하며 두려움이 싹트는 공통 근거는 철저하게 고립된 모든 사람이 느끼는 무기력이다. 다른 모든 사람에 대항하는 한 사람은 사람들 사이에서 권력의 평등을 경험하지 못하고, 오직 다른 모든 사람이 자신의 권력에 대해 압도적으로 결합한 권력을 경험한다. 군주정이나 계층적 정부의 가장 큰 장점은 자신의 '구별'로 사회적·정치적 지위를 정의하는 개인이 절대 소수인 자신만을 소환할 수 있는 구별되지 않고 구별 불가능한 '다른 모든 사람'과 대립하지 않는다는 점이다. 평등에 기반한 모든 형태의 정부가 갖는 구체적인 위험은 합법성의 구조 — 평등한 권력의 경험이 의미와 방향을 수용하는 그 틀 내에서 — 가 무너지거나 변형되는 순간, 평등한 사람들 사이의 권력이 서로 상쇄되어 남은 것은 절대적인 무력감의 경험뿐이라는 점이다. 지배하려는 의지는 자신의 무능력에 대한 확신과 다른 모든 사람의 권력에 대한 두려움에서 나타난다. 이런 의지는 폭군의 의지이다. 미덕이 권력의 평등에 대한 사랑인 것처럼, 두려움은 실제로 권력에의 의지이거나 왜곡된 형태의 권력에 대한 탐욕이다. 구체적이고 정치적으로 말하자면, 권력에 대한 의지는 지배하려는 의지 외에는 다른 것이 없다. 진정한 의미에서 권력 자체는 결코 한 사람만이 소유할 수 없다. 권력은 마치 사람들이 '협조하여' 행위할 때마다 신비롭게 생겨나고, 한 사람이 완전히 혼자일 때마다 신비롭게 사라진다. 홀로 있는 모든 사람의 본질적인 완전한 고립 속에서 개별적으로 권력을 부여받은 신처럼 되려는 오만한 시도이다.

이 세 가지 형태의 정부 — 즉 군주정·공화정·폭정 — 는 그 구조가 세

---

6 옮긴이_ 몽테스키외는 제8권에서 "세 가지 정체 원리의 부패"를 밝히고 있다.

워진 근거(즉 각자의 구별, 모든 사람의 평등, 무능함)와 그 운동 원리가 형성된 근거가 인간 조건의 진정한 요소이며 기본적인 인간 경험에 반영되기 때문에 믿을 만한 근거가 있다. 우리가 이제 전체주의를 다루면서 제기할 질문은 이 전례 없는 정부 형태가 지구상에서 지금까지 숨겨져 있었으나 똑같이 진정한 인간 조건의 근거, 즉 인류가 전 세계적으로 통합된 상황에서만 자신을 드러낼 수 있는 근거 — 전체주의 자체만큼이나 전례 없는 상황 — 를 주장할 수 있는지 여부이다.

II. 전체주의의 법과 운동: 역사·자연 법칙과 테러

우리는 논의를 진행하기에 앞서 적어도 이 접근방법의 기본적인 어려움을 인식한다고 인정하는 편이 나을 수 있다. 현대인의 사고방식으로는 몽테스키외가 '정의定義'에서 정부 자체의 자기 해석과 자기 이해를 액면 그대로 받아들였다는 점만큼 당혹스러운 일은 없을 것이다. 몽테스키외는 분명히 기후와 사회 등 기타 상황과 같은 '객관적' 요인이 엄격한 정치제도의 형성에 미치는 큰 영향을 최초로 관찰한 저자였다. 그런데도 그가 공화정에서 미덕, 군주정에서 명예, 폭정에서 두려움을 확인한 이후에 숨은 동기를 찾지 않았다는 점은 더욱 놀랍다.

그러나 다른 문제와 마찬가지로 이 문제에서도 진정한 이해는 선택의 여지가 거의 없다. 취재원이 이야기하고 드러내는 것은 행위하면서 자신들이 무엇을 하고 있는지 안다고 믿는 사람들의 자기 이해와 자기 해석이다. 우리가 그들의 이러한 능력을 부정하고 우리가 더 잘 알고 있고 그들의 진정한 '동기'가 무엇인지, 그들이 객관적으로 나타내는 진정한 '경향'이 무엇인지 말할 수 있는 척한다면 — 그들이 스스로 어떻게 생각하든 — 우리는 말이 의미하는 범위에서 그들에게서 말의 기능을 빼앗은 것이나 다름없다.

예를 들어, 만일 히틀러가 유대인을 세계 역사의 부정적인 중심지라고 몇 번이고 불렀고, 자신의 의견을 뒷받침하기 위해 모든 유대계 사람들을 제거하기 위한 죽음의 공장을 설계했다면, 반유대주의가 그의 전체주의 정권 건설과 크게 관련이 없거나 그가 단지 불운하게 편견에 시달렸을 뿐이라고 말하는 것은 터무니없는 일이다. 사회과학자의 업무는 반유대주의의 역사적·정치적 배경을 찾는 것이지만, 어떤 상황에서도 유대인이 소시민 계급의 대리인일 뿐이라거나 반유대주의가 오이디푸스 콤플렉스의 대용물인지 뭔지라고 결론을 내릴 수는 없다. 사람들이 의식적으로 거짓말을 하고 실제로는 부르주아 계급을 살해하고 싶어 하면서도 유대인을 미워하는 척하는 경우는 매우 드물고 감지하기 쉽다. 다른 모든 경우에는 자기 이해와 자기 해석이 곧 모든 분석과 이해의 기초다.

따라서 전체주의의 본성을 이해하려고 할 때, 우리는 이러한 정부 형태의 본성과 그것을 움직이는 원리에 관한 질문을 신념을 갖고 물어볼 것이다. 인문학에서 과학적 접근방식이 등장 이래, 즉 현대 역사주의·사회학·경제학이 발전함에 따라, 이러한 질문은 이제 이해에 도움이 될 가능성이 없다고 여겨졌다. 실제로 칸트는 전통적 정치철학의 이러한 노선을 따라 생각한 마지막 인물이었다. 그러나 과학적 정확성에 대한 우리의 기준은 끊임없이 성장했고 오늘날 그 어느 때보다도 더 높지만, 진정한 이해에 대한 우리의 표준과 기준은 끊임없이 낮아진 듯하다. 완전히 생소하고 종종 무의미한 평가가 사회과학에 도입되면서, 그 표준과 기준은 최저 수준에 도달했다. 과학적 정확성은 순전한 사실성의 좁은 한계를 넘어서는 어떠한 이해를 허용하지 않으며, 20세기의 엉터리 과학주의로 포장된 무모한 미신이 그 부족함을 보완하기 시작한 이래로, 이 오만함에 대한 대가를 톡톡히 치렀다. 오늘날 이해의 필요성은 절실해졌으며 이해의 기준뿐만 아니라 순수한 과학적 정확성과 지적 정직성의 기준까지 혼란에 빠뜨리고 있다.

전체주의 정부는 비교를 거부하기 때문에 전례가 없다. 전체주의 정부는 서양 정치사상의 시작 이래로 정부의 본성에 대한 정의가 의존해 온 바로 그 대안을 파괴했다. 즉 한편으로는 합법적이고 입헌적이거나 공화주의적 정부, 다른 한편 무법적이고 자의적인, 즉 압제적인 정부 사이의 대안이다. 전체주의의 지배는 실정법을 부인하는 한 '무법적'이지만, 엄격한 논리를 따르고 정확한 강제력으로 **역사**나 **자연**의 법칙을 집행하는 한 자의적이지 않다. 모든 실정법은 '자연법'에 기초하거나, 아니면 관습과 전통, 또는 신적 계시라는 역사적 사건에 기초하고 있으며, 궁극적 정당성을 권위의 원천으로부터 수용하기 때문에, 전체주의적 지배가 '무법적'이기는커녕 권위의 근원에 직결된다는 주장은 괴상하면서도 겉보기에는 반박할 수 없는 주장이다. 비전체주의 세계에 무법적으로 보이는 것도 취재원 자체에 의해 영감을 받았다는 이유로 더 높은 형태의 정당성을 구성할 것이다. 이런 정당성은 하나의 구체적이고 예측 불가능한 사례에서 정의를 결코 실현할 수 없으나 불의를 막을 수 있는 실정법의 사소한 합법성을 제거할 수 있다. **자연**이나 **역사**의 법칙을 집행하는 전체주의적 합법성은 이 법칙을 개별 인간에 대한 옳고 그름의 기준으로 해석하지 않고 이 법칙을 직접 '종' 또는 인류에 적용한다. 제대로 실행된다면, **자연**이나 **역사**의 법칙은 자체의 목적으로 하나의 '인류'를 만들어낼 것으로 기대되며, 모든 전체주의 정부의 세계 지배 주장 이면에는 바로 이러한 기대가 깔려 있다. 인류 또는 오히려 인간 종은 이러한 법칙의 능동적 전달자로 간주되는 반면, 나머지 우주는 수동적으로 법칙에 따라 결정될 뿐이다.

 이 시점에서 전체주의 법 개념과 다른 모든 법 개념 사이의 근본적인 차이가 드러난다. 실정법의 권위의 근원인 **자연**이나 **역사**가 전통적으로 인간에게 드러날 수 있었던 것은 진실이다. 바로 그 근원은 자연법의 '**자연의 빛** lumen naturale'이나 역사적으로 드러난 종교법의 양심의 소리이다. 그러나 자연의 빛이나 양심의 소리는 인간을 이런 법의 활동하는 화신으로 거의 만들지 않았다. 반대로, 자연법과 종교법은 복종을 요구하는 권위로서 인간의 행위와 구별되었다. 권위의 원천과 비교했을 때, 인간의 실정법은 상황에 따라 변하고 변할 수 있는 것으로 간주됐다. 그런데도 이러한 법은 여전히 신속하게 변화하는 인간 행위보다 더 영구적이었다. 이 상대적 영구성은 사멸의 관점에서 권위 있는 근원의 무시간적 현존에서 비롯되었다.

대신에 전체주의적 해석에서 모든 법은 운동의 법이 된다. **자연**과 **역사**는 더 이상 사멸하는 인간의 행위를 지배하는 법에 대한 권위의 안정적 원천이 아니라 그 자체가 운동이다. 따라서 자연과 역사의 법칙은 비록 지각하고 이해하기 위해 지성이 필요할 수 있더라도 이성이나 항구성과 아무런 상관이 없다. 나치가 인종법을 믿는 근거에는 인간을 자연적 발전의 다소 우연적인 산물로 보는 다윈의 이념이 있다. 물론 이 발전은 반드시 우리가 아는 인간종에서 끝나지 않는다. 볼셰비키가 계급을 믿는 근거에는 인간을 역사적 시간의 끝 ― 즉 스스로 폐지되는 경향이 있는 과정 ― 을 향해 달려가는 거대한 역사 과정의 산물로 보는 마르크스주의적 개념이 있다. '법'이란 용어 자체의 의미가 바뀌었다. 즉 법은 인간의 행위가 이루어져야 하고 허용되는 안정적인 틀을 나타내는 것에서 이제는 이러한 운동 자체를 표현하는 것이 되었다.

인종주의와 변증법적 유물론과 같은 이데올로기는 **자연**과 **역사**를 인간의 삶과 행위를 지탱하는 견고한 토양에서 인간을 뚫고 나아가 모든 개인을 마구잡이로 끌고 가는 ― 승리의 자동차 위에 올라타든 바퀴에 깔려 죽든 ― 초거대 세력으로 변모시켰다. 이러한 이데올로기는 다양하고 복잡할 수 있지만, 실제적인 정치적 목적을 위해 항상 종의 과정이나 진보를 위해 개인을 제거하는 동일한 '법칙'이 되는가를 보는 것은 놀랍다. 자연 운동이나 역사 운동의 결과는 해롭거나 불필요한 개개인을 제거함으로써 자신의 재에서 불사조처럼 솟아난다. 그러나 우화에 나오는 이 멋진 새와 달리, **역사**나 **자연** 운동의 종말이자 동시에 구현체인 이 인류는 피비린내 나는 영원으로 들어가기 위해 영구적인 희생, 즉 적대적이거나 기생하거나 병약한

계급이나 인종의 영구적인 제거가 필요하다.

입헌 정부의 실정법이 불변의 '자연법ius naturale'이나 신의 영원한 계명이나 역사의 영원한 관습과 전통을 실현하고 해석하는 데 필요한 것처럼, 테러도 **역사**나 **자연**의 운동 법칙을 실현하고 살아있는 현실로 해석하는 데 필요하다. 그리고 특정 사회에서 범법 행위를 정의하는 실정법이 범법 행위와 독립적이어서 범법 행위가 없다고 해서 그 법이 불필요해지는 것이 아니라 오히려 가장 완벽한 통치가 되는 것처럼, 전체주의 정부에서 테러도 정치적 반대를 억압하는 수단이 되기를 멈추고, 반대세력이 더 이상 방해가 되지 않을 때 독립적으로 되어 최고의 통치자가 된다.

따라서 법이 입헌 정부 혹은 공화정의 본질이라면, 테러는 전체주의 정부의 본질이다. '법nomos'은 경계가 되고(플라톤은 가장 오래된 형상 가운데 하나를 따라 제우스를 경계의 신으로 부름. 『법률』, 843a), 정적인 상태를 유지하도록 제정되어 인간들을 그 경계 안에서 움직이게 했다. 반면에, 전체주의 상황에서는 자유롭게 질주하는 테러를 방해할 수 있는 예상치 못하고 자유롭고 자발적인 행위를 방지하기 위해 사람들을 '안정시키고' 활기 없게 만드는 온갖 수단을 동원하였다. 운동의 법칙 자체, 즉 **자연**이나 **역사**는 인류의 적을 골라내고, 한낱 사람들의 자유로운 행위는 그 법칙에 개입하도록 허용되지 않는다. 테러의 길을 방해하는 사람, 즉 **자연**이나 **역사**의 운동을 고의로 또는 의도치 않게 방해하는 사람은 '유죄이다.' 따라서 통치자들은 법을 적용하지 않고 내재한 법칙에 따라 그러한 운동을 실행한다. 그들은 정의롭지도 현명하지도 않지만 '과학적으로' 알고 있다고 주장한다.

테러는 **자연**이나 **역사** 운동을 위한 길을 닦기 위해 사람들을 얼려버린다. 테러는 종을 위해서 개개인을 제거하고, 인류를 위해 사람들을 희생시킨다. 그 자체의 시작과 끝이 있는 이 운동은 새로운 시작과 각 인간의 삶이 실제로 그런 개별적인 끝으로만 방해받을 수 있는 범위 내에서 결국 테러의 희생자가 되는 사람들뿐만 아니라, 사실 모든 인간을 희생시킨다. 새로운 탄생이 있을 때마다 새로운 시작이 세상에 태어나고, 새로운 세상이 잠재적으로 존재하게 된다. 법의 안정성은 함께 살고 협력하여 행위하는 사람들 사이에 경계와 의사소통 경로를 확립하여 이 새로운 시작에 울타리를 치고 동시에 자유를 보장한다. 법은 완전히 새로운 어떤 것의 잠재력 **그리고** 공동 세계의 선행적 존재, 즉 모든 기원을 흡수하고 그로부터 영양을 얻는 어떤 초월적 연속성의 실재를 보장한다. 테러는 인간이 만든 법의 경계를 먼저 허물지만, 어떤 자의적인 폭군의 의지를 위해서도 아니고, 모든 사람에 대한 한 사람의 전제적 권력을 위해서도 아니며, 무엇보다도 모든 사람이 모든 사람에 대한 전쟁을 위해서도 아니다. 테러는 개인 사이의 경계와 의사소통 통로를 '철대iron band'로 대체하는데, 이 철대는 모든 사람을 너무 꽉 눌러 마치 서로 합쳐진 것처럼, 마치 한 사람인 것처럼 만든다. **자연**이나 **역사**의 충실한 하인이자 그들의 예정된 운동을 전능하게 집행하는 테러는 각 개인의 자유를 위한 살아있는 공간을 제공하는 법의 경계를 폐지함으로써 모든 사람의 일체성을 만들어낸다. 전체주의 테러는 모든 '시민적 자유liberty'를 축소하거나 본질적인 '정치적 자유freedom'를 폐지하지 못하며, 적어도 우리가 아는 한 인간의 마음에서 자유에 대한 사랑을 없애지도 못한다. 즉 전체주의적 테러는 단순히 인간을 있는 그대로 서로 대적하도록 무자비하게 압박하여 자유로운 행위 공간 ― 이것은 자유의 현실이다 ― 을 사라지게 할 뿐이다.

 테러는 인간을 위해 존재하지도 인간에 대항해서도 존재하지 않는다. 테러는 **자연**이나 **역사**의 운동에 비교할 수 없는 가속 도구를 제공하기 위해 존재한다. 만약 역사적 사건이나 자연적 사건의 부인할 수 없는 자동 작용이 필연성의 흐름으로 이해된다면, 그 의미는 운동 법칙과 동일하며, 따라서 어떤 사건과도 전혀 무관하다. 반대로, 사건은 심원하고 영구적인 법칙의 피상적이고 일시적인 분출로만 간주될 수 있다. 그렇다면 똑같이 부인할 수 없는 인간의 자유, 즉 각 사람이 새로운 시작이고 그런 의미에서 세계를 새롭게 시작한다는 사실은 더 높은 힘에 대한 무의미하고 자의적인 간섭으로 간주될 수밖에 없다. 물론 이러한 힘은 그런 터무니없는 무력함에 의해 결정적으로 방향을 바꿀 수는 없지만, 완전한 실현에 도달하는 데 방해를 받고 제지당할 수 있다. 인류는 마치 모든 사람이 단 한 사람인 것처럼 **자연**이나 **역사** 운동과 함께 행진하도록 조직될 때, **자연**이나 **역사** 운동을 혼자서는 결코 도달할 수 없는 속도로 가속화한다. 실제로 말하자면, 이것은 모든 경우에 테러가 **자연**이 부적격한 종족과 개인에게 이미 내린 사형선고를 그 자리에서 집행하거나 **역사**가 죽어가는 계급과 제도에 대해 선언한 사형선고를 그 어떤 방법으로든 더 느리고 덜 효율적인 제거를 기다리지 않고 집행한다는 것을 의미한다.

모든 개인이 종의 범례가 되고, 모든 행위가 가속화로 바뀌며, 모든 행위가 사형 집행으로 바뀌는 완벽한 전체주의 정부에서 — 즉 정부의 본질인 테러가 인간의 희망과 필요를 방해하는 무분별한 간섭으로부터 완벽하게 보호받는 조건에서 — 몽테스키외가 말한 의미의 행위 원리는 필요하지 않다. 그는 행위의 원리가 필요했다. 그에게 입헌 정부의 본질, 즉 권력의 합법성과 분배는 기본적으로 안정적이었기 때문이다. 그것은 행위에 대한 제한을 소극적으로만 설정할 수 있을 뿐 행위의 원리를 적극적으로 확립할 수 없었다. 자유 사회에서 모든 법의 위대함과 당혹스러움은 법이 사람들이 무엇을 해서는 안 되는지를 지시할 뿐 무엇을 해야 하는지를 지시하지 않는다는 점이기 때문에, 입헌 정부에서 정치 행위와 역사 운동은 자유롭고 예측 불가능하며 그 본질에 부합하지만, 이것에서 결코 영감을 얻지 못한다.

전체주의의 조건 아래에서 이 본질은 그 자체로 운동이 되었다. 전체주의 정부는 오직 끊임없이 운동하는 한에서만 **존재한다**. 전체주의의 지배가 전 지구를 정복하고 테러의 철대로 모든 인간을 하나의 인류로 통합하지 않은 한, 정부의 본질과 원리 — 행위가 아닌 운동 — 로서 그 이중적인 기능을 수행하는 테러는 결코 충분히 실현될 수 없다. 여기에 두려움과 같은 행위의 원리를 덧붙이는 것은 모순이 될 것이다. 두려움조차도 (몽테스키외에 따르면) 여전히 행위의 원리이며, 그 결과에서 예측할 수 없기 때문이다. 두려움은 늘 고립과 연결되어 있다. 고립은 두려움의 결과이거나 기원일 수 있으며, 무능함과 무력감의 수반되는 경험이다. 자유를 실현하는데 필요한 공간은 폭군의 자의성이 각자의 자유 영역을 보호하고 보장하는 법의 경계를 파괴할 때 사막으로 변한다. 두려움은 이웃이 없고 외로운 이 사막에서 인간의 운동을 이끄는 원리이며, 그렇기에 다른 사람과의 접촉을 최소화하고 두려움을 느끼는 개별적인 사람들의 행위를 이끄는 원리이기도 하다. 이 개별적이고 두려움에 떨며 원자화된 사람들이 움직이는 사막은 왜곡된 모습이기는 하지만 인간의 자유가 필요로 하는 공간의 모습을 간직하고 있다.

전체주의 정부와 전제적 통치의 긴밀한 관계는 실제로 매우 명백하며 거의 모든 정부 영역으로 확대된다. 진정한 구별을 나타낼 수 있는 — 자의적으로 만들어진 신분 및 수장袖章의 구별과는 대조적으로 — 인구 집단과 계급을 전체주의적으로 폐지한 것은 고대 그리스 폭군의 이야기를 떠올리게 한다. 그 폭군은 동료 폭군에게 폭정 기술을 소개하기 위해 그를 마을에서 밀밭으로 데려가 모든 줄기를 똑같은 크기로 잘랐다. 확실히 모든 전제 정부 아래에서 평등이 희화화된다는 사실은 많은 선량한 사람을 평등에서 폭정이나 독재가 나온다고 믿는 오류로 이끌었다. 이는 우리 시대의 신보수주의가 모든 형태의 전제정에서 나타나는 위계적이고 전통적인 권위주의적 요소를 근본적으로 폐지하는 데서 비롯된 것과 같다. 전체주의 경제에서 단기적 효율성과 장기적 비효율성의 특징인 경제적 강탈 정책에 대해 읽어보면, 우리는 몽테스키외가 전제 정부를 특징지은 오래된 일화를 떠올리지 않을 수 없다. 익은 과일을 수확하고 싶었던 루이지애나의 야만인들은 그저 과일나무를 베어 버렸다. 그게 더 빠르고 수월하기 때문이었다(『법의 정신』, 제1권 13장). 게다가 테러와 고문, 그리고 비밀스럽고 위험한 생각을 사냥하는 첩자 체계는 늘 폭정의 주축이었다. 그리고 일부 폭군이 인간의 망각 경향과 잊히는 것에 대한 인간의 공포를 얼마나 무섭게 활용할 수 있는지 알고 있었다는 것은 놀라운 일이 아니다. 아시아뿐 아니라 유럽의 전제적 통치자들이 통치하는 감옥은 흔히 망각의 장소라고 불렸고, 망각 속에서 죽느니만 못한 삶을 선고받은 사람의 가족과 친구들은 심지어 그의 이름을 언급하기만 해도 처벌을 받을 것이라고 경고를 받았다.

20세기는 우리에게 과거의 많은 공포를 잊게 했지만, 전체주의 독재자들은 교육이 필요하다면 분명히 인간에 의한 인간의 지배를 목적으로 하는 모든 폭력과 교활함의 수단을 가르치고 평가하는 오래된 학교에 다닐 수 있었다. 그러나 폭력, 특히 테러를 전체주의적으로 자행하는 것은 이것과 다르다. 테러의 자행이 과거의 한계를 훨씬 뛰어넘어서가 아니다. 이는 전체 집단 또는 전체 민족에 대한 조직적이고 기계화된 정기적 절멸을 '살인' 또는 '대량 학살'이라고 부를 수 없기 때문만이 아니라 그 주요 특징이 과거의 모든 경찰·정보원 테러와 정반대이기 때문이기도 하다. 폭정의 전체주의적 형태와 전통적인 형태 사이의 유사성이 아무리 두드러지게 보이더라도 기교의 유사점일 뿐이며 전체주의 지배의 초기 단계에만 적용된다. 정권은 혁명 단계와 권력을 장악하고 공고화하는 데 필요한 기술을 버린 후에만 진정으로 전체주의 성격을 띠게 된다. 물론 그 기술을 전혀 포기하지 않기에, 그 필요성은 다시 생겨날 것이다.

전체주의 연구자가 이러한 정부 형태를 그야말로 폭정과 동일시하는 훨씬 더 유혹적인 이유 — 그리고 각각의 구체적인 내용에 직접 영향을 미치는 유일한 유사점 — 는 전체주의 지배와 폭정 지배가 모두 권력을 한 사람의 수중에 집중시키고 그 사람이 이 권력을 사용하여 다른 모든 사람을 절대적이고 근본적으로 무력하게 만든다는 점이다. 게다가 고대 전설에 따르면 인류 전체가 단 하나의 머리만 가지기를 바랐다고 전해지는 로마 황제 네로의 비정상적인 욕망을 기억한다면, 우리는 스탈린이 히틀러와 같거나 어쩌면 더 큰 범위에서 사용했던 원칙, 즉 지배 인구 중 단 한 명만이 살아남을 뿐만 아니라 모든 인간 활동을 전반적으로 처리하는데 단 하나의 마음만 있으면 충분하다는 가정 아래 작동하는 이른바 총통 원칙에 대한 현재의 경험을 떠올리지 않을 수 없다. 그러나 전체주의와 폭정 통치가 가장 유사한 지점에서 가장 결정적인 차이가 분명하게 드러난다. 네로는 정신이 나가서 자신의 통치로 누리는 평온이 새로운 반대자에 의해 다시 위협받지 않도록 단 하나의 머리만을 원했다. 즉 그는 단번에 인류의 목을 베어버리고 싶었지만, 그것이 불가능하다는 것을 알고 있었다. 반면에 전체주의 독재자는 자기 자신을 인류 전체의 유일한 우두머리라고 생각한다. 즉 그는 총체적 지배를 시작하기 전에 전멸시켜야만 하는 반대파에만 관심을 가진다. 그의 궁극적인 목적은 통치의 평온이 아니라 히틀러의 경우 **자연**이나 **역사**의 모방이고 스탈린의 경우 **자연**이나 **역사**에 대한 해석이다. 그러나 우리가 보았듯이, 이것들은 끊임없는 작동을 요구하는 운동의 법칙이다. 이 법칙은 지배 결실의 한낱 여유로운 향유, 즉 폭정적 통치의 오랜 즐거움(동시에 폭군이 권력을 행사하는 데 관심이 없는 한계이기도 함)조차 정의상 불가능하게 한다. 전체주의 독재자는 폭군과 뚜렷하게 구별되며, 자신이 자의적인 의지를 집행할 수 있는 자유의지를 가진 자유로운 행위자라고 믿지 않고, 대신 자신보다 더 높은 법을 집행하는 사람이라고 믿는다. **자유**를 '필연성'에 대한 통찰과 이에 따르는 순응이라는 헤겔의 정의는 여기서 새롭고 무서운 실현을 발견했다. 전체주의 지배자는 이러한 법칙의 모방이나 해석을 위해 오직 한 사람만이 필요하고 다른 모든 사람, 다른 모든 정신과 의지가 엄격하게 불필요하다고 생각한다. 만약 우리가 전체주의 지배자들이 어떤 극단적인 망상증에 빠져서 인간 정신과 인간 의지의 모든 가능한 능력을 축적하고 독점했다고 믿는다면, 즉 그들이 실제로 자신들을 무오류의 존재로 생각한다고 믿는다면, 이러한 확신은 완전히 터무니없을 것이다. 간단히 말해서 전체주의적 지배자는 폭군이 아니며, 우리는 전체주의의 본성을 먼저 이해해야만 그 지배자를 이해할 수 있다.

그래도 전체주의적 지배가 과거의 폭정과 공통점이 거의 없다면, 전체주의 지배는 그것이 발전했고 자주 혼동되던 특정한 현대 독재정권과 아무런 관련이 없다. 파시스트 또는 공산주의 유형의 일당독재는 전체주의가 아니다. 레닌도 무솔리니도 전체주의적 독재자가 아니었고, 전체주의가 실제로 무엇을 의미하는지도 몰랐다. 레닌의 독재는 혁명적 일당독재였으며, 그 권력은 주로 당 관료 조직에 있었고, 티토는 오늘날 이것을 복제하려고 한다. 무솔리니는 주로 민족주의자였으며, 나치와는 대조적으로 강한 제국주의적 성향을 지닌 진정한 국가 숭배자였다. 이탈리아 군대가 더 나았다면, 그는 아마도 평범한 군사 독재자로 끝났을 것이다. 마치 군부 출신인 프랑코가 가톨릭교회의 도움과 제약을 받으며 스페인에서 자리를 잡으려고 했던 것처럼 말이다. 전체주의 국가에서 군대·교회·관료 그 어느 것도 권력을 행사하거나 제한할 위치에 있지 않았다. 즉 모든 행정권은 비밀경찰(또는 나치 독일의 사례와 볼셰비키당의 역사가 보여주듯이 경찰에 조만간 흡수되는 엘리트 집단)의 수중에 있다. 국가의 어떤 집단이나 기관도 그대로 남아있지 않다. 그들이 권력을 장악한 정권과 '협력하고' 겉으로는 지지해야 하기 때문만이 아니라 — 물론 충분히 나쁜 일이지만 — 장기적으로는 문자 그대로 살아남을 수 없기 때문이다. 어느 아름다운 날 체스를 위한 체스는 과거의 일이라는 말을 들은 소련의 체스 선수들이 그 예이다. 힘러가 친위대에게 진짜 나치가 스스로를 위해 수행할 수 있는 일은 없다고 강조한 것은 같은 정신이었다.

전체주의적 지배를 폭정과 동일시하고, 이것을 현대의 다른 독재 형태, 특히 일당독재와 혼동하는 것 이외에도, 전체주의가 더 무해하고 전례가 없거나 현대 정치 문제에 덜 관련성이 있는 것처럼 보이도록 하려는 세 번째 방법이 남아있다. 즉 독일이나 러시아의 전체주의 지배를 해당 국가에만 관련된 역사적 또는 다른 원인으로 설명하는 것이다. 물론 이러한 주장의 반대편에는 두 운동이 가장 존경받고 권위 있는 정보원들의 매우 강력하고 유익한 반대 선전에도 불구하고 자국 밖에서 거둔 무서운 선전의 성공이 있다. 소련의 강제수용소 혹은 아우슈비츠의 죽음의 공장에 관한 어떠한 정보도 두 정권이 유인하는 법을 알고 있는 무수한 동조자를 제지하지 못했다. 비록 우리가 이러한 매력의 측면을 논의하지 않는다고 하더라도, 이 설명에 반대하는 훨씬 진지한 주장이 있다. 즉 나치 독일과 소련은 역사적·경제적·이데올로기적·문화적 상황이 여러 면에서 거의 정반대에서 시작했지만, 구조적으로 동일한 특정 결과에 도달했다는 흥미로운 사실이 있다. 이 점은 쉽게 간과된다. 이 동일한 구조는 충분히 전개된 전체주의 지배하에서만 드러나기 때문이다. 이 지점은 독일과 러시아에서 다른 시기에 도달했을 뿐만 아니라 정치 활동과 다른 활동 분야도 다른 시기에 포착되었다. 이 어려움에 또 다른 역사적인 상황을 추가해야 한다. 소련은 1930년경에야 전체주의로 가는 길에 들어섰고, 독일은 1938년 이후에야 전체주의로 가는 길에 들어섰다. 그 시점까지 두 나라는 이미 많은 전체주의적 요소를 포함하고 있었지만, 여전히 일당독재로 간주될 수 있었다. 러시아는 모스크바 재판 이후, 즉 전쟁 직전에야 완전히 전체주의가 되었고, 독일은 전쟁 초기 몇 해 동안에야 완전히 전체주의가 되었다. 특히 나치 독일은 그 사악한 잠재력을 완전히 깨달을 시간이 없었는데, 그런데도 히틀러 본부의 회의록과 다른 그러한 문서를 연구하면 추론할 수 있다. 이러한 상황의 묘사는 나치 조직의 아주 소수의 사람만이 히틀러와 보르만의 계획[7]을 완전히 알고 있었다는 사실로 인해 더욱 혼란스러워진다. 소련은 전체주의 지배에서 훨씬 더 발전했지만, 문서 자료의 원천을 거의 제공하지 않아, 우리가 정확한 전반적인 추정과 결론에 도달할 만큼 충분히 알고 있음

---

7   옮긴이_ 마르틴 보르만(Martin Ludwig Bormann, 1900~1945)은 나치 독일의 정치가로 1941년 당 지도부의 의장으로 활동했으며 1943년 '지도자의 비서'로서 히틀러에게 상당한 영향을 미쳤다. 그는 홀로코스트와 슬라브족에 행해진 전쟁범죄, 그리고 인종 학살에 대한 은폐 계획을 적극적으로 추진했다. 히틀러의 자살 후 실종된 그는 1946년 뉘른베르크재판에서 결석재판으로 사형선고를 받았으며 도피 중 사망한 것으로 알려진다.

에도 불구하고 각각의 구체적인 요점은 항상 그리고 반드시 논쟁의 여지가 있다.

오늘날 우리가 알고 있는 볼셰비키와 나치 류의 전체주의는 다른 폭정과 마찬가지로 이웃 없고 외로움이 존재하는 사막을 만들려는 수단으로 테러를 사용한 일당독재로부터 발전하였다. 그런데도 잘 알려진 묘지의 평온을 얻을 때, 전체주의는 만족하지 않고 테러의 도구를 즉시 그리고 더욱 강력하게 객관적인 운동의 법칙으로 바꾸었다. 게다가 희생자를 선택할 때 개인의 행위나 사유에 관한 모든 언급이 전혀 없을 때, 두려움은 무의미해진다. 두려움은 전체주의 국가에서 확실히 만연한 분위기이지만, 더 이상 행위의 원리가 아니며 구체적인 행위에 대한 지침으로 사용될 수 없다. 전체주의적 폭정은 사람들을 고립과 원자화의 사막에 모아 놓고 묘지의 평온으로 끌어들인다는 점에서 전례가 없다.

인간 행위의 영역에서 취한 행위의 지도 원리 — 미덕·명예·두려움 등 — 는 테러에 의해 구현되는 운동을 본질로 하는 정치체를 작동시키는 데 필요하지도 않고 사용될 수도 없다. 그 대신 전체주의는 자유 행위로서 인간 행위를 완전히 배제하고, 행위에 대한 욕구와 의지 자체를 테러가 작동하는 운동 법칙에 대한 갈망과 통찰로 대체하는 새로운 원리에 의존한다. 인간은 **자연**이나 **역사** 운동을 촉진하기 위해 이 과정에 휘말리거나 던져진 채 그 내재적 법칙의 집행자나 희생자가 될 수 있을 뿐이다. 이 법칙에 따르면, 그들은 오늘날 '부적합한 인종과 개인' 또는 '죽어가는 계급과 퇴폐적인 국민'을 제거하려는 사람들이 될 수 있으며, 내일은 같은 이유로 스스로 희생되어야만 하는 사람들이 될 수 있다. 따라서 전체주의적 지배에 필요한 것은 행위의 원리가 아니라 개인이 사형 집행자의 역할과 희생자의 역할을 똑같이 잘 수행할 수 있도록 준비시키는 수단이다. 행위 원리의 대체물, 즉 이 위선적인 대비책이 바로 이데올로기다.

III. 행위 원리의 대체물: 이데올로기와 그 논리성

이데올로기 자체는 전체주의적이지 않다. 테러 자체가 전체주의적 통치에 국한되지 않는 것처럼 이데올로기의 사용은 전체주의 선전에만 국한되지는 않는다. 우리가 모두 슬프게도 배웠듯이, 이 이데올로기가 인종주의처럼 어리석고 진정한 영적 내용을 지니지 못하는지 또는 사회주의처럼 우리 전통의 최고로 가득 차 있는지는 중요하지 않다. 이데올로기는 새로운 유형의 전체주의 정권의 수중에서만 정치 행위의 원동력이 된다. 이는 이데올로기가 지배자의 정치 행위를 결정하며 이러한 행위를 통해 피지배 인구가 용인할 수 있게 만든다는 이중적인 의미에서 그렇다. 나는 이러한 맥락에서 모든 이데올로기를 삶과 세계의 모든 신비에 대한 핵심 설명을 찾았다고 주장하는 '주의(主義; ism)'라고 부른다. 따라서 인종주의나 반유대주의는 아리안족을 칭찬하고 유대인을 미워하는 데 그치는 한 이데올로기가 아니고 한낱 무책임한 의견일 뿐이다. 역사 과정 전체가 유대인들에 의해 비밀리에 조종되었다거나 영원한 인종 투쟁이나 인종 혼합 등에 의해 은밀히 종속되었다고 설명하려고 할 때만, 인종주의나 반유대주의는 이데올로기가 된다. 마찬가지로 사회주의는 계급투쟁을 묘사하고, 소외된 계층을 위한 정의를 설교하고, 사회의 개선이나 혁명적 변화를 위해 싸우는 한, 제대로 된 의미에서 이데올로기가 아니다. 사회주의 — 또는 공산주의 — 는 모든 역사가 계급투쟁이며, 프롤레타리아가 영구적인 법칙에 따라 이 투쟁에서 이겨야 하며, 그러면 계급 없는 사회가 올 것이고, 국가는 결국 사라질 것이라고 주장할 때만 이데올로기가 된다. 다시 말해, 이데올로기는 실제 경험과 더 이상 일치시키지 않은 채 과거와 미래의 모든 것을 설명한다고 주장하는, 삶과 세계를 설명하는 체계이다.

이 마지막 주장은 결정적이다. 현실과 경험으로부터의 이런 오만한 해방은 어떤 실제 내용보다도 훨씬 더 이데올로기와 테러 사이의 연관성을 예고한다. 이 연관성은 테러가 죄의 유무와 관계없이 모든 구성원을 동등하게 대상으로 한다는 점에서 전체주의 지배의 모든 것을 포괄하는 특징일 뿐만 아니라 전체주의 지배의 영속성을 위한 바로 그 조건이기도 하다. 이데올로기적 사유는 기존의 현실에 구애받지 않는 한에 있어서 모든 사실을 날조된 것으로 여기고, 따라서 진실과 거짓을 구별하는 신뢰할 만한 기준을 더 이상 알지 못한다. 예를 들어, 『검은 군단 Das Schwartz Korps』[8]은 이렇게 주장했다. 즉 모든 유대인은 여권이 없는 거지라는 진술이 사실이 아니라면, 우리는 이 진술을 사실로 만들기 위해 사실을 바꿀 것이다. 트로츠키라는 사람이 붉은 군대의 수장이었다는 사실은 볼셰비키가 모든 역사 교과서를 바꿀 수 있는 세계적인 힘을 갖게 되면 더 이상 사실이 아닐 것이다. 요점은 이렇다. 즉 모든 것을 하나의 지배적인 요소로 환원하는 이데올로기적 일관성은 한편으로는 세계의 비일관성과 다른 한편으로는 인간 행위의 예측 불가능성과 항상 충돌한다. 세계를 일관되게 만들고 유지하며, 즉 인간의 자발성, 특히 사유와 행위의 예측 불가능성을 잃을 정도로 인간을 지배하려면, 테러가 필요하다.

이러한 이데올로기는 누구도 전체주의라는 단어를 듣거나 개념을 구상하기도 전에 완전히 발전했다. 이데올로기가 총체성을 주장한다는 사실 자체에서 쉽게 알 수 있듯이, 이데올로기는 전체주의에서 역할을 하도록 미리 정해져 있다. 인종주의의 경우 수 세기 동안, 사회주의의 경우 수십 년 동안 지루한 토론의 대상이 되어 왔기 때문에 이해하기 쉽지 않은 것은 그 교의가 최고의 원리와 행위의 원동력이 된 이유이다. 사실, 전체주의 지배자들이 이 이데올로기를 사용하면서 발명하거나 발견한 유일한 새로운 장치는 일반적인 전망을 모든 활동을 지배하는 단일한 원리로 바꾸는 것이었

---

[8] 옮긴이_ 친위대의 공식 기관지로 매주 수요일에 발행되어 무료로 배포되었다. 발행인은 막스 아만(Max Amann)이었고, 편집장은 군터 달퀸(Gunter d'Alquen)이었다.

다. 스탈린이나 히틀러는 사회주의나 인종주의에 각각 단 하나의 새로운 사상을 추가하지 않았지만, 이러한 이데올로기는 그들의 손에서만 치명적으로 심각해졌다.

전체주의에서 이데올로기의 역할에 대한 문제가 완전한 의미를 얻는 것은 이 지점이다. 전체주의 운동의 이데올로기적 선전에서 새로운 점은 권력을 장악하기 전부터 이데올로기적 내용이 전체주의 조직의 도구를 통해 현실로 즉시 변모한다는 것이다. 나치 운동은 우연히 인종주의를 믿는 사람들을 조직하는 데 그치지 않고 객관적인 인종 기준에 따라 그들을 조직했다. 그래서 인종 이데올로기는 결코 단순한 의견이나 주장 또는 광신주의의 문제가 아니라, 우선 나치 운동의, 그다음에는 나치 독일의 실제 살아 있는 현실을 구성했다. 나치 독일에서는 음식의 양, 직업의 선택, 결혼할 여성은 인종적 생김새와 조상에 따라 달라졌다. 다른 인종주의자들과 달리, 나치는 인종주의의 진실을 믿지 않고 세계를 인종적 현실로 바꾸려고 했다.

스탈린이 소련의 혁명적 사회주의 독재를 완전한 전체주의 정권으로 대체했을 때, 이데올로기의 역할에서 비슷한 변화가 일어났다. 사회주의 이데올로기는 다른 모든 '주의'와 마찬가지로 우주의 모든 수수께끼에 대한 해답을 찾았고 최상의 체계를 인류의 정치 문제에 도입할 수 있다는 주장을 공유했다. 10월 혁명 이후 소비에트 러시아에서 새로운 계급이 출현했다는 사실은 당연히 폭력적 봉기 이후 계급 구조가 점진적으로 소멸해야 한다는 사회주의 이론에 큰 타격이었다. 스탈린이 계급으로 발전할 수 있는 모든 사회계층을 정기적으로 근절하여 계급 없는 사회를 수립하려는 살인적인 숙청 정책을 착수했을 때, 그는 비록 예상치 못한 형태이기는 했지만 죽어가는 계급에 대한 이데올로기적 사회주의 신념을 깨달았다. 나치 독일이 인종적으로 결정된 사회였던 것처럼, 소련도 계급 없는 사회라는 결과는 동일하다. 이전에는 단순한 이데올로기적 의견에 불과했던 것이 현실의 살아있는 내용이 되었다. 전체주의와 다른 모든 주의의 연관성은 전체주의가 다른 모든 것을 조직 원리로 삼고 그 교리에 따라 현실의 전체 구조를 바꾸려고 시도할 수 있다는 것이다.

그러한 변화로 가는 길에 있는 두 가지 큰 장애는 한편 인간의 예측 불가능성, 즉 근본적으로 신뢰할 수 없는 것, 다른 한편 인간 세계의 특이한 불일치이다. 이데올로기 자체가 진리가 아니라 의견 문제이기 때문에, 인간이 자기 생각을 바꿀 수 있는 자유는 크고 적절한 위험이다. 따라서 인간이 이데올로기적으로 결정된 인위적인 전체주의 세계에 적응하려면, 단순한 억압이 아니라 인간에 대한 총체적이고 확실한 지배가 필요하다. 총체적 지배 자체는 어느 주어진 이데올로기의 실제 내용과 전혀 무관하다. 누구나 어떤 이데올로기를 선택하든, 즉 인종주의나 사회주의 또는 다른 어떤 주의의 교리에 따라 세계와 인간을 변화시키려고 결정하든, 총체적 지배는 그와 무관하게 늘 필요하다. 그런 이유로 실제 내용과 기원, 객관적 상황이 서로 다른 두 체제가 결국에는 거의 같은 행정조직과 테러 조직을 구축할 수 있었다.

세계를 이데올로기에 따라 변화시키는 전체주의적 실험의 경우, 한 국가의 주민을 총체적으로 지배하는 것만으로는 충분하지 않다. 비전체주의 국가의 적대감이라기보다 오히려 전체주의 국가의 존재가 바로 이데올로기적 주장의 일관성에 직접적인 위협이 된다. 소련의 사회주의 또는 공산주의 체제가 다른 모든 체제보다 우월하다는 것이 사실이라면, 다른 체제에서는 지하철과 같은 훌륭한 것을 실제로 건설할 수 없다는 결론이 나온다. 따라서 소련 학교에서는 한때 모스크바 지하철 외에는 세상에 다른 지하철이 없다고 아이들에게 가르쳤다. 제2차 세계대전은 그런 명백한 불합리성을 중단시켰지만, 그것도 매우 일시적일 뿐이었다. 그런 주장의 일관성은 궁극적으로 전체주의 지배 아래 있는 지하철을 제외하고는 다른 어떤 지하철도 있을 수 없음을 요구할 것이기 때문이다. 따라서 다른 모든 지하철을 파괴하거나 지하철을 운영하는 국가를 전체주의의 지배 아래 두어야 한다. 공산주의의 세계혁명 개념에 내재한 세계 정복 주장은 나치의 지배 인종 개념에 내재했듯이 권력에 대한 욕망이나 자신의 세력에 대한 정신 나간 과대평가에서 비롯된 단순한 위협이 아니다. 실제의 위험은 다음과 같은 사실에 있다. 외부세계 전체가 유사한 제도를 채택하지 않은 채 모든 현실이 인간의 주관적인 예측 불가능성이나 항상 우연적인 사고에 공간을 열어 두는 인간 세계의 우연적 특성에 위협을 받지 않는 일관된 전체가 되는 것을 허용한다면, 전체주의 정권의 사실적이고 혼란스러운 세계는 오랫동안 생존할 수 없다.

전체주의 지배자 자신이나 그의 직속 부하들이 그의 추종자 및 피지배자 다수와 함께 각각의 이데올로기인 미신을 믿는지는 공개적이고 때로는 격렬한 논쟁의 문제이다. 문제의 교의가 너무 명백히 어리석고 저속하기에, 이 질문에 긍정적으로 대답하는 사람들은 히틀러와 스탈린과 같은 사람들의 거의 의심할 수 없는 자질과 재능을 부정하는 경향이 있다. 반면에, 이 질문에 부정적으로 대답하는 경향이 있는 사람들은 히틀러와 스탈린의 엄청난 기만성이 그들의 냉담과 무심한 냉소주의의 충분한 증거라고 믿으며, 또한 전체주의 정치의 기이한 계산 불가능성을 부인하는 경향이 있다. 전체주의 정치는 명백히 모든 자기 이익과 공통감의 규칙을 위반한다. 이런 기준으로 행위와 반응을 계산하는 데 익숙한 세계에서는 그런 계산 불가능성은 공공의 위험이 된다.

기록된 역사의 시초부터 정치적·사회적 죄악으로 여겨져 온 권력욕이 왜 갑자기 이미 알려진 모든 자기 이익과 유용성의 한계를 초월하여 인간을 있는 그대로 지배하려 하지 않고, 오히려 그들의 본성 자체를 바꾸려 하는 것일까? 다시 말해 무고하고 무해한 구경꾼을 살해하는 것뿐만 아니라, 그러한 살인이 권력 축적에 이익이 아니라 장애물일 때에도 그렇게 하는 것일까? 우리가 단순한 문구와 그 연관성에 사로잡히지 않고 실제 현상을 뒤돌아보면, 전체주의 정권이 매일 행사하는 총체적 지배는 '권력욕'과 같은 심리적 설명으로는 연결할 수 없는 심연으로 다른 모든 형태의 지배와 구별되는 것 같다.

전체주의 지배에서 명백한 자기 이익에 대한 이런 신기한 소홀함은 종종 사람들에게 일종의 잘못된 관념론으로 깊은 인상을 남겼다. 우리가 관념론을 단지 자기 이익과 공통감 동기의 부재로 이해한다면, 이런 인상은 어느 정도 진리의 가장 중요한 부분이다. 전체주의적 지배자의 '사심 없음'은 이제껏 자신의 자녀들 가운데서 후계자를 찾는 데 특별히 열심이었던 사람이 없었다는 기이한 사실을 통해서 가장 잘 드러날 것이다. (폭정 연구자에게 고전적 찬탈의 끊임없는 걱정에 시달리지 않는 변형을 우연히 대면하는 것은 주목할 만한 경험이다.)

전체주의 정권의 총체적 지배는 그 자체로 결코 목적이 아니다. 이런 측면에서 전체주의적 지배자는 국익이 아니라 권력을 위한 권력을 위해 게임을 했던 전임자들, 즉 권력 정치인들보다 더 '계몽되어' 있고 자신을 지지하는 대중의 바람과 욕망에 더 가까이 — 심지어 종종 명백한 재앙에 직면해서도 — 다가간다. 총체적 지배는 사람의 본성뿐 아니라 국민의 신체적 생존에 대한 무서운 공격에도 불구하고, 전례 없는 살인적 효율성을 지닌 옛날식 폭정 게임을 수행할 수 있다. 총체적 지배는 목적을 달성하기 위한 수단으로만 사용되기 때문이다.

나는 스탈린이 계급투쟁과 무계급 사회(반드시 세계혁명은 아니었지만)를 믿듯이, 히틀러도 인종 투쟁과 인종적 우월성(반드시 독일 국민의 인종적 우월성은 아니지만)을 믿었다고 생각한다. 그러나 세계관으로 확장된 자의적 의견에 따라 형성되었을 전체주의 정권의 특성을 고려할 때, 전체주의 지배자들이나 이들을 둘러싼 측근이 설교의 실제 내용을 믿지 않을 가능성은 매우 높다. 전체주의 지배의 조건 아래에서 교육받은 새로운 세대는 어떻게든 그러한 믿음과 불신을 구별하는 능력조차 다소 잃은 것처럼 보일 때가 있다. 만약 그렇다면, 전체주의 지배의 실제 목적은 상당 부분 달성되었을 것이다. 즉 전체주의 지배의 목적은 체제를 지탱하기에 너무 신뢰할 수 없는 신념을 폐지하고, 이 체제가 다른 모든 체제와 달리, 인간이 자발적인 사유와 행위를 하는 존재인 한, 인간을 쓸모없게 만든다는 점을 증명했을 것이다.

이러한 신념이나 비신념, 즉 이러한 '관념론적' 확신이나 계산의 기저에는 완전히 다른 성질의 또 다른 신념이 있다. 실제로 전체주의 지배자들뿐만 아니라 전체주의 노선에 따라 사유하고 행위하는 사람들도 자신들이 알고 있든 아니든 이 또 다른 신념을 공유하고 있다. 이 신념은 '**인간**man'의 전지전능에 대한 신념이며 동시에 '**사람들**men'의 잉여성에 대한 신념이다.[9] 즉 이 신념은 모든 것이 허용되고, 훨씬 더 끔찍하게도 모든 것이 가능하다는 신념이다. 이런 조건 아래에서 이데올로기의 근원적 진실 또는 허위 문제는 그 관련성을 상실한다. 만일 서양철학이 현실이 곧 진리라고 ― 이것이 물론 '사물과 지성의 일치aequatio rei et intellectus'의 존재론적 기초이기 때문이다 ― 주장했다면, 전체주의는 이 주장에 따라 우리는 현실을 만들어낼 수 있는 한 진리도 만들어낼 수 있다고 다음과 같이 결론을 내렸다. 즉 모든 사물이 우리의 산물이기 때문에, 우리는 현실이 자신을 드러내고 우리에게 그 참된 모습을 보여줄 때까지 기다릴 필요가 없고, 처음부터 그 구조가 우리에게 알려진 현실을 만들어낼 수 있다. 다시 말해, 이데올로기를 현실로 바꾸는 전체주의적 변형의 밑바탕에는 그것이 참이든 아니든 진리가 될 것이라는 확신이 깔려 있다. 현실에 대한 이러한 전체주의적 관계 때문에 진리 개념은 그 의미를 잃었다. 일단 고안된 전체주의 운동의 거짓말과 전체주의 정권이 저지른 위조는 진리와 거짓의 구별을 배제하는 이런 근본적인 태도에서 비롯된 부차적인 것이다.

---

9 옮긴이_ 아렌트는 다른 글에서 추상화된 존재를 'Man'으로 표기하지만 여기서는 이탤릭체 '*man*'으로 표기했다. 반면에, 기본적으로 각기 특이성을 지닌 다원적인 존재로서 인간을 항상 복수 'men'으로 표기한다.

권력이나 인간적으로 이해할 수 있는 다른 죄악을 위해서가 아니라 바로 이러한 목적, 즉 거짓된 세계 질서를 위해 전체주의는 총체적 지배와 세계 지배를 요구하며, 인류의 길고 죄악스러운 역사에서 전례 없는 범죄를 자행할 준비가 되어 있었다.[10]

히틀러와 스탈린이 각자의 이데올로기에 대해 수행한 작업은 단순히 이것들을 아주 심각하게 받아들이는 것이었다. 이는 그들의 허세 섞인 함의를 논리적으로 극단까지 몰고 가서 일반인의 눈에는 터무니없이 어리석어 보일 정도까지 끌어올렸다는 것을 의미했다. 당신이 부르주아지는 노동자들의 이익에 적대적일 뿐만 아니라 죽어가고 있다고 진심으로 믿는다면, 당신은 분명히 모든 부르주아지를 죽일 수 있을 것이다. 유대인이 다른 사람들의 적일 뿐만 아니라 실제로 해충이며, 본성적으로 해충으로 창조되었고, 따라서 '이(虱; lice)'나 빈대와 같은 운명을 겪도록 예정되어 있다는 격언을 문자 그대로 받아들인다면, 당신은 유대인의 박멸을 위한 완벽한 주장을 세운 것이다. 행위의 영감으로서 이런 엄격한 논리성은 전체주의 운동과 전체주의 정부의 전체 구조에 스며든다. 히틀러와 스탈린이 똑같이 좋아했던 가장 설득력 있는 주장은 A를 말한 사람은 반드시 B와 C를 말해야 하며 궁극적으로 알파벳의 마지막 글자로 끝나야 한다는 것이다. 이러한 종류의 추론을 방해하는 모든 것 — 즉 현실, 경험, 그리고 일상적인 인간관계와 상호 의존의 그물망 — 은 무시된다. 심지어 공동의 자기 이익에 대한 조언조차도 극단적인 경우에서 이런 운명을 공유한다. 즉 이는 히틀러가 전쟁을 수행하는 방식에서 거듭 증명되었다. 하나의 받아들여진 전제에서 시작하는 단순한 논리 — 히틀러가 즐겨 사용한 "얼음처럼 냉철한 추론"이

10　엮은이_ 이 단락과 앞의 10개 단락은 「이데올로기와 선전(Ideology and Propaganda)」이란 제목의 원고에서 발췌한 것이다.

란 최상의 재능 — 가 항상 궁극적인 지도 원리로 남아있다.

그렇다면 우리는 전체주의 정부에서 몽테스키외의 행위 원리가 이데올로기로 대체되었다고 말할 수 있다. 지금까지 우리는 두 유형의 전체주의에 직면했지만, 각 유형은 이미 많은 대중에게 호소력이 입증된 이데올로기적 신념에서 출발했으며, 따라서 두 가지 모두 대중을 움직이게 하고 행위를 고취시키는 데 매우 적합하다고 여겨졌다. 그러나 지난 30년 동안 이러한 대중과 개별 구성원에게 실제로 무슨 일이 일어나고 있거나, 아니면 일어났는지 자세히 살펴보면, 우리는 많은 사람이 빨간 셔츠에서 갈색 셔츠로, 그게 잘 안되더라도 다시 빨간 셔츠로, 얼마 지나지 않아 다시 갈색 셔츠로 갈아입는지 당황스러울 정도로 쉽게 알아차릴 것이다.[11] 이러한 변신은 우리가 평소에 사람들이 나쁜 경험을 한번 한 뒤에 셔츠 착용을 완전히 포기하는 것을 보고 싶어 하는 열망과 희망에서 우리가 일반적으로 인정하는 것보다 훨씬 더 많이 일어난다. 이러한 변신은 사람들을 행위하게 만드는 것이 입증 가능한 내용을 갖춘 이데올로기가 아니라 내용과 거의 무관하게 그 자체로 추론의 논리성임을 보여주는 듯하다. 이것은 이데올로기가 사람들을 선험적으로 모든 것이 알려진 바보의 낙원으로 유인하여 실제 경험과 현실의 충격에서 벗어나도록 가르친 다음, 다음 단계는 그렇게 하지 않았다면 그 낙원의 내용에서 벗어나도록 이끌겠다는 것을 의미한다. 즉 그들을 더 현명하게 만드는 것이 아니라 한낱 추상적인 논리적 연역과 결론의 광야로 그들을 더 오도하는 것이다. 그것은 이제 호소하는 '이상'인 인종이나 인종에 기반을 둔 사회의 성립도 아니고, 계급이나 무계급 사회의 성립도 아니며, 어느 하나만 받아들이면 잡히는 순수 논리적 조작의 살인적인

---

11 옮긴이_ 빨간 셔츠는 공산주의자를, 갈색 셔츠는 나치 당원을 상징한다. 1920~1933년 갈색 셔츠를 입은 돌격대원은 히틀러의 집권에 핵심적인 역할을 했다. 이를 저작의 주제로 부각한 다음 자료를 참조할 것. Torsten Homberger, *The Honor Dress of the Movement: A Cultural History of Hitler's Brown Shirt Uniform, 1920~1933*(Cambridge: MIT Press, 1921).

그물망이다. 이런 셔츠를 바꾸는 자들은 자신들이 어떤 내용을 받아들이든 — 어떤 영원한 법칙을 믿기로 하든 — 일단 첫걸음을 내디디면 아무 일도 더는 일어날 수 없고 구원받았다는 생각으로 스스로를 위로하는 것 같다.

무엇으로부터 구원받았는가? 우리는 아마도 전체주의의 본성, 즉 테러의 본질과 논리성 원리를 다시 한번 살펴보면 그 해답을 찾을 수 있을지도 모른다. 이 두 가지는 합쳐지면 전체주의의 본성이 된다. 테러의 가장 끔찍한 측면은 테러가 완전히 고립된 개인들을 하나로 묶는 힘을 지니고 있으며, 그렇게 함으로써 이 개인들을 더욱더 고립시킨다는 점이다. 이는 자주 언급되었으며 전적으로 사실이다. 히틀러와 스탈린은 폭정의 모든 역사적 사례에서 공동 관심으로 뭉친 모든 사람의 집단이 총체적 지배의 최대 위협이라는 것을 배웠을 것이다. 고립된 개개인만이 총체적으로 지배될 수 있다. 히틀러는 이미 원자화된 사회의 확고한 기반 위에 자신의 조직을 세웠고, 그 사회를 인위적으로 더욱 원자화했다. 스탈린은 같은 결과를 얻기 위해 농민을 피비린내 나게 제거하고, 노동자를 뿌리째 뽑고, 행정조직과 당 관료를 반복해 숙청할 필요가 있었다. '원자화된 사회'와 '고립된 개인'이라는 용어는 사람들이 가시적이고 유형적인 영역을 공유하지 않고 어느 것도 공유하지 못한 채 함께 살아가는 상태를 의미한다. 공동주택, 즉 아파트의 주민들이 이 특정 건물을 공유함으로써 하나의 집단을 형성하는 것처럼, 우리는 모든 정상적인 의사소통 통로와 함께 일반적인 삶을 제공하는 정치 및 법적 기관의 힘으로 사회·국민·국가 등의 사회집단이 된다. 아파트 거주자들이 어떤 이유에서든 건물이 철거되면 서로 고립되듯이, 우리 제도의 붕괴 — 즉 정치적·물리적 '고향 상실Heimatlosigkeit'[12]과 영적·사회적 뿌리

---

[12] 옮긴이_ '고향 상실'에 해당하는 독일어는 'heimatlosigkeit'로, 영어로는 'homelessness'로 표기된다. 16세기에 이르러 'Heim'은 개별 주택 또는 농장으로, 'Heimat'는 부족의 더 넓은 '고향(patria)'을 나타낸다. 여기서 확대되어 '조국(Vaterland)' 또는 '고국'으로 표현되기도 한다. 그러나 영어 'home'은 가정·집·거처(거주지)·안식처·원산지 등으로 번역되기에, 'homelessness'는 주거지 상실·노숙·고향 상실 등으로 번역될 수 있다.

상실의 지속적인 증대 — 는 우리가 모두 겪고 있는 이 시대의 거대한 집단적 운명이지만, 그 강도와 비참함의 정도는 매우 다르다.

우리가 말한 의미의 테러는 사람들이 두려워할 만한 것이 아니라 개인의 완전한 무력감을 당연하게 여기고 그의 행위나 공로와 전혀 무관하게 그에게 승리나 죽음, 경력이나 강제수용소에서의 죽음을 제공하는 삶의 방식이다. 이러한 대중이 쇠퇴한 사회의 결과이든 계산된 정치의 결과이든 상관없이, 테러는 끊임없이 성장하는 대중의 상황에 완벽하게 들어맞는다.

그러나 테러 자체만으로 충분하지 않다. 테러는 적합하지만, 영감을 주지 않는다. 전체주의 운동에서 이데올로기의 특이한 논리성을 이런 관점에서 관찰한다면, 우리는 이 조합이 왜 그렇게나 엄청나게 가치 있는지 더 잘 이해할 수 있다. 인간의 모든 것을 지배하는 영원한 법칙이 있고, 각 인간에게 완전한 순응만을 요구하는 것이 사실이라면, 자유는 단지 조롱거리일 뿐이며, 사람을 올바른 길에서 멀어지게 하는 함정에 불과할 것이고, 고향 상실도 어떤 인식 가능한 보편적 법칙을 따르겠다는 결정에 의해 치유될 수 있는 환상, 즉 상상물일 뿐이다. 그런 다음 마지막으로 또 하나 중요한 점은 인간 정신의 조화가 아니라 단 한 사람만이 이러한 법칙을 이해하고 모든 변화 상황에 부합하는 방식으로 인류를 구축하는 데 필요하다는 것이다. 한 사람의 '인식'만으로도 충분할 것이며, 다양한 인간적 재능이나 통찰력이나 진취성은 그야말로 불필요할 것이다. 인간의 접촉은 중요하지 않으며, 법의 '지혜'에 입문한 사람이 확립한 틀 내에서 완벽한 기능성을 유지하는 것만이 중요할 것이다.

논리성은 고립된 인간에게 호소하는 것이다. 완전한 고독 속에서 동료 인간들과 어떤 접촉도 없이, 그리하여 실제적인 경험의 가능성도 없는 상태에서 인간은 추론의 가장 추상적인 규칙 이외에 의지할 수 있는 것이 없기 때문이다. 논리성과 고립 사이의 밀접한 관계는 마르틴 루터의 비교적 덜 알려진 성서 구절의 해석에서 강조되었다. 이 구절에서 하느님이 '사람

Man'을 남자와 여자로 창조하신 것은 "사람이 혼자 있는 것이 좋지 않기 때문"이라고 말한다. 루터는 "외로운 사람은 항상 한 가지에서 다른 것을 추론하고 모든 것을 최악의 결론으로 이끈다"고 말한다.[13]

사실과 경험에 대한 고려 없이 그저 추론하는 것, 즉 논리성은 고독의 진정한 악덕이다. 그런데 고독의 악덕은 외로움의 절망에서 비롯될 뿐이다. 이제 인간의 접촉이 단절되었을 때 ―우리 공동의 집이 무너졌거나, 단순한 기능성이 점점 더 확대되어 인간관계의 실제 문제, 즉 실체가 천천히 침식당했거나, 이전의 붕괴로 인해 발생한 혁명적 재앙의 발전을 통해 ― 그 세계에서 외로움은 더 이상 '내성적' 혹은 '외향적'과 같은 아름답고 무의미한 용어로 다루어야 할 심리적 문제가 아니다. 고향 상실과 뿌리 상실의 수반 현상으로서 외로움은 인간적으로 말하자면 우리 시대의 질병 그 자체이다. 물론 여러분은 모든 사람이 불필요한 존재로 여겨지고 동료들로부터 그렇게 인식되는 사회에서 비인간적인 저주로부터 함께 벗어나려고 공동체가 제공하는 의사소통 통로의 도움 없이 공중에 있는 듯이 서로에게 집착하는 사람들 ― 그 수는 점점 더 줄어들고 있다 ― 을 여전히 볼 수 있다. 그러나 이 곡예 공연은 전체주의 선전에 빠진 사람들을 어리석거나 사악하다거나 정보가 부족하다고 비난하거나 무시할 때마다 우리 주변에서 자라나는 절망에 대해 무엇을 증명하는가? 이들은 그런 종류의 사람들이 아니다. 그들은 고독의 악덕에 중독되어 외로움의 절망에서 벗어났을 뿐이다.

고독과 외로움은 같지 않다. 우리는 고독 속에서 결코 혼자가 아니라 우리 자신과 함께한다. 고독 속에서 우리는 늘 '하나 속의 둘two-in-one'이다. 즉

---

13 「왜 고독을 피해야만 하는가?(Warum die Einsamkeit zu fliehen?)」, 『교화서(*Erbauliche Schriften*)』. 옮긴이_ 관련 내용은 다음과 같다. "반면에 외로움은 우울과 슬픔을 유발합니다. 그러면 몸과 영혼에 해를 끼치는 온갖 악이 떠오르고, 인간은 혼자서 부지런히 움직이며 악이 무엇인지 생각합니다. 그리고 불행이 그를 압박하고 두렵게 할 때, 그는 그것이 너무 가혹하고 위험하다고 상상하여 자신보다 더 불행한 사람은 없다고 생각하며, 또한 자신이 예측하고 상상하는 것만큼 상황이 악화되어 이렇게 나쁜 결과를 낳을 사람도 없습니다."

우리는 다른 사람들과 함께함으로써만 명확한 특성의 풍부함과 한계 속에서 하나의 완전한 개인이 된다. 우리의 개체성이 변할 수 없고 틀림없는 하나인 한, 우리는 전적으로 다른 사람들에게 의존한다. 자신과 함께 하는 고독은 다른 사람과의 접촉을 포기할 필요가 없으며 완전히 동료 인간 외부에 있지도 않다. 오히려 고독은 우정이나 사랑과 같은 어떤 뛰어난 형태의 긴밀한 관계, 기존의 인간적인 의사소통 통로를 초월하는 모든 긴밀한 관계를 위해 우리를 준비시킨다. 고독을 견딜 수 있고 자기 자신과 함께할 수 있다면 다른 사람과의 교제를 견디고 준비할 수 있지만, 다른 사람을 견디지 못하는 사람은 보통 자기 자신도 견디지 못할 것이다.

동반자 관계의 가장 큰 은총은 이러하다. 즉 이 은총은 동반자 관계를 개별적으로 함으로써 하나 속의 둘을 구원해준다. 우리는 개인으로서 서로를 필요로 하며, 어떤 물리적 또는 정치적 사고로 인해 동반자를 잃게 되면 외로워진다. 외로움은 인간이 고독의 이중성에서 벗어날 수 있는 동반자를 찾지 못하거나, 개체성을 위해 끊임없이 다른 사람을 필요로 하는 개인으로서 인간이 다른 사람들로부터 버려지거나 분리될 때 발생한다. 후자의 경우, 그는 자신의 동료에 의해서도 버림받은 채 홀로 남겨진다.

위대한 형이상학적 문제 — 신·자유·불멸성에 관한 탐구(칸트의 경우처럼) 또는 인간과 세계, 존재와 무, 삶과 죽음에 관한 탐구 — 는 늘 고독 속에 있을 때, 즉 인간이 자신과 홀로 있고 그러므로 잠재적으로 모든 사람과 함께 있을 때 질문으로 제기된다. 인간이 당분간 자신의 개체성에서 벗어난다는 사실 자체는 모든 사람이 다른 방식으로 제기된 질문을 초월하는 무시간적인 질문을 제기할 수 있게 해준다. 그러나 인간이 개인으로서 자기 자신으로부터 버림받고 사람들의 혼돈 속에서 길을 잃었을 때, 외로움 속에서 그런 질문을 제기하지 못한다. 외로움의 절망은 바로 '말못함dumbness'이며, 대화를 허용하지 않는다.

고독은 외로움이 아니지만, 쉽게 외로움이 될 수 있으며, 심지어 더 쉽게 외로움과 혼동될 수 있다. 외로움의 절박한 필요성에서 벗어나 고독 속으로, 자신과 함께할 수 있는 힘을 찾아 다른 사람들과 끊어진 관계를 회복하는 사람들보다 더 어렵고 드문 것은 없다. 니체가 외로움에 관한 위대하고 절박한 시를 다음과 같은 말로 마무리한 행복한 순간에 일어난 일이다. "**정오에 하나가 둘이 되었고, 차라투스트라는 내 곁을 지나쳤다.**"[14]

고독의 위험은 자기 자신을 잃은 것인데, 그 결과 누군가는 모든 사람과 함께 있는 대신에 문자 그대로 모든 사람에게 버림받는 것이다. 이것은 전문적인 철학자의 위험이다. 그는 진리를 탐구하고 우리가 형이상학이라고 부르는 문제(실제로 모든 사람이 관심을 갖는 유일한 질문)와 관련된 관심 때문에, 자기 자신과 함께 있고 따라서 모든 사람과 함께 있는 것, 고독을 일종의 작업 조건으로 필요로 한다. 그러므로 고독의 본질적인 위험인 외로움은 철학자에게 직업적인 위험이기도 하다. 우연히도 이 위험은 철학자가 정치 혹은 정치철학을 신뢰할 수 없는 이유 중 하나이다. 철학자들은 거의 드러내지 않은 최고의 관심사 — 즉 홀로 남겨져 고독을 보장받고 시민으로서 의무를 수행하는 데 방해가 되는 모든 방해로부터 해방되는 것 — 를 원할 뿐만 아니라, 이러한 관심은 자연스럽게 시민에게 행위를 기대하지 않는 폭정에 동조하도록 이끌었다. 그들의 고독 체험은 자기 자신과는 홀로 있지 않고는 실현할 수 없는 모든 관계에 대한 특별한 통찰력을 주었지만, 인간과 인

---

14 엮은이_ "정오에 하나가 둘이 되었고, 차라투스트라는 내 곁을 지나쳤다." 아렌트는 기억에 의존해 인용하고 있다.
옮긴이_ 질스 마리아(Sils Maria)는 스위스의 도시 이름으로 엥가딘의 질스(Sils im Engadin)라고도 불린다. 이 명칭은 니체의 시 제목이기도 하다. 니체는 이곳에서 1881년부터 1888년까지 매년 여름(1882년 예외) 머물면서 여러 작품을 집필했다. 출처는 다음과 같다. (「질스 마리아(Sils-Maria)」, 『즐거운 학문(*Die Froliche Wissenschaft*)』)
나는 여기 앉아 기다리곤 했다. 그러나 아무것도 없었다(Hier sass ich, wartend, wartend, – doch auf Nichts),/ 선과 악을 넘어 곧 빛이(Jenseits von Gut und Böse, bald des Lichts)/ 즐기고 있어, 이제 그림자는, 그냥 놀고 있어 (Geniessend, bald des Schattens, ganz nur Spiel),/ 호수 전체, 정오 내내, 목적지 없이 항상. (Ganz See, ganz Mittag, ganz Zeit ohne Ziel)./ 거기 갑자기 여자친구! 하나 둘이 되었어요-(Da, plötzlich, Freundin! wurde Eins zu Zwei) –/ 그리고 차라투스트라는 나를 지나쳤다(Und Zarathustra gieng an mir vorbei)…

간을 구성하는 영역 사이의 더 일차적인 관계는 단순히 인간 다수가 있다는 사실에서 비롯된 것일 수도 있다는 사실을 망각하도록 만들었다.

우리는 이러한 성찰의 서두에서 정치 현상의 본질이나 본성을 이해하는 것으로 만족해야 한다고 말했다. 즉 우리는 이미 승리했거나 승리를 눈앞에 둔 국가뿐만 아니라 모든 사회를 우려하고 궁극적으로 위협하는 일반적인 경향의 위험 징후로 정치 현상을 분석하는 데 성공해야만 전체 시대의 가장 내밀한 구조를 결정하는 정치 현상의 본성을 이해할 수 있다. 우리 눈앞에 적나라하게 놓인 전체주의의 위험 ─ 분명히 이 위험은 단순히 전체주의 정부에 대한 승리만으로 극복되지 않음 ─ 은 뿌리 상실과 고향 상실에서 발생하며, 아울러 외로움과 잉여성의 위험이라고 할 수 있다. 물론 외로움과 잉여성은 모두 대중사회의 증상이지만, 그렇다고 해서 그 진정한 의미가 소진되는 것은 아니다. 비인간화는 두 가지 모두에 내포되어 있으며, 강제수용소에서 가장 끔찍한 결과를 초래하지만 강제수용소가 설립되기 전부터 존재했다. 원자화된 사회에서 우리가 알고 있는 외로움은 내가 성경의 인용문과 루터의 해석을 통해 보여주려고 했던 것처럼, 인간 조건의 기본 요건과 상반되는 것은 사실이다. 단순히 물질적이고 감각적으로 주어진 세계에 대한 경험조차도 마지막 분석에서 한 사람이 아니라 복수의 사람이 지구에 살고 있다는 사실에 달려 있다. …

여우 하이데거*

1953

하이데거는 큰 자부심을 갖고 이렇게 말한다. "사람들은 하이데거가 여우라고 말한다." 이것은 여우 하이데거의 정확한 이야기이다.

옛날 옛적에 교활함이 너무 부족해서 함정에 계속 걸렸을 뿐만 아니라 함정과 함정 아닌 것의 차이도 알 수 없는 여우가 있었다. 이 여우는 또 다른 결함도 있었다. 털에 문제가 있어서 여우가 생존하는 데 따르는 어려움 때문에 자연적으로 보호를 받을 수 없었다. 그는 젊은 시절 내내 함정을 헤매며 지냈고, 이제는 말하자면 온전한 털 한 조각도 남지 않은 상황에서 여우는 여우 세계에서 완전히 물러나 굴을 파기로 결심했다. 함정과 함정이 아닌 것의 차이에 대한 충격적인 무지 속에서, 함정에 대한 엄청난 경험에도 불구하고, 그는 여우들 사이에서는 전혀 새롭고 들어보지 못한 이념을 생각해냈다. 즉 그는 자신의 굴로 함정을 만들었다. 그는 교활해서가 아니

---

* 1953년 아렌트의 『사유 일기(*Denktagebuch*)』에서 발췌한 내용이다. 이것은 그녀가 자기 생각과 다른 작가들의 인용문을 기록한 노트이다. 영어 번역은 로버트와 리타 킴버가 했다.
  옮긴이_ 이 글은 1953년 7월 일기 [7]에 있다. Arendt, *Denktagebuch*, Erster Band, p. 403.

라 항상 남의 굴을 자신의 굴로 생각했기 때문에 그 안에 자신을 넣고 평범한 굴이라고 속인 다음, 자신만의 방식으로 교활해져서 자신이 만든, 자신에게만 맞는 함정을 남에게 갖추어 주기로 결심했다. 이것은 함정에 대한 엄청난 무지를 다시 한번 보여주었다. 즉 아무도 그의 함정에 들어가지 않을 것이다. 그가 직접 함정에 앉아 있었기 때문이다. 이것은 그를 짜증나게 했다. 결국, 모든 여우는 교활한데도 불구하고 때때로 함정의 덫에 걸린다. 여우 함정, 특히 함정에 대한 경험이 누구보다 많은 여우가 만든 함정이 인간과 사냥꾼의 함정에 맞지 않는 이유는 무엇일까? 분명히 이 함정이 함정임을 충분히 명확하게 드러내지 않았기 때문이다! 그래서 우리 여우는 자신의 함정을 아름답게 장식하고 모든 곳에 "모두 여기 오세요. 이것은 함정이에요. 세상에서 가장 아름다운 함정이에요"라고 분명하게 쓰인 표지판을 걸기로 했다. 이 시점에서 여우가 실수로 이 함정에 빠질 수 없다는 것이 분명해졌다. 그런데도 많은 여우가 왔다. 이 함정은 우리 여우의 굴이었고, 그가 있는 곳을 방문하고 싶다면 그의 함정으로 들어가야 했다. 물론 우리 여우를 제외한 모든 사람은 다시 빠져나올 수 있었다. 문자 그대로 자신의 몸무게에 맞게 잘려나간 것이다. 그러나 덫에 갇혀 살던 여우는 자랑스럽게 말했다. "내 함정에 찾아오는 사람이 너무 많아서 내가 여우 중에서 최고가 되었어." 그리고 그 말에는 어느 정도 진실이 있다. 평생 함정에 앉아 있는 사람보다 함정의 본질을 더 잘 아는 사람은 없다.

공산주의의 이해

1953

발데마르 구리안의 『볼셰비즘: 소련 공산주의 입문』[1]에 관한 이 서평은 『파르티잔 리뷰』(제2권 5호, 1953년 9~10월호)에 게재되었다. 이 서평은 아렌트가 이 시기 마르크스 사상의 의미에 점점 더 관심을 가졌다는 중요한 단서를 제공하지만, 구리안 자신에 대해 느낀 감정의 깊이를 암시하지는 않는다. 그녀는 독일에서 1930년대 초반부터 이 "낯선 사람", 즉 "세상에 전혀 익숙하지 않은 낯선 사람이자 동시에 현실주의자"를 알고 있었다. 구리안의 삶은 아렌트에게 20세기의 어둠을 밝혀준 삶 중 하나였다. 『어두운 시대의 사람들Men in Dark Times』에 수록한 「발데마르 구리안 1903~1954년」[2]을 참조할 것.

---

[1] 옮긴이_ 서지사항은 다음과 같다. Waldemar Gurian, *Bolshevism: An Introduction to Soviet Communism*(Notre Dame, Indiana: University of Notre Dame Press, 1952). 책의 구성은 다음과 같다. 서론/ Ⅰ. 사회·정치 종교로서 볼셰비즘/ Ⅱ. 볼셰비즘의 소련 현실/ Ⅲ. 세계 권력으로서 볼셰비즘/ 결론/ 부록: 문서와 원자료. 구리안이 이 책을 아렌트에게 기증한 사실은 바드대

내가 아는 한, 이 책은 볼셰비즘에 대한 가장 좋은 분석적 역사서이다. 이 책은 약 100쪽 분량으로, 이 주제에 관한 연구자 대부분의 연구 결과를 매우 정확하게 요약하고, 부록에는 신중하게 선택한 문서와 원자료를 수록했다.[3] 이 자료의 일부는 러시아어에서 원래 번역된 것이다. 전반적으로, 소비에트 체제의 기본적 교의와 이데올로기적 의미에 중점을 두고 있다.

간결함은 역사가의 일반적인 미덕은 아니다. 이 간결함은 어디서 이루어지든 평생 연구하며 자료를 완벽하게 통달하고 정확한 적실성 감각을 유지할 때 비로소 보상으로 드러난다. 이 자질은 구리안의 연구 곳곳에서 드러난다. 그러나 그의 주제는 역사가에게 특별한 어려움을 주는 종류이다. 소비에트 체제에 관한 모든 연구는 가장 신뢰할 수 있는 전문가가 준비하더라도 결정적인 자료의 부족으로 어려움을 겪는다. 러시아 기록보관소는 한 번도 공개된 적이 없으며, 우리는 볼셰비키 정권이 사실적인 역사편찬을 기술할 수 있는 일반적인 종류의 문서 증거를 남길 것인가를 알 수 없다. 현대 역사가들은 사회과학의 영향으로 불행히도 자료 자체에 관심을 크게 잃었다. 이는 소비에트 체제에 관한 문헌이 늘어나면서 점점 더 분명해지고 있는데, 우리는 소비에트 체제에 대해 아는 바가 거의 없어서 계속 2차 자료에 의존할 수밖에 없다. 많은 학자는 이런 확실한 문서 증거의 부족으로 인해 러시아 정부의 자료를 받아들이고 볼셰비키의 선전에 굴복하게 되었다. 이는 단순히 볼셰비키의 선전이 정권 희생자들의 개인적 체험이나 전직 관료들의 엄청난 자백보다 더 신뢰할 만한 것으로 보이기 때문이다.

학 아렌트 도서관이 공개한 pdf 파일 사본을 통해서 확인할 수 있다.
2 옮긴이_ 아렌트의 에세이는 전기 형식을 취하고 있다. 러시아 태생의 독일계 유대인, 독특한 외모와 고결한 품성, 영혼과 이념의 투쟁을 중심으로 구리안의 삶을 특징화하고 있다. 홍원표 옮김, 『어두운 시대의 사람들』(파주: 한길사, 2019), 411-425쪽을 참조할 것.
3 옮긴이_ 부록에 수록된 자료는 다음과 같다. Ⅰ. 마르크스-레닌주의의 기본 원칙(변증법적 유물론, 역사 과정, 국가와 프롤레타리아 독재, 제국주의)/ Ⅱ. 전술(혁명을 위한 성숙, 조종하기, 테러의 사용)/ Ⅲ. 정당/ Ⅳ. 비공산권과의 관계/ Ⅴ. 문화정책과 교육정책(일반적 목적, 문화생활의 통제, 종교에 대한 투쟁)/ Ⅵ. 러시아 민족주의와 소비에트 애국심.

구리안은 결코 이 함정에 빠지지 않았다. 그 문제와 관련한 그의 해결책은 가능한 한 사실적인 서사를 회피하고 이데올로기 분석에 집중하는 것이었다. 이 접근방법에는 한 가지 큰 단점이 있다. 즉 사건 자체를 실제로 설명하지 않는다는 점이다. 크론슈타트 반란[4]과 같은 더 결정적인 사건조차도 피상적으로 다루기 때문이다.

이러한 상황의 본질에서 원래는 작업가설로만 설계된 일반적인 가정은 곧 최종 판단과 결론의 지위를 차지한다. 이는 이 주제에 관한 전체 문헌에 스며들어 있으며, 저자들은 대부분 이것이 사실이라는 점을 알지도 못한다. 현행 연구의 한 가지 장점은 볼셰비즘의 본성에 관한 대부분의 역사적·사회학적 연구가 기반을 둔 원칙이 명확하게 표현되고 일관되게 따른다는 것이다. 이러한 원칙은 다음과 같이 열거될 수 있다.

(1) 사상과 정치적 태도의 계보는 마르크스에서 레닌과 스탈린으로 이어진다. 마르크스는 레닌이 실천적인 관점으로 옮기고 스탈린이 실행한 이론을 발견하고 공식화한 사람이다. 전략(마르크스)은 전술적 수단의 개발(레닌)로 이어지며, 사전 계획(스탈린)의 실행으로 종결된다. 물론 구리안은 매우 신중하고 많은 자격을 갖추고 있어 이 주장을 고수하지만, 근본적으로 마르크스와 스탈린 사이에 원칙의 차이가 없다는 데 동의한다.

(2) 볼셰비즘은 종교적인 관점에서 이해된다. "볼셰비키들은 … 전통 종교의 신자들이 신에 귀속시켰던 것을 사회 발전의 과학적 법칙에 돌린다." (신과 역사 법칙의 이러한 대상물(代償物); quid pro quo)은 신의 존재나 역사 법칙의 존재를 과학적으로 입증할 수 없다고 믿는 모든 사람을 지금까지 설득한 듯하다.) 이 새로운 세속 종교가 정권의 위대한 변명으로 받아들여지는지(관련된 '관념론' 때문에) 아니면 더

---

[4] 옮긴이_ 크론슈타트(Kronstadt) 반란은 1921년 3월 2일 비볼셰비키 좌익 봉기 사건이다. 스테판 페트리첸코가 이끌었으며, 수병들과 시민들이 참여한 이 봉기는 볼셰비키 경제정책의 실패, 식량 부족 및 악화된 상황으로 촉발되었다. 그러나 "볼셰비키 없는 소비에트"라는 구호를 내걸고 궐기한 크론슈타트의 수병과 시민은 17일 동안의 격전 끝에 볼셰비키 정부에 의해 3월 18일 진압되었다.

자주 일어나는 것처럼 진정한 유물론의 왜곡으로 받아들여지는지는 저자의 개인적인 종교적(또는 반종교적) 신념에 달려 있다. 그러나 최근에는 볼셰비즘이란 세속 종교가 진정한 신앙의 대체물, 즉 세속화된 사회에서 자라난 유일한 위대한 현대적 이단으로 이해된다. 본 연구의 논제인 이 후자의 맥락에서 '세속 종교'의 등장 자체는 인간의 종교적 필요성의 불가피성을 보여주는 증거이자 전통 종교를 버리는 것에 대한 최고의 정치적 경고로 제시된다.

(3) 새로운 내재론적 신조는 현대의 세속화된 세계와 그 고유한 경향의 논리적 산물이다. 초월적 척도를 잃고 궁극적인 목표가 지상에 이르고 실현될 수 있다고 믿는 정치적 삶은 어떤 형태의 전체주의로 끝날 수밖에 없다.

여기서는 이러한 판단의 타당성에 문제를 제기할 곳이 아니다. 각각의 판단은 현대의 정치적 상황이 직면한 진정한 곤경에 해당하며, '가치판단'이기 때문에 사실과 출처 자체로 증명하거나 반증할 수 없다. 이들은 모두 작업가설이다. 내 생각에 이들이 공리적 가치판단이 된 한 가지 이유는 판단의 근거가 되는 자료가 매우 부족하기 때문이다. 그러나 이들의 기원을 성찰하는 것은 흥미롭다. 우연히도, 이는 우연이 아닐 수 없지만, 세 가지 모두 마르크스주의의 이데올로기적 입장이나 볼셰비즘 자체의 역사적 자기해석에서 유래할 수 있다. 사실, '평가'와 강조점만 변경된다.

레닌이 자신을 단순한 전술가로 이해했다는 점은 의심의 여지가 없다. 즉 그는 마르크스의 혁명 전략을 변화하는 상황과 변화된 상황에 충실하게 적용했다. 스탈린이 자신의 모든 행위를 정당화하기 위해 마르크스와 레닌을 인용했을 가능성도 매우 크다. 단순히 또는 주로 선전 목적으로만 사용하지는 않았다. 학자들이 조사하기 오래전에, 볼셰비키의 자기 해석은 이미 마르크스에서 레닌으로, 스탈린으로 이어지는 끊이지 않는 선을 독단으로 격상시켰다.

세속 종교 또는 정치 종교의 이론적 기원을 파악하는 것은 다소 훨씬 더 어렵다. 이는 정치에서 이데올로기의 역할을 설명하기 위한 것이다. 모든 종교를 지배계급의 이익을 은폐하려는 이데올로기적 상부구조로 처음 체계적으로 '설명한' 사람은 물론 마르크스였다. 그는 종교를 오로지 사회현상으로 보았기 때문에 종교의 기능에는 관심이 있었지만, 종교의 실질적인 내용은 꾸준히 무시했기 때문에 그렇게 할 수 있었다. 사회과학은 한 걸음 더 나아가 인간 삶의 모든 물질적·지적·영적 요소를 사회적 기능과 관계로 분해했다. 사회과학이 전통 마르크스주의와 구별되는 점은 이러하다. 즉 사회과학은 프롤레타리아의 이익을 위한 사유가 어떤 마법에 의해 '진실'이 될 수 있고 단지 이데올로기가 아니라는 점을 믿지 않는다. 다시 말해, 사회과학은 마르크스에게 반박하여 마르크스주의도 역시 이데올로기이며 마르크스가 그 이데올로기적 특성을 폭로한 종교보다 더 좋지도 나쁘지도 않다고 말할 수 있다.

이런 사회적 맥락에서만 보면, 이데올로기와 종교는 동일하다. 즉 이들은 모두 같은 기본적인 사회적 요구를 충족시키는 것처럼 보인다. 신이 없는 '세속 종교'라는 개념은 모든 종교에 대한 마르크스의 파괴적인 비판에 근거해서만 가능하다. 즉 그의 핵심 요점은 인용된 속류적인 공식 문구 "종교는 인민의 아편이다"(분명히 종교는 다른 모든 것과 마찬가지로 선용하거나 악용될 수 있다)가 아니라 신의 이념 자체가 인간의 자기소외로 이어진 사회적 조건에서 유래했다는 주장이다. 마르크스가 신의 존재에 대한 종교적 주장을 진지하게 받아들이지 않았던 것처럼, '세속 종교'라는 용어는 누구든 무신론의 이데올로기적 주장을 진지하게 받아들일 필요가 없다는 것을 함축한다.

구리안은 사회과학의 상대성을 회피하려고 한다. 여기서 사물은 모두 동등하게 기능하면 결국 동등한 가치를 지니게 된다. 이는 전통 종교와 새로운 세속 종교 사이의 왜곡된 관계를 강조함으로써 가능하다. 세속 종교는 원래 초월적인 내용을 단순히 '세속화'했을 뿐이며, 그 진리는 바로 초월적인 것에 있다. 이 주장은 계급 없는 사회가 신의 왕국 등의 세속화된 왜곡에 불과하다는 것을 강조한다. 이것이 역사적으로 사실이든 아니든, 전통 종교에 대한 지지와 세속 종교에 대한 반대는 사회적으로나 심리적으로 종교 없이는 살 수 없다는 가정에 근거하기 때문에 여전히 약하다. 이 가정은 반종교적 태도를 종교적이라고 부르는 용어를 사용하게 한다. … 이 논쟁 자체는 신앙과 무신론을 가르는 심연을 인정해야만 정면으로 마주할 수 있다. 마르크스가 사회과학의 아버지라고 불리는 것은 당연한 일인데, 현대 세계에서 그의 승리는 아마도 그의 방법론이 반대론자들에 의해 수용된 것만큼 분명하게 드러난 곳은 없을 것이다.

마지막으로, 레닌이 마르크스와 모든 교육받은 마르크스주의자들처럼 세속화된 서양 사상의 진정한 상속자라는 것을 자랑스러워했음은 기록에 남아있다. 요점은 분명히 마르크스주의 사상이 여전히 마르크스 자신이 깨달은 것보다 더 큰 정도로 서양 전통에 굳건히 뿌리를 두고 있다는 것이 아니라, 세속 세계가 불가피하게 마르크스주의 사상의 습관을 받아들이고 있다는 것이다.

구리안의 연구가 제시한 볼셰비즘에 대한 견해의 큰 유혹이자 어느 정도 정당화되는 점은 인종주의에 반하는 공산주의가 위대한 정치사상 전통에 내재한 요소를 포함하고 있다는 사실에 있다. 볼셰비키 전체주의가 마르크스에서 레닌에 이르기까지 우리가 알고 있는 공산주의를 추월하고 청산한 전환점은 인식하기 어렵고 소비에트 체제의 발전이 끝나기 전에는 정확하게 위치를 알아내기 어렵다. 그동안 조심스럽게 작업가설을 적용하고 학문적으로 큰 명성을 얻은 구리안의 진술은 우리의 현재 지식과 주제에 대한 이해에 확실한 시험으로 간주될 수 있다.

종교와 정치

1953-1954

이 글은 원래 "자유 세계와 공산주의 사이의 투쟁은 기본적으로 종교적인가?"라는 질문, 즉 주제로 개최된 하버드대학교 학술회의에서 발표하기 위한 논문으로 준비되었다. 이 원고는 『합류Confluence』 제2권 3호(1953)에 게재되었다. 쥘 모네로는 『합류』 제2권 4호(1953)에 편집장이었던 헨리 키신저에게 보낸 편지에서 아렌트의 글에 대한 답변을 게재했다. 모네로는 이 편지에서 아렌트가 "**종교와 이데올로기**를 혼동한다고 자신을 비난한다"고 언급하면서 두 용어를 정의하지 못했다고 아렌트를 반박했다. 아렌트의 반론은 『합류』 제3권 1호(1954년)에 게재되었다.[1]

---

1 옮긴이_ 서지사항은 다음과 같다. Hannah Arendt, "Religion and Politics," *Confluence*, Vol. 2, no. 3(September 1953), pp. 105-26; "Arendt's reply to criticism of her article by Jules Monnerot," *Confluence*, Vol. 3, no. 1(1954), pp. 118-120. 쥘 모네로(Jules Monnerot, 1911~1995)는 프랑스 수필가이자 언론인이다. 저서로는 『공산주의 사회학(*Sociologie du communisme*)』(1949), 『비극의 법칙(*Les Lois du tragique*)』(1969), 『혁명의 사회학(*Sociolgie de la révolution*)』(1969) 등이 있다. 세속 종교 개념을 둘러싸고 아렌트와 논쟁했다.

자유 세계와 전체주의 세계 사이 투쟁의 놀라운 부산물 중 하나는 종교적 관점에서 갈등을 해석하려는 강력한 경향이다. 우리가 듣고 있듯이, 공산주의는 새로운 '세속 종교'이며, 자유 세계는 이에 대항하여 자신의 초월적인 '종교 체계'를 방어한다. 이 이론은 그 직접적인 계기보다 더 큰 의미를 지닌다. 즉 이 이론은 교회와 국가가 분리된 이후 추방된 '종교'를 공공-정치 문제의 영역으로 다시 끌어들였다. 같은 이유로, 그 옹호자들은 종종 이를 알지 못하지만, 이 이론은 종교와 정치의 관계라는 거의 잊힌 문제를 다시 한번 정치학의 의제로 올려놓았다.

I. 종교와 이데올로기의 동일시 문제[2]

새로운 정치 이데올로기를 정치 종교 또는 세속 종교로 해석하는 것은 비록 우연은 아니지만 역설적으로 모든 종교를 한낱 이데올로기로 비난한 마르크스의 잘 알려진 주장을 따랐다. 그러나 그 진정한 기원은 훨씬 더 오래되었다. 공산주의가 아니라 무신론이 새로운 종교로 비난받거나 칭찬받은 최초의 '주의ism'였다.[3] 이것은 도스토옙스키와 그 이후 많은 작가가 실체를 부여하기 전까지는 재치 있는 역설에 불과한 것처럼 들렸고, 원래는 그랬어야 했다. 무신론은 신의 비존재를 증명할 수 있다는 다소 어리석은 주장 그 이상의 것이었기 때문이다. 즉 무신론은 근대인이 신에 대한 실제적인 반항을 의미하는 것으로 여겨졌다. 니체의 말에 따르면, "신이 **있다면**,

---

[2] 옮긴이_ 원본에는 숫자가 표기되어 있지만, 독자의 이해를 돕고자 소제목을 붙였으므로 최종적인 이해는 독자의 몫이다.

[3] 엥겔스는 1840년대 파리에서 사람들이 "그러니까, 무신론이 바로 당신의 종교군요"라고 말하곤 했다고 전한다. 그는 "종교가 없는 사람은 괴물로만 생각할 수 있기" 때문이라고 생각했다. 자세한 내용은 다음 자료를 참조할 것. "Feuerbach and the End of Classical German Philosophy," in *Karl Marx and Frederick Engels, Selected Works*(London: Lawrence and Wishart Ltd., 1950), II, p. 343.

내가 어떻게 신이 되지 않을 수 있겠는가?"**4**

무신론을 종교라고 부르는 근거는 세속화 시대의 종교적 믿음의 본질과 밀접하게 연결되어 있다. 17세기 자연과학이 부상한 이래로, 신앙은 불신과 마찬가지로 그 근원을 회의에서 찾았다. 키르케고르의 유명한 믿음으로의 도약 이론은 파스칼에서 유래했으며, 파스칼이 데카르트의 "**모든 것을 의심해야 한다**De omnibus dubitandum est"**5**에 대답하려 했던 것처럼, 모든 것은 의심의 여지가 있다. 그들은 보편적 회의란 불가능하고 자기 모순적이고 자기 파괴적인 태도이며, 회의 자체가 회의의 대상이기 때문에 인간의 이성에 적합하지 않다고 주장한다. 키르케고르에 따르면, "믿음이 세상에 회의를 가져온 것과 마찬가지로, 회의는 지식을 통해서가 아니라 믿음을 통해 패배한다."**6** 회의에서 믿음으로 도약하는 근대의 신앙과 회의에서 불신으로 도약하는 근대의 무신론은 다음과 같은 공통점이 있다. 즉 양자는 근대의 영적인 세속주의에 기반을 두고 있으며, 폭력적인 해결책을 통해 본질적인 난제를 단번에 회피했다. 실제로 회의에서 믿음으로의 도약은 흔히 전문적인 계몽주의자들의 진부한 주장이나 전문적인 무신론자들의 저속한 주장보다 진정한 믿음을 훼손하는 데 더 많은 역할을 했을 수 있다. 회의에서 믿음으로의 도약은 회의를 믿음으로 이끌 수밖에 없었고, 그래서 종교적 삶 자체는 우리가 도스토옙스키의 위대한 심리학적 걸작에서 알고 있는, 무신론적이고 불경스러운 회의와 믿음 사이의 기묘한 긴장을 가정하기

---

4   엮은이_ *Thus Spoke Zarathustra*, II, "Upon the Blessed Isles."
5   파스칼이 데카르트에 부정적으로 의존했다는 사실은 너무 잘 알려져 더는 설명이 필요하지 않다. 『요하네스 클리마쿠스 혹은 모든 것은 의심해야 한다(*Johannes Climacus or De omnibus dubitandum est*)』는 키르케고르의 가장 초기 원고(1842/3년 겨울)에 속한다. 키르케고르는 영적 자서전 형식으로 이 한 문장이 그의 삶 전체에서 결정적인 역할을 했으며, 헤겔로부터 데카르트에 대해 알게 된 이후 데카르트와 함께 철학 연구를 시작하지 않은 것을 유감스럽게 생각한다고 말한다(75쪽). 헤겔의 데카르트 해석에 따라 그는 그 안에서 근대 철학의 원리와 시작, 그리고 그 정수를 보았다. 이 소논문은 덴마크판에 포함되어 있다. *Kierkegaard's Collected Works*, 1909, vol. IV. 나는 볼프강 스트루베의 독일어 번역본(다름슈타트, 1948)을 이용했다.
6   *Ibid.*, p. 76.

시작했다.

우리의 세계는 영적으로 세속적인 세계이다. 바로 이 세계가 회의의 세계이기 때문이다. 우리가 진정으로 세속성을 없애고자 한다면, 우리는 현대 과학과 이것에 의한 세계의 변형을 없애야 한다. 현대 과학은 있는 그대로의 것에 대한 경이, 즉 '타우마자인thaumadzein'에 기반을 둔 고대 과학과 달리 회의의 철학에 기반을 두고 있다. 인간의 감각과 이성에 모습을 드러내는 우주의 기적을 경탄하는 대신, 우리는 사물이 보이는 그대로가 아닐 수도 있다고 회의하기 시작했다. 우리는 감각 지각을 불신하기 시작했을 때 비로소 모든 일상적 경험과는 달리 지구가 태양을 공전한다는 사실을 발견할 수 있었다. 외관에 대한 이러한 기본적인 불신, 즉 외관이 진실을 드러낸다는 이러한 불신에서 근본적으로 다른 두 가지 결론이 도출될 수 있었다. 즉 "신이 없는 인간의 비참함에 대한 인식"[7] 또는 진리 자체는 결코 계시가 아니라 끊임없이 변화하는 작업가설 양태의 과정이라는 현대 과학의 실용주의적 확언은 "감각은 종종 거짓된 모습으로 이성을 속인다les sens abusent la raison par de fausses apparences"[8]는 파스칼의 절망에서 비롯되었다.

어떤 회의 과정과 작업가설도 우주의 본질에 대한 수수께끼와 인간 자신에 대한 더욱 불안한 수수께끼에 만족스러운 대답을 전혀 얻을 수 없다는 근대의 종교적 통찰은 신의 존재 문제에 대한 질문이 (인정하건대 제한적인) 인

---

[7] *Ibid.*, No. 75, p. 416.
[8] *Pensées*, ed. Jacques Chevalier, La Pléiade, Paris, 1950, No. 92, p. 370. 이 문단 전체는 파스칼의 믿음이 안전한 지식의 가능성에 대한 절망에 얼마나 깊이 뿌리를 두고 있었는지를 더욱 분명하게 보여준다. 즉 "인간은 은총 없이는 지워지지 않는 자연적 오류로 가득 찬 존재일 뿐이다. 아무것도 그에게 진리를 보여주지 않는다. 모든 것이 그를 기만한다. 이성과 감각, 이 진리의 두 원리는 각기 진실성을 결여하고 있을 뿐만 아니라 상호 간에 기만한다. 감각은 그릇된 외양으로 이성을 기만한다. 그리고 감각은 이성에게 가한 것과 똑같은 기만을 이번에는 이성으로부터 당한다. 이성은 복수하는 것이다. 정신의 정념들은 감각을 혼란에 빠뜨리고 감각에 그릇된 인상을 준다. 그것들은 서로 경쟁하듯 속이고 농락한다." 파스칼은 다른 곳과 마찬가지로 이성 역시 오류의 근원일 뿐이라고 말하고 있지만 오류의 주된 근원은 감각(이성은 단지 '복수'할 뿐)이며, 감각 지각과 감각적 열정이라는 이중적 의미에서 감각이라는 것은 분명하다.

간 지식의 가능성과 무관하다고 가정해야 하는 과학적 낙관주의에 반대한다. 그러나 이러한 통찰은 근대 세계의 기저에 놓여 있는 지식에 대한 갈증과 신적 계시나 자연적 계시의 형태로 진리를 드러내는 현상의 능력에 대한 근본적 믿음의 상실을 다시 한번 드러낼 뿐이다. 근대적 회의의 종교적 특성은 여전히 신의 섭리가 아닌 사악한 영혼이 인간의 지식에 대한 갈증에 한계를 정하고, 더 높은 존재가 고의로 우리를 속일 수 있다는 데카르트의 회의에 분명히 있다.[9] 칸트가 철학적으로 증명했듯이, 이러한 의혹은 안전에 대한 열정적인 욕망에서만 비롯될 수밖에 없기 때문에,[10] 사람들은 인간의 사유와 행위의 자유가 불안하고 제한된 지식의 조건 아래에서만 가능하다는 사실을 잊었다.

근대의 종교적 믿음은 순수한 신앙과는 구별된다. 그 믿음은 지식이 가능하다는 것을 회의하는 사람들의 '알고 있다는 믿음'이기 때문이다. 많은 인물을 통해 믿음과 회의 사이의 근대의 종교적 긴장을 우리에게 보여준 위대한 작가가 『백치 The Idiot』의 등장인물에서만 진정한 신앙의 모습을 보여줄 수 있었다는 점은 주목할 만하다. 근대의 신앙인은 자신의 무신론적 적대자처럼 정확히 동일한 세속적 세계에 속해 있다. 그는 세속화의 세계에서 "백치"로 존재하지 않기 때문이다. 회의와 믿음 사이의 긴장을 지탱할 수 없는 근대의 신자는 즉시 자기 믿음의 성실성과 심오함을 잃을 것이다. 무신론을 종교라고 부르는 명백한 역설의 정당화는 간단히 말해서 가장 위대한 근대의 종교 사상가들 — 파스칼·키르케고르·도스토옙스키 — 이

---

9 Descartes, *Princeples*, No. 5. 우리는 모든 것을 회의해야 한다. "주로 우리를 창조한 하느님은 원하는 것은 무엇이든 하실 수 있다는 말을 들었지만, 어쩌면 우리가 항상 실수하는 것을 원하지 않았는지 여전히 알 수 없다. … 실제로 우리가 가끔 실수하도록 허용하였으니 … 왜 우리가 항상 실수하도록 허용하지 않을 수 없는가?"

10 Descartes, *Discours de la Méthode*, Première Partie. "**그리고 나는 항상 진리와 거짓을 구별하고, 내 행위를 분명히 보고, 이생에서 자신감을 갖고 살아가는 법을 배우고 싶은 강한 열망을 갖고 있었다.**"(굵은 활자 부분은 강조).

무신론적 경험에 대해 정신적으로 친숙했던 데서 유래한다.

그러나 우리의 질문은 공산주의를 종교라고 부를 때 신자와 비신자 모두에게 같은 용어를 사용할 권리가 있는지 여부가 아니라, 공산주의 이데올로기가 무신론을 종교로 인정하는 데 형식적인 타당성 이상의 가능성을 부여한 회의와 세속주의의 동일한 범주와 동일한 전통에 속하는지 여부이다. 그리고 이것은 사실이 아니다. 무신론은 공산주의의 주변적 특징이며, 공산주의가 역사의 법칙을 안다고 주장하더라도 "전통 종교의 신자들이 신에게 귀속시킨 것"[11]을 역사의 법칙에 귀속시키지 않는다.

이데올로기로서 공산주의는 무엇보다도 초월적 신의 존재를 부정하더라도 무신론과 같지는 않다. 공산주의는 종교적 질문에 구체적으로 답하려고 하지 않지만, 이데올로기적으로 훈련된 추종자들이 결코 그러한 질문을 하지 않도록 한다. 더욱이 역사 운동을 설명하는 데 항상 관심을 두는 이데올로기는 신학과 같은 종류의 설명을 제공하지 않는다. 신학은 인간을 합리적 존재로 취급한다. 인간은 질문을 던지며, 이성을 초월한 것을 믿어야 하는 존재라고 할지라도 그의 이성은 화해를 필요로 한다. 이데올로기와 정치적으로 효과적인 전체주의 형태의 공산주의는 다른 어떤 것보다도 인간을 마치 의식이란 재능을 부여받았기에 추락하는 동안 뉴턴의 중력 법칙을 관찰할 수 있는 떨어지는 돌인 것처럼 취급한다. 이 전체주의 이데올로기를 종교라고 부르는 것은 전적으로 부당한 찬사일 뿐만 아니라, 볼셰비즘

---

[11] 발데마르 구리안은 『볼셰비즘(*Bolshevism*)』(노트르담: 노트르담대학교출판사, 1952)이란 탁월한 역사서에서 볼셰비키-공산주의 운동을 "사회적·정치적 세속 종교로" 이해하는 이유를 주로 다음과 같이 제시한다. "전통 종교의 신자들이 신에게 돌리는 것과 기독교인들이 예수 그리스도와 교회에 돌리는 것을 볼셰비키는 사회적·정치적·역사적 발전의 과학적 법칙에 돌리는데, … 그들은 마르크스와 엥겔스, 레닌과 스탈린이 확립한 교리에서 이 법칙을 공식화했다. 따라서 그들이 이러한 교리적 법칙을 수용하는 것은 … 세속 종교로 특징지을 수 있다."(5쪽) 오직 신을 세계의 과정을 설명하는 '이념'으로 사용하는 이신론자나, 신이 존재하지 않는다고 가정함으로써 세계의 수수께끼를 해결할 수 있다고 믿는 무신론자들만이 이런 식으로 전통적 개념을 세속화하는 죄를 지었다.

이 서양 역사에서 성장했지만 더는 회의와 세속화의 전통에 속하지 않으며, 그 교리와 행위가 자유 세계와 지구상의 전체주의적 지역 사이의 명백한 심연을 열어 놓았음을 간과하게 만들기도 한다.

아주 최근까지 이 모든 문제는 전문용어에 대한 논쟁에 불과했고, 공언된 반종교적 정치 운동에 '정치 종교'라는 용어를 사용하는 것은 말장난에 불과했다.[12] 일부 자유주의 동조자들은 러시아의 "거대한 새로운 실험"에서 무슨 일이 일어나고 있는지 이해하지 못했기 때문에 특히 그 용어를 좋아했다. 얼마 후 스탈린의 레닌 신격화나 볼셰비키 이론의 경직성이 '중세 스콜라주의' 방법을 연상시키는 것처럼 보이는 실망한 공산주의자들이 이 용어를 사용했다. 그러나 최근에는 "정치 종교 또는 세속 종교"라는 용어가 두 가지 뚜렷한 사유 및 접근방법의 추세에 의해 채택되었다. 첫째, 세속 종교는 문자 그대로 우리 현대 세계의 영적 세속성에서 성장한 종교이며, 공산주의는 "내재론적 이단"의 가장 급진적인 견해일 뿐이라는 역사적 접근방법이 있다.[13] 둘째, 이데올로기와 종교를 하나의 동일한 것으로 취급하는 사회과학의 접근방법이 있다. 그들은 공산주의(또는 민족주의나 제국주의 등)가 자유 사회에서 우리 종교 교파가 수행하는 것과 동일한 '기능'을 추종자들에게 수행한다고 믿기 때문이다.

---

12 내가 알기로는 이 용어는 1938년 에릭 푀겔린의 소책자 『정치 종교(*Die Politischen Religionem*)』에서 현대의 전체주의 운동과 관련하여 명확한 용어적 의미로 등장했으며, 그는 자신의 유일한 전임자인 알렉산더 울라르의 『정치학(*Die Politik*)』(게젤샤프트출판사의 총서, 부버 편집, 제3권)을 인용하고 있다. 후자는 모든 정치적 권위가 종교적 기원과 본성을 가지고 있으며 정치 자체는 필연적으로 종교적이라고 주장한다. 그의 주장은 주로 원시 부족 종교에서 비롯된 것으로, 그의 전체 주장은 다음 문장으로 요약될 수 있다. "기독교인의 중세 신은 사실 괴물 같은 차원의 토템에 불과하다. … 호주 원주민이 캥거루의 자식인 것처럼, 기독교인은 그의 자식이다." 푀겔린은 자신의 초기 저서에서 여전히 자신의 주장을 정당화하기 위해 티베트 종교의 예를 사용한다. 그는 나중에 이런 추론 방식을 완전히 포기했지만, 이 용어는 원래 인류학 연구에서 유래한 것이지 서양 전통에 대한 해석에서 유래한 것이 아니라는 점이 주목할 만하다. 이 용어의 인류학적이고 부족 심리학적 의미는 사회과학에서 사용하는 데 여전히 매우 분명하다.

13 지금까지 가장 뛰어나고 사려 깊은 설명은 다음 저작에 나타난다. Eric Voegelin, *The New Science of Politics*(Chicago: The University of Chicago Press, 1952).

II. 전체주의에 대한 역사적 접근방법의 장단점

역사적 접근방법의 가장 큰 장점은 다음과 같은 사실을 인식한다는 점이다. 전체주의 지배가 서양 역사에서 단순히 비참한 사고가 아니며, 그 이데올로기는 자기 이해와 자기비판의 관점에서 논의해야 한다는 점을 인식하는 것이다. 이 접근방법은 세속주의와 세속 세계의 본질에 대한 이중적 오해라는 단점이 있다.

세속주의는 우선 정치적인 의미와 영적인 의미를 모두 가지고 있다. 두 가지가 반드시 같은 것은 아니다. 정치적으로, 세속주의는 종교의 교리나 제도가 공적으로 구속력 있는 권위를 갖지 않고, 반대로 정치적 삶이 종교적 제재를 받지 않는다는 것을 의미한다.[14] 이는 수 세기 동안 종교에 의해 신성하게 존중된 우리의 전통적 '가치', 즉 법률·관습·판단 기준의 권위의 근원에 대한 중대한 질문을 제기한다. 그러나 종교와 권위의 오랜 동맹이 권위 개념 자체가 종교적 성격을 지닌다는 것을 증명하지는 않는다. 오히려, 내 생각으론 권위는 전통에 기반을 두고 있는 한에서 로마의 정치적 기원을 두고 있으며, 교회가 로마제국의 정치적·영적 상속자가 되었을 때만 교회가 권위를 독점했을 가능성이 훨씬 더 크다. 분명히 우리의 현재 위기가 드러내는 주요 특징 중 하나는 모든 권위의 붕괴와 우리 전통의 끊어진 실이지만, 그렇다고 해서 위기가 주로 종교적이거나 종교적 기원을 두고 있다고 단정할 수는 없다. 교회가 무엇보다도 공공기관이라는 점에서 우리의 현재 위기는 교회의 권위를 위태롭게 했지만, 반드시 전통적 신앙의 위

---

14 나는 로마노 과르디니가 최근에 한 말에 전적으로 동의한다. 즉 세계의 세속성, 우리의 일상적인 공적 존재가 "신의 힘에 대한 의식이 없다"는 사실은 "개인이 점점 더 종교적이지 않게 되고 있다는 것을 의미하지 않는다. 그러나 공적 의식은 종교적 범주에서 점점 더 멀어지고 있다"는 것이다. 그러나 나는 그가 종교가 존재하는 곳에서는 "내면의 세계로 물러나고 있다"는 결론을 내리지 않는다. 최근 『더블린 서평(Dublin Review)』(런던)의 한 논문에서 광범위한 발췌문을 게재한 『공화국(Commonweal)』(제58권 13호, 1953년 7월 3일)을 인용했다.

기를 의미하는 것은 아니다.

내 생각에 두 번째 오해는 더 명백하고 더 관련성이 있다. 자유 개념(그리고 이것은 주로 자유 세계와 전체주의 사이의 투쟁이다)은 분명히 종교적 기원을 갖지 않는다. 자유를 위한 투쟁이 기본적으로 종교적이라는 해석을 정당화하려면, 자유가 우리의 현재 '종교 제도'와 양립할 수 있다는 점을 보여주는 것만으로는 충분하지 않고, 자유에 기반한 제도가 종교적이라는 것을 증명해야 한다. 그리고 루터의 "그리스도인의 자유"에도 불구하고 이는 실제로 어려울 것이다. 기독교가 세계에 가져온 자유는 정치**로부터의** 자유, 전적으로 세속 사회의 영역 밖에 있고 남아 있을 수 있는 자유, 즉 고대 세계에서는 들어보지 못했던 것이었다. 기독교도 노예는 그가 기독교도인 한, 세속적 어려움으로부터 자유로울 때만 자유로운 인간으로 남았다. (이것이 또한 기독교 교회가 노예 문제에 무관심한 채 신 앞에 모든 사람이 평등하다는 교리를 고수할 수 있었던 이유이기도 하다.) 따라서 기독교의 평등이나 자유는 그 자체로 "국민의, 국민에 의한, 국민을 위한 정부"라는 개념이나 정치적 자유에 대한 다른 현대적 정의로 이어질 수 없다. 기독교가 세속 정부에 가지는 유일한 관심은 자체의 자유를 보호하고, 권력자들이 다른 자유들 가운데 정치로부터의 자유를 허용하도록 하는 것이다. 그러나 자유 세계는 자유란 "카이사르의 것은 카이사르에게, 하느님의 것은 하느님에게"를 뜻하지 않고, 한때 카이사르의 것이었던 일을 모든 사람이 처리할 수 있는 권리를 뜻한다. 우리가 공적 삶에 있어서 다른 어떤 것보다 자유를 더 중시한다는 사실 자체는 우리가 종교 세계에서 공적으로 살고 있지 않다는 것을 증명한다.[15]

---

15 이 투쟁이 기본적으로 종교적이라고 말하는 것은 우리가 자유 이상을 주장하고자 한다는 점을 의미할 수도 있다. 그러나 이것은 자유 이상의 정의가 아무리 관대한 것으로 판명되더라도 매우 위험할 것이다. 그것은 우리를 일종의 영적 내전에 끌어들일 수 있으며, 우리는 '종교'에 반하는 모든 것을 우리의 공동 투쟁에서 제외할 것이다. 그리고 이 분야에서와 마찬가지로 다른 모든 분야에서도 무엇이 양립할 수 있고 무엇이 양립 불가능한지 한번에 정의할 구속력 있는 권위가 없기에, 우리는 끊임없이 변화하는 해석에 휘말릴 것이다.

공산주의 정권이 종교 기관을 폐지하고, 종교에 대한 가장 다양한 태도를 지닌 다른 많은 사회단체 및 영적 단체와 함께 종교적 신념을 박해하는 것은 동일한 문제의 다른 측면일 뿐이다. "체스를 위해 체스를 두는 것"이 공식 이데올로기에 대한 도전의 구성 요소가 되었기 때문에, 체스클럽들도 어느 날 볼셰비키 방식으로 청산되고 부활해야 하는 나라에서 종교 박해는 특별히 종교적 동기에 기인할 수 없다. 전체주의 국가에서 자행되는 박해에 대한 증거는 종교가 다른 어떤 영적 활동보다 지배 이데올로기에 대한 주요 도전으로 여겨진다는 자주 듣는 주장을 뒷받침하지 않는다. 1930년대 트로츠키주의자나 1940년대 후반 티토주의자는 소련이 지배하는 영토에서 분명 가톨릭 사제나 개신교 목사보다도 생명과 신체에 더 큰 위험이 있었다. 종교인이 전반적으로 비신자보다 더 자주 박해받는다면, 그것은 단순히 그들이 '설득시키기' 더 어렵기 때문이다.

실제로 공산주의는 종교로 오해받는 것을 세심하게 회피한다. 최근 가톨릭교회가 기독교 교리와 공산주의가 명백히 양립할 수 없다는 이유로 공산주의자들을 파문하기로 했을 때, 이들 진영에서는 그에 상응하는 움직임이 없었다. 물론 이런 움직임은 기독교인에게는 종교적 싸움이고, 철학자에게는 철학을 위한 싸움이다. 그러나 공산주의의 경우 이것은 전혀 그런 종류의 싸움이 아니다. 이것은 자유로운 종교, 자유로운 철학, 자유로운 예술 등 이런 모든 것이 가능한 세상에 대한 싸움이다.

III. 마르크스주의: 역사의 제작과 산파

사회과학의 접근방법, 즉 이데올로기와 종교를 **기능적으로** 동등하다고 인식하는 것은 현재의 논의에서 훨씬 더 크게 두각을 나타냈다. 이러한 입장은 사회과학이 종교·이데올로기·자유 혹은 전체주의와 같은 역사적·

정치적 현상이란 **실체**에 관심을 가질 필요가 없고 사회에서 수행하는 **기능**에만 관심을 가질 필요가 있다는 기본 가정에 근거한다. 사회과학자들은 투쟁의 두 당사자, 즉 자유 세계와 전체주의 지배자들이 모두 자신들의 투쟁을 종교적이라고 부르기를 거부하고, 이를 '객관적으로' 알아낼 수 있다고 믿는 사실에 신경 쓰지 않는다. 즉 공산주의가 새로운 종교인지, 자유 세계가 자신의 종교 체계를 방어하고 있는지에 대한 여부에 주의를 기울이지 않는다. 이전 어느 시기에도 이렇게 어느 쪽 주장을 그대로 받아들이지 않고, 소식통이 말하는 내용이 오도될 수밖에 없는 것처럼 여기는 태도는 아무리 봐도 비과학적으로 보였을 것이다.

사회과학 방법의 아버지는 마르크스다. 그는 역사가 위대한 정치가의 발언이나 한 시대의 지적·정신적 표현에서 드러나는 대로 체계적으로 ─ 그리고 말이 진실을 드러낼 뿐만 아니라 숨길 수도 있다는 자연스러운 인식으로만 ─ 역사를 고찰한 최초의 인물이다. 그는 그것들 가운데 어떤 것도 액면 그대로 받아들이기를 거부하고, 그것들을 진정한 역사적 세력이 숨어 있는 '이데올로기적' 외관이라고 비난했다. 나중에 그는 그것을 "이데올로기적 상부구조"라고 불렀지만, "사람들이 하는 말"을 진지하게 받아들이지 않고 "그의 생각이 자기 삶의 과정의 이데올로기적 반사와 메아리"인 "실제로 능동적 인간"만을 진지하게 받아들이기로 하면서 시작했다.[16] 따라서 그는 모든 유물론자 가운데 종교를 단순한 미신이나 구체적인 인간 경험의 영성화 이상의 것으로 해석한 최초의 사람이었으며, 인간이 "자본주의 생산에서 자신의 손으로 만든 생산물에 지배되듯이 자신의 머리에서 나온 생산물에 지배되는"[17] 사회현상으로 해석했다. 그에게 종교는 많은 가능한 이데올로기 가운데 하나가 되었다.

16　*Die deutsche Ideologie*, MEGA, Feuerbach, I, v, p. 15.
17　*Das Kapital*, I, chap. xxiii, I.

확실히 오늘날 사회과학은 마르크스주의를 뛰어넘었다. 즉 사회과학은 이제 마르크스주의 '이데올로기'를 지지하여 마르크스주의적 편견을 공유하지 않는다. 실제로 카를 만하임의 『이데올로기와 유토피아』 이후로 사회과학은 마르크스주의자들에게 마르크스주의도 이데올로기라고 말하며 반박하는 데 익숙하다. 그러나 사회과학은 같은 방식으로 마르크스와 엥겔스에게 여전히 당연한 일이었던 실체의 차이에 대한 인식도 잃었다. 엥겔스는 당시 무신론을 종교라고 부른 사람들에 대해 철학자의 돌이 없는 화학을 연금술이라고 부르는 것만큼이나 말이 안 된다고 말함으로써 여전히 항의할 수 있었다.[18] 우리 시대에 와서야 사람들은 공산주의를 종교라고 부르면서 그 역사적 배경을 숙고하지 않고, 종교가 실제로 무엇인지, 신이 없는 종교라면 과연 종교인가를 묻지도 않은 채 그렇게 부르고 있다.

게다가 마르크스주의의 비마르크스주의 계승자들은 마르크스주의의 이데올로기적 성격에 대해 현명해졌고, 따라서 어떤 면에서는 마르크스 자신보다 더 똑똑해졌지만, 그들은 마르크스 저작의 철학적 기초를 잊었다. 이 기초는 여전히 자신들만의 것으로 남아 있다. 그들의 방법은 그 기초에서 나왔고 그 틀 안에서만 의미가 있기 때문이다.

"각 시대가 자신에 대해 말하고 상상하는 것"을 진지하게 받아들이려 하지 않는 마르크스의 의지는 정치 행위가 주로 폭력이며 폭력이 역사의 산파라는 그의 확신에서 비롯되었다.[19] 이 확신은 혁명적 기질의 무의미한 잔혹성에서 비롯된 것이 아니라 허위의식의 양태, 즉 이데올로기의 양태로 인간에 의해 만들어진 역사가 사람들이 하는 일을 완전히 의식한 자신들에 의해 **만들어질** 수 있다고 주장하는 마르크스의 역사철학에 자리 잡고 있다.

---

18 Engels, *op. cit.* "만일 종교가 신 없이 존재할 수 있다면, 연금술은 철학자의 돌 없이도 존재할 수 있다."

19 마르크스 자신의 표현에 따르면, "폭력은 새로운 사회를 잉태하는 모든 늙은 산파다. 폭력 그 자체가 경제적 잠재력이다." *Das Kapital*, chap. xxiv, §6. 그래서 "잘 알려진 바와 같이 실제 역사에서는 정복·예속·강탈 등이 폭력으로 인해 중요한 역할을 한다." *Ibid.*, §1.

정치 행위의 폭력적 성격에 대한 그의 주장으로 이어진 것은 바로 마르크스 가르침의 이러한 인간주의적 측면이었다. 즉 그는 제작의 관점에서 역사의 만들기를 보았다. 역사적 인간은 마르크스에게 무엇보다도 **제작인**homo faber이었다. 인간이 만든 모든 사물의 제작은 필연적으로 그 물질에 가해진 폭력을 의미하며, 이는 제작된 것의 기본 재료가 된다. 아무도 나무를 베지 않고는 탁자를 만들 수 없다.

프랑스혁명 이후 모든 진지한 철학자들과 마찬가지로 마르크스는 제작 및 생산과 구별되는 인간 행위가 "서로 다른 방향에서 작동하는 많은 의지"의 틀에서 이루어지기 때문에 의도한 바를 정확히 달성하는 경우가 거의 없다는 이중적인 수수께끼에 직면했으며,[20] 아울러 우리가 역사라고 부르는 기록된 행위들의 합은 그런데도 의미가 있는 것 같다는 사실에 직면했다. 그러나 마르크스는 "자연의 계략"(칸트)이나 "이성의 간지"(헤겔)로 인간사에 '기계신deus ex machina'을 도입한 그의 직계 전임자들의 해결책을 받아들이기를 거부했다. 대신에 마르크스는 설명할 수 없는 의미의 전체 영역을 인간이 자신의 생산물의 주인이고 자신이 무엇을 하고 있는지 아는 보다 기본적인 생산 활동의 "상부구조"로 해석하여 그 수수께끼를 설명하자고 제안했다. 지금까지 역사에서 설명할 수 없었던 것은 이제 세계의 기술 발전만큼이나 확실히 인간의 산물이었던 의미의 성찰로 여겨졌다. 결과적으로 정치적·역사적 사건을 인간화하는 전체 문제는 우리가 생산 능력의 주인인 것처럼 우리 행위의 주인이 되는 방법, 다시 말해 다른 모든 것을 제작하듯이 역사를 '만드는' 방법이었다. 이것이 프롤레타리아의 승리를 통해 달성되면, 우리는 더 이상 이데올로기가 필요하지 않을 것이다. 이것이 우리의 폭력을 정당화하는 것이다. 이러한 폭력적인 요소가 우리의 수중에 있기 때문이다. 이렇게 통제된 폭력은 탁자를 만들기 위해 나무를 베는 것

---

20 Engels, *Selected Works*, p. 354.

보다 더 위험하지 않을 것이다. 그러나 그때까지 모든 정치 행위, 법적 명령, 그리고 영적인 사유는 정치적으로 행위한다고 가장하지만, 사실은 무의식적으로, 즉 비인간적인 방식으로 "역사를 만드는" 사회의 숨겨진 동기를 은폐한다.

"누군가가 가장하는 것과 실제 있는 것"의 구별과 진실을 드러내는 말의 특성에 대한 무시에 기초한 마르크스의 이데올로기적 상부구조 이론은 정치 행위를 폭력과 동일시하는 데 전적으로 기초를 두고 있다. 폭력은 실제로 정의상 침묵하는 유일한 인간의 행위이기 때문이다. 폭력은 말을 통해 매개되거나 작동하지 않는다. 정치적이든 아니든 다른 모든 종류의 행위에서 우리는 말로 행위하고, 우리의 말은 행위이다. 일상적인 정치적 삶에서 말과 행위 사이의 이런 긴밀한 관계는 전쟁의 폭력에서만 깨진다. 그때, 오직 그때만, 아무것도 더 이상 말에 의존하지 않고 모든 것이 무기의 침묵하는 잔혹함에 의존한다. 따라서 전쟁 선전은 보통 불성실함의 불쾌한 울림을 갖는다. 여기서 말은 '단순한 말'이 되고, 더는 행위 능력이 없으며, 누구나 그 행위가 말의 영역을 벗어났다는 것을 알게 된다. 폭력의 정당화나 평계에 불과한 이 '단순한 말'은 항상 단순히 '이데올로기적'이라는 이유로 불신을 받았다. 여기서 숨겨진 동기를 찾는 것은 투키디데스 이후 역사가들이 잘 알고 있듯이 전적으로 정당화된다. 예를 들어 종교전쟁에서 종교는 항상 마르크스의 의미에서 '이데올로기'가 될 위험에 처해 있었다. 즉 폭력에 대한 단순한 구실과 정당화이다. 모든 전쟁의 원인도 어느 정도 마찬가지이다.

그러나 모든 역사는 본질로 계급 간의 갈등이며 폭력으로만 해결될 수 있다는 가정 아래에서만, 그리고 정치 행위가 본질로 '폭력적'이며 마치 전쟁과 혁명을 제외하고는 그 진정한 본질을 위선적으로 감추고 있다는 가정 아래에서만, 우리는 자기해석을 무관하다고 무시할 권리가 있다. 이것이 자유 세계와 공산주의가 자신에 대해 말하는 것을 무시하는 근거인 듯하다.

IV. 전체주의 운동과 '정치 종교 또는 세속 종교'

같은 문제를 순수하게 과학적인 관점에서 살펴보면, 사회과학의 범주를 공식화하려는 한 가지 이유는 모든 시대와 유형을 포괄할 수 있는 일반 규칙을 찾으려는 과학적으로 이해 가능한 욕구라는 것이 분명해 보인다. 우리가 엥겔스의 마르크스 해석을 신뢰한다면, 마르크스는 또한 순수하게 과학적인 의미에서 사회과학의 아버지였다. 그는 자연과학을 인문학과 비교한 최초의 사람이었으며, 콩트와 함께 '사회학'을 모든 분야를 포괄하는 학문, 즉 "이른바 역사학과 철학의 총체"[21]로 개념화하여 자연과학과 같은 과학적 기준을 공유하고 이를 충족해야 한다고 주장한 사람이기도 하다. "우리는 자연뿐만 아니라 인간 사회에서도 살고 있다."[22] 따라서 사회도 자연과 동일한 조사 방법과 규칙에 열려 있어야 한다. 자연과 사회의 상보적인 특성에 관한 주장은 그 이후로 역사학과 사회과학을 지배하기 시작한 형식적·비역사적 범주의 기초를 형성했다.

이러한 범주에는 다윈의 적자생존 법칙이 자연 발전의 법칙[23]인 것처럼 역사 발전의 법칙으로 생각한 마르크스의 "계급투쟁"이 포함될 뿐만 아니라, 최근에는 토인비의 "도전과 응전" 또는 막스 베버의 "이상형" — 막스 베버 자신이 사용한 게 아니라 — 이란 범주도 오늘날 사용된다. "정치 종교 또는 세속 종교"가 가장 최근에 추가된 용어인 것처럼 보인다. 이 용어는 원래 전체주의 운동을 해석하기 위해 고안되었지만 이미 보편화되어 이제는 자연뿐만 아니라 시간적으로도 이질적인 다양한 사건을 포괄하는 데 사용되고 있기 때문이다.[24]

---

21 *Ibid*. p. 340.
22 *Ibid*.
23 엥겔스는 마르크스를 다윈과 자주 비교했는데, 가장 설득력 있게 "카를 마르크스 묘지에서의 추도사"에서 가장 웅변적으로 다음과 같이 말했다. 즉 "다윈이 유기적 자연의 발전 법칙을 발견한 것처럼, 마르크스는 인류 역사 발전의 법칙을 발견했다." *Ibid*, p. 153.

사회과학의 기원은 실증적 자연과학에 필적할 수 있는 "실증적 역사학"을 발견하려는 야망에서 유래했다.[25] 이런 파생적 기원 때문에 "실증적 역사학"이 항상 위대한 모델인 자연과학보다 한 발 뒤처진 것은 당연한 일이다. 따라서 자연과학자들은 오늘날 사회과학자들이 아직 발견하지 못한 것을 알고 있다. 즉 그들이 자연에 접근하는 데 사용하는 거의 모든 가설은 어떻게든 해결되고 긍정적 결과를 낳을 것이며, 관찰된 사건의 유연성은 너무 커서 항상 인간에게 예상되는 답을 줄 것이다. 마치 인간이 자연에 어떤 질문을 던지는 순간, 모든 것이 자신의 질문에 따라 재빨리 재정비하는 것과 같다. 사회과학자들이 실망스럽게도 이것이 자신의 분야에서 더욱 사실임을 발견할 날이 올 것이다. 즉 증명할 수 없는 것은 없고, 반증할 수 있는 것도 거의 없다. 역사는 계급투쟁의 범주에 따라 배열되었던 것처럼 "도전과 응전" 또는 "이념형"의 범주에 따라 편리하고 일관되게 배열된다. 세속 종교의 용어로 접근했을 때 역사가 같은 권위를 보이지 않을 이유는 없다.

편리한 예를 들자면, 막스 베버는 나사렛 예수의 모델을 따라 "카리스마적 지도자"라는 이상형을 만들어냈다. 카를 만하임의 제자들은 히틀러[26]에게 같은 범주를 적용하는 데 아무런 어려움을 겪지 않았다. 사회과학자의 관점에서 볼 때, 히틀러와 예수는 같은 사회적 기능을 수행했기 때문에 동일했다. 이러한 결론은 예수 또는 히틀러가 한 말을 듣기 싫어하는 사람들에게만 가능함이 분명하다. '종교'라는 용어에 매우 유사한 일이 지금 일어

---

24 이처럼 개략적으로 혼란스러운 방식의 좋은 예는 다음과 같다. Jules Monnerot, *Sociology and Psychology of Communism*(Boston: The Beacon Press, 1953).

25 이러한 두 실증 과학은 모든 자료에 대한 지식뿐 아니라 모든 가능한 실체적 사고도 이해해야 한다. 즉 "모든 초기 철학 가운데 여전히 남아 있는 것은 사유 학문과 그것의 법칙, 즉 형식논리학과 변증법이다. 그 밖의 모든 것은 자연과 역사에 대한 실증과학에 포함된다." Engels, "Socialism, Utopian and Scientific," in *Selected Works*, II, p. 123. 반면, 우리의 새로운 형식논리학과 의미론의 분야가 어느 정도까지 사회과학에 기원을 두고 있는지 보여주는 것은 가치 있는 일이다.

26 그 예는 다음과 같다. Hans Gerth, "The Nazi Party," *American Journal of Sociology*, Vol. 45(1940). 내가 이 예를 든다고 해서 막스 베버 자신도 그런 괴상한 동일시를 범할 수 있었다는 뜻은 아니다.

나고 있는 듯하다. 저명한 신봉자 중 한 사람이 각주에서 "신은 종교에 늦게 도착했을 뿐만 아니라 반드시 와야만 하는 존재가 아니다"[27]라는 동료의 놀라운 발견을 인정하면서 인용한 것은 우연이 아니라 모든 곳에서 종교를 보는 추세의 본질이다. 여기서 "세속 종교"라는 용어에 늘 내재해 있는 불경의 위험이 자유롭게 드러난다. 공산주의가 "신이 없는 종교"라는 의미에서 세속 종교가 가능하다면, 우리는 더 이상 종교를 공적 업무에서 추방한 세속 세계에 사는 것이 아니라 종교에서 신을 제거한 세계에 살고 있다. 마르크스와 엥겔스는 여전히 불가능하다고 믿었다.[28]

우리 범주의 이러한 실체화되지 않은 기능화는 학술적 사유의 어떤 상아탑에서 발생하는 고립된 현상이 아니라는 것을 부인할 수 없다. 그것은 우리 사회의 기능화 증가와 밀접하게 연결되어 있거나, 오히려 현대인이 점점 더 사회의 단순한 기능이 되어 가고 있다는 사실과 연결되어 있다. 전체주의적 세계와 그 이데올로기는 세속주의나 무신론의 급진적인 측면을 반영하지 않는다. 그것은 인간의 기능화의 급진적인 측면을 반영한다. 그들의 지배 방법은 인간이 더 높은 역사적 또는 자연적 힘의 기능일 뿐이기 때문에 완전히 조건 지어질 수 있다는 가정에 근거한다. 위험한 점은 우리가 **모두** 마르크스가 여전히 열광적으로 말하는 '**사회화된 인류**gesellschaftliche Menschheit'의 일원이 되려는 길에 있다는 것이다. 모든 "생산수단의 사회화"에 열렬히 반대하는 바로 그 사람들이 얼마나 자주 무의식적으로 훨씬 더 위험한 인간의 사회화를 돕고 지원하는지 보는 것은 흥미롭다.

---

27 Monnerot, *op. cit.*, p. 124. 다음 자료를 인용했다. Van der Leeuw, *Phénoménolgie de la religion* (Paris, 1948); Durkheim, *De la Définition des phénomènes religieux*.
28 마르크스와 엥겔스는 종교가 이데올로기라고 믿었지만, 이데올로기가 단순히 종교가 될 수 있다고 생각하지 않았다. 엥겔스에 따르면, "부르주아지는 낡은 종교 대신에 새로운 종교(그들 자신의 새로운 이데올로기)를 제시하는 일을 결코 생각해 본 적이 없다. 모든 사람은 로베스피에르가 어떻게 자신의 시도에서 실패했는지를 알고 있다." "Feuerbach and the End of Classical German Philosophy," *Selected Works*, II, p. 344.

V. 전통적인 지옥 교리와 전체주의의 지옥

용어 논쟁과 상호 오해의 분위기에서 종교와 정치의 관계에 관한 근본적인 질문이 크고 모호하게 다가온다. 이 문제에 접근하기 위해서는 세속주의를 정치적·'비영적non-spiritual' 측면에서만 고려하고 다음과 같이 질문을 제기하는 게 좋을 것이다. 즉 과거의 종교적 요소가 정치적으로 너무 관련이 깊어서 그 상실이 우리의 정치적 삶에 즉각적인 영향을 미쳤던 것은 무엇인가? 또는 같은 질문을 다른 방식으로 표현하자면, 전통 종교에서 구체적으로 정치적 요소가 무엇이었는가? 이 질문의 정당화는 다음과 같은 사실에 놓여 있다. 즉 우리가 세속주의라고 부르는 삶의 공공영역과 종교 영역을 분리하는 것은 단순히 정치를 종교 일반에서 분리한 것이 아니라 매우 구체적으로 기독교 신조에서 분리했다는 사실에 있다. 그리고 현재 우리의 공적 삶이 겪는 난관의 주요 원인 중 하나가 바로 세속성이라면, 기독교는 강력한 정치적 요소를 담고 있었을 것이고, 그 요소의 상실로 인해 우리의 공적 삶의 성격 자체가 바뀌었다.

아마도 1848년 혁명의 혼란에 당황한 왕이 "국민이 종교를 잃어서는 안 된다"고 외친 비정상적으로 잔인하고 저속한 격언에서 예비적 징후가 발견될 것이다. 이 왕은 기독교 교리의 세속적 힘에 대한 확신을 보였다. 기독교 신조가 존재한 첫 몇 세기 동안 기독교인과 비기독교인이 모두 기독교 신조가 공적 삶의 영역에 최소한 무관하거나 위험하고 파괴적이라고 여겼다는 점을 기억한다면 매우 놀라운 일이다. "공공 문제, 즉 국가 문제만큼 우리(기독교도들)에게 생소한 것은 없다"[29]는 테르툴리아누스의 말은 세속적·

---

[29] *Apologeticus*, chapter 38. "nobis nulla magis res aliena quam publica."
옮긴이_『변증론』은 테르툴리아누스(Tertullianus, 155~240년경)의 저작으로 기독교를 옹호하고 법적 관용을 요구하며 기독교인을 로마제국의 다른 모든 종파와 동등하게 대우해야 한다고 주장한다. 총 50장으로 구성되어 있다. 이와 관련된 내용은 다음과 같다. "특히 지금은 이익을 추구하는 사람들이 폭력을 사고파는 물건으로 여기기 시작했다. 그러나 명예와 영예를 추구하는

정치적 삶에 대한 초기 기독교인의 태도를 요약할 뿐이다. 그사이에 거의 세속적이었던 이 시대에 정치적 삶의 보존을 요구할 수 있었던 것이 무엇이었을까?[30]

왕의 진술만큼이나 잔인했던 마르크스의 대답은 잘 알려져 있다. 즉 "종교는 대중의 아편이다."[31] 이 대답은 저속하기 때문이 아니라, 특히 기독교의 가르침이 개인과 그 영혼의 구원에 있어서 개인의 역할을 끊임없이 강조하고, 인간의 죄악을 고집하며, 다른 종교보다 더 큰 죄의 목록을 자세히 설명하는 것을 감안할 때, 아편만큼 진정제로 사용될 수 있을 리가 없기 때문에 매우 만족스럽지 못한 대답이다. 확실히 테러가 지배하는 전체주의 국가의 새로운 정치 이데올로기는 견딜 수 없는 불안의 분위기 속에서 모든 것을 설명하고 무엇이든 대비하는데, 우리가 아는 어떤 전통 종교보다 현실의 충격적인 영향으로부터 인간의 영혼을 면역시키는 데 훨씬 더 적합하다. 그것들과 비교할 때, 신의 뜻에 대한 경건한 포기는 원자폭탄에 비하면 아이의 주머니칼처럼 보인다.

그러나 전통 종교에는 권위를 뒷받침하는 데 유용함은 자명하며, 그 기원은 종교적 본질이 아닌 중세의 지옥 교리라는 하나의 강력한 요소가 있다. 이 교리나 사후 형벌의 장소에 대한 정교한 설명은 예수의 설교[32]나 유대인의 유산에 크게 기인하지 않는다. 실제로 예수가 죽은 후 몇 세기가 지나서야 그 주장이 제기되었다. 흥미로운 점은 이 주장이 로마의 몰락, 즉

모든 열정이 사라진 사람들로서, 우리는 여러분의 공개회의에 참여할 절실한 동기가 없다. 또 국가 문제만큼 우리에게 완전히 생소한 것은 없다. 우리는 하나의 포괄적인 공동체, 즉 세계를 인정한다."

30 세속적 권위를 위한 종교의 가능한 유용성은 공적-정치적 삶의 완전한 세속화의 조건, 즉 우리 시대와 근대의 시작이라는 조건 아래에서만 알 수 있었다. 중세 시대에 세속적 삶 자체는 종교적이게 되었고, 따라서 종교는 정치적 도구가 될 수 없었다.
31 자주 잘못 인용되는 문구는 종교가 대중을 위한 아편으로 만들어졌다는 것을 의미하지 않지만, 그러한 목적으로 사용되었다는 것을 의미한다.
32 내가 아는 한, 누가복음 제16장 23~31절이 가장 명료한 구절이다.

확고한 세속 질서가 사라진 것과 동시에 일어났다는 것이다. 그 권위와 책임은 이제야 교회의 책임이 되었다.[33]

히브리어와 초기 기독교 저술에서 언급이 부족한 것과는 현저하게 대조적으로 고대 정치사상과 후기 기독교 가르침에 플라톤의 내세 신화가 미치는 강력한 영향이 있다. 플라톤은 이 내세 신화로 많은 정치적 대화편을 마무리한다. 플라톤과 기독교의 세속적 승리 사이에는 지옥 교리에 대한 종교적 인정 — 그때부터 지옥 교리는 기독교 세계에서 매우 일반적인 특징이 되어 정치 논문에서 특별히 언급할 필요가 없게 되었다 — 을 제외하고는 정치 문제에 대한 중요한 논의가 거의 없었다. 아리스토텔레스의 경우를 제외하고는 플라톤 신화를 모방하여 결론을 내리지 않았다.[34] 단테의 정교한 묘사에 대한 가장 중요한 선구자는 플라톤이지 엄밀히 유대-기독교적 종교적 자료가 아니기 때문이다. 즉 우리는 플라톤에게서 이미 지옥·연옥·천국의 지리적 구분뿐만 아니라 단순히 영원한 삶이나 죽음에 대한 최후의 심판 개념과 죽음 이후의 가능한 형벌에 대한 암시를 발견할 수 있다.[35]

플라톤의 『국가』 마지막 권에 나오는 신화의 순수한 정치적 의미와 『파이돈』과 『고르기아스』의 결론 부분은 논쟁할 여지가 없다. 『국가』에서 이 신화는 저작 전체의 핵심인 동굴 이야기와 일치한다. 우화인 동굴 이야기는 플라톤의 '전환periagoge', 즉 겉으로 보이는 현실의 그늘진 삶에서 돌아서서 '이데아'의 맑은 하늘과 대면하기 위해 '내세'에 대한 두려움이나 희망 없이 수행할 수는 있는 소수를 위한 이야기이다. 오직 소수의 사람만이 정치

---

[33] 다음 자료를 참조할 것. Marcus Dods, *Forerunners of Dante*(Edinburgh: T. & T, Clark, 1903); Fredric Huidekorper, *Belief of the First Three Centuries Concerning Christ's Mission to the Underworld*(New York: Miller, 1887).

[34] 이 중에서 뛰어난 것은 키케로의 『국가론(*De Republica*)』을 마무리하는 스키피오의 꿈과 플루타르코스의 『신적 정의의 지연(*Delays of Divine Justice*)』에 나오는 마지막 환상이다. 또한 『오디세이(*Odyssey*)』의 제11권과 매우 다른 『아이네이스(*Aeneid*)』 제6권을 비교할 것.

[35] 이 견해는 다음 자료에서 강조된다. Marcus Dods, *op. cit.*

문제를 포함한 모든 삶의 진정한 기준을 이해할 것이다. 그러나 그들은 마지막 것에는 더 이상 관심을 두지 않을 것이다.[36] 물론 동굴 이야기를 이해할 수 있는 사람들은 최후의 보상과 처벌에 대한 결론적인 신화를 믿어서는 안 될 것이다. 그 이념의 진실을 **초월적** 기준[37]으로 파악한 사람은 사후세계와 같은 **구체적인** 기준이 더는 필요하지 않았기 때문이다. 그들의 경우 사후세계라는 개념이 별로 의미가 없다. 동굴 이야기에서 이미 지상의 삶이 일종의 지하 세계로 묘사되어 있기 때문이다. 사실 플라톤은 『오디세이』에서 호메로스의 하데스 묘사의 핵심 단어였던 '모상eidôlon'과 '그림자skia'라는 단어를 사용했다. 따라서 전체 이야기는 호메로스의 반전이자 반박처럼 읽힌다. 그림자인 영혼이나 실체적으로 움직이는 죽음 이후의 삶이 아니라, 지상의 동굴에서 돌아서지 못하는 평범한 인간들의 육체적 삶이 바로 하데스, 즉 지옥이다. 지상의 삶은 지하 세계의 삶이고, 우리의 몸은 그림자이며, 우리의 유일한 현실은 영혼이다. 이데아의 진리는 자명하기에, 지상의 삶의 진정한 기준은 결코 만족스럽게 주장되거나 입증될 수 없다.[38]

따라서 믿음은 모든 가시적 사물의 비가시적 측정에 필요한 눈이 없는 다수에게 필요하다. 영혼의 불멸성에 대한 플라톤 자신의 믿음의 본질이 무엇이든, 사후의 점진적인 신체적 처벌에 대한 신화는 공공 문제를 부차

---

[36] 특히 다음 자료를 참조할 것. *Republic*, Book 7, 516d.
[37] 최고의 측정 기술이 존재하고 철학자의 가치에 대한 지식은 측정 능력이라는 생각은 플라톤의 모든 저작에 끝까지 관통되고 있다. Werner Jaeger, *Paideia*, II, 416, note 45.
[38] 정의에 대한 플라톤의 모든 대화편의 특징은 어딘가에서 단절이 나타나고 엄격한 논증 과정을 포기해야 한다는 것이다. 『국가』에서 소크라테스는 여러 번 질문자를 피한다. 즉 당혹스러운 질문은 정의가 인간과 신에게 숨겨져 있어도 여전히 가능한지의 여부이다. 특히 372a에서 끊어진 부분을 다루고, 그곳에서 그는 지혜와 '현명함(euboulia)'을 정의한다. 그는 430d에서 주요 질문으로 돌아와 '실천적 지혜(sōphrosynē)'를 논의한다. 그런 다음 그는 433b에서 다시 시작하여 거의 즉시 정부 형태에 대한 논의로 넘어간다. 445d와 그 이후 동굴 이야기가 나오는 제7권에서 전체 주장을 완전히 다른 비정치적 수준에 놓는다. 여기서 글라우콘이 만족스러운 답변을 얻을 수 없는 이유가 분명하다. 정의는 관념이며 인식되어야 한다. 그것은 유일하게 가능한 증명이다.

적인 것으로 간주하고, 따라서 소수만이 접근할 수 있는 진리의 지배를 받는 철학의 발명품이다.³⁹ 실제로 다수의 지배를 받는다는 두려움만이 소수가 정치적 의무를 다하도록 유도할 수 있다.⁴⁰ 소수는 다수에게 진리를 설득할 수 없다. 진리는 설득의 대상이 될 수 없고, 설득은 다수를 다루는 유일한 방법이기 때문이다. 그러나 다수가 진리론으로 교육받을 수 없지만, **다수는 마치 어떤 의견이 진리인 것처럼** 믿도록 설득될 수는 있다. 소수의 진리를 다수에게 전달하는 적절한 의견은 지옥에 대한 믿음이다. 시민들에게 지옥의 존재를 설득하면, 그들은 마치 진리를 아는 것처럼 행동하게 될 것이다.

다시 말해, 플라톤의 지옥의 교리는 명백히 정치적 목적을 위해 고안된 정치적 도구이다.⁴¹ 사후의 삶에 관한 추측과 내세에 대한 묘사는 의심할 여지 없이 지상에서 인간이 의식적으로 살아온 삶만큼 오래되었다. 그래도 우리는 플라톤에서 "문학사에서 처음으로 (죽은 자에 대한 처벌과 보상의) 전설이 정의로움의 봉사에",⁴² 즉 공적·정치적 삶의 봉사에 이용될 수 있다는 것을 발견할 수 있다. 이는 플라톤의 신화가 순전히 세속적인 고대 작가들에 의해 매우 열렬히 사용되었다는 사실로 확인되는 듯하다. 그들은 플라톤처럼

---

39 플라톤의 내세 신화의 정치적 성격에 대한 가장 명백한 증거는, 신체적 처벌을 암시하는 한, 신체의 사멸성과 영혼의 불멸에 대한 그의 이론과 명백히 모순된다는 것이다. 게다가 플라톤도 이 불일치를 아주 잘 알고 있었다. 다음 자료를 참조할 것. *Gorgias*, p. 524.

40 *Republic*, 374c.

41 이것은 또한 『파이돈(*Phaedo*)』과 『고르기아스(*Gorgias*)』의 결론적인 신화에서도 보면 명백하다. 이 신화는 진리를 말하는 동굴 이야기처럼 우화를 포함하지 않는다. 『파이돈』은 주로 영혼의 불멸을 다루지 않고, "판사들 앞에서 소크라테스가 자신을 변호하면서 진행한 연설보다 '더 설득력 있는' 수정된 변명이다." (콘포드 책은 앞의 인용문 출처이다.) F. M. Cornford, *Principium Sapientiae: The Origins of Greek Philosophical Thought*(Cambridge: Cambridge University Press, 1952), p. 69. 『고르기아스』는 잘못을 저지르느니 잘못을 겪는 것이 낫다는 것을 '증명'하는 것이 불가능하다는 것을 보여주며, 책의 마지막에서 일종의 최후 변론으로 신화를 전달하는데, 여기서 고르기아스는 매우 조심스러워하며, 소크라테스 자신도 그것을 지나치게 합리적으로 받아들이지 않는다는 것을 분명히 보여준다.

42 Marcus Dods, *op. cit.*, p. 41.

자신들이 그것을 진지하게 믿지 않는다는 것을 분명하게 나타냈지만, 반면에 기독교가 세속적 이익과 책임에 관여하지 않는 동안 기독교 신조는 지옥에 대한 그런 교리를 보여주지 않았다.[43]

지옥 교리를 정교하게 만드는 데 어떤 다른 역사적 영향이 작용했을지도 모르지만, 그것은 고대에 정치적 목적으로 계속 사용되었다. 기독교는 순수한 종교적 발전이 중단된 **이후에** 공식적으로 그 교리를 채택했다. 중세 초기에 기독교 교회가 정치적 책임을 점점 더 인식하고 기꺼이 떠맡게 되었을 때, 기독교 신조는 플라톤의 정치철학과 비슷한 난제에 직면하게 되었다. 양자는 본질이 상대성인 것처럼 보이는 영역에 절대적 기준을 적용하려고 시도했으며, 이는 인간이 인간에게 할 수 있는 최악의 일은 인간을 죽이는 것, 언젠가는 반드시 그에게 일어날 수밖에 없는 일을 가져오는 것이라는 영원한 인간 조건 아래에서 이루어졌다. 지옥 교리에서 제안하는 이 조건에 대한 '개선'은 바로 형벌이 영원한 죽음, 즉 영혼이 죽음을 갈망하는 영원한 고통 이상의 것을 의미할 수 있다는 것이다.[44]

현대 세속 세계의 두드러진 정치적 특성은 점점 더 많은 사람이 사후 보상과 처벌에 대한 믿음을 잃고 있지만, 개인 양심의 기능이나 비가시적 진리를 인식하는 다수의 능력은 그 어느 때보다도 정치적으로 신뢰할 수 없다는 것이다. 전체주의 국가에서는 강제수용소와 고문실 등 일종의 지상 지옥을 건설하려는 거의 의도적인 시도가 이루어졌는데, 중세 지옥의 형상과 가장 큰 차이점은 기술적 개선과 관료주의적 행정이지만 영원성이 부족하다는 점이다. 게다가 히틀러의 독일은 "살인하지 말라"는 명령을 거의 의

---

[43] 초기 기독교 작가들은 만장일치로 지하 세계에 대한 그리스도의 사명을 믿었는데, 그 주된 목적은 기독교도의 영혼을 죽음과 처벌로부터 해방하듯이 지옥을 해체하고 사탄을 물리치며 죽은 죄인의 영혼을 해방하는 것이었다. 유일한 예외는 테르툴리아누스였다. 다음 자료를 참조할 것. Huidekoper, *op. cit.*

[44] 죽음에의 갈망은 지옥에 관한 히브리어판에서 자주 등장하는 동기였다. 다음 자료를 참조할 것. Dods, *op. cit.*, p. 107ff.

식적으로 뒤집은 이데올로기가 서양 전통에서 훈련된 양심으로부터 압도적인 저항을 받을 필요가 없다는 것을 보여주었다. 반대로 마치 양심이 누군가가 사회와 그 신념에 부합하는지 여부를 나타내는 단순한 기제인 것처럼, 나치 이데올로기는 종종 이 양심의 기능을 전도할 수 있었다.

다시 말해, 현대의 세속화의 정치적 결과는 종교와 함께 전통 종교의 유일한 **정치적** 요소인 지옥에 대한 두려움이 공적인 삶에서 사라지는 데 있는 듯하다. 이러한 상실은 정치적으로 확실히 영적으로는 아니지만, 현재 우리 시대와 그 이전 세기 사이의 가장 중요한 차이점이다. 확실히 단순한 유용성의 관점에서 볼 때, 지옥에 대한 공포보다 인간의 영혼을 지배하는 전체주의 이데올로기의 내적 강압과 더 잘 경쟁할 수 있는 것은 없다. 그러나 우리의 세계가 아무리 종교적으로 변한다 해도, 진정한 믿음이 여전히 존재한다 해도, 도덕적 가치가 종교 체계에 깊이 뿌리내린다 해도, 지옥에 대한 두려움은 더 이상 다수의 행위를 막거나 자극하는 동기가 될 수 없다. 이는 세계의 세속성이 삶의 종교 영역과 정치 영역의 분리를 수반한다면 불가피한 것으로 보인다. 이러한 상황에서 공적 삶이 초월적 권위의 종교적 제재를 잃을 수밖에 없는 것처럼, 종교는 주로 정치적 요소를 잃을 수밖에 없다. 이러한 분리는 사실이며, 더욱이 종교인뿐만 아니라 비종교인에게도 특별한 이점이 있다. 현대 역사는 "왕좌와 제단" 사이의 동맹이 양자의 신뢰를 떨어뜨릴 수 있다는 것을 여러 차례 보여주었다. 그러나 과거에는 종교를 단순한 구실로 삼아 정치 행위와 종교적 믿음을 위선으로 의심하는 것이 주된 위험이었다면, 오늘날의 위험은 훨씬 크다. 완전한 이데올로기에 직면했을 때, 우리의 가장 큰 위험은 우리 자신의 이데올로기로 이것에 맞서는 것이다. 만일 우리가 '종교적 열정'으로 다시 한번 공적-정치적 삶을 고무하려 하거나 종교를 정치적 구별의 수단으로 사용하려 한다면, 그 결과는 종교가 이데올로기로 변형되고 왜곡되어 궁극적으로 자유의 본질과는 전혀 다른 광신적 행위로 인해 전체주의와의 싸움이 타락하는 것일 수도 있다.

쥘 모네로의 비판에 대한 아렌트의 반론[45]

모네로의 주장에서 중요한 점은 이러하다. 즉 모네로는 종교가 이데올로기라는 마르크스의 진술과 이데올로기가 종교라는 자신의 이론 사이에 차이를 간과한다. 마르크스에게 종교는 다른 많은 문제 중에서 이데올로기적 상부구조의 영역에 있었다. 이 영역에서 모든 것이 같지는 않았다. 종교적 이데올로기는 비종교적 이데올로기와 같지 않았다. 종교와 비종교 간의 내용상 구분은 보존됐다. 모네로 씨와 '세속 종교'의 다른 옹호자들은 이데올로기의 내용이 무엇이든 모든 이데올로기가 종교라고 말한다. 마르크스의 교리가 아닌 이 이론에서는 종교와 이데올로기가 같아졌다.

이렇게 동일시하는 이유는 이데올로기가 종교와 같은 역할을 하기 때문이다. 똑같이 공정하게 이데올로기를 과학과 동일시할 수도 있는데, 모네로 씨는 공산주의 이데올로기가 "대중의 눈에 비친 과학의 명성을 빼앗는다"라고 말할 때 거의 그렇게 했다. 물론 이런 이유로 과학을 공산주의 이데올로기와 동일시하는 것은 오류일 것이다. 그러나 이 오류는 실제로 공산주의가 '과학적'인 척하지만 '종교적'인 척하지 않고 과학적 양식으로 주장한다는 점에서 논리적으로 유사한 종교와 동일시하는 것보다 더 많은 진실을 담고 있을 것이다. 즉 종교적 질문보다는 과학적 질문에 답한다. 모네로 씨의 주장에 관한 한, (종교와 구별되는) 과학에 대한 존중만이 그의 주장에 따라 공산주의 이데올로기를 종교가 아닌 과학과 동일시하지 말아야 할 이유가 없다고 보는 것을 막을 수 있다.

근본적인 혼란은 단순하며, "공산주의자들은 모든 것에 대한 답을 가지고 있다. 이것은 모든 정통주의의 특성이다."라는 모네로 씨의 진술에서 매우 깔끔하게 나타나며, 따라서 공산주의가 정통주의라는 것을 넌지시 나타

---

[45] 옮긴이_ 이 반론은 아렌트가 『합류』의 편집장인 헨리 키신저에게 보낸 1953년 12월 25일자 편지이다. 보관 편지 번호 029961-63.

낸다. 이러한 추론의 오류는 그리스인들이 허위 논리로 즐겁게 지내며 비슷한 논리적 과정을 거쳐 인간을 털 깎은 닭으로 정의하는 데 기쁨을 느낀 이래로 늘 친숙했다. 불행히도 현재 이러한 종류의 일은 그저 웃기는 것이 아니다.[46]

모네로 씨는 내가 현재의 동일시 방법을 따르지 않고 종교와 이데올로기를 '정의하지' 않는다고 불평한다. (이데올로기가 무엇인지의 문제는 역사적으로만 대답할 수 있다. 이데올로기는 19세기 초에 처음 등장했기 때문이다. 『정치평론』 1953년 7월호에 「이데올로기와 테러: 새로운 정부 형태」라는 제목의 논문에서 정의는 아니지만 그러한 대답을 제공하려고 노력했다.[47]) 나는 여기서 정의가 무엇이고 사물의 본질을 조사함으로써 어느 정도까지는 정의에 도달할 수 있는지에 대한 질문에는 들어갈 수 없다. 다만 한 가지는 분명하다. 즉 나는 구별되는 것만을 정의할 수 있고, 정의에 도달할 수 있다면, 구별을 통해서만 가능하다는 것이다. 이데올로기가 종교라고 말하는 것은 두 가지 중 어느 것도 정의하지 않고, 오히려 우리의 일상 언어에 내재해 있고 과학적 탐구가 분명히 하고 이해시켜야 하는, 막연하게 느껴지는 구별성마저 파괴한다.

그러나 비교적 최근 현상을 이데올로기로 정의하는 것이 가능할지 몰라도, 종교를 정의하려고 감히 했다면 얼마나 오만했을까! 많은 학자가 나보다 먼저 시도하고 실패했기 때문이 아니라 역사적 자료의 풍부함과 보고가 여전히 출처와 역사, 그리고 과거의 사상에 대한 존경심을 품은 모든 사람을 압도할 수밖에 없기 때문이다. 내가 종교를 정의한다고 가정해 보자. 그러면 어떤 위대한 종교의 사상가가 ― 물론 캥거루 숭배자는 아니지만, 나는 쉽게 고려할 수 있다 ― 내 주목을 피했다고! 역사적 탐구에서 기존 정의

---

46 옮긴이_ 디오게네스는 가난을 미덕으로 표현한 철학자였다. 그는 괴짜로 유명했다. 플라톤은 아카데미에서 '인간'은 단순히 깃털이 없는 두 발로 걷는 동물이라고 선언했다. 디오게네스는 닭을 잡아서 교실로 가져와서 "보라! 인간이다!"라고 선언했다. 플라톤은 나중에 자신의 정의를 손톱이 있고 깃털이 없는 두 발로 걷는 동물로 확장했다.
47 엮은이_ 이 에세이는 1958년 판과 이후 『전체주의 기원』의 모든 판에 수록되어 있다.

에 도달하는 것이 중요하지 않고, 끊임없이 구별하는 것이 중요하며, 이러한 구별은 우리가 말하는 언어와 다른 주제를 따라야 한다. 그렇지 않으면 우리는 곧 모든 사람이 자신의 언어를 말하고 시작하기 전에 자랑스럽게 이렇게 선언하는 상황에 빠지게 될 것이다. 즉 **내 말은** … 그 순간에 나에게 도움이 되고 내 마음에 드는 것을 의미한다.

혼란은 부분적으로 사회학자들의 특정한 관점에서 비롯되는데, 이들은 — 연대순, 사실의 위치, 사건의 영향과 독특성, 출처의 실질적 내용, 그리고 일반적인 역사적 현실을 방법론적으로 무시하고 — 그 자체로 '기능적 역할'에 집중함으로써 사회를 모든 일이 관련된 **절대자**로 만든다. 그들의 기본 가정은 한 문장으로 요약될 수 있다. 즉 모든 문제에는 기능이 있으며, 그 본질은 우연히 수행하는 기능적 역할과 같다.

오늘날 몇몇 집단에서는 이러한 가정이 평범한 말의 의심스러운 장중함을 달성했고, 모네로 씨와 같은 일부 사회학자들은 그것을 공유하지 않는 사람을 만나면 단순히 눈이나 귀를 믿을 수 없다. 물론 나는 모든 문제가 기능을 지닌다고 생각하지 않고, 기능과 본질이 같다고 생각하지 않으며, 두 가지 완전히 다른 것 — 예를 들어 역사의 법칙에 대한 믿음과 신에 대한 믿음 — 이 같은 기능을 수행한다고 생각하지도 않는다. 그리고 어떤 이상한 상황에서 두 가지 다른 것이 같은 '기능적 역할'을 한다고 하더라도, 나는 벽에 못을 박으면서 신발 뒤꿈치를 사용하더라도 이것을 망치로 생각하지 않는 것처럼 그것들이 같다고 생각하지 않는다.

전후 전향한 공산주의자들*

1953

　이 글은 '전후 전향한 공산주의자들ex-Communists'의 역할에 관한 것이지, '과거의 공산주의자들former Communists'에 관한 것이 아니다. 이들 사이의 경계를 이론적으로 쉽게 긋고 파악할 수 있다. 미국뿐 아니라 전 세계에는 한때 여러 가지 이유로 당원·지지자·동조자로서 전체주의 운동에 속했던 사람들이 많다. 그들 가운데 정치적 중요성으로 인해 정당에서 두각을 나타낸 적이 없는 사람들이 있다. 그들은 다른 분야에서 두각을 나타냄으로써 자신들이 속한 정당에 명예를 더해주었다.

　피카소는 유명한 공산주의자가 아니다. 즉 그는 우연히 공산주의에 빠진 위대한 화가다. 그의 책임은 예술에 있다. 그가 정치적 견해를 제시하는 것이 아니라 공산주의를 위해 형편없는 그림을 그리기 시작한다면, 그는 자신의 예술적 고결함을 상실한다. 피카소가 내일 공산당을 떠난다면, 그는

---

*　옮긴이_ 서지사항은 다음과 같다. Hannah Arendt, "The Ex-Communists," *Commonweal*, 57/24 (20 March 1953), pp. 595-599.

전후 전향한 공산주의자가 아닌 과거의 공산주의자가 되었을 것이다.

이 같은 범주의 과거 공산주의자들은 전혀 다른 집단에 속하는데, 그들의 주된 관심사는 항상 정치적이었다. 공산주의는 그들의 삶에서 결정적인 역할을 했다. 그들의 주된 책임은 정치에 있었고, 그들의 명성은 지속해 이루어진 정치 활동의 결과였다. 그들의 공통 특징 중 하나는 그들이 일찍 당을 떠났다는 것이다. 즉 그들은 혁명 정당이 본격적인 전체주의 운동으로 발전하는 단계를 명확히 알지는 못하더라도 감지할 만큼은 알고 있었으며, 이를 판단할 그들만의 기준도 가지고 있었다. 이러한 기준은 오늘날 우리가 알고 있는 것에 비추어 볼 때 충분하지 않을 수 있다. 당시에는 충분했다. 그중에서도 중요한 것은 당내 민주주의의 폐지, 여러 국가 공산당의 독립성 청산, 모스크바의 명령에 따른 완전한 복종이었다. 여러 측면에서 이 전환점인 모스크바 재판은 그 과정을 마무리했다.

우리는 여기서 이 사람들의 운명에 관심이 없으며, 아울러 공산당을 떠난 후 이들에게서 공통분모를 찾는 것은 실제로 어려울 것이다. 그들은 작가·언론인·사업가로, 그리고 이른바 우파에서 좌파에 이르기까지 모든 기존 정당의 구성원으로 공적·사적 삶에서 모습을 감췄다. 그들 가운데 많은 사람은 정치에는 관심을 완전히 잃었다. 그들의 과거 공산주의 전력은 중요한 전기적 사실로 남아있지만, 자신들의 새로운 견해·관점·세계관의 핵심이 되지 못했다. 이 점이 결정적이다. 그들은 잃어버린 신념의 대체물을 찾지도 않았고, 공산주의에 대항한 투쟁에 모든 노력과 재능을 집중하지도 않았다.

전후 전향한 공산주의자의 유형을 구성하는 것은 어쩌면 너무도 쉬운 일이다. 아마도 너무나 쉬운 일이다. 나는 모든 오해를 회피하기 위해서 내 상상력의 산물을 고려하여 선택하지 않고, 사회 전체가 표현력과 재능 덕분에 전후 전향한 공산주의자의 대변인으로 받아들였고 그들 스스로가 그들의 목소리를 어느 정도 인정한 사람인 '휘태커 챔버스'[1]를 본보기로 삼을 것이다.

전후 전향한 공산주의자와 과거의 공산주의자 사이에 이론적 경계를 긋는 것은 수월하다. 그러나 경계 긋기는 실제로는 복잡해졌다. 전후 전향한 공산주의자는 물론 과거의 공산주의자보다 수적으로 훨씬 적지만, 과거의 전력만으로도 두각을 나타냈다. 공산주의는 그들의 삶에서 주요 문제로 남아있었다. 그들은 자신들의 잠재적 힘이 실제로 적은 숫자가 나타내는 것보다는 훨씬 크다고 느낀다. 현재의 경력과 야망의 기반이 되는 과거가 사회의 훨씬 더 큰 계층과 공유되기 때문이다. 그들은 과거의 친구들이 자신들과 합류하도록 설득하기 위해 노력한다. 즉 고백하고, 전향을 인정하고, 견고한 정치집단을 형성하도록 돕는다.

과거의 공산주의자들은 이로 인해 명백히 불리한 상황에 놓이게 된다. 즉 그들은 덜 품위 있고, 덜 정직하며, 공산주의의 위험에 대한 확신이 덜한 것처럼 보인다. 게다가 17세에 공산주의자였던 것은 현재 상황에서 큰 장애 요인이 되었다. 화려한 자백으로 인한 공개적인 굴욕이 끊어지지 않는 공적인 경력의 이점으로 보상되기 때문에, 전후 전향한 공산주의자들과 합류하려는 유혹은 더 커진다.

누구든 공산주의 정치인에서 '공산주의 정치'의 전문가로 순조롭게 발전할 수 있다는 사실은 전향의 몸짓에 반대한다. 망가진 사생활의 인정은 공적인 명성을 잃지 않는 것으로 보상받고, 공적인 굴욕은 직업을 바꿔야 하고 명성에서 일반 시민의 평균적인 삶으로 강등되는 데 따르는 사적인 굴욕에서 벗어날 수 있게 해준다.

---

1 옮긴이_ 휘태커 챔버스(Whittaker Chambers, 1901~1961)는 본명이 제이 비비안 챔버스로 미국 출신의 작가이자 정보요원이었다. 그는 공산당원(1925)과 소련 간첩(1932~1938)으로 활동한 후 소련 지하조직에서 1938년 이탈하여 『타임즈』에서 1939~1948년 일한 후 '웨어그룹(공산주의 지하조직)'에 대해 증언했다. 그는 1952년 자신의 회고록 『증인(Witness)』에서 이 사건을 설명했다. 그는 이후 미국 보수 잡지인 『내셔널 리뷰(National Review)』의 수석 엮은이로 일했으며, 사후 레이건 대통령으로부터 대통령 자유 훈장을 받았다.

이 순간 전후 전향한 공산주의자들은 여전히 주로 전문가로서 역할을 하고 있으며, 전체주의에 맞서 싸우는 데 도움을 주기 위해 자유 사회의 부름을 받았다. 그들은 적의 수단을 가장 잘 알고 있어서 적에 대항하는 수단을 설계할 자격이 가장 뛰어나기 때문이다.

이러한 지식은 그들 자신의 견해로는 무엇으로 구성되어 있을까? 챔버스는 다음 문장으로 그 답을 요약한다. "전후 전향한 공산주의자들만큼 갈등과 적의 특성을 잘 아는 사람은 없으며, 자신의 신념을 위해 목숨을 걸고 싸우는 힘과 의지를 그렇게 깊이 공유하는 사람도 없다. … 그런 투쟁은 전적으로 희생 없이는 싸울 수도 없고, 더군다나 이길 수도 없으며, 이해조차 할 수 없다.…" 따라서 실로네를 인용하자면, "최후의 갈등은 공산주의자들과 전후 전향한 공산주의자들 사이에서 일어날 것이다. … 그들은 우리 시대에 알리는 것이 의무"라는 것을 알고 있었다.

이 구절을 간단히 해석해 보자. 즉 공산주의자들처럼 전후 전향한 공산주의자들은 우리 시대의 전체적인 구조를 최후의 전투로 끝나는 거대한 이분법으로 본다. 세계에는 다양한 세력이 없다. 오직 두 가지가 있을 뿐이다. 이 두 가지는 폭정에 대항하는 자유의 반대가 아니다(또는 전통적인 용어로 어떻게든 공식화하고 싶을 수도 있지만). 한 신앙과 다른 신앙의 반대이다. 게다가 이 두 신앙은 같은 근원에서 나온다. 전후 전향한 공산주의자들은 과거의 공산주의자가 아니라 '전도된' 공산주의자다. 그들은 과거의 공산주의가 없다면 아무도 지금 자신들이 하는 일을 이해할 수 없다고 주장한다. 이것은 실제로 두 집단, 즉 공산주의자 자신과 전후 전향한 공산주의자만이 알고 있다. 궁극적으로 다른 사람들은 중요하지 않다. 즉 우리는 이 두 주인공이 벌이는 역사의 엄청난 전투에서 단지 방관자일 뿐이다. 물론 그들에게는 동맹이 필요하지만, 공산주의자들의 동맹은 항상 공산주의 이론과 실천에 따라 공산당의 우월한 지식에 의해 인도되는 것처럼, 전후 전향한 공산주의자들은 우월한 지혜를 통해 반공주의 동맹을 이끌겠다고 제안한다. 전후 전향한 공산주의자들은 공산주의자들이 자신들의 지지자와 동맹에 대해 가졌던 것과 같은 경멸을 자신들의 지지자와 동맹에 대해 선언한다.

공산주의자들이 자신들의 진정한 반대자만을 존중하는 것처럼, 전후 전향한 공산주의자들은 전후 전향한 공산주의자였거나 여전히 공산주의자인 사람들에게만 존경을 표시한다. 그들은 세계를 둘로 나누었기 때문에, 우리가 모두 사는 세계의 혼란스러운 다양성과 다원성을 설명하려면 그것을 전혀 무의미한 것으로 치부하거나 일관성과 성격이 부족하기 때문이라고 말할 수밖에 없다.

대표적인 예를 들자면, 미국의 자유주의는 수십 년 동안 공산주의로부터 부르주아지(또는 자본주의 등)를 위해 봉사하는 일관성 없고 중요하지 않은 태도로 비난받아 왔으며, 지금은 전후 전향한 공산주의자들에 의해 공산주의의 일관성 없고 중요하지 않은 동맹으로 비난받고 있다. 태도이자 주요 이념인 반자유주의는 변함없이 유지되고 있다. 자유주의자들은 (무의식적이어서 어리석거나 비겁한) 자본주의의 조력자들이었다. 즉 그들은 이제 너무 어리석거나 비겁해서 자신들의 신조를 철저히 생각하고 그 결과가 자연스럽게 공산주의로 이어진다는 것을 깨닫지 못하는 사람들이 되었다.

챔버스의 책[2]에서 그런 커다란 역할을 하는 정보 제공은 사람들이 조직되어 끊임없이 변화하는 두 가지 범주로 나뉜 경찰국가에서의 의무이다. 두 범주는 정보 제공자가 될 특권을 가진 사람들과 정보를 받는 것에 대한 두려움에 지배받는 사람들이다. 이는 오래된 이야기이다. 즉 우리는 용이 되지 않고는 용과 싸울 수 없다는 이야기를 들었다. 우리는 우리 자신이 정보 제공자가 되어야만 정보 제공자 사회와 싸울 수 있다.

그러나 지금까지 이것은 항상 정치적 삶에 내재한 위험으로 여겨져 왔

---

2   엮은이_ 『증인(*Witness*)』(뉴욕, 1952)은 챔버스 자신의 삶에 관한 진술이다.
      옮긴이_ 아렌트는 야스퍼스에게 보낸 1953년 5월 13일자 편지에서 이와 관련한 내용을 자세히 밝히고 있다. 홍원표 옮김, 『한나 아렌트·카를 야스퍼스 서간집 1926~1969』(제1권), 419-420쪽.

다. 우리는 용과 싸우기 시작했을 때 용이 되지 않도록 경고를 받았다. 우리는 먼저 용으로서 훈련을 받아야 한다는 말을 듣지 못했다. 과거의 지혜가 우리의 전후 전향한 공산주의자들이 제안한 것처럼 그럴듯한 방식으로 정치의 기본적인 난제 중 하나를 해결하려고 하지 않은 이유는 간단하다. 즉 우리 자신이 용이 된다면 결국 두 용 중에서 어떤 용이 살아남을지는 별로 중요하지 않을 것이다. 싸움의 의미는 사라질 것이다.

전체주의에 맞서기 위해 전체주의의 수단을 이용하라는 조언은 특별한 역사적 상황을 지적함으로써 전후 전향한 공산주의자들에 의해 정당화된다. 우리는 목적이 수단을 정당화한다고 들었다. 당신은 달걀을 깨뜨리지 않고 오믈렛을 만들 수 없다. 그것은 목적이 수단에 명령하는 것이다.

명백한 오류임에도 불구하고 목적이 수단을 정당화한다는 주장은 우리 모두에게 위험한 매력을 가지고 있다. 이것은 우리의 정치사상의 전통에 너무 깊이 뿌리 박혀 있기 때문이다.

'최고선summum bonum', 공동 복지, 최대 다수의 최대 행복 등은 모두 적절한 정치적 수단을 통해 달성해야 할 목적으로 여겨져 왔다. 나는 개인적으로 이러한 다양한 정치적·신학적 교의에 관한 견해를 가지고 있지 않다. 그러나 한 가지 결정적인 측면에서 이것들은 모두 우리의 새로운 전체주의 정치인들의 새로운 이데올로기적 목적과 달랐다. 그것은 사람들이 즉시 달성할 수 있고 어떤 구체적인 형태로든 존재함을 증명할 수 있는 목적이 아니었다.

성 아우구스티누스에 따르면, 내가 그 자체로 즐길 수 있는 유일한 선인 최고선은, 다른 모든 선이 목적을 위한 수단으로만 사용하도록 요구받았지만, 이 세계의 것은 아니었다. 최고선은 다른 모든 '선bona'을 조직하고, 이것들을 특정 위계질서로 분류하고, 다시 말해 모든 행위와 판단의 주요 기준, 즉 표준이 될 수 있었다. 최고선은 모든 제작과 행위를 척도가 '초월하는' 방식으로 초월했기에 만들어질 수 없었다. 따라서 그것은 다른 모든 구체적인 길이를 측정할 수 있다. 이는 정치의 목적에 대한 모든 전통적 개념, 즉 공동 복지, 더 많은 사람의 행복, 좋은 삶 등에 해당한다. 이 중 어느 것도 절대적인 의미에서 최고선으로 초월적이지 않다. 엄밀히 말해서, 그것들은 **정치적** 목적이 아니다. 수단과 목적의 범주는 인간 행위의 영역에 적용되지 않지만, 인간 행위 자체는 그것을 초월하는 목적을 위한 수단으로 간주된다.

이러한 이론에 항상 내재한 위험은, 계급 없는 사회나 인종 사회나 그 밖의 이상이나 대의가 무엇이든 개념에서 드러나듯이, 정치 행위의 목적이 그 자체로 정치적인 것으로 인식될 때에만 현실이 되었다.

우리가 수단과 목적의 범주를 행위와 인간관계에 적용하자고 주장한다면, 우리는 모든 것이 거꾸로 서게 되는 것을 보게 될 것이다. 탁자를 만드는 목적이 도구와 수단을 정당화한다는 것은 완벽하게 사실이며, 여기에는 나무를 베는 것도 포함된다. 그러나 사람들 사이에서 나쁜 대의를 위해 행한 선행은 결국 이 인간관계의 세계를 다소 더 좋게 만들고 개선하는 반면, 좋은 대의를 위한 나쁜 행위는 우리의 공동 세계를 순식간에 약간 더 나쁘게 만든다는 것도 마찬가지로 사실이다. 만약 공산주의자가 공산주의를 더 훌륭할 만하게 만드는 나쁜 대의를 위해 괜찮은 인간처럼 행동한다면, 그 순효과는 공산주의 선전이 아니라 약간의 품위일 것이다. 공산주의자들이 나쁜 대의를 위해 선행을 하는 경우가 그렇게도 드문 이유는 그들이 이것을 알고 있기 때문이다. 그들은 나쁜 대의를 위해 확산된 품위가 궁극적으로 더 품위 있는, 따라서 더 강한 사회가 될 뿐이라는 점을 알고 있다.

플라톤은 진리를 고수하는 게 '행위pragma'가 아니라 '관조theoria'라고 말했다. 행위의 주된 결점은 행위가 이후 계속 반복되었지만 내가 무엇을 하고 있는지 결코 정확하게 알지 못한다는 사실에 있다. 사유하거나 무언가를 만들 때, 나는 내가 무엇을 하는지 정확히 알거나 알고 있어야 한다. 결과가 어떻게 되든 그 누구도 책임을 질 수 없다. 이는 행위에 대해서는 그렇지 않다. 나는 다른 사람의 행위와 욕망으로 구성된 관계망 안에서 행위하기 때문에, 지금 하는 일에서 궁극적으로 무슨 일이 나올지 전혀 예측할 수 없다. 이것이 우리가 정치적으로 행위할 수는 있지만 "역사를 만들 수 없는" 이유다. 반면에 공산주의자와 전후 전향한 공산주의자가 모두 수단에 대해 그렇게도 조심스럽지 않은 이유는 그들이 자신이 무엇을 하고 있는지 잘 알고 있다고 확신하기 때문이다. 그들은 자신들을 역사의 창조자라고 생각한다.

정치 행위와 역사 만들기의 혼동은 마르크스로 거슬러 올라간다. 마르크스는 헤겔이 인류 역사를 해석한 이후 "세계를 바꿀 수 있을 것"이라고 희망했다. 즉 인류의 미래를 **창조할** 것이라고 희망했다. 마르크스주의는 정치 행위를 역사 만들기로 왜곡하거나 오해했기 때문에 전체주의 이념으로 발전할 수 있었다.

마르크스주의에서 전체주의적 요소는 계급이나 계급 없는 사회라는 개념이듯이, 인종이나 인종 사회라는 개념은 나치즘을 전체주의로 만든 요소이다. 이 요소들은 사소한 편이다. 두 경우 모두 결정적인 요소는 역사가 만들어질 수 있다는 믿음이다. 이 믿음은 역사의 종말을 가져올 수 있는 특정 절차를 가르치지만, 물론 전혀 그렇게는 되지 않는다. 행위에서 달걀 깨기는 깨는 행위보다 더 흥미로운 것으로 이어지지 않는다. 그 결과는 활동 그 자체와 동일하다. 즉 그것은 오믈렛을 만드는 것이 아니라 달걀만 깨는 것이다.

챔버스의 책에 대해 함께 논의하던 내 친구는 이 친구가 정치에 전혀 관심이 없다는 것이 분명하다고 말했다. 그리고 실제로 이 책은 챔버스가 자신의 당에서 정치적 삶을 얼마나 즐겼는지, 그가 당을 얼마나 업신여기고, 공식적인 공산주의 정치 무대의 뒤에서 명령이 주어지고 순종하는 내부 장치로 탈출하여 역사가 만들어지는 곳으로 탈출했는지 알려준다. 그리고 이런 측면에서 챔버스는 변하지 않았다.

1939년 9월, 챔버스가 소련의 간첩 활동을 정부에 경고하기 위해 처음으로 워싱턴으로 갔을 때, 그는 자신이 역사적 사명을 띠고 있으며, 역사적인 순간에 행위하고 있다고 느꼈다. 그의 보고서에서 독자들이 분명히 알 수 있듯이, 그의 대담이 이 특정한 순간에 이루어진 것은 단순한 우연의 일치일 뿐이라는 생각은 그에게 전혀 떠오르지 않았다. 그의 임명은 몇 달 전에 이루어졌다. 그는 자신이 역사극의 배우라고 느낄 정도로 히틀러-스탈린 협정이 자신의 행위에 영감을 주었다고 스스로 확신했다. 그는 단순히 정치적으로 행위하는 것이 아니라 역사를 만든다.

자유 사회는 역사를 만드는 사람들에 대항하여 그들이 품는 안목과 무관하게 스스로를 방어해야 한다. 그리고 여기에는 우리가 본능적으로 '숭고한' 과제에 참여하는 사람들의 오만함에 대해 느끼는 자연스러운 반응 이상이 포함된다. 내가 현재를 위해, 그리고 현재에 행위하는 것 이상을 할 수 있다는 생각(즉 내가 미래를 만들 수 있다는 생각)은 두 가지 근본적인 오류를 암시한다. 그것은 내가 목적을 알고 있으므로 수단을 자유롭게 결정할 수 있다는 것을 암시하고, 내가 무엇인가를 만들 때 무엇을 하는지 아는 것처럼 행위에서 무엇을 하는지도 안다는 것을 암시한다.

첫 번째는 불가능하다. 나는 필멸하는 존재이기 때문이다. 나는 역사의 끝을 결코 알 수 없을 것이다. 나는 그 끝을 결코 볼 수 없기 때문이다. 두 번째는 틀렸다. 인간의 행위는 궁극적인 결과에서 정의상 예측할 수 없기 때문이다. 서양 정치사상의 위대한 전통은 항상 이것을 알고 있었고 이것을 곤경으로 해석했다. 인간 활동으로서 정치가 (플라톤과 아리스토텔레스 이래로) 다른 형태의 인간 활동보다 질적으로 열등하다고 여겨진 이유이다. 정치는 전통에 의해 정당화되었지만, 정치적 측면에서가 아니라 어떤 더 높은 형태의 삶에 필요한 것으로 정당화되었다. 즉 영혼의 구원에 방해받지 않고 전념하는 '이론적인 삶bios theōrētikos'이다.

오늘날 인간 삶의 전반적인 정치 영역에 대한 이러한 해석이 아무리 의심스럽게 보일지라도 한 가지는 확실하다. 이러한 해석은 정치 행위를 평가절하하면서 그 기본적인 불확실성에 대한 인식을 보존했다.

정곡을 찌르고 상식에 직접 호소할 수 있을 만큼 그럴듯한 속담과 형상화가 모두 자유 사회의 편이 아니라 역사를 만드는 자들의 편에 있다는 점은 불행한 일이며, 현재 우리의 정치적 사유의 일반적인 상황을 보여주는 것일 수도 있다. 전체주의적 사고방식을 가진 사람들의 선전 성공은 대체로 다음과 같은 격언 — "달걀을 깨뜨리지 않고서 오믈렛을 만들 수 없다", "A라고 한 사람은 B라고 해야 한다", "우리는 공동 위험에 맞선 한 사람처럼 뭉쳐야 한다" 등 — 을 사용하는 데 기인한다. 이러한 말에 맞서는 것은 위대한 정치가들의 깊은 정치적 경험에서 우러나온, 그 진수를 표현한 외로운 발언이 몇 가지 있을 뿐이다. 이러한 말들 가운데 어느 것도 우리가 모두 자라온 거짓된 진부한 말의 타당성을 아직도 확보하지 못했으며, 이제야 이러한 말들이 진부하기보다 훨씬 더 위험하다는 것을 보여주고 있다. 이러한 진술 중 하나는 나에게 항상 모든 정치적 삶과 공적 관심의 한 가지 필수적인 부분을 적어도 간결하게 표현하는 것처럼 보였다. 이는 클레망소가 드레퓌스 사건 당시 제3공화국의 존립 자체가 위태로웠을 때 한 진술이며, 아마도 클레망소가 이를 구했을 것이다. 그는 다음과 같이 말했다. "**한 사람의 사건은 모든 사람의 관심사다**L'affaire d'un seul est l'affaire de tous." 이 말은 무엇을 의미할까?

드레퓌스는 개인적으로 클레망소의 친구가 될 수 없는 사람이었다. 드레퓌스는 모든 실제적인 목적에 비추어 볼 때 '나쁜 사람'으로 불릴 수 있는 사람이었다. 내가 이 말을 하는 이유는 우리의 현재 혼란을 잘 보여주는 발언을 우연히 들었기 때문이다. 한 사람이 다른 사람에게 다음과 같이 말했다. "그러나 당신은 무엇 때문에 불평하지요? 지금까지 선한 사람은 중상모략을 당하거나 다친 적이 없습니다." 물론 요점은 이것이 사실인지 거짓인지가 아니라, 법은 선한 사람과 악한 사람을 동등하게 바라보고, '악한 사람'의 평판은 다른 사람의 평판만큼이나 정치적으로 중요하다는 것이다. 프랑스군 참모총장은 아무도 공감하지 않는 사람을 골라내면 공화국을 훼손할 수 있다고 확신했다. 그리고 클레망소가 법이 선과 악 모두에 공평하며, 법을 어기는 행위(또는 나쁜 사람을 함정에 빠뜨리기 위해 시민적 자유를 위험에 빠뜨리는 행위)가 결국 모든 사람의 시민적 자유의 종말을 뜻한다는 사실을 이해하지 못했다면, 이 계획은 성공했을지도 모른다.

최종 갈등은 공산주의자와 전후 전향한 공산주의자 사이에서 일어나지 않을 것이다. 그 갈등은 여전히 볼셰비키화에 앞선 공산당 내부의 파벌 갈등의 역사에 속한다. 이것은 이른바 좌파 붕괴의 또 다른 단계일 수도 있고, 역사를 만들어가는 사람들 사이의 이데올로기적 투쟁일 수도 있는데, 이들은 본래 목적에 대한 생각이 달라 수단을 정당화하기 어렵다.

자유 사회에 관한 한, 전체주의와의 최종 갈등은 없을 것이다. 패배도 승리도 결코 결정적이지 않을 것이기 때문이다. 승리 자체로는 어떤 문제도 해결하지 못한다. 단지 해결책을 가능하게 할 뿐이다. 게다가 전체주의는 완전히 새로운 형태의 정부를 가져왔으며, 항상 존재하는 잠재적인 위험으로 앞으로도 우리와 함께할 가능성이 너무나 크다. 마치 다른 역사적 순간에 등장한 다른 형태의 정부 ― 즉 군주정·공화정·폭정·독재정·전제정 ― 가 일시적인 패배에도 불구하고 인류와 함께했던 것처럼 말이다. 최종 갈등을 생각하는 것은 전체주의적 사유에 속한다. 역사에는 최후란 없다. 역사에서 들려주는 이야기는 시작은 많으나 끝은 없는 이야기다.

한편 사회적·공적인 삶에서 전후 전향한 공산주의자들의 역할에 대한 위험은 명확하고 현존한다. 그들은 자신들의 명성에 관한 주장이 무엇에 근거하고 있는지, 자신들의 목표가 무엇인지, 그리고 자신들이 어떤 방법을 도입하고 싶어 하는지에 대해 우리에게 매우 솔직하게 말했다. 그들의 주장은 자신들이 한때 공산주의자였고, 따라서 전체주의적 사고방식으로 훈련받았다는 사실에 근거한다. 그들의 목표는 오래된 대의가 그들을 실망시킨 후에 이 훈련을 새로운 대의에 적용하는 것이다. 그들의 방법은 몇몇 경우에는 경찰의 역할을 스스로에게 떠넘기는 것으로 구성되었고, 거의 항상 시민들 사이에 불신을 심는 결과를 낳았다. 시민들의 우정은 아리스토텔레스에 따르면 '우정philia'으로 정치적 삶의 가장 확실한 기초이다.

우리는 이에 대해 이렇게 답한다. 우리는 이 세기가 위험과 난제로 가득하다는 점을 알고 있다. 우리 자신도 항상, 그리고 결코 완전히 우리가 무엇을 하고 있는지 알지 못한다. 우리는 우리 가운데 가장 뛰어난 사람 중 일부가 어느 시점에 전체주의적 곤경에 빠졌다는 것을 알고 있다. 그것에 등을 돌린 사람들은 환영받는다. 그 과정에서 살인자나 전문 간첩이 되지 않은 모든 사람은 환영받는다. 우리는 가능한 한 어디에서나 우정을 쌓고 싶어 하며, 이는 이전의 파시스트나 나치, 과거의 공산주의자나 볼셰비키에게도 해당한다. 누군가가 전에 잘못했다는 사실이 영구적인 낙인이 되어서는 안 된다.

그러나 우리는 당신들의 주장과 목표, 그리고 최소한 당신들의 모든 방법을 수용할 수 없다. 누군가가 용이 되어야만 용과 싸울 수 있다는 당신들의 주장은 우리의 모든 경험에 모순되며, 인간의 인간성을 주장하는 우리의 궁극적인 관심사에 적대적이다. 민주주의를 엄격한 이데올로기적 의미에서 '대의'로 만들려는 당신들의 목적은 우리가 살고 살게 하는 규칙이나 법률과 모순된다.

미국, 이 공화국, 우리가 사는 민주주의는 생각하거나 분류할 수 있는 살아있는 존재이다. 내가 만들 수 있는 것의 형상과 같다. 즉 이것은 제작될 수 없다. 완벽하지 않고 결코 완벽하지 않을 것이다. 여기에는 완벽성의 기준은 적용되지 않기 때문이다. 이의 제기는 동의만큼이나 이 살아있는 생명체에 속한다. 이의 제기의 한계는 헌법과 권리장전에 있으며 다른 곳에는 없다. "미국을 더 미국적으로 만들려고" 하거나 선입견에 따라 민주주의 모델을 만들려고 하면, 당신은 미국을 파괴할 뿐이다. 결국, 여러분의 방법은 경찰의 정당화된 방법이며 경찰만이 할 수 있다.

우리는 자유롭게 사는 것이 위험하고 모험적임을 알고 있다. 따라서 우리는 세금을 내고 우리 시민 중에서 감시할 자격이 있고 그들만의 방법을 사용하는 특수 부대를 훈련시키는 것을 기쁘게 생각한다. 그러나 우리는 그것을 통제한다. 어떤 사적 시민도 이러한 고도로 전문화되고 제한된 기능을 자신에게 전가할 권리가 없다.

우리가 여러분과 우정을 쌓고 싶어 하고, 여러분의 경험과 여러분의 성격에 종종 공감하지만, 여러분이 전후 전향한 공산주의자로서 역할을 고집하는 한, 우리는 여러분에 대해 경고해야 한다. 여러분은 이 역할에서 오늘날 모든 자유 사회에 존재하는 위험한 요소들을 강화할 수 있을 뿐이며, 우리가 전체주의 운동이나 전체주의적 지배 형태로 결정화하기를 원하지 않은 요소들을 강화할 수 있을 뿐이다. 그 대의와 이데올로기적 내용이 무엇이든 말이다.

에릭 푀겔린의 서평에 대한 반론

1953

이 「반론」은 아렌트처럼 독일인 이민자인 정치철학자 에릭 푀겔린의 『전체주의의 기원 The Origins of Totalitarianism』 서평에 관한 에세이이다. 푀겔린의 서평, 아렌트의 반론, 그리고 푀겔린의 「결론」은 『정치평론』 1953년 1월호에 게재되었다.[1] 푀겔린과 아렌트 사이의 주요 논쟁은 '인간 본성' 문제에 집중되었다. 푀겔린은 인간 본성이란 그 자체로 변하지 않으며 전체주의의 기원은 "불가지론의 영적 질병"에 있다고 주장했다. 아렌트는 「반론」에서 전체주의 현상과 인간 자유의 '말살'을 다루려고 시도하면서 자신이 추구했던 방법을 다른 곳보다 더 자세히 설명한다.

---

[1] 옮긴이_ 서지사항은 다음과 같다. Eric Voegelin, "The Origins of Totalitarianism"(Review), *The Review of Politics*, Vol. 15, no. 1(January 1953), pp. 68-76: Hannah Arendt, "Rejoinder to Eric Voegelin's Review of *The Origins of Totalitarianism*." *The Review of Politics*, Vol. 15, no.1(January 1953), pp. 76-85.

『정치평론』 엮은이들이 『전체주의의 기원』에 대한 에릭 푀겔린 교수의 비판에 답해 달라고 부탁해 온 흔치 않은 친절에 감사하지만, 내가 그들의 제안을 수락했을 때 현명한 결정이었는지 잘 모르겠다. 그의 서평이 평소처럼 우호적이거나 비우호적이라면, 나는 확실히 수락하지 않았을 것이고 수락해서는 안 되었다. 이 반론은 본래 저자가 자신의 책을 논평하거나 서평에 대한 서평을 쓰도록 유혹하기 쉽다. 나는 이 유혹을 회피하기 위해 개인적 대화 수준에서도 내 책의 서평자에 대해 아무리 동의하거나 동의하지 않더라도 문제 삼는 것을 최대한 자제해 왔다.

그러나 푀겔린 교수의 비판은 모든 예의에 따라 답변할 수 있는 종류이다. 그는 한편 방법에 대해 매우 일반적인 질문을 제기하고, 다른 한편 일반적인 철학적 함의에 대해 질문을 제기했다. 물론 둘 다 함께 속한다. 그러나 나는 역사 연구와 정치 분석의 필요한 한계 내에서 전체주의의 완전한 발전을 통해 밝혀진 특정 일반적인 난제에 대해 충분히 명확하게 설명했다고 하지만, 내가 사용하게 된 특정 방법과 설명이나 정당화가 산만해질 수 있는 다양한 역사적·정치적 문제가 아니라 정치학과 역사학 분야 전체에 대해 이례적인 접근방법을 설명하지 못했다는 것도 알고 있다.

내가 원래 직면한 문제는 단순하면서도 동시에 당혹스러웠다. 즉 모든 역사 서술은 필연적으로 구원이며 가끔은 정당화이다. 그것은 인간이 잊을지도 모른다는 두려움과 기억 그 이상의 것을 추구하기 때문이다. 이러한 충동은 연대기 순서에 대한 단순한 관찰에 이미 내재해 있으며, 보통 서사를 방해하고 설명을 편향적이고 '비과학적'으로 보이게 만드는 가치판단의 간섭을 통해 극복할 수 있는 것은 아니다. 나는 반유대주의의 역사가 이런 종류의 역사 쓰기의 좋은 예라고 생각한다. 이 모든 문헌이 학문적 측면에서 이토록 매우 빈약한 이유는 역사가들이 — 물론 그들이 의식적인 반유대주의자가 아니었다면 — 보존하고 싶지 않은 주제의 역사를 써야 했고, 파괴적인 방식으로 써야 했으며, 파괴를 목적으로 역사를 썼다는 것은 어떻게 보면 용어상 모순이다. 말하자면, 탈출구는 유대인을 붙잡아두는 것이었고, 그들을 보존의 대상으로 삼는 것이었다. 그러나 이것은 해결책이 아니었다. 희생자 입장에서만 사건을 바라보는 것은 변명으로 이어졌고 물론 그것은 전혀 역사가 아니다.

따라서 나의 첫 번째 문제는 내가 보존하고 싶지 않았지만, 반대로 파괴하고 싶었던 것인 전체주의에 대해 역사적으로 어떻게 쓸 것인가였다. 이 문제를 해결하는 나의 방법은 『전체주의의 기원』에 통일성이 부족하다는 비난을 불러일으켰다. 내가 행한 일 — 그리고 나의 이전 훈련과 사유 방식 때문에 어차피 했을 수 있는 일 — 은 전체주의의 주요 요소들을 발견하고 역사적 관점에서 분석하며, 내가 적절하고 필요하다고 생각하는 한 역사에서 이러한 요소를 추적하는 것이었다. 즉 나는 전체주의의 역사를 쓰지 않고 역사적 관점에서 분석했다. 즉 반유대주의나 제국주의의 역사를 쓰지 않았지만, 유대인 증오의 요소와 팽창의 요소를 분석했다. 이러한 요소는 여전히 명확하게 보이고 전체주의 현상 자체에서 결정적 역할을 했기 때문이다. 따라서 이 책은 불행히도 제목이 주장하듯이 전체주의의 '기원'을 다루지 않고 전체주의로 결정화된 요소에 대한 역사적 설명을 제공한다. 이 설명에 이어 전체주의 운동과 지배 자체의 기본 구조에 대한 분석이 이어진다. 전체주의의 기본 구조는 이 책의 숨겨진 구조이지만, 훨씬 더 명백한 통일성은 전체를 관통하는 홍실, 즉 논쟁의 흐름을 특징짓는 기본 개념을 통해 제공된다.

동일한 방법의 문제는 다른 측면에서 접근할 수 있으며, 그러면 '문체'의 문제로 나타난다. 이는 열정적이라는 찬사를 받았고 감상적이라는 비판을 받기도 했다. 두 판단은 모두 요점에서 약간 벗어난 것으로 보인다. 나는 내가 충분히 알고 있었던 '분노와 열광 없음 sine ira et studio'[2]의 전통과 매우

---

2 옮긴이_ 이 문구는 타키투스의 『로마 편년사(Annals)』 제1권 첫째 단락에 나오는 것이다. "로마

의식적으로 결별했다. 이것은 나에게 특정 주제와 긴밀하게 연결된 방법론적 필요성이었다.

가능한 많은 사례 가운데 하나를 들겠다. 즉 역사가가 산업혁명 초기의 영국 노동계급의 빈곤과 같이 부유한 사회에서 과도한 빈곤에 직면했다고 가정하자. 이러한 상황에 대한 인간의 자연스러운 반응은 분노와 적개심이다. 이러한 상황이 인간의 존엄성에 반대되기 때문이다. 내가 분노를 참지 않고 이러한 조건을 설명한다면, 나는 이 특정 현상을 인간 사회의 맥락에서 떼어내 그 본질 일부를 빼앗고 중요한 고유 특성 중 하나를 박탈한 것이다. 분노를 일으키는 것은 빈곤이 인간 사이에 발생하는 한 과도한 빈곤의 특성 중 하나라는 것이다. 따라서 나는 "도덕적으로 혐오스러운 것과 감정적으로 존재하는 것이 본질적인 부분의 빛을 잃게 한다"는 푀겔린 교수의 의견에 동의할 수 없다. 나는 그것들이 분노의 본질적인 부분을 형성한다고 믿기 때문이다. 이것은 감상주의나 도덕주의와는 아무런 상관이 없지만, 물론 둘 다 저자에게 함정이 될 수 있다. 내가 도덕적이거나 감상적이게 되었다면, 나는 해야 할 일을 잘하지 못한 것이다. 즉 전체주의 현상이 달에서 발생한 게 아니라 인간 사회의 한 가운데서 발생한다고 설명해야 한다. 강제수용소를 '분노 없이sine ira' 묘사하는 것은 '객관적'인 것이 아니라 그것을 용인하는 것이다. 그러한 용인은 저자가 의무감을 느끼지만, 묘사 자체와는 관련이 없는 비난을 덧붙인다고 해서 바뀔 수 있는 것은 아니다. 나는 지옥의 형상을 사용했을 때 이를 비유적으로 말한 게 아니라 문자 그대로 말했다. 낙원에 대한 믿음을 잃은 사람들이 지상에 낙원을 세울 수

는 처음에 왕이 통치했다. 브루투스가 자유와 영사직을 확립했다. 독재직은 일시적인 위기 동안 유지되었다. … 티베리우스, 카이우스, 클라우디우스, 네로의 역사는 그들이 권력을 잡고 있을 때 공포에 질려 위조되었고, 그들이 죽은 후에는 최근의 증오에 자극을 받아 기록되었다. 따라서 내 목적은 아우구스티누스에 대한 몇 가지 사실 … 그리고 그 뒤에 이어지는 모든 것에 관해서 이야기하는 것이다. 내가 멀리 떨어져 있는 동기에서 비롯된 **비통함이나 편파성 없이** 말이다."(굵은 활자는 옮긴이 강조)

없을 것이라는 점은 분명한 사실인 듯하다. 그러나 지옥이 내세의 장소라는 믿음을 잃은 사람들이 지상에서 사람들이 믿었던 것과 똑같은 지옥이란 모조품을 정립할 의지와 능력이 없다는 것은 그렇게 확실하지 않다. 이런 의미에서 나는 수용소를 지상의 지옥으로 묘사하는 것이 순전한 사회학적 또는 심리학적 성격의 진술보다 더 '객관적'이라고 생각한다. 즉 수용소의 본질에 더 적절하다고 생각한다.

문체의 문제는 적절성과 반응의 문제이다. 내가 엘리자베스 시대와 20세기에 관해 똑같은 '객관적인' 방식으로 서술한다면, 두 시기를 다루는 것이 적절하지 않을 수도 있다. 나는 어느 것에나 반응할 수 있는 인간의 능력을 포기했기 때문이다. 따라서 문체의 문제는 역사학을 거의 처음부터 괴롭혀 온 이해의 문제와 밀접하게 연관되어 있다. 나는 여기서 이 문제를 다루고 싶지 않지만, 다음과 같은 점을 확신한다고 덧붙일 수 있다. 즉 이해는 '상상력'과 밀접하게 연관되어 있다. 칸트는 이를 'Einbildungskraft'로 불렀으며, 이는 허구적인 능력과 아무런 공통점이 없다. **영적 수련**은 상상력의 연습이며, 학문적 훈련이 실현하는 것보다 역사학의 방법과 더 관련이 있을 수 있다.

내 주제의 특별한 성격으로 인해 원래 발생한 이런 종류의 성찰, 그리고 상상력을 인식의 중요한 도구로 의식적으로 사용하는 역사적 연구에 반드시 관련된 개인적 경험은 현대 역사의 거의 모든 해석에 대한 비판적 접근 방법으로 귀착되었다. 나는 「서문」[3]의 짧은 두 문단에서 이를 암시했다. 여기에서 나는 독자에게 진보와 파멸이란 개념을 "같은 동전의 앞뒷면"으로 보는 것에 대해 경고했으며, "전례에서 전례 없는 것을 추론하려는" 모든 시도에 대해 경고했다. 두 가지 접근방법은 밀접하게 상호 연결되어 있다. 푀겔린 교수가 "서양 문명의 부패"와 "지구적으로 팽창된 서양의 추악함"에

---

[3] 옮긴이_ 여기에서 「서문」의 문단은 『전체주의의 기원』 제1판 서문 네 번째와 다섯 번째 문단이다.

대해 말할 수 있는 이유는 그가 '현상적 차이' — 사실성의 차이로 나에게 매우 중요한 것 — 를 교리적 성격의 어떤 '본질적인 동일성'의 사소한 파생물로 취급했기 때문이다. 전체주의와 서양 정치사 및 지성사의 다른 일부 추세 사이의 수많은 유사점은 내 견해로는 이러한 결과로 기술되었다. 이 유사점은 모두 실제로 일어나고 있는 일의 뚜렷한 특징을 지적하지 못했다. '현상적 차이'는 어떤 본질적인 동일성을 '모호하게 하지' 않고 전체주의를 '전체주의적으로' 만드는 그러한 현상이다. 이것은 한 형태의 정부와 운동을 다른 모든 것과 구별하고, 따라서 그 본질을 찾는 데 단독으로 도움이 될 수 있다. 전체주의에서 전례가 없는 것은 주로 그 이데올로기적 내용이 아니라 전체주의적 지배라는 **사건** 자체이다. 이는 우리가 다음과 같은 내용을 인정해야 한다면 분명히 알 수 있다. 즉 전체주의의 고려된 정책의 실행은 우리의 전통적 정치사상 범주(전체주의 지배는 우리가 알고 있는 모든 형태의 폭정이나 전제정과 다르다)와 우리의 도덕적 판단 기준(전체주의 범죄는 '살인'으로 부적절하게 기술되고, 전체주의 범죄자는 '살인자'로 거의 처벌할 수 없다)을 파괴했다.

푀겔린 교수는 전체주의가 자유주의·실증주의·실용주의의 다른 측면일 뿐이라고 생각하는 듯하다. 그러나 누구든 자유주의에 동의하든 동의하지 않든(나는 여기서 내가 자유주의자·실증주의자·실용주의자가 아니라고 확신한다고 말할 수 있다), 요점은 자유주의자들이 분명히 전체주의자가 아니라는 것이다. 물론 이는 자유주의적 혹은 실증주의적 요소가 전체주의적 사유에 적합하다는 사실을 배제하지 않는다. 그러나 그러한 유사성은 자유주의자들이 전체주의자가 아니라는 **사실** 때문에 훨씬 더 날카로운 구분을 해야 한다는 것을 의미할 뿐이다.

나는 이 요점을 지나치게 강조하지 않기를 바란다. 이 점은 내가 다음과 같이 생각하기에 중요하다. 내 접근방법을 푀겔린 교수의 접근방법과 차별화하는 것은 내가 지적 친화성과 영향 대신에 사실과 사건에서 출발한다는 점이다. 이것은 아마도 내가 철학적 의미와 정신적 자기해석의 변화에 많은 관심이 있기에 물론 이해하기 어려울 것이다. 그러나 이것은 내가 "18세기에 미숙한 형태에서 완전히 발전한 형태까지 전체주의의 본질이 점진적으로 드러났다"고 설명했다는 것을 의미하지는 않는다. 내 생각에 이 본질은 전체주의가 출현하기 전에는 존재하지 않았기 때문이다. 따라서 나는 결국에 전체주의로 결정화되는 '요소'에 대해서만 이야기한다. 그 가운데 일부는 18세기로 거슬러 올라갈 수 있고, 일부는 아마도 그보다 더 오래전으로 거슬러 올라갈 수 있다(비록 나는 중세 후기 이래로 "내재론적 분파주의의 부흥"이 결국 전체주의로 끝났다는 푀겔린의 이론을 의심하지만). 나는 어떤 상황에서도 그들 중 어느 것도 전체주의적이라고 부르지 않을 것이다.

나는 비슷한 이유로, 그리고 이념과 역사 속의 실제 사건을 구별하기 위해서 "영적 질병은 현대 대중을 이전 세기의 대중과 구별하는 결정적인 특징"이라는 푀겔린 교수의 발언에 동의할 수 없다. 나는 현대의 대중이 엄밀한 의미에서 '다수'라는 사실로 구별된다고 생각한다. 그들은 다음과 같은 점에서 이전 세기의 다수와 구별된다. 즉 그들은 자신들을 묶을 공통의 이익이 없거나 키케로에 따르면 이익을 구성하는 어떤 형태의 공통의 '동의'가 없다. 이는 물질적인 것에서 영적인 것, 그리고 다른 모든 문제에 이르기까지 사람들 사이에 있는 것이다. 이러한 '중간에 있음between'은 공통의 근거가 될 수 있고, 공통의 목적이 될 수 있다. 즉 그것은 항상 사람들을 묶으며 **아울러** 명료하게 분리하는 이중의 기능을 한다. 따라서 현대 대중의 특징인 공통의 이익 부족은 그들의 고향 상실과 뿌리 상실의 또 다른 신호일 뿐이다. 그러나 이것만이 현대 대중이 사회의 원자화에 의해 형성된다는 흥미로운 사실을 설명할 뿐이다. 그런데도 모든 공동체적 관계가 없는 대중은 사람들이 너무나 밀접하게 뭉쳐져서 마치 하나가 된 것처럼 보이는 운동에 가장 적합한 '소재'를 제공한다. 이익의 상실은 '자아'의 상실과 동일하며, 현대의 대중은 내 생각에 사심 없음, 즉 '이기적인 이익'의 부족으로 구별된다.

나는 이런 종류의 문제는 전체주의 운동을 새로운 — 그리고 왜곡된 — 종교, 즉 전통적 신념의 잃어버린 신조를 대체하는 것으로 해석하면 피할 수 있다는 것을 안다. 이로부터 어떤 "종교의 필요성"이 전체주의 부상의 원인이라는 결론이 도출된다. 나는 푀겔린 교수가 세속 종교라는 개념을 사용하는 데 매우 한정된 형태조차도 따를 수 없다. 전체주의 이데올로기에서 신을 대체할 수 있는 것은 없다. 히틀러가 "전능자Almighty"라는 단어를 사용한 것은 자신이 미신이라고 믿었던 것에 대한 양보였다. 그보다 더 중요한 점은 신에 대한 형이상학적 자리가 비어 있다는 것이다. 반면에, 전체주의에 대한 논의에서 이러한 반신학적 주장을 도입하는 것은 "당신에게 좋은" — 정신 건강 또는 기타 건강, 인격 통합을 위해, 하느님만이 아신다 — 신에 대한 광범위하고 엄격하게 불경스러운 현대 '이념', 즉 신을 인간이나 사회의 기능으로 만드는 '이념'을 더욱 확산시킬 가능성이 너무 크다. 이러한 기능화는 여러 측면에서 무신론의 마지막 단계이자 아마도 가장 위험한 단계인 것 같다.

이 말은 푀겔린 교수가 그런 기능화에 대해 유죄판결을 받을 수 있음을 의미하지 않는다. 나는 무신론과 전체주의 사이에 어떤 연관성이 있음을 부인하지도 않는다. 그러나 이 연관성은 순전히 부정적으로 보이며 전체주의의 부상에 특유한 것이 전혀 아니다. 기독교인이 히틀러나 스탈린의 추종자가 될 수 없다는 것은 사실이며, 십계명을 주신 신에 대한 믿음이 더는 안전하지 않을 때마다 도덕성 자체가 위험에 처한다는 것도 사실이다. 그러나 이것은 기껏해야 필수 조건일 뿐이며, 그 후에 일어난 일을 긍정적으로 설명할 수 있는 것은 아무것도 아니다. 우리 시대의 무서운 사건에서 정치적 이유로 종교와 신앙으로 돌아가야 한다는 결론을 내리는 사람들은 그들의 반대자들만큼이나 신에 대한 믿음이 부족한 것 같다.

푀겔린 교수는 나와 마찬가지로 정치학 분야에서 "이론적 도구의 부족"을 개탄한다(그리고 내가 보기에 불일치로 보이는 것과 관련하여 몇 쪽 뒤에 내가 더 쉽게 도구를 활용하지 못했다고 비난한다). 푀겔린 교수와 내가 동의하는 심리학주의와 사회학주의의 현재 경향과는 별개로, 내가 역사학과 정치학의 현재 상태에 대해 가장 크게 불만을 느끼는 것은 그들이 점점 더 구별하지 못한다는 점이다. 민족주의·제국주의·전체주의 등과 같은 용어는 모든 종류의 정치현상에 대해 차별적으로 사용되며(보통 침략을 뜻하는 '고급스러운' 단어로만 사용됨), 그 어떤 것도 더 이상 특정한 역사적 배경을 가지고 이해되지 않는다. 그 결과 단어 자체가 모든 의미를 잃는 일반화가 발생한다. 제국주의는 아시리아·로마·영국·볼셰비키의 역사에 무차별적으로 사용된다면 아무 의미가 없다. 민족주의는 국민국가를 경험하지 못한 시대와 나라에서 논의된다. 전체주의는 모든 종류의 폭정이나 집단 공동체 형태 등에서 발견된다. 이런 종류의 혼란 — 모든 독특한 것이 사라지고 모든 새롭고 충격적인 것이 (설명되지 않고) 비유를 그리거나 이전에 알려진 원인과 영향의 연쇄로 축소함으로써만 설명되는 — 은 현대 역사학과 정치학의 특징인 것 같다.

결론적으로, 우리의 현대적 곤경에서 "인간 본성 자체가 위기에 처해 있다"는 나의 진술을 명확히 하고자 한다. 이 진술은 푀겔린 교수로부터 가장 날카로운 비판을 받았다. 그는 "인간이나 무엇이든 본성을 변화시킨다"는 생각 자체와 내가 전체주의 주장을 진지하게 받아들인 사실 자체를 "서양 문명의 지적 붕괴 증상"으로 보았기 때문이다. 서양 사상에서 본질과 존재 사이의 관계에 대한 문제는 푀겔린의 '본성'에 관한 진술("사물을 사물로 식별하고", 따라서 정의상 변화할 수 없음)이 암시하는 것보다는 조금 더 복잡하고 논란의 여지가 있는 것처럼 보이지만, 여기서는 이에 대해 거의 논의할 수 없었다. 용어상의 차이를 제외하고, 내가 푀겔린 교수가 자신의 저서 『새로운 정치학』[4]에서 제시한 것보다 더 많은 본성의 변화를 제안한 것은 아니라고 말하

---

4 옮긴이_ 서지사항은 다음과 같다. Eric Voegelin, *The New Science of Politics: An Introduction*(Chicago London: The University of Chicago Press, 1952). 책의 구성은 다음과 같다. 서론/ Ⅰ. 표상과 존재/ Ⅱ. 표상과 진리/ Ⅲ. 로마제국에서 표상을 위한 투쟁/ Ⅳ. 영지주의: 근대성의 특징/ Ⅴ.

는 것으로 충분하다. 그는 플라톤과 아리스토텔레스의 영혼 이론을 논의하면서 "인간은 영혼이 발견되기 전에 영혼이 없었다고 말할 수도 있을 것"이라고 말한다(67쪽). 푀겔린의 용어로 말하자면, 나는 전체주의적 지배와 그 실험이 발견된 후에는 우리가 영혼을 잃을 수 있다고 두려워할 이유가 있다고 말할 수 있었다.

다시 말해, 전체주의의 성공은 우리가 지금까지 목격한 어떤 것보다 정치적·인간적 실재로서 자유가 훨씬 더 급진적으로 청산된 것과 같다. 이러한 상황에서 인간의 변할 수 없는 본성에 집착하고 인간 자체가 파괴되고 있다거나 자유가 인간의 본질적 역량에 속하지 않는다고 결론 내리는 것은 거의 위안이 되지 않을 것이다. 역사적으로 우리는 인간 본성을 존재하는 한에서만 알 수 있으며, 인간이 본질적 역량을 잃으면 영원한 본질의 영역은 결코 우리를 위로할 수 없다.

내가 책의 마지막 장을 썼을 때 가졌던 두려움은 몽테스키외가 서양 문명이 더는 법으로 보장되지 않는 사실을 보고 표현했던 두려움과 크게 다르지 않았다. 그러나 그 사람들은 여전히 전제정의 맹공에 저항하기 위해 충분하지 않다고 생각한 관습에 의해 지배받고 있었다. 몽테스키외는 『법의 정신』의 서문에서 다음과 같이 밝혔다. "사회에서 동료 인간의 생각과 인상에 복종하는 이 유연한 존재인 인간은 자신의 본성이 보여질 때 그것을 알 수 있고, 자신이 그것을 빼앗겼다는 것을 깨닫지 못할 정도로 그것을 잃을 수도 있다."[5]

영지적 혁명: 청교도 사례/ VI. 근대성의 종말.

5　옮긴이_ 다음은 병기한 불어 문장이다. "L'homme, cet etre flexible, se pliant dans la societe aux pensees et aux impressions des autres, est egalement capable de connaitre sa propre nature lorsqu'on la lui montre, et d'en perdre jusqu'au sentiment lorsqu'on la lui derobe."

꿈과 악몽*

1954

유럽은 미국에 대해 어떤 인상을 갖고 있는가? 이 인상이 무엇이든, 그것은 미국의 실제 상황을 반영하고, 국제정치에서 미국의 역할에 대한 평가를 담고 있으며, 두 가지 모두에 대한 관련 국가의 태도를 표현한다. 이 인상이 원래 모습에 얼마나 충실한지는 항상 의문의 여지가 있으며, 사진의 객관성이나 언론계의 보도 기준을 따를 수도 없고 따를 의도도 없다. 해외에서 현재 미국의 모습도 예외는 아니며, 이는 각국이 역사와 상호 관계의 과정에서 서로에 대해 형성해 온 모습보다 덜 왜곡되거나 더 왜곡되지도 않는다. 만일 오해와 잘못된 해석, 때때로 분노와 혐오의 폭발만 없다면, 이 문제는 역사적이고 제한적인 관심사 이상의 의미를 지니기 어려울 것이다.

그러나 해외에서 미국의 인상이 일반 규칙에 부합하지 않는 몇 가지 측

---

* 서지사항은 다음과 같다. Hannah Arendt, "Europe and America: Dream and Nightmare," *Commonweal* 60/23(24 September 1954), pp. 551-554. 이 에세이와 다음 두 에세이(「유럽과 원자폭탄」과 「순응주의 위험」)는 저자가 프린스턴대학교에서 진행한 강의 「미국의 대외 이미지(The Image of America Abroad)」에 기반을 두고 있다.

면이 있다. 첫 번째이자 아마도 가장 관련성이 있는 예외는 유럽의 인상이 다른 인상과 달리 실제 상황에 대한 단순한 반영 및 해석으로 간주될 수 없다는 사실이다. 그것은 미국이 탄생하기 이전뿐만 아니라 식민지화, 어느 정도는 아메리카 대륙이 발견되기 이전부터 존재하기 때문이다.

미국의 인상이 없었다면, 어떤 유럽 식민지 개척자도 바다를 건너지 못했을 것이다. 식민지 개척자들이 품었던 꿈과 목적은 마침내 대서양 건너편에 유럽인 세계의 일부를 세우는 데 이바지했다. 이는 유럽인들이 미국에 대해 갖게 된 최초의 인상이자 미국의 식민지 개척과 정치제도에 영감을 준 지도적인 이념이었다. 이러한 미국의 인상은 근대 초기에 발견된 수많은 새로운 대지 중 다른 어느 곳에도 부여되지 않았던 신대륙의 인상이었다. 그 내용은 평등에 대한 새로운 이상과 자유에 대한 새로운 이념이었다. 토크빌이 말했듯이, 이 두 가지는 유럽에서 '수출된' 것이었고, 유럽 역사의 맥락에서가 아니면 어느 것도 완전히 이해할 수 없었다. 이 인상은 미국에서만 공화국의 수립을 통해 정치적으로 실현되었다. 그러나 이러한 실현조차도 부분적으로는 유럽에서 수입된 것이었다. 공화국의 건국자들이 로크와 몽테스키외에게 조언을 구했기 때문이다. 이들은 루소와 프랑스의 이데올로그들(유럽 혁명의 역사에 영향을 미침)보다 더 명확하고 정교하게 새로운 정치조직의 기초를 위한 법적·정치적 원리를 제시했다.

미국에 대한 유럽의 인상은 미국 혁명을 통해 실현되었다. 새로운 정치체가 탄생했기 때문에, 새로운 세계가 탄생했다. 같은 방식으로 그리고 같은 순간에 미국(즉 실제로 새로운 세계가 된 새로운 대륙의 일부)은 결별했다. 유럽이 미국에 대해 어떤 인상을 가지고 있었든, 이 인상은 다시는 미국에서 행해지거나 일어난 모든 일의 본보기나 지침이 될 수 없었다.

유럽인 세계의 일부였던 미국이 식민지에서 벗어나 헌법을 제정하고 독립 공화국을 선포한 이후 미국은 유럽의 꿈이자 악몽이었다. 19세기 후반까지 꿈의 내용은 궁핍과 억압으로부터의 자유, 그리고 정치제도의 권위와 정신적 유산의 전통을 통해 16세기와 17세기 새로운 세력의 완전한 발전을 방해하는 것처럼 보인 과거의 무게에 맞서는 인간의 자율성과 힘을 주장하는 것이었다. 동시에 이러한 근대적 발전을 우려하는 사람들에게는 그 꿈 자체가 악몽이었고, 미국이 꿈인지 악몽인지에 대한 결정은 주로 이 나라에서의 구체적인 경험이 아니라 작가가 자기 조국의 갈등과 논의에 대해 취한 태도에서 볼 수 있듯이 작가의 정치적 견해에 주로 달려 있었다.

따라서 미국과 유럽은 결별했다. 그러나 여행자의 보고서와 소설, 시와 정치 논문을 통해 빛나는 미국의 모습은 아프리카나 아시아 또는 '남해 섬'[1]의 모습처럼 전혀 이질적이거나 이국적이지 않았다. 대신에 그 모습은 유럽 문명의 가장 최근의 특징이 거의 희석되지 않은 순수함으로 발전한 현실에 대한 때때로 환상적으로 과장되고 왜곡된 그림으로 남았다.

무엇보다도 미국에 대한 이러한 태도는 물론 토크빌 자신의 태도이지만 그의 저서 『미국의 민주주의 *Democracy in America*』에서 매우 공개적으로 지적되었다. 이 책은 전체적으로 유럽의 가능성 ― 혹은 심지어 필연성 ― 으로 민주주의의 작동에 대한 그의 관심이 외국의 묘사에 대한 관심보다 더 컸다는 사실을 증언한다. 그는 프랑스혁명의 진정한 교훈을 배우고, 평등이란 전례 없는 조건 아래에서 인간과 사회에 무슨 일이 발생했는지 알아보기 위해 미국에 왔다. 그는 미국을 유럽 역사의 가장 최근의 의미를 시험해 볼 수 있는 크고 훌륭하게 갖춰진 실험실로 여겼다. 그는 전 세계는 아니더라도 유럽이 미국화되려 하고 있다는 점을 확신했다. 그러나 그는 미국과 유럽의 기원과 역사적 운명이 다른 것처럼 이 과정이 유럽의 발전과 어떻게든 반대될 수 있다고 생각하지 않았을 것이다.

토크빌에게 미국인은 유럽인들이 조상과 문명에 대한 자부심을 불러일

---

[1] 옮긴이_ '남해 섬(South Sea Islands)'은 일반적으로 적도 남쪽의 태평양 부분을 가리킨다. 오세아니아와 동일어로 사용되거나 좁은 의미로 폴리네시아 삼각지대(하와이 제도, 뉴질랜드, 이스터 섬으로 둘러싸인 지역)를 지칭하기도 한다.

으킬 수 있는 젊은 사람들이 아니었고, 상황에 따라 활력 면에서 열등감을 느낄 수도 있는 사람들이 아니었다. 그는 미국인들은 "매우 오래되고 매우 깨달은 사람들이며, 새롭고 무한한 나라에 발을 디딘 사람들"이라고 말했다. 만약 미국인들이 토크빌에게 "오늘날의 미국은 비교적 최근에 숲에서 탄생한 나라이다. 그 당시에는 뛰어나고 복잡한 문명이 이미 수 세기 동안 … 존재했었다"(로버트 트럼불이 올해 초에 『뉴욕 타임즈 매거진(New York Times Magazine)』에서 말했듯이)라고 말했다면, 그는 이러한 젊은이들이 지닌 망상의 기원이 개척과 식민지화의 실제 경험에서 비롯된 것이 아니라 "고귀한 야만인"에 대한 18세기 이념과 미개한 자연의 정화 작용에 있다고 대답했을지도 모른다. 혹은 다른 방식으로 표현하자면, 서양의 새로운 역사의식이 국가의 존재에 대한 개인의 생물학적 삶의 은유를 사용했기 때문에, 유럽인뿐만 아니라 유럽인들도 제2의 청년이라는 환상적인 개념으로 자신들을 스스로 속일 수 있었다.

그러나 토크빌은 "민주주의의 발전에서 우리가 두려워하거나 희망해야 할 것이 무엇인가를 배우기 위해 민주주의의 성향·성격·편견·열정 등 민주주의 그 자체의 모습을 살펴보려고"[2] 미국을 방문했다. 평등의 원리는 신대륙에 뿌리를 둔 것과 거리가 멀지만, 정치적으로는 유럽 역사에서 "지난 700년 동안" 일어난 모든 위대한 사건 중 가장 관련성이 높고 가장 눈에 띄는 결과물이었다. 근대 유럽과 근대의 발전이란 관점에서 볼 때, 미국은 유럽 자체보다 훨씬 오래되고 더 많은 경험을 가진 나라였다. 토크빌은 미국이 유럽 발전의 산물이라는 이러한 관점을 매우 과신했기 때문에, 엄밀히 말해 서부로의 이주와 같은 미국 내부의 발전조차도 "유럽 가운데서 시작하여 대서양을 '건너' 신세계의 황무지를 넘어 '전진하는' 흐름으로"[3] 보았다.

---

2   옮긴이_ Alexis de Tocqueville, *Democracy in America*, Vol. 1(New York: Alfred A. Knopf, 1945), p. 14; 임효선·박지동 옮김, 『미국의 민주주의 Ⅰ』(파주: 한길사, 2007[1997]), 72쪽. 영역본은 아렌트가 인용한 판본이다.

토크빌의 견해는 세부적으로 논쟁의 여지가 있으며 수정이 필요하다. 그러나 그의 견해는 대체로 역사적 사실에 의해 확증된다. 미국 공화국은 유럽인의 가장 위대한 모험에서 유래되었으며, 십자군 전쟁 이후 처음으로, 그리고 유럽 국민국가 체제의 절정기에, 모든 국가적 차이보다 더 강한 정신을 가진 공동 사업에 착수했다.

토크빌은 신세계를 오래된 역사와 문명의 결과로 보았던 지난 세기의 위대한 작가이지만 유일한 작가는 아니다. 이 관점은 오늘날 미국에 대한 유럽의 인상에서 눈에 띄게 빠진 요소이다. 19세기 작가들의 다른 모든 의견, 통찰력과 오류, 꿈과 악몽은 어떻게든 살아남았지만, 그것들은 진부함으로 타락하여 그 주제에 대해 끊임없이 증가하는 문헌을 진지하게 고려하는 것이 거의 불가능해졌다. 그러나 오늘날 미국은 다른 어떤 나라보다 유럽과 는 관계가 없는 것으로 여겨지며, 러시아나 심지어 아시아보다 훨씬 더 적은 관계를 맺고 있는 것으로 여겨진다. 러시아와 아시아는 모두 유럽 여론의 상당 부분을 지지하여 마르크스주의를 통해 유럽화되고 있다. 여기에는 공산주의자나 동조자만 포함되지 않는다.

최근 이러한 소외에는 여러 가지 이유가 있다. 그중 하나는 미국의 고립이다. 미국의 고립은 정치적 구호가 되기 전에 100년 이상 정치적 현실이었다. 이런 측면에서 미국이 외부에 있고 자신의 발전과 관련이 없다는 유럽의 인상은 미국에서 유래했다. 그러나 유럽이 미국보다 비유럽 국가와 더 가까운 친척이라고 가장하는 이유를 설명하는 데 큰 도움이 되는 훨씬 더 설득력 있는 이유가 있다. 바로 미국의 엄청난 부이다.

미국은 사실 역사의 시작부터 거의 '풍요의 땅'이었고, 모든 주민의 상대적 안녕은 초기 여행자들조차 깊은 인상을 남겼다. 일반적으로 높은 생활수준(거대한 재산 형성을 방해하지 않고 막지 않았음)은 민주주의의 정치적 원리, 아울

---

3 옮긴이_ Tocqueville, *Democracy in America*, Vol. 1, p. 292; 『미국의 민주주의 Ⅰ』, 374쪽.

러 개인 서비스만큼 비싸서는 안 되며 인간의 노동만큼 보람 있는 것도 없다는 경제 원리와 관련하여 일찍 관찰되고 올바르게 보였다. 실제 수치가 이를 뒷받침하지 않더라도 두 대륙 간의 차이가 유럽 자체의 국가적 차이보다 크다는 느낌이 항상 존재했던 것도 사실이다. 그래도 어느 순간 — 아마도 미국이 오랜 고립에서 벗어나 제1차 세계대전 이후 다시 한번 유럽의 중요 관심사가 된 이후 — 유럽과 미국의 이러한 차이는 의미를 바꾸어 양적 차이가 아닌 질적 차이가 되었다. 이제는 더 나은 것이 아니라 전혀 다른 조건, 즉 이해를 거의 불가능하게 만드는 성격의 문제가 되었다. 보이지 않지만 매우 실제적인 만리장성처럼, 미국의 부는 미국을 지구의 다른 모든 나라와 분리시킨다. 마치 개별적인 미국 관광객을 그가 방문하는 나라의 주민들과 분리하는 것과 마찬가지다.

우리는 모두 개인적 체험을 통해 우정이 평등을 수반한다는 것을 알고 있다. 우정은 기존의 자연적 또는 경제적 불평등을 평준화할 수 있지만, 그러한 균등화가 완전히 불가능한 한계가 있다. 아리스토텔레스의 말에 따르면, 어떤 우정도 사람과 신 사이에는 존재할 수 없다. 우정의 평등화 힘이 작용하지 않는 국가 간의 관계에 대해서도 마찬가지다.

국가 간에는 동일성은 아니더라도 어느 정도 조건의 평등이 이해와 솔직함을 위해 필요하다. 미국의 부의 문제점은 어느 순간 다른 사람들, 특히 많은 미국 시민의 모국에 거주하는 사람들로부터 이해가 더는 가능하지 않은 지점을 넘었고, 심지어 바다 건너에 있는 개인적인 우정조차 위태로워졌다는 것이다.

이 상황을 마셜 플랜이나 '후진국 개발 원조 계획Point Four Program'으로 쉽게 해결할 수 있다고 믿는 사람들은 유감스럽게도 착각하고 있다. 물질적 원조가 미국 외교정책보다 명백한 정치적·경제적 이익과 필요성을 넘어선 진정한 관대함과 책임감에 의해 동기가 부여되는 한, 그것은 후원자가 자신의 후원 대상으로부터 기대하지만, 일반적으로 받지 못하는 매우 의심스러운 감사 이상의 것을 얻지 못할 것이다.

미국의 의도에 대한 불신, 원치 않는 정치 행위에 압력을 받는다는 두려움, 정치적 조건 없이 도움을 줄 때 사악한 동기가 있다는 의심과 같은 것들은 충분히 자연스러운 일이며 그들을 자극할 적대적인 선전이 필요하지 않다. 그러나 그보다 더 많은 것이 관련되어 있다. 이 경우, 모든 자선에서와 마찬가지로 행위의 특권과 결정의 주권은 자선가에 있으므로 아리스토텔레스를 다시 인용하자면, 자선가는 당연히 수혜자들에게 사랑받는 것보다 그들을 더 사랑해야 한다. 그들이 수동적으로 고통을 받는 곳에서, 그는 무엇인가를 해냈고, 자선 행위는 모두 말하자면 그의 일이 되었다.

해외의 공산주의 선전은 미국의 국제 관계에 나타나는 이런 현실 문제들에 대해 미국이 제국주의적 착취로 부유해졌다는 명백히 거짓된 비난과 대중이 비참하게 고생하는 '계급적 착취 경제'에 대한 더욱 명백한 환상을 덧붙인다. 이러한 거짓말은 현실과 쉽게 모순되며, 자본가와 프롤레타리아 사이의 마르크스주의적 구분을 외교정책의 관점에서 해석하려는 최근의 더 위험한 시도만큼 오래 지속하지는 않을 것이다. 이 해석은 세계 국가들을 가진 나라와 갖지 않은 나라로 나눈다. 이 해석에 따르면, 첫 번째 범주에 속한 유일한 국가는 물론 미국이다. 불행히도, 미국의 이러한 모습은 특정한 경험의 저장소에 끌어올 수 있으며, 지금은 미국에서 특정한 현재의 '미국주의적' 태도와 이념에 의해 위험할 정도로 강화되고 있다. 나는 이것이 전통적인 고립주의나 미국 제일주의 운동의 제한된 매력보다 훨씬 더 널리 퍼져 있고 더 일반적인 분위기를 표현한다고 생각한다. 해외에서 이 동전의 다른 면은 반미주의가 실제로 공산주의 선전의 상품이 된 제국주의 · 자본주의 국가에 대한 모든 폭언보다 훨씬 더 위험하다. 바로 그것이 국내에서 점점 커지는 '미국주의'와 일치하기 때문이다.

미국의 부富에 관한 문제는 사소한 문제가 아니며, 국제무대에서 그것은 아마도 이 나라의 가장 심각한 장기적 정치 문제 중 하나일 것이다. 엄청난 자연적 풍요의 상황에서 평등의 원리가 지속해 발전하면서 인간의 삶의 조건이 너무 많이 바뀌어 미국 시민이 '독특한 종species sui generis'에 속하는 것처럼 보인다. 또 평범한 미국 관광객이 순진하게 다른 나라에서도 미국인이 미국 제도와 미국적 삶의 방식을 채택할 지혜만 있다면 비슷한 기적이 일어날 수 있다고 가정할 때 이 상황은 나아지지 않는다.

아마도 평균적인 미국인은 조건의 평등이 전 세계로 확산하고 있지만, 이러한 평등화는 다른 방향으로 나아가고 미대륙과 같은 자연적 풍요로움이 부족한 국가에서는 다른 조치를 요구할 것이라는 점을 이해할 수 없을 것이다. 더욱 심각하게도, 서로의 상황을 이해하지 못하는 것이 우리의 외교정책에서 고개를 들기 시작했다. 예를 들어 최근 영국-미국 관계에서 나타난 불쾌한 일의 대부분은 이러한 이유로 설명할 수 있다. 이는 오래된 이야기이다. 겉보기에 근본적인 차이만큼 이해하기 어렵고 우정을 가로막는 것은 없다.

부자들의 불행은 항상 번갈아 가며 아첨과 학대를 받는 것이다. 그리고 그들은 아무리 관대한 사람이라도 여전히 인기가 없다. 해외에 있는 미국인들이 이런 습관화된 취급을 받는다는 것은 놀랍지도 않고 지나치게 불안하지도 않다. 그러나 최근에 미국에 호의적인 유럽인과 그렇지 않은 유럽인의 계급 구조에 근본적인 변화가 일어났다는 것은 전혀 다른 문제이다.

수 세기 동안 이 나라는 유럽의 하층계급과 자유를 사랑하는 사람들의 꿈이었다. 동시에 이 나라는 부유한 부르주아지, 귀족, 특정 유형의 지식인에게 악몽으로 남았다. 그들은 평등을 자유의 약속이라기보다는 문화에 대한 위협으로 여겼다. 유럽 하층계급의 상당수는 제1차 세계대전 이후 이민의 제한으로 인해 미국 이민을 통해 문제를 해결하고자 하는 희망에 종지부를 찍었다. 미국은 그들에게 처음으로 부르주아 국가가 되었고, 미국의 부는 자기들 나라의 부르주아의 부만큼이나 접근하기 어려워졌.

제2차 세계대전 이후 이 상황은 더욱 심각해졌다. 미국은 처음에는 모든 곳에서 현상 유지를 재수립하거나 지속하는 것을 지지하다가, 노동당 정부 아래에서 영국의 평화롭고 전반적으로 온건하며 통제된 사회적 조건의 변화에 대해 비우호적인 태도를 취하는 정책을 추진했다. 그 이후로 미국은 가장 거친 환상을 넘어 부유해졌을 뿐만 아니라 전 세계 부자들의 이익을 지지하기로 결정했다. 확실히 이것은 미국 대외 정책의 의도나 산물이 아니었다. 특히 유럽에서는 더욱 그랬다. 유럽에서 마셜 플랜은 모든 계급의 주민에게 혜택을 주었고 미국 관리들은 종종 최악의 사회적 불공정에 대한 어떤 구제책을 찾기 위해 온갖 수단을 다했다. 그런데도 상황은 그렇게 **보였다**. 그 결과, 오늘날 미국에 대한 동정심은 일반적으로 유럽인들이 '반동적'이라고 부르는 사람들 사이에서 찾아볼 수 있으며, 반미적 태도는 자신이 자유주의자임을 증명하는 가장 좋은 방법 가운데 하나이다.

물론 공산주의 선전은 다른 모든 골치 아픈 문제처럼 반미 감정을 이용했다. 그러나 그것을 선전 상품으로 여기는 것은 대중적 뿌리를 심각하게 과소평가하는 것이다. 유럽에서 반미 감정은 정말로 새로운 '**주의**ism'가 되어 가는 과정에 있다. 반미주의는 그 부정적 공허함에도 불구하고 유럽 운동의 내용이 될 위험이 있다.

모든 민족주의가 (물론 모든 국가의 탄생은 아니지만) 실제적인 적이나 조작된 공동의 적으로부터 시작하는 것이 사실이라면, 현재 유럽에서 미국의 모습은 바로 새로운 범유럽 민족주의의 시작이 될 수도 있다. 연방화된 유럽의 출현과 현재 국민국가 체제의 해체로 민족주의 자체가 과거의 일이 될 것이라는 우리의 희망은 근거 없는 낙관주의일 수 있다. 스트라스부르 정치인들의 심의가 아닌 보다 대중적인 수준에서 통일 유럽을 위한 운동은 최근 확실히 민족주의적 성향을 보여주었다. 이러한 반미 유럽주의와 유럽 국가들을 연합하려는 매우 건전하고 필요한 노력 사이의 경계는 유럽 파시즘의 잔재들이 이 싸움에 동참하면서 더욱 혼란스러워졌다. 그들의 존재는 국제연맹에서 브리앙의 헛된 의사 표시 행위 이후 유럽의 낡은 국민국가

체제를 청산하고 통일된 유럽을 건설하겠다는 약속으로 전쟁을 시작한 사람이 히틀러였다는 사실을 모두에게 상기시켜 준다. 광범위하고 명료하지 않은 반미 감정은 바로 여기에서 정치적으로 결정화結晶化를 찾는다. 유럽은 더 이상 미국에서 자신의 미래 발전을 기대하거나 두려워할 것이 없기에 유럽 정부의 수립을 미국으로부터의 해방 행위로 간주하는 경향이 있다.

대서양 한쪽에는 미국주의, 다른 한쪽에는 유럽주의, 두 이데올로기는 외견상 대립적인 모든 이데올로기가 그러하듯 대립하고 싸우며 무엇보다도 서로 닮아가고 있다. 이것이 바로 우리가 직면한 위험 중 하나일 수 있다.

유럽과 핵무기*

1954

오늘날 유럽에서 미국의 핵무기 개발·보유·사용 위협은 정치적 삶의 주요한 사실이다. 물론 유럽인들은 현대 기술이 지배하는 나라의 영혼 없는 삶, 기계의 단조로움, 대량생산에 기반한 사회의 획일성 등에 대해 이제는 익숙한 논쟁을 오랜 세월 동안 벌여왔다. 그러나 오늘날 문제는 기존의 문제 범위를 훨씬 넘어섰다. 현대전과 기술화된 사회 사이의 밀접한 연관성은 모든 사람에게 명백해졌고, 그 결과 지식인뿐만 아니라 인구의 많은 부분이 기술 발전과 우리 세계의 기술화에 대해 열정적으로 반대하며 두려워하고 있다.

기술과 기술을 통한 세계의 변화는 근대의 시작 이후 유럽 역사의 일부로 너무나 분명하게 드러났기 때문에, 그 결과를 미국에 돌리는 것은 분명히 터무니없는 일이다. 유럽인들은 토크빌이 미국 민주주의의 발전, 즉 서

---

* 서지사항은 다음과 같다. Hannah Arendt, "Europe and the Atom Bomb," *Commonweal*, Vol. 60, no. 24(September 17, 1954), pp. 578-580.

양 문명 전체와 근본적으로 관련된 것으로 보았던 것처럼 미국의 기술 진보를 보곤 했지만, 어떤 특정한 이유로 인해 미국에서 처음이자 가장 분명하게 표현된 것으로 보았다. 이러한 태도는 히로시마에 원자폭탄이 투하된 이후로 바뀌었다. 그 이후로 모든 기술적인 성과를 본질적으로 사악하고 파괴적인 것으로 보는 경향이 커지고 있으며, 주로 미국에서 때때로 러시아에서 유럽에 적대적이고 낯선 파괴적 기술화의 전형을 보는 경향이 있다.

최근의 기술 발전을 근본적으로 비유럽적인 것으로 생각하는 이러한 추세는 더욱 놀랍다. 유럽인들은 원자력의 발견이 주로 유럽 과학자들이 고국에서 일어난 정치적 사건으로 인해 미국으로 이주하도록 강요받은 노력의 결과라는 것을 잘 알고 있기 때문이다. 객관적으로 말하자면, 핵무기 생산의 기술화가 비유럽적이고 미국적인 현상이라는 지표로 인용할 이유는 거의 없다. 그러나 합리적이든 아니든, 이것이 유럽인들의 느끼는 방식이다.

기술에 관한 현재의 논의에서 한 가지 변화는 명백하다. 새로운 무기의 파괴적 잠재력이 너무 크고 유럽 국가의 물리적 파괴 가능성이 너무 임박해 기술화 과정이 더는 주로 반정신적이거나 영혼을 파괴하는 것으로 보이지 않고 순전히 물리적 파괴의 위험으로 가득 찬 것으로 보인다. 결과적으로 기술을 반대하는 분위기는 이제는 지식인의 명물이 아니며, 대중은 이제는 기술 개발을 물질적 개선의 원천으로 보지 않는다.

기술에 대한 일반적 적대감의 정치적 관련성 — 그리고 암시적으로 미국에 대한 적대감 — 은 모든 사람이 두려워졌다는 사실에 있다. 일반적 적개심의 정치 관련성은 **모두**가 두려워하게 되었다. 모든 사람은 『파우스트』에서 괴테의 메피스토와 같이 생각하는 경향이 있다. 즉 "요소들이 우리와 공모하고 파괴가 목표다Die Elemente sind mit uns verschworen und auf Zerstörung läuft's hinaus."[1]

---

1   엮은이_ *Faust*, II, 11549-50. 아렌트는 다시 한번 기억에서 인용한다. 괴테는 이 작품에서 '파괴

이 주장에 대해 말할 것이 많은 듯하다. 자연적 강제력의 방출은 생산 방법의 끊임없는 개선보다 최근 기술 발전의 특징이다. 따라서 핵무기의 연쇄반응은 인간과 자연의 기본적인 강제력 사이 음모의 상징이 될 수 있으며, 인간의 지식에 의해 촉발되면 언젠가는 복수하여 지구 표면의 모든 생명체를 파괴하고 아마도 지구 자체를 파괴할 수도 있다. 옳든 그르든, 유럽인들이 기술을 생각할 때, 모든 집에 있는 텔레비전이 아니라 히로시마 위의 버섯구름을 본다. 그 핵무기는 미국이 투하했고, 미국은 그 이후 핵무기 개발의 최전선에 있었다. 그 결과 미국의 정치권력은 점점 더 현대 기술의 무서운 강제력, 최고이자 저항할 수 없는 파괴의 힘과 동일시되고 있다.

미국의 이러한 두려운 모습에 대한 표준적인 대답은 미국 공화국의 손에 있는 원자력은 방어나 보복의 목적으로만 확실히 사용된다는 것이다. 이 도구가 자유 국가의 손에 있는 한, 그것은 전 세계의 자유라는 대의에 확실히 봉사할 것이라는 주장이 있다.

이 주장에는 많은 약점이 있다. 그중에서도 자유라는 개념 자체에 내재한 예측 불가능성이 가장 큰 약점이다. 자유는 정의보다 더 낮은 수준의 법을 통해서 보장될 수 있으며, 자유의 영속성을 보장하려는 법적 틀은 모두 정치적 삶을 죽일 뿐만 아니라 자유가 존재할 수 있게 하는 예측 불가능성의 여백마저 없앨 것이다.

그러나 자유의 보존이 폭력 수단의 사용을 정당화하고, 자유를 위해 사용되는 폭력은 항상 특정 제한을 존중한다는 표준적인 주장에는 더 심각한 문제가 있다.

궁극적으로, 이 주장은 노예가 되는 것보다 죽는 게 낫다는 확신에 근거

(Zerstörung)'가 아니라 '절멸(Vernichtung)'이란 용어를 사용한다.
옮긴이_ 이 주장의 맥락을 이해할 수 있도록 메피스토펠레스의 말을 인용한다. "네가 제방을 쌓고 둑을 막고 하지만, 결국 우리를 위해 애썼을 뿐이다! 그것은 바다의 악마 넵튠에게 성대한 잔치를 마련해 준 셈이지. 어떤 형태로든 너희는 파멸할 거야. 4대 원소들이 우리와 결탁하고 있으니, 결국 멸망의 길을 갈 수밖에."

한다. 이는 고대부터 용기를 정치적 미덕의 **가장 뛰어난** 것으로 간주해온 정치철학에 기반을 두고 있으며, 이 미덕이 없다면 정치적 자유가 전적으로 불가능한 유일한 미덕이다.

원래 용기가 최고의 정치적 미덕이라는 오랜 신념은 기독교 이전의 철학에 근거한 것으로, 삶은 가장 신성한 선이 아니며, 삶을 가질 가치가 없는 조건이 있다고 여겨졌다. 그런 조건은 고대인들에게 개인이 순전히 동물적 삶을 보존하는 데 필요한 것에 완전히 맡겨졌을 때마다 존재했으며, 따라서 자유를 누릴 수 없다고 판단되었다. 예를 들어 노예 제도의 경우나 불치병의 경우에서 이런 일이 일어날 수 있었다. 두 경우 모두 자살은 용기와 인간 존엄성에 필요한 적절한 해결책으로 여겨졌다.

서양 세계에서 기독교가 승리하고 특히 원래 히브리인이 생명의 신성함에 대해 확신함에 따라 고대 세계 전체에 알려졌던 이러한 개인적 도덕 규범은 절대적인 타당성을 잃었다. 전쟁은 종교적 이유로 정당화될 수 있었지만, 세속적인 정치적 자유로는 정당화될 수 없었다. 마찬가지로 고대 세계에서 잘 알려진 대량 학살이 일어날 수 있었으나 더 이상 정당화될 수 없었다. 전반적으로 서양 문명은 칸트의 말처럼 전쟁 중에는 미래의 평화를 불가능하게 만드는 일이 일어나서는 안 된다는 데 동의했다. 이 합의는 더 이상 보편적이지 않다.

핵무기의 등장으로 유대-기독교의 폭력에 대한 제한과 고대의 용기에 대한 호소는 모든 실제적인 목적에서 무의미해졌고, 그와 함께 우리가 이러한 문제를 논의하는 데 익숙한 모든 정치적·도덕적 어휘도 무의미해졌다. 제한은 실제로 예측 가능한 발전에만 적용될 수 있다. 레이몽 아롱이 최근 제1차 세계대전의 중심 사건으로 분석한 "놀라운 기술"을 고려할 수 없으며, 우리가 기술화 과정에 갇혀 있는 한 필연적으로 새로운 '기적' 무기를 생산할 것이다. 사실, 현 상황에서 이러한 '기적'보다 가능성이 더 큰 것은 없다.

실제로 파괴에 대한 우리의 현재 잠재력조차도 이미 이전 전쟁의 당연한 한계를 훨씬 넘어섰다. 그리고 이 상황은 용기 자체의 가치를 위험에 빠뜨렸다. 용기의 근본적인 인간 조건은 인간이 불멸이 아니라는 것, 어떤 경우든 언젠가는 빼앗길 생명을 희생하는 것이다. 개인의 삶의 조건이 종의 조건과 같다면, 인간의 용기는 상상할 수 없을 것이다. 그리스의 불멸하는 신들은 이 하나의 미덕, 즉 용기를 필멸의 인간에게 남겨야 했다. 다른 모든 인간의 미덕은 신성한 형태로 나타날 수 있고, 신격화되고 신성한 선물로 숭배될 수 있다. 불멸자에게는 용기만이 거부된다. 그들의 존재는 영원히 존재하기 때문에 위험이 결코 충분히 높지 않다. 어차피 언젠가 필멸의 인간에게서 생명이 정상적으로 빼앗기지 않는다면, 그는 결코 위험을 감수할 수 없을 것이다. 위험부담이 너무 크고, 필요한 용기는 말 그대로 비인간적일 것이며, 생명은 최고의 선으로 보일 뿐만 아니라, 다른 모든 고려 사항에 우선하는 인간의 중심적인 관심사가 될 것이다.

이런 사실과 밀접하게 연관된 것은 인간 용기의 또 다른 한계이다. 즉 후손들이 개별 필멸자의 희생을 이해하고 기억하며 존중할 것이라는 확신이다. 인간은 자신과 비슷한 사람들이 살아남았다는 것을 알고, 자신보다 더 영구적인 무엇인가, 즉 포크너가 한때 말했듯이 "인류의 영구적인 기록"[2]에서 역할을 다한다는 점을 아는 한에서만 용감할 수 있다. 따라서 고대에 전쟁이 전체 민족의 몰살이나 노예화로 끝날 가능성이 컸을 때 승자는 후손을 위해 적의 행위와 위대함을 보존할 의무가 있다고 생각했다. 그래서 호메로스는 헥토르를 칭찬했고, 헤로도토스는 페르시아인의 역사를 보고했다.

---

[2] 옮긴이_ 포크너(William Faulkner, 1897~1962)는 1950년 12월 10일 노벨 문학상을 수락하는 연설 마지막 부분에서 다음과 같이 밝혔다. "인간은 불멸입니다. … 그가 유일하게 지치지 않는 목소리를 가지고 있기 때문이 아니라 그에게는 연민과 희생과 인내를 할 수 있는 영혼과 정신이 있기 때문입니다. 시인과 작가의 의무는 이런 것들에 대해 쓰는 것입니다. 인간의 마음을 들어 올리고, 과거의 영광이었던 용기와 명예와 희망과 자부심과 동정과 연민과 희생을 상기시켜 인간을 견디도록 돕는 것이 그의 특권입니다. …"

현대 전쟁의 상황에서 용기는 예전의 의미를 많이 잃었다. 개인의 생명뿐만 아니라 인류의 생존, 기껏해야 전체 민족의 생명을 위험에 빠뜨리는 현대 전쟁은 필멸의 인간 개개인을 인류의 의식적인 구성원으로 변화시키고 있으며, 용기를 내기 위해서는 불멸을 확신해야 하고 생존을 무엇보다도 중요하게 생각해야 하는 존재로 변모시키고 있다. 다시 말해, 개인의 생명에 가치가 없는 조건이 분명히 있지만, 인류에게도 마찬가지일 수는 없다. 전쟁이 지구상에서 인류의 지속적인 생존을 위협할 수 있는 순간, 자유와 죽음 사이의 대안은 더 이상 타당성을 잃는다.

유럽이 분단되어 있는 한, 유럽은 현대 세계의 이 불안한 문제들을 회피할 수 있는 사치를 누릴 수 있다. 유럽은 우리 문명의 위협이 외부에서 오는 것처럼 계속 가장할 수 있으며, 자신도 똑같이 이질적인 두 외부 세력인 미국과 러시아로부터 위험에 처해 있다고 생각할 수 있다. 어떤 의미에서 반미주의와 중립주의는 모두 유럽이 현재 자신의 발전 결과와 문제에 직면할 준비가 되어 있지 않다는 분명한 신호이다.

유럽이 단결하여 막대한 산업 자원과 인력을 모으고 자체 원자력 발전소를 건설하고 자체 핵무기를 제조할 수 있을 만큼 강해졌다면, 이 탈출구는 자동으로 닫혔을 것이다. 그러면 현재 외교정책 논의로 위장한 논의는 금방 그 진면목을 드러낼 것이다. 기술 발전이 단지 미국만의 문제가 아니라 서양 역사 전체에 기원을 두고 있으며 미국에서 먼저 절정에 이르렀다는 것이 분명해지기 때문에, 현재 유럽과 미국의 관계 소원疏遠은 끝날 것이다.

순응주의의 위협*

1954

최근 몇 년 동안 유럽에서 돌아온 미국인 중 몇 명은 유럽에서 매카시즘이라는 이름으로 우리가 포함시킨 모든 것에 주어진 엄청난 중요성을 어느 정도 비통하게 보고하지 않았다. 미국인은 보통 이런 강조가 전혀 적절하지 않다고 생각하는 경향이 있으며, 그들의 동정심이 어디에 있든 그러한 경험을 해외에서 왜곡된 미국의 이미지를 보여주는 것으로 간주하는 경향이 있다.

이 나라에서 종종 간과되는 한 가지 요점이 있다. 전체주의에 대한 경험은 전체주의 운동이나 노골적인 전체주의 지배 형태로든 스웨덴과 스위스를 제외한 모든 유럽 국가에서 익숙하다. 미국인들에게 이러한 경험은 이상하고 '반미국적'으로 보였다. 특히 현대의 미국 경험이 유럽인에게 자주 보이는 것처럼 이질적으로 보였다. 나치즘과 볼셰비즘의 희생자들에 대한

---

* 서지사항은 다음과 같다. Hannah Arendt, "Europe and America: The Threat of Conformism," *Commonweal*, Vol. 60, no. 25(24 September 1954), pp. 607-610.

표준적인 답변은 예전에는 "여기서는 일어날 수 없어"였고, 어느 정도는 지금도 그렇다. 유럽인들에게 매카시즘은 그럴 수 있다는 결정적인 증거로 보인다.

두 가지 가능성이 있다. 여러분은 조사자들의 가정을 그대로 받아들일 수 있다. 여러분은 조사자들과 함께 소련이 미국 외교정책의 가장 심각한 문제(분명히 그렇겠지만)를 구성한다고 믿지 말고, 국내 음모의 형태로 볼셰비즘이 미국 정부의 가장 높은 직위에 이르기까지 모든 계층의 인구에 스며든다고 믿을 수 있다. 그런 경우, 그런 일은 여기서도 충분히 일어날 수 있으며, 조사하는 상원의원들의 활동 덕분만은 아니라는 결론이 불가피하다. 반면에, 당신이 이 철저한 국내 음모라는 신화를 불신한다면, 음모 신화의 전통적 조작까지 포함해 이 위원회의 방식에서 불길하게 익숙한 특징을 쉽게 감지할 수 있다. 이 추론 방식은 특히 유럽인에게는 꽤 명백하다. 이러한 반응은 성가시고 때로는 불쾌할 수도 있으며, 감정을 약간 상하게 할 수도 있지만, 장기적으로는 심각한 해를 끼치지 않는다.

같은 문제의 또 다른 측면이 훨씬 더 관련성이 있다. 문제 자체의 중요성을 고려할 때, 유럽에서 매카시즘에 대한 반대가 얼마나 적게 보도되는지 관찰하는 것은 흥미롭다. 매카시즘은 미국에서 완전히 자유롭게 표명되고 있다. 박식한 유럽인조차도 모든 미국인이 이 문제에 대해 같은 의견을 가질 것으로 기대하고 있으며, 그들이 이 입장을 개별 미국 시민의 의견이 아니라 일반적인 미국인의 의견으로 보는 방식은 매우 괴로운 일이다. 여기서 밝혀지는 것은 위협이나 폭력이 필요 없는 일종의 순응주의를 마주할 것이라는 유럽인들의 특징적인 기대다. 그러나 이는 구성원 각자가 자신의 필요에 따라 완벽하게 조건화되어 아무도 자신이 조건화되었다는 사실을 알지 못하는 사회에서 자발적으로 발생한다. 개인이 사회의 요구에 적응하는 것은 일찍이 미국 민주주의의 특징으로 여겨졌다. 실제로 이는 미국이 유럽, 심지어 자유를 사랑하는 유럽의 악몽, 즉 미국인들이 이해하기 어려운 것으로 발전한 주요 이유가 되었다.

역사적으로 유럽에서 국가와 개인 간의 갈등은 개인의 자유를 희생하는 대가로 해결되는 경우가 많았다. 미국인들은 이 사실을 국가를 위해 인간의 자유가 희생되었다는 증거로 받아들였다. 반면에 유럽인들은 국가와 사회 간의 갈등이라는 관점에서 이 상황을 보았기 때문에 개인은 정부로부터 자유가 침해당하더라도 항상 그의 사회적·사적 삶에서 비교적 안전한 피난처를 찾을 수 있었다. 전체주의적 지배도 물론이고, 절대 전제정이나 현대 독재정조차도 이 사적인 사회 영역, 즉 개인적 자유의 피난처를 파괴하는 데 성공하지 못했다. 미국의 상황에 대한 유럽의 두려움은 항상 사회에서 그런 피난처가 존재할 수 없다는 것이었다. 바로 유럽인은 정부와 사회의 구분이 미국에 존재하지 않는다고 느꼈다. 유럽인의 악몽은 다수결의 조건 아래서 사회 자체가 개인적 자유의 공간을 박탈하는 압제자일 수도 있다는 점이었다.

토크빌의 말에 따르면, "사회적 조건이 평등할 때 언제나 여론은 거대한 힘으로써 각 개인의 마음을 짓누른다. 즉 여론은 개인을 포위하고 지시하고 억압한다."[1] 공적인 반감인 비폭력적 강압이 너무 강하기에, 반대자는 외로움과 무력감 속에서 돌아갈 곳이 없고, 결국에는 순응하거나 절망에 빠지게 된다. 토크빌의 통찰력을 현대의 상황에 적용하고, 그의 용어로 현재 유럽의 사상을 시각화하려고 한다면, 유럽인들은 미국에서 자유가 사라지기 위해 테러와 폭력이 필요하지 않을지도 모른다고 두려워한다고 말할 수 있다. 유럽의 불안은 자유가 어떤 종류의 일반적인 합의, 거의 무형의 상호 조정 과정을 통해 사라질 수 있다는 확신에서 비롯될 수 있다. 그리고

---

[1] 옮긴이_ 토크빌 지음, 임효선·박지동 옮김, 『미국의 민주주의 II』(파주: 한길사, 2007), 830쪽. 제3부 풍습에 대한 민주주의의 영향, 21장 「왜 위대한 혁명은 더욱 희귀해지는가」에서 언급한 내용이다. 아렌트가 인용한 부분의 서지사항은 다음과 같다. Alexis de Tocqueville, *Democracy in America*, Vol. II(New York: Alfred A. Knopf, 1945), p. 261. 바드대학 도서관에서 공개한 pdf파일을 참조했다.

이것은 지금까지 서양 세계의 어느 곳에서도 일어나지 않은 일이다.

순응주의의 위험과 자유에 대한 위협은 모든 대중사회에 내재해 있다. 그러나 그 중요성은 최근 이데올로기적 선전 — 특히 엄청나고 비구조적인 대중을 조직하는 전체주의적 형태 — 과 결합된 테러의 공포로 인해 가려졌다. 이 방법은 오래된 계급제도 또는 카스트제도의 잔재를 파괴하고 성공적인 혁명의 일반적인 결과인 새로운 계급 또는 새로운 집단의 출현을 막는 도구 역할을 했다. 이미 현존하는 대중사회의 조건 아래에서 — 전체주의 운동으로 가속화되는 과정을 가진 계급 분열과 달리 — 전체주의 요소가 일정 기간 순응주의에 의존하거나 오히려 잠복한 순응주의를 활성화하는 데 의존하여 자신의 목적을 달성할 수 있다는 것은 상상할 수 없는 일이 아니다. 초기 단계에서 순응주의는 테러를 덜 폭력적으로 만들고 이데올로기를 덜 고집스럽게 만드는 데 사용될 수 있다. 따라서 순응주의는 자유로운 분위기에서 전체주의 이전의 분위기로의 전환을 덜 눈에 띄게 만드는 데 도움이 될 것이다.

미국에서는 잠재적으로 위험한 결과 또는 부산물이 있다. 조건의 평등(즉 계급제도의 부재, 즉 순수한 숫자보다 훨씬 더한 대중사회의 두드러진 특징)의 잠재적 위험은 멀리 떨어져 있으나 헌법이 온전하게 유지되고 '사적 자유liberty의 제도'가 작동하는 한 계속될 것이다. 그러나 유럽에서 오래된 계급제도는 수리할 수 없을 정도로 붕괴하고 있으며, 비전체주의적인 분위기에서도 대중사회로 빠르게 발전하고 있다. 미국을 보호해 온 순응주의의 최악의 위험에 대한 보호장치는 대부분 존재하지 않는다. 존재하는 경우, 일부는 미국에 수입되었으며, 전반적으로 아직 스스로를 증명할 시간이 없었고, 사람들은 그것을 사용하는 데 대해 교육받지 못했다. 반면, 관습과 전통과 같은 유럽의 구체적인 보호장치가 현대의 비상사태와 곤경에서 거의 쓸모가 없다는 점은 이미 한번 증명되었다. 따라서 유럽인들이 미국에서 순응주의를 볼 때, 그들은 당연히 경각심을 느낀다. 순응주의에 내재한 위험에 대한 미국의 구체적인 보호장치는 자연스럽게 외부에서 그들에게 덜 눈에 띄고, 유럽인이 그러한 보호장치 없이는 순응주의가 현대 대중조직의 다른, 더 피비린내 나는 형태만큼 치명적일 수 있다는 판단은 매우 옳다.

물론 미국은 유럽보다 훨씬 더 오랜 기간 순응주의를 경험했다. 이 주제를 논의할 때, 유럽인은 자연스럽게 "여기서는 일어날 수 없다"는 태도를 취하게 되는데, 이는 미국인이 전체주의에 대해 처음 배웠을 때와 마찬가지다. 그러나 실제로 유럽에서 일어날 수 있는 일은 미국에서도 일어날 수 있으며, 그 반대의 경우도 마찬가지이다. 모든 차이에도 불구하고 두 대륙의 역사는 근본적으로 같기 때문이다. 실제로 서양 문명이 전 세계로 영향력을 확대한 이래로, 어떤 나라에서도 일어날 수 없는 일이 다른 나라에서는 거의 일어나지 않는다고 말할 수 있는 순간이 빠르게 다가오고 있다. 그러나 이 문제에서, 핵전쟁 문제에서와 마찬가지로, 요점은 유럽이 미국보다 그러한 발전의 위험에 훨씬 더 많이 노출되어 있다고 느낀다는 것이다. 유럽이 자신의 도시가 공격에 훨씬 더 취약하고 더 쉽게 파괴될 수 있다고 느끼는 것처럼, 유럽은 또한 자신의 정치제도가 덜 안정적이며 덜 확고하게 뿌리를 내렸으며, 심지어 자신의 자유가 내부에서 발생하는 위기에 훨씬 더 많이 노출되어 있다고 느낀다.

실제로, 유럽인들이 '미국화'로 두려워하는 과정은 모든 난제와 함의를 지닌 현대 세계의 출현이다. 이 과정은 유럽연방을 통해 방해받기보다는 오히려 가속화될 가능성이 있으며, 이는 유럽의 생존을 위한 필수 조건이기도 하다. 오늘날 사람들이 때때로 두려워하듯이, 유럽연방이 반미적이고 범유럽적인 민족주의의 부상을 동반할지는 모르지만, 경제적·인구학적 조건의 통합은 미국에서 현존하는 것과 매우 유사한 상황을 초래할 것이 거의 확실하다.

120년 전만 해도 미국에 대한 유럽의 이미지는 민주주의의 이미지였다. 모든 유럽인이 미국을 좋아할 수는 없었지만, 그들은 민주주의가 서양 역사의 일부라는 사실을 잘 알고 있었기 때문이다. 오늘날 미국의 이미지는 근대성이다. 이는 오늘날 유럽과 미국을 탄생시킨 근대로부터 생겨난 세계의 이미지이다.

오늘날 세계의 중심 문제는 대중사회의 정치적 조직과 기술적 권력의 정치적 통합이다. 이러한 문제에 내재한 파괴적 잠재력 때문에, 유럽은 현대 세계와 타협할 수 있을지 더는 확신할 수 없다. 결과적으로 유럽은 미국과 분리된다는 명목으로 자기 역사의 결과에서 벗어나려고 한다.

유럽에 존재하는 미국의 이미지는 미국의 현실과 미국 시민의 일상적 삶에 대해 많은 것을 말해주지는 않을지 몰라도, 우리가 배우려 한다면, 유럽이 자신의 영적 정체성에 대해 갖는 정당한 두려움과 물리적 생존에 대한 훨씬 더 깊은 우려에 대해 뭔가를 말해 줄 수 있을 것이다. 그리고 이러한 두려움과 우려는 유럽인이 우리에게 무엇을 말하든 특별히 유럽적인 것이 아니다. 그것은 서양 세계 전체의 두려움이며, 궁극적으로 모든 인류의 두려움이다.

최근 유럽의 철학사상과 정치에 대한 관심

1954

> 의회도서관에 소장된 아렌트의 수집본은 원래 1954년 미국 정치학회에 전달됐던 것인데, 여기에는 미간행된 이 강연과 관련된 다양한 초안들이 포함되어 있다. 여기 제시된 판본은 원래의 부록들과 교정들로 뒤섞인 마지막 초안에 바탕을 둔 것이다.

정치에 대한 관심은 철학자에게 당연한 일은 아니다. 우리 정치학자들이 간과하는 것은 대부분의 정치철학이 **폴리스**와 '인간사人間事' 전체 영역에 대한 철학자의 부정적이고 때로는 적대적인 태도에 기원을 두고 있다는 사실이다. 역사적으로 볼 때, 철학하기에 가장 적합하지 않았던 이 시대는 정치철학이 가장 풍부했던 시대였으며, 전문가의 관심에 대한 노골적 변호뿐만 아니라 자기방어도 정치에 대한 철학자의 관심을 때때로 불러일으켰다. 우리 정치사상의 전통을 시작하게 한 사건은 소크라테스의 재판과 죽음, 즉 철학자에 대한 폴리스의 유죄판결이었다. 철학은 어떻게 인간사의 영역에서 자신을 보호하고 해방할 수 있는가? 철학 활동을 위한 최상의 조건('최고의 정부 형태')은 무엇인가? 이 질문은 플라톤을 괴롭혔다. 최초의 정치철학이 이 질문에 답변했던 것 못지않게 이후에도 많은 답변이 제시되었다.

답변은 다양하지만, 다음 사항에 대해서는 대체로 동의한다. 즉 평화는 공동체의 최고선이고, 내란은 모든 악 가운데 가장 큰 악이며, 영속성은 정부 형태를 판단하는 가장 좋은 기준이다. 다시 말해, 철학자들이 만장일치로 정치 영역에 요구한 것은 행위 — 적절하게 말해서 법의 집행이나 규칙의 적용 또는 기타 관리 활동이 아니라 결과를 예측할 수 없는 새로운 무엇인가의 시작 — 가 전적으로 불필요하거나 소수의 특권으로 남을 상태였다. 따라서 전통적 정치철학은 인간 삶의 정치적 측면을 인간의 행위 능력보다는 다른 사람과 함께 살도록 인간 동물을 강요하는 필연성에서 도출하는 경향이 있으며, 다원성이란 불행한 인간 조건의 요구에 가장 잘 부합하고 철학자가 적어도 다원성으로 인해 방해받지 않고 살 수 있도록 하는 조건에 관한 이론으로 결론을 내리는 경향이 있다. 우리는 현대에 이르러 이 오래된 탐구에 대해 거의 듣지 못한다. 누구든 니체가 자기 이전 철학자들 대부분이 대중에게 조심스럽게 숨겨왔던 것, 즉 "정치는 평범한 사람들로 충분하고 모든 사람이 매일 그것을 의식할 필요가 없는 방식으로 조직되어야 한다"[1]는 것을 너무 솔직하게 인정했을 때 정치가 죽었다고 생각하고 싶은 유혹을 받는다.

다시 말해, 우리 정치학자들은 특별한 관심사 때문에 파스칼의 발언에

---

1   Vol. 5, the Kröner pocketbook edition, "Blick in die Gegenwart und Zukunft der Völker," No. 17. 다음 자료를 참조할 것. *Morgenröte*, No. 179.
      옮긴이_ 이를 좀 더 정확하게 이해할 수 있도록 다음 내용을 소개한다. "가능한 한 국가를 작게 할 것. — 모든 정치·경제적 일들은 가장 많은 재능을 타고난 정신들이 관여하지 않으면 안 될 정도의 가치를 갖고 있지 않다. 이러한 정신의 낭비는 곤궁한 상태보다도 근본적으로 더 나쁘다. 모든 정치·경제적인 일은 보다 열등한 두뇌의 소유자들을 위한 노동의 영역이며, 이들 이외의 사람들은 이러한 작업장에서 일해서는 안 된다." 박찬국 옮김, 『아침놀』(서울: 책세상, 2016), 195쪽.

담긴 진리의 상당 부분을 간과하는 경향이 있다. 즉 "우리는 플라톤과 아리스토텔레스를 화려한 학자 복장을 한 사람으로만 생각할 수 있다. 그들은 다른 사람들과 마찬가지로 정직한 사람들이었고, 친구들과 웃으며, 『법률 Laws』과 『정치학 Politics』을 저술하는 데 시간을 보냈을 때는 오락을 위해 그렇게 했다. 그들의 삶에서 그 부분은 가장 철학적이지 않고 가장 진지하지 않았다. … 그들이 정치에 관한 글을 썼다면, 그것은 마치 정신병원을 위한 규칙을 정하는 것과 같았고, 그들이 중대한 문제에 대해 말하는 모습을 보였다면, 그것은 그들이 말을 건넨 미친 사람들이 그들을 왕과 황제로 생각한다는 것을 알았기 때문이었다. 그들은 자신들의 광기가 가능한 한 해롭지 않도록 하려고 자신들의 원칙을 도입했다."[2] 제자들에게 인간 문제를 너무 심각하게 받아들이지 말라고 경고하는 플라톤과 아리스토텔레스의 많은 구절은 이 진술을 뒷받침할 수 있으며, 그들 뒤를 이은 사람들에게 더욱 타당할 수 있다.

현대 정치사상은 표현력 면에서 과거와 경쟁할 수는 없지만, 인간사가 진정한 철학 문제를 제기한다는 점, 그리고 정치가 단순히 전혀 다른 경험에 기원을 둔 교훈에 의해 지배되어야 하는 삶의 영역이 아니라 진정한 철학 문제가 발생하는 영역임을 인식한다는 점에서 이러한 전통적 배경과 차별화된다. 사실 우리에게 필요한 것은 "현명한 사람"뿐이며 정치적 사건에서 배울 수 있는 것은 "세계의 어리석음"뿐이라고 진심으로 믿는 사람은 아무도 없다. 이러한 태도의 변화는 『새로운 정치학』[3]에 대한 희망을 줄 수

---

2 *Pensées*, No. 331, trans. W. F. Trother, Harvard Classics, 1910.
   옮긴이_ 이 내용은 「제5편 현상의 이유」 196-331쪽에 있다. 아렌트는 『정신의 삶: 사유』의 「무엇이 우리를 사유하게 하는가? - 로마인의 대답」에서 다음과 같은 이유로 이 문장을 인용하고 있다. "그리고 이러한 정치철학의 기준으로 볼 때 파스칼이 『팡세』에서 화려하게 제시한 부적절한 표현에도 진리에 대한 상당한 증거가 있다." 홍원표 옮김, 『정신의 삶: 사유와 의지』(파주: 푸른숲, 2019), 243쪽.
3 이것은 플라톤의 정신에서 정치학의 '부흥'을 목표로 한 에릭 푀겔린의 신간이다. Eric Voegelin, *A New Science of Politics: An Introduction*(Chicago & London: The University of Chicago Press,

있다. 과거 철학이 ― (파스칼의 발언에도 불구하고) 다른 모든 학문과 마찬가지로 정치학의 어머니가 되었지만 ― 종종 이 많은 자식 중 하나를 의붓자식처럼 대하는 불행한 성향을 보여 왔기 때문에, 이 변화된 태도는 더욱 환영할 만한 일이 될 것이다.

모든 정치철학과 마찬가지로 유럽에서 정치에 대한 현재의 관심은 불안한 정치 경험, 특히 두 차례 세계대전과 전체주의 정권의 경험, 그리고 핵전쟁에 대한 두려운 전망으로 거슬러 올라갈 수 있다. 어떤 면에서 이러한 사건들로 인해 철학은 과거보다 더 잘 대비하게 되었고, 철학자들은 정치적 사건의 관련성을 더 기꺼이 인정하게 되었다. 특히 헤겔식의 근대 역사 개념은 철학에서 이전에 결코 누리지 못했던 존엄성을 인간사 영역에 부여했다. 헤겔이 전후 첫 세대(50년 이상의 거의 완전한 쇠퇴 이후에 등장)에게 미친 커다란 매혹은 그의 역사철학 덕분이었다. 그의 역사철학은 철학자가 정치 영역에서 의미를 발견할 수 있게 하면서도, 이 의미가 모든 의도를 초월하고 정치 행위자의 등 뒤에서 작용한 절대적 진리라는 것을 이해할 수 있게 해주었다. 이 세대의 경우, 헤겔은 정치철학의 결정적인 문제를 모두 단번에 해결한 듯했다. 즉 그 기원을 인간에게만 빚지고 있고, 따라서 진리를 인간이 만든 것이 아니라 인간의 감각이나 이성에 주어진 것으로 이해하는 한 진리를 드러낼 수 없는 존재의 영역을 어떻게 철학적으로 다룰 것인가? 고대와 기독교의 해결책은 이 전체 영역을 근본적으로 도구적이라고, 다른 무엇인가를 위해서만 존재한다고 생각하는 것이었다. 이 해결책은 근대 전체에 만족스럽지 못한 것으로 여겨졌다. 근대의 중심적인 철학적 교의 ― 우리는 오직 우리 자신이 만든 것만을 알 수 있다[4] ― 는 과거 철학의 전반

1952).

4 옮긴이_ 비코는 다음과 같이 밝히고 있다. "… 시민 세계의 원리는 우리 인간 정신의 변화 내에서 발견될 수 있다. 이것을 숙고하는 누구든 철학자들이 자연 세계를 연구하는 데 온 힘을 기울였다는 사실에 놀라지 않을 수 없다. 자연 세계는 신이 만들었으므로 신만이 알고 있다. 반면에 사람들이 만든 이래로 사람들이 알 수 있었던 '국가들의 세계'나 시민 세계를 연구하는 일은 소홀히

적 체계와 충돌했다. 헤겔의 해결책에서 개별적인 행위는 이전처럼 무의미하지만, 반면에 그 행위 과정 전체는 인간 행위의 영역을 초월하는 진리를 드러낸다. 헤겔의 해결책은 매우 독창적이었다. 이는 전통적인 진리 개념을 포기하지 않으면서도 역사적·정치적 사건을 진지하게 받아들일 수 있는 길을 열었기 때문이다.

이 관점에서 볼 때, 근대 철학자들이 정치철학이라는 과제에 직면했을 때 역사에 관해 이야기하려는 경향은 질문을 회피하려는 일련의 오랜 시도 가운데 마지막, 즉 파스칼이 매우 냉소적으로 언급했고 진심으로 찬성과 찬사를 아끼지 않았던 시도로 보일 수도 있다. 이는 제1차 세계대전 이후 독일과 제2차 세계대전 이후 프랑스에서 헤겔의 영향력을 설명하는 데 도움이 될 수 있지만, 훨씬 더 복잡한 상황의 부분만을 드러낸다. 유럽에 널리 퍼진 정서에 따르면, 20세기의 정치적 사건들은 서양 문명의 뿌리 깊은 위기를 초래했고 드러냈는데, 비학술적인 철학자들은 그것이 정치 현실로 여겨지기 오래전부터 그것을 알고 있었다. 전체주의 이데올로기에서 특히 두드러지는 정치 운동의 허무주의적 측면(모든 것이 가능하다는 전제에 근거하여, 모든 것이 허용된다는 이전의 허무주의적 주장에 대한 유사 존재론적 기반을 확립함)은 실제로 철학자에게 매우 익숙했기 때문에, 그 철학자는 이데올로기에서 자신의 곤경을 쉽게 감지할 수 있었다. 근대 철학을 정치 영역으로 끌어들이는 것은 그 이론적 곤경이 근대 세계에서 구체적인 현실을 가정했기 때문이다. 이 기묘한 우연은 헤겔의 예정조화를 넘어서는 결정적인 단계로 이어진다. 이 단계에서 철학과 정치, 사유와 행위는 진리가 밝혀지는 유일한 사람이라는 철학자의 가장 소중한 특권에 전혀 영향을 미치지 않은 채 역사 속에서 화해한다. 사유와 사건의 이 은밀한 연계에서 사유는 사건이 일어난 이후가

했다." Vico, *The New Science of Giambattista Vico*, Thomas Goddard Bergin and Max Harold Fisch, trans. from the third edition(New York: Cornell University Press, 1948). p. 85. 바드대학 도서관 소장본은 1948년 출판본과 달리 1961년 출판본이며, 관련 인용문은 53쪽에 있다.

아닌 이전에 사건의 의미를 파악한 듯했고, 사건은 사유를 입증하고 밝혀 준 듯했다. 이러한 연계는 철학자를 상아탑에서 가장 효과적으로 — 적어도 그가 이러한 연계가 인과관계가 아니라는 것을 인정하려는 한도 내에서 — 밖으로 내쫓았다. 사건이 철학자에게 사유하게 했는지, 아니면 철학적 사유가 특정 행위에 영향을 미쳤는지(마치 니체가 당시의 허무주의적 경향에 온순하게 굴복했거나, 반대로 나치즘의 부상에 책임이 있는 것처럼)에 대한 질문은 부적절하고 근본적으로 무의미한 것으로 여겨졌다. 사유와 사건의 연계는 오히려 다음과 같은 점을 나타내는 듯했다. 즉 사유 자체는 역사적이고, 철학자(예, 헤겔의 과거 지향적 사상가) 또는 그가 사유하는 **무엇**(예, 헤겔의 절대자 양태)은 역사 밖에 있지 않거나 역사를 초월하는 무엇인가를 드러내지 않는다.

이러한 고려 사항 때문에 "**역사성**Geschichtlichkeit"이라는 용어는 전후 독일 철학에서 역할을 하기 시작했다. 이 용어는 독일에서 프랑스의 실존주의에 도입됐고, 프랑스 실존주의에서 훨씬 강력한 헤겔적 정취를 드러냈다. 이 철학의 진정한 대변자는 하이데거이다. 그는 이미 『존재와 시간』(1927)에서 "역사성"을 인류학적 용어와는 구별되는 존재론적인 용어로 정식화했으며, 더 최근에는 "역사성"이 자신의 길로 보내짐을 의미한다는 이해에 도달했다(역사성[Geschichlichkeit]과 숙련성[Geschicktlichkeit]은 자신의 길로 보내짐과 이 '보내기'를 기꺼이 받아들인다는 의미에서 함께 사유된다). 그래서 하이데거에게 인간의 역사는 자체 내에서 계시되는 존재의 역사와 일치할 것이다. 헤겔에 반대하는 요점은 이러하다. 즉 초월적인 정신과 절대자는 이 존재론적 역사Seinsgeschichte에서 드러나지 않는다. 하이데거의 말을 빌리자면, "우리는 모든 절대자의 오만함을 우리 뒤에 남겨두었다."[5] 우리의 맥락에서 볼 때, 이것은 철학자가 '지혜롭다'는 주장, 인간들의 **도시**의 필멸하는 문제를 위한 영원한 기준을

---

5   "Das Ding," in *Gestalt und Gedanke: Ein Jahrbuch*, hrsg. Bayerische Akademie der Schönen Künste(1951), p. 146. 병기한 독일어 문장은 다음과 같다. "Wir haben die Anmassung alles Unbedingten hinter uns gelassen."

알고 있다는 주장을 뒤로했음을 의미한다. 그러한 '지혜'는 인간 문제의 영역 밖의 위치에서만 정당화될 수 있고 철학자가 절대자에 근접한 덕분에 의해서만 정당하게 여겨질 수 있기 때문이다. 당시의 영적·정치적 위기라는 맥락에서 볼 때, 철학자는 다른 모든 사람과 마찬가지로 이른바 가치의 전통적 틀을 잃은 후에는 낡은 것을 재건하거나 새로운 가치를 발견하려 하지 않을 것이다.

철학자 자신이 '현명한 사람'이라는 지위를 포기한 것은 어쩌면 정치에 대한 새로운 철학적 관심의 가장 중요하고 가장 유익한 결과일 것이다. 지혜에 대한 주장을 거부하는 것은 이 영역 자체 내의 기본적인 인간 경험에 비추어 정치 영역 전체를 재검토하는 길을 열어주고, 완전히 색다른 종류의 경험에 뿌리를 둔 전통적인 개념과 판단을 암묵적으로 폐기하는 것이다. 그러한 발전은 당연히 명확하게 진행되지 않는다. 따라서 우리는 사람들('자기'와 대조되는 '그들'이나 여론의 지배)의 관점에서 평균적인 일상에 대한 하이데거의 분석에서 폴리스에 대한 철학자의 오랜 적대감을 발견한다. 여기에서 공공영역은 현실을 숨기고 진리의 출현조차 막는 기능을 한다.[6] 그런데도 이러한 현상학적 설명은 사회의 기본적인 측면 중 하나에 대한 가장 예리한 통찰력을 제공하며, 나아가 이러한 인간 삶의 구조가 철학자의 특권일 '진정성'으로부터 벗어날 수 없는 인간 조건에 내재해 있다고 주장한다.

---

6 『존재와 시간』, 제26절과 제27절. (이 에세이의 초안인 듯 보이는 곳에서, 아렌트는 다소 다른 견해를 제시한다.) "세계"에 관한 하이데거의 개념과 분석에 대한 정교한 보고 없이 정치적으로 관련성이 있을 수 있는 하이데거의 생각에 대해 명확하게 설명하는 것은 거의 불가능하다. 이것은 모든 점에서 매우 어렵다. 이는 하이데거 자신이 이와 관련하여 자기 철학의 의미를 명확히 밝힌 적이 없고, 어떤 경우에는 독자가 정치 자체에 대한 철학자의 오래된 편견이나 철학에서 정치로 도피하려는 현대의 성급함을 다루고 있다고 믿게 하는 함축적 의미를 가진 용어를 사용하기 때문에 더욱 어렵다. 전자는 하이데거가 "자아"와 그 진정한 존재와는 대조적으로, 공적 현실이 진정한 현실을 숨기고 진리의 출현을 막는 기능을 하는 그들, 여론이나 "타자"에 대해 많이 악용한 분석에서 그 증거를 찾는다. 후자는 결단력의 해석에서 뒷받침을 발견하는데, 이는 존재상태로 이해되기 때문에 대상이 없는 것처럼 보인다. 우리의 목적을 위해 이러한 개념보다 훨씬 더 중요한 것은 하이데거가 인간을 세계-내-존재로 정의한 것이다.

그들의 한계는 공적 삶 전체를 포괄하는 것으로 받아들일 때만 나타난다. 따라서 더 중요한 것은 사람들, 사회와 여론 밖의 공공영역을 포괄하려는 개념에 내재한 한계이다. 바로 여기에서 역사성 개념이 등장하며, 이 개념은 새로운 모습과 더 큰 표현력에도 불구하고 정치 영역과 명백히 가깝지만, 정치의 중심인 행위하는 존재로서 인간에 도달하지 못하고 항상 놓친다는 사실을 오래된 역사 개념과 공유한다. 역사 개념이 역사성으로 전환된 것은 사유와 사건의 연관성에 대한 근대적 개념을 통해 이루어졌으며, 그 자체로 하이데거 사유의 독점물은 아니다. 사유와 사건의 우연성이 가장 분명하게 드러나는 것은 하이데거 — 그의 후기 철학에서 '사건'의 역할이 점점 더 커지는 — 에서이다. 그런데도 이 개념적 틀이 새로운 정치철학의 토대를 마련하는 것보다 역사를 이해하는 데 더 잘 준비되어 있다는 것은 분명하다. 이것은 세계의 기술화, 행성 규모의 세계 출현, 개인에 대한 사회의 압력 증가, 수반되는 사회의 원자화와 같은 역사적 측면에서 가장 잘 이해될 수 있는 모든 현대 문제에 대해 당시의 일반적 추세에 매우 민감한 이유인 것 같다. 그동안에 정치학의 훨씬 더 영구적인 질문, 즉 어떤 의미에서는 훨씬 더 구체적으로 철학적 질문 — "정치란 무엇인가? 정치적 존재로서 인간은 누구인가? 자유란 무엇인가?" — 은 완전히 잊힌 것 같다.

같은 문제를 반대의 관점에서 볼 수 있다는 것은 분명하다. 역사성의 관점에서 허무주의는 근대의 가장 은밀한 운명, 즉 근대인을 그 길로 인도하였기에 그 자체의 조건에서만 극복할 수 있는 것으로 간주된다. 그러나 허무주의는 근대가 '올바른 길'에서 오류에 빠져 방황하고, 고대와 기독교 전통의 길에서 벗어났을 때 인간에게 일어난 일로 볼 수도 있다. 기독교 전통은 근대 가톨릭 철학의 입장뿐 아니라, 더 일반적으로 근대의 세속화에서 현대 세계의 난제의 근원을 찾는 모든 사람 — 오늘날 유럽에 대단히 많으며 아주 높은 차원의 저술 활동을 하는 사람들 — 의 입장이기도 하다. 현세적-정치적 영역이 영적인 것에 다시 종속되는 것을 본질로 하는 "질서의 과학"은 "세계가 이제까지 보았던 최악의 철학적 혼돈"[7]에 맞서 소환된다. 질서의 과학에서 영적인 것은 가톨릭교회나 기독교 신앙 일반 또는 모든 종류의 부활된 플라톤주의로 대표될 수 있다.[8] 어쨌든 종속은 수단보다 목적, 잠정적인 것보다 영원한 것이 내재적으로 우월하기에 전통적인 관점에서 정당화된다. 주된 충동은 항상 이 세계의 사물에 질서를 가져오는 것이다. 이 사물은 초월적인 원리의 지배에 복종하지 않고는 파악하거나 판단할 수 없다. 이 충동은 대륙, 특히 중부 유럽의 역사주의에 대한 경험을 통해 현대 허무주의 문제를 가장 잘 알고 있으며, 마이네케와 마찬가지로 역사주의가 "가치의 상대화를 통해 '현대인에게' 입힌 상처를 치유할 수 있을 것"[9]이라고 믿지 않는 사람들 사이에서 특히 강하다. 그러나 전통의 부활이 인간에게 "이전에 결코 읽지 못했던 방식으로"[10] 읽는 법을 가르친 역사주의에 힘입어 이루어졌기 때문에, 그토록 많은 양의 정통한 근대 철학은 과거의 위대한 원전에 대한 해석에 담겨 있다. 전통의 권위가 무너지는 것이 돌이킬 수 없는 사건인지 아닌지에 대한 모든 약속과는 별개로, 이러한 해석은 50~75년 전에 만들어진 많은 지루한 철학사에는 눈에 띄게 없는 직접성과 활력을 불어넣고 있다. 전통으로의 회귀를 주장하는 사람들은 현대의 분위기에서 벗어날 수 없고 벗어나고 싶지도 않기 때문에, 그들의 해석에는 하이데거의 영향 — 하이데거는 새로운 눈으로 옛 원전을 읽은 최초의 사람 중 한 사람이었다 — 의 흔적이 종종 남아있지만, 그들은 하이데거 자

---

[7] Etienne Gilson, *Les Métamorphoses de la Cité de Dieu*, 1952, p. 151.
[8] 푀겔린은 특정 교회 혹은 학파에 전념하지 않은 결합의 좋은 예이다. 그에게 플라톤의 이념은 가시적인 세계의 비가시적인 척도로서 나중에 "척도 그 자체의 드러남을 통해 확정된다." 다음 자료를 참조할 것. *A New Science of Politics*, pp. 68-78.
[9] *Die Entstehung des Historismus*, 1936, I, p. 5.
[10] *Ibid.*, II, p. 394, 헤르더의 논의에서 다음과 같이 밝힌다. "그래서 그 이전에 누구도 아직 읽지 못했다."

신의 철학적 교리를 완전히 거부할 수도 있다. 따라서 그들의 해석은 종종 하이데거의 영향의 흔적을 보인다. 어쨌든 현존하는 과거 사상 전체에 대한 이 현대적 관점은 현대 예술의 자연관보다 덜 놀랍도록 새롭고, 덜 '변형되며', 알렉산드리아 기준으로 판단할 때 현실에 '폭력'을 덜 가하는 것은 아니다.

물론 가톨릭 철학자들이 다른 현대 학파보다 정치사상의 문제에 더 중요한 공헌을 한 것은 우연이 아니다. 프랑스의 마리탱과 질송, 독일의 과르디니와 요제프 피퍼와 같은 사람들은 정치철학의 고전적이고 영구적인 문제의 관련성에 대한 거의 잃어버린 인식을 깨울 수 있기 때문에 가톨릭 환경을 훨씬 넘어서 영향력을 행사한다. 역사 문제에 대한 맹목성과 헤겔주의에 대한 면역성 때문에, 그들은 어느 정도 이것을 할 수 있다. 그들의 단점은 위에서 언급한 접근방법과는 정반대의 방향에 있다. 그들이 이러한 문제에 대해 제공하는 답변은 "오래된 진리"에 대한 재진술 이상을 거의 포함할 수 없으며, 이것, 즉 그들의 작업의 특별히 긍정적인 측면은 부적절하고 심지어 어떤 면에서는 의문을 제기한다. 전반적인 재진술 작업은 전통이 예견할 수 없을 만큼 당혹스러움을 지닌 문제들로 인해서 필요하게 되었다. 따라서 전통으로의 회귀는 "뒤틀린" 세계를 재정비하는 것 이상을 의미하는 듯하다. 그것은 과거의 세계를 재설립하는 것을 의미한다. 그리고 그러한 작업이 가능하다 하더라도, 한 전통이 포괄하는 많은 세계 중 어느 세계를 재설립해야 하는지에 대한 질문은 임의적 선택의 관점에서만 답할 수 있다.

전통의 옹호자들은 이러한 난제를 회피하기 위해 무엇보다도 정치에 대한 자신들의 관심을 불러일으킨 경험들을 최소화하려는 확실한 경향을 보였다. 이에 대한 모호한 합의가 존재하기 때문에 다음 예들을 선택했다.

- 전체주의적 지배의 현실은 거의 전적으로 이데올로기적 측면에서

묘사되고, 이데올로기는 세속화와 내재론의 '이단'에서 자라나거나 종교에 대한 인간의 영원한 필요성에 답해야 하는 '세속 종교'로 이해된다. 두 경우 모두 올바른 종교로의 단순한 회귀가 적절한 치료법인 듯하다. 이러한 해석은 실제로 자행된 범죄의 충격을 최소화하고, 전체주의에서 가장 두드러지지만 이에 국한되지 않은 현대사회의 측면 — 즉 종교의 관련성을 부정하고 완전히 무관심한 무신론을 공언하는 경향 — 이 제기하는 질문을 회피한다.

- 가톨릭 사상가들이 노동 문제를 단순한 사회 정의의 관점이 아닌 다른 관점에서 바라본 거의 유일한 사람들이라는 것은 사실이다. 그러나 그들은 '활동적 삶vita activa'과 '관조적 삶vita contemplativa', 일과 여가라는 오래된 용어를 이 문제에 적용함으로써 이 위계질서가 보편적 평등이라는 완전히 새로운 조건을 고려하지 않는다는 사실을 간과하고 있다. 이는 현재 우리 어려움의 근원인 인격체로서 노동자의 평등뿐만 아니라 노동과 다른 모든 활동의 평등, 심지어 모든 활동보다 우선하는 것을 포함하기 때문이다. 이것이 바로 우리가 직장인 사회에서 살고 있다는 말의 본질적인 의미이다.

- 마지막으로, 질송과 다른 사람들에 따르면 "역사의 시작 이래로 모든 것과 구별되는"[11] 현대 사건의 세계적 특징은 "보편적 사회"의 수립을 거의 필수적으로 만드는 듯하다. 반대로 보편적 사회는 모든 사람이 모든 국가를 동등하게 초월하기 때문에 모든 국가를 통합할 수 있는 한 가지 원칙을 고수할 때만 가능하다. 대안은 세계 지배를 주장하는 전체주의와 다양한 형태의 '신국civitas Dei'이라는 개념이 처음으로 생겨난 기독교인 듯하다. 다시 한번 사실적 상황의 위험은 최소화되고, 문제는 그대로 무해해진 셈이다. 우리의 문제는 적어도 정치적 측면에서 우리의 자유 개념이 다원성 밖에서는 상상할 수 없다는 것이다. 그리고 이 다원성은 다양한 방식뿐만 아니라 다양한 삶과 사유의 원칙을 포함한다. 보편적 사회는 자유에 대한 위협만을 나타낼 수 있

11　Gilson, *op. cit.*, p. 1ff.

다. 반면에, 비통일 조건에서 모든 국가는 결과를 느끼고 세계 반대편에서 자행될 수 있는 모든 범죄와 실수에 대한 책임(도덕적이지 않고 순수한 정치적 사실성에서)을 져야 한다는 것은 부인할 수 없다.

이러한 언급은 의도한 것보다 훨씬 더 비판적으로 들릴 수 있다. 오늘날 정치학과 사회과학의 문제에서 우리는 정치철학의 전통적 경향에 깊은 신세를 지고 있다. 우리는 중요한 문제에 대한 끊임없는 인식과 모든 종류의 현대적 허튼소리로부터 놀랄 만한 자유를 누리고 있다. 무슨 말을 하는지 기억하기 어려운 논란 속에서 그들이 단순히 정치란 무엇인가?라는 오래된 질문을 되살리고 재구성했다면 충분했을 것이다. 그러나 그들은 훨씬 더 많은 일을 수행했다. 그들은 오래된 답을 새로운 혼란 속에 던졌고, 이 답들이 혼란을 초래한 난제를 해결하는 데 전적으로 적합하지는 않지만, 분명히 설명을 돕는 가장 큰 도움이 되며, 끊임없이 우리에게 타당성과 깊이의 의미를 느끼게 한다.

프랑스 실존주의의 한쪽에는 말로와 카뮈가 있고, 다른 한쪽에는 사르트르와 메를로-퐁티가 있다. 이들은 프랑스혁명 이전의 모든 철학을 공개적으로 거부하고 무신론을 강력하게 주장하면서 토마스주의의 현대적 부흥과 정반대 입장을 이룬다. 독일의 현대 철학자, 특히 야스퍼스와 하이데거의 저작에 대한 그들의 의존성은 다소 과장되어 있다. 그들이 제2차 세계대전 동안 그리고 그 이후에야 프랑스에서 절박했던 특정한 현대적 경험에 호소하고 있다는 점은 사실이며, 이러한 경험은 이미 1920년대 독일의 구세대에 의해 공식화되었다. 독일의 짐멜과 프랑스의 베르그송이 제1차 세계대전 이전에도 준비한 강단 철학과의 단절은 독일보다 20년 늦게 프랑스에서 일어났다. 그러나 오늘날 이러한 단절은 파리에서 훨씬 더 급진적이다. 파리에서는 중요한 철학 저서 대부분이 대학 밖에서 저술되고 출간된다. 게다가 파스칼 · 키르케고르 · 니체의 영향은 프랑스에서는 덜 두드러지고, 도스토옙스키와 사드 후작의 강력한 편입으로 보완되었다. 그러나 모든 것이 독일과 달리 프랑스에서는 헤겔과 마르크스의 영향에 가려진다. 그런데도 첫눈에 보기에도 두드러진 점은 표현 양식과 형식이 프랑스 **도덕주의자**의 계열에 남아 있고, 데카르트 철학의 극단적 주관주의가 여기에서 마지막이자 가장 급진적인 표현을 찾았다는 것이다.

우리의 맥락에서 볼 때, 프랑스 실존주의자들은 정치에 대한 관심이 저작의 중심에 있는 유일한 사람들이라는 점에서 현대 철학의 다른 경향과 구별된다. 이들의 경우 관심은 정치적 난제에 대한 적절한 철학적 답을 찾는 문제는 아니다. 더욱이 그들은 역사적 경험을 분석하고 그 철학적 관련성을 발견하는 데 관심이 많거나 특별히 능숙하지도 않다. 반대로, 그들은 철학적 난제를 해결하기 위해 정치를 바라본다. 오히려 그들은 자신들의 견해로 순전히 철학적 관점에서 해결책이나 심지어 적절한 공식화를 거부하는 철학적 난제를 해결하기 위해 정치를 주시한다. 사르트르는 이 때문에 『존재와 무』의 끝부분에서 도덕철학을 쓰겠다는 약속을 전혀 이행하지 (또는 다시 언급하지) 않고,[12] 대신에 희곡과 소설을 썼고 준정치적 잡지를 창간했다. 마치 그 세대 전체가 철학에서 정치로 도피하려고 시도한 것과 같다. 그리고 이 점에서 그들은 1920년대에 "사람은 항상 자신 안에서 공포를 발견한다. … 다행히도, 사람은 행위할 수 있다."고 말한 말로에 앞서 있었다. 현재 상황에서 진정한 행위, 즉 새로운 무엇인가의 시작은 혁명에서만 가능해 보인다. 그러므로 "혁명은 … 영원한 삶이 한때 했던 역할을 한다. 즉 혁명은 그것을 시작한 사람들을 구원한다."[13]

---

[12] 『존재와 무』의 마지막 문장을 참조할 것. L'Etre et le Néant, "Toutes ces questions, qui nous renvoient à la réflexion pure et non complice, ne peuvent trouver leur réponse que sur le terrain moral. Nous y consacrerons un prochain ouvrage(우리를 순수하고 비공조적인 성찰로 돌아가게 하는 이 모든 질문은 도덕적 근거에서만 답을 찾을 수 있다. 우리는 미래의 일을 그것에 전념할 것이다)."

[13] La Condition Humaine, 1933; in English, Man's Fate, 1934.

이런 의미에서, 그리고 사회적인 이유보다는 주로 철학적인 이유로, 실존주의자들은 모두 혁명가가 되었고 적극적인 정치적 삶에 참여했다. 사르트르와 메를로-퐁티는 일종의 혁명 **논리**로 수정된 헤겔적 마르크스주의를 채택했으며, 반면 말로, 특히 카뮈는 역사적 체계나 목적과 수단에 대한 정교한 정의 없이 반항을 고집하고, 카뮈의 의미심장한 표현대로 수단과 목적 사이의 정교한 정의 없이 반항하는 인간l'homme revolté을 고집했다.[14] 이 차이점은 대단히 중요하지만, 전자가 헤겔 형이상학을 위해 희석했고 후자가 매우 순수하게 유지한 원래의 충동은 같다. 문제는 현재 세계가 위기에 처해 "뒤틀려" 있는 것이 아니라 인간 존재 자체가 이성을 갖춘 존재에게 해결할 수 없는 문제를 제기하기 때문에 "부조리하다"는 것이다.[15] 무의미한 존재에 대한 사르트르의 메스꺼움인 구토, 즉 세계의 순수한 밀도와 주어진 것에 대한 인간의 반응은 '속물salaud'에 대한 그의 증오와 일치한다. 'salaud'는 안주하여 가능한 모든 세계에서 가장 좋은 곳에서 살고 있다고 믿는 부르주아 속물이다. 부르주아 이미지는 착취자의 이미지가 아니라 거의 형이상학적 의미를 지닌 이 안주하는 속물의 이미지다.[16] 이 상황에서 벗어나는 길은 인간 자신이 "자유로울 것을 선고받았다"(사르트르의 표현)는 것을 깨닫고 행위로 "뛰어들 때" 열린다. 키르케고르가 보편적 회의로부터 믿음으로 "도약한" 것과 마찬가지다. (실존주의적 도약의 데카르트적 기원은 믿음으로의 도약뿐만 아니라 행위로의 도약에서도 명백히 드러난다. 도약의 발판은 불확실하고 일관성 없고 이해할 수 없는 우주 속에서 개인이 존재한다는 확신이며, 키르케고르의 믿음처럼 이를 밝혀낼 수 있는 것은 오직 믿음뿐이고, 행위로만 인간적으로 이해할 수 있는 의미를 부여할 수 있다.) 부조

---

14 이것은 카뮈의 마지막 저서인 『반항하는 인간(l'homme revolté)』(1951)의 제목이다.
15 인간 존재의 부조리에 대해서는 특히 카뮈의 초기 저작인 『시지프의 신화(le Mythe de Sisyphe, Essai sur L'Absurde)』(1942)를 참조할 것.
16 사르트르의 전쟁 이전의 소설 『구토(La Nausée)』(1938)는 아마도 이러한 태도를 가장 인상적으로 표현한 작품이다.

리한 실존에 대한 혐오감은 인간이 자신에게 주어진 것이 아니라 '**참여**'를 통해 자신이 될 수 있다는 것을 발견할 때 사라진다. 인간의 자유는 인간이 혼란스러운 가능성의 바다에서 자신을 창조한다는 것을 의미한다.

허무주의적 상황에서 이러한 정치적 구원, 또는 행위를 통한 이러한 사유의 구원이 정치철학을 발전시킨다면, 이것은 용어상 모순일 것이다. 정치적 선택에 방향을 제시할 수 있다는 것은 고사하고, 가장 형식적인 의미에서 정치 원리를 공식화할 수 있으리라는 점은 기대할 수 없다. 철학자로서 프랑스 실존주의자들은 오로지 혁명적 행위, 즉 무의미한 세계의 의식적 변화만이 인간과 세계의 부조리한 관계에 내재하는 무의미성을 해소할 수 있는 지점에 이를 수 있다. 그러나 그들은 자신들의 원래 문제에 대한 어떤 방향성도 제시할 수 없었다. 순수한 사유의 관점에서 보면, 그들의 모든 해결책은 영웅적인 무익함의 특징을 지녔다. 이는 카뮈와 말로에서 가장 두드러지다. 그들은 무의미함에 대한 필사적인 도전 정신으로 오래된 미덕을 찬양한다. 따라서 말로는 인간은 용기로 죽음에 도전함으로써 죽음으로부터 자신을 구한다고 주장한다. 마르크스와 메를로-퐁티의 원래 충동이 마르크스주의에 거의 빚지지 않았더라도, 그들이 단지 행위의 준거 틀로서 마르크스주의를 채택하고 첨가했던 것은 자신들의 철학에서 비롯되는 모든 해결책의 환상적 성격 때문이다. 그들이 근본적으로 같은 주장으로 허무주의의 교착 상태에서 벗어나자마자 결별하고 정치 무대에서 완전히 다른 입장을 채택한 것은 놀라운 일이 아니다. 행위의 장에서는 혁명적 변동을 약속하는 한 모든 것이 완전히 자의적인 것이 된다.

누구든 이 모든 것이 정치철학에 대한 희망이 거의 없고, 종종 다소 절망적인 아이들의 매우 복잡한 게임처럼 보인다고 항의할 수 있다. 그러나 사실 이들은 프랑스 정계에 확실한 영향력을 행사하고 있으며, 다른 어떤 집단보다 일상적인 질문에 대해 입장표명을 하고 일간지 편집인이 되어 정치모임에서 연설해야 할 의무를 느끼고 있다. 그들에 대한 비난이 무엇이든,

그들은 강단 철학을 거부하고 관조적 입장을 포기하는 것을 진지하게 받아들였다. 그들을 마르크스주의나 드골주의 또는 그들이 참여한 다른 운동과 구분하는 것은 뛰어난 정보를 갖춘 영국 작가의 말에 따르면 이러하다. 첫째로 그들은 "고정된 원칙을 참고하여 추론을 입증하려 하지 않고",[17] 둘째로 그들의 혁명은 주로 사회적 혹은 정치적 조건에 반대하는 것이 아니라 인간 조건 자체에 반대한다. 말로에 따르면, 용기는 사멸성이란 인간 조건에 도전한다. 사르트르에 따르면, 자유는 "세계에 던져지는 것"(하이데거로부터 수용한 개념)이라는 인간 조건을 요구한다. 카뮈에 따르면, 이성은 부조리 속에서 살아야 하는 인간 조건을 요구한다.

그들의 공통된 정치적 특징은 일종의 행동주의적이거나 급진적인 인간주의로 가장 잘 묘사될 수 있다. 이런 종류의 인간주의는 **인간Man**은 인간에게 가장 높은 존재이며, **인간**이 곧 신이라는 오래된 주장에 타협하지 않는다. 이러한 행동주의적 인간주의에서 정치는 많은 사람의 공동 노력을 통해 인간 조건에 끊임없이 도전하고 거짓말을 하는 세계를 건설할 수 있는 영역으로 나타난다. 정치도 또한 '이성적 동물animal rationale'의 특징으로 생각되는 인간 본성이 현실을 구성하고 자체의 조건을 창출하는 지점까지 발전하도록 허용할 것이다. 그러면 사람들은 완전히 인간화되고 인위적인 현실에서 움직일 것이므로, 인간 삶의 부조리는 존재하지 않을 것이다. 물론 개인에게는 그렇지 않지만, 인공물 속에서 인류에게 그렇다. 인간은 적어도 살아있는 동안 자신의 이성에 비추어 일관되고 질서 있고 이해할 수 있는 자신만의 세계에서 살 것이다. 그는 비록 자신이 개인으로서 한계를 벗어날 희망이 전혀 없을지라도 자기 조건의 한계가 존재하지 않는 것처럼 살며 '신God'이나 '신들gods'에게 도전할 것이다. 인간은 자신이 마치 '신god'처

---

17   Everett W. Knight, "The Politics of Existentialism," in *Twentieth Century*, Vol. 156, no. 930(August 1954).

럼 살기로 결심하면, 자신을 창조하고 자기 자신의 '신God'이 될 수 있다. 인간이 자신을 만들지 않았지만, 자신의 본질에 책임을 져야 한다는 역설에서 사르트르는 자신이 스스로 창조자로 생각해야 한다고 결론을 내린다.[18]

정치에 대한 이런 접근방법에 나타나는 유토피아적 요소, 즉 정치 행위를 통한 인간의 영혼을 구원하려는 이런 시도는 너무나 명백해서 지적할 필요가 없다. 인간 조건을 희생하여 인간 본성을 구하려는 시도가 — 전체주의 정권에서, 그리고 불행히도 그곳뿐만 아니라 — 전통적인 조건을 근본적으로 변화시켜 인간 본성을 변화시키려는 시도에 우리가 모두 너무 익숙한 시기에 나온다는 점은 흥미롭다. 현대 과학과 정치에서 인간을 '조건화'하기 위한 다양한 실험은 사회를 위해 인간 본성의 변형 이외에는 다른 목적이 없다. 나는 이 두 가지 상반된 시도가 똑같이 실패할 운명이라고 주장하는 것이 지나치게 낙관적일까 두렵다. 인간 본성은 그 본질적인 예측 불가능성(성서적 표현으로 "인간 마음의 어둠")으로 인해 — 철학적으로는 다른 것들처럼 정의할 수 없음을 의미함 — 인간 조건 자체보다 "조건화"와 변형(비록 제한된 시간 동안만일지라도)에 무너질 가능성이 더 크다. 인간 조건 자체는 모든 상황에서 지상에서의 삶이 인간에게 전적으로 주어진 조건으로 남아있는 듯하다.

프랑스의 실존주의와 비교할 때, 야스퍼스와 하이데거가 30년 이상 전면에 등장했던 현대 독일철학에서 정치에 대한 관심은 훨씬 덜 직접적이고 더 규정하기 어렵다. 정치적 확신은 거의 역할을 하지 못하며, 정치에 대한 구체적인 철학적 교리조차 두드러지게 없다. 야스퍼스와 하이데거가 정치철학에 어떤 공헌을 했는지는 그들의 철학 자체에서 찾아야지, 그들이 동

---

[18] 이러한 행동주의적 인간주의에 대해서는 다음 자료를 참조할 것. Sartre, *L'Existentialisme est un humanisme*, 1946; Merleau-Ponty, *Humanisme et Terreur*, 1947.

시대 사건에 대해 명시적으로 입장을 취하는 책이나 논문에서, 혹은 암묵적으로 (그리고 항상 다소 모호하게) "당시의 정신적 상황"[19]에 대한 분석에서 찾아서는 안 된다.

우리가 여기서 고려한 모든 철학자 중에서 야스퍼스는 칸트의 확신에 찬 제자라는 점에서 독특한 위치를 차지하는데, 이는 우리의 맥락에서 특별한 무게를 지닌다. 칸트는 내가 앞에서 인용한 파스칼의 발언이 적용되지 않는 몇 안 되는 철학자 중 한 명이다. 칸트의 유명한 세 가지 질문 — 나는 무엇을 알 수 있는가? 나는 무엇을 해야만 하는가? 나는 무엇을 바랄 수 있는가? — 가운데 두 번째 질문은 그 자신의 작업에서 핵심적인 위치를 차지한다. 칸트의 소위 도덕철학은 전통에 따르면 정치가의 특권이었던 입법과 판단 능력을 모든 인간에게 부여한다는 점에서 근본적으로 정치적이다. 칸트에 따르면, 도덕적 활동은 내 행위의 원칙이 일반 법칙이 될 수 있도록 행위하는 입법이며, "선한 의지를 가진 사람"(선한 사람에 대한 그의 정의)이 된다는 것은 기존 법률에 대한 복종이 아니라 입법에 끊임없이 관심이 있음을 의미한다. 이 입법적인 도덕적 활동의 기본 정치 원리는 인류의 이념이다.

질송과 마찬가지로 야스퍼스의 경우, 우리 시대의 결정적인 정치적 사건은 인류가 유토피아적인 꿈 또는 지도적 원리로서 순수한 영적 존재에서 항상 존재하는 긴급한 정치 현실로 출현한 것이다. 따라서 야스퍼스는 칸트가 미래 역사가의 철학적 과제, 즉 **"세계시민의 관점에서"**(세계시민주의적 의도를 가지고)[20] 역사를 서술하는 것을 최근에 철학자로서 시도하려고, 즉 세계

---

19 이 인용문은 야스퍼스가 『현대의 정신적 상황(Die geistige Situation der Zeit)』(1931)에서 현대 사회의 경향을 분석한 저서의 제목이다. 그는 『역사의 기원과 목표(Vom Ursprung und Ziel der Geschichte)』(1949)에서 두 번째 부분을 현대 세계의 해석에 할애했다. 이 두 저작은 모두 영어로 출간되었다(*Man in the Modern Age*, 1951; *The Origin and Goal of History*, 1953). 내용은 완전히 다르지만, 현대 세계에 대한 유사한 관심은 하이데거의 저서 『숲길(Holzwege)』(1950), 특히 최근 강의 「기술 문제(Die Frage nach Technik)」를 많은 측면에서 추가하고 수정한 에세이 「세계상의 시대(Die Zeit des Weltbides)」에서 발견된다. *Die Künste im Technischen Zeitalter*, Jahrbuch der Bayerischen Akademie der Schönen Künste, 1954.

적 정치체를 위한 적절한 토대로서 세계철학사를 제시하려고 한다.[21] 이것도 또한 야스퍼스 철학에서 소통이 "실존적" 중심을 구성하고 실제로는 진리와 동일시되기 때문에 가능했다. 새로운 지구적 상황에서 철학적 인간의 적절한 태도는 "무한한 소통"의 태도이다. 이 태도는 모든 진리의 이해 가능성에 대한 믿음과 함께 진정한 인간다움의 기본 조건으로서 드러내고 경청하려는 선한 의지를 내포하고 있다. 소통은 사유나 감정의 '표현'이 아니며, 이는 부차적인 것에 불과할 수 있다. 진리 자체는 소통적이며 소통을 벗어나면 사라진다. 사유는 진리에 도달하기 위해 반드시 소통으로 끝나야 하는 한 실천적이지만 실용적이지는 않다. 사유는 한 개인이 스스로 선택한 고독 속에서 행하는 것이 아니라 사람들 사이에서 행해지는 실천이다. 내가 아는 한, 야스퍼스는 이제껏 고독에 반대했던 유일한 철학자이다. 그는 고독이 "해롭다"고 생각하며, 심지어 "모든 사유·경험·주제"를 검토하여 "소통을 위해 무엇을 의미하는지"를 탐구하려고 한다. 즉 "그것들은 도움이 될 수 있는 종류인가, 아니면 소통을 방해하는 종류인가? 그것은 사람을 고독으로 유혹하는가, 아니면 소통을 자극하는가?"[22] 철학은 여기서 무수한 진리 사이의 중재자가 된다. 그 이유는 철학이 모든 사람에게 유효한 하나의 진리를 고수하기 때문이 아니라, 오직 합리적인 소통을 통해서만 각 사람이 다른 모든 사람으로부터 고립된 상태에서 믿는 것이 인간적으로 그리고 실제로 진리가 될 수 있기 때문이다. 여기서도 ― 비록 다른 방식이기는 하지만 ― 철학은 사람들의 공동 삶에 대한 자체의 오만을 잃어버렸고, 칸트가 한때 생각했던 의미, 즉 "우아한 여인의 뒤에서 횃불을 들고 있

---

20 *Idee zu einer allgemeinen Geschichte in weltbürgerlicher Absicht*, 1784.
21 이것은 야스퍼스 역사철학의 중심 의도이며, 앞에서 인용한 저서『역사의 기원과 목표』에서 제시된 "세계사의 추축 시대"(기원전 5세기를 지나 모든 위대한 세계 문명의 기원이 되는)라는 논지의 핵심이다. 그 이후로 야스퍼스는 "세계철학사" 연구를 진행해 왔다.
22 "Über meine Philisophie," in *Rechenschaft und Ausblick*(München: Piper, 1951), p. 350ff.

는 것이 아니라 앞에서 횃불을 들고 있는 것"[23]과 같은 의미에서 모든 사람의 '필수품ancilla vitae'이 되는 경향이 있다.

야스퍼스의 세계시민주의적 철학이 인류의 현실성이라는 같은 문제에서 출발했지만 질송 및 다른 가톨릭 사상가들의 철학과는 정반대 입장을 택한다는 점은 쉽게 알 수 있다. 질송은 다음과 같이 주장한다. "이성은 우리를 나누는 것이고, 신앙은 우리를 묶는 것이다."[24] 물론 이 주장은 우리가 이성을 우리 각자에게 내재한 고독한 능력으로 간주한다면 사실일 것이다. 즉 우리가 다져진 여론의 경로에서 벗어나 생각하기 시작하면 반드시 엄격하게 개별적인 결과에 도달할 것이다. (타고난 이성이 모든 사람에게 자동으로 같은 것을 결부시킬 것이라는 개념은 이성 능력을 순전히 형식적인 기제, 즉 "사유하는 기계"로 왜곡하거나 실제로는 전혀 일어나지 않는 일종의 기적을 전제로 한다.) 이러한 주관주의적 이성의 반대 개념으로 이해되는 신앙은 주관성이 감각과 다르지 않으며, '계시'를 통해 하나의 진리를 인식함으로써 외부에서 사람들을 통합할 수 있는 어떤 '객관적' 실재에 묶여 있다. 미래의 보편적인 사회에서 이러한 통합적 요소와 관련한 문제점은 이것이 결코 사람들 **사이에** 존재하지 않고, 사람들 위에 존재한다는 것이다. 정치적으로 말하면, 이 요소는 모든 사람을 동등한 권한으로 하나의 원리 아래에 두도록 강요할 것이다. 야스퍼스 입장의 장점은 이성이 하나의 보편적 끈이 될 수 있다는 점이다. 이성은 전적으로 사람들 안에 있거나 반드시 사람들 위에 있는 것이 아니라, 적어도 실제적 현실에서는 사람들 사이에 있기 때문이다. 소통하고 싶어 하지 않는 이성은 이미 '비합리적'이다. 우리는 아리스토텔레스가 인간에 대해 내린 이중적 정의, 즉 인간은 '정치적 동물dzōon politikon'이자 '말을 사용하는 동물dzōon logon echon'이라는 정의를 상기하기만 하면 된다. 즉 인간은 정치적인 한, 말

---

23 이 번역은 칼 프리드리히의 『영구 평화론(*Eternal Peace*)』(1948)에서 빌려왔다.
24 Gilson, *op. cit.*, p. 284.

하고 이해하고 자신을 이해시키며 설득할 수 있는 능력을 지니고 있다. 우리는 이를 통해 이성에 대한 야스퍼스의 정의가 매우 오래되고 진정한 정치적 경험에서 비롯된다는 것을 알 수 있다. 반면에, "소통" — 용어와 이기저에 있는 경험 — 이 공적인 정치 영역에 뿌리를 두고 있지 않고, 나와 너의 개인적 만남에 뿌리를 두고 있다는 점은 꽤 명백해 보인다. 이 순수한 대화 관계는 다른 어떤 것보다 원래의 사유 경험 — 즉 고독 속에서 나누는 나와 나 자신 사이의 대화 — 과 더 가깝다. 마찬가지로, 이는 우리의 일상적 삶에서 거의 모든 관계보다 구체적으로 정치적 경험을 덜 담고 있다.

정치라는 관점에서 야스퍼스 철학의 한계는 근본적으로 정치철학이 거의 그 역사 전반에 걸쳐 괴롭혀 온 문제에 기인한다. 철학은 인간을 단수로 다루는 것이 본성이지만, 사람들이 복수로 존재하지 않는다면 정치는 생각조차 할 수 없다. 또는 다른 방식으로 표현하자면, 철학자의 경험은 — 그가 철학자라는 점에서 — 고독과 함께하지만, 반면에 인간에게 — 그들이 정치적이라는 점에서 — 고독은 본질적이지만 그런데도 주변적인 경험이다. 나는 단지 이 점을 암시하고자 한다. 즉 여러 측면에서 하이데거 철학의 중심에 서 있는 '세계'라는 개념이 이러한 어려움에서 벗어날 수 있는 한 걸음이라고 할 수 있다. 어쨌든 하이데거가 인간의 존재를 세계-속의-존재로 정의하기 때문에, 그는 인간이 일차적으로 다른 사람들과 함께 있는 것으로 이해되지 않으면 완전히 이해할 수 없는 일상적 삶의 구조에 철학적 의미를 부여해야 한다고 주장한다. 그리고 하이데거 자신도 전통 철학이 "항상 가장 즉각적으로 명백한 것을 넘어서 무시해 왔다"[25]는 사실을 잘 알고 있다. 같은 이유로 하이데거는 자신의 초기 저술에서 '인간'이란 용어를

---

[25] "Ein Blick auf die bisherige Ontologie zeigt, dass mit dem Verfehlen der Daseinsverfassung des In-der-Welt-seins ein Überspringen des Phänomens der Weltlichkeit zusammengeht(지금까지의 존재론을 살펴보면, 세계-내-존재의 구성을 깨닫지 못하는 것은 세계성 현상을 건너뛰는 것과 밀접하게 연관되어 있음을 알 수 있다)." 『존재와 시간』, 65쪽.

부지런히 회피했지만, 후기 에세이에서는 그리스인에게서 '사멸하는 자'라는 용어를 빌려오는 경향이 있다. 여기서 중요한 것은 사멸성에 대한 강조가 아니라 복수형의 사용이다.[26] 그러나 하이데거는 이 지점에서 자신의 입장이 암시하는 바를 결코 명확히 밝힌 적이 없기 때문에, 그의 복수형 사용에 너무 많은 의미를 부여하는 것은 주제넘을 수 있다.

현대 철학의 더욱 불안한 측면 가운데 하나는 다양한 학파와 개인 사이의 차이가 공통점보다 훨씬 더 두드러진다는 사실일 수 있다. 그들 사이의 토론이 이루어질 때마다 철학적 혼란이 현장을 지배할 가능성이 크며, 상당한 반대조차 불가능하다. 그러나 이러한 모든 고려 사항과 새로운 시도가 국외자에게 같은 분위기에서 발전하여 만들어진 것처럼 보이는 경우가 많으며, 이러한 관찰에는 어느 정도 진리를 담고 있다. 이들의 공통점은 철학적 질문의 시급성을 사소하게 여기고 마르크스 유물론이나 정신분석학, 기호논리학, 의미론 등 일종의 과학이나 유사 과학으로 대체하려는 모든 사람과 달리 철학의 관련성에 대한 확신이다. 그리고 현재의 유행에 대한 이러한 부정적 연대는 현대 세계의 상황에서 철학 및 철학하기와 같은 것이 전혀 불가능하고 의미가 없을지도 모른다는 공통된 두려움에서 힘을 얻는다. 나는 위에서 철학이 그 속담에 나오는 상아탑을 떠났고 철학자는 사회 내에서 "현명한 사람"의 위치에 관한 주장을 포기했다고 말했다. 이러한 전통적 입장의 포기에는 철학의 실행 가능성에 대한 자기 의심도 내재해 있으며, 이런 의미에서 정치에 대한 관심은 철학 자체의 생사를 가르는 문제가 되었다.

---

26 (이 전의 판본은 다음과 같이 계속 진행된다.) 정치를 다룰 때 철학의 결정적인 장애 중 하나는 마치 인간 본성이 하나인 것처럼, 또는 원래 한 사람이 세계에 거주하는 것처럼 인간을 단수로 말하는 것이었다. 문제는 항상 인간 삶의 정치 영역 전체가 복수의 인간으로 인해 존재한다는 것, 즉 한 사람은 전혀 인간이 될 수 없다는 사실 때문에 존재한다는 것이었다. 다시 말해, 정치철학의 모든 문제는 단수 인간 개념을 가진 전통 철학이 멈추는 곳에서 시작된다.

요점은 정치에 대한 관심에서 역사 해석으로의 헤겔적 도피가 이제는 열려 있지 않다는 점이다. 그 암묵적 가정은 역사적 사건과 과거의 모든 흐름이 의미를 지닐 수 있고, 모든 악과 부정적인 측면에도 불구하고 철학자의 과거 지향적 시선에 긍정적 의미를 드러낼 수 있다는 것이었다. 헤겔은 자유를 향한 변증법 운동의 관점에서 과거의 역사 과정을 해석하고 그에 따라 프랑스혁명과 나폴레옹 보나파르트를 이해할 수 있었다. 오늘날 그 어떤 것도 그 자체로 역사의 흐름이 더 많은 자유를 실현하기 위해 점점 더 많은 자유의 실현을 향해 나아가고 있다는 사실보다 더 의심스러운 것은 없다. 그러나 우리가 사조와 경향의 관점에서 생각한다면, 그 정반대가 훨씬 더 그럴듯해 보인다. 더욱이, 현실과 정신을 조화시키려는 헤겔의 장대한 노력은 모든 악에서 선한 것을 조화시키며 볼 수 있는 능력에 전적으로 의존했다. 그것은 "근본적 악"(철학자 중에서 칸트만이 구체적인 경험은 거의 없었지만 개념을 가지고 있었다)이 발생하지 않는 한 유효했다. 그의 변증법이 노예노동에서 '의미'를 발견하기 전까지는 누가 감히 강제수용소의 현실과 자신을 화해시키거나 정-반-합의 게임을 할 수 있을까? 오늘날 철학에서 비슷한 주장을 발견할 때마다 우리는 현실감각의 결여로 인해 확신을 갖지 못하거나 악의를 의심하기 시작한다.

다시 말해, 현대 정치적 사건의 순전한 공포와 미래의 더 끔찍한 사건이 우리가 언급한 모든 철학의 배후에 있다. 철학자들 가운데 누구도 경험의 이러한 배경을 철학적 관점에서 언급하거나 분석하지 않은 것이 특징적인 듯하다. 철학자들은 공포의 경험을 소유하고 그것을 진지하게 받아들이기를 거부함으로써 마치 플라톤과 아리스토텔레스에 따르면 모든 철학의 출발점이지만 그들조차 정치철학의 전제 조건으로 받아들이기를 거부했던 인간사 영역, 즉 있는 그대로의 것에 대한 '경이로움thaumazein'을 인정하지 않는 전통적인 거부를 계승한 셈이다. 인간이 할 수 있는 일과 세계가 어떻게 될지에 대한 말문이 막히는 공포는 철학의 질문에서 비롯되는 감사의 말문이 막히는 경이로움과 여러 면에서 관련이 있다.

새로운 정치철학을 위한 전제 조건 가운데 많은 것 — 아마도 정치 영역에 대한 철학자의 태도를 재정립하거나 철학적 존재와 정치적 존재로서 인간 사이의 연결, 사유와 행위 사이의 관계를 정립하는 데 있을 것임 — 이 이미 존재하지만, 이것은 언뜻 보기에 새로운 토대를 세우는 것보다는 전통적 장애물을 제거하는 것과 관련이 있는 것처럼 보일 수 있다. 그중에는 진리에 대한 야스퍼스의 재구성, 일상적 삶에 대한 하이데거의 분석, 그리고 행위에 대한 프랑스 실존주의자들의 오래된 철학적 의심이 있다. 즉 "행위의 기원은 알려지지 않았고, 그 결과도 알려지지 않았다. 그렇다면 행위는 어떤 가치가 있는가?"[27] 새로운 정치철학의 핵심은 사유의 정치적 의미에 관한 탐구, 즉 결코 단수로 존재하지 않고 인간 본성에 대한 전통적 이해에 나-너의 관계가 추가될 때 본질적인 다원성이 탐구되지 않는 존재에 대한 사유의 의미와 조건에 관한 탐구이다. 이러한 재검토는 현대 가톨릭 철학의 다양한 변형에서 우리에게 제시된 정치사상의 고전적 질문과 계속 접촉할 필요가 있다.

그러나 이 모든 것은 전제 조건일 뿐이다. 진정한 정치철학은 궁극적으로 추세 분석, 부분적 타협, 재해석에서 생겨날 수 없다. 또 철학 자체에 대한 반항에서 생겨날 수도 없다. 다른 모든 철학 분야와 마찬가지로, 그것은 오직 놀람 경험의 근원적 행위에서 생겨날 수 있으며, 이상한 듯하고 따라서 의문을 품는 행위 충동은 이제(즉 고대인의 가르침과는 반대로) 인간사와 인간 행위 영역을 직접 포착해야 한다. 물론 방해받지 않는 것에 대한 기존의 관심과 고독에 대한 전문적인 경험을 가진 철학자들은 이 행위를 수행하기에 특별히 잘 갖춰져 있지 않다. 그러나 그들이 우리를 저버린다면, 누가 성공할 가능성이 있을까?

---

[27] Nietzsche in *Wille zur Macht*, No. 291.

찾아보기

ㄱ

가우스, 귄터Gaus, Günter 99~108, 110~131
강제수용소 118, 266, 268, 402, 415, 417, 421~428, 430~431, 434, 469, 473, 501~504, 506~509, 558, 570, 574, 605, 628, 679
겐츠, 프리드리히Gentz, Friedrich 169~177, 179, 183
계급투쟁 469, 560, 565, 597~598
계몽주의 173, 180~182, 188~189, 411
『고르기아스』 602, 604
고립주의 214, 234~235, 401~402, 641
『고백록』 136~139
고향 상실 148, 159~160, 337, 347, 361, 433, 463, 569~571, 574, 631
공산주의 220, 230, 249, 295, 301~303, 395, 401, 434, 462, 557, 560, 564, 577, 582~584, 588~589, 592~594, 596, 599, 607, 611~618, 641, 643
공통감 416, 520~521, 524~525, 564
과거의 공산주의자(들) 464, 466, 611~614, 622
과르디니, 로마노Guardinim, Romano 590, 666
괴링, 헤르만Goering, Hermann 372, 486, 488
괴벨스, 요제프Goebels, Joseph 274, 417
괴테, 요한 볼프강Goethe, Johann Wolfgang 139, 182, 185, 188, 285, 289, 646

구리안, 발데마르Gurian, Waldemar 577~579, 581~582, 588
『구토』 359, 361~362, 670
『국가』 602~603
군국주의 248~249, 251
권력정치 247, 260, 263
그로스, 펠릭스Gross, Feliks 313, 315
근본적 악 463, 679

ㄴ

『나의 투쟁』 375, 487
나치즘 230, 248~249, 251, 257, 293, 297, 299~300, 303, 376, 396, 398, 423, 439, 445, 450, 518, 618, 651, 662
나폴레옹Napoleon 171, 210, 247, 490, 492, 519, 679
난민 220, 225~226, 228~229, 267, 302, 434, 452~454
낭만주의 166~167, 172, 175, 187~189, 287, 411
논리성 416, 524~526, 560, 567~571
뉘른베르크재판 373, 515
니체, 프리드리히Nietzsche, Friedrich 162, 166, 210, 248, 282, 285, 327, 334, 337~338, 341, 347, 351, 519, 573, 584, 658, 662, 668

ㄷ

다윈, 찰스Darwin, Charles 550, 597

『닫힌 방』 360
『달빛 어린 공동묘지』 259, 306, 308
대량 학살 121, 266, 269, 271~272, 274, 417, 425, 484~485, 503, 506, 555, 648
대서양헌장 234~238, 240
데카르트, 르네Descartes, René 334, 413, 585, 587, 669~670
델로스, 조셉 토마스Delos, Joseph Thomas 381~383, 386
도리오, 자크Doriot, Jacques 399
도스토옙스키, 피오도르Dostoevsky, Fyodor 584~585, 587, 669
듀이, 존Dewey, John 365~368, 409
드골, 샤를르De Gaulle, Charles 236, 253~254, 257, 261, 399, 672
드레퓌스 사건 306, 479, 620
디즈레일리, 벤저민Disraeli, Benjamin 294
딜타이, 빌헬름Dilthey, Wilhelm 285~289

㉣
라우슈닝, 헤르만Rauschnigm Hermann 464
라인하르트, 카를Reinhardt, Karl 527
레닌, 블라디미르Lenin, Vladimir 468, 557, 579~580, 582
레빈, 라헬Lewin, Rahel 179, 182, 189
레싱, 고트홀트Lessing, Gotthold 124, 181, 336
로젠베르크, 알프레트Rosenberg, Alfred 376, 484
로크, 존Locke, John 636
루세, 다비드Rosset, David 507
루이스 페르디난트Louis Ferdinand 180, 183, 189
루즈몽, 드니 드Rougemont, Denys Lous de 281~284
『루친데』 174, 176, 184
루카치, 죄르지Lukás, Georg 143
루터, 마르틴Luther, Martin 164, 248, 287, 481, 570~571, 574, 591
룩셈부르크, 로자Luxemburg, Rosa 467~468
륄레-게르스텔, 알리스Rühle-Gerstel, Alice 192~193
리터, 게르하르트Ritter, Gerhard 377, 481~482, 487, 489

㉤
마르비츠, 알렉산더Marwitz, Alexander 189
마르크스, 카를Marx, Karl 250, 285, 337, 341~342, 577, 579~582, 584, 593~597, 599, 601, 607, 618, 669, 671, 678
마르크스주의 379, 405, 468, 470, 580~582, 592, 594, 618, 639, 670~672
마리탱, 라이사Maritain, Raissa 310
마리탱, 자크Maritain, Jacques 307, 310~311, 409
마셜 플랜 400, 402, 640, 643
마키아벨리, 니콜로Machiavell, Nicolo 248, 530, 540
만하임, 카를Mannheim, Karl 141~143, 145~152, 154~155, 157, 159~160, 594
말로, 앙드레Malraux, André 409, 412, 668~672

매카시즘 651~652
맥코믹, 로버트McCormick, Robert R. 235
메를로-퐁티, 모리스Merleau-Ponty, Maurice 668, 670~671
메테르니히, 클레멘스Metternich, Clemens 171
멘델스존, 헨리에테Mendelssohn, Henriette 183
모겐소 계획 258, 263
모네로, 쥘Monnerot, Jules 583, 607
모리츠, 카를 필립Moritz, Karl Philipp 139
『몽유병자들』 321
몽테스키외, 샤를-루이Montesquieu, Charles-louis 522~523, 535, 537, 539~541, 543~545, 547, 553~554, 568, 634, 636
무솔리니, 베니토Mussolini, Benito 217, 219~221, 229, 501, 557
무신론 164, 581~582, 584~585, 587~588, 594, 599, 632, 667~668
뮐러, 아담Müller, Adam 172~174, 187
『미국의 민주주의』 637
미덕동맹 181~182
민족주의 249, 251, 253, 261, 267, 292, 295, 303, 381~384, 386~387, 399, 401~403, 435, 589, 633, 643, 655
『민족』 381

ⓗ
바인라이히, 막스Weinrich, Max 373~375, 377
반스탈린주의 378, 395~397, 399~400, 403
반유대주의 105, 107, 109, 188, 242, 291~293, 296, 302, 304, 375, 418~420, 548, 560, 626~627
발레리, 폴Valéry, Paul 521
『백치』 587
버크, 에드먼드Burke, Edmund 170, 173
『법의 정신』 522~524, 537, 540, 546
베냐민, 발터Benjamin, Walter 204
베르그송, 앙리Bergson, Henri 311, 327, 668
『베르길리우스의 죽음』 321~322
베르나노스, 조르주Bernanos, Georges 259, 306, 308
베를린 살롱 179~180
베버, 막스Weber, Max 158, 597~598
베텔하임, 부르노Bettelheim, Bruno 416, 431
보수주의 170~172, 187, 465, 474, 477
볼셰비즘 260, 300, 398~399, 502, 518, 578~580, 582, 588, 651
『볼셰비즘』 577
브레히트, 베르톨트Brecht, Bertolt 276
브로흐, 헤르만Broch, Hermann 320~323
블루멘펠트, 쿠르트Blumenfeld, Kurt 105
블루아, 레옹Bloy, Léon 308
비도, 조르주Bidault, Georges 254
비젤, 파울린Wiesel, Pauline 173, 183, 186, 189
『빌헬름 딜타이: 입문』 288
뿌리 상실 148, 433, 463, 571, 574, 631

ⓢ
사랑 123, 322, 342, 360
사르트르, 장-폴Sartre, Jean-Paul 344,

358~364, 669~670, 672
사회주의 249~250, 256~257, 395, 454, 467~470, 472, 560~563
상상력 175~176, 207, 232, 272, 406, 493, 521, 532~533, 612, 629
새로운 시작 529, 531, 551~552
『새로운 정치학』 659
생철학 162, 327
『성』 201, 205
세계 지배 294, 417, 428, 540, 549, 567, 667
『세계관의 심리학』 111, 342, 350
세뇌 504, 508, 513
세속 종교 579~584, 589, 597~599, 607, 632, 667
세속주의 585, 588, 590, 599~600
셸러 막스Scheler, Max 327, 330
셸링, 프리드리히Schelling, Friedrich 331~332, 334~335, 337~339, 347
『소송』 198~199, 203~205
소크라테스Socrates 339, 351, 657
솔로몬 왕 532
숄렘, 게르숌Scholem, Gershom 103, 107~108
순응주의 403, 406, 651~652, 654~655
쉬망 계획 451
슈렘프, 크리스토프Schrempf, Christoph 162
슈미트, 카를Schmitt, Carl 374
슈타인, 알렉산더Stein, Alexander 293
슈타인, 하인리히Stein, Heinrich 173
슈트라서, 그레고어Strasser, Gregor 396
슈트라서, 오토Strasser, Otto 464
슐라이어마허, 프리드리히Schleiermacher,

Friedrich 184, 287
슐레겔, 프리드리히Schlegel, Friedrich 173, 176~177, 181~182, 184, 526
슐레지어, 구스타프Schlesier, Gustav 169
스탈린, 이오시프Stalin, Joseph 261, 378, 396~398, 400, 407, 464, 468, 471, 501, 509, 555~556, 562, 564~567, 569, 579~580, 589, 632
『시온 장로 의정서』 291~292
시온주의 105~106, 115, 241
『시지프 신화』 361
실로네, 이그나치오Silone, Ignazio 473~474, 614
실용주의 328, 411, 525, 630
실존철학 327, 330, 338~340, 350, 361

ㅇ
아롱, 레이몽Aron, Raymond 648
아르님, 아힘Arnim, Achim 187
아리스토텔레스Aristotle 136, 346, 351, 602, 619, 634, 640, 659, 676, 679
『아메리카』 205
아우구스티누스Augustine 135~137, 139
아우구스티누스와 개신교 135
아이히만, 아돌프Eichmann, Adolf 120~121, 125~126
아퀴나스, 토마스Aquinas, Thomas 311
『악마의 몫』 281, 284
악시옹 프랑세즈Action Français 261, 306~307
『안톤 라이저』 139
알솝, 조지프Alsop, Joseph 466
야스퍼스, 카를Jaspers, Karl 109~111,

130~131, 143, 145~147, 288, 327, 330, 332, 337, 341~343, 350~355, 389, 401, 668, 673~677, 680
양심 136, 139, 297, 348~349, 363, 383, 385, 431, 447~448, 466~469, 486, 494, 549, 605~606
엥겔스, 프리드리히Engels, Friedrich 594
역사(의) 법칙 509, 549~551, 579, 588, 609
영지주의 283~284
외로움 128, 138, 545, 559, 571~574, 653
용기 156, 277, 339, 465, 648~650, 671~672
우연(성) 163, 332~333, 342, 362, 664
원자폭탄 601, 646
윙어, 에른스트Jünger, Ernst 440, 448
『유럽 세력균형의 최근 역사에 관한 단편』 171
유토피아 148, 152~154, 157, 159
의사소통 353, 393, 552, 569, 571~572
『이것이냐 저것이냐』 166
이데올로기 144, 148~149, 153~154, 157~160, 188, 192, 246, 248, 250, 254, 265, 270, 296~297, 301~303, 372, 378, 401, 430, 457, 465, 476~477, 485, 503, 509~510, 524~525, 550, 559~564, 566~568, 570, 579, 581, 584, 588~589, 592~596, 599, 601, 606~608, 632, 644, 661, 667
『이방인』 360
『20세기의 신화』 376
이해 102, 111, 149, 151, 155, 286~287, 289, 462, 505, 511~521, 523~527,

530~533, 535, 537, 547~548, 629, 640
인간 조건 337, 361, 411, 429, 525, 544, 547, 605, 649, 658, 663, 672~673
『인간의 문제』 365
인종 투쟁 560, 565
인종주의 257, 301, 304, 387, 416, 430, 493, 550, 560~563, 582
임호프, 아말리Imhof, Amalie 174, 177

ⓏⓏ

자본주의 158, 160, 403, 593, 615, 641
자연(의) 법칙 204, 429, 493, 509~510, 547, 549~550
자유 124~125, 130, 149, 154~155, 157, 171, 192, 200, 203, 215~217, 231~232, 255, 263, 268, 307, 325, 336~339, 345~346, 352~355, 359, 361, 377, 400, 405, 411, 438, 456, 468, 500, 508, 516, 524, 530~531, 535~536, 552, 554, 556, 563, 570, 572, 587, 591~593, 606, 614, 621, 625, 634, 636, 642, 647~648, 650, 653~655, 664, 667~668, 671~672, 679
자유주의 172~173, 214, 320, 395, 465, 474, 476~477, 589, 615, 630
전체주의 255, 269, 378, 385~386, 396~398, 406~407, 412, 415~417, 421, 427~428, 438~439, 458~459, 462~465, 467, 473~474, 476~478, 500~502, 504~510, 512~521, 523~527, 533, 535, 539~540, 547~549, 551~571, 574, 580, 584, 588, 590~593,

찾아보기 685

597, 601, 605~606, 611~612, 614, 616, 618, 621, 623, 625~628, 630~634, 651, 654~655, 660~661, 667
전후 전향한 공산주의자(들) 464, 467~468, 472, 474, 476~477, 611~616, 618, 621, 623
제국주의 248, 278, 295~296, 301, 304, 309, 381, 383~384, 386~387, 401~403, 450, 454, 463, 518~519, 589, 627, 633, 641
『존재와 시간』 146, 288, 343, 350, 662
종교와 정치 583~584, 600
종교와 지식인들 409
죄책감 199, 333, 335, 342, 350, 377, 390, 447, 449
지옥 271, 360, 366~367, 369~372, 428~429, 463, 473~474, 601~606, 628~629
질송, 에티엔Gilson, Etienne 666~667, 674, 676
짐멜, 게오르크Simmel, Georg 162, 668
집단안보 260~261

(ㅊ)
책임 129, 242, 246, 248, 255, 265~266, 270~272, 275, 277~278, 282, 349, 431, 446, 453, 457, 482, 605, 612, 617, 668
챔버스, 휘태커Chambers, Whittaker 612, 614~615, 618
처칠, 윈스턴Churchill, Winston 226, 270, 458
『철학』 350
체스터턴, 길버트Chersterton, Gilbert Keith 282, 307~311
총체적 지배 402, 417, 428, 556, 563, 565, 567, 569

(ㅋ)
카뮈, 알베르Camus, Albert 337, 344, 348, 358, 360~364, 668, 670~671
카프카, 프란츠Kafka, Franz 197~198, 200~203, 205~211, 320~321, 359, 361, 511
칸트, 임마누엘Kant, Immanuel 101, 110~111, 130, 170, 207, 210, 248, 331, 333~339, 342~345, 349, 410, 520~521, 536~539, 541~542, 548, 572, 587, 595, 629, 648, 674~675, 679
캄페, 요하임 하인리히Campe, Joachim Heinrich 180
콩트, 오귀스트Comte, Auguste 597
크라우스, 카를Kraus, Karl 273
클라이스트, 하인리히 폰Kleist, Heinrich von 187
클레망소, 조르주Clemenceau, Georges 479
키르케고르, 쇠렌Kierkegaard, Soren 111, 156, 161~167, 210, 285, 327, 333, 338~342, 347, 585, 587, 668, 670
키케로Cicero 631
키텔, 게르하르트Kittel, Gerhard 374

(ㅌ)
테러 114, 200, 203, 247, 266~268, 274, 297, 370, 373, 378, 415, 417, 421~

422, 426, 443, 445, 499~510, 518, 524, 547, 551~555, 559~561, 563, 569~570, 601, 608, 653~654
토인비, 아놀드Toynbee, Arnold 597
토크빌, 알렉시스Tocqueville, Alexis de 130, 636~639, 645, 653
트로츠키, 레온Trotsky, Leon 126, 396~397, 501, 505, 561
티토, 요시프 브로즈Tito, Josip Broz 397, 557

ⓟ
파르메니데스Parmenides 328
파른하겐, 라헬Varnhagen, Rahel 116, 169~170, 173, 176, 179, 189
파른하겐, 카를 아우구스트Varnhagen, Karl August 183, 185
『파리떼』 363
파스칼, 블레즈Pascal, Blaise 585~587, 658~661, 668, 674
파시즘 221~222, 242, 247~248, 251~253, 255, 281, 291~293, 297~306, 386, 401, 473, 518
파일, 어니Pyle, Earnie 218
팔레스타인 112, 216, 241~242
페기, 샤를Péguy, Charles 203, 274, 306~308, 311
평등 189, 192~193, 302, 306, 370~371, 537, 541, 544~547, 554, 591, 636, 638, 640, 642, 654, 667
포크너, 윌리엄Faulkner, William 649
폭정 458~459, 463, 467, 500~501, 505, 516~517, 519, 524, 535, 537, 539, 543, 545~547, 554~557, 559, 565, 569, 573, 614, 621, 633
폴, 장Paul, Jean 184
푀겔린, 에릭Voegelin, Eric 625~626, 628~634
프라이어, 한스Freyer, Hans 374
프랑스혁명 170, 175, 180, 209~210, 247, 336, 349, 477, 507, 537, 595, 637, 668, 679
프랑크, 발터Frank, Walter 374~376
프루스트, 마르셀Proust, Marcel 320~321
프리드리히 빌헬름 3세Friedrich Wilhelm III 170
플라톤Plato 101, 335, 551, 602~605, 617, 619, 634, 658~659, 679
플로티노스Plotinos 136
피커, 헨리Picker, Henry 481~482, 486
피퍼, 요제프Pieper, Josef 666

ⓗ
하이네, 하인리히Heine, Heinrich 189
하이데거, 마르틴Heidegger, Martin 143~144, 146~147, 283, 288, 327, 330, 337, 341~350, 354, 356, 374, 376, 409, 412, 575, 662~666, 668, 672~673, 677~678, 680
하임, 루돌프Haym, Rudolf 170, 173
함순, 크노트Hamsun, Knut 448
행위(의) 원리 537, 543, 545, 553~554, 559~560, 568
허무주의 250, 344, 664~665, 671
헤겔, 게오르크Hegel, Georg 163, 210, 248, 285, 328, 330, 334, 339, 341, 385, 556, 595, 618, 660~662,

669~670, 679
헤로도토스Herodotus　127
현상학　328~330
현존재　146~147, 340, 343, 345~348, 352~353
『형이상학이란 무엇인가?』　344
호메로스Homer　127, 218, 322, 603
호지스, 허버트 아서Hodges, Herbert Arthur　285~288
호프만슈탈, 휴고 폰Hofmannsthal, Hugo von　289, 329~331
홉스, 토마스Hobbes, Thomas　345
후설, 에드문트Husserl, Edmund　328~331
훔볼트, 빌헬름 폰Humboldt, Wilhelm von 170, 173, 176, 181~182, 184, 186~187
흄, 데이비드Hume, David　319
『흑서』　369~373
히틀러, 아돌프Hitler, Adolf　113, 115~117, 120, 217, 234, 247, 271, 274, 298, 306, 374~377, 379, 390, 418, 420, 432, 442~444, 456~457, 477, 481~495, 503, 509, 548, 555~556, 558, 562, 564~565, 567, 569, 598, 605, 619, 632, 644
힘러, 하인리히Himmler, Heinrich　267, 271, 274~275, 379, 420~421, 423~424, 426, 484~485, 487, 502, 557